淮安年鉴

淮安市人民政府　主办　　　　淮安市志办公室　编

HUAI AN YEARBOOK

2017

方志出版社
Publishing House of Local Records

图书在版编目（C I P）数据

淮安年鉴. 2017 / 淮安市志办公室编.--北京：方志出版社，2017.11
ISBN 978-7-5144-2735-6

Ⅰ.①淮… Ⅱ.①淮… Ⅲ.①淮安—2017—年鉴
Ⅳ.①Z525.34

中国版本图书馆CIP数据核字（2017）第296257号

淮安年鉴（2017）

编　　者：淮安市志办公室
责任编辑：刘　珊
出 版 人：冀祥德
出 版 者：方 志 出 版 社
地址　北京市朝阳区潘家园东里9号（国家方志馆四层）
邮编　100021
网址　http://www.fzph.org
发　　行：方志出版社图书经销中心
电话（010）67110500
经　　销：各地新华书店
印　　刷：南京凯德印刷有限公司
开　　本：889×1194　1/16
印　　张：29
字　　数：906千字
版　　次：2017年11月第1版　2017年11月第1次印刷
印　　数：0001~2000册
ISBN 978-7-5144-2735-6　定价：280.00元

基本市情

土地面积 10030平方千米 **2016年末常住人口** 489万人

城市荣誉

全国历史文化名城
中国优秀旅游城市
全国卫生城市
全国双拥模范城
国家园林城市
江苏省文明城市
国家环保模范城市
国家节水型城市

淮安名人

开国总理周恩来
《老残游记》作者刘鹗
军事家韩信
《温病条辨》作者吴鞠通
《西游记》作者吴承恩
经学大师阎若璩
汉赋大家枚乘、枚皋
作家陈白尘、吴强、陈登科、张贤亮
巾帼英雄梁红玉
京剧表演艺术家王瑶卿、周信芳
民族英雄关天培

新时期淮安精神　包容天下　崛起江淮

河流湖泊

主要河流：京杭大运河、淮河、淮河入江水道、苏北灌溉总渠、淮河入海水道、盐河、废黄河、六塘河、淮沭新河

主要湖泊：洪泽湖、白马湖、高邮湖、宝应湖

下辖县区

清江浦、淮阴、淮安、洪泽四区和涟水、盱眙、金湖三县

AAAAA级景区

周恩来故里

AAAA级景区

铁山寺国家森林公园
淮安市博物馆
里运河文化长廊景区
第一山公园
淮安府署
新四军刘老庄连纪念园
黄花塘新四军军部纪念馆
漕运博物馆
洪泽湖古堰景区
古淮河文化生态景区
吴承恩故居
涟水五岛湖旅游区

全国文化品牌

中国书法之乡
中华诗词之市
中国农民画之乡
运河之都
中国秧歌之乡
淮扬菜之乡
中国锣鼓之乡
国家级非物质文化遗产项目十番锣鼓、淮海戏、京剧、淮剧传承基地
淮海琴书之乡
国家级非物质文化遗产项目代表性传承人杨秀英（淮海戏）、宋长荣（京剧）

数据淮安

地区生产总值

单位：亿元

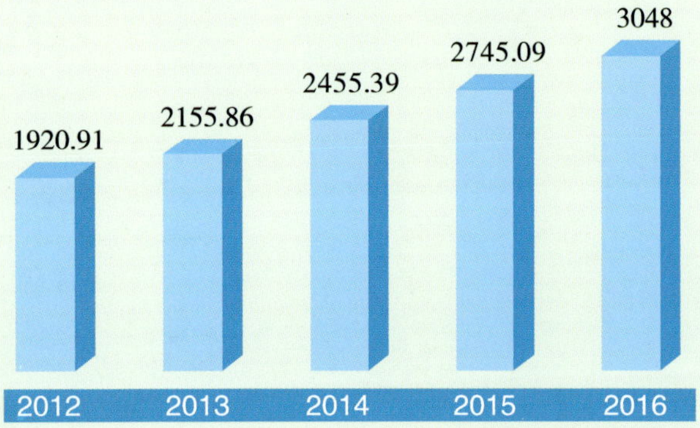

人均地区生产总值

单位：元

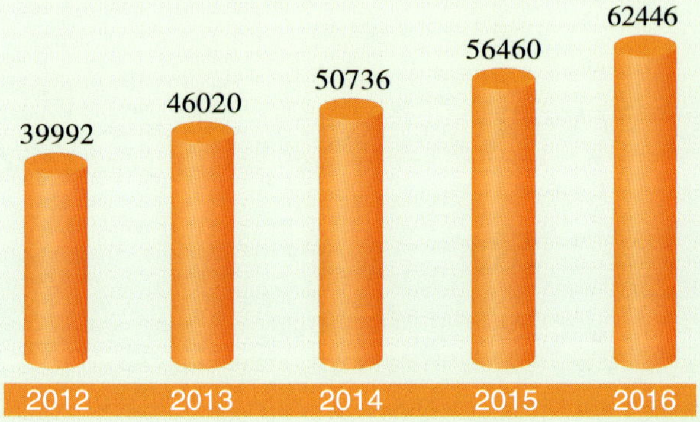

财政总收入

单位：亿元

公共财政预算收入

单位：亿元

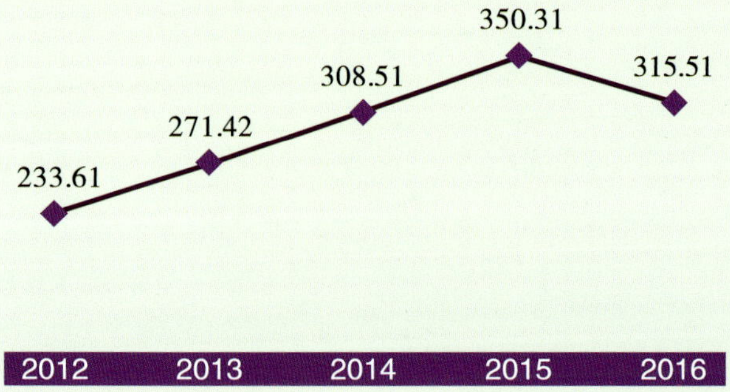

规模以上固定资产投资

单位：亿元

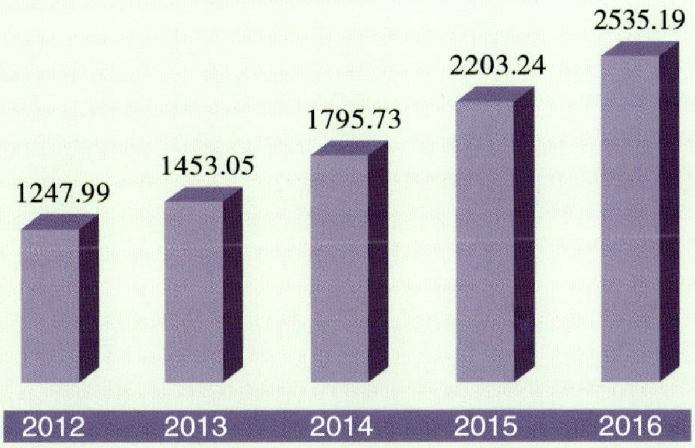

社会消费品零售总额

单位：亿元

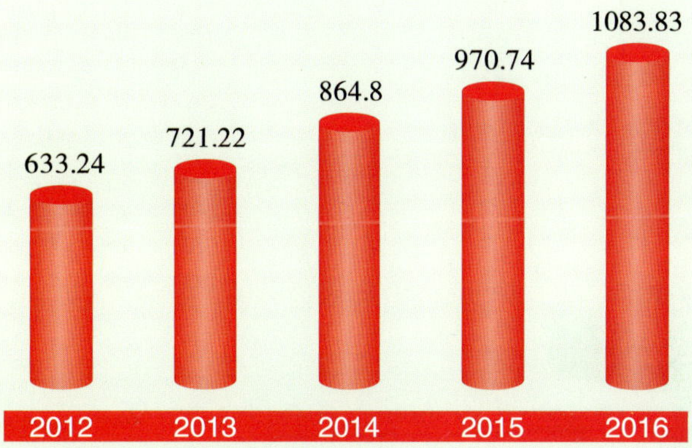

城镇人均可支配收入 / 农村人均纯收入

单位：元

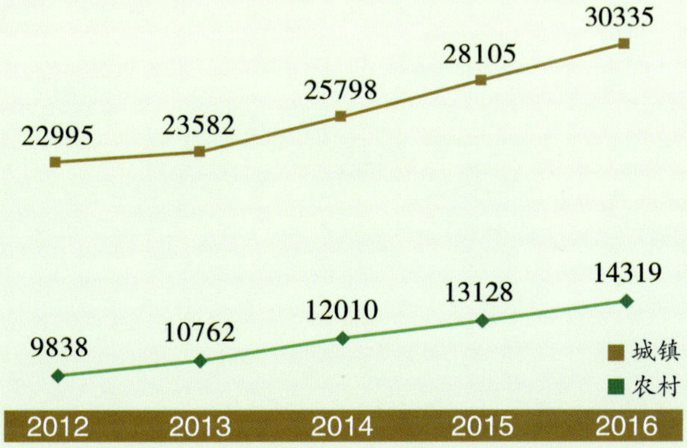

进出口总额

单位：亿元

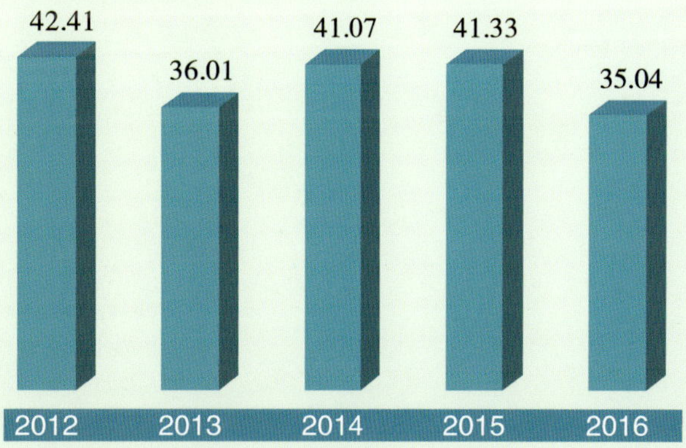

2017年7月13日，中国共产党淮安市第七届委员会第五次全体会议召开 （管伟法 摄）

2017年1月17日，淮安市第八届人民代表大会第一次会议召开　　（管伟法　摄）

2017年1月16日，中国人民政治协商会议淮安市第八届委员会第一次会议召开　（管伟法　摄）

2016年12月28日，中国共产党淮安市第七届委员会第三次会议召开　　（管伟法　摄）

2016年1月18日，淮安市第七届人民代表大会第五次会议召开　　（管伟法　摄）

2016年1月17日，中国人民政治协商会议淮安市第七届委员会第五次会议召开　　（管伟法　摄）

2016年9月30日，中共淮安市新一届纪律检查委员会召开第一次全体会议，选举产生市纪委书记、副书记、常委 （崔龙 供图）

2016年1月28日，市委书记姚晓东（中）到“三进三帮“联系点——淮安区宋集乡条沿村走访慰问 （管伟法 摄）

2016年4月14日，淮安市召开全市“三进三帮”工作交流会 （市三进三帮办公室 供图）

2016年5月26日，淮安市召开“阳光扶贫”工作推进会　　（刘昊宇　供图）

2016年5月17日，市委书记姚晓东到涟水县施洼村开展阳光扶贫工作　　（刘昊宇　供图）

2016年12月9日，市纪委举办"我们永远在路上"全市纪检监察系统"两学一做"演讲比赛　　（崔龙　供图）

2016年7月28日，淮安军分区举办"两学一做"知识竞赛，军分区所属各团级单位代表队参加比赛　　（陈凤朝　供图）

2016年3月2日，举行全国道德模范与身边好人（江苏淮安）现场交流活动　（市委宣传部　供图）

全国文明家庭孙成斌家庭新春走进洪泽湖话家风　（市委宣传部　供图）

2016年10月26日，淮安市内环高架工程先导段开工　（市交通局　供图）

建设中的连淮扬镇铁路　（陈光晰　摄）

2016年，在南京举办的世界粮食日活动期间，联合国粮农组织驻华代表马文森现场了解淮安大米产业发展情况　（王熙　供图）

2016年，淮安市推广高效环保秸秆打捆作业　　（王晓靖　供图）

新型植保机械进行稻田植保　　（陈光晰　摄）

富士康科技集团　　　　（史润泽　供图）

2016年，江苏敏安电动汽车有限公司获得新建纯电动乘用车资质，图为公司车间一角　　　　（史润泽　供图）

2016年11月23日，中国民间酿酒大师总部授权仪式在今世缘酒业公司举行　　（薛余超　供图）

淮安旺旺食品有限公司　　（史润泽　供图）

2016年，江南农村商业银行淮安分行成立　　（市金融办　供图）

2016年，南京银行淮安分行成立　（市金融办　供图）

2016年，兴业银行淮安分行成立　（市金融办　供图）

服务业

2016年,淮安机场开通至日本大阪航班　（王勇　供图）

2016年,涟水五岛湖旅游区创成国家AAAA级景区。图为雪后五岛湖公园　（许军　摄）

2016年10月，第十一届台商论坛在淮安举办 （史润泽　供图）

2016年4月20日，2016淮安周开幕式在台北举行 （史润泽　供图）

市台商服务中心进驻市政务服务中心　　（史润泽　供图）

2016年11月，第十七届江浙两省市级贸促会联席会议在淮安举行　　（夏悦灵　供图）

淮安大剧院内景　　（李斌　供图）

2016年5月15日，淮安大剧院举行开业首演开票仪式　　（李斌　供图）

2016年10月27日，大型淮海戏《林道静》亮相第三届江苏文化艺术节　　（李斌　供图）

2016年1月24日，大型廉政话剧《纤夫》在淮安人民大会堂首次公演　　（李斌　供图）

2016年，淮安市打造多部网络影视剧，图为网络剧《当我老了》海报　　　　　　　　（朱峰　供图）

淮安市打造的《1983之枫雨之夜》电影海报　　　　　　　　（淮安视听网　供图）

2016年12月16日，举办淮安市第二届百姓文化艺术节活动之一——歌手大赛　　（李斌　供图）

2016年4月，举办淮安市第二届百姓文化艺术节活动之一——相声巡演　　（李斌　供图）

2016年6月，"文化遗产日"江苏省主题活动暨苏皖莲湘舞邀请赛在金湖县举行　　（李斌　供图）

2016年10月，淮安市组织人员赴韩国开展文化交流活动
（李斌　供图）

2016年7月9日，《比德于玉——江苏·博物馆玉器精品联展》在淮安市博物馆开幕　　（李斌　供图）

文化建设

2016年4月，“经典润泽心灵 书香滋润人生”——周恩来读书节活动举行 （李斌 供图）

2016年，淮安市开展“西游逐梦 路在脚下”全媒新闻行动 （淮海晚报社 供图）

2016《淮安年鉴》获得全国地方志优秀成果（年鉴类）特等奖 （罗志 摄）

2016年4月5日，淮安市职工服务中心正式进驻市政务大厅。图为工作人员为职工办理业务　（许盼　供图）

2016年，全国“女童保护”项目发起人孙雪梅到淮安为学生授课　　（李轶婧　供图）

2016年“六一”儿童节前夕，市民政局开展“心手相牵 爱助梦圆”帮扶留守儿童捐赠活动　　（汤荣　供图）

2016年6月26日，市民政局组织专业社团为开发区“三无”老人开展团体辅导活动　　（汤荣　供图）

2016年，淮安市楚秀园组织“登高望远，爱在深秋”重阳节活动　　（王灵敏　供图）

2016年9月，江苏省教育厅领导专家调研淮安市职业教育　　（井宏峰　供图）

2016年，淮安市在校园推广足球运动，开展足球嘉年华活动　　（黄丽　供图）

2016年11月18日，省卫生计生委重点扶贫暨盱眙县人民医院与黄花塘镇卫生院组建医联体签约揭牌仪式在盱眙黄花塘举行 （钱士伦 供图）

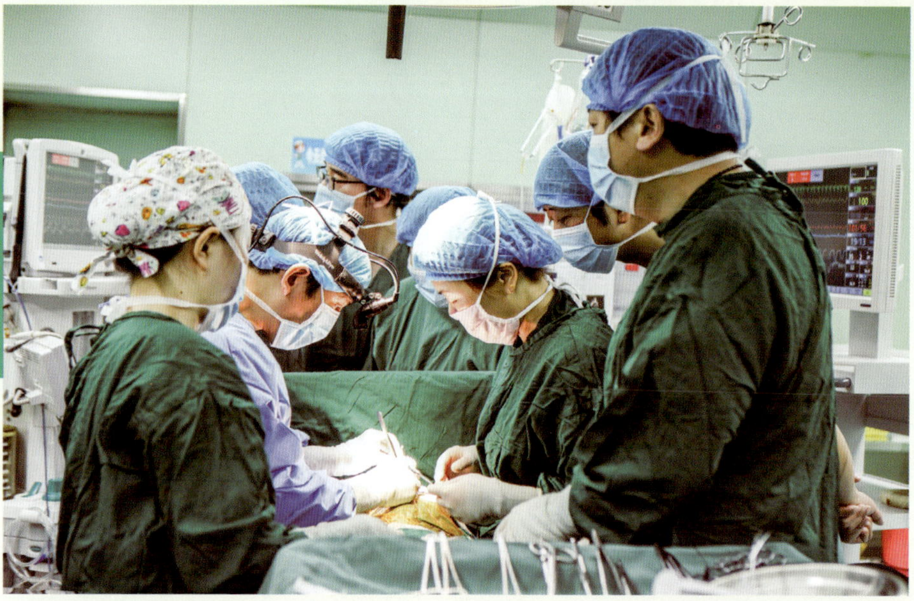

2016年12月，市妇幼保健院成功实施苏北首台腋下小切口不停跳小儿先心病手术

（市妇幼保健院 供图）

2016年，淮安市第二人民医院开展第22届肿瘤防治义诊活动 （市二院 供图）

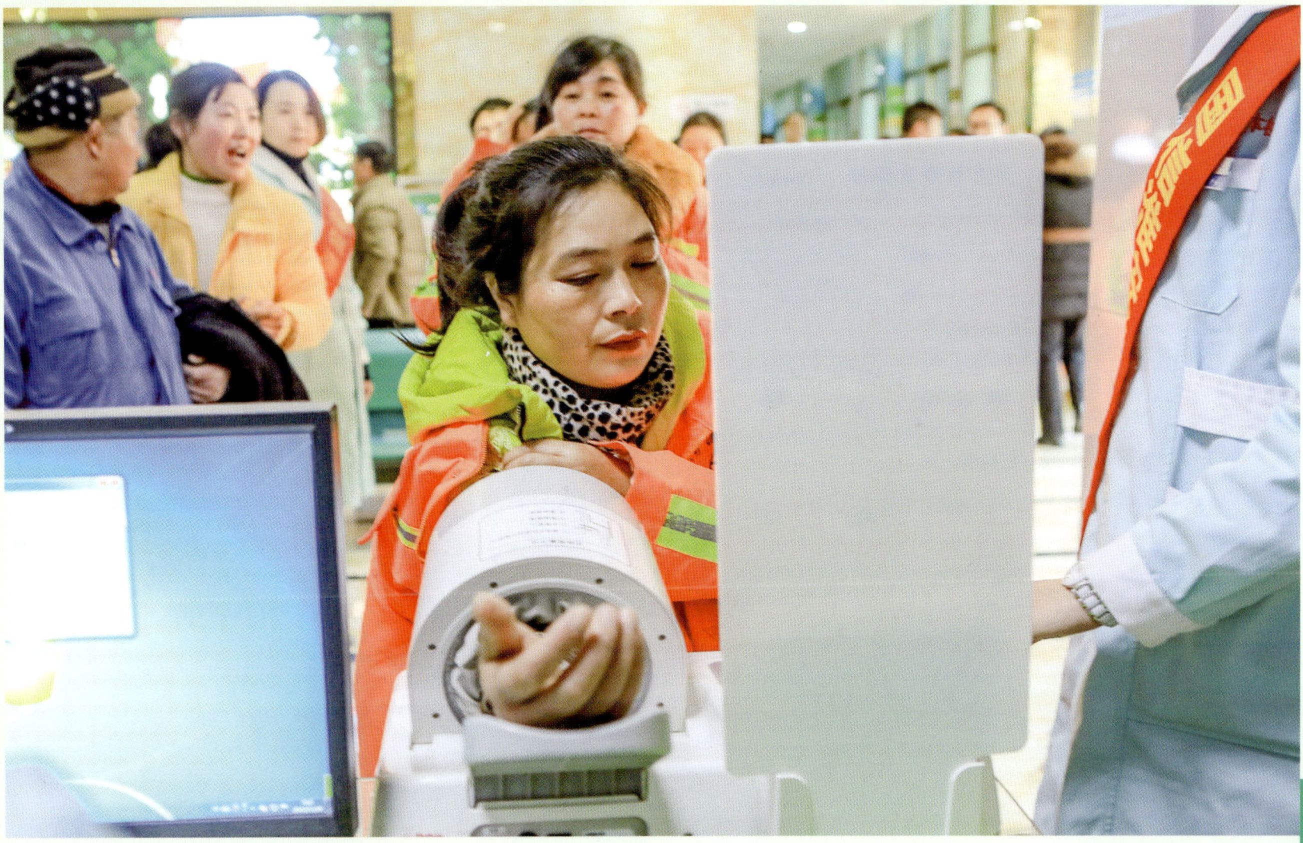

2016年，淮安市组织环卫工人免费体检　　（曹军辉　供图）

2016年9月25日，市民政局组织专业社会组织开展困境群体精神关爱项目快乐团辅活动　　（汤荣　供图）

2016年，淮安市举办第八届运动会，图为啦啦操表演　　（黄丽　供图）

2016年8月7日，淮安市全民健身日千人健步走活动举行　　（黄丽　供图）

2016年"六五"世界环境日期间，淮安市在全国环保系统首次开展环保公益快闪行动　　（杨恩才　供图）

《淮安环保之歌》表演　　（杨恩才　供图）

美丽家园

城区远眺 （陈光晰 摄）

景观提升改造后的樱花园（陈光晰 摄）

淮安市生态文旅区（舒晓 摄）

美丽家园

国家森林公园——铁山寺　　（陈光晰　摄）

金湖县水上森林公园　　（李义海　摄）

萧湖夜景 （陈光晰 摄）

薄雪中行驶的轻轨　　　　（舒晓　摄）

天泉湖秋色 （陈光晰　摄）

雾中的东方母爱公园 （陈光晰 摄）

生态文旅区森林公园　　（陶晶　摄）

美丽家园

里运河夕照　　（王亚楠　摄）

《淮安年鉴》(2017)编纂委员会

编者：淮安市志办公室

地址：淮安市翔宇南道1号

邮编： 223001

电话： (0517)83605585

出版：方志出版社

编 辑 说 明

1.《淮安年鉴》坚持以马克思列宁主义、毛泽东思想、邓小平理论、“三个代表”重要思想、科学发展观、习近平新时代中国特色社会主义思想为指导，坚持辩证唯物主义和历史唯物主义的立场、观点和方法，实事求是记载淮安市经济建设、政治建设、文化建设、社会建设、生态文明建设等各方面的基本面貌和发展情况，为各级领导提供准确的信息和情况，为各界人士了解、研究淮安提供基本信息资料，为编修地方综合志书积累资料。

2.《淮安年鉴》主要内容按市政府要求，经编纂委员会研究确定，多由市各部门、单位和县（区）人民政府指定专人撰写并经主管领导审核，力求保证所提供的事实、资料、数据的准确性、权威性。

3.《淮安年鉴》（2017）设特载、文献、运河之都、生态家园、基础设施、产业经济、公共服务、社会保障、公共管理、法治军事、地方组织机构、县（区）概况、人物、大事记、附录15个部分。体例为条目式，分为类目、分目（含部分二级分目）、条目，以条目为基本记述层次。整部年鉴详尽记述全市各行各业2016年发展状况，充分展示淮安人民为实现民族复兴的“中国梦”和崛起江淮的“淮安梦”而奋力拼搏的精神风貌。领导人物内容截至2017年9月底。

4.《淮安年鉴》（2017）由市各部门和县（区）供稿，文中所用数字，由于统计的来源、口径、方式、方法或时间的不同而可能有差异。请读者引用时以市统计局提供的统计资料为准。

统计数据均使用法定计量单位，为保持文献原貌，“文献”所刊报告中数据的量与单位均不作变动。地图由淮安市国土资源管理局提供，江苏省基础地理信息中心、淮安市基础地理信息中心、淮安市土地勘测规划院编制。

5.为便于读者阅读检索，卷首设中、英文目录，卷末置“索引”。

2009卷以后《淮安年鉴》各卷的主体内容，已上传至淮安市志办公室网站，网址为：http://szb.huaian.gov.cn/szb/index.jsp，欢迎查阅。

编 者

2017年10月

目　录

MU LU

图片专题

特　载

文　献

运河之都

生态家园

产业经济

服务业 …………………………………… 101

公共服务

公共管理

法治 军事

地方组织机构

县（区）概况

人　物

大事记

附　录

索　引

CATALOGUE

中共淮安市第七次代表大会

2016年9月27日~29日，中国共产党淮安市第七次代表大会召开。大会深入贯彻落实党的十八大，十八届三中、四中、五中全会和习近平系列重要讲话精神，动员全市各级党组织、广大党员和干部群众，保持定力持续聚焦全面建成小康社会和建设苏北重要中心城市“两大目标”，抢抓机遇奋力建设繁荣安康宜居文明新淮安。大会完成两大任务，即审议党代会报告、选举产生新一届市委领导班子。完成主要议程六项：一是听取和审查中国共产党淮安市第六届委员会工作报告，二是听取和审查中国共产党淮安市纪律检查委员会工作报告，三是选举中国共产党淮安市第七届委员会，四是选举中国共产党淮安市纪律检查委员会，五是选举淮安市出席省第十三次党代会代表，六是选举市第七次党代会提案委员会、代表联络委员会和决策咨询委员会。

9月27日上午，大会开幕。大会应到代表482名，实到469名，符合规定人数。姚晓东、惠建林、练月琴、葛平、张彤、戚寿余、陈涛、张正军、李晓雷等大会执行主席在主席台前排就座。惠建林主持大会。省委派出以省国土资源厅原厅长、党组书记陶培荣为组长的第四督导组一行到会指导。上午9时，市长惠建林宣布中国共产党淮安市第七次代表大会开幕。市委书记姚晓东代表中国共产党淮安市第六届委员会向大会作题为《保持定力持续聚焦两大目标 抢抓机遇奋力建设美好淮安》的工作报告。李晓雷代表中共淮安市纪律检查委员会以《强化监督执纪问责 推进全面从严治党 为建设美好淮安提供坚强保证》为题向大会报告工作。市委工作报告共分为四个部分：一、五年砥砺奋进迈上新台阶；二、持续攻坚突破谱写新篇；三、科学跨越发展开创新局面；四、全面从严治党展示新气象。

29日上午，市第七次党代会举行第二次全体代表会议。会议应到代表482名，实到代表475名，符合规定人数。大会以无记名投票的方式选举49人为中共淮安市第七届委员会委员，选举29人为中共淮安市纪律检查委员会委员。会议以举手表决的方式，选举出市第七次党代会提案委员会、代表联络委员会和决策咨询委员会组成人员。29日下午，市第七次党代会举行第三次全体代表会议。会议应到代表482名，实到代表475名，符合规定人数。以无记名投票的方式，选举9人为中共淮安市第七届委员会候补委员，选举39人为淮安市出席省第十三次党代会代表。大会还通过关于第六届市委工作报告的决议、关于市纪律检查委员会工作报告的决议。

9月28日，中国共产党淮安市第七次代表大会召开　　管伟法　谭鑫　摄

蔡丽新任淮安市人民政府代理市长

2017年3月29日，淮安市八届人大常委会举行第二次会议。市委书记、市人大常委会主任姚晓东主持会议。市人大常委会常务副主任葛平，副主任李冰、刘华，党组成员许步健，秘书长应群及委员共37人出席会议。市委常委、常务副市长戚寿余，市中级人民法院、市检察院主要负责人等列席会议。会议决定任命蔡丽新为淮安市人民政府副市长，并决定由其代理市长职务。姚晓东向代市长蔡丽新及市政府组成部门主要负责同志颁发任命书。蔡丽新率领市政府组成部门主要负责同志向宪法宣誓。

蔡丽新表示，将加强学习提素质，不断增强推动发展、服务人民的能力。认真履职促发展，牢记习近平总书记“把周总理家乡建设好，很有象征意义”的殷切嘱托，为建设好周总理家乡贡献力量。求真务实干事业，努力创造出经得起实践、人民和历史检验的发展业绩。牢记宗旨为人民，进一步增强群众的获得感和幸福感，真正做到为官一任、造福一方。廉洁从政作表率，切实做到清清白白做人、干干净净做事，进一步增强政府系统的执行力和战斗力，切实加强法治政府建设，自觉接受各方面的监督，不断提高依法行政水平。义不容辞地担负起重如泰山的责任，认真履行好各项工作职责，决不辜负组织的培养和全市人民的期望。

《淮安市国民经济和社会发展第十三个五年总体规划纲要》发布

2016年2月16日，淮安市人民政府印发《淮安市国民经济和社会发展第十三个五年总体规划纲要》（以下简称《纲要》）。《纲要》根据《中共淮安市委关于制定淮安市国民经济和社会发展第十三个五年规划的建议》编制，历时一年零三个月，经过前期研究、实地调研、文本起草、修改完善、提交评审、审议发布6个阶段，八易其稿，形成约7万字的最终文本。

《纲要》提出，“十三五”时期，淮安经济社会发展的总体目标是：在全面小康社会建设上，对照江苏2013版全面小康新标准，着力补短补缺，确保小康建设覆盖所有领域、惠及全市人民，与全省同步率先全面建成小康社会。在苏北重要中心城市建设上，全面提升交通支撑力、城市带动力、产业竞争力、文化引领力，建成现代综合交通枢纽城市，力争创成联合国人居环境奖城市，基本确立苏北重要中心城市地位，为打造重要增长极提供坚实支撑。

《纲要》提出三大指标体系：一是“十三五”经济社会发展指标体系，其中预期性指标21项，约束性指标27项。二是“十三五”苏北重要中心城市建设指标体系，其中预期性指标16项，约束性指标12项。三是“十三五”淮安市扶贫开发指标体系，其中预期性指标5项，约束性指标4项。

《纲要》编制坚持以“五大理念”引领，突出“强富美高”要求，遵循“新常态”逻辑背景，把握问题导向，贯穿“多规合一”主线，阐明了“十三五”时期的发展阶段、发展战略、发展目标、发展任务、发展重点和政策举措，是全市人民未来五年共同奋斗的行动纲领。

《纲要》在总体设计上分为三大版块，共10篇30章89节。第一版块总论，包括第1、2篇。以全面建成小康社会、基本确立苏北重要中心城市地位，打造全省增长极统领全文，以“多规合一”描绘空间发展蓝图。第二版块包括第3–9篇，围绕“两大目标”，分别从“强、富、美、高”四个部分进行阐述和部署。第一部分包括第3–6篇，着重阐述“经济强”的目标任务要求。第二部分包括第7篇，阐述“百姓富”的内容。第三部分包括第8篇，阐述“环境美”的内容。第四部分包括第9篇，阐述“社会文明程度高”的内容。第三版块包括第10篇，主要阐述规划实施保障。全文紧紧围绕“打造增长极、共筑崛起梦”展开，与市委“十三五”规划建议精神高度一致。

清江浦区、洪泽区成立

2016年10月18日，清江浦区成立大会召开，清江浦区正式成立；同日，洪泽区成立大会召开，洪泽区正式成立。2015年12月22日，中共淮安市第六次代表大会第五次会议上，决定对淮安进行新一轮行政区划调整。在《中共淮安市委关于制定淮安市国民经济和社会发展第十三个五年规划的建议（草案）》（讨论稿）中提出，优化中心

10月8日，清江浦区成立大会召开　　谭鑫　摄

城区区划布局，从战略和全局的高度，谋划并实施新一轮行政区划调整，积极稳妥推动洪泽撤县设区，实现洪泽湖“纳湖入城”，推动清河、清浦合并设立清江浦区，整合产业发展平台，打造特色功能板块，在更大范围合理布局中心城市主城区的资源要素和功能设施。2016年6月，《国务院关于同意江苏省调整淮安市部分行政区划的批复》下发：一、同意撤销淮安市清河区、清浦区，设立淮安市清江浦区，以原清河区、清浦区的行政区域为清江浦区的行政区域，清江浦区人民政府驻城南乡淮海南路268号。二、同意撤销洪泽县，设立淮安市洪泽区，以原洪泽县的行政区域为洪泽区的行政区域，洪泽区人民政府驻高良涧街道东九道26号。

2016年末，清江浦区行政区域面积420平方千米，人口73.59万人，辖11个街道、3个镇、5个乡；洪泽区行政区域面积1273.41平方千米，人口37.88万人，辖6个镇、3个街道、1个省级开发区（虚拟社区）。

2016年10项重点工程

2016年是实施“十三五”规划的开局之年，也是淮安市“打造增长极、共筑崛起梦”的起步之年。全市全力攻坚，实施铁路规划建设、里运河文化长廊建设、西游记文化产业园建设、白马湖保护与开发、金融中心建设、盐化新材料产业发展、中心城市道路通达工程、淮安智慧谷建设、高铁新区规划建设、淮安综合大市场建设等10项重点工程。年内，各项工程有序推进，完成年度目标任务。

铁路规划建设

2016年，在建铁路快速推进。年度目标超额完成，连淮扬镇铁路完成年度投资25亿元，徐宿淮盐铁路完成年度投资15亿元，分别完成年度目标任务的156%和150%。连淮扬镇铁路、徐宿淮盐铁路征地拆迁工作分别于7月、8月全面完成，比省定目标时间提前5个月和4个月。连淮扬镇铁路项目完成房屋拆迁1987户，企业（村部）13家，红线用地266.73公顷；徐宿淮盐铁路完成房屋拆迁837户，企业（村部）4家，红线用地137.73公顷。连淮扬镇铁路灌注桩完成95.1%，承台完成57.5%，墩身完成46.4%，箱梁预制完成23.5%；徐宿淮盐铁路灌注桩完成92.6%，承台完成49.3%，墩身完成36.2%，箱梁预制完成6.6%，全线第一桩、第一台均在淮安市完成。

宁淮铁路启动预可研工作，《关于恳请加快宁淮铁路与沂淮铁路前期工作的请示》获得省委书记李强批示。主动对接南京市政府、上海铁路局南京办事处、安徽省铁路办、安徽省滁州市人民政府，共同推进宁淮铁路前期工作，与滁州市人民政府签订备忘录，并征得滁州市人民政府同意，由江苏省铁路办统一开展宁淮铁路前期工作。3月，江苏省铁路办发布沂淮铁路预可研及工程可行性研究项目招投标公告，启动预可研工作。10月20日，江苏省铁路办发布宁淮铁路招标公告，设计单位完成资料收集和现场踏勘。

经努力争取，中国铁路总公司同意淮安市高铁站房面积扩大至3万平方米，确定淮安东站站房概念设计方案首选方案，主动对接设计单位，做好淮安东站站房地下空间方案设计工作。协调下穿通道和江苏省道S235改移，组织召开下穿通道框架协议沟通协调会，同意大同路、横四路、广州路下穿通道的变更申请并启动变更报批程序，做好中铁四局项目部会办S235改移事宜。

里运河文化长廊建设

2016年，里运河文化长廊“起承转合”四大片区建设快速推进，清江浦景区建成开放，漕运城开工建设，山阳湖广场、桥梁全面打造，河下萧湖景区快速提升，全线慢行系统、人文自然景观工程即将贯通。

清江浦1415街区二标段完成竣工验收，招引老舍茶馆、韩国CGV等知名品牌进驻，多家进入装修阶段。

提升清江浦景区知名度，通过吸引人、服务人、汇集人、留住人来达到聚人的目标，打造淮安苏北重要中心城市旅游热点板块、“运河之都”文化品牌。国庆7天长假，清江浦景区接待游客近5万人次，游船满负荷运转，游客、市民需排队等待乘船游览，游船接待游客人数过万。省级旅游度假区创建省级旅游度假区规划通过省级专家评审，取得阶段性进展。

打造文旅商融合的旅游景区。10月9日，中国漕运城（旅游度假区）修建性详细规划通过市两规委会审议。中国漕运城地块拆迁全部完成，先期启动漕运门、中国漕运城展示中心、公交二公司站场等项目建设，开展PPP合作模式洽谈，中国漕运城PPP项目纳入省PPP项目库，项目实施方案编制完成。

西游记文化产业园建设

2016年，西游记龙宫大白鲸欢乐世界入选江苏省十大新景区和十大旅游新线路，龙宫大白鲸嬉水世界项目主体建设完成。依托现有资源，打造古淮河文化、西游记文化、淮扬菜文化、戏曲文化、摄影文化、运动休闲及养老养生等文化品牌。文旅区规划面积73平方公里，核心创建面积24平方公里，分为西、中、东三个片区：西片区为文化博览服务区，中片区为户外休闲康体区，东片区为互动娱乐体验区。

完成淮扬菜文化博物馆河馆、菜馆、民俗馆、品尝馆和淮扬菜文化研究院五大功能区改造提升，汽车自驾游营地、古淮河采摘园规划设计方案和施工图出炉。龙宫大白鲸嬉水世界白鳍鲨、黑鳍鲨等300多种计1万多条鱼类招标完成，海狮、海象、海豹等海兽完成采购，高速滑道、组合滑道等嬉水设备生产完成。日月洲度假村总体方案基本确定。在北京、上海、南京和海外进行品牌推荐，应邀赴美国华盛顿举办第二届美国淮扬菜研习班；央视纪录频道大运河节目第四集专题播出《流淌的美味》，江苏电视台教育频道拍摄淮安国际摄影馆宣传片；建立淮扬菜文化博物馆网站，签约动画电影《美食大冒险》，拍摄微电影《进化论之淮扬菜传奇》；编发古淮河西游记文化旅游区《通讯周刊》36期。

白马湖保护开发

2016年，白马湖保护与开发工程计划完成6大类10项重点工程建设任务，全年计划投资4.54亿元，完成投资5.52亿元，完成率121.6%。新获批环保部、财政部湖泊保

5月23日,2016中国·淮安第二届环白马湖自行车赛举行　　白马湖办供图

护专项奖励资金1.32亿元,累计获批中央环保资金10.3亿元;承办中国湿地保护协会第一届常务理事会议,环保部及20余省、市、自治区100余名湿地保护专家到淮安考察交流,打响白马湖国家生态名湖品牌。流域治理全面启动。10条主要入湖河道整治全面开工,全湖整治方案基本完成;总投资34.5亿元的"十三五"水污染防治规划获市政府批准。

总投资5.1亿元的四季花海PPP项目正式签约开工;与南京农业大学、上海景域、南京一德等知名院校、企业达成战略合作协议;中医药养生产业园开工建设,洽谈水岸地球村、向日葵岛、房车营地等一批新项目。白马湖片区土地利用规划获省政府批复,成为省政府批准的全市首批3个功能片区之一;协调沿湖县区、乡镇控规修编,推进白马湖片区空间发展规划落地,"多规合一"格局逐步形成。启动拆旧复垦、存量开发、增量集约、多规合一、农田保护、生态多元等6大工程;沿湖147.3公顷土地挂牌成交,调整项目土地规划36.07公顷,保障重点项目用地需求。

年内,举办"枫华正茂、莓好未来"公益活动、金秋菊花展系列活动。全年接待游客50万人次。打造最美步道,开展全民健身活动,举办第二届环湖自行车赛、首届钓鱼大赛。白马湖环湖路被评为2016江苏最美跑步线路。白马湖景区获批国家AAA级旅游景区,并入选2016全国优选旅游项目名录;省级森林公园、省级旅游度假区建设加快推进,省级水利风景区启动创建。

金融中心建设

11月22日,金融中心与工商银行、农业银行、邮储银行、中国银行、建设银行等10家银行签订入驻协议,金融中心签约总面积超过20万平方米。至年底,金融中心B区30万平方米工程6栋主塔全部显现;东地块"五通一平"等临时设施提前完成施工;C区桩基施工单位组织10台桩基设备进场抢抓工程进度,完成420根工程桩施工;风情街地块提前完成地质勘探,开展商业策划定位研究和方案优化论证;东城国际完成施工图审查,开展消防设计专项审查和装修施工单位招标准备工作。

作为淮安首家分布式能源系统,金融中心致力于打造绿色、节能、环保、生态型建筑,利用可再生能源、清洁能源,独立实现区域内冷、热、热水三联供,实现错峰调节,达到节能减排。金融中心1#泛能站蓝图完成设计,与国奥泛能源公司共同合资组建的金能能源科技有限公司完成注册并取得营业执照。金融中心能源项目作为江苏省仅有的5个"互联网+智慧能源"示范项目之一成功入围国家能源局组织实施的全国性示范项目评选,该系统利用互联网模式,以市场为导向,挖掘互联网与能源系统融合带来的经济、环境、社会效益。为保障玻璃幕墙品质,确保项目整体形象,金融中心多次组织设计院专家考察研究幕墙的型材、色板、样式,反复调整优化方案,优化后的楼体更加挺拔俊朗。

盐化新材料产业发展

2016年,淮安盐化新材料产业园区围绕全面提升区域主导功能、强化载体支撑能力、加速产业集中聚集,加快项目建设,推进盐化新材料产业发展工程,打造淮安千亿元盐化新材料产业增长极。全年实施盐化新材料产业发展工程项目19个,其中亿元以上工业项目12个,基础设施工程项目7个。富强盐业一体化项目有序推进，环评、安评得到批复；国信热电项目主体厂房全面开工建设，1#、2#锅炉基本完成，1号机组安装完成；淮江科技、实联生技盐产业园、瑞洋安泰3个项目完成设备安装，并进行试生产；安麦道项目、晨化新材料项目、祥霖美丰项目、联科化学项目、禾裕泰、联力化工、艾科维等项目进展顺利，园区工业经济快速发展。

完成李湾路工程、张朱路工程、园区道路路灯工程等多个项目；开展城市水利项目，永济河河道整治、生态修复工程竣工；实施控源截污项目，围绕白马湖生态水质保护，重点实施园区水环境综合整治、企业污水排放一企一管、企业雨水排放实行一企一池监控排放，杜绝企业偷排现象，确保园区带污染雨水不进入白马湖。年内，洪泽片区雨水监控排放一期工程、清华同方污水处理能力提升工程竣工，危废处理项目按要求有序推进。

中心城市道路通达工程

2016年，中心城市道路通达工程包括缓解拥堵道口、改造"瓶颈"路段、打通堵头路段、片区交通连接、新建停车场等五大类30个项目，项目总投资13.58亿元。至年底，完成工程投入22.4亿元，开工建设主城区快速路、503省道淮安机场连接线、勤政南路南延段、淮阴区淮海北路延伸（过铁路）等28个项目，宁连路南门立交改造、银川路路面维修改造、黄河东路改造等20个项目竣工或主体完工。市区相继完成（或主体已完成）淮海广场、环城东路等路交通改善工程，开元路中段、发展路、幸福路、银川路等改造"瓶颈"路段项目以及军营路、中经路、地质路等路打通堵头路段项目。启动主城区快速路建设，进行高架桥桩基施工。启动淮海路跨大运河桥和古淮河桥、宁连路南门立交、宁连路跨里运河桥引桥等工程等。

提升公共出行能力。有轨电车上线运营列车18列，运行时间缩短至50分钟。新购置600辆新能源公交车并全部投入运营，淘汰黄标公交车376辆。新辟、优化调整17条公交线路，延长18条线路服务时间，加密5条夜间线路班次，推出"淮安掌上公交"APP。智能交通系统纳入"智慧淮安"建设体系，开展硬件采购安装及软件开发调试工作。

淮安智慧谷建设

2016年，淮安智慧谷加快完善硬件平台，推进科研机构落户运营，优化配套服务，围绕优势特色产业发展需求，发挥高端科技资源对淮安主导产业支撑作用。全年投资9600万元，累计投资15亿元。智慧谷一期工程研发载体、生活配套设施18.5万平方米以及主体工程和外部安装全部完成，其中4万平方米科研实验楼投入运营。完成园区外围和内部道路及景观等配套工程建设。A2号科研实验、餐厅、公寓楼全部交付使用；面积约1400平方米的智慧谷展示厅布展施工完成。国家大学科技园装修基本完成，进入收工扫尾阶段。

智慧谷作为全市科技创新和成果转化重大平台，在"招引、服务双推进"的工作思路下，累计签约著名高校院所研发机构36家，落户18家。年内，成功引进南京工程学院、清华大学苏州汽车研究院设立科研机构，引进北京中国技术交易所、厦门科易网等3家科技中介机构。组织科研机构参加市科技创新大会，开展科技成果推介活动，协助完成两次全市科技创新培训活动，组织科研机构开展产学研活动。

完成南京邮电大学、吉林大学等10家签约项目建设方案可行性论证评估。落户科研机构申报市级以上纵向科技项目11项，开展横向科技合作项目21项。根据绩效评价进行资金拨付，市、区两级财政拨付科技扶持资金6805万元。完成《淮安市大学科技园建设方案》草案，明确各方工作职责，初步建立公司化运营机制。全年孵化项目15个，获批市级创新创业基地。

高铁新区规划建设

2016年，淮安市精心编制高铁新区各项规划。核心区控制性详细规划于6月初获得市政府批复，形成片区用地功能和开发强度、交通设施、公共服务设施配套、空间景观营造等八个方面规划成果及"一轴、一带、三点、六区"的空间结构。委托江苏省工程咨询中心编制高铁新区产业规划，通过省、市有关专家评审，建设一个企业集中布局，产业集群发展、资源集约利用、功能集合构建的高铁新区。

先后启动957户约26.5万平方米的基础拆迁及27户企业搬迁，两批次拆迁工作均在两个月内基本完成。260公顷土地预征收工作基本完成，支付征地补偿资金1.9亿

2016年，淮安市淮海路跨古淮河桥改造工程桥梁主体完工 古佳璐供图

元，2871名被征地农民全部纳入城镇职工社会保障体系。编排高铁商务区整体拆迁工作计划，仅用20天时间就完成2010户“一户一册”登记调查工作。核心区路网规划项目投资19.4亿元，总长度约35公里，枚皋路、城东路及顺达路等前期启动的5条道路方案通过审查，并开展招标工作；高铁新区安置小区项目总投资约10亿元，总建筑面积约33万平方米，桩基工程正式启动。

淮安综合大市场建设

2016年，淮安综合大市场开工建设国华曼度广场、欧蓓莎广场、电商创业孵化中心等6个5亿元以上项目，建成商业面积8.5万平方米，完成固定资产投资6.2亿元。电商一条街初具雏形。有四季鲜、苏楚食品、宜蜂尚、新航网络科技等50余家电商企业入驻办公，入驻率98%，经营范围涉及跨境电商、农产品物联网平台、网络技术开发、生活消费平台、在线文化平台等多个领域。年内，淮安电商创业大厦实现销售额近10亿元，带动就业300余人，先后被评为“市级巾帼电商服务基地单位”“2016年度市级创业孵化基地”“淮安市首批电子商务示范基地（园区）”。

淮安龙凤喜万家婚庆生活广场实现部分营业，苏北最大专业儿童职业体验馆——哈奇宝贝城基本完成装修。先后完成签约总投资5亿元的鑫泰木材市场项目、总投资10亿元的冷链物流项目以及总投资5亿元的海仑云仓物流项目，鑫泰木材项目开工建设；总投资50亿元的德国小镇和总投资34亿元的雷尼奥小镇2个项目签订框架协议。

2016年10件民生实事

完善便民服务体系

至2016年，淮安市在用电梯数量13000台。6月3日，电梯应急处置平台“96333”电话开通运行，共接到求助电话1285起，解救被困人员3045人，平均到场用时14.23分钟，救援人员到达电梯困人现场平均用时比法定到达现场时间缩短50%以上。

建立家庭医生签约服务团队项目，家庭医生签约服务团队以县区为单位覆盖率100%，98%的乡镇、86%的行政村、所有社区卫生服务中心均开展签约服务，个性化签约数135.7万人。

实施建设城市末端公共配送站点项目，运用市场化手段，引进国内主要智能快件箱建设企业推进项目建设，安装智能快件箱592组，超额完成任务。建设公共停车场项目，完工投入使用停车场23个，新增泊位2215个，完成年度计划任务的123%。实施建设城市公共厕所项目，13座新建公厕全部完工，其中10座投入使用，升级改造27座公共厕所，完成率100%。实施建设城市“绿色小客厅”项目，完工10个，完成率100%。

丰富提升教育资源

将学前教育普惠发展工程纳入《淮安市“十三五”教育事业发展规划》。“十三五”期间，全市按省优质园标准新扩建100所幼儿园，预计新增学前教育学位3万个以上。将按照园均服务人口1~1.5万人标准，科学规划幼儿园布局。推进幼儿园标准化建设，提升省、市优质幼儿园占比。探索建立幼儿园服务区制度，鼓励条件成熟的县区率先试行，逐步实现适龄儿童就近入园。全年计划投资1.6亿元，按照省优园标准新改扩建20所公办幼儿园，实际新改扩建幼儿园25所。全年计划投资3600万元，建设教育城域网。年内，按期完成项目建设需求方案，县区、市直学校光纤互联项目完成招投标。智慧教育平台建设方案启动招投标工作，完成一期建设。

建设透明放心菜市场

2016年，淮安市在全国率先打造透明放心菜市场，让百姓买得放心、吃得安心。透明放心菜市场项目入选“2016中国十大民生决策”。运用互联网最新技术，依托大数据、云平台、云监控，将蔬菜产地、经营者、检测结果全流程“搬”上互联网。整个系统布局市场经营者、监管部门和消费者三类终端，建立主体信息、地理信息、食品信息、食品流向、检验票证资料等五个数据子库，做到主体责任、商品信息、快检结果、监督管理、公众评价和社会监督等“六个透明”，实时更新、网上直播、透明可查。

搭建市场开办者快检、监管部门抽检、第三方复检“三方联动”检测体系，实现市场业态、产品种类、入市批次“三个全覆盖”。与透明食品生产、透明食品流通、透明安全餐饮系统互联互通，与江苏省食品条码库无缝对接，实现自动流转、数据共享，实现全业态可覆盖、全流程可透明、全社会可参与、全链条可监督、全方位可评价、全数据可贯通。蔬菜平均合格率由92.1%提升至99.6%，农残检测抑制率由46.2%下降到21.3%。全市所有室内农贸市场、大型商超、网货中心都已建成透明放心菜市场，实现64个室内农贸市场、5545个经营户和81家大型商超、2家网货中心全覆盖。

保障城乡供水安全

2016年，市政府将保障城乡供水安全工程，以“民生实事”一揽子项目予以推进，加快区域供水工程建设。在以二河、废黄河为取水水源外，加快建设市区备用水源工程，确定市区第二水源地为白马湖，第三水源地为京杭运河。工程总投资4.8亿元，新建日取水能力20万吨的白马湖水源厂（淮安区南闸镇渔民村）和日取水能力20万吨的京杭运河水源厂（淮安区三堡乡严星村），铺设京杭运河水源厂和白马湖水源厂至城南水厂直径1600毫米浑水管道52.6公里，当市区二河、废黄河水源地发生突发性水污染时，将京杭运河或白马湖浑水输送至城南水厂，由城南水厂向市区应急供水。年内，工程有序推进中。

清浦、淮阴、淮安、涟水四个县区政府均与省水利厅、财政厅、住建厅签订工作目标任务书，全市落实建设任务41.86万人。至年底，全市农村饮水安全工程完成投资40850万元，全面完成年度建设任务。农村供水全部直接供水到户，且为全天候供水。加快自来水深度处理改造，市北京路水厂、涟水县第二水厂和金湖县二水厂完成深度处理改造，市城南水厂完成80%土建工程量，洪泽区水厂、淮阴区水厂完成深度处理改造方案编制。

提升公共出行能力

2016年，淮安现代有轨电车上线运行电车数量达到

18列，高峰时段发车间隔由15分钟/班缩短到6分钟/班，全程运行时间由66分钟缩短为50分钟。首末站首班车提前到早6时，末班车延长到晚10时。准点率、运行图兑现率一直保持在99%以上，日均客流量从开通初期的0.8万人次增加到1.6万人次，日最高客流量达4.05万人次，是全国现代有轨电车客流量最大的线路，成为连接主城区与开发区、生态新城、淮安区之间的骨干公共交通工具。

市区共新辟公交线路17条，优化调整公交线路16条，延长18条公交线路的服务时间，加密8条夜班公交线路班次。新购置700辆新能源公交车辆、淘汰386辆黄标公交车辆，净增公交车300余辆，市区公交车保有量达到1160辆。

结合“智慧城市”建设，市城市公交公司建设智能公交系统，开发推出“淮安掌上公交”APP客户端，大大减少乘客等车时间。建成出租汽车电召系统，使用全国统一的“95128”电召热线，并开发推出“淮安掌上召车”APP客户端，不但实现滴滴出行APP所有功能，还融入淮安本土特色的相关功能，方便市民出行。

优化公共文化服务

2016年，在市政府要求的100平方米文化活动中心基础上，鼓励有条件的社区根据自身实际条件提高建设标准，创建一批500平方米以上的示范文化活动中心，高质量、高标准完成社区文化中心建设。全市30个社区文化中心全部建成并免费对外开放，全年计划投资600万元，实际投入1648万元，新增社区文化中心面积24064平方米。

文化“四送”项目以传统的送文化下乡方式，为群众提供丰富多彩的公共文化服务，解决群众看戏、看演出难问题。继续开展送图书下基层活动，对基层图书室藏书进行补充完善，通过城乡图书通借通还改造，让群众可以在家门口阅读到丰富的图书。完成送展览108场、送演出1093场、送电影13727场，送图书133106册。

在健全图书借阅系统中，主城区“一卡通”完成数据交换平台建设，县乡图书馆通借通还完成网络交换平台、数据接入；新建12个24小时图书驿站并投入使用。24小时图书自助驿站实现阅读服务的数字化管理，让群众体会到数字化带来的便利，在苏北地区处于领先位置。

尊敬呵护城乡老人

运用“互联网+”信息化手段开展居家养老服务，建成“虚拟养老院”，提升智能化、信息化养老服务水平，为老年人提供便捷服务。通过“互联网”，为老年人提供生活照料、物业维修等服务项目，实施人性化养老服务，及时掌握居家养老人员基本信息，实现养老服务“大数据”，实现人性化“服务”，数据化“管理”。全市虚拟养老服务基本实现全覆盖，全市有5925名困难家庭老年人享受到政府购买的养老服务。建成9个街道（乡镇）老年人日间照料中心、104个社区老年人助餐点，城乡标准化社区居家养老服务中心建成率分别为42%、16%。建成投入使用20个关爱驿站。

提高城乡居民基础养老金标准方面，从2016年1月份开始执行新标准，在原月标准105元/人的基础上，增加10元，提高到月标准115元/人，累计为71万名60周岁以上老年居民发放基础养老金8.2亿元。

关爱帮扶困难群体

淮安是第一个把女童保护写入政府工作报告的城市。在全社会开展女童保护宣传教育活动，推进女童保护知识进学校、进社区、进企业、进妇女儿童活动阵地，建立健全多部门合作的女童保护宣传教育和司法援助机制，形成源头预防、过程干预、末端治理的女童保护工作格局。“党政主导、部门联动、社会参与”的女童保护淮安模式成为独特温馨的全国样本。提高城乡低保标准。从2016年7月1日起，城乡低保标准分别达到每人每月520元、400元，分别增长6.1%、8.1%，城乡低保标准之比缩小至1.3。完成残疾儿童转介1805名，超额完成市残联与市政府签订的1100名的救助任务。

2016年，淮安市镇村公交开通率达到63%以上 储海进供图

建立困难群体精神关爱机制，全市落实关爱特殊对象942人（失独家庭198人，社区矫正123人，孤儿、困境儿童149人，“三无五保”老人136人，重残人员145人，单亲困难家庭106人，其他困境群体中偏执人员85人），超年初预定服务对象42人。各县区向社会组织购买服务，确定15家提供精神关爱服务的社会组织，签订协议并组织实施困难群体心理援助与精神慰藉工作。组织开展困难群体精神关爱业务培训，邀请心理学专家为全市心理关爱类社会

2016年，淮安市完成大治河整治工程　　金立甫供图

组织进行理论知识和实务操作辅导，组织5家承接项目的社会组织进行工作经验交流，提升心理关爱类社会组织综合业务能力。

整治提升城区环境

黄河故道疏浚整治，是整治提升城区环境中的实施控源截污及城市河道整治工程内容之一。整治工程还包括对文渠河、清安河进行疏浚整治。黄河故道水利综合整治工程完成护岸34.32公里、险工段处理22.72公里、雨淋沟处理1.93公里、切滩3.4公里，完成李庄引水闸、李码调度闸建设，完成引黄干渠渠首改造和涟水大关防洪闸等主体工程。计划投资1.9亿元，实际完成投资2.8亿元。治理中新建李码引水闸和李码调度闸，为淮安区板闸干渠下游5000多公顷耕地解决灌溉问题。

全力打造美丽乡村

按照"河畅、水清、岸绿、景美"的目标，2016年，投入农村河道疏浚整治资金5818万元，完成疏浚县乡河道316条，整治村庄河塘1185个。在完成建设任务的同时坚持生态治理，安排1~2条河道作为生态恢复试点，通过对河坡、河堤种植花草等多种形式，防止水土流失，提供动物栖息地，维护河道生态功能，形成良好河道景观。以推进"四好农村路"建设活动为载体，完成投资6.45亿元，建成农村公路500.46公里、桥梁97座，超额完成年度目标任务。

乡镇全民健身工程实际投资1712万元，全市30个乡镇均完成多功能运动场的建设任务，年度目标完成率100%。推进新农合提标扩面工作，完成目标任务。全市新农合人均筹资标准提高到565元(其中各级财政补助425元)，共筹集新农合资金20亿元；新农合参合人数354.54万人，参合率99.98%。至11月底，全市新农合住院45.6万人次，普通门诊补偿972.91万人次，群众享受新农合补偿17.5亿元。　(周　鉴)

保持定力持续聚焦两大目标
抢抓机遇奋力建设美好淮安

——在中国共产党淮安市第七次代表大会上的报告

姚晓东

（2016年9月27日）

中国共产党淮安市第七次代表大会，是在我市进入"十三五"发展崭新征程和全面建成小康社会决胜阶段、奠定苏北重要中心城市地位决战阶段召开的一次重要会议。大会的主要任务是：深入贯彻落实党的十八大、十八届三中四中五中全会和习近平总书记系列重要讲话精神，回顾总结市第六次党代会以来主要工作，研究部署今后五年奋斗目标和重点任务，选举产生中共淮安市第七届委员会、纪律检查委员会和出席省第十三次党代会的代表，动员全市各级党组织、广大党员和干部群众保持定力持续聚焦全面小康社会和苏北重要中心城市两大目标，抢抓机遇奋力建设繁荣安康宜居文明的美好淮安。

五年砥砺奋进迈上新台阶

市第六次党代会以来，市委团结带领全市广大党员和干部群众，认真贯彻中央和省委决策部署，以落实习总书记"把周总理的家乡建设好，很有象征意义"嘱托要求为动力，开拓创新，锐意进取，创造了淮安发展又一个黄金期。

——五年来，我们矢志追求科学跨越，经济实力实现大幅跃升。主要经济指标增幅连续十年位居全省前列，地区生产总值实现翻番、达2745亿元，人均超过全国平均水平1100美元以上，一般公共预算收入先后迈上两个百亿台阶、达350.31亿元，2014年以县为单位达到省定2003版全面小康标准。产业转型升级持续突破，初步形成工业"4+2"、服务业"4+3"、农业"4+1"的淮安现代产业体系，工业优势特色产业加速集聚，引进实施富强新材料、德科码半导体、臻鼎科技、华昌新材料等一批重特大产业项目，今世缘酒业、井神盐化在上交所主板上市，盐化新材料、凹土科技产业园成为国家火炬计划特色产业基地，电子信息产业产值率先突破千亿元，食品产业有望今年过千亿；现代服务业快速发展，三次产业占比实现从"二三一"到"三二一"历史性跨越，淮安电商物流园、顺丰电商产业园分别创成国家级和省级电子商务示范基地，淮安现代商务集聚区获批首个省级服务业综合改革试点区，周恩来故里景区创成苏北首批5A级景区；现代农业亮点频现，创成淮安国家农业科技园区和洪泽国家现代农业示范区，农产品地理标志证明商标总量和省级农业园区数量分别跃居全国第一和全省第二，农业综合机械化、粮食收储现代化和水利现代化水平苏北领先，引进实施紫山、淮香、澳吉尔等一批支撑带动型企业项目。区域创新能力不断提升，创成1个国家级海智基地和众创空间，国家"千人计划"和省"双创人才""双创团队"引进取得新突破，国家级高新技术企业数和高新技术产业产值分别是"十一五"末的5.8倍、3.5倍，创成国家级大学科技园区，专利申请量、授权量增幅全省居前。

——五年来，我们不断深化改革开放，区域发展增添强劲动力。25个改革事项纳入国家和省级试点，初步形成具有淮安特色的改革体系。行政审批制度改革走在全国前列，盱眙相对集中行政审批权改革、市县一体化公共资源交易体制改革和平台建设成为全国样本，"先照后证"工商登记、数字化网上在线联合审图等在全国产生影响，涟水被列为全省唯一的国家级"互联网+政务服务"平台建设试点县，民营经济发展活力有效激发，市场主体总量净增10万户以上。"多规合一"、新型城镇化土地使用制度改革在全国试点城市中率先破题，启动实施5个功能片区土地利用规划，淮安区创成全国国土资源节约集约模范区。农村综合改革多点突破，土地承包经营权确权登记颁证基本完成，农村社区股份制改革试点深入推进，在全省率先实现涉农县区农村产权流转交易市场全覆盖，金湖创成全省农村改革综合试验区，洪泽小型水利工程管理体制改革在全国打响品牌。能源资源、医药等价格改革顺利推进，取消药品加成，破除了以药养医。扩大开放增添新的优势，国家级综保区建成运营，机场一类航空口岸获批开放，实现对外开放国际交流合作五大洲全覆盖。利用外资总量居苏北第二，台资占外向型经济比重近50%，成为苏北唯一台企集聚超千家、投资超百亿美元的地级市，连续5年获评台商投资"极力推荐城市"，获批全国唯一"台资企业产业转移集聚服务示范区"并得到省政府专门政策支持。

——五年来，我们深入推进城乡统筹，城市建设呈现崭新面貌。“三淮一体”格局已经形成，中心城市框架全面拉开，建成区面积达155平方公里、人口达140万。打造“一廊四区多片”功能片区，淮海中心商业区、水渡口中央商务区两大核心商圈现代都市气息日益浓厚，生态新城已成为高品质现代化新城区，高铁新区启动建设，“两区一县”区划调整即将完成。滚动实施“十项重点工程”，金融中心、里运河文化长廊、古淮河西游记文旅区等重大功能性项目加快建设，现代有轨电车一期投入运营，连淮扬镇、徐宿淮盐高铁相继开工，宁淮高铁列入省“十三五”规划。新型城镇化提质增效，常住人口城镇化率达58.2%，县城发展各具特色，10个重点中心镇规划建设有序推进，码头成为全国特色景观旅游镇，老子山获评全国美丽宜居小镇。扎实开展“四城”同创，全国文明城市创建取得阶段性成果，在苏北率先建成省级生态市并通过国家生态市技术评估，顺利通过创模复核省级评估、国家卫生城市复审，进入国家首批新能源示范城市行列，白马湖跻身全国重点保护湖泊名录，创成8个国家级水利风景区、位居全省第一，以市为单位实现村庄环境全域整治。

——五年来，我们大力践行为民宗旨，民生保障得到显著加强。坚持将一般公共预算收入70%以上、新增财力3/4以上用于保障改善民生，持续实施“为民十件实事”，“十二五”脱贫奔小康任务顺利完成，160万农村人口饮水安全建设目标将于今年提前一年实现，城乡居民收入分别增长60%和80%。城乡低保、居民基础养老金以及政策范围内居民医疗保险报销比例等全面提标，城镇登记失业率始终控制在2.25%以内。实现区域教育基本现代化，在苏北率先通过义务教育基本均衡国家督导认定。城市公立医院综合改革得到国务院肯定，分级诊疗试点全面推开，“三甲”医院达5所，获批成立江苏护理职业学院。免费开放公共文化设施，创成省级首批公共体育服务体系示范区。网格化社会治理、综治信息化应用成效显著，稳评、阳光信访、“一综多专”矛盾纠纷多元化解机制、“1+3”安全生产监控模式、透明安全饮食、阳光慈善、关爱驿站等形成特色品牌，被评为全国人防先进城市、省“六五”普法先进城市，首部地方性法规颁布实施，司法体制改革试点取得预期成效，社会治理创新工程发展指数跃居全省第一。

——五年来，我们坚决从严管党治党，政治生态持续优化提升。圆满完成县乡两级党委换届工作。高标准推进党的群众路线教育实践活动、“三严三实”专题教育、“两学一做”学习教育，创新打造恩来干部学院、好干部教育馆等党性教育平台，领导干部立家规试点工作受到省委肯定并在全省推广。形成“四个一千”、“四堂互映”等理论宣讲品牌，选树唐真亚、李银江等一批全国全省模范典型，党校工作走在全省前列。创新研发干部选任管理大数据系统，领导干部实绩跟踪纪实和德的专项考核、拟提拔干部个人有关事项“四同步”、“组审合作”干部监管模式、年轻干部素质培优工程等做法在全省全国产生广泛影响。建立完善书记抓党建工作责任清单，在全省率先实行村书记市县乡三级共管制度，深化社区“两网融合”、在职党员回社区志愿服务、非公企业“双支持”、发展党员“双列席双反馈”等机制，持续推动经济薄弱和软弱后进村党组织整顿转化。构建落实两个责任“1+7”制度体系，创新“三清”指数评价预警、“两会三述”、季度工单等做法，始终保持惩治腐败高压态势，营造了风清气正发展环境。与此同时，人大、政协作用充分发挥，党的统一战线方针政策全面贯彻落实，民宗、对台、侨务、档案、党史、关心下一代、老区开发促进、老干部和群团等各项工作取得新进展，实现全国双拥模范城“四连冠”，民主团结和谐发展的氛围更加浓厚。

探索充满艰辛，奋斗铸就辉煌。这些成绩的取得，是党中央和省委正确领导的结果，是全市各级党组织、广大党员和干部群众团结拼搏的结果，也得益于历届领导班子打下的良好基础，得益于各民主党派、工商联和无党派人士与我们肝胆相照、携手合作，得益于驻淮部队指战员、武警官兵、驻淮各单位和离退休老同志的大力支持。在此，我谨代表市委，向所有为淮安发展作出贡献的同志们、社会各界朋友们表示崇高敬意和衷心感谢！

回顾总结五年的生动实践，我们既坚定了跨越崛起的信心和决心，也收获了弥足珍贵的经验和启示：必须始终铭记习总书记嘱托。“把周总理的家乡建设好，很有象征意义”，是总书记对淮安的殷切嘱托，饱含了对周总理的深情和对淮安发展的厚望，已成为激励全市人民团结奋斗、开拓创新的精神动力，我们任何时候都要铭记在心，以此更好地凝聚前行力量。必须与时俱进优化发展思路。我们注重总揽全局把握方向，在保持工作连续性坚韧性的基础上创新思路举措，根据党的十八大部署和省委、省政府拓展发展内涵、提升发展标杆要求，提出围绕两大目标实施六大战略、推进五大突破等战略举措和“三步走”新跨越追求；根据中央和省深化改革部署，提出全面贯彻、重点推进、特色打造总体思路；根据中央关于新常态、新发展理念等最新论断和要求，在谋划“十三五”发展时进一步丰富拓展目标、战略和举措，有效凝聚了全市上下思想共识。我们要持续深入推进思想解放，坚持将上级精神和淮安实际相结合，找准前进的方向和路径。必须坚定不移促进统筹协调。我们在聚焦聚力重点突破的同时，注重夯实基础、补齐短板、厚植优势，在推进产业转型、城乡一体、县域发展以及化解资源环境约束等方面持续发力，较好地实现了产业结构调优调高、城乡共同繁荣进步、经济民生双线并升、生态发展相互促进。这也告诉我们，只有善于运用统筹兼顾的方法，才能不断增强经济社会发展的协调性。必须最大限度汇聚民心民力。我们坚持一切为了群众、一切依靠群众，自觉践行党的群众路线，对重点工程、重大项目、重要事项坚持向群众征集意见，倾心倾力为群众办实事解难事，通过提炼弘扬“包容天下，崛起江淮”新时期淮安精神、开展“全民创业，淮商崛起”行动提振全市上下精气神，既增强了群众幸福感获得感，又使淮安加快发展的心更热、水更活、火更旺。我们要一以贯之践行以人民为中心的发展思想，更好地赢得群众信赖支持。必须坚强有力推进从严治党。我们坚决落实全面从严治党要求，在思想建设、作风建设和反腐倡廉建设上持续拧紧发条，尤其注重以周恩来精神教育引导党员，以优化考核体系、深化“两为”整治和开展“101%流动红旗”优质服务竞赛活动督促推动干事创业，以铁腕重拳惩治腐败，显著增强了各级党组织的创造力凝聚力战斗力。我们要继续保持全面从严治党管党的果敢与坚韧，为改革发展提供更加坚强保障。

在肯定成绩的同时，我们也要看到差距和不足，如综合经济实力和竞争力仍不够强、产业层次还不够高，转型升级任重道远；区域创新体系不够完善，人才等要素制约加大；城乡发展不够协调，县域经济比较薄弱；干部队伍思想作风、能力水平与经济社会发展形势要求尚不完全适应，等等。对此，我们必须高度重视，采取有效措施，切实加以解决。

持续攻坚突破谱写新篇章

未来五年是我国迈向第一个百年目标的冲刺阶段，也是我市实现两大目标的决胜决战阶段。处于这样的重要历史关口，如何牢牢把握工作主动权，把建设美好淮安的新画卷铺展好，需要我们以宽阔视野和全局思维认真审视、深刻研判形势。我们要清醒地认识到，世界经济在深度调整中曲折复苏，过去数十年推动世界经济增长的主要引擎都先后进入换挡期，上一轮科技进步带来的增长动能逐渐衰减；中国经济发展进入新常态，稳定经济增长的任务十分繁重，经济转型升级面临诸多制约；全省经济发展格局出现新的变化，苏北板块也呈现分化苗头，区域发展竞争日趋激烈；民间投资信心不强、动力不足，贸易保护主义抬头导致国际贸易和投资低迷，营改增和减税让利等因素带来财政增收困难，两岸形势变化对我市台资集聚产生较大影响，这些都使得我市经济下行压力持续增大。我们更要敏锐地洞察到，新常态下经济高速增长虽难以继续，但结构调整、创新驱动孕育着新机遇，为经济转型发展提供了巨大潜力和空间；全面深化改革向纵深推进，改革红利溢出效应不断显现，如果能抓住供给侧结构性改革的窗口期，就会在未来发展竞争中抢得先机；“一带一路”、长江经济带、沿海开发等国家重大带状经济战略在淮安周边叠加，淮河生态经济带有望成为国家战略，省委明确提出南京要辐射带动淮安发展，将形成助推发展的巨大张力；省委、省政府对加快苏北发展给予更大支持，对我市台资集聚示范区建设、扶贫开发等出台个性化扶持政策措施，将为淮安新一轮发展注入强劲动力；特别是随着高铁时代的来临，淮安区域综合交通枢纽地位更加凸显，将形成3小时到北京、2小时到上海、1小时到南京的快速通达能力，这不仅极大缩短淮安与周边城市的时空距离，而且能够促进生产要素高效流动和产业深度融合，对于淮安未来城市发展具有决定性影响。

面对机遇挑战并存的情况和推进两大目标的艰巨任务，我们要深刻领悟省委李强书记强调的苏北发展“急不得也慢不得”要求所蕴含的政治智慧和辩证思维，既保持久久为功的定力，又保持奋发有为的状态，全力推动发展行稳致远。“急不得”，就是要有战略眼光，树立正确的政绩观、发展观，切忌急于求成、急功近利，确立目标不好高骛远，完成任务不弄虚作假，发展经济不以牺牲环境为代价，招商引资不“捡到篮里都是菜”；要有理性思维，无论是搞建设还是抓项目都要遵循发展规律、立足自身实际，坚持依法办事，想明白了再干、弄清楚了再做，坚决不能一窝蜂搞盲目的大干快上，坚决不能光盯着地区生产总值总量忽视质量效益，坚决不能一味追求形象只要面子不要里子；要有实干态度，实事求是研判形势、分析问题、拿出对策，脚踏实地把该办能办的事情办成办好，一步一步把各项事业推向前进。“慢不得”，就是要充分认清发展不充分的最大市情实际，清醒看到可能掉队落伍的巨大竞争压力，以只争朝夕的紧迫感和舍我其谁的责任感，对各项大事要事好事实事定了就干、干就干好，快节奏高效率推进到位，特别是抓机遇、增优势的事情慢不得，抢抓重大战略叠加机遇把发展格局摆布好，抢抓改革加速落地机遇把改革红利释放好，抢抓上级政策扶持机遇把重要事项和项目落实好，抢抓国家加强基础设施建设机遇把高铁、航道等重大工程实施好，抢抓国家金融环境宽松等政策利好机遇把棚户区改造、治污治堵等难题破解好，为新一轮发展提供有力支撑；打基础、利长远的事情慢不得，既对当下负责又对未来负责，在牵一发动全身和事关全局长远的重要领域攻坚突破，在城乡基础设施建设、生态文明建设等方面舍得下功夫、花本钱，积极涵养培育税源，决不能因为短期看不出成绩而不去干拖着干，努力把淮安跨越崛起的基础筑实打牢；攻弱项、补短板的事情慢不得，认真对标全省实施“八项工程”监测统计指标、民生幸福“六大体系”建设监测统计指标和全面小康指标体系，按照苏北重要中心城市定位要求，抓紧补齐科技创新能力较弱、要素集聚功能不强、居民收入不高以及城乡发展不够平衡等短板指标和薄弱环节，不断提升经济社会发展“木桶容量”；解民忧、惠民生的事情慢不得，经济下行和财政增收压力再大也要坚持优先保障民生，高标准实施为民实事，及时妥善解决群众反映强烈的热点难点问题，真正把百姓需要的期盼的事抓紧做实办好。

今后五年全市工作的指导思想是：高举中国特色社会主义伟大旗帜，全面贯彻党的十八大、十八届三中四中五中全会和习近平总书记系列重要讲话特别是视察江苏重要讲话精神，认真落实“五位一体”总体布局和“四个全面”战略布局，自觉践行新发展理念，坚持以“牢记总书记嘱托，建好周总理家乡”为引领，以“打造增长极，共筑崛起梦”为统揽，以推进供给侧结构性改革为主线，深入实施创新驱动、工业强市、开放引领、全民创业、城乡一体化和绿色发展战略，进一步深化两大目标内涵，加快建设繁荣安康宜居文明的美好淮安。深化两大目标内涵，就是紧扣全面小康社会阶段性目标，既注重在数字指标上达标、发展进程上紧跟，又体现新发展理念要求，确保与全省同步率先全面建成小康社会，实现高质均衡发展和领域、人口、区域全覆盖，让小康成果经得起历史、实践和人民的检验。紧扣苏北重要中心城市引领性目标，既向内增强集聚吸纳力，又向外增强辐射影响力，进一步做强“六大核心功能”、打响“六在淮安”品牌，形成更多中心性元素支撑，全面提升城市能级和首位度，到“十三五”末基本确立苏北重要中心城市地位。通过两大目标的推进提升，真正把总书记对江苏提出的“强富美高”要求在淮安体现好落实好，加快建设繁荣之城，保持合理区间的经济较快增长，成为长三角北部先进制造业基地、现代服务业高地和国家级现代农业示范区，创成国家创新型城市，台资集聚高地进一步优化升级；建设安康之城，民生福祉显著改善，就业创业更加充分，形成更加公平可持续的社会保障制度，基本公共服务体系更加健全，学有所教、病有所医、住有所居、老有所养向更高品质迈进，新一轮脱贫攻坚任务全面完成；建设宜居之城，巩固扩大国家生态市创建成果，积极争创国家生态文明建设示范市、国家水生态文明城市、国家节水型城市，力争创成联合国人居环境奖城市，城乡面貌、功能、品质全面提升，历史古城、文化名城、生态水城特色更加彰显，成为长三角地区乃至全国知名旅游目的地城市；建设文明之城，如期创成全国文明城市，全社会文明程度明显提升，治理体系和治理能力现代化建设取得重大进展，平安法治建设迈向纵深，人民民主不断扩大，社会公平正义有效维护，政治社会大局持续和谐稳定。

实现两大目标，建设美好淮安，是560万淮安人民的共同期盼，是时代赋予我们的光荣使命。全市各级党组织、广大党员和干部群众要继续弘扬践行“包容天下，崛起江淮”的新时期淮安精神，咬定目标不懈怠，万众一心共圆梦，奋力推动淮安各项事业蓬勃发展、欣欣向荣。

科学跨越发展开创新局面

站在新的起点上，我们要深入践行创新、协调、绿色、开放、共享新发展理念，精准发力，重点突破，加快转变发展方式，进一步提升发展质量效益，不断开辟科学跨越发展新境界。

（一）突出夯实产业根基，进一步厚植发展优势。淮安现阶段既需要推动产业快速发展支撑经济中高速增长，又需要推动产业向中高端攀升支撑发展水平迈向中高端。要立足自身基础和禀赋，更加注重产业融合创新发展，构建结构合理、优势突出、实力更强的现代产业体系。一要推进优势产业集群化。聚力打造“4+2”工业优势特色产业升级版，扎实推进重大项目引领、规模企业培育、制造装备升级、品牌质量提升工程，到“十三五”末实现工业总产值突破万亿、四大主导产业产值均过千亿、两大战略性新兴产业产值翻番。着力提升“4+3”特色服务业产业，加快金融中心、宁淮现代服务业集聚区、宁淮新兴产业科技园、头溪河综合物流园等项目和平台建设，推动淮安电商物流园争创全国跨境电商示范集聚区，打造商务商贸、现代物流、综合市场、文化旅游等产业集群，到“十三五”末服务业增加值突破2000亿元。全力推进“4+1”现代农业产业提质增效，深入实施产业链群招商、园区片区打造、特色品牌提升等行动，做深做优农业生态经济、做大做强农业加工经济、做活做特农业商务经济，加大农业龙头企业培育力度，到“十三五”末全产业链总产值突破2000亿元，基本实现农业现代化。引导县区发展壮大优势特色产业和拳头产品，支持地域相邻、产业相近、优势互补的乡镇联合建设工业集中区，创成一批国家火炬计划特色产业基地，每个县区培育1—2个销售超300亿元的主导产业、3—5个百亿级特色产业集群。二要打造枢纽经济核心区。依托日益凸显的综合交通枢纽优势，重点培育发展港口、铁路、航空三大枢纽经济核心区，致力打造高端产业新集聚区、经济发展新增长极。充分发挥港口资源优势，大力发展航运物流、集散分拨、仓储配送、国际贸易等高附加值产业，加快核心港口建设，提升多式联运能力，合理配套航运线网，强化港口物流服务功能，推动港产城一体化发展。充分发挥高铁经济廊带磁力场效应，高标准规划建设高铁新区，重点发展物流、高端商旅商贸、文化创意等产业形态，打造产业高端、辐射沿线、宜居宜业的智慧区域。充分发挥机场一类航空口岸功能，健全完善综合保税功能，加快淮安（涟水）空港产业园建设，大力发展现代临空产业，放大空港对经济发展的拉动作用。三要构筑创新发展新优势。在创新驱动日益成为发展主引擎、“互联网+”深入发展的时代背景下，产业发展不能满足于梯度转移、停留在跟随状态，要积极运用新思维、新技术、新模式对产业进行脱胎换骨式的提升和重构，力争在一些领域能够与先进地区同台竞争甚至弯道超车。大力实施科技创新“六大工程”，加快形成以技术、品牌、质量为核心的区域创新优势，力争到“十三五”末科技发展主要指标位居苏北前列。坚持有限目标、重点突破，主攻盐化新材料、凹土资源开发等最有条件、最具优势领域，重视颠覆性技术创新与应用，争取在掌握优势特色产业核心技术、战略性新兴产业前瞻技术等方面取得突破。强化企业创新主体地位，推行企业研发准备金制度补助，支持重点企业创建国家级、省级研发机构和参与承担国家及省重大科技专项，培育创新型领军企业20家、国家高新技术企业800家以上。加快推进开放创新，积极引进一批研发中心、技术中心，建设一批产业共性技术研发机构，借助外脑提高创新水平和效率。加强创新载体建设，重点围绕特色主导产业创建科技型产业园区基地，推进淮安智慧谷、软件园、大学科技园、科创中心等众创空间专业化、实体化发展，推动淮安高新区建成国家级、盐化新材料产业园区和淮安（薛行）循环经济产业园区建成省级高新区。实施“互联网+”20项行动计划，推动一二三产业更好地与互联网融合，积极引导企业加快生产全流程互联网化转型，带动上下游产业链催生和延长。

（二）突出聚焦深化改革，进一步释放发展活力。“十三五”时期，全面深化改革将进入“下半场”，进入决定改革初心能否实现的关键期。要扎实推进“三去一降一补”供给侧结构性改革，以改革的举措扫清前进掣肘与障碍，构建更具活力优势的体制机制和发展环境。一要持续深化行政体制改革。抓好行政体制改革关键在于“放管服”三管齐下。要深入推进简政放权，把该放的权力放到位，用行政权力减法换取市场活力加法。深化行政审批制度改革，组建市、县级行政审批局，推动投资建设项目“四联合”并联审批模式加快落地见效，率先探索市场综合监管制度体系，推进“互联网+政务服务”，构建市县乡村一体化现代政务服务体系。完善市场监管体系，全面推开“双随机、一公开”监管模式，推动跨部门、跨行业综合执法，营造和谐有序的市场秩序。积极推进政府部分职能向社会转移，推广政府购买服务，扩大政府信息公开，打通政府与社会良性互动的通道。二要充分激发市场主体活力。注重发挥市场在资源配置中的决定性作用，促进各类市场主体竞相发展。深化投融资体制改革，落实民营经济发展政策措施，推进“五证合一”等工商登记便利化改革，按照非禁即入原则全面放开市场准入，鼓励引导民间资本进入金融、教育、医疗、养老等领域，让创客梦想的种子都能顺利找到现实的土壤。深化国有企业改革，推进平台公司实体化、市场化转型，大力发展混合所有制经济，提升国有企业效益和竞争力。深化财税体制改革，建立事权和支出责任相适应的制度，完善税收征管体制，加快建立现代财政制度。深化金融改革创新，发展普惠金融，探索互联网金融，推动企业上市直接融资，增强金融对实体经济特别是中小微企业发展的支撑力。三要扎实推进新型城镇化体制机制创新。抢抓全省新型城镇化综合配套改革试点机遇，不等不靠，先行先试，全面完成涟水、洪泽、金湖三县和盱眙县马坝镇的国家试点任务，努力成为新型城镇化示范区。深化“多规合一”试点，形成各类各级规划定位清晰、功能互补、统一衔接的空间规划体系。稳妥有序推进农业转移人口市民化，建立成本分担机制，加快推动公共服务、社会保障等同城待遇。深化土地使用制度改革，探索实行“人地挂钩”机制，推进农村宅基地有偿退出试点和城镇低效用地再开发，加强农村土地综合整治，建立统一的城乡建设用地市场。构建多元化可持续的城镇化投融资机制，健全PPP模式，破解“钱从哪里来”难题。四要切实加大农村综合改革力度。深化农村产权制度改革，加速推动农村土地所有权、承包权、经营权三权分置，全面完成农村土地承包经营权确权登记颁证，推进农村集体资产确权到户和股份合作制改革，健全农村产权流转交易市场体系，鼓励用农村土地等资产进行抵押贷款，盘活农村“沉睡的资本”。全面开展农村小型水利设施管理体制改革和农业水价综合改革，促进农村水利管理和农业用水方式向集约化转变。创新农业经营体系和生产组织方式，促进多种形式的适度规模经营持续发展，加快培育新型经营主体和职业农民。推进供销合作社改革，进一步完善为农服务体系。

（三）突出坚持开放引领，进一步拓宽发展空间。扩大开放是推动淮安跨越崛起的现实抉择和必由之路。要以深化区域合作为重点拓展开放广度和深度，加强与国家、省开放大格局有机对接，与国内外关联区域和城市发展有效互动，放大资源要素配置空间，形成更多引领性、竞争性优势。一要提升开放格局层次。按照“东融西拓、南联北接”思路，找准对接国家和省级重大战略的突破口和主攻点，在更高层次更广空间参与竞争合作。依托“一带一路”战略，加强与沿带沿路国家和地区产业、贸易、文化、旅游等交流合作，培育和拓展国际友城，分享更多红利、获得更多资源；借助江苏沿海开发、沿东陇海线经济带建设，在推进国际贸易、发展跨境电子商务、强化港口功能等方面不断深化共建共享，进一步打通出海口、实现大通关，努力成为陆桥联动、东西沟通的重要通道走廊；策应长江经济带、南京都市圈和江北新区建设，主动承接产业转移，加强基础设施建设等对接，加快宁淮一体化进程，加速融入长三角核心区；积极推动淮河生态经济带建设获批成为国家战略，全力争取重大项目和政策支持，加快推进沿淮区域基础设施互联互通、产业发展互融互补、生态保护互相协作，彰显淮安城市的极核作用和龙头地位。二要提升资源集聚能力。放大台资集聚示范区品牌和省政府专项支持政策效应，全方位深化淮台交流交往，深入推进台资项目倍增、交流平台拓展和101%服务升级计划，加快把淮安打造成两岸产业合作拓展地、台企转型升级先行地、服务台商台企引领地、台湾青年创业活跃地。实施台湾百大企业、上市上柜公司招引行动，主攻岛内、境内和海外台资，主动承接珠三角和苏南台资产业转移，高水平建设两岸信息家电产业园、两岸新能源汽车及零部件产业基地、国家级台湾农民创业园，加快培育台资产业集群。在巩固提升台资集聚高地的同时，进一步拓展利用外资区域和领域，大力实施重大产业项目突破、外资招商质效提升、外资企业创新驱动工程，招引一批龙头型、基地型的重大产业项目和对产业转型升级具有重大牵引作用的高端项目。三要提升园区载体平台。加快开发园区创新发展，复制自贸区投资、贸易、金融和综合监管等改革举措，加强体制机制和运营模式创新。推动开发园区提档升级、转型发展，实施园区特色产业集聚工程，全面提升产业发展、创新驱动、区域辐射、绿色集约、营商环境等核心指标，各开发园区每年招引主导产业项目占比达50%以上，推动一批省级开发园区创成国家级开发区或高新区。四要提升外贸外经水平。实施外贸“双百工程”和优质优价、优进优出行动，加大对龙头型、成长型、特色型企业支持力度，多元化深度开拓国际市场，培育一批省级出口基地和出口品牌，创建省级进口商品交易中心，增创对外贸易竞争新优势。实施外经企业培育工程，出台专项政策鼓励企业走出去，培育一批具有国际竞争力的本土跨国公司。

（四）突出建设特色城市，进一步做优发展载体。城市既是集聚经济体，也是人幸福生活的美好家园。要顺应城市发展规律和人民群众期待，着力转变城市发展方式，坚持以中心城市为引领，加快城市现代化、新型城镇化和城乡一体化步伐。一要统筹联动优布局。认真做好新一轮城市总体规划修编，优化宏观空间布局和微观空间治理。以新一轮行政区划调整为契机，加快中心城市“东扩南连”，增强清江浦区综合服务功能，提升淮安区古城特质和现代品质，推动淮阴区产城融合发展，规划建设淮洪快速交通、促进一体发展，完善新建城区功能配套，构建布局合理、集聚高效、特色鲜明的都市区格局，到“十三五”末建成区面积达210平方公里、人口达180万。按照与中心城区功能互补和“一县一特”思路推进县城发展，加快涟水融“市”入“海”、盱眙撤县建市、金湖打造水乡园林城市，建成各具特色的中等城市。因地制宜发展小城镇，积极稳妥推进撤乡并镇，以现代小城市为目标建设10个重点中心镇，引导47个一般镇特色化发展，依托产业特点、人文底蕴、生态禀赋等发展一批国家级、省级特色小镇,充分展现小城镇的“小而美”、“小而强”。加快美丽乡村建设,突出将环境整治和提升公共服务水平有机结合,全面推进农村设施“五位一体”综合管理,持续改善农村生产生活条件。二要完善基础强功能。围绕构建以高速铁路为骨干、国际空港为优势、高等级公路为支撑、内河航运为特色的立体化综合交通运输体系,加快连淮扬镇、徐宿淮盐高铁建设,促进宁淮高铁早日开工,初步奠定全省重要铁路枢纽地位;推进淮安涟水机场二期扩建工程,力争开通国际航空货运业务,打造苏北航空客货运集散中心;推动淮河入海水道二期同步实施二级航道工程尽快开工,打通盐河航道“最后一公里”,加快千吨级以上等级为主导的内河码头建设,建成淮安亿吨大港主港区;加快构建“三纵两横一环”高速公路网,积极促进干线公路提档加密,重点实施宿扬高速、京沪高速扩容、233国道、235国道、503省道等工程,争取实施长深高速淮连段扩容改造,推进金湖至京沪高速宝应段工程规划研究,进一步提升全国公路运输枢纽功能和地位。注重加强城市基础建设,市区快速路一期工程在2019年高铁建成通车前投入使用,构建快速路、主次干路和支路搭配合理的道路网系统,科学规划建设自行车道和步行道,提高道路通达性和出行便利性;加强海绵城市和地下综合管廊建设,完成老城区83平方公里雨污分流,加大城区河道轮浚投入力度,全面建成自来水备用水工程,实现河畅、水清、岸绿、景美;推进老旧小区环境改善和有机更新,完成8.14万户、1200万平方米棚户区改造任务,焕发老城区功能和活力。加快基础设施向农村延伸,全面提升农村公路通行能力,实施农村饮水巩固提升工程,推动城乡水电路气等基础设施互联互通、共建共享。三要创新治理提品质。突出市容、交通、安全等重点,创新城市治理方式,强化城市服务功能,提升精细化标准化管理水平。进一步理顺城市管理体制,探索推进城管综合执法,推广网格化管理,提高城市管理效率,打造法治城管品牌。加快推动大数据、物联网、云计算等现代信息技术与城市管理服务融合,推进智慧淮安综合平台开发应用,积极发展民生服务领域的智慧应用,打造智慧城市淮安范本。围绕编织“上下贯通、条块结合、纵向到底、横向到边”的城市安全网,加强房屋建筑、城市桥梁、电梯等工程建设和运行使用的安全监管,保持供水、供电、供气、交通、救援线路等城市生命线的畅通,健全城市抗震、防洪、排涝、消防等综合防灾体系和应急设施建设,形成全天候、系统性、现代化的城市运行安全保障体系。四要彰显特色增魅力。注重将历史血脉和文化基因根植城乡建设之中,把特色文化元素嵌入城市形象识别系统,打造好地标性建筑,精心勾画城市色彩和天际线,让城市充分体现历史记忆、地域特色和鲜明个性。深入推进生态文明建设,持之以恒推动城市空间绿色化、产业发展绿色化、生活方式绿色化,切实加强生态空间管制和水环境整治、大气污染防治、节能降耗减排,让城市生态底色更加亮丽鲜明。彰显四河穿城、五湖镶嵌独特禀赋,全面提升滨水景观,加快推进两湖“纳湖入城”,推动白马湖在国家级湿地公园试点基础上争创国家级农业公园、水利风景区、旅游度假区,精心塑造国际化生态水城风貌。依托洪泽湖、白马湖、天泉湖优质自然生态,大力发展健康养生养老服务,打造一批健康养生基地,形成“三湖互映”的休闲养生集聚区。坚持把旅游作为增强城市吸引力和竞争力的重要抓手,放大水脉文脉绿脉等特色优势,整合旅游资源,加强统筹谋划,积极发展特色主题旅游,精心实施河下、码头、蒋坝、高沟等古镇保护性开发,重点打造周恩来故里景区、里运河文化长廊、古淮河西游记文旅区等城市旅游名片,强化与沿海沿江地区旅游合作开发,着力构建“一核两圈五板块”全域旅游发展格局。深入践行社会主义核心价值观,大力弘扬优秀传统文化,广泛开展群众性文明创评活动,探索实施精神文明建设风光示范带工程,创办一批国学讲堂、文化讲堂、道德讲堂,推进诚信城市、爱心城市和好人文化建设,形成弘扬主旋律、传播正能量的社会氛围。

(五)突出增进民生福祉,进一步彰显发展宗旨。增进人民福祉、促进人的全面发展是我们一切工作的出发点和落脚点。要以群众呼声为导向,大力推进民生共享行动,不断刷新惠民高度和群众幸福指数。一要千方百计提高群众生活质量。制定出台更加有利于各类人群就业的产业、财政、金融政策,加快构建劳动者终身职业培训体系,统筹推进高校毕业生、“4050”人员、农村转移人口、城乡就业困难人员、残疾人等重点群体就业。深入推进“全民创业,淮商崛起”行动,积极实施大学生创业引领计划、农村创业富民计划、城镇失业人员创业促进计划和留学回国人员创新创业计划,力争到“十三五”末基本达到国家创业型城市标准。健全完善社会保障体系,实施全民参保登记计划工程,整合城镇居民基本医疗保险制度和新农合制度,提高企业退休人员养老金、城乡居民基础养老金、大病保险统筹基金筹资标准和医保报销比例以及最高支付限额,

白马湖中桃花岛周田田荷　　李义海　摄

实现城乡低保标准一体化。积极发展养老服务事业，加快建设老年护理院、临终关怀医院，探索空巢独居、农村留守老年人关爱途径，建立社区居家养老服务机构运营财政补贴机制，到“十三五”末实现标准化社区居家养老服务中心全覆盖。格外关注生活困难群众和低收入群体，强化精准扶贫、精准脱贫措施，突出抓好淮安区和涟水县的渠北片区、涟西片区、盱眙县河西片区以及黄花塘革命老区脱贫攻坚，大力发展慈善事业，完善社会救助体系，确保在全面小康道路上一个都不掉队。二要更高标准完善公共服务体系。实施“学在淮安”十大工程，推进学前教育五年行动计划，确保所有县区义务教育学校达到省定优质均衡发展标准，打造3—5所在全省全国有影响的一流普通高中，建成一批与产业发展深度对接的现代职教人才培养基地，支持驻淮本科院校关键核心指标达到综合性大学标准，形成以淮安开放大学为龙头的社区教育办学体系，全面实现教育现代化。扎实推进“健康淮安”建设，牢固树立大卫生理念，深化医药卫生体制改革，积极发展大健康产业，加快构建现代医疗卫生服务体系，推动中医药振兴发展，彰显“医在淮安”品牌效应，努力成为苏北区域医疗卫生中心，确保城乡居民健康主要指标达到国内先进水平。大力推进文化事业和文化产业协调发展，完善现代公共文化服务体系，统筹建设基层综合性公共文化服务中心，促进文化资源向城乡基层倾斜，保障群众基本文化权益；发挥好文化产业引导资金和文化银行作用，推动文化与互联网、科技等融合发展，不断做大做强现代文化产业。加强公共体育服务体系建设，打造户外活动、智力运动、掼蛋体育文化等品牌，倡导全民健身新时尚。三要全力以赴维护社会和谐稳定。深化法治城市、法治县区创建，提升区域法治创建整体质效；推动地方科学民主立法，制定完善富有淮安地方特色的地方性法规和规章；加快建设法治政府，完善市县两级政府行政执法管理体制，健全政府法律顾问制度，推进行政权力网上公开透明运行；全面推开市县两级司法体制改革，深入推进司法公开，促进廉洁司法；实施“七五”普法规划，广泛开展群众性法治文化活动，加强法治文化阵地建设；进一步做实法治为民实事、法律服务惠民工程，让法治建设成果更多惠及广大群众。深化平安淮安建设，构建完善以信息化为支撑的立体化现代化治安防控体系，全面完成县区技防城建设任务，实现社会治安综合保险城乡全覆盖。深化信访制度改革，推进法治信访、责任信访建设，不断放大阳光信访效应。以社会治理精细化为引领，实施“互联网+社会治理”行动计划，一体化推进县乡村三级综治中心、网格化服务管理、信息化建设应用，建强市级“六位一体”社会治理服务中心，推广“两网融合”经验，构建以“三调联动”为核心的矛盾纠纷多元化解机制，强化心理疏导及关爱效能，打造全省社会治理样板区。改进突发事件与社会热点难点舆论引导，推进媒体融合传播，加大依法治网管网力度，持续巩固壮大主流舆论。严格落实安全生产责任制，强化重点领域和行业监管，深化安全法制建设，切实维护广大群众生命财产安全。加强食品药品监管，创新打造“透明食药监管”模式，确保群众吃得放心、用药安全，力争创成国家食品安全城市。四要广泛有序推进民主政治建设。支持人大及其常委会依法行使宪法和法律赋予的各项职权，不断完善和创新代表工作机制，保证和发展人民当家作主；支持政协作为协商民主重要渠道作用的发挥和政协委员参政议政，加强同民主党派、工商联和无党派人士合作共事，巩固和发展最广泛的爱国统一战线，扎实做好民宗、外事、侨务、对台等工作，更好地团结社会各界同心同向同行。深化工会、共青团、妇联、残联、科协等群团组织改革，推动群团工作转型发展，更好地发挥其桥梁纽带作用。深入推进基层民主建设，健全完善社区（村）选举、议事、公开等机制，积极构建“政社互动”、“三社联动”机制，促进群众在城乡社区治理、基层公共事务和公益事业中依法自我管理、服务、教育和监督。进一步加强党管武装，强化全民国防教育和后备力量建设，切实做好双拥工作，推动军民融合深度发展。

全面从严治党展示新气象

习总书记在庆祝中国共产党成立95周年大会上的重要讲话，以不忘初心、继续前进为主题，对推进党和人民事业发展、加强党的建设提出了新的明确要求。全市各级党组织和广大党员干部要时刻铭记总书记的谆谆告诫，牢记职责使命，真正做到不忘初心、继续前进，向历史和人民交出一份满意的答卷。

（一）不忘初心、继续前进，就是要在强化思想建党中坚守精神家园。坚持将思想政治工作放在党的建设首要位置来抓，不断夯实共同奋斗的思想基础。要突出理论武装这一根本。加强学习型党组织和领导班子建设，完善四级理论学习网络，推动党员干部学深悟透党的创新理论成果特别是习总书记系列重要讲话精神，切实增强道路自信、理论自信、制度自信、文化自信。认真落实意识形态工作责任制，建立健全统筹协调、督促考核、追责问责机制，牢牢把握意识形态工作主导权、话语权。要突出党性教育这一核心。严格党内政治生活，加强民主集中制教育，引导党员干部特别是领导干部按照党内政治生活准则和党的各项规定办事。严格执行“三会一课”、民主生活会和领导干部双重组织生活、上讲台讲党课等制度，探索开展党员党性分析的有效办法。经常性开展政治纪律和政治规矩教育，深入开展警示教育和法纪教育，推动党员干部牢固树立政治意识、大局意识、核心意识、看齐意识和规矩意识。要突出道德建设这一基础。深入挖掘周总理家乡、革命老区等红色资源，扎实开展纪念周恩来诞辰120周年等活动，引导广大党员干部深学细照笃行先辈先烈先进崇高精神，提升思想道德境界，彰显共产党人的人格力量。更加注重家庭美德教育，持续开展“领导干部立家规、共产党员正家风”等主题教育活动，以好家风涵养好党风。

（二）不忘初心、继续前进，就是要在锻造一流队伍中扛起发展重任。坚持以更宽的视野选干部、配班子，进一步健全完善干部选用和管理机制，努力造就一支朝气蓬勃、奋发有为的铁军队伍。要严把选任导向关。坚决贯彻"20字"好干部标准和"三严三实"要求，严格执行《干部任用条例》，注重用好用活干部选任管理大数据系统，真正把政治强、懂专业、善治理、敢担当、作风正的干部选出来、用起来。建立健全干部选拔任用全程纪实、全程廉政审查制度，坚持做到"六凡六必"，坚决防止干部"带病提拔""带病上岗"。要严把教育培训关。积极推进干部教育培训改革创新，充分发挥党校等主阵地作用，加强恩来干部学院等特色阵地建设，注重按需施教，突出开展精准化教育培训，有效构建面向基层一线的党政干部培养机制。加强干部队伍建设战略谋划，在深化年轻干部素质培优工程中统筹抓好优秀年轻干部、女干部、党外干部培养选拔，建立健全后备干部培养锻炼、严格管理、定期调整机制，以干部队伍的可持续发展保障经济社会可持续发展。坚持党管人才，深入实施十大重点人才工程，积极推进人才发展体制机制改革，健全完善人才培养、引进、使用政策，加强新型智库建设，建立一支满足需要、适度领先的人才队伍。要严把监督管理关。把从严管理干部作为一项经常性、基础性、关键性工作，进一步完善制度体系，切实做到管理全面不漏人、标准严格不降格、环节衔接不掉链、措施配套不缺项、责任分明不落空。以新发展理念为指引完善政绩考评体系和奖惩机制，加大干部实绩考核、年度考核、日常考核力度，推动形成能者上、庸者下、劣者汰的从政环境。

（三）不忘初心、继续前进，就是要在淬炼过硬作风中树好先锋形象。作风建设永无止境，必须抓常、抓细、抓长。要深怀为民之心。建立健全密切联系群众制度，巩固党的群众路线教育实践活动、"三严三实"专题教育、"两学一做"学习教育成果，深化党员干部下基层"三解三促""三进三帮"、联系点上过党日、在职党员回社区等活动，推动党员干部深入基层、走进群众，在解难题、办实事、暖民心中感召和赢得群众。要大兴务实之风。以功成不必在我的胸怀和愚公移山、水滴石穿的韧劲，精心谋事、用心干事、专心成事。狠抓执行力建设，健全完善"事事督查、件件落实，环环相扣、步步紧逼"的督查推进机制，确保言必行、行必果。要恪守担当之责。严格落实《中国共产党问责条例》，建立健全懒政庸政追责机制，重点针对不作为、慢作为等问题加大查处力度，激励和倒逼干部尽责担当、主动作为。持续深入落实八项规定精神，深化作风建设"防隐身防变异防反弹"专项行动，开展违规吃请和公款吃喝专项整治，越往后执纪越严、处理越重。我们既要严格要求干部，也要关心爱护干部，尤其要旗帜鲜明地鼓励支持保护担当者，严格落实容错纠错机制和"三个区分开来"要求，推动形成想作为、敢作为、善作为的良好风气。

（四）不忘初心、继续前进，就是要在夯实基层基础中彰显堡垒作用。树立大抓基层的鲜明导向，深耕细作、常抓不懈，统筹推进各领域基层党组织全面进步、全面过硬。要强化党建责任。推进实施书记抓党建项目，完善各级党组织书记党建述职评议考核制度，探索推进党委（党组）班子成员向党组织报告履行党建职责情况并将其作为干部选拔任用重要依据，加大基层党建考核权重和检查督办力度，有效发挥"撤不走"的党建督导员作用，推动基层党建工作责任落到实处。强化基层党建工作保障，健全党内激励、关怀、帮扶机制，形成人往基层走、钱往基层投、政策往基层倾斜的导向。要创新组织设置。统筹抓好机关、企事业单位、高校以及互联网企业、家庭农场等新型业态的党组织建设工作，加大在农合组织、非公企业、社会组织等重点领域中建立党组织力度，推动党的组织和工作全面有效覆盖。创新载体平台建设，深入实施农村基层党建"七个一"工程，积极构建农合组织党建"三转双融"工作机制，完善社区"1+4"组团服务模式，优化非公企业党组织书记"一诺三评"管理办法，扎实开展机关与社会组织党建工作"四联四强"活动，不断提升基层党组织整体活力。要建好"两支队伍"。注重带头人队伍建设，建立和完善党组织书记后备人才库，持续做好第一书记选派培养工作，办好村书记工作论坛，实施基层党组织书记素质培训工程，加大从优秀基层党组织书记中选拔乡镇领导干部和考录乡镇公务员、事业单位工作人员力度，提升基层党组织书记工作能力和发展空间。抓好党员队伍建设，全面落实发展党员十项制度，建立健全党员活动日、流动党员双向共管和党员记实管理等机制，积极稳妥开展处置不合格党员工作，保持党员队伍的先进性和纯洁性。

（五）不忘初心、继续前进，就是要在深化反腐倡廉中永葆政治本色。坚持激浊和扬清两手抓，建立完善具有淮安特色的不敢腐、不能腐、不想腐有效机制，坚决打赢反腐败斗争这场攻坚战、持久战。要优化政治生态。紧扣两个责任牛鼻子，推动责任落实向乡镇（街道）、村（居）延伸，建立健全"三查"机制，让失责必问、问责必严成为常态。严格执行《廉洁自律准则》和《纪律处分条例》，加强对政治纪律执行情况检查，坚决查处上有政策、下有对策，有令不行、有禁不止的行为，确保政令畅通；严肃查处搞团团伙伙、结党营私，政治利益和经济利益相互勾连问题，坚决维护党的团结统一。要形成常态震慑。坚持无禁区、全覆盖、零容忍，保持惩治腐败的力度和节奏，重点查处十八大以后不收敛不收手，问题线索反映集中、群众反映强烈，现在重要岗位且可能还要提拔使用的领导干部。严格执行科学运用监督执纪"四种形态"，用纪律管住大多数，实现管党治党"全面"和"从严"的有机结合。要强化立体监督。紧盯"关键少数"特别是一把手，严格执行权力制约监督制度有关规定，为权力运行涂上"防腐剂"、套上"紧箍咒"。发挥巡察利剑作用，建立健全市县党委巡察制度，针对权力集中、资金密集等重点领域开展专项巡察。持续深化"三清"指数评价预警，充分释放网络监督能量，扩大第三方民意调查范围，建立完善民主监督机制，进一步织密监督网络。与此同时，大力弘扬廉政文化，深化周恩来"五德"教育，筑牢党员干部清廉自守的思想防线。

同志们，历史的目光注视着我们，人民的期盼激励着我们。我们要紧密团结在以习近平同志为总书记的党中央周围，在省委的正确领导下，以更强的决心发愤图强，以更优的韬略攻坚克难，为实现两大目标、加快建设繁荣安康宜居文明的美好淮安而努力奋斗！

政府工作报告

——在淮安市第八届人民代表大会第一次会议上

淮安市人民政府市长　惠建林

（2016年1月8日）

一、2016年工作回顾

一年来，市政府认真落实中央和省委、省政府的决策部署，按照市委的工作要求，紧紧围绕建设全面小康社会和苏北重要中心城市两大目标，自觉践行新发展理念，扎实推进供给侧结构性改革，统筹抓好改革发展稳定各项工作，经济社会保持平稳健康发展，实现了“十三五”发展的良好开局。

（一）经济运行稳中有进。实现地区生产总值3048亿元、同比增长9%，一般公共预算收入完成省政府指导性目标和市人大常委会调整后的任务，主要经济指标增幅保持在合理区间。各项投入较快增长。完成规模以上固定资产投资2535亿元、规模以上工业投资1518亿元，分别增长15.1%和17.3%。220个市级重大项目完成投资1040亿元、增长11.5%，14个列入部省试点PPP项目吸纳资金规模达68亿元，年末社会融资总额4178亿元、增长26%，持续加大的有效投入成为全市经济稳增长的“压舱石”。实体经济平稳发展。进一步放大联席会议、千企帮扶等六大平台功能，协调金融机构为企业发放低息贷款15亿元、转贷资金40亿元，努力为实体经济发展创造良好环境。全市工业完成入库税金170亿元、增长5%，企业实现利润367亿元、增长8%。建筑业加快转型发展，总产值突破1500亿元。全面启动“五证合一”登记改革，推行市场准入“双告知双承诺”制度，放宽市场主体注册条件，深入推进全民创业、淮商崛起行动，进一步激发了市场活力，新登记私营企业1.6万户、个体工商户4万余户。“五大任务”有效落实。累计化解水泥产能60万吨、钢铁产能137万吨，淘汰低端低效铁合金产能8万吨、纺织产能近1万吨、铅蓄电池产能100万千伏安时，依法处置地条钢企业9户，关停小化工企业26户。全市商品住房去化周期由2015年底的15.9个月减少到9个月。银行业机构不良贷款率降至1.82%，较年初下降0.56个百分点。贷款加权平均利率较年初下降0.39个百分点，新增减免涉企收费项目18个，一般工商业及其他用电每度降低3.12分，为小微企业减免税费近3亿元。制定落实28项补短板任务，发展的整体性、协调性和可持续性进一步增强。创新能力加快提升。扎实推进国家创新型示范城市建设，获批创建全国质量强市示范城市。全社会研发投入占地区生产总值比重达1.8%，高新技术产业产值占比达25%。新增国家高新技术企业63户、企业“两站三中心”94个、省级企业科技服务站15个，新建校企联盟18家，企业专利申请量和授权量快速增长，有效发明专利万人拥有量达3.5件。引进国家“千人计划”人才21名、省“双创”人才20名。

（二）现代产业加快发展。先进制造业扩量提质。“4+2”优势特色产业实现产值4100亿元，盐化新材料、特钢及装备制造等产业保持较快增长，食品产业突破千亿元，新开工德科玛半导体、时代芯存等一批投资超百亿元重大项目，敏安电动汽车获批新能源汽车生产牌照，为产业发展提供了新的支撑。“两化融合”取得积极成效，完成工业技改投入650亿元，全市单位地区生产总值能耗下降完成省定目标任务。特色服务业活力增强。实施投资超5000万元项目200个，完成投资603亿元、增长14.9%。29家省、市级现代服务业集聚区入驻企业超过1.3万户，营业收入增长13%。实现服务业增加值1455亿元、增长10.6%，其中“4+3”特色服务业增加值占比达76%。旅游业、快递业收入和电子商务交易额分别增长14.3%、67%和33%，西游记文化体验园等4个项目入选全国优选旅游项目，成为全国旅游业改革创新先行区。现代农业增创优势。实施投资超3000万元农业产业化项目130个，“4+1”农业项目占比达77%，单个龙头企业年销售突破50亿元。新增家庭农场871户、土地股份合作社131个，新拓展高效设施园艺面积8.1万亩，发展稻虾共作等综合种养基地10万亩，新增地理标志证明商标15件，一批国家和省级农业园区的示范带动效应显著提升。加大农业设施投入，新增高标准农田近40万亩，秸秆机械化还田近700万亩，农业综合机械化、粮食收储和气象服务现代化步伐不断加快。

（三）改革开放全面深化。重点领域改革取得突破。行政审批制度改革深处发力，健全权责清单动态管理制度，实行投资建设项目“四联合”审批，推行多部门在线数字化联合图审，启动国家“互联网+政务服务”信息惠民工程试点，实现政府便民服务热线多号合一。构建全过程市场主体监管模式，建立市县一体化公共资源交易平台，盱眙相对集中行政许可权改革试点通过省级评估。新型城镇化综合改革深入推进，建成市区“多规合一”空间信息技术平台，顺利完成“两区一县”行政区划调整，涟水、金湖、洪泽和盱眙马坝等新型城镇化综合试点有序推进，城镇投融资机制改革取得积极成果，新推出4项居住证公共服务事项。土地使用制度改革加快实施，洪泽建设用地“双减量”试点取得阶段性成果，淮安区获批全国国土资源节约集约模范区。新型农村改革体系加快构建，土地承包经营权确权登记颁证基本完成，农村产权流转交易市场覆盖所有乡镇，探索农民宅基地有偿退出试点，金湖成为全国农村承包土地经营权抵押贷款试点县。金融改革成效显著，新开业4家银行机构，省信用担保公司在淮设立分支机构，11户企业登陆多层次资本市场，组建金融控股有限公司，核准发行企业债券52亿元。全面开展不动产统一登记，顺利完成党政机关公车改革，统筹推进国企、物价、供销和科技等体制改革。开放合作水平不断提升。台资企业产业转移集聚服务示范区建设获得省政府专门政策支持，获批国家级海峡两岸青年就业创业示范点，连续五年获评台商投资“极力推荐城市”。深度对接国家和省重大发展战略，加快“东融西拓、南联北接”步伐，全域融入江苏沿海开发战略，淮河生态经济带纳入国家“十三五”规划纲要，宁淮一体化发展进程提速。新引进亿元以上内资项目200个,其中10亿元以上项目20个;新批总投资3000万美元以上外资项目59个,其中1亿美元以上项目10个。新增进出口实绩企业140户,新设立境外投资企业15户,新布局“一带一路”重要节点国家友好交流城市2个。园区平台提档升级。淮安经济技术开发区通过国家级生态工业园区验收,淮安综保区列入跨境电商试点,淮安高新区创建国家级即将获批,获准筹建省级清河经济开发区和苏淮高新区,淮安软件园创成省级互联网产业园和企企通示范园区,施河教学具产业园创成国家级火炬特色产业基地。

(四)城乡建设统筹推进。中心城市建设迈出新步伐。投入845亿元,实施846个重点项目。功能片区建设加快推进,高铁商务区核心区建设全面启动,金融中心一期主体结构封顶,获批建设白马湖国家湿地公园,周恩来故里景区、河下古镇、码头古镇、蒋坝古镇保护与开发有序推进,完成1.6万户、193万平方米棚户区改造任务。城市公共交通不断优化,正式运营现代有轨电车一期工程,启动实施市区内环高架工程,改造瓶颈路段27个,新改建停车泊位2200多个,完成市区公交体制改革,新购700辆新能源公交车。实施应急避难场所、海绵城市等项目,建成管线地理信息系统和电梯应急处置平台。重大基础设施建设取得新进展。连淮扬镇、徐宿淮盐铁路建设快速推进,宁淮铁路前期工作正式启动。235国道、503和348省道、淮河出海航道整治、淮安新港二期等工程顺利实施,淮安涟水机场启动二期扩建工程。完成洪泽湖大堤除险加固、淮河入江水道和分淮入沂整治等重点工程,淮河入海水道二期同步实施二级航道工程前期工作取得重大进展。城乡环境建设取得新成效。深入开展全国文明城市和联合国人居环境奖城市创建,实施139个“九整治”和542个“三规范”项目,整治老旧小区230个,拆除违法建设15.8万平方米。优化28个片区和109个镇村布局规划,10个重点中心镇基本建成“十个一”功能性项目,新改建农村公路500公里,推行农村环境“五位一体”管护,创建美丽乡村32个。全面完成饮水安全工程建设任务,新解决41.86万农村人口饮水安全问题。生态文明建设取得新突破。出台实施《淮安市永久性绿地保护条例》和《淮安市古淮河保护条例》,国家生态市、国家节水型城市创建通过考核验收。全力打好空气污染防治攻坚战,PM2.5平均浓度同比下降8.4%,优良天数较上年增加3天、达248天,重污染天数减少4天。推行水环境区域补偿工作,县级以上集中式饮用水源地水质全面达标,8个地表水国考断面均值达到年度考核要求。

(五)民生保障持续加强。投入55.6亿元,全面完成十件民生实事项目,城乡居民人均可支配收入分别达30335元、14319元,分别增长7.9%和9.1%。公共服务能力不断增强。创建教育现代化先进学校60所、先进乡镇10个,高考二本以上录取数连续八年超过万人,新扩建省优质幼儿园23所,建成一批省级现代化职业学校、专业群和实训基地。综合医改深入推进,实施分级诊疗制度,推广家庭医生签约服务模式,创新总额控制下的病种结算办法,建成省级临床重点专科15个,平稳实施全面两孩政策。公共文化设施覆盖率达95%,版权登记总量大幅提升,淮安大剧院投入运营,恩来干部学院核心区主体工程竣工,周恩来纪念地景区入选“全国我最向往的党史纪念地”。成功举办国际智力运动精英赛、市第八届运动会,省级公共体育服务体系示范区实现全覆盖。社会保障体系日益健全。加大创业就业扶持力度,发放创业贷款1.3亿元,“零就业”家庭全部当月清零,城镇登记失业率为1.87%。实施精准扶贫,12.9万低收入农村人口脱贫,45个经济薄弱村达“新八有”标准,黄花塘革命老区获得省单独实施“点穴式”帮扶。城乡低保标准分别从每人每月490元、370元提高至520元、400元,健全社会救助和大病保险制度,建立多层次养老服务体系,落实困难残疾人生活补贴、重度残疾人护理补贴,做好困难群体精神关爱工作,实施机关事业单位工作人员养老保险制度改革。健全住房保障体系,发放住房公积金贷款32亿元。社会治理创新深入推进。圆满完成“六五”普法。探索警务体制机制改革,创新流动人口居住管理,刑事发案率明显下降。加强人民调解和社区矫正工作,实现城乡社区网格化社会服务管理全覆盖,建成透明放心菜市场和透明餐饮系统,积极打造阳光信访升级版,安全生产形势持续平稳向好。其他工作取得新进展。国防动员、双拥共建活动扎实开展,军民融合深度发展,实现全国双拥模范城“四连冠”,创成全国人防先进城市。对口支援工作富有成效,援疆项目建设进展顺利。完成第十一届村民委员会和第六届居民委员会换届选举工作。广播电视、机关事务、仲裁、档案、地方志、民族宗教、防震减灾、老龄、妇女儿童、青少年、关心下一代、慈善、红十字等事业加快发展。

(六)行政效能不断提升。坚持高点谋划。围绕落实“十三五”规划,深入谋划推进打基础、利长远的重大事项,出台实施优化空间功能定位和产业布局意见、融入沿海开发实施方案、台资示范区建设行动方案等政策文件,增强工作的前瞻性和主动性。及时制定供给侧结构性改革系列意见,实施助推实体经济发展、稳定外贸增长等创新举措,努力营造有利于企业发展和经济增长的大环境。坚持实处发力。面对淮安目前所处的发展阶段,牢固确立新型工业化第一方略工作导向,聚力培育产业、服务企业、招引项目,进一步增强工业经济的主体地位和支撑作用。坚持问题导向,强化组织协调,着力解决资金、用地、人才、房屋征收等方面的难题。进一步精简会议文件,大力推行101%服务,持续深化“两为”整治,限期解决招商引资中未兑现的承诺事项,努力营造重服务、敢担当、讲诚信的干事氛围。坚持严字当头。深入开展“两学一做”学习教育,认真落实从严治党、从严治政新要求。出台法治政府建设实施纲要,推进行政复议应诉和行政执法规范化建设,普遍建立政府法律顾问制度,政务公开、网络问政不断深化。完善行政决策程序,规范管理市级政府投资项目、政府债务和产业引导资金。认真贯彻中央八项规定和国务院“约法三章”精神,严格落实党风廉政建设主体责任和“一岗双责”,坚决查纠“四风”,从严控制“三公”经费支出,加大审计、监察力度,大力惩治各类腐败问题,着力营造风清气正的政务环境。

各位代表，2016年的各项成绩是在应对严峻挑战、克服重重困难的情况下取得的，既为实现“十三五”目标奠定了良好基础，也为本届政府圆满履职画上了句号。五年来，坚持以科学跨越发展为主线，全面小康建设取得阶段性成果。初步构建现代产业发展支撑体系，综合实力迈上新台阶，人均地区生产总值超过全国平均水平，以县为单位达到省定2003版全面小康标准。对照高标准全面小康指标体系，加大攻坚力度，着力补齐短板，为高水平建成全面小康社会打牢了基础。五年来，坚持以特色城镇化为引领，苏北重要中心城市建设迈上新台阶。秉持“全域规划、多规合一”理念，初步构建了布局合理、层级分明、功能清晰、特色鲜明的新型城镇体系。优化了中心城市“双心三轴九组团”布局，建成区面积达180平方公里、人口增至160万人。县城承载能力显著提升，一批重点中心镇、特色镇初具规模，城镇化率达59.5%，实现了常住人口止跌回升的重大转变。五年来，坚持以改革开放为动力，科学跨越发展新动能日益增强。26项改革纳入国家和省级试点，引进实施投资超10亿元和超1亿美元项目140个，本土企业实现在A股主板上市，一批企业登陆多层次资本市场。打造了台资集聚示范区等一批国家级开放平台，建成了淮安智慧产业谷等一批创新创业载体，引进了科技领军、行业带头等一批高层次人才，创新逐步成为淮安发展的主引擎。五年来，坚持以重大基础设施为支撑，综合交通枢纽地位基本确立。两条高铁相继开工，机场一类航空口岸正式开放，盐河航道整治工程全面完成，多层次、高密度的公路网加快构建，立体式综合交通体系为淮安融入大战略、实施大开放拓展了新空间。五年来，坚持以保障改善民生为根本，社会和谐基础不断巩固。扎实推进民生幸福六大体系建设，促进公共服务资源向基层延伸、向农村覆盖、向弱势群体倾斜，城乡基本社会保险覆盖面达95%以上，各类民生保障标准稳步提高，教育、卫生、文化、体育事业协调发展，生态环境持续改善，发展成果更多更好地惠及人民群众。

各位代表，以上成绩的取得，是省委、省政府和市委坚强领导的结果，是市人大、市政协和社会各界有效监督、大力支持的结果，是全市人民团结拼搏、扎实苦干的结果。我谨代表市人民政府，向广大干部群众，向人大代表、政协委员和离退休老同志，向各民主党派、工商联、无党派人士和各人民团体，向驻淮部队、武警官兵和部省驻淮单位，向来淮投资创业者，向所有关心和支持淮安发展的海内外朋友，表示衷心的感谢并致以崇高的敬意！

五年的拼搏奋进，成绩来之不易，经验弥足珍贵。我们深深体会到，只有坚决贯彻中央大政方针和省市委决策部署，积极适应和引领经济发展新常态，才能把握大势、争取主动；只有勇于担当、敢于创新，才能抢抓机遇、破解难题；只有心无旁骛谋发展、扑下身子抓落实，才能打牢基础、厚植优势；只有着眼大局、维护团结，才能凝聚民心、汇聚力量；只有牢记宗旨、不忘初心，才能永葆本色、行稳致远。在看到成绩的同时，我们也清醒地认识到存在的问题和不足。面对经济发展新常态，破解难题手段还不多，自主创新能力还不强，产业支撑还不够有力，稳增长的基础还不够牢固。面对城乡一体化发展的新趋势，中心城市的集聚辐射能力与其定位还不相匹配，县域经济综合实力相对较弱，城乡发展差距仍然较大。面对群众过上美好生活的热切期盼，在基本公共服务均衡配置、打造宜居生态家园等方面还有明显短板，在加强社会治理创新、维护公共安全等方面还面临许多新矛盾。面对政府职能转变的新要求，服务效能有待提升，依法行政能力需要提高，求真务实作风还要进一步锤炼。这些发展中的问题，需要依靠加快发展予以解决。我们将牢记使命、砥砺奋进，不断开创各项工作的新局面。

二、今后五年的目标思路和2017年工作任务

未来五年，全国将实现第一个“百年目标”，全省将高水平全面建成小康社会，淮安迎来了又一个重要的发展机遇期，新一届政府肩负着全面建成小康社会和奠定苏北重要中心城市地位的历史重任。省第十三次党代会和市第七次党代会深刻分析了今后五年面临的机遇和挑战，进一步确立“两聚一高”新要求、深化“两大目标”新内涵，为淮安加快发展提供重要遵循、指明具体路径。市政府将认真贯彻落实中央和省市委的决策部署，进一步抢抓机遇、破解难题、增创优势，积极探索依托生态优势走出发展新路子，全面落实“十三五”规划确定的各项目标任务、战略举措和工作重点，确保全市经济运行稳中有进、稳中趋好，改革开放活力更强、空间更广，群众生活稳步提高、更加幸福，城乡建设统筹推进、协调发展，生态环境宜业宜居、优势凸显，社会治理体系完善、和谐稳定，努力实现更高质量、更有效率、更加公平、更可持续的发展，加快将淮安建设成为繁荣之城、安康之城、宜居之城、文明之城。

各位代表，今年是新一届政府履职的开局之年。市政府将全面贯彻党的十八大、十八届三中四中五中六中全会和习近平总书记系列重要讲话精神，认真落实中央、省经济工作会议和省、市党代会、市委七届三次全会部署，紧紧围绕“五位一体”总体布局和“四个全面”战略布局，坚持稳中求进总基调，以践行新发展理念为引领，以提高发展质量和效益为中心，以推进供给侧结构性改革为主线，紧扣“两聚一高”，聚焦“两大目标”，深入实施“六大战略”，更加突出“四个导向”，统筹抓好稳增长、促改革、调结构、惠民生、优生态、防风险各项工作，努力以优异的成绩喜迎党的十九大。今年全市经济社会发展主要预期目标是：地区生产总值增长8.5%，规模以上工业增加值增长9%，规模以上固定资产投资增长12%，一般公共预算收入同口径实现增长，社会消费品零售总额增长11%左右，城乡居民人均可支配收入分别增长7.5%左右和8.5%左右，居民消费价格涨幅控制在3%以内，城镇登记失业率控制在4%以内，节能减排确保完成省定任务。围绕上述目标，着重抓好七个方面工作：

（一）提升发展质效，加快新型工业化步伐。

夯实产业发展基础。突出新型工业化第一方略和工业强市主旋律，进一步聚集资源、强化保障，加大产业培育力度。重抓有效投入，加快实施省市重大项目，实现规模以上工业投资增长13%。重抓产业提升，突出产业横向连接和纵向延伸，加快发展新能源汽车等先进制造业，积极培育“专精特新”企业和产品，着力打造更多细分行业“单打冠军”，推进产业转型升级。重抓企业培育，实施骨干企业培育计划，促进成长型企业发展壮大，重点培植60户“4+2”产业龙头企业，新增开票销售超亿元企业30户，形成年销售2000万元以上新增长点200个。重抓全民创业，加大创业培训和扶持力度，加快推进工商登记全程电子化，培育更多市场主体。

增强自主创新能力。坚持企业主体地位，加快资金、人才、政策等创新要素向优质企业集聚，推动企业大力开展产品创新、管理创新和商业模式创新等创新活动，新增国家高新技术企业100户，力争高新技术产业产值占比达27%。主攻关键环节，聚焦盐化新材料、凹土资源开发等产业，实施重大装备技术和产品质量攻关项目，加快突破关键核心技术，力争在行业标准制定上掌握话语权。激活创新要素，推动政产学研协同创新，力争市级以上企业“两站三中心”达900个；强化人才支撑，新引进省“双创”人才项目15个、“淮上英才计划”项目60个。优化创新生态，进一步完善支持创新的体制机制，不断提高创新的便利性、对创新监管的宽松性和对创新人才的包容性，大力扶持科技孵化基地成长和高端人才创业。强化知识产权保护，创建“零侵权”城市。

优化企业发展环境。加大帮扶力度，帮助企业有效解决发展中的突出问题，不断激发企业发展活力。加大金融支持力度，逐步提高制造业贷款占比，企业直接债务融资余额超过600亿元，股权融资增加5亿元以上。加快建立产品研发、信息咨询和中介服务等公共平台，满足企业多样化需求。推进国家质量强市示范城市建设，新培育1–2户市长质量奖企业，新增著名商标15个、知名商标35个、省级名牌产品5–6个。盘活低效工业用地，拓展产业发展空间，提高土地产出率。

（二）转变发展方式，促进现代农业提质增效。

增强支撑保障能力。深入推进农业供给侧结构性改革，进一步优化供给结构和资源配置，提高农业综合效益和竞争力。加大农业基础投入，加强农田水利建设和农业综合开发，高标准农田占比提高4个百分点。加速粮食生产全程机械化，抓好设施农业机械化推广应用，不断提高农业装备水平。提升财政资金支农效益，发挥其杠杆作用，撬动产业、金融等社会资本投入农业。用好国家政策性资金，创新农业保险产品，切实防范农业经营风险。强化农业科技支撑，加强科技人才队伍建设，激活科技创新资源，加快农业科技成果转化应用，提高农业技术推广服务能力，建设农业大数据平台，推进“互联网+现代农业”，着力补齐农业科技创新短板。

构建农业产业体系。按照“4+1”现代农业产业规划，突出主导产业和特色产品培育，大力发展绿色优质农产品。促进产业融合、多元复合，壮大农产品加工业，培育农村电子商务、乡村旅游等新业态，推动农业“接二连三”发展，实施投资超亿元农业产业化项目10个、超3000万元农产品加工项目50个。放大地理标志证明商标市场带动效应，推动农产品标准化生产和质量监管追溯体系建设，加快建设“淮安大米”等一批国家驰名商标农产品示范基地。积极发展稻虾共作、稻绿轮作、农牧结合等种养模式，提高经济、生态、社会综合效益。发挥国家和省级农业科技园区龙头和示范作用，带动设施农业规模化发展，新增高效农业面积6万亩。

培育新型经营主体。壮大农业龙头企业，规范提升农民合作社，扶持家庭农场、专业大户发展，培育社会化服务组织、农村电商等新型主体，新增家庭农场800个、市级以上示范农民合作社100个、省级以上农业龙头企业10个。加大新型职业农民培训力度，鼓励返乡农民工、大学生、退役士兵、农业科技人员投身农村创业，带动农民增收、农业增效。促进农业龙头企业、合作社与农户之间利益联结，扩大联耕联种联管联营试点范围，建设一批产业化示范基地。深入推进农村社区股份合作社和各类专业合作组织建设，发展壮大村级集体经济。

（三）放大特色优势，推进现代服务业转型升级。

聚力项目建设。加强重点项目招引、跟踪服务和动态监测，实施投资超5000万元服务业特色产业项目200个，完成投资630亿元，力争“4+3”服务业特色产业增加值占比达77%。大力发展生产性服务业，加快实施一批市场潜力大、投资效益好、品牌带动力强的优质项目，促进特色服务业向专业化和价值链高端延伸，推动企业降本增效，进一步增创产业发展新优势。

聚焦重点领域。做强现代物流业，重点打造港口、铁路、航空三大核心区，加快建设苏北快递产业园，积极发展集散分拨、仓储配送等产业，努力建设区域性物流枢纽城市。做特健康养老业，促进养老服务与医疗、护理、旅游等产业互动发展，加快培育新型健康养生产业。做精文化旅游业，着力构建“一核两圈五板块”全域旅游发展格局，丰富里运河、西游记文化旅游和洪泽湖、白马湖生态旅游内涵，提升红色旅游影响力，启动乡村旅游民宿建设三年行动计划，努力打造“长三角”旅游目的地城市。做优新兴业态，实施“互联网+”20项行动计划，积极发展数字经济、分享经济、创意经济，加快创建国家电子商务示范城市，着力打造苏北软件和信息服务产业高地。

聚合平台载体。围绕市域空间布局和“4+3”特色产业规划，立足特色优势，引导产业错位发展、专业市场合理布局。推动产业集中集聚，发展提升宁淮现代服务业集聚区、宁淮新兴产业科技园、淮安软件园等载体，打造现代服务业优势产业集群，新认定市级服务业集聚区3–5家，市级以上服务业集聚区入驻企业超过1.4万户，新增投资150亿元，营业收入增长12%以上。

（四）坚持共建共享，推动城乡统筹协调发展。

突出规划引领。坚持精明增长和内涵发展，加快转变城市发展方式，带动空间布局优化和功能提升，促进城乡一体化发展。深化“多规合一”改革，完成城市总体规划修编，加快城市设计、中心城区控规及专项规划修编。统筹布局学校、医院、文体等公共设施，不断完善服务功能，引导人口合理集聚。转变设计理念，抓好建筑形态、绿化景观、街区风貌、地下空间的规划设计，促进各要素之间功能相匹配、形态相适应。加大规划调控力度，坚持项目跟着规划走，强化土地上市的规划管控和市场调节，促进城市有序发展。

增强城市功能。计划投入968亿元，实施793个重点项目，着力提升城市能级。加快功能片区建设，提升淮海中心商业区发展质态，增强水渡口中央商务区集聚能力，加快高铁商务区、空港产业园等建设。不断彰显城市特色，深入挖掘历史文化内涵，启动建设中国漕运城、盐晶堡主题乐园，打造老坝口历史风貌区，实施周恩来纪念地及周边环境整治提升工程，全面应用城市形象识别系统，加快形成城市特色风貌。持续改善宜居环境，整治210个老旧小区，建成6平方公里海绵城市示范区，全面整治易涝片区、道路积水点，实施3座水厂深度处理改造和2座城市污水处理厂提标改造，完成国家水生态文明城市建设试点任务。大力促进互联互通，积极推进连淮扬镇、徐宿淮盐铁路建设和宁淮、沂淮铁路前期工作，开工建设高铁综合客运枢纽；建成503省道等工程，完善国省干线公路网络；加快实施京杭运河淮海南路大桥等项目，打通10个瓶颈路段和拥堵道口；完成流 域性防洪、区域治理、河湖水系连通等项目，争取实施淮河入海水道二期工程。

促进统筹联动。以区划调整为契机，优化清江浦区功能布局，增强综合承载力，加快淮洪一体化发展步伐，进一步推进淮安区、淮阴区与主城区融合发展。创新“一县一策”扶持机制，加快盱眙撤县设市步伐，推进涟水副中心、金湖水乡园林城市建设，努力打造各具特色的县域中心城市。突出以城带乡，强化规划引导和产业带动，促进产镇加快融合、资源综合利用、地域风貌彰显，加快建设一批小而美、小而强的特色小镇。全面推广“五位一体”管护机制，提升乡村治理水平，积极推进美丽乡村建设。

创新管理体制。深化城市综合执法改革，推进市容环境法治化管理，实行规划、建设、城管全过程监管，实现一支队伍管执法。建立健全市、区、街道、社区四级管理服务体系，合理调整市和区事权，将管理的关口前移、重心下移。全面建成“智慧淮安”基础数据库和基础网络，实现重点民生领域智慧化应用，完善覆盖市区的数字化城管监督指挥系统。深入推进全国文明城市创建，争取高分通过国家年度测评。

（五）深化改革开放，集聚加快发展新动能。

推进供给侧结构性改革。以提高全要素生产率为目标，有效落实“五大任务”。全面实施去产能工作方案，健全市场化退出机制，严控新增落后产能。积极拓宽去库存渠道，加大住房货币化补贴和棚改货币化安置力度，商品房去化周期降至合理区间，加大调控和监管力度，促进房地产业健康有序发展。加强债务余额限额管理，严控新增债务，加快存量债务化解，稳步推进去杠杆。出台降成本配套措施，切实降低实体经济税费、融资、用能、人工等成本。对照全面小康建设标准，进一步集中有效资源，逐项落实补短板任务。

突破重点领域改革。深入推进行政审批制度改革，积极稳妥开展相对集中行政许可权改革试点，加快建立全市统一的行政权力事项清单，实现权责清单融合，升级完善政务服务“一张网”，加快建设四级一体化政务服务体系，开展盱眙、淮安经济技术开发区综合行政执法改革试点。稳步推进新型城镇化综合改革，开展高沟、车桥等重点中心镇扩权强镇试点，加强农民进城落户政策扶持，探索建立农业转移人口市民化成本分担机制，加快农民工市民化

荷花荡荷博园 李义海 摄

步伐。实施3个功能片区土地利用规划试点，推进同一乡镇村庄优化布局和土地综合整治，不断提升土地节约集约利用水平。深化农村产权制度改革，推进农村土地"三权分置"，拓展土地确权登记颁证成果运用，扩大承包土地经营权抵押贷款试点，依法推进农村土地经营权有序流转。深化金融改革创新，吸引股份制、台资等银行业金融机构在淮落户，积极培育地方金融组织，大力发展普惠金融，引导金融机构向金融中心集聚，加快企业上市步伐。加大国有企业、供销社改革力度，统筹推进企事业单位公务用车、审计机关人财物管理制度等各项改革。

提升对外开放水平。放大台资示范区品牌和省专项支持政策效应，继续实施台资项目倍增、交流平台拓展和101%服务升级计划，建立省级以上开发区与岛内园区合作机制，聚力招引台资产业链高端项目，推动台资产业转型升级。转变招商理念，坚持项目为王、产业为重、效益为本，注重项目的实际投入、税收贡献和产业支撑，形成鲜明的绩效导向。着力提升外资利用质态，新引进总投资超3000万美元先进制造业项目30个以上，注册外资实际到账实现正增长，其中制造业和生产性服务业到账外资增长10%左右、力争占比达50%。突出优进优出导向，加快发展跨境电商等新兴业态，新培育进出口企业100户以上，外贸进出口总额实现正增长。引导企业参与"一带一路"建设，开展国际产能合作。扎实推进国家和省级园区创建，创新体制机制，丰富发展内涵，加速产业集聚，不断提高各类园区对全市开放型经济的贡献率和支撑度。

推进区域合作发展。全面对接"一带一路"、长江经济带、沿海开发等重大发展战略，积极推动淮河生态经济带规划编制工作，支持淮河生态经济带工商联盟开展区域经济合作，推进洪泽湖生态经济区建设和淮河银行、淮河开发总公司筹建前期工作。实质性参与沿海发展联合会运作，共同设立和有效使用江苏沿海发展基金。参与沿海"3+3"港口联动，争取沿东陇海线重大项目布点，拓展与沿海、沿线城市经贸产能合作。实施宁淮一体化发展规划，推动盱眙、金湖、洪泽先行融入江北新区，加快市域整体融入南京都市圈。办好长三角城市经济协调会第17次市长联席会议，不断提升淮安的知名度和美誉度。

（六）坚持绿色发展，增创区域竞争新优势。

扎实开展"两减六治三提升"专项行动。按照省委、省政府的部署，用2–3年时间，以开展"两减六治三提升"专项行动为抓手，有力解决突出问题，有效控制环境风险，尽早实现生态环境质量的根本性好转。详细制订专项行动实施方案和年度工作计划，将所有指标分解到县区、部门，落实到企业、项目，全力打赢生态保护和环境治理攻坚战。着力改善空气质量，大力实施二氧化硫、氮氧化物削减项目，持续开展燃煤锅炉整治、重点企业挥发性有机物和扬尘治理，抓好秸秆机械化还田利用，确保PM2.5浓度降幅、优良天数比例等达到国家和省考核目标。大力防治水污染，坚决取缔不符合环保政策的"十小"生产项目，严格落实河长制，全面实施城市建成区控源截污和黑臭水体整治工程，加强畜禽养殖污染治理，开展水环境区域补偿，确保国、省考核断面达到要求。实施全市土壤污染防治行动计划，启动土壤污染状况调查，开展土壤环境监测。加强化工园区整治，力争通过省专项整治考核。

筑牢生态安全屏障。深化生态文明体制改革，建立资源有偿使用和生态补偿等制度，健全环境治理和生态保护市场体系，加强生态文明绩效评价考核和责任追究，筑牢生态安全机制屏障。坚持总量指标削减、项目环评与规划环评审批联动，加强违规项目清理和违法案件查处，实施环境保护网格化管理，开展敏感目标风险评估，强化突发事件应急响应，筑牢生态安全管控屏障。积极巩固生态创建成果，全面推进国家生态文明先行示范区建设，设立一批生态保护引领区，探索建立碳排放权交易市场，加大城乡绿化造林力度，筑牢生态安全建设屏障。

推动绿色低碳发展。加大传统产业低碳化改造力度，引导企业实行合同能源管理，实施重点节能改造项目30个，节约标准煤6万吨。加快淮安经济技术开发区循环化改造，推进3个市级低碳试点园区建设。发展绿色节能建筑，加强公共建筑能耗限额监管，积极发展装配式建筑，城镇新建民用建筑全面达到绿色建筑星级标准，建成超低能耗被动房示范项目。倡导绿色低碳出行，优先发展公共交通，推广新能源汽车，建设慢行交通示范区，构建绿色交通体系。

（七）加大民生投入，提升公共服务水平。

积极发展社会事业。全面推进教育现代化，完善市区中小学和幼儿园布局规划，建成一批新校区，加大师资建设力度，促进优质资源均衡配置，创建一批国家、省示范性职业学校和职教集团，促进驻淮高校与地方融合发展，恩来干部学院核心区建成投用。扎实推进"健康淮安"建设，深化公立医院改革，加快建立现代医院管理制度，完善基层医疗卫生机构运行机制，实现区域人口健康信息平台高效运转，提升计划生育和妇幼健康服务水平。完善现代公共文化服务体系，稳步推进基层综合性文化服务中心建设，建成市公共数字文化综合服务平台，积极扶持文化精品创作。加强公共体育服务体系建设，大力开展全民健身运动，健全体育后备人才培养体系，办好智力运动、户外运动等国际赛事，促进群众体育、竞技体育和体育产业协调发展。

不断完善保障体系。健全就业保障机制，突出高校毕业生和下岗失业人员两个重点，兜住就业底线，统筹推进困难群体就业。完善扶贫攻坚机制，实现13万低收入人口脱贫、45个经济薄弱村达到"新八有"标准。继续实施全民参保登记计划，进一步扩大社会保险覆盖面，稳步提高退休人员养老待遇、大病保险统筹基金筹资标准、医保报销比例及最高支付限额，完成城镇居民医疗保险和新农合整合，逐步缩小城乡低保差距。完善临时救助、医疗救助和大病保险制度，发挥慈善社会救助补充作用，逐步扩大救助范围。加快建设社会养老服务体系，重视发展老年教育。强化全民国防民防教育，加强后备力量和军人荣誉体系建设，推进军民融合深度发展，争创全国双拥模范城"五连冠"。

全力维护社会稳定。深化平安淮安、法治淮安建设，严密防范和依法打击各类违法犯罪活动，不断提升人民群众的安全感和满意度。推进社会治理创新，促进大数据应用与社会治理深度融合，创新升级立体化、信息化社会治安防控体系，全面深化公安改革，提升社会治理专业化水平。深入开展"七五"普法，增强全民法治观念。推进法治信访建设，不断放大阳光信访升级版效应。开展平安家庭创建，维护妇女儿童合法权益。完善透明食品药品监管体系，积极创建省级食品安全城市。抓好生产、交通、消防、网络、金融等重点领域安全监管，健全应急处置联动机制，提高公共安全保障和突发事件处置能力。进一步落实企业安全生产主体责任，加强执法能力建设，保持安全生产形势稳定可控，努力营造和谐稳定社会环境。

2017年市政府将继续办好民生十件实事，积极支持各县区兴办一批民生实事，进一步改善群众生产生活条件。一是开工建设中心城区45.6公里的内环高架及连接线，提升快速通达能力。二是建设中心城区饮用水备用水源，新建京杭大运河取水口，铺设52.8公里管道，实现长江水与淮河水互为备用。三是在63.5平方公里老城区新改建污水管网和雨水管道，综合治理城市水环境。四是完成1.1万户以上棚户区改造任务，改善3.5万人居住条件。五是新建扩建生态新城高中、淮阴师院附属中学和第一附属小学、市外国语实验小学和20所幼儿园，着力优化教育布局。六是异地新建市妇幼保健院，基本建成市公共卫生中心，不断增强医疗卫生服务能力。七是新投放300辆新能源公交车、3000辆新型公共自行车，方便市民出行。八是提高社会保障水平，城乡居民医保人均财政补助标准由425元提高到470元，城乡低保标准由每人每月520元、400元分别提高到550元、460元。九是促进就业创业，完成城乡劳动者职业技能培训2.6万人次，城镇新增就业6万人，扶持创业1.5万人。十是保障农村饮水安全，巩固提升进村入户集中供水管网，新增受益人口100万人，实现城乡饮用水同源同网同质。

三、全面加强政府自身建设

开启新征程、创造新业绩，要求以更高标准推进政府自身建设。新一届政府将牢记重托、不辱使命，进一步加强现代政府治理理念、治理体系和治理能力建设，全面提高执行力和公信力，努力打造人民满意政府。

倡导务实担当的工作作风。牢记"实干兴邦、空谈误国"的教导，牢牢把握绩效导向，认真负责做好各项工作。以功成不必在我的胸襟，多做打基础、利长远的工作，坚决杜绝"抠着指标凑数字"，确保各项工作经得起历史、实践和人民的检验。强化责任担当，健全领办会办帮办督办推进机制，坚持尽职免责、失职追责，鼓励创新实干，允许探索试错，坚决整治不作为、慢作为、乱作为，确保各项任务一抓到底、务求实效。发扬工匠精神，当好"操盘手"，不断提高科学施政和驾驭经济发展能力。

践行亲商为民的服务理念。加强诚信政府建设，加大政策执行跟踪督查和审计力度，全面兑现服务承诺，坚决惩治政府部门和公务员的失信行为，切实维护群众利益和市场公平秩序。大力发扬"店小二"精神，不断优化101%服务，着力构建"亲""清"政商关系，营造适宜投资创业的政务服务环境、法治环境、市场环境、人文环境。坚持以人民的根本利益为出发点，认真解决群众关心的热点难点问题，推动政府工作和民生需求无缝对接，让发展更有温度、幸福更有质感。

健全依法高效的运行机制。强化法治思维，依法制规立法，加强行政执法监督检查，提升法治政府建设水平。认真执行议事决策程序，持续深化政务公开，主动接受人大法律监督、工作监督和政协民主监督，不断提升决策科学化、民主化、法治化水平。创新"互联网+政务服务"模式，推进行政权力网上公开、透明、规范运行，扎实开展护航发展专项行动，切实提高行政服务效能。

保持清正廉洁的从政本色。严格遵守政治纪律和政治规矩，认真执行党内法规制度，切实绷紧从严治政这根弦。深化周恩来"五德"教育，大力弘扬廉政文化，全面落实党风廉政建设主体责任和"一岗双责"，注重运用监督执纪"第一种形态"，对苗头性、倾向性问题，做到早提醒、早纠正、早处置。紧盯"关键少数"，严格执行市直单位五项重点权力制约监督规定，坚决惩治各类腐败问题。坚持勤俭办一切事业，压降行政成本，严控"三公"经费，切实把资源和财力用到发展最迫切、群众最需要的地方。

各位代表，新形势催人奋进，新征程任重道远。让我们紧密团结在以习近平同志为核心的党中央周围，在省委、省政府和市委的正确领导下，进一步解放思想、开拓创新、埋头苦干，为实现"两大目标"、加快建设繁荣安康宜居文明的美好淮安而努力奋斗！

附件

报告专用名词解释

1. 一廊四区多片

一廊即里运河文化长廊，四区即淮海中心商业区、水渡口中央商务区、生态新城、淮安古城，多片即城市多个功能片区。

2. 一综多专

以县乡村三级矛盾纠纷调处中心为综合平台，与各类行业性、专业性调解组织实施对接联动，共同构建的矛盾纠纷多元化解工作体系。

3. 四个一千

千名干部上讲台、千名领导下基层、千名骨干讲理论、千场说唱宣理论。

4. 四堂互映

"博客课堂"深度解读、"船头课堂"流动培训、"车间课堂"互动交流、"市民讲堂"滋养人心。

5. 四同步

对拟提拔干部在任前公示时进行个人有关事项同步报告、同步公示、同步核查、结果同步运用。

6. 组审合作

引入审计专业力量，加强对关键岗位一把手的重点分析研判，探索构建集"任前审计、任中点审、离任即审、异地交叉审计、分类评价、审后联谈"等为主要内容的干部管理监督模式。

7. 两网融合

在原有社会治理网格化工作模式基础上，在城市社区增设若干网格党支部，与社会治理网格进行深度融合，发挥基层党组织在社会治理中的战斗堡垒作用。

8. 两个责任“1+7”制度体系

为推动党风廉政建设党委主体责任、纪委监督责任落地生根，市委在制定落实两个责任《实施办法》的基础上，出台巡查办法、两会三述办法、双报告办法、一案双查办法、廉政谈话办法、签字背书办法、第三方评价办法等7项配套制度。

9. 两会三述

两会即党委全委会、纪委全委会，三述即述责、述廉、述德；县区委主要负责人向同级党委全委会进行三述，县区、市直单位党政主要负责人向市纪委全委会进行三述。

10. 六大核心功能

现代产业高地、综合交通枢纽、高端要素市场、文旅商贸中心、特色服务基地、美丽幸福家园。

11. 六在淮安

游在淮安、购在淮安、食在淮安、学在淮安、医在淮安、居在淮安。

12. 四联合

联合评审、联合踏勘（测试）、联合图审、联合验收。

13. 五证合一

将企业申请的营业执照、组织机构代码证、税务登记证、社会保险登记证、统计登记证五证合为一证，提高市场准入效率。

14. 双随机、一公开

随机抽取检查对象、随机选派执法人员，及时公布查处结果。

15. 三去一降一补

去产能、去库存、去杠杆、降成本、补短板。

16. 双百

每年培育百户骨干企业和百户新增长点企业。

17. 三纵两横一环

三纵即G2京沪高速、G25长深高速、S49新扬高速；两横即G2513淮徐高速和S18盐淮高速、S92金马高速；一环即主城区高速公路环，由G2京沪高速、G25长深高速、G2513淮徐高速组成。

18. 一核两圈五板块

一核即市区历史文化休闲核，两圈即环洪泽湖旅游圈、环白马湖旅游圈，五板块即名人名城运河之都综合接待旅游区、古淮河西游记主题游乐文化旅游区、盱眙山水名胜生态美食旅游区、金湖全域旅游休闲度假旅游区、涟水千古酒乡生态休闲旅游区。

19. 六位一体

集网格化社会治理服务中心、城市应急联动中心、互联网信息安全管理中心、公安指挥中心、视频资源整合管理中心、反恐指挥中心于一体的社会治理服务中心。

20. 六凡六必

干部档案“凡提必审”，个人有关事项报告“凡提必核”，纪检监察机关意见“凡提必听”，反映违规违纪问题线索具体、有可查性的信访举报“凡提必查”，个人财产情况“凡提必晒”，践行家规情况“凡提必访”。

21. 三个区分开来

把干部在推进改革中因缺乏经验、先行先试出现的失误和错误，同明知故犯的违纪违法行为区分开来；把上级尚无明确限制的探索性试验中的失误和错误，同上级明令禁止后依然我行我素的违纪违法行为区分开来；把为推动发展的无意过失，同为谋取私利的违纪违法行为区分开来。

22. 七个一

选人用人“一岗多备”、工作待遇“一酬多元”、产业发展“一地多品”、党员管理“一村多群”、村务监督“一季多单”、阵地建设“一主多辅”、远程教育“一站多能”。

23. 三转双融

通过示范引领推动村民转变为股民、跟踪培养推动社员转变为党员、政策扶持推动小项目转变为大产业，实现农民专业合作社经营与党建融合发展、村社组织融合发展。

24. 社区“1+4”组团服务模式

以社区党组织为主体，市直部门、社区党建工作指导员、党员大学生义工和党员律师志愿者等四个方面共同参与的社区组团服务体系。

25. 一诺三评

对非公企业党组织书记实行年初制订目标承诺书，年终进行企业述评、县区初评、市级考评并发放岗位津贴的管理机制。

26. 四联四强

组织联建强堡垒、活动联搞强作用、人才联培强队伍、信息联通强发展。

27. 三查

一案双查、责任倒查、多案追查。

28. 四种形态

让咬耳朵、扯袖子，红红脸、出出汗成为常态，党纪轻处分、组织调整成为大多数，重处分、重大职务调整的是少数，而严重违纪涉嫌违法立案审查的只能是极极少数。

运河之都

YUNHE ZHIDU

（张小云　摄）

地　理

资　源

气　候

历史沿革

文　化

区　划

人　口

风景名胜

全国重点文物保护单位

淮安美食

地方经济和社会发展

地　理

【位置面积】 淮安市地处江苏省北部中心地域，淮河下游。位于北纬32°43′00″~34°06′00″、东经118°12′00″~119°36′30″之间。北接连云港市，东毗盐城市，南连扬州市和安徽省滁州市，西邻宿迁市。东西最大直线距离132千米，南北最大直线距离150千米，面积10030平方千米。

【地形地貌】 淮安市地形西高东低，除市境西南部的盱眙县有丘陵岗地外，全市以平原为主体，地势平坦。境内河湖交错，水网纵横，京杭运河、淮沭河、苏北灌溉总渠、淮河入江水道、淮河入海水道、古黄河、六塘河、盐河、淮河干流9条河流纵贯横穿，全国五大淡水湖之一的洪泽湖大部分位于市境内，还有白马湖、高邮湖、宝应湖等中小型湖泊镶嵌其间。淮安市的平原面积占总面积的69.39%，湖泊面积占总面积的11.39%，丘陵岗地面积占总面积的18.32%。

【土壤条件】 淮安市属黄淮和江淮冲积平原。土壤主要为水稻土类、潮土类、砂礓黑土类、黄棕壤土类、基性岩土类、石灰岩土类。有里下河土壤、古淮河土壤、环洪泽湖土壤、丘陵土壤等4个类型。有机质含量低，一般不足0.2%，pH值在7~8之间。　（周　平）

资　源

【土地资源】 淮安市属黄淮平原和江淮平原，陆地总面积为89.2万公顷，耕地和水域面积较大。截至2010年年末，全市实有耕地面积39.97万公顷。其中，水田27.58万公顷，旱田12.39万公顷。此外，全市还有可供开发的黄河故道和其他河湖滩地近7万公顷，水域面积31.26万公顷。

【水资源】 淮安市水资源条件较好，平均水资源总量32.64亿立方米。市境地处淮河流域中下游，境内河湖众多，水网密布，南水北调工程初具规模。境内年平均降雨径流深在199.0~262.5毫米之间。总体上地表水资源较为贫乏，年际变化较大，年内分配不均，而地下水资源储量丰富，过境水量较多。

【矿产资源】 淮安市矿产资源分布相对集中。能源矿产资源有金湖县、洪泽区的石油和天然气，洪泽区老子山的地热。非金属矿产资源丰富，品种多，有盱眙县的凹凸棒石黏土、玄武岩、白云岩，淮安区、清江浦区、淮阴区的岩盐，洪泽区、淮阴区的芒硝等。据1988年地质普查报告，淮安盐盆247平方千米内岩盐1036亿吨，洪泽盐盆85平方千米内岩盐270.48亿吨、芒硝14.3亿吨。截至2005年年末，全市主要矿产探明储量为：无水芒硝矿石量2.58亿吨，硫酸钠（Na_2SO_4）量1.85亿吨；岩盐矿石量75亿吨，氯化钠（NaCl）量44亿吨；凹凸棒石黏土7267万吨。

【生物资源】 淮安市地域广阔，气候适宜，生物资源丰富。全市有高等植物1500多种，其中，木本植物234种，隶属34科146属，其中属国家重点保护植物的有11种。野生动物有鸟类321种，经济鱼类83种，爬行动物48种，哺乳动物49种，其中属国家一级保护动物9种、二级保护动物43种。洪泽湖的水生和湿地生物资源有水生高等植物81种、鱼类67种、底栖动物76种、鸟类194种，其中属国家一类重点保护的有4种、二类重点保护的有26种。　（周　平）

表1　淮安市多年平均水资源总量表

年降雨量（毫米）	912.9
地表水资源（亿立方米）	23.92
地下水资源（亿立方米）	12.54
重复计算量（亿立方米）	4.68
总水资源（亿立方米）	31.78

【林业资源】 淮安市树种分布兼有南北气候带的过渡性特征，适生树种较多，林业资源丰富。2016年底，全市林业总面积1871.33百公顷，国家特别规定灌木林地面积57百公顷，四旁树折算面积204.39百公顷，森林覆盖面积2132.72百公顷，林木覆盖率23.82%，位居全省前列。　（周　平）

【物产】 淮安市地处北亚热带和南暖温带之间的过渡气候带，温、光、水、土等自然资源极为丰富，生产条件优越，适宜多种农作物的栽培和动物的饲养，是著名的“鱼米之乡”和全国重要的绿色农副产品生产基地。淮安市盛产优质稻麦、棉花、油料、林木、水果、畜禽、鱼虾、鳖蟹、珍珠等。至2016年末，淮安市成功申创“盱眙龙虾”“淮安大米”“淮安黑猪”“淮安红椒”“金湖大米”“淮安黄瓜”“洪泽湖螃蟹”“洪泽银鱼”“洪泽芡实”等116件地理标志证明商标，数量居全国地级市第一。　（周　平）

气　候

【概况】 淮安市地处南暖温带和北亚热带的过渡地区，兼具南北气候特征，光、热、水整体配合较好。市境属典型的季风气候，自然降水丰富但分布不均，年平均降水量913~1030毫米，夏季降水量占全年降水量50%以上。全市气候温暖而又较为湿润，四季分明，雨热同季，气候资源十分丰富，光照充足。但气候年际间的稳定性较差，变幅较大，旱、涝、风、雹、冻等气象灾害较频繁。全市分为两大气候区。淮南亚热带偏湿农业气候区：苏北灌溉总渠以南的盱眙、金湖两县全部，洪泽区、淮安区大部。废黄河沿岸过渡带农业气候区：苏北灌溉总渠以北的清江浦区、淮阴区、涟水县全部和淮安区、洪泽区部分地区。

【2016年气候】 2016年，淮安市年平均气温较常年偏高0.4℃～1.2℃。年降水量在936.6～1259.7毫米之间，与常年同期相比南部偏多2成左右，北部持平到略多；降水时空分布不均，冬夏季偏少，春秋季偏多，尤其秋季异常偏多。全市年日照时数1776.5～2017小时之间，较常年一致偏少。主要气象灾害有暴雨洪涝、强对流、台风、连阴雨、高温、干旱、雾和霾、低温冻害等灾害性天气。

寒潮　年内大范围寒潮天气过程出现2次，分别为1月22～24日，11月22～24日。其中1月下旬为1971年以来1月同期最强的一次寒潮降温过程。1月22日夜间，随着极地涡旋的南下，受冷暖空气交汇影响，23～24日大部地区出现5～6级偏北大风，最大风速18米/秒（八级、洪泽湖避风港）；冷空气影响后气温快速下降，24日最低气温-10.8～-13.0℃，创1992年以来最低，全市出现严重冰冻，道路结冰，洪泽湖出现封冻。

大雪　出现2次明显的降雪过程，分别为1月20～22日，11月22～23日。受高空槽和低空切变线共同影响，1月20日夜里到21日早晨全市都出现小雪或零星小雪，22日下午到夜里出现小到中雪，局部大雪，降雪量1.5到5.6毫米，积雪深度1到2厘米。受北方强冷空气影响，11月22日午后起自北向南出现雨夹雪转雪天气，23日早晨最大积雪深度为4～8厘米。

雾霾　全市霾日数88～178天，比2015年有所好转。1、2、3、11、12月份为雾和霾天气高发频发集中时段。1月3～4日、9～10日，出现全市范围重度污染天气。2月12～13日连续2天全市出现大雾天气，12日全市有5站最小能见度在50米以下，达特浓雾标准。3月18～20日连续3天全市出现大雾天气，18日全市有4站最小能见度均在100米以下，达特浓雾标准。12月17～20日，全市出现大范围持续性霾天气，持续时间长、影响范围广。

梅雨　梅雨期为6月19日～7月20日。入梅正常、出梅偏迟，梅期偏长。梅雨量明显偏多。各地梅雨量270.6（淮安区）～406.2毫米（涟水县），降水最大为438.7毫米，出现在金湖县闵桥镇。与常年相比梅雨量偏多1～3成，涟水县偏多7成。

强对流、暴雨洪涝　6月21日、23日、7月1日出现区域性暴雨3次。“6·23”强对流和暴雨洪涝致北部县区受灾。6月23日中午前后自北向南出现雷雨大风、短时强降水等强对流天气，涟水县13时到14时1小时降水量102.5毫米，并出现16.6米/秒的大风（7级）。6月23日8时至24日8时，全市有2个站出现日雨量在100毫米以上的大暴雨；全市有17个区域站出现日雨量在100毫米以上的大暴雨，有30个区域站出现日雨量在50毫米以上的暴雨。

高温　7月下旬出现持续高温，累计站日数为有记录以来7月下旬历史同期最多值；7月22日～8月1日，受副高影响，出现全市范围持续高温天气，各站高温天数持续9～11天。其中7月24～30日大部地区出现37℃以上高温天气，测站极端最高气温出现在7月25、28日的盱眙县，达38℃。全市126个区域站中，最高气温39度以上有31个站，区域站极端最高气温出现7月30日的洪泽区共和镇，达40.7℃。

干旱　由于8月中旬开始各地降水异常偏少，加之气温较高、日照时数多，蒸发大，田间水分消耗大，造成土壤失墒快。9月初全市大部地区出现不同程度气象干旱，其中中北部地区达到重度气象干旱。

台风外围影响　9月15～17日，受第14号台风“莫兰蒂”减弱后外围环流和冷空气共同影响，全市出现明显降水过程，其中16日出现大到暴雨。9月28～30日，受高空槽和第17号台风“鲇鱼”外围共同影响，全市出现连续降水和大风天气，其中28日全市出现7到8级东到东北大风，最大风速出现在洪泽湖站，为18米/秒。

连阴雨　受台风和冷空气的持续影响，入秋后全市阴雨天气不断，尤其全市各站10月降水量均达历史同期第一位，刷新各站有记录以来的10月历史极值，累计降水量和雨日数为历史同期第一。10月全市受到台风外围水汽及冷空气影响，出现多次强降水过程。10月1日至31日各站降水量为203.0毫米（洪泽区）～303.7毫米（盱眙县），较常年同期偏多3.2倍（洪泽区）～4.5倍（盱眙县）。全市各站（6个站点）的累计降水量均创历史同期新高。　（吴序鹏）

历史沿革

【概况】 国家历史文化名城淮安，早在五六千年前就有先民们活动的踪迹，并留下载入史册的“青莲岗文化”。

夏商周时期，市境为“淮夷”“徐夷”聚居地。春秋战国时期，既有吴王夫差开凿的邗沟（即淮扬运河）沟通江、淮，又有陆上干道—善道通达南北。《淮系年表·序言》称包括市境在内的古淮河中下游地区“交通灌溉之利甲于全国”，成为列强争夺的重要地区，先后为吴、越、楚国所有。

秦统一六国后，推行郡县制。市境分属泗水郡和东海郡，始置县邑有淮阴（治今淮阴区码头镇）、盱眙（治今盱眙县城东北）、东阳（治今盱眙县马坝东南）。西汉年间，市境大体属临淮郡，又增置淮浦（治今涟水县西）、射阳（治今淮安区东南）、富陵（治今洪泽湖中）等县。东汉分属下邳国和广陵郡。

魏晋南北朝时期，市境长期处于战争和对峙的前沿，建置紊乱，隶属多变，今市区码头镇、淮城镇其时均为军事要塞，多设州郡治所，为边帅驻节之地。长年战乱带来的是“江淮之间，赤地千里”的凄惨景象，经济和文化遭到严重破坏。南齐永明七年（489），割直渎破釜以东，淮阴镇下流杂100户置淮安县，“淮安”之名始见。

隋唐五代时期，境内长期处于安定的环境，建置也较稳定，大抵淮北属泗州（治今盱眙县城北淮河对岸），淮南属楚州（治今淮安区淮城镇），经济得以持续发展和重新繁荣。楚州、泗州成为运河沿线的两座全国性名城，楚州更被白居易誉为“淮水东南第一州”。

北宋年间，境内较为太平，市境先属淮南路，分属楚州、泗州；后分淮南路为淮南东、西路，市境属淮南东路。南宋和金、元对峙时期，市境再度成为前线，为双方反复争夺，建置亦复紊乱多变。

元代，境内先后置淮东安抚司、淮东总管府、淮安路（治今淮安区淮城镇）。淮安路辖境包括今苏北地区大部和皖北一部。

明清时期，境内置淮安府。明代淮安府辖山阳、清河、安东、盐城、桃源、宿迁、沭阳、睢宁、赣榆、邳州、海州，共9县2州，范围包括今苏北五市绝大部分地域。其间，还有漕运总督、南河总督驻节淮安。漕运总督还经常兼巡抚江淮，节制淮（安）、扬（州）、庐（州）、凤（阳）四府及徐（州）、滁（州）、和（州）三州，管辖范围包括今江苏、安徽二省的长江以北广大地区。清末，一度设立江淮行省，淮安是江淮巡抚驻节之所，即省会所在地。

民国元年（1912），淮安府撤销，市境大部始属淮扬道（道署设今清江浦区），后属淮阴行政督察区、第七行政督察区。抗日战争和解放战争时期，境内成为重要的根据地和解放区，中共中央华中局、新四军军部、中共中央华中分局、华中军区、苏皖边区政府等都曾驻节境内。由于处在敌后环境，根据地和解放区的政区变化很大，头绪繁多，大抵分属淮海区、盐阜区、淮南区、淮北区。抗战胜利后至1946年9月的一年间，淮安是华中解放区的中心、苏皖边区的首府，时苏皖边区南界长江、北界陇海铁路、东至黄海、西至裕溪口一线，横跨苏皖豫鲁四省之境，辖53个旧县。1948年12月，市境全部解放。1949年5月，成立淮阴专区。

新中国成立后，淮阴专区先属苏北行政区，后属江苏省。经过1950年6月、1954年8月、1954年12月、1971年3月的几次区划调整，今市境始全属淮阴专区。1983年，淮阴专区改为淮阴市，辖宿迁、沭阳、灌南、泗洪、泗阳、涟水、淮阴、淮安、洪泽、盱眙、金湖11个县和清河、清浦2区，原辖县灌云划归连云港市。1987年，辖县淮安、宿迁改为县级市。1996年8月，宿迁、泗阳、沭阳、泗洪4县（市）从淮阴市析出，成立地级宿迁市，同时灌南县划归连云港市。2001年2月，淮阴市更名为淮安市，原县级淮安市改为淮安市楚州区，原淮阴县改为淮安市淮阴区。2012年2月，楚州区更名为淮安区。2016年，清河区、清浦区合并成立淮安市清江浦区，洪泽县更名为淮安市洪泽区。

（荀德麟　周　平）

文　化

【概况】 淮安历史文化悠久，底蕴深厚，南北兼容，尤以运河文化为魂，形成开放包容心理和合作共赢的行为方式。

6000~7000年前，在淮安青莲岗等地区就居住着氏族部落。他们会用石头、兽骨制作捕猎和生活用具，还学会烧制陶器，有的红陶钵内壁还绘上彩色图案，这种文化形态被称为“青莲岗文化”，是江淮地区母系氏族社会繁荣阶段的文化典型代表。5000年前左右，在洪泽县的共和、盱眙县的管镇、涟水县的笪巷等地的母系氏族公社演变到父系氏族公社，制陶技术有了较大进步，男子在财产和家庭中处于支配地位，该文化形态与大汶口晚期文化相近。4000多年前，境内先民进入“龙山文化”时期。盱眙县的范家岗和涟水县的杨庄遗址显示，当时陶器普遍采用轮制，器壁厚薄均匀，造型优美，以黑陶为主。氏族成员内部出现明显贫富分化。

淮安民间文艺源远流长，战国刻文铜器中的击磬音乐、舞蹈，汉代画像石刻的吹箫、宴饮乐舞、百戏、杂技和铜戏俑及说书木俑等各种艺术形象，反映古代淮安文化艺术的灿烂。民间演唱艺术历史久远、形式多样，有秧田锣鼓、淮红调、淮海锣鼓、琴书、大鼓、清淮小曲、三括调、渔鼓、评书、评词、花船、花车、高跷、龙灯、跑驴、花鼓、花灯、抬（架）阁、莲花落、评话等。公元五、六世纪至清末民初，先后形成多个地方剧种。文学、书法、绘画、雕塑等历代都有名人佳作。

淮安地区人杰地灵，英才辈出。河下古镇在明清两朝，曾出过56名进士、160多名举人和贡生，河下“三鼎甲”更是成为传奇。历代主要名人有：韩信、枚乘、枚皋、梁红玉、龚开、吴承恩、吴鞠通、关天培、刘鹗、周恩来等。

【文学】 西汉淮阴人枚乘是汉大赋的开山鼻祖，被后人推崇为“文章领袖”。枚乘之子枚皋所作辞赋甚多，比较可读者120篇。东汉末“建安七子”之一的陈琳，善为诗赋，《饮马长城窟行》为代表作之一。晚唐著名诗人赵嘏长于七律，有《渭南诗集》传世。北宋淮阴人张耒为“苏门四学士”之一，善诗文，存有诗集《柯山集》等。明代吴承恩创作神话小说《西游记》，为中国古代四大古典小说之一。清代大学者阎若璩长于诗文，曾一个晚上创作七言绝句百首，名为《陇右倡和诗》。著名古文家鲁一同，其诗“气象雄阔“，今存《通甫诗存》。光绪年间，刘鹗创作《老残游记》，为晚清四大谴责小说之一。当代著名作家有：陈白尘、吴强、陈登科、袁鹰、司马中原、张贤亮等。

【戏剧】 早在公元前206~25年，淮安地区就有表演艺人活动。后经长期发展，逐渐形成诸多地方戏曲剧种，先后有僮戏、泗州戏、淮海戏、淮剧、淮红戏、小调剧以及外地流入的京剧、吕剧、黄梅戏、越剧、扬剧等多个剧种。自清代起，民间戏班在淮安地区出现。至咸丰年间，清江浦观剧风气已大盛。清末民初，淮安地区各地方剧种民间班社日益增多，演出活动频繁，表演形式、唱腔等不断丰富。著名戏剧表演艺术家有：王瑶卿、周信芳、宋长荣、杨秀英等。

【歌舞曲艺】 早在古代，淮安民间举行大傩时，就跳傩舞，傩舞在秦汉时期盛行。迄今洪泽湖区尚流传独特的渔家傩舞——渔傩。长期以来，每逢佛事道场，巫人祭神弄鬼，均有以娱神为目的的歌舞。淮安说唱艺术历史悠久，盱眙东阳曾出土有汉末新莽时期的说书木俑。唐元和年间，淮阴有曲艺女艺人刘彩春演唱甚佳。明代中叶以后，以两淮民歌为主要形式的清淮小曲在清江、淮安民间兴起。光绪年间，清淮小曲发展极盛，多流行于酒楼茶馆。清代中后期，琴书和淮海锣鼓艺术开始形成。清末民初，诸多曲种得到发展，淮海锣鼓分为郯门等四大门派。主要曲种有：淮海锣鼓、琴书、清淮小曲、苏北大鼓、扬州评话等。

【非物质文化遗产】 淮安市历史悠久，地当京杭大运河与淮河交汇处，历史上有“南船北马”“九省通衢”之称，南北文化在此交汇融合，在长期的历史发展进程中，形成独具特色的地域文化，留下丰富的非物质文化遗产。至2016年底，淮安市有市级以上非物质文化遗产176项，其中国家级6项、省级33项、市级137项。6项国家级非物质文化遗产名录中，传统音乐2项：楚州十番锣鼓、金湖秧歌；传统歌舞1项：洪泽湖渔鼓；传统戏剧3项：淮海戏、京剧、淮剧。有国家级非物质文化遗产项目代表性传承人2人，分别是杨秀英（淮海戏）、宋长荣（京剧）；省级非物质文化遗产项目代表性传承人12人，分别是周宝洪（淮安区十番锣鼓）、张中祥（金湖秧歌）、张玉珍（金湖秧歌）、蒋寒松（洪泽湖渔鼓舞）、魏佳宁（淮海戏）、荣光辉（淮剧）、刘兆湘（洪泽湖木船织造技艺）、吕洪玉（洪泽湖渔具制作技艺）、吴建峰（高沟酒酿造技艺）、金矿（南闸民歌）、魏年喜（楚州文楼汤包制作技艺）、阙宋巧英（阙氏膏药制作技艺）；市级非物质文化遗产项目代表性传承人213人。（周永达）

【方言】 淮安方言属江淮方言。淮安市区自古以来，就是运河沿线上的交通重镇，人文荟萃，商贾云集，南北方言交汇，因此，境内方言兼有南方方言和北方方言的特点，尤其在语音方面，具有南北方言的过渡性。境内各县（区）方言差异不大。

淮安方言与普通话相比，在语音方面，主要特点有三个。声调方面，普通话声调有四个，阴平、阳平、上声、去声。淮安方言声调比普通话多一个，保留了古入声。入声声调带有明显的侯赛音。声母方面，舌边音“l”和鼻音“n”不分。鼻音“n”声母字，大都读成舌边音“l”声母；舌尖音“z”“c”“s”和舌根音“zh”“ch”“sh”不分。舌根音“zh”“ch”“sh”声母字，大都读成舌尖音声母。韵母方面，主要是舌尖音en、in和舌根音eng、ing不分。只有舌尖音，没有舌根音。舌根音韵母字大都读成舌尖音韵母。还有，普通话中的复元音韵母，在本方言中有单元音化的趋势。

淮安方言，在词汇和语法方面，虽然跟普通话差异不大，但也有其自身的一些特点。比如，亲属称谓，普通话称“父亲”叫“爹”，而淮安方言称“父亲”叫“爷”“爸”“大”，称“祖

表2 淮安市省级非物质文化遗产名录

项目类别	项目名称	申报地区或单位	批次	公布时间
民间文学（5项）	巫支祁的传说	洪泽县	第二批	2009年6月20日
	水漫泗州城传说	洪泽县，盱眙县	第二批	2009年6月20日
	韩信的传说	淮阴区文联	第一批	2007年3月24日
传统音乐（1项）	南闸民歌	淮安市楚州区	第二批	2009年6月20日
传统舞蹈（3项）	竹马（淮阴马头灯舞）	淮安市淮阴区	第二批	2009年6月20日
	莲湘（闵桥莲湘）	金湖县	第三批	2011年9月2日
传统戏剧（3项）	香火戏（金湖香火戏）	金湖县	第二批	2009年6月20日
曲艺（3项）	工鼓锣（淮海锣鼓）	涟水县文化馆	第一批	2007年3月24日
	苏北琴书	涟水县	第二批	2009年6月20日
传统美术（1项）	剪纸（金湖剪纸）	金湖县	第三批	2011年9月2日
传统技艺（11项）	洪泽湖渔具制作技艺	洪泽县	第二批	2009年6月20日
	淮安茶馓制作技艺	淮安市	第二批	2009年6月20日
	汤包制作技艺（楚州文楼汤包制作技艺）	淮安区	第二批	2009年6月20日
	平桥豆腐制作技艺	淮安区	第二批	2009年6月20日
	传统木船制造技艺（洪泽湖木船制造技艺）	洪泽县	第二批	2009年6月20日
	蒸馏酒制作技艺（高沟酒酿造技艺）	涟水县	第二批	2009年6月20日
	钦工肉圆制作技艺	淮安区	第三批	2011年9月2日
传统医药（3项）	阙氏膏药制作技艺	淮安区	第三批	2011年9月2日
民 俗（2项）	洪泽湖渔家婚嫁习俗	洪泽县	第二批	2009年6月20日
合计	33项（水漫泗州城传说分于两个地区，为两个项目）			

父”才叫“爹”。普通话讲,“我非去不可”,淮安方言通常都说成“我非去”。普通话说“给我一本书”,淮安方言说成“给本书我”。由于地域性的关系,淮安方言各县(区)之间乃至县(区)内部东南西北之间都存在着一定的差异。 (杨义春)

区　划

【行政区划】 淮安市是江苏省省辖市,下辖清江浦、淮阴、淮安、洪泽4区和涟水、盱眙、金湖3县。此外,淮安经济技术开发区、淮安工业园区计划单列,统计单独列统。至2016年末,全市有84个镇、20个乡、21个街道(办事处),1383个行政村、309个居委会。

【区划调整】 2016年,淮安市完成清河、清浦两区合并及洪泽撤县设区。市委七届二次全会审议通过盱眙撤县设市决议。淮安区撤销淮城镇和城东乡,设立淮城街道、城东街道和河下街道;原清浦区撤销城南乡改设城南街道。 (曹　吉)

人　口

【概　况】 2016年末,户籍总人口567.56万人,比上年增加3.11万人;其中男性人口291.24万人,占总人口51.3%,女性人口276.31万人,占总人口48.7%。年末常住人口489万人,比上年增加1.8万人;其中城镇人口291.84万人,增加8.53万人。常住人口城市化率59.7%,比上年提升1.5个百分点。常住人口出生率10.93‰,死亡率7.44‰,自然增长率3.49‰。

【民族】 2016年,淮安市有47个少数民族成份,户籍少数民族人口1.8万人,占总人口的0.31%。其中,回族人口最多,1.1万人,占少数民族总人口的61.1%。其他少数民族中,百人以上的民族有7个,分别为苗族、彝族、壮族、布依族、满族、土家族、哈

表3　　2016年淮安市行政区划表

区、县	镇	乡	街道	村委会	居委会
清江浦区	3	4	12	92	80
淮安区	20	4	3	308	44
淮阴区	14	7	–	223	36
涟水县	17	2	–	321	54
洪泽县	6	–	3	95	31
盱眙县	14	3	3	226	34
金湖县	10	–	–	118	30
总　计	84	20	21	1383	309

注:全市总面积含洪泽湖等水面。

表4　　2016年淮安市户籍人口表

地区	年末总户数(万人)	年末户籍人口(万人)			出生人口(万人)	死亡人口(万人)
			男	女		
全市	164.82	567.56	291.24	276.31	6.41	2.31
市区	100.52	335.74	172.21	163.53	3.73	1.21
淮安区	32.87	118.45	61.53	56.92	1.19	0.45
淮阴区	28.28	93.36	48.41	44.95	1.09	0.28
清江浦区	18.91	55.99	28.11	27.88	0.58	0.19
洪泽区	11.80	37.88	19.08	18.80	0.37	0.16
开发区	5.16	16.74	8.44	8.30	0.32	0.08
工业园区	0.51	2.30	1.13	1.17	0.03	0.01
生态新城	1.97	6.88	3.45	3.43	0.11	0.02
盐化新区	1.03	4.14	2.06	2.07	0.04	0.03
涟水县	29.92	115.38	59.92	55.46	1.41	0.53
盱眙县	21.65	80.47	41.10	39.38	0.91	0.33
金湖县	12.73	35.96	18.01	17.95	0.36	0.24

表5　　2016年淮安市常住人口表

地区	年末常住人口(万人)			出生率(‰)	死亡率(‰)	人口自然增长率(‰)	城镇化率(%)
		城镇人口	乡村人口				
全市	489	291.84	197.16	10.93	7.44	3.49	59.68
市区	305.67	196.45	109.22	10.86	7.40	3.46	64.27
淮安区	98.85	51.04	47.81	11.96	7.87	4.09	51.63
淮阴区	78.15	40.27	37.88	11.87	7.62	4.25	51.53
清江浦区	67.40	59.99	7.41	9.31	7.27	2.04	89.00
洪泽区	33.82	17.71	16.11	8.97	6.93	2.04	52.36
开发区	25.20	25.20	–	10.12	6.01	4.11	100.00
工业园区	2.25	2.25	–	10.05	5.38	4.67	100.00
涟水县	84.80	43.69	41.11	12.01	7.77	4.24	51.52
盱眙县	65.35	34.26	31.09	11.05	7.45	3.60	52.42
金湖县	33.18	17.44	15.74	8.59	7.01	1.58	52.56

(市统计局)

尼族；百人以下的民族有33个，分别为蒙古族、藏族、维吾尔族、朝鲜族、侗族、瑶族、白族、哈萨克族、傣族、黎族、傈僳族、佤族、畲族、高山族、拉祜族、水族、东乡族、纳西族、景颇族、土族、达斡尔族、仫佬族、羌族、布朗族、撒拉族、仡佬族、锡伯族、阿昌族、普米族、怒族、鄂温克族、保安族、独龙族。除回族属早期迁居外，其他少数民族大都是改革开放后婚嫁到淮安市的。

（市统计局）

风景名胜

国家AAAAA级旅游景区

【概况】 2015年10月15日，全国旅游资源规划开发质量评定委员会发布公告，淮安市周恩来故里旅游景区达到国家AAAAA级旅游景区标准，批准为国家AAAAA级旅游景区。周恩来故里景区成为苏北地区第一家国家AAAAA级旅游景区。该景区主要包括周恩来纪念馆、周恩来故居、河下古镇景点等。

【周恩来纪念馆】 位于淮安区北门外桃花垠，1992年1月16日落成，邓小平题写馆名。1998年增建仿北京中南海西花厅和周恩来铜像广场，铜像上“周恩来同志”5字由江泽民题写。2008年增建周恩来生平业绩陈列馆和西花苑碑园。纪念馆四面环水，馆区总面积40余万平方米，其中70%为水面，建筑面积1.5万平方米。在纪念馆南北800米长的中轴线上，依次有瞻仰台、纪念馆主馆、附馆、周恩来铜像和仿北京中南海西花厅等纪念性建筑。此外，还有岚山诗碑、海棠林、海棠路、樱花路、五龙亭、怀恩亭、西厅观鱼等景点。1992年开馆至2013年，已接待海内外瞻仰观众2500万人次，其中包括习近平、胡锦涛等党和国家重要领导34人、省部级领导500多人。

【周恩来故居】 位于淮安区驸马巷内，由东西相连的两个宅院组成。1979年3月5日，正式对外开放。1984年12月11日，邓小平题写“周恩来同志故居”匾额。1988年1月，被国务院公布为全国重点文物保护单位。1996年，被国家教委、民政部、文化部、文物局、共青团中央、解放军总政治部命名为“全国中小学爱国主义教育基地”。2005年，被列入全国百家红色旅游经典景区。

【河下古镇】 有2500年以上的历史，曾诞生巾帼英雄梁红玉、大文学家吴承恩等历史名人。明清两代这里曾出过67名进士，有“进士之乡”之称，文化底蕴深厚。整个街区仍保持明清时建筑风格，80%以上的民居系民国以前的砖木结构，清代以前的建筑占70%以上，石板路面占90%，历史风貌基本保存完好。具有代表性的街、巷、桥有湖嘴大街、估衣街、花巷、茶巷、罗家桥等。河下镇内还有一批文物保护单位和一批古迹保存完好，有吴承恩故居、左忠壮公祠、清真寺古文楼等。另有一批保存较完好的明清风格的名人故居和传统民居及会馆，如汪廷珍故居、吴鞠通故居、夏曰瑚宅等。

周恩来纪念馆主馆

国家AAAA级旅游景区

【概况】 至2016年底，淮安市有AAAA级景区12家，分别是铁山寺国家森林公园、第一山公园、黄花塘新四军军部纪念馆，古淮河文化生态景区、淮安市博物馆、淮安府署、漕运博物馆、里运河文化长廊·清江浦景区、吴承恩故居、新四军刘老庄连纪念园、洪泽湖古堰景区、涟水五岛湖旅游区。

【铁山寺国家森林公园】 位于苏皖交界处，是江苏省保存最好、面积最大的野生动、植物王国。61.58平方千米的次生林海和群山环抱、水质纯净、9平方千米的天泉湖，构成了极其独特的小气候环境。铁山寺国家森林公园繁衍生息着40多种野生动物，170多种鸟类，280多种高等植物，800多种中草药，其中绝大多数为南北地域边缘物种，是天然的动植物基因库。区域内山、林、泉、湖、石、洞自然造化，佳景天成。公园内建于东汉末年，毁于战火的铁山禅寺已经修复，还建有中科院紫金山天文台观测基地和天文科普园、侏罗纪乐园、孔雀国际俱乐部、学生素质教育基地，适合休闲旅游和开展科普主题旅游和实践教学。

【第一山公园】 位于盱眙县城，原名南山，因盛产都梁香草，又名都梁山。北宋年间，书画家米芾行至此处，忽见秀山，欣然赋诗《第一山怀古》：“京洛风尘千里还，船头出汴翠屏间。莫论横霍撞星斗，且是东南第一山”，并大书“第一山”三个大字，从此南山易名第一山。第一山景色秀美，以一山占河山之奇秀，有林、泉、亭、宇

铁山寺国家森林公园

之玲珑，融儒、佛、道于一体。它还是一座历史文化名山，早在汉朝孔子的后裔孔安国为临淮太守时，就在此创立崇圣书院，历朝历代文人墨客都极为推崇。宋元以来，众多的文人墨客、翰林学士、官府政要都慕名而到，留下大量的碑刻和碑碣，其中不乏苏轼、陆游、杨万里、米芾等名家之作。园内的“第一山题刻”为全国重点文物保护单位，有极高的历史价值与艺术价值。园内现存建筑包括大成殿、淮山堂、翠屏堂、春昼亭、玻璃泉亭、明伦堂、摩崖石刻保护廊等。

【黄花塘新四军军部纪念馆】 位于盱眙县黄花塘镇，占地6000平方米。黄花塘原来只是一个默默无闻的小村庄，但它在波澜壮阔的中国革命史上写下了辉煌篇章。1943年年初到1945年年初，在全国抗日战争由相持转入反攻的关键阶段，新四军军部移驻黄花塘。陈毅、张云逸、饶漱石、罗炳辉、赖传珠、曾山等人在艰苦卓绝的条件下，运筹帷幄，指挥抗日，粉碎了日伪军的“扫荡”“清乡”和国民党顽固派的磨擦、进攻，在苏、皖、浙、鄂、豫五省开辟八个敌后抗日根据地，在日军统治的心脏地区插上一把尖刀，使华中地区成为对敌斗争的主战场。

【古淮河文化生态景区】 位于淮安市清河新区内，2006年开工建设，2008年6月整合启动。景区围绕生态和休闲主题，通过对滨河绿地系统的开发与改造，挖掘古淮河的生态、景观、娱乐、休闲等方面的潜能与优势，为广大市民打造一个集运动、休闲、旅游、观光和娱乐为一体的景区。景区占地面积112.3公顷，由青龙湖公园、白鹭湖山庄、清河生态园、净潭广场、农家乐、清河城市馆、中国西游记博物馆、长荣大剧院、红娘广场、清河文化馆、古淮楼、中国淮扬菜美食文化博物馆、古淮河生态公园等组成。

【淮安市博物馆】 位于清江浦区健康西路，创建于1959年，是一座综合性历史博物馆，是文物收藏、陈列和考古研究中心。馆藏文物丰富，分陶瓷器、玉石器、青铜器、钱币、书画等诸多门类。其中，尤以1978年高庄战国墓出土的刻纹青铜器、青铜马车饰件、双囱原始瓷带盖熏炉等战国重器，2004年运河村战国墓出土的木雕鼓车，徐伯璞1984年捐赠的近现代名家书画为馆藏特色。新馆于2006年改扩建完工，总建筑面积1.2万平方米。

【淮安府署】 位于淮安区东门大街，始建于南宋，初为五通庙，元代为沂郯万户府，明初改建为府署，清咸丰初遭火灾后修建。府署占地1万多平方米，有房屋300余间。大堂体量为全国之最。淮安府署是中国保存较为完好的两座知府衙门之一，为研究中国古代衙门文化提供了重要的实物标本。

【漕运博物馆】 京杭大运河是明清时期国家经济大动脉，漕运是当时交通运输、物资流通、经济往来的主要形式，国家管理漕运的最高机构——漕运总督署就设在现在的淮安区。淮安漕运总督署遗址是2002年中国重大考古发现之一。中国漕运博物馆与漕运总督署遗址相整合，于2011年4月建成，总建筑面积6300平方米。馆内集中陈列古代漕运（运河水上运输）工具及附属遗留物品，漕运总督府内工作与生活用品，曾经担任漕运总督及其他漕运官员的信函、书札、墨迹及生活用品，以及历代有关漕粮流通的记录、证券、量具、代用品，向世人完整展现漕运古迹和历史。

【里运河文化长廊·清江浦景区】 位于里运河文化长廊“起、承、转、和”四大片区的起点地段。西至大闸口若飞桥、东至越秀桥、北至圩北路（不含美食街）、南至轮埠路（含沿轮埠路商业和文化建筑）。具有明显运河文化、地方文化、生态园林特色。该景区有“南船北马、舍舟登陆”石碑，文庙、花街、慈云寺、福音堂、古清真寺、青龙寺、斗姥宫等景点，清江大闸、陈潘二公祠、吴公祠、御码头等运河文化遗存，以及建在中洲岛上的系列文化展馆等。

【吴承恩故居】 位于淮安区河下古镇打铜巷内，是全球首部立体电视剧《吴承恩与西游记》的拍摄基地。故居由故居本体、吴承恩生平陈列厅、玄奘纪念堂、美猴王世家艺术馆、六小龄童工作室五个部分组成，是国内唯一综合展示西游记文化和纪念吴承恩的场所。故居占地面积15000平方米，建筑面积3800平方米，为明代风格的古典建筑群。

【新四军刘老庄连纪念园】 始建于1955年，为纪念1943年3月新四军三师七旅十九团二营四连八十二名英勇牺牲的指战员。纪念园坐落在淮阴区刘老庄乡境内，占地32公顷，绿化覆盖率75%，主要纪念设施有八十二烈士墓、八十二烈士纪念馆、壮志亭、八十二烈士纪念碑及广场、碑廊、廊柱、八十二棵青松、红星广场、浴血刘老庄主题战壕、张芳久烈士纪念碑、无名烈士墓、淮阴散葬烈士集中安葬区(慰烈工程)、刘皮街阻击战纪念亭、刘老庄八十二烈士纪念林等。是国家级抗战纪念设施、国家级国防教育示范基地、全国红色旅游经典景区,省级烈士纪念建筑物保护单位、省级文物保护单位、省级爱国主义教育基地,年均接待参观游客50万人次以上。

【洪泽湖古堰景区】 12月30日,洪泽湖古堰景区通过江苏省旅游资源规划开发评定委员会评定,成为国家AAAA级旅游景区。该景区位于中国第四大淡水湖——洪泽湖畔。景区主要包括洪泽湖大堤、水釜城、渔人湾、欢乐园四大旅游片区,是融文化体验、养生休闲、大湖观光、森林探秘、现代游乐于一体的综合性生态文化旅游景区。至年底,景区内建成水釜城、中国印博物馆、中国掼蛋乐园、防震减灾体验馆、一公里长古堰梅堤等景点;提升洪泽湖碑、周桥大塘、信坝遗址等景点品质,推进洪泽湖渔文化博物馆、城市立体公园等新建项目进程。

【涟水五岛湖旅游景区】 12月23日,五岛湖旅游区被批准为国家AAAA级旅游景区。景区位于涟水县城中心,包括五岛湖公园、能仁寺景区、涟水县博物馆三大板块,占地面积约65.9公顷,是融合人文自然、历史文化、名人文化、佛禅文化于一体的复合型旅游度假区。其中五岛湖公园建于1930年,园内夕照山被省政府批准设立"夕照山省级黄嘴白鹭自然保护区";能仁寺始建于唐初,距今有1300多年历史,是集宗教朝觐、旅游休闲于一体的佛教圣地;涟水县博物馆全面展现涟水历史、文化、民族、民俗文化,是涟水标志性文化建筑。

(方宏伟)

全国重点文物保护单位

【概况】 至2016年年底,淮安市有全国重点文物保护单位11处,分别是明祖陵、泗州城遗址、文通塔、苏皖边区政府旧址、洪泽湖大堤、青莲岗遗址、月塔、京杭大运河·淮安段以及周恩来故居、第一山题刻和淮安府署(以上三单位介绍见"AAAA级景区")。

【明祖陵】 明祖陵是明朝开国皇帝明太祖朱元璋之高祖、曾祖、祖父的衣冠冢及其祖父的实际葬地,位于盱眙县明祖陵镇,距盱眙县城20千米左右。明祖陵有殿庑、金门、玉桥、厨库、井亭、宰牲所、拜斋、宿直房、铺舍、碑亭、仪从等,栽植柏树万株,神道全长250多米,两侧立望柱2对,石像19对,并有祭田149顷,规模宏大,气势不凡。明祖陵坐落在洪泽湖西畔的淮河入湖处,泗州城被湖水淹没时,明祖陵也一起被吞没于湖水之中。1964年春旱时露出水面,1996年被国务院公布为第四批全国重点文物保护单位。

明祖陵风景区

【泗州城遗址】 位于盱眙县淮河镇境内。作为泗州州治,历史上曾经是淮河下游的一座重要都市,它扼守淮河两岸及南北大运河由淮河入汴河的南端口岸,具有突出的战略、交通和经济地位。清康熙十九年(1680),黄河夺汴入淮,泗州城遭灭顶之灾。至康熙三十五年(1696),全城彻底被泥沙埋没。2012年曾做过考古发掘,因保护经费、技术等问题,又进行了回填。

【文通塔】 位于淮安区古城西北隅勺湖公园内,西临运河。原名尊胜塔,始建于唐景龙二年(708),明崇祯二年(1629)重修时因其旁有文通寺而改名为文通塔,此后又曾多次重修。清康熙七年(1668)郯城大地震时,文通塔仅余2层,后来重建时只修了7层。现塔系砖结构,无梁柱,高30.5米,七层八角,外形为黄身青檐。1982年被列为江苏省文物保护单位。2013年被列为全国重点文物保护单位。

【苏皖边区政府旧址】 位于清江浦区淮海南路30号。苏皖边区政府是中国共产党领导的苏中、苏北、淮南、淮北四大解放区的民主联合政府,1945年11月1日在淮阴城成立。边区政府成立后,为华中和全国解放作出巨大贡献。旧址现存两个院落,占地面积6700平方米,保存砖木结构、古色古香的房屋48间。

【洪泽湖大堤】 古称高家堰、捍淮堰,始建于东汉建安五年(200),完工于明、清时期,现存堤长70.4千米,是中国水利史上沿用时间最长、修建时间最长的水利设施之一。洪泽湖大堤自建堤后,防洪排涝功能始终居于重要地位,是淮河中下游地区10多座城市防洪排涝的安全屏障,被誉为"水上长城"。

【青莲岗遗址】 位于淮安区宋集乡。青莲岗文化是江淮流域距今六七千年的新石器文化类型,属于母系氏族向父系氏族社会过渡的阶段,因20世纪50年代首先发现于淮安区宋集乡青莲岗而得名。遗址中发掘出大量石器工具、陶器、陶片、炭化后的籼稻粒、

月塔

兽骨、带纹芦席等物品，说明祖先已过着定居生活并有着相当进步的手工制造技术。

【月塔】 位于涟水县唐集乡月塔村，又称缺塔、橛塔、薛塔、法济塔。在法济寺门外，高七级，有门可登。月塔为仿木结构砖塔，高约16米，塔下有0.45米高的台基。该塔被鉴定为宋塔。

【京杭大运河·淮安段】 2014年6月24日，中国大运河被列入《世界遗产名录》。淮安位于大运河和淮河交汇处，在大运河发展史上有着特别重要的地位，是大运河申遗的主要城市之一。淮安涉及申报的遗产有清口枢纽和漕运总督遗址，包含一段河道和五处遗产点。河道是淮扬运河淮安段，全长46千米，含里运河、里运河故道、古黄河、中运河和张福河；遗产点为清口枢纽、双金闸、清江大闸、洪泽湖大堤、总督漕运公署遗址。申报遗产面积3979公顷，缓冲区面积6289公顷，总计10268公顷。（方宏伟）

淮安美食

【概况】 淮安与扬州同为淮扬菜的主要发源地，淮安菜（淮菜）是淮扬菜的主要分支。2002年9月，淮安市被中国烹饪协会命名为“淮扬菜之乡”。淮安地处淮河下游，江淮腹地，东临黄海，境内湖泊众多，原野广袤，四季分明，气候温和，古来就是鱼米之乡，《尚书·禹贡》云“淮夷蠙珠暨鱼”。水土物产为淮安人创制美味佳肴提供了物质基础。淮安美食历史源远流长，其始于春秋，兴于隋唐。西汉时，汉赋大家枚乘在《七发》中有笋蒲脍制小牛腹腴等淮地精美菜肴的描述。唐代的酒焖黄鸡、宋代的清蒸淮白鱼等佳肴在李白、苏轼、杨万里等文人雅士的诗文中也有赞誉。明、清时期，漕运总督、河道总督，户部分司、工部分司、淮北盐运分司和淮关监督驻节淮安，官署林立，豪商云集，大大推高了淮安的消费水平，促进了淮菜的创新发展。明万历《淮安府志》载：“淮安饮食华侈，制度精巧，市肆百品，夸视江表。”清康熙《淮安府志》则云：“涉江以北，宴会珍错之盛，淮安为最。”《清稗类钞》也云：“肴馔之有特色者，为京师、山东、四川、广东、福建、江宁、苏州、镇江、扬州、淮安。”并记载了淮安名庖创治的“全羊席”“全鳝席”。因淮安、扬州两地相邻，菜肴风格口味相近，又经长期相互渗透、交流、融合，逐渐形成统一的风味流派，清末民初，国人名之为“淮扬菜”，成为与鲁菜、川菜、粤菜齐名的四大菜系之一。

为了传承光大淮扬菜文化，振兴淮扬菜产业，2002~2013年，淮安市连续举办12届中国淮扬菜美食文化节。2009年10月，中国淮扬菜文化博物馆建成开馆，是全国最大的以菜为主题的文化博物馆。2010年10月，淮安市淮扬菜美食文化研究会成立。2011年年底，成立全国唯一以八大菜系名称命名的“国字号”集团——中国淮扬菜集团股份有限公司。2012年5月，成立淮安市振兴淮扬菜文化产业工作委员会；8月，建设淮扬菜文化产业园，作为淮扬菜产业发展的平台和基础。

【淮菜特点】 淮菜特点是和、精、清、新。和，就地取材，以淮产烹淮菜，不伤天和；崇尚养生，组配谐和；口感适中，南北咸宜，味众至和。精，讲究选料、前期加工和刀工技法；善用火候，因料而异，炖、焖、煨、焐、蒸、烧、炒皆长；菜品形态精致，滋味醇和，百味各异。清，崇尚本味，原汁原味；崇尚本色，以味取胜；崇尚清淡爽洁，“浓厚而不油腻”，“清鲜而不淡薄”；崇尚“一席半斋”，简朴而不粗陋，精洁而不奢华。新，选料注重鲜活，菜依月令，时鲜野蔬，清爽宜人；传承创新，博采众长。

【名菜名点】 淮菜现存名菜有：软兜长鱼、炝虎尾、生炒蝴蝶片、叉烤长鱼方、白煨脐门、大烧马鞍桥、码头汤羊肉、黄集炖羔羊、雪冬野鸭、淮杞炖乳鸽、虾蟹狮子头、钦工肉圆、涟水鸡糕、高沟捆蹄、河蚌咸肉、清蒸白鱼、生熏白鱼、风白鱼、酸汤鱼圆、萝卜丝鲫鱼汤、洪泽烧鹅、文楼涨蛋、清炖马蹄鳖、白煮淮鲇、乌龙鳜鱼、盱眙十三香龙虾、金湖蒜泥龙虾、洪泽小鱼锅贴、水晶虾饼、江淮一品盅、白炮虾仁、樱桃肉、香葱扒鸭、凤还巢、朱桥甲鱼羹、平桥豆腐羹、虾仁翡翠羹、鸡油菇心、开洋扒蒲菜、鸡油烩蒲菜、淮山药羹、大煮干丝等。名点有文楼汤包、淮饺、烫面饺、淮安茶馓、盖浇面、阳春面、蒲菜三鲜饺、八宝烧卖、四喜春饼、淮点三春等。（周　平）

地方经济和社会发展

【概况】 2016年，淮安市完成地区生产总值3048亿元，按可比价格计算，比上年增长9.0%。其中，第一产业增加值324.61亿元，增长1.7%；

第二产业增加值1268.15亿元，增长9.1%；第三产业增加值1455.24亿元，增长10.6%。三次产业比例由上年11.2:42.9:45.9调整升级为10.6:41.7:47.7，第三产业增加值占地区生产总值比重47.7%，比上年提升1.8个百分点。人均地区生产总值62446元人民币（按当年汇率折算9401美元），增长8.6%。实现财政总收入483.13亿元，比上年下降5.3%，其中一般公共预算收入315.51亿元，下降9.9%。一般公共预算支出483.45亿元，比上年下降5.8%，其中财政民生类支出353.95亿元，下降5.4%，占一般公共预算支出比重达73.2%，比上年提升0.3个百分点。市区居民消费价格比上年上涨2.2%。其中，食品烟酒类涨4.8%，生活用品及服务类涨1.8%，教育文化和娱乐类涨0.4%，医疗保健类涨12.7%，其他用品和服务类涨2.6%，衣着类跌0.6%，交通和通信类跌2.2%，居住类基本持平。

年末户籍总人口567.56万人，比上年增加3.11万人；其中男性人口291.24万人，占总人口51.3%，女性人口276.31万人，占总人口48.7%。年末常住人口489万人，比上年增加1.8万人；其中城镇人口291.84万人，增加8.53万人。常住人口城市化率59.7%，比上年提升1.5个百分点。常住人口出生率10.93‰，死亡率7.44‰，自然增长率3.49‰。全年城镇新增就业7.78万人；下岗失业人员再就业4.32万人，其中困难群体再就业6508人。年末城镇登记失业率为1.87%，保持在较低水平。新增转移农村劳动力2.26万人，城乡劳动者职业技能培训3.03万人、创业培训2.9万人。

2016年，全市经济社会发展中还面临一些问题，主要是：产业支撑不够牢固，自主创新有待增强，居民增收难度较大，中心城市的集聚辐射以及县域综合实力需要提升，基本公共服务均衡配置、宜居生态家园建设等方面尚存短板。

【农业】 2016年，淮安市粮食总产量458.55万吨，受极端气候因素影响，比上年减少8.67万吨，下降1.9%。其中，夏粮总产量170.57万吨，减少6.8万吨，下降3.8%；秋粮总产量287.98万吨，减少1.87万吨，下降0.6%。全年粮食播种面积989.99万亩，比上年增加2.63万亩，其中夏粮面积463.08万亩，增加1.47万亩；秋粮面积526.91万亩，增加1.15万亩。油料种植面积43.71万亩，减少1.04万亩，蔬菜种植面积145.65万亩，增加0.92万亩。完成成片造林面积2.53万亩。水产品总产量26.10万吨，下降1.0%。年末农业机械总动力623万千瓦，增长0.4%。

【工业和建筑业】 2016年，淮安市完成规模以上工业增加值1626.18亿元，比上年增长9.8%。其中：国有工业增加值8.19亿元，增长16.3%；集体工业增加值3.14亿元，下降17.8%；股份制工业增加值1108.31亿元，增长17.5%；外商港澳台投资工业增加值313.13亿元，下降7%。大中型工业企业增加值678.02亿元，下降3.2%。轻工业企业增加值709.48亿元，增长7%；重工业企业增加值916.70亿元，增长12.0%。“4+2”优势特色产业实现产值4200.40亿元，比上年增长5.9%。其中盐化新材料、特钢及装备制造产业、电子信息、食品四大主导产业实现产值3840.1亿元，占规模以上工业产值比重51.4%；新能源汽车及零部件产业、生物技术及新医药产业等两大战略性新兴产业实现产值360.30亿元，增长9.5%。食品产业实现产值1015.9亿元，成为继电子信息产业后第二个千亿级产业。单位地区生产总值能耗降低率完成省定任务。全市有规模以上工业企业2664户，其中年销售收入100亿元以上企业3户，50亿元以上企业9户，10亿元以上企业90户。全市百户重点企业实现销售2818.78亿元，比上年增长20.8%，高于规模以上工业8.6个百分点，占全市工业销售比重38.6%；实现利润192.87亿元，增长18.1%，高于规模以上工业9.4个百分点，占全市工业利润比重48.0%。

全市具有资质等级的总承包和专业承包建筑业企业547户，完成建筑业总产值1337.29亿元，增长1.0%，其中建筑工程产值1282.16亿元，增长0.4%。实现建筑业增加值196.70亿元，比上年增长2.7%。

【服务业】 2016年，淮安市实现社会消费品零售总额1083.83亿元，比上年增长11.7%。按经营单位所在地统计，城镇消费品零售额964.50亿元，增长11.4%；乡村消费品零售额119.33亿元，增长13.7%。按消费形态统计，批发零售业完成零售额978.30亿元，增长11.9%；住宿餐饮业完成零售额105.53亿元，增长9.3%。限额以上单位实现社会消费品零售额525.16亿元，比上年增长14.9%。其中粮油、食品类增长14.3%，烟酒类增长17.4%，化妆品类增长9.1%，金银珠宝类增长7.9%，电子出版物及音像制品类增长34.8%，五金电料类增长21.3%，家具类增长16.9%，石油及制品类增长6.5%，建筑及装潢材料类增长16.5%，机电产品及设备类增长46.2%，汽车类增长21.9%。

完成公路、水路货运量1.22亿吨、周转量372.13亿吨公里，比上年分别增长1.6%和2.8%。完成港口货物吞吐量9050万吨，增长13.1%；完成集装箱吞吐量15万标箱，增长11.5%。淮安机场新开通日本大阪、重庆、大连、海口、福州等航线，通航城市达到20个；完成旅客吞吐量86万人次、货邮吞吐量4638吨，分别增长70.7%、23.5%。市区投放新能源公交车700辆。现代有轨电车全年客流突破540万人次。新增24个乡镇开通镇村公交，全市镇村公交开通率达63%。A级物流企业总数增至22家。

完成电信业务收入26.11亿元，比上年增长2.2%；邮政业务收入14.53亿元，增长39.9%。年末固定电话用户51万户，下降25.1%。移动电话用户429万户，增长2.8%。年末互联网固定宽带用户95万户，增长17.3%。

实现旅游业总收入308.57亿元，比上年增长15.6%。其中，国内旅游收入305.64亿元，增长15.8%；旅游外汇收入1704.53万美元，增长9.4%。接待境内外游客2612.4万人次，比上年增长12.3%；接待入境过夜游客1.82万人次，增长24.2%。全市共有国家A级旅游景区41家，其中5A级1家，4A级12家；省星级乡村旅游区52

家，省级自驾游基地3家，省级旅游度假区2家，省级生态旅游示范区2家。有星级旅游饭店48家，其中五星级旅游饭店1家；旅行社105家，其中四星级旅行社2家、出境社2家；持证导游4513人。中国漕运城、西游记文化体验园、白马湖生态旅游度假区、美丽蒋坝休闲旅游度假区项目入选全国优选旅游项目。

年末全市金融机构人民币存款余额3066亿元，比年初增长31.7%。其中，住户存款1360.51亿元，增长14.9%，占全部存款44.4%；非金融企业存款1049.81亿元，增长65.1%，占全部存款34.2%。年末金融机构人民币贷款余额2304.22亿元，比年初增长23.6%。其中，中长期贷款1426.86亿元，增长44.2%；基础设施贷款398.90亿元，增长104.6%。实现保费收入77.10亿元，比上年增长23.3%。其中，财产保险收入22.70亿元，增长15.8%；寿险收入44.90亿元，增长23.8%；健康险和意外伤害险收入9.50亿元，增长43.4%。全年保险赔款和给付支出28.70亿元。

【固定资产投资】 2016年，淮安市完成规模以上固定资产投资2535.19亿元，比上年增长15.1%。其中工业投资1518.49亿元，增长17.3%；房地产开发投资321.41亿元，增长13.3%。民间投资1781.94亿元，增长15.4%，占全市规模以上投资比重70.3%。完成220个市级重大项目投资1040亿元，比上年增长11.5%，德科玛半导体、时代芯存相变存储器等一批投资超百亿元重大项目顺利开工。

【开放型经济】 2016年，淮安市完成进出口总额35.04亿美元，比上年下降15.1%。其中，出口总额26.98亿美元，下降10.3%；进口总额8.06亿美元，下降28.1%。全市有进出口实绩企业809家，培育新增长点企业152家。组织企业参加广交会、日本大阪展、德国科隆五金展等境内外重点展会330家次，设立展位570多个。全年新批外资项目240个，协议外资28.58亿美元，到账外资11.6亿美元。新设立总投资1亿美元以上项目10个、3000万美元以上项目59个。新批伊弗特精密零部件、金俊装备工业和澳洋顺昌集成电路等一批重大外资项目，其中伊弗特精密零部件项目计划总投资1.55亿元美元。完成外经营业额1.30亿美元，比上年增长24.4%。对外承包工程新签合同额1.25亿美元，增长近3倍。

【交通】 2016年，淮安市完成交通基础设施建设投资93.80亿元，比上年增长221.0%。宁连路南门立交建成通车，新港二期码头完成主体工程施工，连淮扬镇、徐宿淮盐两条高铁完成征地拆迁，宿扬高速、503省道、淮河出海航道整治以及京杭运河淮海路大桥、京杭运河黄码大桥、淮海路跨古淮河桥等项目全面推进，348省道淮安区段等重点项目开工建设。新改建农村公路500公里、桥梁97座。计划总投资151亿元的市区快速路一期工程开工建设。全市年末公路总里程13354公里，其中高速公路里程403.40公里，一级公路里程631.90公里。

【水利】 2016年，淮安市完成水利建设投资32.5亿元。淮河入江水道整治、洪泽湖大堤加固、分淮入沂整治等工程全部完成；黄河故道水利综合治理工程基本完成；列入国家规划的中小河流、大中型涵闸加固、大型泵站更新改造全面完成、发挥效益；淮河入海水道二期等一批重大项目前期工作取得新突破。里运河北门桥、堂子巷及古黄河水利枢纽等"三闸"工程全面建成运行，清江浦老城区除涝综合整治、清隆桥泵站改造、西郊泵站迁建等一批城市河道治理及涵闸工程建成运行。完成农村水利建设4650万土方，兴建建筑物8758座、防渗渠道645公里，疏浚县乡河道1398公里，整治村庄河塘1413面。

【社会事业】 2016年，淮安市研究与试验发展（R&D）经费支出54亿元，比上年增长20%，占地区生产总值比重1.8%。完成高新技术产业产值1909亿元，增长13.16%。新认定省级高新技术产品91个、市级85个；新认定省级高新技术企业121家、市级67家。专利申请17293件，专利授权8081件，发明专利申请量4061件。企业专利申请量9667件，增长93.8%；企业专利授权量4307件，增长49.3%。万人有效发明专利拥有量3.55件，比上年增长29.5%。新获认定国家众创空间1家、省众创空间1家，全市省级以上科技企业孵化器孵化面积达86万平方米。

新设立清华大学苏州汽车研究院技术转移淮安中心；组织签订大院名校科技合作交流项目59项。井神盐化获国家企业技术中心认定，为全市首个国家级研发机构；新增省级科技公共服务平台1个，新建市级科技公共服务平台10个；新获认定江苏省智能交互工程技术研究中心等省级工程技术研究中心5个，新建市级重点实验室5个，市级工程技术研究中心79个。

拥有各级各类学校、成规模幼儿园898所，在校生87.12万人，教职工5.59万人。其中，成规模幼儿园424所，在园幼儿17.56万人；小学252所，小学生35.05万人；初中157所（含38所九年制学校），初中生14.31万人；高中31所（含8所完全中学），高中生7.22万人；中等职业学校20所，在校学生6.2万人；高校7所，大学生6.69万人；特殊教育学校7所，在校学生0.09万人。通过义务教育基本均衡发展国家督导认定，全市109所中小学达到全国义务教育学校管理示范校标准。淮阴卫校成功升格为江苏护理职业学院。

全市每万人拥有公共文化设施面积1595平方米，公共文化服务设施覆盖率95%，人均公共图书馆总藏量0.93册。市公共数字文化综合服务平台项目搭建完成，被文化部评为2016年国家基层公共数字文化服务推广项目。淮安大剧院正式对外运营；淮海戏《林道静》等4个项目获得国家艺术基金资助；江苏华夏云锦织造有限公司被国家版权局授予全国版权示范单位；盱眙县创成第三批省级公共文化服务体系示范区。

全市有各类卫生机构（不含村卫生室）813个，其中疾病预防控制机构9个，卫生监督机构9个，综合医院36个，专科医院14个，中医院6个，妇幼保健机构9个，卫生院128个，社区卫生服务中心(站)79个。各类卫生机构实有病床27529张,其中医院17574张、卫生院7926张。卫生技术人员3.15万人,其中执业(助理)医师1.24万人,注册护士1.43万人;疾病预防控制机构卫生技术人员432人,卫生监督机构卫生技术人员167人,妇幼卫生保健机构卫生技术人员1587人。市妇幼保健院、市公共卫生中心异地新建有序推进,市直医院全部达到三级以上。

成功举办2016国际智力运动联盟智力运动精英赛、里运河中国淮安·丝绸之路户外运动挑战赛以及全市第八届运动会等赛事。新建健身路径40套、健身步道58公里、笼式足球场4个、拼装式游泳池1个,全市30个乡镇建成多功能运动场。市本级被列为首批省级体育改革发展试验区,淮安区施河镇被命名为首批省级体育健康特色小镇。在2016年里约奥运会花样游泳比赛中,我市培养的淮安籍运动员梁馨枰摘得银牌。

【环境保护】 2016年,淮安市通过国家生态市考核验收,成功创建国家节水型城市。全市设立自然保护区5个,面积7.09万公顷,其中省级自然保护区2个,面积5.7万公顷。空气质量优良天数280天,优良率76.5%;城市水域功能区水质优良率81.5%,集中式饮用水源地水质达标率100%;市区环境噪声平均等效声级53.5分贝,声环境质量等级较好。盱眙县、淮安区和淮阴区通过国家生态县区考核验收,市经济技术开发区通过国家生态工业示范园区验收,市工业园区获得省级生态工业园区命名。

【人民生活】 2016年,淮安市全体常住居民人均可支配收入22762元,比上年增长9.2%。城镇居民人均可支配收入30335元,增长7.9%;人均消费性支出16912元,增长6.6%。农村居民人均可支配收入14319元,比上年增长9.1%;人均生活消费支出9633元,增长11.8%。城镇常住居民人均住房面积44.2平方米,农村常住居民人均住房面积51.2平方米。

年末全市参加企业养老保险职工人数90.27万人,比上年增加1.37万人;其中农民工参保6.7万人,个体灵活就业人员参保36.04万人。参加工伤保险51.66万人,比上年增加0.5万人;生育保险50.00万人,增加3.13万人;失业保险人数64.3万人,增加1.1万人。参加城镇职工基本医疗保险81.42万人,城镇居民基本医疗保险参保人数80.92万人。参加农村养老保险人数126.32万人,参保率99.48%。全市共支付27.78万名企业离退休人员养老金60.70亿元,全年征缴养老保险费48.16亿元,组织27.63万名企业退休人员第四轮免费体检。 (市统计局)

表7 2016年淮安市地区生产总值表(一)

	绝对值	增长(%)
地区生产总值(亿元)	3048.00	9.0
按行业分		
农林牧渔业	330.91	1.8
工业	1071.99	9.7
建筑业	196.70	6.1
批发和零售业	241.99	6.7
交通运输、仓储和邮政业	106.20	4.5
住宿和餐饮业	83.05	6.8
金融业	121.84	24.8
房地产业	239.36	10.6
其他服务业	655.96	11.5
按产业分		
第一产业	324.61	1.7
第二产业	1268.15	9.2
第三产业	1455.24	10.6
人均地区生产总值(元)	62446	8.6

表8 2016年淮安市地区生产总值表(二)

地区	地区生产总值(亿元)	第一产业	第二产业	第三产业	人均地区生产总值(元)
全市	3048	324.61	1268.15	1455.24	62446
淮安区	448.61	64.43	172.62	211.56	45408
淮阴区	435.72	69.05	182.39	184.28	55794
清江浦区	400.3	10.25	94.27	295.78	114568
洪泽区	255.31	33.63	103.71	117.97	75558
涟水县	387.09	56.64	147.51	182.94	45680
盱眙县	356.7	54.2	140.3	162.2	54625
金湖县	241.88	33.11	90.31	118.46	72987
开发区	284.17	1.91	227.45	54.81	121440

生态家园

SHENGTAI JIAYUAN

（任精和　摄）

土地资源管理

环境保护

节能减排

水资源保护

园林绿化

生态区建设

土地资源管理

【概况】 2016年，淮安市完成永久基本农田划定、不动产统一登记整合、国土资源"十三五"规划制定。全市争取各类用地计划0.26万公顷，较上年增长近20%。市区供应各类建设项目用地205宗784.23公顷，其中挂牌出让经营性用地43宗207.93公顷，出让金总额56.67亿元。挂牌出让成交工业用地246宗，面积666.67公顷，成交金额11.43亿元。获批省以上投资土地整治项目11个，总投资3.12亿元；争取城乡建设用地增减挂钩项目奖补资金5068万元。推进占补平衡、城乡挂钩、工矿废弃地复垦项目建设，累计新增耕地0.13万公顷。调整完善土地利用总体规划，全市"十三五"建设用地总规模增加近0.91万公顷，耕地保有量减少1.39万公顷，基本农田保护规模降低3.27万公顷，三项指标调整幅度均居全省前列。

【土地资源保护】 2016年，淮安市制定出台《关于加强耕地质量评定工作的通知》，加强耕地质量管理。耕地质量等级补充完善成果通过省国土资源厅验收。开展城市（镇）周边永久基本农田划定工作，论证审核结果经省国土资源厅原则通过，新划入永久基本农田0.39万公顷；在全市部署开展全域永久基本农田划定，划定方案通过省国土资源厅审核。淮安区车桥镇、淮阴区西宋集镇、涟水县义兴镇、洪泽区三河镇、金湖县前锋镇、盱眙县黄花塘镇被表彰为省级耕地保护激励单位，分别获200万元奖励。年度占补平衡项目库新增耕地面积指标540.6公顷，实现全市耕地占补平衡有余。年度城乡建设用地增减挂钩复垦项目库新增农用地536.33公顷、耕地535.2公顷。建立工矿废弃地复垦项目库，预计新增耕地195.27公顷。合理安排市投项目11个，建设规模0.24万公顷，总投资5769万元。

【土地资源改革试点】 2016年，编制印发《淮安市功能片区土地利用规划编制技术指南》。推进高沟小城市、白马湖生态保护、淮阴国家农业科技园3个试点功能片区规划实施。淮安经济技术开发区和宁淮新兴产业科技园功能片区规划成果经省国土资源厅审查并通过。《基于"多规融合"的功能片区土地利用规划研究——以淮安市功能片区为例》等3个课题获省国土资源科技课题立项。出台《淮安市人民政府推进"三统筹三促进"深化新型城镇化土地使用制度改革的指导意见》《关于进一步提升国土资源保障能力积极服务稳增长促转型的实施意见》等配套政策。

5月9日，省国土资源厅副厅长魏红军（左一）颁发淮安市区第一本不动产权证
周翔供图

启动编制《洪泽县建设用地"减量化"专项规划》和《年度实施方案》，印发《洪泽县建设用地"双减量"试点工作实施方案》。年度实施方案和试点专项实施规划通过省国土资源厅评审，方案中确定的10.1公顷规模目标实施完成，6.22公顷增减挂钩建新实施规划编制完成。同一乡镇范围村庄建设用地布局调整第一批试点的淮阴区老张集乡拆旧区复垦通过验收，第二批6个试点获批。工矿废弃地复垦利用第一批试点的4个县（区）完成复垦验收29.78公顷，实施建新16.44公顷。开展工业用地供应制度改革，出台《关于加快推进工业用地供应方式改革试点工作的指导意见》，选择淮阴区、淮安工业园区开展"弹性出让"试点，淮安工业园区实现1宗工业用地的弹性年限出让，淮阴区两宗"先租后让"工业用地挂牌。宅基地有偿退出工作初见成效，金湖县311户签订退出协议，出台《金湖县农村宅基地有偿退出综合验收办法》。

【土地资源配置】 2016年，编制《淮安市"十三五"国土资源保护和利用规划》，统筹规划"十三五"时期重大项目的用地空间安排。开展土地利用总体规划调整完善，全市"十三五"建设用地总规模增加近0.91万公顷，耕地保有量减少1.39万公顷，基本农田保护规模降低3.27万公顷，三项指标调整幅度均居全省前列。完成市级资源环境承载力评价研究和市、县两级土地利用总体规划实施评估成果更新，进入土地利用总体规划调整完善方案编制阶段。年度土地利用计划争取规模再创新高，全年争取各类计划0.26万公顷，较上年增长近20%。其中重大产业和单独选址用地15个项目争取计划0.07万公顷，增长60%，敏实电动车项目争取计划63.13公顷，刷新淮安市单体项目争取点供计划规模。开展市区增减挂钩计划与县（区）国家新增计划的互换、工矿废弃地复垦利用计划在县（区）之间实现调剂整合等探索。开展重点项目全程跟踪服务，对列入年度省市重大项目清单的项目建立台账，优先做好项目规划调整、用地报批等服务。出台《淮安市补充耕地指标交易实施细则（试行）》，全年交易指标85.33公顷。

【节约集约用地】 2016年，淮安市通过暂停房地产用地挂牌、合理控制土地供应节奏、推进房地产行业转型升级、统筹安排棚改地块的储备、供应等措施，努力化解房地产库存，促进房地产市场平稳健康发展。对2006年以来市区出让的1201宗近0.5万公顷经营性用地逐宗进行核查，及时掌握开发建设情况，并起草《关于淮安市市区已出让经营性用地未开发建设问题处置的指导意见》，指导各区（管委会）对已出让未开发地块进行规范处置。严格土地使用标准，对国家级、省级开发区内工业项目用地，严格执行亩均投资强度不低于230万元的标准，对不符合土地投资强度等定额指标的用地项目，相应核减用地面积，小企业、污染环境、高耗能及低水平重复建设项目不予安排用地。组织开展节约集约用地模范县（区）创建，做好相关迎检工作。淮安区被国土资源部表彰为全国节约集约用地模范区。

【国土资源执法监管】 2016年，淮安市出台全市卫片执法检查工作方案，在依法查处到位的基础上组织整改，年度土地矿产卫片检查通过国土资源部、江苏省验收，实现"零约谈、零问责"。做好2016年度遥感监测图斑核查，为全市卫片检查奠定基础。开展煤炭、钢铁类企业违法用地及沿湖涉砂土地和黄砂堆场违法用地专项清查，城市周边永久性基本农田划定范围内违法用地排查以及农村违法违规建房清查。开展春季拟开工项目清查行动，控制年度违法用地形势。保持高压执法态势，坚持执法巡查机制，对违法用地典型案件实行挂牌督办。建成统一、实时、覆盖全市的执法监察信息系统，融合"慧眼守土"成果，试点使用无人机巡查。全市违法用地总量和比例有效降低，通过预警督察。

【国土资源服务】 2016年，淮安市履行征地报批程序，严格执行"两公告一登记"（征用土地公告，征地补偿、安置方案公告和补偿登记）、征地补偿资金预存等制度，坚持征地、补偿、保障"三同步"办理。加大征地信息公开力度，保障被征地农民知情权和监督权。开展省政府93号令执行情况调研检查。对全市地质灾害隐患点、危险点进行排查。组织专家对矿山企业地质灾害防治和安全生产情况进行巡查。制定《淮安市2016年度地质灾害防治方案》。首次使用无人机航拍技术，对盱眙县11个省控点进行巡查。盱眙县获2016年度省土地、矿山地质环境整治项目科技创新奖。推进"信访基础业务规范年"活动，出台《关于法定途径分类处理信访投诉的工作方案》。在国土资源部举办的地市级国土资源信访干部培训班上，淮安市国土资源局作为江苏省代表，就"阳光信访"工作进行交流。

【测绘地理信息建设】 2016年，淮安市规范测绘市场，加强测绘资质管理和测绘项目监管。启动基础测绘"十三五"规划工作，明确"十三五"期间全市基础测绘的发展目标和主要任务。统一全市基础地理信息数据修补测标准，市国土资源局与省基础地理信息中心共同编写《淮安市1∶500 1∶1000 1∶2000基础地理信息要素数据字典》。投入140万元，开展地理国情普查市级汇总和统计分析及省级拓展普查，《国情普查专题图册》通过省级验收。完成"一张图"（遥感监测与行政监管共同构建综合监管平台）与综合监管系统主体建设，通过省国土资源厅验收。核心数据库建成涵盖基础类、业务类14个数据库，发布数据服务91项。建成电子政务、综合监管、公众服务三大平台和数据中心、建设用地预审、报批、供地、执法监察等18个应用系统。涟水县"一张图"工程竣工并通过验收。成立地理信息系统建设领导小组，编制《淮安市地理信息系统建设实施方案》。申请资金1200万元，完成外包作业招标。完成市区数字城市建设，淮安市智慧时空信息云平台申报立项，争取市财政投资1071万元；洪泽区启动智慧城市时空信息云平台建设试点，技术设计通过评审。编制《淮安市地理信息系统建设实施方案》，通过上门走访调研，及时掌握市直相关部门现实需求并不断推广基础测绘地理信息数据应用。市国土资源局与市规划局、市住房和城乡建设局、市经济信息化委等18家单位签订共建共享协议，根据不同需求，分别提供相应图形数据等资料。

【不动产统一登记】 2016年，淮安市出台一系列提升不动产登记服务效能的规定。所有县（区）全部接入国家级信息平台。市国土资源局与市住房公积金中心建立不动产登记信息共享和流程再造机制，方便群众办理不动产贷款；与银行、企业沟通协调，开通不动产抵押融资预约服务和延时服务。5月9日，市区第一本不动产证书颁发；12月12日，颁发全国首本铁路不动产权证，被《中国国土资源报》头版报导。2016年，全市缮证20.27万本，办理司法协助1.55万宗，办理不动产信息利用查询业务12.5万宗。以"一张图"数据中心为支撑，结合不动产统一登记，在辖区内所有行政服务中心部署应用，实现全流程优化审批、全区域便民服务、全业务网上办理、全节点效能监察的国土资源行政审批服务模式。淮阴区、淮安区、淮安经济技术开发区网点正常运作，新筹划的生态新城、清江浦区网点设备到位。盱眙县开通乡镇级网点，颁发不动产权证和林权证；涟水县实现"四全模式"（全流程优化审批、全区域便民服务、全业务网上办理、全节点效能监察）乡镇发证全覆盖。市国土资源局与市检察院、市法院建立共享机制，专门设置不动产等基础信息查询快速通道，为开展侦查和预防职务犯罪提供全市矿产资源信息、土地交易信息、不动产登记信息及土地违法行政处罚案件个案信息等查询支持。（周　翔）

环境保护

【概况】 2016年，淮安市政府印发《关于补充明确2016年度全市大气污染防治工作目标任务的通知》《关于印发全市2016年度主要水污染物总量减排任务的通知》，将相关任务分解到县区，列出11大类大气减排项目和52个水减排项目。全年二氧化硫削

6月4日，淮安市举行纪念“6·5”世界环境日开幕式活动　　杨恩才供图

减目标为3%，氮氧化物削减目标为3%，化学需氧量削减目标为2.74%，氨氮削减目标为2.75%。至年底，全面完成省下达目标。

【环评审批】 2016年，淮安市严格环评审批，强化生态红线约束。严守环保准入门槛、严把建设项目环境准入关，全年审批建设项目102个，环保验收85个，环评率100%，否决或暂缓两高类项目15个。印发《淮安市全面清理整治环境保护违法违规建设项目工作方案的通知》，排查环保违法违规建设项目2887个，清理完成率99.7%。根据淮安盐化新区扩区环评及涟水薛行工业集中区规划环评跟踪评价进展情况，制定建设项目审批和验收指导意见；洪泽经济开发区、涟水薛行化工集中区规划环评跟踪评价通过省环保厅审查。督促市级乡镇工业集中区完成规划环评编制、审批工作，洪泽县高良涧工业集中区控制性详细规划通过审查，金湖县黎城镇大兴工业集中区规划等送专家评审。将生态红线区域保护作为空间优化生态修复行动的重点内容，提升生态红线区域的管控和保护水平，生态红线管控工作通过省考核。

【危险废物管理】 2016年，淮安市增强固体废弃物管理和处置能力。编制《淮安市“十三五”危险废物污染防治规划》，通过合理布局、调整提高、集中处置等措施，实现危险废物产生源头有效控制、危险废物利用处置水平显著提升、危险废物监管应急能力大幅提高。淮安华科环保科技有限公司危险废物集中焚烧项目——2.1万吨/年回转窑主体设备安装到位，3600平方米的危废贮存库完成土建工程；2万吨/年的危险废物安全填埋项目完成环境影响评价文件的公示及专家论证。洪泽蓝天化工科技有限公司二期新增1万吨/年危险废物焚烧处置能力，年处置能力提升到1.51万吨。开展危险废物规范化专项整治，严格按照《危险废物规范化管理指标体系》要求，对危险废物管理情况进行综合考核，督查企业52家。严厉打击固体废物违法犯罪行为，全年向公安部门移交5起涉废环境违法案件。

【水环境质量提升】 2016年，淮安市推进水污染防治，全市水环境质量稳中有升。县级以上集中式饮用水水源地水质连续5年100%达标，全市地表水监测断面中优于Ⅲ类水质占80%左右；8个地表水国考断面年均值达到年度考核要求，国家和省2016年度硬性任务全部完成。出台《淮安市水污染防治工作方案》，印发《淮安市2016年度水污染防治工作计划》，市政府和各县区政府、市直各有关单位签订“十三五”水污染防治目标责任书。高规格落实断面长制度，由市委、市政府领导担任市级断面长，县区主要领导分别担任县级断面长。印发《水环境区域补偿工作方案（试行）》，在全市范围内推行区域补偿工作，用经济杠杆倒逼水环境治理。定期开展洪泽湖、白马湖等重要水体水质监测，《洪泽湖生态环境保护规划》经市政府同意实施，争取中央对白马湖生态保护财政补助资金1.33亿元。完成浔河水质自动站建设、白马湖生态环境管理信息系统以及白马湖监测监察能力建设等项目，并通过验收。白马湖取水口自动监测站建设项目经市政府同意，纳入白马湖取水口主体项目，同步设计、同步建设、同步验收。

【大气环境综合治理】 2016年年初，召开全市大气污染防治工作部署会，印发《淮安市2016年度大气污染防治工作实施计划》，相继出台《淮安市保障G20峰会空气质量工作方案实施细则》《淮安市保卫蓝天大气污染防治专项整治百日行动方案》《淮安市保卫蓝天大气污染防治约谈办法》等文件。出台秸秆禁烧禁抛和综合利用工作方案及考核办法，做好夏秋季秸秆禁烧巡查，全年没有被国家、省通报火点。淮安市区域环境空气质量得到改善。PM2.5浓度为53.2微克/立方米，比2013年下降32.5%，比2015年下降8.4%；优良天数248天，比2015年增加3天，重污染天气比2015年减少4天。

【环境监管】 2016年，淮安市加大监管力度，消除各类环境隐患。全年中央环保督察组向江苏交办环境信访问题32批次2452件，其中涉及淮安市85件，为全省最少的两个地级市之一；在下沉督察阶段，全省11个地级市被下沉督察，淮安市为两家没有被下沉督察市之一，得到省环保厅充分肯定。严格环境执法，在污染源日常环境监管领域创新施行"双随机"（随机确定被检查对象、随机确定检查人员）制度，建立市、县区、乡（镇、街道）三级网格和市管特殊网格，形成"横向到边、纵向到底"的环境监管体制。组织开展环境执法大练兵，全市立案查处环境违法案件406件，其中限制生产3件、停产整治69件、按日计罚11件、查封19件、扣押1件、涉嫌犯罪移送6件、涉嫌拘留移送15件，处罚总金额2805万元。推进化工园区整治，淮安区季桥化工区采取"关、退、转"方式，对23家企业全部实行关停；淮安盐化新区加快基础设施建设，环保建设投入约6亿元，占基础设施总投入的60%以上；洪泽经济开发区化工集中区对"一企一管"、雨污分离进行方案设计；涟水县薛行化工区整治经验做法获《中国环境报》推广。开展清洁生产，加大对重金属、化工、印染造纸等行业的清洁生产审核力度，对21家企业开展强制性清洁生产审核。强化环境风险防控，推进风险源企业环境安全达标建设，全市13家重大环境风险源单位达标建设工作基本完成。举办"淮安市2016年突发环境事件示范性应急演练"，提升突发环境事件应急处置能力。

【环保宣传】 2016年，淮安市围绕特色环保文化建设，创新宣传方式，打造一批有影响的宣传形式和活动。市环保局获评2016年度《中国环境报》宣传工作先进单位、全省2016年度"生态文明建设宣传一条街"活动组织奖、首届"江苏环保网络文化季"优秀活动项目等。利用"淮安环保"微博、微信宣传全市环保工作动态，鼓励公众关注、参与互动。"淮安环保"政务微博粉丝量从年初1.3万余人增长到3万多人，及时发布各类环保宣传动态1200余条；先后策划开展"带着微信看环保""环保人平凡的一天"等专题宣传活动，推送图文信息1500余条，转发超过万次，粉丝数突破1万人。开设"全市生态文明建设在行动"专版专栏，对各县区、市各相关部门贯彻落实全市生态文明会议情况进行宣传报道。组织召开全市化工园区环保综合整治、推进依法行政守护蓝天碧水、"6·5"世界环境日系列活动、全市环境质量状况、"互联网+"垃圾综合回收等5次新闻发布会。市环保局与中国邮政集团公司淮安分公司签订战略合作框架协议，开展"生态邮路"建设，强化环保宣传教育。创新组织开展"走进环保春天里"、环保公益快闪、环保《三字经》、儿童环保绘画竞赛、中小学生环保书信竞赛等活动。（杨恩才）

节能减排

【概况】 2016年，淮安市通过调优产业结构、强化体系建设、加快技术创新、推进社会节能等措施，推进全社会节能工作。全年单位地区生产总值能耗下降5.74%，超额完成省下达年度下降3.5%的节能目标任务。完成省下达的年度重点工程项目。完成燃煤小锅炉综合治理215台、挥发性有机物治理项目52个、火电行业提标改造项目3个、堆场粉尘扬尘治理项目5个、成品油码头油气回收治理项目2个、港口岸电系统建设25套、淘汰黄标车及老旧车辆18090辆、淘汰落后产能项目1个。清江电机、辉煌太阳能、佳好太阳能3家企业产品入选国家节能产品惠民工程推广目录。实联化工（江苏）有限公司获得江苏省工业领域能效"领跑者"称号，江苏井神盐化股份有限公司获得"国家能源管理中心建设示范企业"称号。江苏水力清节能环保有限公司、淮安澳洋顺昌光电技术有限公司等9户企业纳入市第一批地方节能环保产品推广目录。

【经济结构调整促节能】 2016年，淮安市围绕"4+2"特色优势产业，引导产业加快发展，推动盐化工、特钢、电子信息、食品四大主导产业，以及高端装备制造、新能源汽车及零部

2016年，"6·5"世界环境日期间，淮安市举办环保公益快闪系列活动
杨恩才供图

件两大战略新兴产业发展，推动工业结构转型升级。坚决淘汰落后产能，全年淘汰落后铁合金8万吨、纺织产能0.84万吨、铅蓄电池100万千伏安时。

【节能技改】 2016年，淮安市突出主要耗能行业和重点用能企业，组织实施30余项节能重点工程，以节能技改推动企业能效提升。重点用能企业实施节能与发展循环经济项目40多个，实现节能量6万吨标准煤。将清洁生产工作纳入对县（区）年度目标考核体系，开展清洁生产先进企业创建活动，提升企业节能降耗水平。

【节能减排督查检查】 2016年，淮安市按月公告工业能耗指标，按季度公告单位地区生产总值能耗指标，对节能目标完成进度滞后的地区及时预警。加强节能减排执法，严格规范受理、立案、审批和处罚程序。开展节能减排执法专项行动，对23户主要产品能耗限额标准涉及企业、9户水泥生产企业、16户燃煤锅炉使用企业和10户非工业企业、35户年综合能耗2000吨标准煤以上企业实施专项监察审计，对能耗超限额标准企业实施惩罚性电价，倒逼用能单位提升能效。

【规模化生物天然气试点项目】 2016年，江苏省唯一的规模化生物天然气试点项目"江苏海投（淮安）规模化生物天然气工程（一期）"获批复。该项目由江苏海投生物能源发展有限公司在金湖县银涂镇建设和运营，总投资1.22亿元，其中中央投资4000万元、企业投资8200万元，年可处理秸秆6.57万吨、畜禽粪便1.64万吨，生产天然气603万立方米。 （王　昱）

2016年，淮安市环保局举行走进输变电广场活动，宣传节能减排
杨恩才供图

水资源保护

【概况】 2016年，淮安市国家水生态文明城市建设试点八大建设任务和十项示范工程累计完成投资60亿元。编制完成《淮安市水资源保护规划》（2016~2020），落实水资源管理制度，年度考核位列苏北第一。深化水资源管理与水生态保护"利剑行动"和"铁拳行动"，及时应对处理市区水源地出现的蓝藻问题。出台《淮安市水利局水污染防治工作方案（2016~2020）》，强化水功能区和饮用水源地监管力度，新增12个水功能区并全部纳入监测体系。启动实施《淮安市水土保持规划（2016~2030）》编制。80公顷的涟水湖应急备用水源地建设正式启动，白马湖水源地保护区域规范化建设前期工程全部完成。制定《淮安市计划用水管理暂行办法》，印发《淮安市中小学生水情教育读本》，制作节水飞行棋。创成"国家节水型城市"，并以95分位列全国同创十城之首。

【水资源管理】 2016年，淮安市建立健全最严格水资源管理制度考核体系。成立由市发展和改革委、水利、住房和城乡建设、环保等部门组成的考核组，对各县区2015年度最严格水资源管理制度落实情况进行年度考核，并对考核结果进行通报；向各县区下达2016年度目标任务，按季度对各县区工作开展情况进行评估，并将结果作为市综合目标考核的重要指标。推进水资源消耗总量和强度双控行动。突出规划引领，完成全市水资源保护规划编制，淮安区盐化新材料产业园区规划水资源论证通过审查；严格取水许可，强化事中事后监督管理；公布市级重点监控单位名录并制定监管办法，确定103个市级重点监控用水单位、25个市级重点监控排污单位；加强水功能区监管，新增水功能区12个。完成《淮安市古淮河保护条例》制定，12月2日通过省人大常委会批准，12月12日由市人大常委会颁布。

【水资源试点创建】 2016年，淮安市开展水生态文明城市建设试点，联合河海大学组织开展期中评估工作，完成投资60多亿元。加大淮安区萧湖、勺湖、月湖水系连通项目建设监管力度；完成2017~2020年度水利部河湖水系连通项目库申报。开展国家节水型城市创建，按照城市节水评价标准，对照6类34项指标，对标找差，编制申报材料，准备考核现场。6月23日，通过省级初审；11月15日，高分通过住房和城乡建设部和国家发展和改革委联合组织的考核验收。开展水资源管理现代化试点建设，围绕《淮安市水资源管理现代化建设实施方案》提出的各项工作目标任务，对水资源管理现代化建设全面评估，及时将评估报告报省水利厅审查，做好验收准备。

【水资源节约保护】 2016年，出台《淮安市集中式饮用水源地达标建设工作方案》，强化饮用水源地管理保护。督促洪泽区、淮阴区加快饮用水

2016年，淮安市持续开展节水宣传，成功创成国家节水型城市　杨恩才供图

源地达标建设整改，完成淮安区里运河、盱眙县化农水库水源地达标建设方案审查。白马湖水源地建设被列入市政府年度民生十件实事，市水利局负责的隔离防护工程开工建设。编制全市备用水源地规划和市区地下水应急备用方案，构建多水源供水格局。推进地下水压采，严格地下水用水总量控制，强化用水过程监管，完善地下水监测体系，加强地下水超采区监管，对市区超采区实施回灌，实现水位回升。印发《淮安市地下水管理专项整治行动实施方案》，在全市开展以查封非法地下水井为重点的专项整治行动。对列入年度封填计划的地下水井组织封填。推进节水型社会建设，做好计划用水管理，下达年度用水计划；制定《淮安市计划用水管理暂行办法》，印制《淮安市中小学生水情教育读本》，开展《淮安市工业和城市生活用水定额（试行）》修订工作，出台《淮安市水平衡测试管理办法》；对45家省级节水型载体进行复查，指导清江浦区开展节水型社会示范区建设；加快节水信息化系统建设，淮安节水网上线运行。（金立甫）

园林绿化

【概况】 2016年，淮安市实施园林绿化项目113个，完成投资12.14亿元。其中，中心城区实施项目76个，完成投资9.98亿元，绿化覆盖率41.1%，新增改造绿地336.4公顷。洪泽区、涟水县通过省级园林城市创建考核验收。北京路月季花大道建设工程获2016年度江苏省“扬子杯”优质工程奖。

【城市绿化】 2016年，淮安市完成多项绿化工程。市区围绕“四河八岸”景观提升和人居环境改善要求，重点实施宁连路绕城段绿化提升、黄河东路绿化、萧湖公园、海棠大道、自行车运动公园、合肥路游园、盐河风光带景观提升、里运河人文自然景观提升、砚临河带状公园、白马湖森林公园等绿化工程建设；各县围绕国际龙虾节、环高邮湖国际自行车比赛和省级园林城市创建等重大赛事节会和创建活动，实施五岛湖绿化提升、涟河风光带、绿道起点公园、体育公园二期、城市桃园等绿化工程建设。

【城市“绿色小客厅”建设】 2016年，淮安市建成城市“绿色小客厅”游园10个，总面积5.75万平方米。至年底，全市有城市“绿色小客厅”59个，总面积44.3公顷，惠及周边居民20多万人，省人居环境范例奖申报工作通过初审。

【城乡环境营造】 2016年，淮安市围绕文明城市创建、国庆节等重要节会和创建活动，在楚秀园西大门、水渡口广场、有轨电车沿线等地增设立体组合花坛、花球20余组以及花箱2000余组；试点增加彩色、珍贵树种应用，在大运河滨河绿地引进栽植北美海棠、金叶榆等400多株彩叶树种，在南京路、地质路等新建道路绿化中应用三角枫、榉树等珍贵树种600余株，在淮萃园、随想园、苏州河游园等城市“绿色小客厅”点缀栽植银杏、榔榆等珍贵树种700余株。

【服务市重点工程】 2016年，为保障市内环高架建设和淮海南路跨大运河桥改建工程，淮安市科学制订绿化移植、舆论引导和安全管理方案，并邀请媒体专家、市民代表提出意见和建议，完成“绿评”论证、队伍组织、迁移地点选址等前期工作。完成延安东西路、淮海南路跨大运河桥南岸等地段绿化迁移，迁移乔灌木2000余株，

2016年淮安月季园金秋菊展　王灵敏供图

平篱5500余平方米。

【公园建设管理】 2016年，淮安市主要公园围绕“多彩园林、生态淮安”主题，策划组织踏青赏花、社会公益等5大系列33项游园活动，新增游园人数超过60万人次。生态园植树节创新采取电台直播的形式，举办桃梨风光赏花节、酥梨采摘节、格桑印象赏花节；楚秀园举办荷莲清韵征文活动、重阳敬老游园活动等；月季园时隔近20年再次举办金秋菊展，开展青年相亲会；钵池山景区郁金香花展品种和数量更加丰富；动物园在苏北地区首家引进大熊猫，并开展科普文化节系列活动。各公园绿地先后增加避雨遮阳设施、游客服务中心、应急避难场所等便民基础设施，完善健身休闲、文化娱乐、防灾避险等功能，提升市民游园体验和可进入性。

【绿化养护】 7月1日，淮安市首部地方性法规《淮安市永久性绿地保护条例》颁布施行，为全国首例。省住房和城乡建设厅推荐将“淮安市永久性绿地保护条例立法实践”纳入《江苏城市实践案例集》。在市区随想园、开发区苏州河游园、生态新城森林公园以及金湖绿道起点公园等项目中，实施雨水花园、下凹式绿地、植草沟等海绵体建设。其中，生态新城森林公园海绵化改造、盱眙城市桃园两个项目纳入省级海绵城市示范项目。建立覆盖全市的病虫害防治信息网络，按照及时预警、精准施药、综合施策原则，首次引入粘虫黄板、性诱捕器、物联网测报预警等技术手段，布局监测点22个。进社区培训4次，服务社区、物管企业20多次，全市集中培训1次。世界检疫性害虫美国白蛾防治效果好于往年。首次引进欧洲先进的深根液压施肥技术，完成市区17条道路8000余株行道树施肥复壮；全省首家专业园林废弃物处理中心建成运行，年处理能力近万吨。

【园林绿化对外交流】 2016年，淮安市先后参展2016年世界月季洲际大会、中国第十二届赏石展览会、中国第十三届杜鹃花展和江苏省第九届园博会，参建的淮安景园和选送的参展作品获两项特别金奖。持续推广淮安月季品牌，加大月季选育应用，在省委大院和南京东郊国宾馆点缀栽植大花月季208株、树状月季229株和地被月季9150株。 （刘威麟）

生态区建设

【概况】 2016年，淮安市有自然保护区、饮用水水源保护区、洪水调蓄区、重要湿地等11类56个省级生态红线区域，总面积2120平方公里，占全市面积的21.14%。截至年底，淮安市在苏北地区率先通过国家生态市考核验收，金湖县、清江浦区获国家生态县区命名，淮阴区、淮安区、洪泽区和盱眙县通过国家生态县区考核验收，涟水县通过省级生态县考核验收，淮安经济技术开发区通过国家生态工业示范园区验收，淮安工业园区获得省级生态工业园区命名。全市建成国家级生态乡镇85个。根据《全省2015年度生态文明建设百姓满意度调查报告》，淮安市生态文明建设满意率89.8%，在地级市中排名第三，较

山紫湖 金立甫供图

接天莲叶无穷碧　　李义海　摄

2014年上升4.8个百分点，满意率提升幅度居全省首位。

【湿地保护】 2016年，淮安市湿地总面积20.05万公顷，其中自然湿地11.36万公顷，人工湿地8.69万公顷，自然湿地保护率50.7%。市农委两次发函致清江浦区政府和区农委，要求加快古淮河国家湿地公园创建，组织原清河区农委、古淮河生态景区创建工作人员赴苏州、南京考察学习，并多次上门专题协调和服务创建工作。白马湖省级森林公园创建规划材料及市政府、市林业局有关申请文件全部上报到省林业局。金湖县、淮安区新划定一批湿地保护小区，全市自然湿地受保护率小幅提升。　（夏　妍）

【白马湖生态环境保护】 2016年，淮安市持续推进白马湖生态环境保护。国家竞争立项工程完成26个，累计投入23.5亿元。白马湖上游10条中小河道整治与生态修复工程全面开工，弃土区生态保护、风险防范体系及应急能力建设、无公害生产基地建设、监测监察能力建设、秸秆综合利用、水产清洁养殖、节水灌溉等工程有序推进。白马湖淮安境内湿地面积扩展到3059.78公顷，湿地保护率87.44%，有国家一级保护植物1种，二级保护植物3种，国家二级保护动物12种、省级保护动物35种、IUCN（世界自然保护联盟）濒危级别动物1种、易危级别动物4种。年内，新获批国家环保部、财政部湖泊保护专项奖励资金1.32亿元，累计获批中央环保资金10.3亿元。6月，中国湿地保护协会第一次常务理事会议在淮安市召开，市白马湖办当选中国湿地保护协会副会长成员单位；9月，白马湖生态保护功能片区土地利用规划获省政府批复。　（王昊堃）

基础设施

JICHU SHESHI

HUAI'AN YEARBOOK

交　通

水　利

城乡建设与管理

交　通

综　述

【概况】2016年，淮安市公路总里程13351公里，其中国道703公里、省道520公里、农村公路12128公里；高速公路403公里，一级公路632公里、二级公路1541公里，等级公路率94.3%。公路密度133.18公里/百平方公里、27.41公里/万人。境内有G2京沪、G25长深、G2513淮徐、S18盐淮、S49新扬、S92金马6条高速公路。全市有港区7个，千吨级泊位96个，国家水路二类口岸作业区3个，港口吞吐能力超9800万吨。有一级汽车客运站8个，一级汽车客运站、百万吨以上港区建设实现县区全覆盖。

推行"有为、科学、精致、和谐"交通发展理念，推进高铁建设、落实公交优先、深化行业改革、加快智慧引领，统筹实施四项工程66个重点项目。全年完成交通基础设施建设投资93.8亿元，为年度计划的156%。连淮扬镇、徐宿淮盐两条高铁淮安段完成投资40亿元。淮安市城市建设史上投资最大的项目——内环高架实现当年谋划、当年启动、当年全面开工建设。宁连路南门立交建成通车。京杭运河淮海路大桥、宁连路跨灌溉总渠大桥、348省道洪泽东段及淮安区段、淮安涟水机场二期扩建工程开工建设。淮海路跨古淮河桥、京杭运河黄码大桥、宿扬高速、503省道机场连接线、235及346省道涟水绕城段、348省道洪泽南环段、新港二期码头、淮阴港区城东作业区、许渡作业区等项目快速推进，全市在建国、省干线公路里程超过100公里。

淮安"十三五"交通运输发展规划经市政府常务会研究通过并印发，城市轨道交通线网等重点规划研究完成。淮安市在全省交通运输重点工作目标考评中获得一等奖第一名。市运输管理处被交通运输部表彰为全国交通运输行业文明单位，一卡通互联互通工作获交通运输部表彰。市运管处、淮阴区运管所、涟水县运管所、金湖县运管所、市城市公交公司5家单位被表彰为省级文明单位。"阳光一路行"品牌入选江苏交通十大提名品牌，交通运输行业2名从业人员被交通运输部、中华全国总工会授予"爱岗敬业楷模"称号，13名从业人员分别获评省劳动模范、省爱岗敬业驾驶员（汽修工）、省明星教练员、市"五一"劳动奖章等，3名从业人员被团市委推荐参加全省"身边的好青年"评选。

5月31日，宁连路南门立交改造工程完工　　古佳璐供图

【交通重点工程建设】2016年，宿扬高速公路淮安段快速推进，建设进度全线领先。宁连路南门立交改造工程于5月31日全面建成通车，8月12日通过交工验收。淮海路跨古淮河桥桥梁主体工程施工完成。宁连路跨里运河大桥引桥工程项目建议书、工可报告获市发展改革委批复，环评报告及初步设计通过审查，勘察设计招标评标工作完成。10月26日，市区内环高架工程先导段开工建设，年底前完成全部标段招标工作。　（龚　健）

【交通工程质量管理】2016年，《淮安市公路桥梁施工技术指导意见》《淮安市公路工程路基路面施工技术指导意见（试行版）》和《淮安市公路水运工程"平安工地"标准化指南》3个规范性文件出台。全市交工项目验收合格率、竣工项目质量优良率均达100%，主要质量指标抽检合格率95%以上。淮安市盐河航道整治工程、金湖县中义渡大桥两个项目获2016年度"省优质工程扬子杯"称号；金湖至马坝高速公路等4个项目获2016年度"江苏省交通建设优质工程"称号；503省道机场连接线等6个项目成功申报2016年度"江苏省交通建设优质工程"挂牌创建；503省道机场连接线等7个项目获2016年度省级"示范工地"称号。　（王　浩）

【绿色智慧交通】2016年，淮安市建成港口岸电系统216套，在全省内河率先实现规模以上港口岸电全覆盖。新增新能源运输车辆超过800辆，全面完成黄标车淘汰任务，建造新型集装箱船舶5艘、总数达到21艘。公众出行服务平台纳入"智慧淮安"建设项目，e行淮安、掌上公交、掌上出租等出行APP（应用程序）正式投入使用。实现县级城市公交和市区出租汽车"公交一卡通"应用，建成全市危货码头视频监控平台并实现市县两级联网，建成市属船闸水上ETC（不停船收费系统）、船舶动态管理信息服务平台和237省道、325省道路网监测设施。强化在建工地施工和港口码头堆场扬尘整治，全市2800余艘机动船舶全部安装油水分离器。

【民生服务】2016年，淮安市区投放新能源公交车700辆，市区公交分担率22.5%，万人拥有公交车辆12.27标准台。市交通运输局实施帮扶项目7个，落实帮扶资金1200多万元。全市新改建农村公路500公里、桥梁97座。新增开通镇村公交乡镇24个，全市镇村公交开通率63%。淮涟班线实行公交化运营，线路客运量同比增长近40%。有轨电车全年客流突破540

万人次，吸引24个省、70多个城市、140多个批次人员到淮安考察学习。

【行业管理】 2016年，淮安市区完成公交体制改革，组建城市公交有限公司。推广预约培训、计时收费、先培后付等驾驶培训新模式。淮安海事“1+N”（见《交通·地方海事》）执法模式改革在全省试点。强化行政审批事中事后监管，落实行政许可和行政处罚信用信息双公示制度，涉及运输市场监管的执法事项均实现双随机抽查。出台《整治公路货车违法超限超载行为专项行动实施方案》。规范公路建设市场招标投标行为，法定招标项目招标率100%，公开招标率、适用项目远程异地评标率100%。加强运输市场动态监管，开展市区主城区非法营运专项整治、全市旅游包车客运市场专项整治，先后两次召开运管、交警部门联席会议。开展道路运输市场百日整治暨“打非治违”专项行动，开展超限运输源头治理，落实吊销经营许可、责令停业整顿等源头治超工作机制。完成执法人员大轮训，两年共培训运政执法人员333人。

适应驾培行业改革形势，全面推广预约培训、计时收费、先培后付等驾驶培训新模式，全市56%的驾校具备先培后付功能。在机动车综合性能检测、机动车驾驶员培训等行业建立投资预警机制，驾培行业先后两次发布投资预警。加强行业信息化建设，洪泽区、盱眙县、涟水县、金湖县城市公交和市区出租汽车一卡通实现全省互联互通，市区出租汽车电召平台、驾培智能化管理与服务系统、从业资格到期短信提醒系统、运政通等实现正式应用。市区公交信息化列入“智慧淮安”建设项目，掌上公交、掌上召车正式投入使用。

【安全监管】 2016年，淮安市交通运输系统安全生产形势保持平稳，未发生较大以上安全生产事故。开展安全业务培训3期，参加培训200多人次。交通、公安、安监部门先后两次联合组织开展“两客一危”（从事旅游的包车、三类以上班线客车和运输危险化学品、烟花爆竹、民用爆炸物品的道路专用车辆）运输企业安全生产大检查。交通和交警部门两次对危货运输企业、长途客运企业和旅游客运企业进行行政约谈，推动隐患问题整改。出台运管机构驻客运站安全监管工作规范，组织开展安全业务培训，危货运输电子运单全面应用。剧毒化学品和爆炸品运输从业人员实现专证上岗。推进道路运输第三方安全监测平台应用，探索建立多元化安全管理体系。做好京杭运河、洪泽湖等安全保畅工作，累计救助疏导船舶4177艘次。修订《交通运输突发事件应急处置综合预案》，组织开展洪泽湖风灾处置、危化码头突发事故应急处置、道路运输突发事件安全应急处置等5次较大规模的集中演练活动。6个县区安全监管“一车三方”（三方指交通、公安、安监三部门）平台列入省交通运输局补助计划。市级“一车三方”平台编发简报12期、通报21期，制作工单449条，问题整改基本形成闭环管理。在公安、卫生、消防等部门的支持下，成功开展道路运输应急保障处置演练活动。有轨电车运营安全管理工作获得交通运输部检查组肯定，一篇论文获得省交通厅评比一等奖。

（古佳璐　储海进）

【运输行业转型升级】 2016年，淮安市新增6家A级物流企业，全市A级物流企业总数增至22家，处于苏中、苏北地区前列。淮安新港多式联运入选全省首批多式联运示范工程项目，新港公司获“江苏省多式联运示范企业”称号。翔和翎物流公司入选全省首批智慧物流示范企业。新购新能源运输车辆超过800辆。建立汽车检测与维护（I/M）制度，开展汽车维修水性漆环保新材料、新工艺推广培训，“互联网+”汽车维修业发展交流等活动。在全省3个交通运输能耗监测试点城市中，率先完成车船能耗监测设备安装。启动“十三五”内河船型标准化工作，拆解老旧运输船舶54艘，拆解总量居全省第二。全市12家出租汽车企业、6家货运企业、9所驾校获评省信誉企业。（储海进）

公　路

【概况】 2016年，淮安市完成公路建设投资24.6亿元，其中干线公路建设投资17.2亿元，农村公路建设投资7.4亿元，分别为年度计划的282%和136.3%。建设乌龙渡大桥、薛行桥、李码桥等撤渡建桥项目9个，其中6个完成主体工程。落实企业安全生产主体责任，委托专业机构对全市干线公路8座特大桥、26个施工路段、2个在建工程进行检查、检测。连续16年保持安全生产无责任事故纪录。503省道标准化建设多次获省公路局通报表扬，503省道项目管理系统和路面质量管控系统建立，503省道省级“平安工地”创建获苏北第一。205国道淮安西绕城公路建设工程和237省道淮安段淮阴区段建设工程两个公路项目被评为2015年度“江苏省交通建设优质工程”。

【三大工程】 2016年，淮安市开展县道完善、镇村公交配套和危桥改造“三大工程”建设，新改建农村公路项目184个、总里程517公里，为年度计划的103.4%；新改建农村公路桥梁97座、面积25603平方米，为年度计划的161.7%。投资1.8亿元，对全市23条县道实施大中修，合计里程82.75公里，其中涟水县14.48公里，金湖县16.5公里，洪泽区9.65公里，淮安区30.83公里，淮阴区7.99公里，清江浦区3.3公里。

【公路养护】 2016年，修订完善《淮安市国省干线公路小修保养工作检查考核实施细则》。实施沥青路面预防性养护灌缝10万多米，完成多条省道集中小修与水毁抢修工程。一级公路机械化清扫率保持100%，二级公路机械化清扫率80%，一级、二级公路小修作业机械化率全部保持100%。投资12347万元，完成5项养护大中修工程、5座桥梁中修工程和247省道苏北灌溉总渠特大桥监测示范工程。全市国省道公路MQI值（公路技术状况指数）94.3，PCI（路面结构保持完好程度）优良率90.9%，RQI（路面行驶质量指数）优良率98.3%，在全省3次养护质量检查中分别获第四、第五、第二名的历史最好成绩。投资1.8亿元，完成农路大中修工程83公里、实施安防工程1717公里。

.2016年，宿扬高速公路淮安段建设快速推进　　古佳璐供图

洪泽县成为全省首批10个“四好农村路建设示范县”之一。

【路政管理】 2016年，淮安市共清除公路障碍物1.72万立方米、摊点4510个、非标悬挂物1730块。《淮安市整治公路货车违法超限超载行为专项行动实施方案》等工作方案出台，全市共查处超限超载违法车辆2700多辆，卸驳载货物1.6万吨，对违法驾驶员累计记分2000多分。推动“一超四罚”（超载后面临4项处罚），向运管部门抄告违法信息2900多条。开展超限运输非现场处罚，完成信息函告451件，办结案件8件。　　（郭长华）

【淮安汽车运输集团有限公司】 2016年，淮安汽车运输集团有限公司发挥传统线下客运模式优势，探索“互联网+道路客运”实际运用，开通站校定制巴士和校园定制巴士，开通淮安经停南京高铁站至禄口机场的“机场线”与淮安经停葛塘至省政府的“公务线”两条奔驰商务定制快车。定制客运以淮汽微信、巴士管家等线上售票方式为主，实现网上预约、沿线多站点就近上下车及随车手机检票，为旅客提供个性化、高端化、多样化的出行体验。尝试推出“上海迪士尼直通车”“周庄古镇二日精华游”等运游结合旅游产品，向旅客提供乘车、门票、住宿一条龙服务。7月1日开始，淮涟专线部分车型更换为公交车，采用低票价、沿途停靠上下客的公交化运行模式，满足短途旅客出行便捷化需求。

强化品牌服务建设，完成118台“江苏快客”品牌班车评审验收，公司“淮汽快客”商标（注册证号3084778）再次被认定为淮安市知名商标。为市妇联大会、省青少年体育运动会、第十一届台商论坛等活动提供用车保障。响应国家节能减排号召，投入3600余万元，新购客车84辆，提前淘汰“黄标车”。增添部分自动取票机和自助检票机，全面实现汽车南、北站售票、检票自动化；在大学城部署自助取票、银联刷卡售票机；机房控制室安装环境监测系统设备。开展“巴士管家”手机APP推广与应用，开通“淮汽集团”微信售票业务，手机售票业务量增长迅猛。开发“驾校网上报名系统”，完成汇通网站向管理型改版；换装车载无线网，满足旅客移动上网需求。汽车综合性能检测站于8月8日开通车辆年审业务，成为市区首家“安检、环检、综检”三检合一检测站。集团旅悦宾馆凭借优质服务和多样化营销策略，被“去哪儿”网站评为网友力荐商家、被“艺龙网”评为年度最受欢迎酒店，被“美团网”评为全国酒店最佳表现奖。投资新建淮安市蓝天驾驶员培训学校，开辟承包经营、租车经营等多种经营模式，以学员需求为导向，抓培训质量，打造淮汽驾校品牌。淮汽出租公司连续四年被评为“江苏省出租汽车信誉考核AAA级企业”，取得首批公营车经营权到期后重新招投标总分第一的成绩，公司出租车台次总数位列全市第一。　　（施蓉晖）

铁　路

【概况】 2016年，新长铁路在淮安市境内长81公里，自北向南设有袁北站（货站）、淮安站（客站）、淮安南站（客货站，客运已停）、淮安东站（供调度使用），宿淮铁路淮安段19.5公里，设袁北站。年内，淮安市铁路客运量211.1万人，同比增长1.376%，铁路货运量135.1842万吨，同比减少25.935%。

年内，淮安市以建设江苏重要铁路枢纽为目标，以在建铁路、前期工作、枢纽规划、安全监管等为重点，抓项目推进和工作落实，获全省铁路年度目标考核一等奖。连淮扬镇、徐宿淮盐铁路征地拆迁进度位居沿线7市首位。合肥至淮安铁路项目被列为2017年交通基础设施重大工程建设重点推进项目，路线全长270公里，投资350亿元。淮安至新沂铁路项目启动前期工作，该铁路被定位为京沪高铁二线的一部分。淮安东站站房规模从批复的6000平方扩大至30000平方。

【连淮扬镇铁路】 2016年，连淮扬镇铁路完成年度投资25亿元，征地拆迁工作于7月全面完成，比省定目标提前5个月。5月7日，连淮扬镇铁路淮安段成功架设第一榀箱梁，标志高铁建设进入上部结构施工阶段。年内，连淮扬镇铁路灌注桩完成95.1%，承台完成57.5%，墩身完成46.4%，箱梁预制完成23.5%。

【徐宿淮盐铁路】 2016年，徐宿淮盐铁路完成投资15亿元。征地拆迁工作于8月全面完成，比省定目标提前4个月。年内，徐宿淮盐铁路灌注桩完成92.6%，承台完成49.3%，墩身完成36.2%，箱梁预制完成6.6%。

【宁淮铁路】 10月20日，江苏省铁路办公室发布《宁淮铁路预可行性研究、工程可行性研究及勘察设计项目（NH- KYSJ-1 标段）》招标信息，正式启动宁淮铁路项目。宁淮铁路北起连淮扬镇铁路淮安东站，途经洪泽、金湖、盱眙，安徽天长、六合，南至南京北站，并进一步向南延伸，通过上元门过江通道接入南京站。该项目为新建双线客运专线，设计速度目标值250公里/小时及以上，线路全长202.79公里（含上元门过江通道），总投资约300亿元。其中，上元门过江通道线路自南京北站引出，沿浦泗路南侧前行，接入南京站。宁淮铁路建成后，南京到淮安，火车1小时可达。

（王　贺）

航　空

【概况】 2016年，淮安涟水机场保障各类飞行23215架次，增幅131.04%，其中运输航班7763架次，增幅54.98%；机场整体安全形势平稳，连续5年安全运行。完成旅客吞吐量86.15万人次，增幅70.68%，飞行起降架次、旅客吞吐量全年增幅位居华东地区第一；完成货邮吞吐量4637.47吨，增幅23.52%。恢复、新增11个城市航班，完成从"点对点"为主到以"米"字为主、"点对点"为辅的航线网络的转型；增开日本大阪国际航班，一类航空口岸作用得到提升。全年通航城市21个，航线网络连通六大行政区域和台湾地区，开通国际航线2条，运营航空公司7家。旅客吞吐量列江苏省内机场第8位、华东地区机场第25位，全国机场排名第81位，比2015年分别提升1位、5位、17位。年内，《淮安机场"十三五"发展规划》通过专家组评审。

【机场二期扩建工程】 11月21日，淮安机场举行二期扩建工程誓师动员大会，淮安机场二期扩建工程核心建设项目——飞行区场道及附属工程开工建设，实现按时全面开工。二期扩建工程项目包括：跑道向北延长400米，新建两条垂直联络道；增设11个停机位，新建货机坪，新设两个货机位；新建货运站，航空食品楼，特种车库，公安、安检、地勤综合业务楼，对航站楼进行改造；配套改造或建设供电、暖通、给排水、雨水、污水、消防等设施。2016年3月11日，扩建项目取得可研报告批复，9月26日取得初步设计及概算批复，计划2017年完成主体工程。二期扩建工程总投资7.15亿元，年内完成投资1.8亿元。

【新航线开通】 8月11日，春秋航空开通石家庄—淮安—温州航线，该航线采用空客A320机型执飞，每周二、四、六执飞。10月30日，航班换季，淮安机场新增海口、重庆、长春、日本（大阪）4个航点，新引进国航、祥鹏两家航空公司。海口航线由东航每周一、三、五、七执飞；重庆、长春航线由国航每周二、四、六执飞。11月21日，淮安机场正式开通日本大阪航线。淮安至大阪航线由低成本航空公司春秋航空执飞，采用空客A320机型，每周一执飞。

（王　勇）

淮安机场跑道全景　　王勇供图

航　道

【概况】 京杭运河、盐河、淮河、苏北灌溉总渠和洪泽湖等重要航道在淮安市境内交汇，境内干线航道常年可通行1000吨级船舶，形成通江入海、连城达港的内河航道网络。至2016年底，淮安市有航道71条，航道通航总里程1483公里，其中省干线航道达标率81.4%，基本形成以京杭运河为主干，淮河、盐河为两翼的密集航道运输网络。全市完成水路货运量6027万吨、周转量190.6亿吨公里，分别占公路水路货运总量和周转量的49.4%和51.2%。全年共征收过闸费8047万元，占年度计划的123.8%，比2015年增长42%，增幅位居全省第一。淮安市航道管理处被国家绿化委、人社部、国家林业局联合授予"全国绿化先进集体"称号，是全国航道系统唯一获此称号的单位。被市委市政府授予"五一"劳动奖状，连续19年保持省级文明单位称号。

【航道工程建设】 2016年，《"十三五"淮安航道发展规划》编制完成。淮河出海航道（红山头至京杭运河段）整治工程疏浚项目完成，通过省航道局交工验收。京杭运河淮海路大桥开工建设。宁连一级公路跨总渠大桥开始拆除重建。淮河入海水道二级航道工程获交通运输部批复同意，列入省交通运输厅前期工作计划。

【航道安全监管】 2016年，淮安市航道管理部门全面开展"两图一卡"（消防示意图、监控示意图和现场处置卡）工作，完成两会、春运、G20峰会等特殊时段航道安全服务保障工作。全年巡航2.27万公里，扫床1836公里，出台《加强淮安市干线航道船舶通航秩序管理通告》，开展干线航道绿化和环境整治专项行动，完成全市等级以上航道"卡脖子"段调查摸底工作。

【航道服务管理】 2016年，高良涧、杨庄、朱码船闸全部开通水上ETC（不停船收费系统），实现船舶"零停靠"。淮安航道通过能力显著提升，船舶平均航速提高近30%，高良涧船闸船舶待闸时间大大缩短，船舶运输效率大幅提升。“洪泽湖E站”被省交通运输厅航道局表彰为第二届全省航道系统“十大服务品牌”，并入选2016年度淮安市“101%服务十大服务品牌”。

【航道科技创新】 2016年，淮安市船闸机电设备智能监测及告警技术等3项科研课题通过省交通运输厅验收；2项QC（质量控制）成果获国家级表彰，7项QC成果获省部级表彰。“双拼式矮塔斜拉桥”在第九届国际发明展览会上获得“发明创业奖项目奖”银奖。高良涧GFRP（玻璃纤维增强塑料）桁架桥获中国公路学会科学技术二等奖。高良涧船闸视频登记和手机缴费项目获“2016年江苏省职工十大科技创新成果”提名奖。

（戚薇薇）

港　口

【概况】 淮安市河网密布，交通便捷，发展水运经济具有优势。至2016年底，全市有3个国家二类水路口岸作业区，即淮安新港、淮安南港及淮阴城东作业区。有港区7个、码头124座，泊位390个，最大靠泊能力2000吨，规划港口岸线总长97110米，已建成码头泊位总长2.8万米，主要分布在京杭运河、盐河、淮河、苏北灌溉总渠、张福河、金宝航线等航道。完成港口货物吞吐量9050万吨，同比增长13.1%，位居全省内河第二；完成港口集装箱吞吐量15.03万标箱，同比增长11.5%，占全省内河80%以上。淮安市政府出台《淮安市扶持水运集装箱运输发展实施方案》，明确2017~2019年，每年由市财政安排800万元专项资金对水运集装箱航线开辟、船舶建造以及货物代理等进行补贴。10月初开通淮安南港—连云港灌河新龙港航线。完成新港二类水路口岸基础设施改造和信息化建设，通过海关验收，具备运行条件。

【港口规划建设】 2016年，淮安市港口管理局编制完成《淮安港总体规划专项调整研究报告》，市政府随文请示省政府待批，将淮安区头溪河物流园作业区纳入专项调整规划中。涟水新港二期工程港口岸线使用合理性评估报送交通运输部待批，项目初步设计文件编制工作同步开展。全年完成港口工程建设投资1.5亿元，其中淮安新港二期工程完成投资8000万元；淮阴城东作业区一期工程完成投资3000万元，完成2号港池建设；许渡作业区完成投入4000万元，基本完成水工结构主体建设；盱眙港口产业园完成投资6500万元，其中疏港道路建设完成。

【港口行业治理】 2016年，淮安市开展港口岸线资源普查，全面核查港口企业经营资质保持情况，全年共换证14家，核查危货企业8家。全市干线航道、危货港口持证率100%，整体持证率95%以上。投资300万元，建成盱眙港政执法趸船、金湖新港岸边固定执法基地，用于淮河、金宝航道沿线港口巡航执法办公。

【港口安全生产】 2016年，淮安市9家危货企业全部通过省级验收，市区江苏沙钢集团淮钢特钢公司、涟水新港公司和淮安水泥公司3家普货企业通过验收，在全省内河领先。全年未发生一起港口安全生产责任事故。全市9家危货码头视频监控建设全部完成，实现市县两级联网。全市港口应急预案体系进一步完善，危货港口、预防自然灾害等应急预案编制完成。11月29日，江苏省交通运输厅港口局、淮安市交通运输局、洪泽区人民政府在戴梦特码头联合举办安全事故应急演习。

【港口节能减排】 2016年，淮安市港口管理局采取统一箱体制作标准、统一采购制作安装、统一核算申报补贴资金的方式，全面推进港口岸电建设。除危货和已经停产码头以外，全市101个码头216套岸电系统全部完成建设，全市规模以上港口岸电实现100%全覆盖。加大扬尘防治力度，全年下发通知、整改交办清单30余份，出动检查人员100余人次，市区各散货码头开展扬尘防治工作。

（赵　娟）

公共交通

【概况】 2016年，淮安市区共建有大型公交场站13个，公交首末站144个，拥有公交线路86条，公交车辆1160辆，从业人员1764人。市委、市政府主要领导、分管领导多次专题研究公交发展工作，连续4年将公共交通服务能力提升列入政府为民办实事项目，从政策、资金等方面大力扶持公交发展，全面完成市区公交国有化改革。市政府出台《公共交通优先发展实施意见》《中心城区公交服务能力提升实施方案》，形成市区公交服务能力提升专题会议纪要。

【有轨电车】 2016年，淮安现代有轨电车上线运行电车数量达到18列，高峰时段发车间隔由15分钟/班缩短到6分钟/班，全程运行时间由66分钟缩短为50分钟。首末站首班车提前到6:00，末班车延长到22:00。准点率、运行图兑现率一直保持在99%以上，日均客流量从开通初期的0.8万人次增加到1.6万人次，日最高客流量4.05万人次，是全国现代有轨电车客流量最大的线路，成为连接主城区与开发区、生态文旅区、淮安区之间的骨干公共交通工具。淮安现代有轨电车上线列车总数18列，全年客运量突破550万人次。

【智能公交】 2016年，结合“智慧城市”建设，淮安市城市公交公司建设智能公交系统，开发推出“淮安掌上公交”APP客户端，大大减少乘客等车时间。建成出租汽车电召系统，使用全国统一的“95128”电召热线，开发推出“淮安掌上召车”APP客户端，不但实现滴滴出行APP所有功能，还融入淮安本土特色功能，方便市民出行。

【市区公交车】 2016年，淮安市区新购新能源公交车700辆，其中纯电动公交车100辆，油电混合动力、气电混合动力公交车各300辆，淘汰公交黄标车386辆，净增公交车300余辆，市区公交车保有量达到1160辆。新辟公交线路17条，优化调整公交线路

16条，新增延长服务时间公交线路8条，加密夜班公交线路5条。

【出租车】 2016年，淮安市区有出租汽车企业6家，个体出租汽车经营者39户（39辆），有出租汽车1373辆。市区新一轮出租汽车经营权使用期限为6年，采取出租汽车特许经营权使用制度，出租汽车经营权使用方式均经行政审批或服务质量招投标获得，无偿使用。淮安市区出租汽车三种经营模式并存：公司化经营、合作经营、个体经营。其中，实行公司化经营出租汽车544辆，合作经营790辆，个体经营39辆，分别占总数的39.7%、57.5%、2.8%。市区出租汽车起步价为8元/3公里，3~6公里每公里单价2元，6公里以上每公里单价2.4元。推进出租汽车行业改革，出台《淮安市深化出租汽车行业改革实施意见（暂行）》。市区200辆经营权到期出租汽车重新组织服务质量招投标，涟水县、金湖县平稳完成出租汽车更新。市区出租汽车雷锋车队被市委宣传部表彰为“践行周恩来精神模范团队”。

【城乡客运】 2016年，淮安市新增开通镇村公交乡镇24个，开通率63%以上。全市城乡道路客运一体化发展水平达到AAA级。7月1日，淮安市首条公交化运营客运线路—淮涟班线正式开通，客运量同比增长近40%。全市新增31辆农村客运班车实现公司化经营，全市农村客运班车公司化率49.55%。新增旅游客运企业1家、旅游车辆50辆。淮安—南京“定制客运”、节假日“校园定制巴士”等客运服务开通。（储海进）

2016年，淮安市区新增新能源公交车700辆　古佳璐供图

京杭运河苏北航务管理

【概况】 2016年，京杭运河苏北航务管理处围绕“十三五”发展规划，积极应对经济形势、水运市场变化，做好主业。全年苏北运河10个梯级船闸累计开放闸次31.2万次，放行船队9.3万队，放行货轮90.8万艘，船舶通过量20.1亿吨，货物通过量14.7亿吨。货物运量3.1亿吨，同比增加5.2%，其中，煤炭运量8425万吨，同比增加13.6%；矿建材运量14483万吨，同比下降5.6%，其中黄砂运量6771万吨，下降29.1%。苏北运河通过集装箱10.1万标准箱，增长14.3%。货物周转量589亿吨公里。全处15个单位创建成“市级文明单位”，13个单位创建成“省级文明单位”。

【安全监管】 2016年，苏北航务处实现全年无责任、非责任事故。全处累计举办安全宣传465场次，接受咨询5083人次，发放资料9323份。组织安全检查539次，排查出安全隐患441处，全部整改或制定防范措施。全处84辆各类汽车安全行驶180万公里；38艘航政艇安全航行19.18万公里；维护航标4368座次；处置航道内沉船43艘、搁浅船舶13艘、救助社会遇险船舶11起，有效避免安全事故22起。

【航闸养护】 2016年，苏北航务处加快养护转型，加强故障管理，进行数据收集和原因分析。日常养护中，建立船闸基础技术数据库，推进养护标准化；突发性养护中，缩短应急处置时间、提高响应速度和一次抢修成功率；应急性养护中，提升反应速度，保证一次抢修成功率。全年航道、船闸养护专项，船闸大修改造工程全部按计划推进；船闸二类小修项目完工87项，通过验收85项；船闸中修工程63项，通过验收59项；航道日常养护工程32项全部完工并通过验收，验收项目优良率100%。全处28座船闸因设备检修造成停航175.3小时，通航保证率99.98%以上。全年完成航道扫床1636.6公里。完成各类抢修43次，全线451公里航道维护良好。

【依法治航】 2016年，修订《苏北航务管理处航政巡航管理规定》，依据规范化管理要求，为航政管理大队配齐执法装备；组织开展执法骨干培训，办班90期，参培3288人次；组织全处航政管理大队技能比武，以赛促学，提升一线执法能力。组织开展“航道行政案件质量年”活动。探索徒步巡航和无人机巡航，开启立体化巡航新模式。清除航道及边坡废弃物2405立方米，清除非码头装卸站点、挡土墙等违章设施45处，制止各类航道违法行为58起，处置航道突发事件9件；办理航道行政许可17件，实施航道许可后监管824次；处理航道违法案件191件，维护苏北运河航产航权和技术尺度。

【服务质量提升】 2016年，苏北航务管理处推进智能调度“全覆盖”，提高船闸运行效率和船舶通过量，缩短待闸时间。加强运行调度动态情况研究，及时解决各船闸运行过程中的突发问题。加大船舶过闸事务公开力度，扩大公开范围，规范服务行为，提高服务质量。推进“船讯通”软件开发，扩大使用覆盖面，“船讯通”服务被评为“江苏交通十大服务品牌”。至年底，安装“船讯通”设备船舶数

2.41 万艘，新增1.96 万艘，占在航船舶总数的90%以上。（马 薇）

地方海事

【概况】2016年，淮安市水上交通安全情况总体平稳。全年共接处警1037次，救助船舶324艘次、船员450人次、物资212万吨，挽回直接经济损失920万元，事故数和损失数均较2015年下降。马浪岗海事所被中央宣传部命名为第二批全国学雷锋示范点、被交通运输部表彰为全国交通运输行业文明单位。孙成斌家庭当选“全国文明家庭”“全国最美家庭”和“全国五好文明家庭标兵”。

【“1+N”行政执法模式】2016年，淮安市作为全省行政模式执法改革先行先试两家单位（苏州市和淮安市）之一，按照资源重配、机构重组、机制优化的思路，将原有的多层级管理模式精简为两级指挥模式，构建“水上交通指挥中心”和“巡航执法”“案件处理”“综合保障”等N个执法中队相结合的“1+N”执法新模式。在此基础上整合信息化平台、再造业务流程，基本实现水上巡航由机动为主向电子巡航常态化的转变，险情处置指令由逐级传递向直接交办的转变，船舶进出港报告等业务由船员往返报批向远程信息报告的转变，现场监管业务由多头受理向一站式在线申报的转变。省交通运输厅和省地方海事局肯定“淮安模式接地气、可复制、可推广，成效初现”。

【海事应急处置】2016年春运期间，洪泽湖出现长时间、大面积的冰冻天气，冰层层叠厚度30厘米，淮安市地方海事局实施全天候不间断破冰护航、引航1000余公里，为800余艘船舶开辟绿色通道。8月下旬到10月初50余天干旱少雨，京杭运河淮安船闸下游、洪泽湖及张福河航道水位均低于最低通航水位1米以上，多个航段发生船舶拥堵现象，市地方海事局近170名工作人员全部驻守一线，强化船舶航行、停泊、作业秩序联动管控，发布11次限航和禁航通告、245道次预警信息、疏导船舶3.5万余艘次，确保干线航道畅通。（杨 非）

水 利

综 述

【概况】2016年，淮安市水利工作“注重开局起步，主攻落实突破，奋力跨越赶超，确保首战必胜”，统筹城乡水安全、水资源和水环境协调发展。全市有流域性河道11条，总长516千米；区域性骨干河道50条，总长1220千米。有中型水库5座、小（一）型水库40座、小（二）型水库81座，总库容3.5亿立方米，设计灌溉面积4.87万公顷，实际灌溉面积3.4万公顷。全年建成万亩以上灌区24个、小型圩区548个，配套中小沟级建筑物18.7万座，新开沟渠6.8万多条，兴建固定泵站4462座、塘坝2561座。创成“国家节水型城市”，并以95分位列全国同创十城之首；河道总督署（清晏园）成为全国首批8家国家级水情教育基地之一；清晏园、樱花园获全国水利风景区博览会“最美景区奖”；古黄河水利枢纽获中国水利工程优质（大禹）奖，成为淮安市第一个自主建管、独立实施并获此奖项的工程。《淮安市古淮河保护条例》成为淮安市拥有立法权后首批制定并获通过的地方性法规。

【水利工程建设】2016年，淮安市完成水利建设投资32.5亿元，连续6年投资突破30亿，流域性防洪、区域治理、江河湖库水系连通、农村水利、城市防洪除涝、饮用水源保护、水生态建设、智慧水利建设八大类77项重点工程全面推进。淮河入江水道整治、分淮入沂整治、洪泽湖大堤除险加固三大流域性治淮骨干工程全面完成。总投资3.25亿元的黄河故道水利综合治理工程基本完成，淮河入海水道二期同步实施二级航道等一批重大项目前期工作取得突破。完成盱眙县红旗、山洪、化农三座中型水库加固工程，一批小水库加固工程通过竣工验收。仇集大涧、白马湖上游引河、头溪河中段等一批骨干河道治理，淮泗调度闸、唐响河闸等多个中型水闸加固项目相继完成。国家大型泵改项目杨庙泵站建成并发挥效益。

【水政执法】2016年，淮安市加大非法凿井（取水）案件查处力度，封填9口深水井。出台《淮安市洪泽湖禁止采砂长效管理实施意见》，全年市、县（区）组织水利、海事、渔政、公安等部门开展联合执法行动100余次，出动执法人员6000余人次、执法船艇750余艘次、执法车辆450余台次；立案查处非法采砂案74起，摧毁非法采砂设备机具4300余台套。开展涉砂船舶陆域治理，市、县（区）水利、海事、渔政、公安等部门开展联合专项执法检查行动30余次，切割、摧毁20多艘

2016年，清晏园获全国水利风景区博览会最美景区奖

金立甫供图

2016年，古黄河水利枢纽工程获中国水利工程优质（大禹）奖　金立甫供图

正在组装、改造、维修的采砂船上机具零部件120余套件。制定出台淮安市水利局行政权力清单、行政权力指南，修订《淮安市水利局行政审批工作服务指南》，建立“一表两清单、两库一平台”（执法检查表格、随机抽查事项清单、市场主体行业分类审批监管责任清单，随机抽查对象库、执法检查人员名录库和市场监管信息平台）的随机抽查机制。制定《淮安市水利局行政许可和行政处罚等信用信息公示工作实施方案》，更新完善“红黑名单”信息库。

【水利工程管理】 2016年，盱眙县省级小型水库管理体制改革成为全省水库管理体制改革的“盱眙样本”，金湖县新河（小一）、洼东、洼西（小二）3座小型水库管理同时纳入改革。古运河国家级水利风景区通过复核，金湖县三河湾创成省级水利风景区。创成马港、青妇、山西、杜湖、燕窝、大连、焦山、龙岭港、梅港、陈港、丫口山等11个省级规范化小水库，雨山、张桥、小刀场、黑头港4个省级规范化小水库通过复核。投入水库移民后期扶持项目建设资金1亿元，建成盱眙桂五高庙、旧铺茶场2个美丽库区。加强全市涉河涉湖建设项目管理，配合完成浔河水质自动站建设项目实施方案、涟水新港作业区二期工程等6个涉水项目许可审查。完成连淮扬镇铁路跨河桥梁工程、淮安区区域性供水管网穿越京杭运河工程等8个施工方案审查。加大涉河建设项目后续监管，确保涉河建设项目各项补偿措施落实到位。

【水利改革】 2016年，淮安市小型水利工程管理体制改革扩大至112个乡镇1442个村，基本实现县乡村全覆盖，落实管护经费7050万元，较2015年增长48.6%。洪泽“小水改”项目入选“中国2016十大民生决策”和水利部“沃源杯”2016年基层十大治水经验。农业水价综合改革加快推进，出台市级实施意见，各县、区方案同步完成并实施。农民用水合作组织发展迅速。金湖县闵桥镇农民用水协会获批“国家农民用水合作示范组织”。县级农田水利规划委员会全面组建，农田水利项目统筹整合效应显现。进一步推行“河长制”，有序展开划界确权。作为全省13个试点之一，淮安区完成试点任务。清江浦区以“河长制”落实为基础，加大管护和现代化智能装备建设投入，骨干河道管护工作获评省优秀等次。

【水利科技】 2016年，淮安市开展水利课题研究，其中“水利数据整合与数据转换套件研究与应用”“大中型轴流泵站采用钢制流道的水力分析及振动研究”“灌区生态渠道建设效果的监测评估技术研究与应用”“洪泽湖区域洪水发生影响因素大数据分析”“深基坑开挖与支护过程的结构变形和应力分析”“淮北平原区农田节水减排关键技术研究与示范”“基于物联网的水源地水质污染监控系统研究”等7个项目获省水利厅补助经费180万元。加大水利科技项目争取力度，“基于淮河入海水道二期工程实施后的淮安市主城区防洪与排水出路问题对策研究”等3个课题获省水利厅立项。“超长超宽闸室结构应力分析及防裂研究及应用”研究获2016年省水利科技进步二等奖。完成《淮安市“智慧水利”建设专项规划》编制，成立水利信息化管理中心，完成核心网络硬件平台整合、防汛视频会议室改造升级及防汛快e通、城市水利智慧防汛系统建设。举办淮安首届青少年水利与气象科普知识大赛，向全市征集技术类论文150余篇。

【水文化建设】 2016年，淮安市举办首届“最美水利人”评选表彰和事迹巡回演讲。举办第6届水文化周和第5届职工文体运动会。开展“水城探水——淮安作家写水利”网络文化节活动。多次组织开展市民、网民、媒体记者、人大代表、政协委员等社会各界“看水利”活动，打造具有淮安特色的水文化品牌，展示水利行业形象。至年底，淮安市有国家水利风景区8家：淮安水利枢纽风景区、三河闸水利风景区、古运河水利风景区、樱花园水利风景区、清晏园水利风景区、天泉湖水利风景区、古淮河水利风景区、金湖荷花荡水利风景区；有省级水利风景区4家：洪金灌区水利风景区、盱眙龙泉湖水利风景区、二河闸水利风景区、金湖三河湾水利风景区。

农村水利

【概况】 2016年，淮安市完成农村水利投资14.8亿元，大中型灌区续建配套与节水改造、小型农田水利、农村饮水安全等工程全面推进。重点实施农村河道疏浚及河塘整治、农村饮水安全及巩固提升、灌区节水改造、小型农田水利重点县、千亿斤末级渠系、财政农桥等工程。160.3万农村人口饮水不安全问题基本解决。完成土方4650万立方米，兴建建筑物8758座，新建防渗渠道645公里。新增有效灌溉面积9973.33公顷、旱涝保收田面积15640公顷、节水灌溉面积

2.75万公顷。新创洪泽区蒋坝镇、金湖县吕良镇省级水美乡镇2个；创建水美村庄17个，分别是洪泽区蒋坝镇彭城村，金湖县陈桥镇张坝村、银涂镇红湖村、吕良镇孙集村，盱眙县天泉湖镇陡山村、天泉湖镇宝塔村、桂五镇星星居委会、官滩镇古河村、盱城街道石牛社区，淮安区上河镇杨集村、施河镇大施河村，清江浦区武墩镇三闸村、盐河镇大李村、和平镇齐湖村，淮阴区码头镇码头村，涟水县红窑镇红窑居委会、大东镇瓦滩村。

【农村河道桥梁】 2016年，淮安市投入资金5806万元，疏浚县乡河道316条1398公里，完成土方974万立方米；整治264个村庄河塘1185个，完成土方623万立方米，全部通过省市考核验收。总投资8345万元，完成7个县（区）613座农桥改造，其中淮阴区120座、淮安区170座、清江浦区10座、涟水县116座、洪泽区68座、盱眙县85座、金湖县44座。

【小型农田水利工程】 2016年，淮安市投入资金1.97亿元，实施淮安、涟水、金湖、盱眙、洪泽、淮阴6个县（区）小型农田水利重点县工程；实施淮安、淮阴、洪泽、金湖、涟水5个县（区）的千亿斤粮食项目，总投资7500万元。

【农村节水】 2016年，淮安市投入资金16785万元，完成淮涟、涟东、涟西3个大型灌区节水改造工程，其中淮涟灌区投入6395万元、涟东灌区投入4240万元、涟西灌区投入6150万元。全年省水利厅下达淮安市新增高效节水灌溉任务1000公顷，至年底，完成高效节水灌溉面积1586.67公顷，占目标任务的158%。

【农业农村用水】 2016年，淮安市解决41.86万农村居民饮水不安全问题，新一轮农村饮水安全工作任务提前完成。农村饮水安全和巩固提升工程投资8.53亿元，是“十二五”时期投入总和的1.2倍。市政府办公室印发《推进农业水价综合改革实施意见》，建立市领导任召集人的联席会议制度，县区改革实施方案编制全部完成，开展改革试点工作。全市在民政部门登记注册的农民用水合作组织114个，新成立66个。参与农户22.85万户，协会工作人员620人，合作组织管理的灌溉面积9.58万公顷，占全市有效灌溉面积的22.8%。

【小型水利工程管理体制改革】 2016年，淮安市在农村推行“五位一体”管护模式，将小型水利工程、农村环卫保洁、农村交通设施、农村公共绿化设施、农村公共活动场所等五方面的人员、项目、资金、事项等整合到一起，完成调查登记、确权发证、建章立制、筹措管护经费、落实管护责任等工作，改革面基本实现乡（镇）、村全覆盖。投入经费7050万元，落实管护人员4387名，改革取得明显成效，初步实现产权有归属、管理有载体、经费有保障、运行有机制、工程有效益的“五有”目标。

城市水利

【概况】 2016年，淮安市完成城市水利投资9.1亿元，完成中心城市建设项目、为民办十件实事项目、十项重点工程等各项任务，其中北门桥、堂子巷控制工程投入运行，樱花园环境与服务提升工程全面完工。制定实施“城市河道轮浚计划”，城区34条主要河道全部纳入3年一周期的生态清淤范畴。大治河疏浚、清浦老城区除涝综合整治、小盐河整治工程（生态新城段）、清安河上段疏浚、大寨河整治等5项工程获省级补助资金735万元。里运河北门桥控制工程、主城区低洼易涝片区综合整治工程、大治河疏浚工程、清安河改道工程二期、萧湖生态一期建设获“优秀建设项目”称号，石塔湖里运河贯通工程、大寨河整治工程被评为长效管理及环境整治精品亮点项目。

【城市水利工程】 2016年，淮安市实施中心城市水利建设项目29个，完工22项、开工6项、开展前期工作1项。“十件实事”项目中的控源截污及城市河道整治工程完成护岸34.32公里、险工段处理22.72公里、雨淋沟处理1.93公里、切滩3.4公里；李码引水闸、李码调度闸建设，引黄干渠渠首闸改造和涟水大关防洪闸主体工程完成投资28000万元。文渠河（内衣泵站至东风泵站）、清安河（淮海南路至通甫路）疏浚工程全部完工。十项重点工程中，里运河文化长廊工程、高铁新区规划建设任务中的4个子项目，清安河下段疏浚工程环评报告完成；文渠河疏浚整治工程八亭桥以东1.7公里河道整治任务全部完成，八亭桥以西0.8公里河道因拆迁矛盾未能解决，无法进场施工；里运河（八亭桥—板闸立交）驳岸及护栏修复工程完成挡墙植筋3千米，干挂蘑菇石立面4100块、青石光面300块。高铁新区水系调整工程方案完成定稿，可研报告完成编制。

【城市水利管理】 2016年，淮安市依据《关于做好市级政府投资项目生成和资金管理工作的通知》，编排续建项

2016年，淮安市里运河堂子巷防洪控制工程全部完工　　金立甫供图

目7个，分别是智慧城市防汛城区泵站自动化系统、渠北运西片区水系连通、清安河水系连通、城区闸站除险加固、电厂河泵站拆建、萧湖泵站、高铁新区水系调整，新建古盐河（永济河）水环境综合整治工程、城区河道轮浚、河道总督署（清晏园）国家水情教育基地3个项目，总投资14.18亿元。为解决河道保洁制度存在的管护经费使用不规范、河道保洁队伍不专业、保洁现代化水平不高、招标价格机制不健全等四大问题，实行河道保洁市场化运行模式，逐步形成精简高效、政事分开、管养分离、规范有序的城市河道管理体系。提升里运河、古黄河河道保洁水平，完善清晏园、樱花园基础设施，打捞杂草、垃圾1200吨。水利部门接市城管委交办单6份，受理数字化城管交办案件8份，按时办结率100%。出台施工单位绩效考核办法，由城市水利重点工程建设处对施工单位人员在岗，施工进度、施工质量、安全控制，施工资料记录、档案整理和施工人员工作态度、职业道德等四方面内容进行考核及奖罚。

防汛防旱

【概况】 2016年，淮安市防汛防旱工作立足抓早抓细、抓实抓严。汛前，市、县（区）两级落实储备防汛物资计3000万元、防汛抢险队伍1128支5.7万人。成功应对数轮强降雨侵袭，智慧城防、智慧水利、智能APP等科技手段广泛运用于防汛防旱。针对出梅后的连续干旱，市防汛抗旱指挥部（简称“市防指”）及各大灌区科学调度，协调省江都站翻水北送39.4亿立方米，淮北地区用水矛盾得到极大缓解。实现“洪水防得住、涝水排得出、用水供得上”目标。

【防汛检查】 1月13日，淮安市防指部署全面开展防汛检查，分三轮实地检查全市流域性河湖堤防、水库、涵闸、泵站、城市防洪工程及区域性防洪工程等重点险工地段。3月中旬，专题召开市、县（区）防办主任汇报会，互通情况，核实资料，确保问题清楚、措施明确。3月底，市防指成立8个督查组，重点检查防汛责任制落实、重点工程险工患段处置、防汛物资储备管理、防汛预案修订完善、抢险队伍组织培训以及河湖清障和清淤疏浚等6个方面工作。对检查中发现的问题按责任范围形成一览表，制定任务书，开出交办单。

【防汛防旱工作责任制落实】 2016年，淮安市、县（区）两级防汛抗旱指挥部及时调整充实防汛防旱指挥部成员，并于汛前全部到位。建立以行政首长负责制为中心的各项防汛责任制，落实重要堤段、涵闸、泵站、水库、蓄滞洪区的行政和技术责任人，做到定人员、定岗位、定职责。市防指与各县区签订防汛责任状，在《淮安日报》等媒体上公示各级防汛责任人名单。4月21日，市长惠建林检查二河新闸、洪泽湖大堤、入江入海水道、金宝航道及龙王山水库等工程度汛措施落实情况，围绕全市防洪重点，指导、部署汛前准备工作。4月25日，市政府召开全市防汛工作会议，全面部署全年防汛任务。5月9日，市委书记姚晓东视察调研防汛工作。5月10日，市人大常委会领导对防汛工作进行专项检查。5月中旬，市城市、洪泽湖、入江水道、入海水道等8个防汛分指挥部分别召开防汛工作会议，围绕各自防洪重点、要点、难点，对安全度汛措施进行再细化、再部署。6月22日，国家防汛抗旱总指挥部向江苏、安徽、河南、山东派出工作组，赴江苏检查组专程检查淮安市防汛工作。主汛期前，市委副书记练月琴、副市长赵洪权赴全市各地检查指导防汛准备工作落实情况，针对防汛薄弱环节提出具体整改要求。7月2日，省委书记李强到淮安检查防汛工作，对淮安市防汛责任制落实、气象预测预警、防洪工程调度和城镇防汛排涝等再次提出明确要求。7月5日，市政府召开政府常务会议，专题分析研判汛情及天气趋势，部署防汛防旱工作。7月8日，市长惠建林召集市防指主要成员专题部署防范第1号台风“尼伯特”工作任务。

【应急抢险能力】 2016年，淮安市在修订完善《淮安市防汛防旱应急预案》《淮安市城市防洪应急预案》等16项预案基础上，重点对洪泽湖周边滞洪区运用预案、鲍集圩行洪区运用预案和县区级预案进行修订，应急预案体系更加完备。以责任清单和专项检查的形式推动防汛物资储备和防汛队伍人员落实。通过实战演练和技能培训提升防汛应急能力。5月15~23日，组织全市防汛抢险军地联合培训演练，通过民兵、抢险队员与部队战士混编，理论讲授和实战结合等方式，提升实战能力。6月15日，市防指举办全市县、乡（镇）级防汛防旱指挥长培训班，对县、乡（镇）级指挥长重点讲授防汛抢险组织管理、防汛防旱水情调度及气象知识等，提高其防汛思想认识、组织领导和管理水平。

【科技保障】 2016年主汛期前，淮安市防汛指挥中心会议室建成投入使用，采用1.57米×5.2米P1.25小间距LED显示屏配合四台70吋液晶电视，全方位展示会商图像及数据展示画面，能够容纳近60人会议会商，提升市防汛防旱信息集成、指挥决策能力。汛前完成防汛快e通升级系统，集成整合水雨情、工情、气象等信息，为跨部门、跨地域信息资源交换与共享提供支撑，通过微信企业号、微信订阅号、移动APP（应用程序）实施信息发布，实现面向公众和防汛专业人员的信息分级实时推送，提升全市防汛防旱信息化、科学化水平。

【汛情应对】 2016年，针对白马湖山阳水位超警戒情况，淮安市提请省防办（省防汛抗旱指挥部办公室）调度，及时降低里运河水位，全开运西北闸，加大淮安站抽排流量以减轻白马湖、宝应湖周边地区排涝压力。针对“6·22”强降雨过程，市防指及时下发调度指令，要求因暴雨引起蓄水位超汛限的盱眙县3座中型、44座小型水库全力泄洪，确保水库安全。市城防办发挥“智慧城防”卫星云图、水雨情遥测和视频监控等功能，通过确定降雨量、河道水位和泵站前池开机水位等“三条预警线”，实施精准开机排涝。在防御强降雨过程中，主城区26座泵站第一时间启动，最多时开启全部66台套机组，及时排除雨涝积水，实现“雨止3小时涝水排除”的城市防汛排涝目标。为控制洪泽湖水位快速上涨，省防办6月23日16时调度入江水道三河闸泄洪流量加大到5000立方米每秒。按照淮安市防御洪水预案，市防指要求入江水道沿线金湖、洪泽、盱眙三县组织民力24小时不间断巡查防守，遇到突发情况立即采取措施并上报，确保入江水道行洪安全。金湖、洪泽、盱眙三县组织民力上堤巡查防守，人数最多时有3800人。全市消耗编织袋1.2万条，砂石料0.05万吨，抗灾用油1270吨，抗灾用电1640万千瓦时，其他物资消耗折算资金2750.46万元。投入抗灾人数15400人次，投入抢险运输设备970班次，机械设备458台班，机械设备动力0.75万千瓦。抗灾排涝面积5.77万公顷，抗灾排涝水量33300万立方米，投入资金3523万元。

【旱情应对】 7月20日出梅后，淮安市连续干旱少雨，大部分地区出现旱情，水稻生长处于用水关键时期，抗旱用水形势严峻。淮安市提请省防办及早开始江水北调，减少洪泽湖出湖流量。省防指调度江都站于8月23日开机翻水，调度淮安站、淮阴站分别于8月30日和31日逐级向北送水，同时减少洪泽湖出流。关注总渠、二河、盐河等重要河段水位，力保总渠运东闸上水位不低于9.4米、二河段淮阴闸上水位不低于10.8米，确保城区工业用水、航运、城区自来水引水正常。9月6~8日，组织工作组赴盱眙、金湖、涟水县和淮安区实地查看灌溉水源调度管理、农田受旱等情况。全市累计投入抗旱人数9.4万人次，投入机动抗旱设备1.94万台套，用油4559吨、用电3961万千瓦时，累计投入抗旱资金7377.39万元，抗旱效益3.26亿元。

【雨情水情】 雨情 2016年1~5月，全市累计平均降雨244.2毫米，与多年同期平均244毫米基本持平。自5月1日入汛后，全市呈现前期梅雨降水多、客水多、局部因洪致涝，后期高温少雨干旱的特点。

6月19日，淮河以南地区入梅、7月20日出梅，梅期长32天，较常年多8天。梅雨期全市累计平均降水297.3毫米，较多年同期降水量232.8毫米多27.7%，较梅雨期多年平均降水量222.4毫米多33.7%，降水主要集中在6月21日~22日、23日和7月1日、4日和7日5次较强降雨过程。同时，淮河上中游也发生多次强降水过程，梅雨期累计面平均降水267毫米。

表9　2016年梅雨期与多年同期、多年梅雨期雨量比较表

单位：毫米

2016年梅雨期		多年同期		多年梅雨期	
起止时间	雨量	起止时间	雨量	起止时间	雨量
6.19~7.20	297.3	6.19~7.20	232.8	6.19~7.11	222.4
比较			+27.7%		+33.7%

7月20日出梅后，受副热带高压强势影响，全市连续高温少雨，其中出现连续11天超35℃高温天气。7月21日至9月30日，全市累计平均降雨量仅153.7毫米，比同期多年平均318.6毫米少51.8%。全汛期（5月1日至9月30日），全市平均降水601.9毫米，与常年同期683.9毫米相比偏少12%。

水情 根据省防办统一安排，2016年1月8~29日、3月1日~5月11日，分别实施2015~2016年度南水北调东线江苏段向山东调水工作。据水文部门监测，至5月11日20时，皂河一站、二站累计补入骆马湖水量6.185亿立方米，完成2016年度向山东省供水任务。调水期间，淮安、淮阴站分别累计开机78天，分别累计翻引江水8.854亿立方米、7.12亿立方米。

入梅后，受淮河上中游普遍降雨影响，淮河干流有较大来水过程，吴家渡站最大瞬时入湖流量4470立方米每秒（7月8日8时）。境内河湖水位迅速上涨，洪泽湖蒋坝水位最高涨至13.36米（6月24日4时）；白马湖山阳水位最高涨至7.54米（6月22日21时），超出警戒水位0.04米；宝应湖大汕子闸上水位最高涨至6.82米（6月24日3时）。为控制洪泽湖水位，省防指及时启用淮河入江水道行洪，三河闸自6月22日16时开启泄洪，流量1500立方米每秒，并逐步增加流量。6月24日11时，调度敞泄，最大瞬时泄洪流量6450立方米每秒（6月24日15时30分）。至7月27日，三河闸全关，入江水道累计行洪35天，共下泄洪水83.484亿立方米。梅雨期间（6月19日至7月20日）入洪泽湖总水量87.9亿立方米，出洪泽湖总水量102.0亿立方米，出湖比入湖多14.1亿立方米。

出梅后，淮河上中游地区无有效降水，淮河干流来水逐渐减少。7月21日至9月30日，入洪泽湖总水量仅为34.78亿立方米，比多年同期125.55亿立方米少72.3%。受此影响，境内河湖水位快速下降，洪泽湖蒋坝最低水位11.39米（9月25日4时），仅比死水位高0.09米。为缓解淮北地区用水困难局面，省防指于8月30日、31日调度淮安站、淮阴站分别开机抽引长江水，缓解本地及淮北用水矛盾，至10月9日，淮安站、淮阴站分别累计开机40天、39天，分别累计翻水6.518亿立方米、3.851亿立方米。全汛期（5~9月），入洪泽湖总水量153.49亿方，出洪泽湖总水量171.93亿立方米，出湖水量比入湖水量多18.44亿立方米。（金立甫）

水文水质监测

【概况】 2016年，淮安市加强水文基础工作，做好水文测报，水情、水资源监测，为全市防汛工作、用水安全提供技术支撑。全市有遥测水位站48个、雨量站65个、中小水库报汛站121个。开展水生态监测技术、水文业务技术、水文缆道技术等业务培训。组织职工参加江苏省第五届水文勘测技能竞赛。参加国家认监委及水利、环保部门组织的能力验证，4个项目均一次性通过。开展实验室计量认证，做好做细计量认证复查换证各项工作，通过国家资质认定复查评审。

【水文测报】 2016年，淮安市开展

水文测报预案演练，强化水情分析和预测预报，做好遥测运行维护和管理，开展城市水文应急监测。组织编制《水文测报技术暨汛前准备工作指南》，下发到相关单位，做到人手一册，要求对照指南，落实整改措施。编制《2016年水文测报预案演练方案》，制定缆道测流、桥测、船测等3个方面10余种科目水文测报预案演练方案，组织20余名水文测报人员开展实战演练。加强与流域机构、上游省份的联系，及时、准确、全面收集流域雨水情信息，延长预见期，提高预测预报准确性。参加市防汛抗旱指挥部、城市防汛抗旱指挥部水情会商，通过水文短信平台、微信官网等向市政府和水利局相关人员发布实时水雨情信息和水源地水质信息。全年拍发水情电报4000余份、遥测电报360万余份、水雨情短信45000余条，向市县（区）防办发布水情简报153期，全年无漏测、缺测、迟报、漏报、错报现象。

为保证遥测站点正常运行，编制4段制水雨情合理性检查表，每日定时检查遥测数据上传、入库及遥测系统运行情况，发现问题及时处理。完善遥测、机房管理等制度，建立遥测运行维护、机房管理等日志，每月定时巡检遥测站点设施设备，汛期做到及时巡查、通报、抢修，保证遥测系统正常运行，遥测在线率、入库率100%。6月中下旬，连续性强降水天气，导致城区多处低洼区域积水严重，城市河流水位猛涨，水文部门紧急启动应急监测预案，开展城市暴雨应急监测，积累有价值的水文资料，为城区防洪提供水文信息。

【水资源监测】 2016年，淮安市水文部门做好水资源常规监测，开展应急监测、专项监测、湖泊生态监测，加强地下水调查监测。继续开展水功能区、饮用水源地、地下水等常规水质监测，编制水功能区水质通报；开展入河排污口量质同步监测，为落实最严格的水资源管理制度提供支撑。开展洪泽湖、骆马湖计17个站点浮游藻类监测，编制洪泽湖、骆马湖生态简报；开展湖泊生态监测，为加强河湖健康评估及生态文明城市创建提供支撑。做好长江干流水源地监测断面地表水特定有机项目监测。

5月9日17时许，白马湖入湖河道花河水质出现异常，市水文局组织技术人员对花河沿线及支流进行跟踪调查及监测，为及时应对、有效处置花河水质进一步恶化提供数据支撑。8月中下旬，成子湖区域、二河沿线出现蓝藻积聚现象，市水文局开展跟踪调查和监测，为合理进行水利工程调度提供及时信息，有效抑制藻类进一步繁殖。南水北调东线一期工程调水期间，开展供水安全保障监测，保障向省外供水和淮安市饮用水供水安全。做好国家科技重大专项“淮河下游重污染河流水质改善技术集成与综合示范”项目第三方监测，确保第三方监测结果科学性、准确性和公正性，为课题研究提供数据支撑。每季度对洪泽湖和白马湖开展微生物、浮游植物、浮游动物等六大类水生态项目监测，对里运河、废黄河、二河及大口子等主要水体进行生态监测，开展重要河湖健康评估。做好地下水常规监测，按季度编制地下水动态报告。开展淮安市浅层地下水监测站网现状调研，对地下水水质开展全覆盖监测，为开展地下水监测规划提供可靠依据。加强地下水超采区监测与分析，保护地下水资源。

【水文规划研究】 2016年，淮安市规划开展水资源保护，谋划“十三五”水文发展专题规划。市水文局与高校合作共建，本着“优势互补、合作共赢”原则，在人才培养、科学研究、人员交流、工作制度等方面与淮阴工学院达成共识。继续做好南水北调东线江苏境内调蓄湖泊藻类调查研究，11月通过国调办组织的专家验收；规划五年（2016–2020）科研需求，为项目储备做好准备；做好科研项目申报，分别与河海大学、淮阴工学院、市水利局共同申报“南水北调东线工程对淮安市供水安全影响控制研究”“湖泊型水源地生态风险评价及预警技术研究与应用”等4个水利科研项目。完成《水文年鉴》复刊和《水文手册》修编等专项工作。完成《江苏省水文年鉴》（1993~1996年）5卷第2、3册复刊汇编。开展《江苏省水文手册》修编试验小区前期查勘、小区选择、监测方案编制及监测设施设备安装调试。

【水文基础设施建设】 2016年，淮安市完成洪泽湖大堤水文监测设施、金湖自记台、档案室达标改造工程、办公楼大厅消险工程等多个项目建设；完成中小河流二期水文基础设施和仪器设备的安装调试、合同验收。配合河海大学设计院做好水环境监测中心达标建设可行性研究，做好项目规划、环评和稳评等工作。推进基本站达标、国家地下水监测工程建设，做好协调与监管，聘请专家进行指导。

【科技咨询服务】 2016年，淮安市开展水文分析计算、水资源论证、防洪影响评价、水源地评估、水平衡测试等科技咨询服务工作。完成华电金湖天然气项目水资源论证、古淮河景观桥防洪评价、淮安市重要河湖健康评估及防汛防旱特征水位分析、苏州盛泽热电厂水平衡测试等多个项目。为水资源管理、饮用水安全和生态文明城市创建提供支撑。 （许兆平）

灌溉总渠·淮河入海水道工程管理

【概况】 2016年，灌溉总渠·淮河入海水道工程管理处（下简称管理处）以“构建文明和谐美丽总渠”为目标，推进水利现代化建设，工程管理规范有序。泵站累计运行30380台时，抽水31.53亿立方米，涵闸泄水110亿立方米。淮安三站2号机组通过试运行验收并投入抗旱运行，高良涧闸加固工程单位工程、合同工程及水土保持、档案等专项工程通过验收。全年新签订各类合同项目109个，实现综合经营收益1520万元，委托管理、档案服务等对外技术服务类项目合同额较上年上升显著。管理处“超低水头水轮机转轮的研发与应用”科技项目获得2016年度省水利科技进步三等奖。水利成果“浅谈35千伏高压室开关柜除湿”获水利部一等奖、“垂直同心的计算调整V1.0”获水利部二等奖。

【工程管理】2016年，管理处推进工程精细化管理，分别制订各泵站和水闸单位《精细化管理手册》《精细化管理作业指导书》。健全工程运行制度，严格执行调度指令，加强值班巡视，配齐配强值班队伍，保证安全运行。强化工程设备日常保养责任制，加强汛前检查、汛期巡查、汛后检修，保证设备运行正常。抓工程达标管理。淮安二站成功创建省一级水管单位，淮安一站、六垛闸管理所通过省一级复检。推进工程安全标准化建设。管理处签署落实企业安全生产主体责任承诺书，与各单位签订安全工作责任状。各单位针对工程隐患编制反事故应急预案，落实反事故措施。按规定对机电、起重、运输、潜水、压力容器、消防等设备进行周期性检验和安全性校验、修试。在节假日、主汛期、恶劣天气等来临之际，有针对性地进行检查指导，制定并落实企业安全生产主体责任专项行动工作方案。举办安全生产标准化建设培训讲座。推进淮安二站、运东闸管理所安全标准化达标创建，具备评审验收条件。

【防汛防旱】2016年，管理处完成2015~2016年度南水北调东线江苏段向山东调水任务，两阶段调水共运行76天，调水6.86亿立方米。淮安站运行175天，抽水19.7亿立方米；淮阴站运行130天，抽水11.8亿立方米；全处各类涵闸累计排水110亿立方米。根据上级调度指令与水雨情条件，水文站加强动态监测与分析，细化调度方案与措施，确保工程科学运行，全年共接受上级调度指令120条，细化方案后下达各站所296条。

【水政水资源】2016年，管理处宣传营造河湖管理与保护良好氛围，开展宣传活动，配备水法规水知识宣传车，发放宣传手册、宣传手袋，制作水法知识宣讲片等，开展"进工程""进河区""进社区""进湖区""进农场""进课堂"等水法宣传活动。用日常巡查、重点巡查和特别巡查相结合的方式开展巡查。在开展陆域巡查的同时不定期组织开展水域巡查，湖泊巡查与水事执法相结合，加大巡查次数和巡查密度，每月按时向省水利厅上报巡查报表和管理月报。全年开展河湖巡查23次，发布河湖巡查通报7期。加强协调涉湖涉河建设行为。对金湖县反映的光伏太阳能建设项目和洪泽、金湖县反映的涉及白马湖建设等问题，做好沟通协调。推动淮安市编制完成《淮安市白马湖退圩（围）还湖专项规划》，组织召开淮安境内白马湖管理与保护相关工作会商会。对金湖县交通运输局331省道金湖东段改扩建跨宝应湖桥梁工程，中铁连淮扬镇铁路跨越淮河入海水道和苏北灌溉总渠桥梁工程，淮安供电公司220千伏九龙变至沿河变跨越宝应湖、京杭运河线路工程等项目实施方案进行审查和监管。做好白马湖水生态监测配合工作，在白马湖区内设点取样，实测水质相关数据，及时掌握湖泊生态和运行状况。做好白马湖卫星遥感图片复核，推动湖泊管理基地建设。组织开展"七五"普法培训和湖泊管理知识培训。增设白马湖规划建设管理办公室为成员单位，组织召开座谈会、培训会、会商会、协调推进会等会议9次。

【基本建设】2016年，管理处做好工程建设前期工作，开展阜宁腰闸、南运西闸、淮安引江闸安全鉴定，做好淮阴站加固改造前期工作，编制并完成可行性研究报告。协调跨总渠交通桥建设前期工作，针对省交通运输厅航道局批复，管理处重新行文报送《初步设计报告》。全处完成基本建设投资5670万元。6月完成淮安三站2号机组安装运行验收，并于9月20日投入抗旱运行，累计运行30天，工程累计完成投资6288万元，占总投资额的93.4%。高良涧闸加固工程完成水土保持、档案专项验收及合同工程验收，完成工程完工结算审计，累计完成工程投资4085万元，占总投资额的100%。完成沙庄引江闸改建、运西分水闸除险加固工程尾工建设和档案专项验收。管理处致力于工程周边环境改造，实现一处工程一个景点的目标。加大高良涧闸周边环境改造，使其具备省级水利风景区硬件条件；沙庄引江闸改建工程通过场地绿化及小品点缀，提升淮安水利枢纽风景区环境面貌。（马树齐）

江苏省淮沭新河管理

【概况】2016年，江苏省淮沭新河管理处完成建设投资6680万元，供水调水187亿立方米，支持淮北抗旱调水76亿立方米。"耐盐地被植物水土保持能力评价及其在海堤生态防护工程构建中的应用"通过结题鉴定，并获省水利科技进步二等奖。该处和扬州大学联合研发并拥有全部知识产权的垂直位移观测成果生成系统和河道断面观测成果生成系统两套软件获国家版权局颁发的计算机软件著作权登记证书。两项文史课题被省水利厅立项。全处有省级文明单位3家。杨庄闸加固工程在全国质量抽查评比中排名靠前，获全国安全生产网络知识竞赛集体奖，个人一等奖人数全省第一。二河闸管理所通过国家级水管单位复核验收，经营创收保持稳定。建成党史党建馆，被20多家单位授予"党建教育基地"称号，接待参观学习50余批2000余人次。

【工程管理】2016年，省淮沭新河管理处开展汛前百日劳动竞赛，做好汛前检查保养，全处检查保养泵站机组8台套、水轮发电机组9台套、启闭机229台套，启闭机控制柜191台套、低压控制柜125台、高压控制柜39台、PLC控制柜45台、清污机23台、柴油发电机21台套，清洗保养钢丝绳17900米。完成554个引河断面观测、5座水工建筑物垂直位移工作基点考证、17座工程垂直位移观测、9座工程测压管观测。组织编制启闭机养护、柴油机养护、工程调度运行、工程经常性检查、工程观测等10项作业指导书，编写《水闸7S管理——以二河闸为例》手册；制定水利工程标识标牌"六统一"管理办法；二河闸管理所通过国家级水管单位复检，淮阴二站管理所通过省一级水管单位复检，3个管理所通过省三级水管单位复检；修订完善《防洪预案》《反事故应急预案》《防台预案》；与304名职工签订安全生产责任状。

【防汛抗旱】2016年，省淮沭新河管

理处下达调度指令450次。1~5月，以抗旱供水为主；6~7月，滨海站首次排涝运行抢排里下河涝水4000万立方米，及时调度沭阳区域水利工程，应对宿迁地区大暴雨，并确保清污分流；10月上旬，及时调度二河闸10孔闸门提出水面，反向补充洪泽湖生态用水2200万立方米。10月下旬以后，调度运行二河闸、淮阴闸等控制口门全力排泄淮河上游来水。二河闸、淮阴闸、沭新闸等淮沭河所属工程累计供排水187亿立方米，沭阳地涵排泄尾水7亿立方米。龙埝控制、盐河北闸、新沂河海口等管理所采取多项措施，确保清污分流。二河闸累计运行130次，淮阴闸累计运行223次，善后闸累计运行246次，海口闸累计运行282次。农忙时节，加固中淮涟闸及时开闸放水，为淮涟灌区农田送水，惠及淮阴、涟水、灌南等县区在内的17个乡镇、324个行政村、65万人口。加固中的沭新退水闸开闸放水，保障3.3万公顷农田正常灌溉和几十万人口的饮用水安全。9~10月，淮阴二站开机累计运行30天，抗旱翻水1.2亿立方米，淮沭河沿线累计抗旱调水76亿立方米。开展遥测测报，水情数据在线率95%以上、入库率97%以上，全年发送报文55000份，编发实时水情信息400份。

【综合经营】 2016年，省淮沭新河管理处开展船闸收费督查和水电站运行管理制度建设，开展“优质服务月”“百日竞赛”活动及收费系统完善等工作。合理调节水位、有效利用水情，为船闸、电站多创收；加大对外技术服务力度，对上协调争取，全年实现经营创收净收入1206万元。继续与各单位签订目标责任状，落实经济指标分解。各管理所进一步将经济指标分解到班组，开展劳动竞赛。淮阴闸电站、桑墟电站充分利用水资源，抢抓机遇增加发电收入；淮沭船闸继续实行“过闸证”制度，强化吨位核定，缩短船舶运行周期，过闸效率、效益明显提高；龙埝所、沭阳所、北闸所开展金点子征集、志愿者活动等，增加经营收入；淮阴二站经科研攻关，于12月13日正式反向发电；工程处签订合同900余万元；新成立的绿化公司签订合同130余万元。

【水政水资源】 2016年，省淮沭新河管理处查处涉水案件6起，为基层管理所配备25辆执法电动车和13台执法记录仪，构建水政监察综合巡查体系。及时制止淮阴闸、滨海站、海口闸、淮阴二站等管理范围内违法占地行为。开展水利工程管理范围划界，对新沂河海口控制工程进行测绘，编制新沂河海口控制工程确权划界报告书，完成海口控制工程二期灌云县的土地发证。完成连云港市新沭河、通榆河和11座大中型水库的335处变化点及600余幅卫星图片遥感核查。

【基础建设】 2016年，省淮沭新河管理处有7大工程建设任务，分别为沭阳闸及柴米地涵除险加固工程、沭新退水闸拆建工程、淮涟闸除险加固工程、杨庄闸除险加固工程、淮阴闸浮箱闸孔电站四期工程、车轴河闸除险加固工程和通榆河完善项目。省水利厅下达建设任务6660万元，全年完成投资6680万元，超额完成省厅下达目标任务。淮涟闸除险加固工程、杨庄闸除险加固工程、沭新退水闸拆建工程完成序时进度；通榆河完善项目、淮阴闸小水电站桑墟水电站增效扩容改造工程及淮阴闸浮箱闸孔电站三期工程通过竣工验收。完成新沂河海口中深泓闸、龙埝套闸、沭阳尾水控制闸、沭阳尾水北地涵、盐河尾水南地涵、叮当河尾水控制闸、叮当河尾水南地涵等7座工程安全鉴定；组织编报沭新闸拆建工程可行性研究报告。省水利厅下达各类维修养护项目57项，经费1302万元，全部按时完成。

【“情+力”党建工作法】 2016年，作为省淮沭新河管理处“一处一品”品牌创新的“情+力”工作法的重要一环——“情+力”党建工作法，被中华总工会《农林水利工运》、水利部《党建通讯》、省委党校《唯实》、省委宣传部《群众》以及《中国水利报》《中国水利教育与人才》等10多家媒体宣传报道。省级机关工委、中直党校学员班等分别到访并专题调研，管理处走进省委党校主体班课堂、省级机关党务干部培训班课堂宣讲该工作法。此工作法在省水利厅系统党建创新创优项目中获一等奖，成为全省水利系统唯一入选全省机关党建创新优秀项目。　（刘　平）

城乡建设与管理

综　述

【概况】 随着“三淮一体”“东扩南连”“纳湖入城”等战略相继实施，省委、省政府明确淮安苏北重要中心城市、江苏新兴增长极定位，淮安城市发展进入新时期。城镇空间结构优化，突出片区空间和功能整合，加快

2016年，淮安大剧院正式对外营业　　张开顺　摄

中心城市极化发展，着力构建中心城区、3个县城、10个重点中心镇、47个一般镇（特色镇）的“131047”市域城镇体系结构。至2016年底，市域城镇化率59.68%，高于全国2.3个百分点，中心城市建成区人口增至160万人、面积180平方公里（含洪泽区）。中心城市功能增强。聚焦“一廊四区多片”功能区格局，以里运河文化长廊为主轴，提升淮海中心商业区、水渡口中央商务区、河下文旅开发区三大商圈集聚能力，加快生态新城国家级绿色低碳示范核心区建设；强化规划调控作用，统筹推进清河新区、清江浦新南城、淮阴新北城、南部工业新城等片区建设，提升组团发展水平，滚动实施“十项重点工程”。2012~2016年，累计投入3928亿元，实施2266个城建重点项目，先后打造淮海中心商业区、水渡口中央商务区、生态文旅区、淮安古城区、白马湖片区、空港产业园区等功能片区，实施盐河改造、万达广场、“四馆”（城市博物馆、文化馆、美术馆、图书馆）、大剧院、现代有轨电车、金融中心等重大工程，淮安作为苏北核心商圈、江北综合交通枢纽、长三角重要旅游目的地地位进一步凸显。城镇环境品位提升。围绕构建“城水相依、组团相间、生态相连、文脉相融”城市形态，突出“绿、水、文”特色，推进里运河文化长廊、古淮河风光带、大运河滨河景观风貌区建设，生态文旅区成为全国首个绿色园区示范工程。

2016年，淮安市紧紧围绕苏北重要中心城市和全面小康社会建设“两大目标”，推动实施“三治”（治污、治洼、治堵）、“三深”（自来水深度处理、公园深度开放、建筑节能深度改造）、“三改”（老旧小区改造、农村危旧房改造、自来水深度处理改造）等中心城市重点项目。10个省级重点中心镇完成建设投资23.8亿元、实施项目120个。“十个一”基础设施项目基本建成，即：一个多规合一的规划体系、一个省级标准的产业园区、一条特色鲜明的商业街区、一个标准化的农贸市场、一所市县结对共建的义务教育学校和优质幼儿园、一所二级标准的综合性医院、一个多功能的文体中心、一个富有品位的市民公园、一个规范化的垃圾和污水处理系统、一个高效快捷的便民服务中心。创成“村庄环境长效管护五星级乡镇”10个，建成省特级、一级镇村建设档案室33个，码头、施河等特色镇建设初显成效。在全省率先实现农村环境“五位一体”（统一规划、统一收储、统一征收、统一安置、统一政策）管护全市覆盖，创市级美丽乡村32个，太山村获评全国美丽宜居示范村庄，1215户渔民上岸安居。全面完成饮水安全工程建设任务，新解决41.86万农村人口饮水安全问题。参加世界月季洲际大会、第十三届中国杜鹃花展，均获特别金奖；楚秀园、钵池山、生态园等推行深度开放、延时开放。成功引进大熊猫，使淮安市成为苏北唯一拥有熊猫的城市。共有产权住房等3个项目通过2016年度江苏人居环境范例奖初步评审。

2016年，淮安市完成漕运路渠化改造工程　　王灵敏供图

【中心城市建设】 2016年，淮安市投资845亿元，实施846个城建项目。高铁商务区核心区建设全面启动，金融中心一期主体结构封顶，获批建设白马湖国家湿地公园，周恩来故里景区、河下古镇、码头古镇、蒋坝古镇保护与开发有序推进，完成1.6万户、193万平方米棚户区改造任务。现代有轨电车一期工程正式运营，启动实施市区内环高架工程，改造瓶颈路段27个，新改建停车泊位2200多个，新购700辆新能源公交车。实施应急避难场所、海绵城市等项目，建成管线地理信息系统和电梯应急处置平台。

【城乡重点工程】 2016年，淮安市实施城乡重点项目50个，主城区低洼易涝片区综合整治工程、银川路路面维修改造、北京世界月季洲际大会淮安展园等40个项目竣工或主体基本完成。市区备用水源开工建设，控源截污PPP项目完成方案编制，石塔湖、大寨河、永济河整治工程全面完成年度任务。涟水7.55千米地下综合管廊开工建设，新建城南体育场等应急避难场所10处。加强市政基础设施建设，打通清扬路等5条断头路，渠划改造环城东路等7处交通节点；城南水厂改扩建完成75%土建工程，涟水、金湖水厂完成深度处理改造，完成大治东路等37处低洼易涝片区和道路积水点改造。新建城市绿色小客厅10个，建成区绿地覆盖率41.3%，超过全省小康指标。

【工程质量安全】 2016年，淮安市开展工程质量治理两年行动和安全生产大检查，工程质监覆盖率98%，分户验收覆盖率100%。强化科技兴安，对市区建筑工地LBS（一种定位技术）定位581人次，全市视频监控系统安装375个。施工图审查、白蚁防治、房屋安全鉴定分别达1068.3万平方米、334万平方米和10万平方米。建立健全工程质量创优激励机制，创国家级文明工地1个、省级文明工地61个；推荐省级工法18个、省新技术运用示范项目16项。开展建筑工地扬尘整治。职业病防治竞赛获国家安监总局和中华全国总工会联合表彰。获中国建筑行业工程质量最高奖——“鲁班奖”。（王灵敏）

城乡规划

【概况】 2016年，淮安市城乡规划工作立足城乡发展需要，以新一轮城市总体规划修编为契机，服务全市中心工作，挖掘和利用自身资源禀赋，摆脱传统发展路径，探索生态优先、绿色发展的城市规划管理工作新路子，全年完成多项城市规划和镇村规划编制。制定完成《淮安市国民经济和社会发展第十三个五年总体规划纲要》。获得省、市各类表彰奖励20余项，其中“多规合一”信息平台建设获2016年度全市创新创优项目一等奖。

【总体规划】 在新一轮总体规划中，淮安市城市定位为国家历史文化名城、生态旅游城市、长江三角洲北部地区重要中心城市、交通枢纽和先进制造业基地。淮安市成为江苏省新一轮城镇规划体系“一带两轴三圈一极”空间发展框架中的“新兴增长极”。淮安市规划到2020年，市域总人口560万，城镇人口335万，城市化水平60%；到2030年，市域总人口585万，城镇人口410万，城市化水平70%，将淮安建设成为长江三角洲北部地区重要的中心城市和具有绿水生态特色的宜居城市。到2020年，中心城区城市建设用地规模204平方公里，城市人口170万；到2030年，中心城区城市建设用地规模264平方公里，城市人口220万。空间布局是“城乡相依、组团相间、生态相连、文脉相融”；发展策略是“东扩南连，三城融合，五区联动”。中心城区空间结构规划形成“三轴四带多组团”的空间结构。“三轴”为东部新兴产业发展轴、中部城市服务功能轴和西部特色产业发展轴；“四带”分别为盐河现代物流产业带、古淮河生态功能带、里运河文化景观带和苏北灌溉总渠田园风光带；“多组团”分别为中心组团、淮阴区组团、清江浦区组团、淮安经济技术开发区组团、淮安区组团、黄码组团和南部组团。淮安市域城镇在空间结构上规划形成“一主四副多点网络化”空间结构。“一主”即淮安中心城市，聚合高职能，辐射市域空间，建设战略节点，提升城市品质；“四副”即涟水、洪泽、盱眙和金湖城区四个市域次中心城市；“多点”即其他城镇；“网络化”即以县域中心城市和重点镇为节点，构建开放的网络化空间格局。城市总体规划对涟水、盱眙、金湖三县的发展定位为：涟水，新兴工业基地，教育发达、生态优良的县域中心城市，并承担淮安中心城市的部分教育、空港服务等职能；盱眙，淮河中下游山水、文化、旅游城市；金湖，水乡、园林特色的现代化城市。淮安市域工业产业布局主要集中在中心城市、县城和重点镇。中心城市主要包括淮安经济技术开发区、淮安工业园区、淮阴区、淮安区、苏淮高新区等5个工业片区，在中心城市以外建立16个工业集中区。淮安历史文化名城保护的核心范围在淮安区淮城镇域内，东至楚州大道，南至涧河，西至文渠、萧湖东南湖岸和里运河，北至翔宇大道，总面积约56平方公里。

【城市规划】 2016年，淮安市围绕国家和省域层面发展战略调整，稳步推进总体规划修编，总规纲要方案通过市委七届十八次常委会、市七届人大常委会三十六次会议、市政府七届65次常务会审议。结合城市总规修编，对城市建设用地新增空间和已调整的功能片区开展控规编制和局部优化调整。完成《快速路网规划》《淮安市城市地下管线规划》《地下综合管廊规划》《2015年度淮安市交通年度发展报告》《淮安市充电设施规划》等市政专项规划编制工作。构建绿化滨水开放空间，重点打造公共绿地景观环和沿盐河、古淮河、里运河、京杭大运河、柴米河5条滨河景观带，强化城市景观特色。推进“10分钟公园绿地服务圈”、10个城市“绿色小客厅”建设，提升小区周边公园绿地和街头小游园品质，优化慢行交通规划。

【片区及镇村规划】 2016年，淮安市全面推进片区规划、镇村布局规划、乡镇总规及控规的编制，完成28个片区空间发展规划、109个优化镇村布局规划、所有乡镇总体规划以及控制性详细规划编制，实现片区规划和乡镇规划两个全覆盖，构建形成以片区为整体统筹、以中心镇为极化引领、以一般镇为辅助推进、以重点村和特色村为全面支撑的新型城乡规划体系，为下一阶段优化乡镇空间布局，打造特色小镇、建设美丽乡村提供有力支撑。

【规划管理】 2016年，淮安市规划部门继续加大简政放权力度，通过互联网公布行政许可目录和服务事项流程，大力精简规范行政审批前置条件，推进施工图联合审查，对接市金融中心、西游记乐园、智慧谷、红星国际广场、江苏淮阴发电有限责任公司热电联产等重大项目，全年核发“一书两证”（选址意见书、建设用地规划许可证、建设工程规划许可证）1519份。其中，选址意见书102份，用地面积约600万平方米；建设用地规划许可178份，用地面积约1450万平方米；建设工程规划许可1239份，建筑面积750万平方米。

【规划监察】 2016年，淮安市规划部门坚持批管结合，对批准实施的各类规划和建设项目实施动态监测和监察，依法及时处理违法建设案件，实施建设工程批后跟踪监督管理70项，涉及建筑单体308栋，总建筑面积412.65万平方米；下达行政提示书和停工通知书11份，发放整改通知书2份，拆除违法建设面积1456平方米；处理7个行政处罚案件，罚款147.48万元，并向市法制办报送5个重大行政处罚备案报告。

【阳光规划】 2016年，淮安市优化规划宣传和社会沟通，搭建规划参与的公众建议平台，加强宣传报道，开展35项规划成果展出、2次集中宣传活动，市规划馆全年接待参观22700余人次；创新建立项目公示制度，发布公示信息251条，依申请公开信息56条，按程序组织听证会2次；高度重视“阳光信访”工作，接待来访32批（次）150人次，回复信访咨询686件；增强法治意识，积极应对行政诉讼案

件7起，无一败诉。 （许 南）

淮安生态文化旅游区

【概况】2016年，淮安生态文化旅游区辖区面积41.1平方千米，常住人口超过7万人。全年实施工程60项，计划总投资68.99亿元，实际完成投资71.19亿元，完成年度计划的103.19%。完成一般公共预算收入6.61亿元，完成年度任务的110%，同比下降2.6%，高于全市平均增幅7.3个百分点。税收收入6.41亿元，税收占比97%，高于全市22.5个百分点。2008年，淮安市启动淮安生态新城建设，定位为苏北重要中心城市主体功能区、特色城市化展示区、长三角北部现代服务业集聚区。淮安生态文旅区北依主城区，南接淮安区古城，处于城市几何中心位置，范围为新长铁路、宁连一级公路、经一路及延长线围合区域，占地29.8平方千米，规划人口30万人。2012年8月，生态新城党工委、管委会正式挂牌成立。2013年9月，完成行政管辖权调整。2015年12月，市委、市政府将淮安高铁新区核心区11平方公里管辖权划归淮安生态新城。2016年底，淮安生态新城更名为淮安生态文化旅游区（简称淮安生态文旅区）。

【高铁商务区建设】2016年，淮安生态文旅区完成行政管辖权调整，组建成立高铁商务区办事处、高新控股公司，履行规划建设和社会管理职责。编制完成核心区控制性详细规划，确定“一轴、一带、三点、六区”空间结构规划。一条发展轴是以沿枚皋路城市发展轴，布置高铁商务区公共服务设施；一条景观带是以沿大寨河-乌沙干渠的生态景观带，布局规划生态景观走廊；三个节点分别指城东路与枚皋路交叉处的城市商业中心节点、高铁站前的公共中心节点、枚皋路与安澜路交叉处的区级公共中心节点；六大功能区域为一个公共服务片区、两个居住片区、一个混合社区、一个创新社区、一个预留开发片区。全年完成957户、26.5万平方米的拆迁和27户企业的搬迁。

【中心城市建设】2016年，位于淮安生态文旅区的淮安大剧院交付使用，并成功承办淮安市台商论坛以及其他多项重要会议和演出活动；电视调频发射塔完成亮化美化工程；创投大厦完成绿化景观、道路及内装修工程。市政建设投资3.3亿元，建设龙江路、万康南路、星辰路等22条道路，新增里程约15千米；投资1.98亿元，实施云林桥、権关桥、云林路和静园路等里运河文化长廊新城段项目。

【产业发展】2016年，中兴智慧产业园项目基本完成主体工程建设，江苏智慧星导航科技有限公司等8家企业入园登记注册；五九产业园完成基础改造，与上海圣博华康公司签订整体合作战略协议，打造新兴产业型的产业园区、院落场景化的创意社区和人文休憩的旅游景区。维也纳酒店完成装修并试营业；拉特芳斯商业街完成西侧主体及外立面施工；金奥国际大厦、水处理研发中心完成试桩，开始桩基施工。

【社会民生】2016年，淮安生态文旅区符合条件的3541名被征地农民纳入城镇职工社会保障体系，发放救济救助、社会福利资金500万元，养老金待遇实现“三连涨”，833户拆迁群众安置到里运河畔的悠园新村小区。新城开明中学、新城实验小学开学招生，北京大风车、台湾三之三品牌幼儿园落户新城，市一院新城分院正式营业，淮安眼科医院建成。文明城市创建通过国家和省、市三级测评，绿地社区、滨河社区创建成省级和谐示范社区，板闸社区被评为省级文明社区，渔源村、严李村被评为省级文明村。实行城市管理网格化，开展“931”城乡环境专项治理，即：整治城郊结合部、城中村、棚户区、老旧小区、背街小巷、城市河道、低洼易淹易涝片区、建设工地、农贸市场等9类环境薄弱区域，规范占道经营、车辆停放、户外广告等3类市容秩序，开展提升城市长效管理水平为主要内容的城市环境综合整治，补齐城市人居环境薄弱地带和薄弱环节的短板。云林路创成市级示范路。完善社会治安防控体系建设，建立70多人的平安志愿者队伍，新增社会面监控60余个，万人发案率全市最低。

【基层建设】2016年，淮安生态文旅区完成村居党组织和村居委员会换届工作。打造具有新城特色的“6+3+X”社区党建综合性阵地，即：建设社区6个必备基础功能室，包括多功能活动室（议事室）、一站式综合服务大厅、

淮安生态文化旅游区 舒晓 摄

淮安生态文旅区一景　　常立贵　摄

文体活动室、社区卫生服务站（中心）或卫生室、社区警务室、综合办公室，结合社区自身优势增设社区3个特色功能室，包括社区居家养老服务中心、社会组织培育服务站、生态低碳展示体验站；彰显生态文旅区社区特色，各个社区结合实际设置1个特色服务项目，包括妇女儿童之家、希望来吧、社区民防工作站、社区影视厅、心理咨询室、服务超市、交换空间等。

（生态文旅区管委会）

市政公用事业

【概况】 2016年，淮安市围绕中心城市建设和省级人居环境奖创建，加强项目建设、养护管理、安全监管，促进市区道路、供水、供气、照明、排水、排污等事业全面发展，实现"十三五"市政公用事业良好开局。全市有11座污水处理厂，日处理规模54.5万立方米，其中市区6座，城市生活污水集中处理率82.32%。市区路灯总量107369盏。累计建成道路1096.28公里，面积2616.91万平方米，完成背街后巷路灯改造50处，路灯大中修24处；新建改建供水管网12.3公里，投资约5500万元，建设再生水管网约7公里，污水管网8.6公里。完成主城区污水处理及再生利用工程，推进控源截污项目，完成投资约1.39亿元，第二污水处理厂扩建工程完成全部土建及设备安装；淮海南路污水提升泵站全面建成；新建淮海南路、环宇路等污水管道5公里；完成韩泰轮胎等3家重点排污企业排口在线监测工程。加大路面维修改造力度，完成银川路路面维修工程及上海路、青年路等老旧道路人行道板改造。推进路灯亮化工程，实施宁连路绕城段等照明工程14项，完成常盈桥、长征桥、里运河沿岸的老旧亮化设施升级改造。对市管42座桥梁进行全面检测，及时做好清隆桥、天津路大桥等桥梁维修、清理工作。全面启动市区雨水井改造，解决老旧窨井盖沉降、跳车等问题。

【重点项目建设】 2016年，淮安市实施"治堵""治洼""治污"项目，完成8项市政重点工程，分别为市区环城东路拓宽改造工程、淮海南北路交通完善工程Ⅳ标段（解放路至运北西路段）工程、清扬路（和平路至越秀路段）工程、地质路（淮海西路至中经路段）工程、清江浦路及路灯（月影路至承德南路段）工程、主城区低洼易涝片区综合整治工程、银川路路面维修改造（健康东路至大治路段）工程、宁连路绕城段路灯照明工程。打通清扬路、中经路等5条断头路，完成7处交通节点渠化改造，清江浦路、公园路等支路网逐步建全，滨河大道工程顺利开工。完成5个易涝片区整治。

【积水点改造】 2016年，淮安市针对往年部分路段积水较为严重的问题，梳理出32个积水点路段进行改造。32个积水点主要分布在主城区的主次干道上，包括健康西路、淮海西路、淮海南北路、西安路等主干道，以及人民南路、越秀路、上海西路、新民西路等次干道上。积水点改造主要采取"哪里积水就在哪里增加雨水井"的方式，实现积水快速排放。年内，完成全部积水点改造任务。

【自来水】 2016年，淮安市区有2家供水企业，分别是淮安自来水有限公司和淮安市淮阴自来水公司，日供水能力35.5万吨，用户总数44.9万户。开工建设市区备用水源工程，推进城南水厂改扩建工程，土建施工完成80%进度，完成投资1亿元。完成老旧高层住宅小区二次供水设施改造方案，严格供水水质监测制度，坚持每季度对全市自来水水厂出厂水和城市管网水进行监督检测。加强冬季供水防冻措施，开展拉网式排查梳理，完成123个高层住宅小区的供水防冻保障，更换水表3万套只。投资75万元，对地处中心城区的北京路水厂净化间和一泵房的加氯系统进行工艺改造，用次氯酸钠替代传统的氯气消毒。推进老旧小区二次供水改造，完成老旧小区二次供水设施改造方案初稿编制。

【市区备用水源工程】 2016年初，市区备用水源工程被市政府列入为城乡居民办"十件实事项目"，总投资4.8亿元，新建日取水能力20万吨的白马湖水源厂（位于淮安区南闸镇渔民村）和日取水能力20万吨的京杭运河水源厂（位于淮安区三堡乡严星村），铺设京杭运河和白马湖水源厂至城南水厂直径1600毫米浑水管道52.6公里，其中淮安区23公里、盐化材料产业园11公里、淮安工业园区5公里、清江浦区13.6公里。项目采用PPP（公共私营合作制）方式融资建设，由社会投资人全额投资，特许运营期18年，经营权期满后全部资产无偿移交给市政府，计划2017年底完成。工程被列入江苏省PPP试点项目，经省政府采购中心招标确定江苏金坛市政建设有限公司和中科建设开发总公司联合体为中标单位，注册成

立淮安市思源水务投资管理公司为项目公司，开展工程建设。 （王灵敏）

【供电】 2016年，淮安市全社会用电量163.2亿千瓦时，同比增长4.25%，增速排名全省第10名。工业用电量106.7亿千瓦时，下降2%，增速排名全省第11名。全社会最高用电负荷325.9万千瓦，增长7.3%。最高日用电量6612万千瓦时，增长17.09%。平均用电负荷率85.12%，降低0.84个百分点。

至年底，淮安电网有35千伏及以上变电站158座，变电容量1817.89万千伏安。其中，500千伏变电站3座、变电容量450万千伏安，220千伏变电站20座、变电容量594万千伏安，110千伏变电站74座、变电容量661.1万千伏安，35千伏变电站62座、变电容量109.59万千伏安。35千伏及以上输电线路406条、5752.391公里，10(20)千伏配电线路1104条、18961.74公里。有配变33423台、容量1072.236万千伏安。新能源装机容量86.6万千瓦，同比增长10.04%。服务淮安集成电路产业发展，搭建电储能和电能质量治理平台，提供变电站改造、专线巡检、优化用电建议等服务。加大电能替代推广力度，实现全市港口岸电工程全覆盖。服务新能源发展，新增新能源并网容量163兆瓦。打造城市3公里充电圈，新建电动汽车快充站21座，实现高速公路全覆盖，提供全市境内45分钟充电预约服务。

【电网建设】 2016年，淮安市完成电网各类投资32亿元，开工项目12项，变电容量70万千伏安，线路长度314.55千米，线路开工长度同比增长53%。投产项目19项，变电容量123.3万千伏安，增长14.2%；投产线路长度381.05千米，增长32.03%。完成25项110千伏变电站扩建，基本解决110千伏单主变问题。新建改造配变4208台，全市户均配变容量3.92千瓦。整治单辐射线路67条，线路联络率93.9%，完成配电线路自动化改造568条。实施配网不停电作业4950次，减少停电64.7万户。

（何小闯）

【天然气】 2016年，淮安市新建燃气中压管网42公里，新增燃气用户4.2万户，投入运营2座加气站，全年平稳供应天然气超1.7亿立方米。加大燃气监管力度，完成8家燃气供应企业及44个燃气供应站点安全现状评价和燃气特许经营中期评估报告评审。

【第二污水处理厂扩建】 2016年，淮安市第二污水处理厂扩建工程通过竣工验收。淮安市第二污水处理厂扩建工程是淮安市中心城市建设重点项目之一，也是市政府为民办“十件实事”的重点民生工程之一。该项目是主城区污水处理及再生利用设施项目的重

表10 2016年淮安市用电量表

	绝对值	增长(%)
全社会用电量(亿千瓦时)	163.20	4.3
按产业分		
第一产业	3.13	27.4
第二产业	108.96	-1.7
第三产业	21.14	15.9
按行业分		
农林牧渔业	3.13	27.4
工业	106.70	-2.0
轻工业	28.27	5.4
重工业	78.43	-4.4
建筑业	2.26	17.6
交通运输、邮电通信	1.62	18.4
信息传输、计算机服务与软件业	1.96	17.3
商业、住宿和餐饮业	6.80	13.4
金融、房地产、商务及居民服务业	3.88	20.0
公共事业及管理组织	6.89	15.3
城乡居民生活用电	29.98	19.7
城镇居民	13.21	22.5
乡村居民	16.77	17.6

2016年4月，国家大气污染防治计划重点工程——1000千伏淮上交流特高压输变电工程在盱眙投运 何小闯供图

市政工人对市区自来水漏点进行抢修　　王灵敏供图

要组成部分,属淮河流域水污染防治重点项目,项目总投资预算为3.8亿元,其中申请使用低息德国促进贷款2000万欧元,项目包含5万吨/日污水处理及5万吨/日的再生水利用及其配套中水管网。该厂采用国内先进的污水处理工艺——曝气滤池工艺,出水水质可达到城镇污水处理厂污染物排放标准一级A标准,再生水水质达到城市污水再生利用城市杂用水质标准。是淮安市首座带再生水利用设施及配套管网的大型城市污水处理工程,产生的再生水将通过厂外铺设的13千米再生水管道和36座取水栓输送到开发区、生态文旅区、高教园区等区域,用于园林绿化、景观、道路冲洒及河道补充用水。

【行业管理创新】 2016年,淮安市加快市政行业发展规划编制,启动城市防汛排水(雨水)防涝综合规划编制,完成翔宇大道主要交叉口立体化改造研究。创新市政公用设施监管手段,安装市区道路养护责任牌,建成市政公用网格化管理系统。加强工地文明施工管理,开展在建项目标后检查,规范市政公用重点工程基本建设程序和参建各方责任主体质量行为,制定《工程施工管理考核办法》《工程造价咨询企业考核办法》等规章制度,首次开展市政项目合同备案及市政企业信用管理工作,组织对全市市政在建项目进行信用综合大检查,通过LBS定位系统加大对参建主体违法违规行为的查处。(王灵敏)

村镇建设

【概况】 2016年,制定《淮安市村庄环境长效管护工作考核办法》,开展村庄环境长效管护月度督查,累计抽查153个(次)乡镇612个自然村庄。开展村庄环境长效管护五星乡镇评选活动,盱眙县盱城镇等10个乡镇通过验收。32个市级美丽乡村(康居村庄)通过验收,并被市政府命名。全市村庄环境整治工作在巩固成效基础上,加大长效管护和督查力度,村庄环境整治向纵深拓展。建成省特级、一级镇村建设档案室33个,码头镇、施河镇等一批特色镇建设初显成效。洪泽区岔河镇白马湖村王骆殿被列入省级传统村落保护名单(全省28个),淮安区建淮乡张兴村等10个村庄入选省级康居村庄。涟水县农村危房改造试点示范村庄建设项目(全省共6个)获批。

【"五位一体"管护模式】 2016年,淮安市整合部门资金,将小型水利工程、农村环卫保洁、农村交通设施、农村公共绿化设施、农村公共活动场所等五方面的人员、项目、资金、事项等整合到一起,推行"五位一体"管护模式。所有涉及长效管护的村庄均完成资金整合,并按月考核发放,在全省率先实现农村环境"五位一体"管护模式全市覆盖。全市创市级美丽乡村32个,太山村获评全国美丽宜居示范村庄。

【重点中心镇】 2016年,淮安市有省级重点中心镇10个,分别是:淮阴区渔沟镇、徐溜镇,淮安区车桥镇、钦工镇,涟水县高沟镇、红窑镇,洪泽区岔河镇,盱眙县马坝镇、旧铺镇,金湖县银涂镇。除盱眙县旧铺镇外,其他9个镇还是国家级重点中心镇。淮安市以"区域副中心、现代小城市"为目标,全面推进重点中心镇建设。按照组织推进、规划编制、镇区建设、产业发展、服务配套、政策支持、体制创新和城乡管理8个方面,每一个方面又结合镇情细化成年度目标,从而形成涵盖产城融合、基础设施建设项目、社会事业管理权力下放等多方面较为完整的县区重点中心镇建设目标体系。全年10个重点中心镇实施建设项目120个,完成投资23.8亿元。重点中心镇基础设施项目总体完成超过80%。7月上旬,省住建厅委托第三方城市和乡村规划设计院,对全市重点中心镇进行验收,对重点中心镇建设给予肯定,对马坝镇、银涂镇、红窑镇、渔沟镇项目建设给予较高评价。建立"镇上报、县会审、市统筹"重点中心镇协调议事机制,着力解决制约重点项目规划建设和涉及政策矛盾问题。先后分三批公布淮安市小城镇建设专家库入选专家名单,共有19名市内小城镇建设方面的专家入选。

【省级资金支持】 2016年,淮安市乡镇建设获得省引导、专项、补助资金4432万元。其中,第一批省级城镇基础建设引导资金600万元,淮阴区码头镇和洪泽区蒋坝镇各300万元;省级城乡环境综合整治(村庄环境改善提升)专项资金(第二批)1700万元;农村危房改造补助资金2135.23万元,涉及1353户农村危房改造。

【农村危房改造】 2016年,淮安市全面完成年度国家和省下达的农村危房改造任务,共完成改造1353户,其中修缮加固613户,翻建新建740户;按县区分,淮安区380户,涟水县413户,盱眙县260户,金湖县300户。

(王灵敏)

城市管理

【概况】 2016年,淮安市区平均每天产生生活垃圾1502吨,部分垃圾通过焚烧发电方式再利用。市区有垃圾运输车辆174辆,主次干道有果壳箱4613只,垃圾桶1984个;有高压冲洗、清扫、护栏清洗等各类环卫机械作业车124辆;有生活垃圾填埋场2座,最大处理量1400吨/天;有垃圾中转站133座,其中船舶垃圾收集中转站5座;有垃圾焚烧发电厂1座,日最大处理能力1500吨;有粪便处理厂1座,日处理量150吨;有建筑垃圾处理场1座;有环卫公厕507座,全部免费。城市长效综合管理共办交问题4347件,整改3861件,整改率88.8%。市区共拆除各类违法建设15.84万平方米,其中拆除新增违法建设4.37万平方米。

【市容秩序】 2016年,淮安市开展新一轮城市环境综合整治,全市完成139个"九整治"(整治城郊结合部、整治城中村、整治棚户区、整治老旧小区、整治背街小巷、整治城市河道环境、整治低洼易淹易涝片区、整治建设工地、整治农贸市场)项目、542个"三规范"(规范占道经营、规范车辆停放、规范户外广告设置)项目和市区部分拓展项目。按照"常态化严管、全天候巡查、周期性整治"要求,推行"早6点晚10点"不间断巡查,市、区联合开展6次大规模整治行动,全年清理流动摊点3100个、店外店2200起、乱堆放1500处,清除或覆盖小广告1.3万处。加强户外广告管理,对不符合办理条件的到期户外广告予以拆除,全年共拆除楼身、楼顶等违章广告牌1300余块,拆除交通指示广告牌52块、灯杆广告牌1500余块。

【环境卫生】 2016年,淮安市投资300万元,购置环卫作业车辆12辆。开展市区机械化联合作业,对主次干道每天每车冲洗不低于5小时。环卫专项巡查道路2460次,下发交办单92份,交办问题231个,督查整改回复率100%。市生活垃圾填埋场填埋处理生活垃圾及干化污泥10.68万吨,处理垃圾渗沥液1.4万吨。市粪便处理场处理粪便1.96万吨。市生活垃圾焚烧发电厂焚烧生活垃圾34.96万吨,处理固化飞灰5万吨。对市区10家渣土运输企业129辆渣土运输车予以登记备案,实行渣土运输24小时监管,与21家建设单位签订市容环卫责任书,开展联合整治行动4次。

【示范社区街道建设】 2016年,淮安市继续开展城市管理示范社区和示范街道创建。年内,盱眙县奥体路、洪泽区浔河路创成省级城市管理示范路,淮阴区双和社区创成省级城市管理示范社区。创成市级城市管理示范路7条,分别是:淮阴区淮海路、银川路,淮安区北门大街,生态文旅区云林路,涟水县淮浦南路、安东南路,金湖县人民路。创成市级城市管理示范社区3个,分别是:淮阴区王营镇营东社区、淮安区环城社区、涟水县红日社区。

【城管建设项目】 2016年,淮安市完成中心城市城管建设项目8个,投资3500万元。其中公共停车场建设、城市公共厕所建设、后街背巷整治等3个项目连续3年被市政府列为民生实事项目。2014~2016年,市区累计新增公共停车泊位8670个,新建公厕87座、升级改造公厕107座,整治背街后巷321条。公共立体停车场建设、环卫和广告作业车辆采购、便民疏导点设置、淮海东路夜景亮化工程、建筑垃圾处理场建设等5个项目均完成年度目标任务。

【城管体制改革】 2016年,淮安市启动城管体制改革前期工作,对全市城管机构、职能、人员等状况进行梳理,对其他城市改革经验进行调研,掌握基础信息。结合全市行政区划调整,开展市、区两级城市管理体制调整,按照市级督查指导、区级执法管理思路,调整市、区两级城市管理部门职责分工,向清江浦区下放城管事权4项。启动市区停车管理体制改革,明确将市区停车管理职能由公安部门移交至城管部门,成立市停车设施管理服务中心,负责市区停车设施管理的日常工作。

【"法治城管"建设】 2016年,淮安市开展"法治城管"品牌建设,出台《"法治城管"建设年实施方案》,市城管局与淮阴师范学院法政学院联合成立"淮安市城市管理研究与服务中心",借助高校研究资源,加强"法治城管"理论研究。"淮安城管执法体制改革及打造法治城管研究"课题获得市社科类研究课题立项。"法治城管"品牌建设相关内容正式写入淮安市第七次党代会报告,市委市政府主要领导对"法治城管"提出更高要求,《中国建设报》《江苏法制报》《淮安日报》等在头版头条介绍淮安市"法治城管"工作成效和经验。

2016年,淮安市城管局开展市区防治违法建设宣传咨询活动 曹军辉供图

2016年，淮安市区开展首届“百佳文明商户”评选活动　　曹军辉供图

【业务竞赛】 5月7日，淮安市在大运河文化广场举行全市城管执法比赛，全市各县区城管局的10支代表队、近200名城管队员参加比赛。比赛包括队列会操、现场执法管理模拟考核、城管执法知识考试、10米×6折返跑、执法皮卡车驾驶和执法两轮摩托车驾驶等6个项目。最终，清浦区城管局获得团体一等奖。8月26日，市城管局和市总工会、市人社局联合举办全市环卫行业机械化保洁职业技能竞赛。竞赛分理论知识考试和实际技能操作考核两部分，参赛工种分环卫机扫车组和环卫冲洗车组，共有12支代表队57名选手参加竞赛。最终淮阴区选手段海刚获得机扫车组第1名，清浦区选手许春雷获得冲洗车组第1名。

【“百佳文明商户”评选】 7月19日，淮安市文明办、市城管局、市信用办和市企业诚信建设促进会联合启动市区首届“百佳文明商户”评选活动。评选范围包括在市（区）工商注册并营业一年以上、服从城管部门日常管理、两年内没有被行政机关处罚的市区所有商户。评选标准为《淮安市市区市容环卫责任区管理办法》和《淮安市城市管理精细化标准300条》等相关管理规定。评选活动采取商户自荐和城管部门推荐相结合的方式进行，考核机构对参评商户门前的环境卫生、店面整洁、非机动车停放、店招店牌、诚信经营等方面逐一实地考核打分，得分最高的前100名为“百佳文明商户”。对于评选出的“百佳文明商户”，主办部门颁发奖牌并给予奖励，获奖商户还得到城管部门一定的政策优惠。

2016年，淮安市举办环卫职工运动会　　曹军辉供图

【淮安市宠物交易市场营运】 8月28日，淮安市第一家正规化、系统化的大型综合性宠物交易市场正式建成营业。市场位于韩侯大道88号，一期占地面积约1.33公顷，总投资1000多万元，拥有固定商铺100余间，散户交易区可满足千人以上同时交易。市场经营范围包括宠物交易、饲料买卖、宠物医院和宠物防疫等。

【数字城管系统】 2016年，淮安市实现建成区数字城管系统全覆盖。9月29日，数字城管系统以91.6分通过省住房和城乡建设厅组织的专家组验收。淮安市数字化城管工作为省级人居环境奖创建创造了一个基础条件。淮安市数字城管项目总投资2298万元，于2014年下半年开始建设，2015年8月全面投入试运行，2016年数字城管平台结案率99.6%。

【“环卫工人节”活动】 2016年，为庆祝第57个“环卫工人节”，淮安市举行系列活动。10月23日，市环卫系统在奥体中心举行“2016年环卫职工运动会”，市直和各县区12支代表队共300多名环卫职工参加篮球、羽毛球、拔河和道路清扫4个比赛项目。10月27日，市城管局和市广播电视台联合举办“弘扬环卫精神，践行‘两学一做’”主题晚会，晚会上表彰全市“优秀环卫工人”“先进环卫集体”。11月28日开始，分批组织市区1749名环卫工人参加体检，体检内容包括心电图、彩超、血常规等24个大项近100个小项，投入资金90万元，人均体检费用500元，较2015年增加102元，主要增加肿瘤筛查项目，这是淮安市连续第2年组织市区环卫工人免费体检。

【《淮安市市区停车场管理办法》公布】 11月29日，市政府第63次常务会议正式审议通过新的《淮安市市区停车场管理办法》（简称《办法》）。12月1日，市长惠建林签发第2号政府令公布该《办法》。该《办法》是淮安市具有地方立法权后制定的第一部实体性政府规章。该《办法》根据《中华人民共和国道路交通安全法》《中华人民共和国城乡规划法》《江苏省城市市容和环境卫生管理条例》等有关法律、法规，结合淮安实际制定。《办法》共6章42条，自2017年1月1日起施行。

【苏食放心早餐“车改亭”】 2016年，由苏食集团投资400万元，淮安市更新设置新型早餐亭100个，年底前全部投入使用。新款早餐亭长2米、宽1米，顶部装有太阳能电池板，内部设有保温保鲜设备。市区新款放心早餐亭数量占苏食放心早餐车（亭）总数的近1/3。 （曹军辉）

房地产开发与管理

【概况】 2016年，淮安市区有房地产开发企业339家。其中主城区（清江浦区、淮安经济技术开发区、生态文旅区、工业园区）210家，淮安区74家，淮阴区55家。建筑工程在建面积1071万平方米（包括原清河区802万平方米、生态文旅区269万平方米）。中心城市有住宅小区963个（含542个老居住区）。有在建和拟建的房地产开发项目360个，完成房地产施工面积2602万平方米，竣工面积732.3万平方米，完成投资325亿元，同比增长-5.6%、8.1%、10.9%。全年房地产销售面积1130万平方米，达到历史销售量最高水平，库存量由2015年底1297万平方米减至2016年底的1032万平方米。全市商品房去库存265万平方米，商品住房去库存266.9万平方米，其中市区去库存159.1万平方米，商品住房去库存176.5万平方米。商品房去化期由19.47个月减少至10.96个月，其中住宅去化更明显，商品房去化期处于合理区间。市区（含清江浦区、淮安区、淮阴区和经济开发区，下同）商品房成交面积776.3万平米，商品房成交套数73655套，成交均价4765元/平米，分别同比增长72.8%、68.6%、2%。其中，商品住房成交面积700.46万平米、成交套数61871套、成交均价（含安置房价格）4463元/平米，分别增长80.7%、79.6%、2.8%。房屋登记职能顺利划转，启动市区二手房合同网签备案及交易资金监管。

【棚户区改造】 2016年，淮安市棚户区改造围绕中心城市建设发展目标计划，建立并实行“五统一”，即统一规划实施、统一政策保障、统一资金筹集、统一棚改安置、统一亮底征收。制定出台《市政府关于加快市区棚户区改造工作的实施意见》《淮安市市区棚户区安置房市场化收储管理办法》等文件，建立“市统筹、区实施”运行模式。推进货币化安置，开展市场存量商品房收储工作，64个楼盘、10006套商品房在淮安网上楼市发布，促进去库存。加快推进政府购买棚改服务，全市政策性融资贷款评审授信257.34亿元，发放贷款107.25亿元。争取国家、省棚改专项补助资金2.56亿元，资金量全省第三，苏北第二。计划实施的18个棚户区改造项目全部完成，全年棚户区改造新开工16144套（户）、基本建成16189套（户），分别完成省政府下达目标任务的110.27%、149.90%；货币化安置7890套/户，货币化安置比例近50%。

2016年，淮安市继续推广新墙体材料建筑，图为使用新墙体材料的小区 王灵敏供图

【建筑节能】 2016年，淮安市新建建筑节能工程面积648万平方米；完成既有建筑改造18万平方米；完成新墙材建筑竣工面积617万平方米；全年发展散装水泥415.05万吨；推广应用预拌混凝土1000.86万立方米；推广应用预拌砂浆55.79万吨。获得江苏省建设科技成果推广认定证书项目11项；向上争取建筑节能专项引导资金556万元。生态文旅区绿色建筑和生态城区区域集成示范通过省住房和城乡建设厅验收评估；新增绿色建筑设计标识项目12个，建筑面积180.7万平方米；三星级运行标识和超低能耗被动房项目实现零的突破；举办“淮安市首届绿色建筑与建筑节能科普知识大赛”。以创建人居环境奖和扬尘治理为推手，落实绿色建筑行动方案，推广绿色施工新技术、新材料和新工艺。新增高星级绿色建筑150万平方米，实施既有建筑节能改造10.3万平方米，创成省级“发散”（发展散装水泥）示范乡镇6个。

【禁粘工作】 2016年，淮安市在实现全市城区“禁粘”全覆盖基础上，将“禁粘”工作重心向乡镇推进，由试点转向全面开展“禁粘”乡镇创建，重点开展7个“禁粘”乡镇以及6个“禁实”（禁止使用实心黏土砖）农村创建。年初就制定方案，全面部署，制定全市乡镇“禁粘”创建工作实施方案，明确责任部门与单位。抓源头治理，整治窑业。各乡镇及时制定本地区逐步淘汰粘土含量超过20%墙体材料的工作计划和窑业关闭计划，在“禁粘”区域全面关闭粘土砖生产企业。涟水县关闭2座砖瓦窑，淮安区钦工镇所有关闭的砖厂均已复垦。严格执法，加强对新墙材生产和使用的执法监管，及时纠正违规现象，7个乡镇检查近20个工地现场。所有工地全部使用新型墙体材料。年内，涟水梁岔镇、金湖塔集镇分别以90分和95分通过江苏省墙改办联合验收组考核验收，盱眙县太和街道、淮阴区丁集镇、淮安区季桥镇和钦工镇、洪泽蒋坝镇等5个乡镇通过市考核组验收。（王灵敏）

物业管理

【概况】 2016年，淮安市区物业管理完成全市30%的老旧小区综合整治，改善人居环境；实施物业服务企业信用管理，实行失信惩戒措施；归集电梯、消防设施更新、改造专项资金，建立电梯、消防设施“医保金”；开展物管创优行动，提高物业服务水平；加强物业管理制度建设，规范物业管理行为。淮安物业管理实施“以块为主，条块结合”的物管重心下移模式，将物业管理纳入社区管理服务；新建小区实行市场化物业服务，老旧小区推行基本物业服务，政府给予适当奖补。新建小区物业服务覆盖面100%，主城区老旧小区基本物业服务实现全覆盖。

【老旧小区改造】 2016年，淮安市按照基本型、改善型、提升型标准，改造230个、300万平方米老旧小区，惠及15万群众。维修屋（墙）面41.8万平方米，更换落水管近8.3万米，整修路面22.3万平方米，建疏污水管网6.9万米，提升公共绿地12.1万平方米。新建停车位4074个。新建监控探头2323个，并全部接入公安部门的监控专网。新建路灯1767盏。按照“业主出一点、设施经营收一点、政府补一点”思路，解决难以市场化的老旧小区物业管理服务经费问题，由社区或物业服务企业托管，落实长效管理。新华网、光明网、新民网、江苏文明网、《淮安日报》、《淮海晚报》和淮安电视台等主流媒体宣传报道淮安市老旧小区改造工作。省人大常委会、市人大常委会、市政府、市政协领导先后检查观摩清江浦区石塔湖小区的改造现场，并给予充分肯定。

【物业服务管理】 2016年，淮安市组织开展市级物业服务优秀项目创建，全市共有47个小区参与市级创建，10个小区参与省优创建。清江浦区30个老旧小区启动老旧小区基本物业服务示范点创建。加强物业服务企业信用管理体系建设，全年有6家物业服务企业被列入失信“黄名单”，5家物业服务企业被列入失信“黑名单”。

【维修资金管理】 2016年，淮安市制定出台《关于主城区住宅专项维修资金统筹存储增值结余分配使用有关规定的通知》，规范统筹维修资金分配使用；制定《关于规范住宅维修资金使用的通知》，建立物业应急维修绿色通道，缓解物业维修难问题。全年共归集维修资金2.3亿元，较上年同期增长20%，主城区累计归集维修资金13.6亿元。完成项目申请审批301个，申请金额2300万元，现场公示1337个单元；受理资金拨付申请154笔，拨付829万元。（王灵敏）

产业经济

CHANYE JINGJI

农　业

工业　建筑业

服务业

开放与合作

农业

综述

【概况】 2016年，淮安市坚持强村富民，贯彻落实各项支农惠农政策，培育新型农业经营主体，创新农业经营制度，深化农村改革，促进现代农业快速发展、农民持续增收、农村和谐稳定。全年实现农林牧渔业总产值602.89亿元，同比增长5.1%；实现农林牧渔业现价增加值330.91亿元，同比增长5.6%，按可比价格计算，增长1.8%，增速较去年同期回落1.8个百分点。

【农村改革】 2016年，淮安市120个乡镇开通农村产权流转交易平台，在全省首家实现乡镇级全覆盖；通过平台成交项目3718笔，累计成交金额21.56亿元。在7个涉农县区选择51个村开展农村集体资产股份合作制改革试点，折股量化经营性资产1.77亿元，界定组织成员57387人，分配红利506万元。全市村平均集体经营性收入44万元，同比增幅18.6%。

【新型农业经营主体】 2016年，淮安市构建现代农业经营体系，创建以家庭农场入社的综合服务社67个，村支两委牵头领办设立综合服务社160个。全年新增农民专业合作社694个，总量10126个，国家级、省级和市级示范合作社分别达38个、154个和570个。全市新发展土地股份合作社131个；新培育家庭农场1384个，新创建市级以上示范家庭农场136个；金湖县陈桥、洪泽区岔河家庭农场综合服务中心开工建设。

【村级运转经费保障】 2016年，江苏省村级运转经费保障标准由原来的最低12万元增加到20万元，淮安市获得省级财政村级组织运转转移支付补助资金2450万元。资金主要按市县财政保障能力将财政分类分档的一、二、三类地区列入补助范围，补助金额依据省统计部门提供的有关数据，采用因素法计算确定。所涉及的地区与资金总额分别为淮安区666万元、淮阴区599万元、涟水县751万元、盱眙县434万元。

【农村土地确权登记颁证】 2016年，淮安市完善农村土地确权登记合同。至年底，建立登记簿农户数占总农户数的99.56%，打印新承包经营权证书农户数占比98.42%，颁证到户率92%，完成县区级成果检查验收行政村占比53%，进入颁证扫尾和县区级全面验收阶段，总体进度全省第二。金湖县开展土地承包经营权抵押贷款和土地确权成果应用两项国家级试点。

【农业保险】 2016年，淮安市完善农业保险长效运行机制，全市小麦承保面积24.98万公顷，水稻承保面积22.6万公顷，三麦、水稻承保面95%以上；高效农业保费收入占总保费的46%。试点生猪价格指数、主要种植业产量、涉农贷款保证和土地流转履约保证保险等各类新型农业保险险种，增强农业抵御自然和市场双重风险能力。 （赵 天）

【农业品牌】 2016年，淮安市开展农业品牌建设专题调研，明确“三方协力”（政府、协会、企业三方）、“三牌同创”（公共产品品牌、企业自有品牌以及市级农产品区域公用品牌）方向。深化产业促牌，做强做优“4+1”（优质稻米、高效园艺、规模蓄禽、特色水产和休闲农业）产业，5项产业占农业产值比重提升到76.2%。盱眙龙虾品牌价值169亿元，淮安红椒品牌价值40亿元，小龙虾产业常年带动就业20多万人，红椒产业亩均效益超万元，全面彰显品牌价值。突出品质立牌，对全市2475个农产品生产基地实行一对一、全覆盖监管，新增“三品”（无公害农产品、绿色食品、有机农产品）认证347个，实现源头管控、全程追溯。全市蔬菜、畜禽、生鲜乳和水产等主要农产品例行监测合格率分别为98.8%、99.67%、100%和100%，排名均居全省前列。强化品牌认证，新创建农业部地理标志农产品3个，地理标志证明商标总数116个，保持全国地级市第一。创新“品牌+展会”联结模式，组织100多家农业企业参加北京、上海、昆明等农展会，在南京（淮安）农展会专场，现场签约销售农产品5500多万元，农民更多分享品牌溢出价值。 （史志荣）

【农业产业化】 2016年，淮安市有市级以上农业龙头企业339家，其中国家级4家、省级47家、市级288家。全市有年销售超1亿元龙头企业125家，市级以上农业龙头企业实现销售收入668.24亿元，同比增长15.14%；带动农户93.23万户，同比增长10.81%。实现出口额3847万美元，农业利用外资5548万美元。建成省级农产品出口示范区和示范基地4家，分别是：淮安华萃农业科技有限公司、江苏润通食品有限公司、江苏李龙食品有限公司、盱眙出口宠物食品示范区。 （袁海明）

2016年，淮安市在南京举办名特优农产品展销会 市农委供图

【农业园区】 2016年，淮安市有国家级农业园区平台3个、省级现代农业产业园区10个、市级园区15个。3个国家级农业园区平台：淮安（淮阴）国家农业科技园区、国家级农业创业园淮阴台湾农民创业园、洪泽区国家现代农业示范区；10个省级现代农业产业园区：清江浦现代农业产业园区（黄码乡、盐河镇）、淮阴现代农业产业园区（刘老庄乡）、淮安现代农业产业园区（苏嘴镇）、淮安现代渔业产业园区（流均镇）、涟水现代农业产业园区（红窑镇）、洪泽现代渔业产业园区（西顺河镇）、盱眙现代渔业产业园区（满江红龙虾产业园）、盱眙现代农业产业园区（河桥镇玉皇山）、金湖现代农业产业园区（戴楼镇）、金湖现代渔业产业园区（前锋镇）；15个市级园区：清江浦区武墩设施蔬菜产业园区；淮阴区丁集镇现代农业产业园；淮阴区渔沟生态循环农业产业园；淮安淮阴台湾农民创业园现代农业产业园区；淮阴区吴城镇生态农业产业园区；淮安区施河镇现代农业产业园区；涟水县岔庙现代农业产业园区；洪泽区中药材产业示范园区（三河镇）；洪泽区东双沟镇现代农业产业园区；洪泽区三河优质大蟹产业园区；盱眙县龙庙湖生态科技园（河桥镇）；盱眙县明祖陵镇现代高效养殖产业园区；盱眙县月亮山生态农业产业园区（旧铺镇）；金湖县生态荷藕产业园区（闵桥镇）；金湖县夹荡现代渔业产业园区（银涂镇）。

【休闲农业】 2016年，淮安市有休闲农业经营企业（园区）550个，从业人员1.56万人，年接待人数548万人，年营业收入9.53亿元。淮阴区太山村和盱眙县新华村获“江苏省休闲观光农业示范村”称号。盱眙龙虾节、金湖荷文化节有力促进当地休闲农业产业发展。全市休闲农业在满足城乡居民农业观光、果蔬采摘、垂钓餐饮、土特产品采购以及农业科普等需求的同时，吸引到越来越多上海、南京等周边城市游客。（蒋　萍）

【农产品质量安全】 2016年，淮安市建成农产品质量安全监管市县乡村四级监管网络体系，提高农产品质量安全监管信息化水平，农产品质量安全形势稳中向好，农产品质量安全执法查处能力得到提高。全市113个农业乡镇成立监管站，建立工作制度，配备蔬菜农残快速检测室，明确494名乡镇监管员、1793名村级协管员及企业信息员，进村入户开展农产品质量安全日常监管。市本级农产品质量追溯平台及监管信息系统全面投入使用，全市7个农业县区、113个农业乡镇全部纳入农产品质量安全监管信息平台，实现日常巡查、质量抽检等监管记录规范化、痕迹化。省级蔬菜例行监测合格率98.8%；畜产品合格率99.64%，水产品合格率100%。市本级蔬菜例行监测840批次，合格率99.88%。乡镇定期开展农残速测筛查工作，全年筛查样品41149批次。全市未发生一起农产品质量安全事件。在全市组织开展农药及农药使用、“瘦肉精”、兽用抗菌药、生猪屠宰等7个专项整治行动，出动执法人员38418人次，检查农业生产经营企业14284家次，立案查处47起，移送司法机关4起。全年开展农产品监督抽检225批次，对3个不合格样品开展执法查处，追根溯源，有效规范农产品生产主体行为。推进农产品质量安全示范创建活动，盱眙县省级农产品质量安全县创建通过验收，8家农产品生产企业或合作社获省级农产品质量“创牌立信”示范单位称号。（刘志林　林中正）

淮阴区刘老庄香园农庄的葡萄　　市农委供图

【耕地质量建设】 2016年，淮安市实施化肥施用零增长行动，重点开展地力培肥、土壤改良、养分平衡、质量修复等工作，提升耕地内在质量和持续生产能力。全市有省、市级耕地质量长期定位监测点62个，土壤墒情定位监测点14个，持续开展土壤养分、化肥施用和土壤墒情监测。建设耕地质量提升综合示范区7个，综合示范商品有机肥、有机无机复混肥、秸秆腐熟剂、土壤调理剂应用技术，示范面积3.1万公顷。在稻麦上推广测土配方施肥面积819万亩次，占主要农作物播种面积的90.9%，推广配方肥料8.09万吨（折纯）。对涟水县、淮安区、清江浦区等地70个补充耕地质量评定项目进行评定，评定新增补充耕地面积652.74公顷。通过施用有机肥、增钾稳磷及碳氮调控防酸化等措施，培肥改土，提高中低产田地力。“淮安市中低产田培肥改土技术研究与应用”成果获2016年度市政府科技进步一等奖。（杨用钊）

【农业技术推广机构】 至2016年底，淮安市有农技推广机构230个，其中市级10个、县级45个、乡镇级175个；全市有农技推广人员1804人，其中市级115人、县级625人、乡镇1064人。涉农7个县（区）、112个乡

（镇）农技推广服务体系健全率88%。

【农业生态环境】 2016年，淮安市农作物秸秆与规模畜禽粪便资源化利用率分别达92%和92%，继续领跑全省。全面启动畜禽养殖禁限养区划定整治，有序推进农产品产地重金属污染防治监测。“户用秸秆沼气技术及装备创新集成与推广”项目获中国沼气学会科技创新三等奖；“沼气池系列装备研发及规范化运行维护集成应用”成果获2016年淮安市科技进步二等奖。申报发明专利1项，获实用新型专利2项。省财政厅下达淮安市2016年省级秸秆还田作业面积指标482.3万亩，按照每亩25元的补助标准，补助资金1.2058亿元，比上年增加11%。 （殷志明）

【农业行政执法检查】 2016年，淮安市出动农业行政执法人员4458人次，检查企业3981个次，立案查处种子、农药、肥料等违法农资事件55起，其中种子25起、农药17起、肥料13起，受理投诉并达成调解协议34起，挽回经济损失247.6万元。捣毁制假窝点1个，查出大要案1起，依法移送公安机关。调查结束下达处理决定书的案件结案率100%，违法农资产品投诉100%得到处理答复。全市抽查水稻样品231个、玉米样品38个，水稻样品不合格8个，合格率96.5%，玉米合格率100%。全市秋季种子市场抽查小麦样品160个，不合格4个，合格率97.5%。全市共抽查农药、肥料样品621批次，合格率97.1%。 （姚 凯）

表11 2016年淮安市拥有的地理标志商标名录

序号	商标名称	注册人	注册号	核定商品	商标类型	注册类别	注册时间
1	盱眙龙虾	江苏省盱眙龙虾协会	3739968	龙虾（活）	证明商标	31	2004/12/28
2	淮安大米	淮安市粮食行业协会	4970201	未加工的稻	证明商标	31	2007/8/7
3	淮安大米	淮安市粮食行业协会	4970200	米	证明商标	30	2007/8/7
4	金湖大米	金湖县米业协会	6748052	米	集体商标	30	2010/2/21
5	淮安红椒	淮安市辣椒协会	7267333	辣椒（新鲜蔬菜）	证明商标	31	2010/3/28
6	洪泽湖螃蟹	洪泽县洪泽湖大闸蟹协会	7026934	螃蟹（活的）	证明商标	31	2009/5/21
7	金湖芡实	金湖县农副产品营销协会	10154869	加工过的干芡实	集体商标	30	2012/12/7
8	金湖荷藕	金湖县农副产品营销协会	10154868	鲜藕	集体商标	31	2012/12/7
9	金湖螃蟹	金湖县农副产品营销协会	10154872	螃蟹（活的）	集体商标	31	2012/12/7
10	金湖甲鱼	金湖县农副产品营销协会	10154871	甲鱼（活的）	集体商标	31	2012/12/7
11	金湖泥鳅	金湖县农副产品营销协会	10154870	泥鳅（活的）	集体商标	31	2012/12/7
12	金湖白鹅	金湖县农副产品营销协会	10154867	白鹅（活的）	集体商标	31	2012/12/7
13	淮阴黑猪	淮安市淮阴区畜禽产业协会	11332459	活猪	证明商标	31	2013/3/21
14	淮阴黑猪	淮安市淮阴区畜禽产业协会	11332460	猪肉（加工过的）	证明商标	29	2013/5/14
15	洪泽白鹅	洪泽县洪泽湖农产品协会	11186037	鹅（活）	集体商标	31	2013/6/21
16	洪泽大米	洪泽县洪泽湖农产品协会	11186027	大米	证明商标	30	2013/6/28
17	西顺河红衣小花生	洪泽县洪泽湖农产品协会	11186032	新鲜花生	集体商标	31	2013/6/28
18	洪泽河蚬	洪泽县洪泽湖农产品协会	11186034	河蚬（活的）	集体商标	31	2013/6/28
19	洪泽河蚬	洪泽县洪泽湖农产品协会	11186035	河蚬（非活）	集体商标	29	2013/6/28
20	洪泽银鱼	洪泽县洪泽湖农产品协会	11186036	银鱼（活的）	集体商标	31	2013/6/28
21	洪泽芡实	洪泽县洪泽湖农产品协会	11186030	新鲜芡实	集体商标	31	2013/8/28
22	洪泽芡实	洪泽县洪泽湖农产品协会	11186031	干芡实	集体商标	30	2013/8/28
23	淮安茶馓	淮安市淮安区茶馓行业协会	12461037	茶馓（糕点）	证明商标	30	2014/1/21
24	淮安茶馓	淮安市淮安区茶馓行业协会	12461038	茶馓（糕点）	证明商标	30	2014/1/21
25	淮安茶馓	淮安市淮安区茶馓行业协会	10461039	茶馓（糕点）	证明商标	30	2014/1/21
26	淮安茶馓	淮安市淮安区茶馓行业协会	10461043	茶馓（糕点）	证明商标	30	2014/1/21

续表1

序号	商标名称	注册人	注册号	核定商品	商标类型	注册类别	注册时间
27	金湖甲鱼	金湖县县农副产品营销协会	12414733	甲鱼(非活)	集体商标	29	2014/1/28
28	金湖螃蟹	金湖县县农副产品营销协会	12414734	螃蟹(非活)	集体商标	29	2014/1/28
29	金湖泥鳅	金湖县县农副产品营销协会	12414735	泥鳅(非活)	集体商标	29	2014/1/28
30	金湖白鹅	金湖县县农副产品营销协会	12414736	白鹅(非活)	集体商标	29	2014/1/28
31	金湖芡实	金湖县县农副产品营销协会	12414737	芡实(新鲜芡实)	集体商标	31	2014/1/28
32	金湖荷藕	金湖县县农副产品营销协会	12414738	荷藕(加工过的荷藕)	集体商标	29	2014/1/28
33	淮安蒲菜	淮安市淮安区农副产品协会	11953708	新鲜蒲菜	证明商标	31	2014/1/28
34	淮安蒲菜	淮安市淮安区农副产品协会	11953710	新鲜蒲菜	证明商标	31	2014/1/28
35	淮安蒲菜	淮安市淮安区农副产品协会	11953707	蒲菜(加工过的熟蒲菜)	证明商标	29	2014/2/14
36	淮安蒲菜	淮安市淮安区农副产品协会	11953709	蒲菜(加工过的熟蒲菜)	证明商标	29	2014/2/14
37	涟水鸡糕	涟水县农副产品营销协会	12414723	肉糜(鸡肉制品)	证明商标	29	2014/2/28
38	涟水鸡糕	涟水县农副产品营销协会	12414724	肉糜(鸡肉制品)	证明商标	29	2014/2/28
39	涟水捆蹄	涟水县农副产品营销协会	12414725	捆蹄(猪肉食品)	证明商标	29	2014/2/28
40	涟水捆蹄	涟水县农副产品营销协会	12414726	捆蹄(猪肉食品)	证明商标	29	2014/2/28
41	涟水荷藕	涟水县农副产品营销协会	12414727	加工过的荷藕	证明商标	29	2014/2/28
42	涟水荷藕	涟水县农副产品营销协会	12414728	新鲜荷藕	证明商标	31	2014/2/28
43	涟水萝卜干	涟水县农副产品营销协会	12414730	萝卜干	证明商标	29	2014/2/28
44	涟水萝卜干	涟水县农副产品营销协会	12414731	萝卜干	证明商标	29	2014/2/28
45	涟水千张	涟水县农副产品营销协会	12414732	千张(豆腐制品)	证明商标	29	2014/2/28
46	涟水千张	涟水县农副产品营销协会	12414729	千张(豆腐制品)	证明商标	29	2014/2/28
47	淮阴黄鸡	淮安市淮阴区畜禽产业协会	13283846	鸡(非活)	证明商标	29	2014/8/14
48	淮阴黄鸡	淮安市淮阴区畜禽产业协会	13283847	鸡(非活)	证明商标	29	2014/8/14
49	淮阴黄鸡	淮安市淮阴区畜禽产业协会	13283848	鸡(非活)	证明商标	29	2014/8/14
50	淮阴黄鸡蛋	淮安市淮阴区畜禽产业协会	13283854	鸡蛋	证明商标	29	2014/8/14
51	淮阴红薯粉丝	淮安市淮阴区畜禽产业协会	13283845	粉丝	证明商标	29	2014/8/14
52	淮阴红薯粉丝	淮安市淮阴区畜禽产业协会	13283852	粉丝	证明商标	29	2014/8/14
53	淮阴红薯粉丝	淮安市淮阴区畜禽产业协会	13283853	粉丝	证明商标	29	2014/8/14
54	淮阴红薯粉丝	淮安市淮阴区畜禽产业协会	13283864	粉丝	证明商标	29	2014/8/14
55	淮阴黄鸡	淮安市淮阴区畜禽产业协会	13283851	活鸡	证明商标	31	2014/8/14
56	淮阴黄鸡	淮安市淮阴区畜禽产业协会	13283859	活鸡	证明商标	31	2014/8/14
57	淮阴大白菜	淮安市淮阴区畜禽产业协会	13283849	腌制大白菜	证明商标	29	2014/8/28
58	淮阴黄瓜	淮安市淮阴区畜禽产业协会	13283856	腌制黄瓜	证明商标	29	2014/8/28
59	淮阴黄瓜	淮安市淮阴区畜禽产业协会	13283857	腌制黄瓜	证明商标	29	2014/8/28
60	淮阴西瓜	淮安市淮阴区畜禽产业协会	13283850	西瓜	证明商标	31	2014/9/7
61	淮阴黄瓜	淮安市淮阴区畜禽产业协会	13283855	新鲜黄瓜	证明商标	31	2014/9/7
62	淮阴黄瓜	淮安市淮阴区畜禽产业协会	13283858	新鲜黄瓜	证明商标	31	2014/9/7

续表2

序号	商标名称	注册人	注册号	核定商品	商标类型	注册类别	注册时间
63	淮阴大白菜	淮安市淮阴区畜禽产业协会	13283860	新鲜大白菜	证明商标	31	2014/9/7
64	淮阴大白菜	淮安市淮阴区畜禽产业协会	13283861	新鲜大白菜	证明商标	31	2014/9/7
65	淮阴西瓜	淮安市淮阴区畜禽产业协会	13283862	西瓜	证明商标	31	2014/9/7
66	淮阴西瓜	淮安市淮阴区畜禽产业协会	13283863	西瓜	证明商标	31	2014/9/7
67	盱眙龙虾	江苏省盱眙龙虾协会	12584774	龙虾（非活）	证明商标	29	2014/12/21
68	涟水荷藕	涟水县农副产品营销协会	13731257	新鲜荷藕	证明商标	31	2015/1/7
69	涟水荷藕	涟水县农副产品营销协会	13731258	加工过的荷藕	证明商标	29	2015/1/7
70	涟水萝卜干	涟水县农副产品营销协会	13731259	萝卜干	证明商标	29	2015/1/28
71	涟水萝卜干	涟水县农副产品营销协会	13731260	萝卜干	证明商标	29	2015/1/28
72	涟水鸡糕	涟水县农副产品营销协会	13731251	肉糜（鸡肉制品）	证明商标	29	2015/5/21
73	涟水鸡糕	涟水县农副产品营销协会	13731252	肉糜（鸡肉制品）	证明商标	29	2015/5/21
74	涟水捆蹄	涟水县农副产品营销协会	13731253	捆蹄（猪肉食品）	证明商标	29	2015/6/21
75	涟水捆蹄	涟水县农副产品营销协会	13731254	捆蹄（猪肉食品）	证明商标	29	2015/6/21
76	涟水千张	涟水县农副产品营销协会	13731255	千张（豆腐制品）	证明商标	29	2015/6/21
77	涟水千张	涟水县农副产品营销协会	13731256	千张（豆腐制品）	证明商标	29	2015/6/21
78	金湖莲子	金湖县县农副产品营销协会	14738768	加工过的莲子	集体商标	29	2015/6/21
79	金湖银鱼	金湖县县农副产品营销协会	14738769	银鱼（非活）	集体商标	29	2015/7/21
80	金湖龙虾	金湖县县农副产品营销协会	14738770	龙虾（活的）	集体商标	31	2015/7/28
81	金湖龙虾	金湖县县农副产品营销协会	14738767	龙虾（活的）	集体商标	31	2015/7/28
82	金湖龙虾	金湖县县农副产品营销协会	14738766	龙虾（非活）	集体商标	29	2015/12/7
83	金湖龙虾	金湖县县农副产品营销协会	14738771	龙虾（非活）	集体商标	30	2015/12/7
84	淮阴黑蚬	淮安市淮阴区畜禽产业协会	15376177	黑蚬（非活贝壳类动物）	证明商标	29	2015/12/21
85	淮阴葡萄	淮安市淮阴区畜禽产业协会	15376178	新鲜葡萄	证明商标	31	2015/12/21
86	淮阴花生	淮安市淮阴区畜禽产业协会	15376179	加工过的花生	证明商标	29	2015/12/21
87	淮阴杏鲍菇	淮安市淮阴区畜禽产业协会	15376180	杏鲍菇（新鲜蘑菇）	证明商标	31	2015/12/21
88	淮阴冬枣	淮安市淮阴区畜禽产业协会	15376181	冬枣（鲜枣）	证明商标	30	2015/12/21
89	淮阴大米	淮安市淮阴区畜禽产业协会	15376182	米	证明商标	31	2015/12/21
90	洪泽白鱼	洪泽县洪泽湖农产品协会	15854803	白鱼（非活）	集体商标	29	2015/12/28
91	洪泽白鱼	洪泽县洪泽湖农产品协会	15854804	白鱼（活的）	集体商标	31	2016/1/7
92	洪泽青虾	洪泽县洪泽湖农产品协会	15854805	青虾（活的）	集体商标	29	2016/1/7
93	洪泽青虾	洪泽县洪泽湖农产品协会	15854806	青虾（非活）	集体商标	29	2016/1/7
94	洪泽菱角	洪泽县洪泽湖农产品协会	15854807	新鲜菱角	集体商标	31	2016/1/14
95	洪泽菱角	洪泽县洪泽湖农产品协会	15854808	加工过的菱角仁	集体商标	29	2016/1/14
96	洪泽草鸡	洪泽县洪泽湖农产品协会	15854809	鸡（非活）	集体商标	29	2016/1/14
97	洪泽平菇	洪泽县洪泽湖农产品协会	15854810	平菇；平菇（鲜食用菌）；平菇（新鲜块菌）	集体商标	31	2016/1/14
98	洪泽平菇	洪泽县洪泽湖农产品协会	15854811	平菇（干食用菌）	集体商标	29	2016/1/14

续表3

序号	商标名称	注册人	注册号	核定商品	商标类型	注册类别	注册时间
99	洪泽草鸡	洪泽县洪泽湖农产品协会	15854812	鸡（活的）	集体商标	31	2016/1/14
100	洪泽荷藕	洪泽县洪泽湖农产品协会	15854813	加工过的荷藕	集体商标	29	2016/1/28
101	洪泽荷藕	洪泽县洪泽湖农产品协会	15854814	新鲜荷藕	集体商标	31	2016/2/7
102	盱眙大葱	盱眙县农副产品营销协会	15928669	大葱	证明商标	31	2016/5/14
103	盱眙水蜜桃	盱眙县农副产品营销协会	15928670	水蜜桃	证明商标	31	2016/5/14
104	盱眙大白菜	盱眙县农副产品营销协会	15928671	腌制大白菜	证明商标	29	2016/5/14
105	盱眙大白菜	盱眙县农副产品营销协会	15928672	新鲜大白菜	证明商标	31	2016/5/14
106	淮阴草莓	淮安市淮阴区畜禽产业协会	16281853	草莓（新鲜水果）	证明商标	31	2016/5/14
107	淮阴香瓜	淮安市淮阴区畜禽产业协会	16281855	香瓜（新鲜水果）	证明商标	31	2016/5/14
108	淮阴山药	淮安市淮阴区畜禽产业协会	16281850	山药（新鲜蔬菜）	证明商标	31	2016/5/21
109	淮阴长豆角	淮安市淮阴区畜禽产业协会	16281852	长豆角（干蔬菜）	证明商标	29	2016/5/21
110	淮阴绿头鸭	淮安市淮阴区畜禽产业协会	16281851	鸭（非活）	证明商标	29	2016/5/28
111	淮阴青椒	淮安市淮阴区畜禽产业协会	16281854	青椒（新鲜蔬菜）	证明商标	31	2016/5/28
112	盱眙螃蟹	盱眙县农副产品营销协会	15982807	螃蟹（非活）	证明商标	29	2016/10/21
113	盱眙青虾	盱眙县农副产品营销协会	15982808	虾（非活）	证明商标	29	2016/10/21
114	盱眙青虾	盱眙县农副产品营销协会	15982808	虾（活的）	证明商标	31	2016/10/21
115	盱眙草莓	盱眙县农副产品营销协会	16022254	新鲜草莓	证明商标	31	2016/10/27
116	盱眙螃蟹	盱眙县农副产品营销协会	16022253	螃蟹（活的）	证明商标	31	2016/11/7

注：集体商标是指以团体、协会或者其他组织名义注册，供该组织成员在商事活动中使用，以表明使用者在该组织中的成员资格的标志。证明商标是指由对某种商品或者服务具有监督能力的组织所控制，而由该组织以外的单位或者个人使用于其商品或者服务，用以证明该商品或者服务的原产地、原料、制造方法、质量或者其他特定品质的标志。只要当事人提供的商品或服务符合这一特定的品质并与注册人履行规定的手续，就可以使用该证明商标，注册人不得拒绝。

种植业

【概况】 2016年，淮安市小麦种植面积458.68万亩，总产169.25万吨、单产369公斤/亩；水稻种植面积441.65万亩、总产量260.05万吨、单产588.81公斤/亩；玉米种植面积49.31万亩，总产17.97万吨、单产364.55公斤/亩；豆类种植面积25.4万亩，总产4.74万吨、单产186.62公斤/亩；油菜种植面积27.57万亩，总产4.86万吨、单产176.32公斤/亩；花生种植面积15.38万亩，总产3.68万吨、单产251.3公斤/亩；甘薯种植面积10.56万亩，总产5.22万吨、单产494.54公斤/亩。全年新增设施农业面积6.55万亩，累计设施农业面积126.17万亩，占农业比重17.8%。水果种植面积13.6万亩，产量13.1万吨。

【粮食生产】 2016年，淮安市粮食生产总体保持稳定，播种面积稳中有升，全年粮食播种面积989.98万亩，增加2.63万亩，其中夏粮面积增加1.47万亩，秋粮面积增加1.15万亩。由于夏秋两季粮食临近收获期都遭遇连续雨水天气，亩产较上年均有所下降。全年粮食亩产463.2公斤，同比减少10公斤，下降2.1%。其中夏粮亩产368.3公斤，同比下降15.9公斤，降幅4.1%；秋粮亩产546.6公斤，减少4.7公斤，降幅0.9%。受单产下降影响，全年实现粮食总产458.55万吨，减少8.67万吨，下降1.9%，全年粮食生产结束“十二连增”。其中，夏粮总产170.57万吨，比上年减少6.80万吨，同比下降3.8%；秋粮总产287.98万吨，比上年减少1.87万吨，同比下降0.6%。

【蔬菜生产】 淮安市于2013年规划建设万亩以上“菜篮子”工程永久性蔬菜生产基地9个14.84万亩。2016年，新建菜篮子基地1.6万亩，累计建成“菜篮子”工程蔬菜生产基地14.39万亩。按照“五化”（规模化种植、标准化生产、商品化处理、品牌化销售、产业化经营）和“六个百分之百”（100%生产资料统购统供、100%种苗统育统供、100%病虫害统防统治、100%产品商品化处理、100%品牌化销售、100%符合食品安全国家标准）要求，淮安市凌桥田蜜西瓜种植专业合作社等16个合作社（家庭农场、企业）入选省级园艺作物标准园，品种涵盖蔬菜、水果和茶叶等。加快食用菌产业发展，淮香食用菌工厂化生产厂房基本建成。全年蔬菜播种面积145.64万亩，比上年增加0.88万亩，增长0.6%；蔬菜总产量393.05万吨，

清江浦区“菜篮子”基地工厂化育苗中心　　市农委供图

增加4.62万吨，增长1.2%。园艺产业区域特色日益增强，蔬菜生产上形成盱眙县、淮阴区、淮安区大白菜、苞菜等露地叶菜类，淮安区红椒、淮安区黄瓜等茄果类，金湖县、洪泽区荷藕、芡实等水生蔬菜及开发区南马厂、淮安区苏嘴、盱眙县观音寺、淮阴区棉花西甜瓜等瓜类为主导的优势区域。

【旱涝灾情】 2016年，受梅雨期强降雨影响，淮安市淮阴区、洪泽区、金湖县、盱眙县和涟水县地区发生积涝。受灾人口6.72万人，农田受涝面积111.78万亩，受灾面积12.01万亩，成灾面积2.93万亩，农果损失6.833万棵，直接经济损失0.366亿元。受出梅后的持续高温少雨影响，淮安市9月初部分地区出现旱情，主要分布在西南丘陵高亢地区及部分灌区尾部。截至9月底，盱眙县、金湖县、洪泽区、涟水县、淮阴区和淮安区等6个县区76个乡镇出现旱情，共有192.33万亩农作物受旱，其中农作物干枯8.1万亩，重旱面积52.77万亩，轻旱131.46万亩，造成农业直接经济损失2.47亿元。

【高产优良品种推广】 2016年，淮安市开展农业新品种、新技术、新模式研究，通过现场观摩和研讨会等方式，加快新技术推广，小麦主推良种为淮麦系列、郑麦9023、烟农19、宁麦13、济麦22、扬麦20等，水稻主推良种为华粳5号、皖稻153、南粳9108、武运粳21号、徽两优996、淮稻5号等。全市园艺产业主推品种10个。

【高产种植技术集成推广】 2016年，淮安市针对水稻、小麦生育期季季推迟的情况，加强粮食高产技术研究推广，配套集成适宜本地区稻—麦茬口安排、品种搭配的种植方式和关键措施。加强机插水稻育秧技术研究集成，增强秧龄弹性，缓解茬口矛盾，主推稻麦周年高产高效栽培模式、水稻规模化集中育秧、优质食味稻米清洁高效生产、小麦机条（匀）播、稻麦秸秆全量还田、稻麦化学农药减量控害等技术，全市园艺产业主推蔬菜病虫绿色防控、叶菜优质安全快速高效生产、设施蔬菜连作障碍生态防控、葡萄设施避雨栽培技术等。

【绿色增产技术推广】 2016年，淮安市强化病虫监测预警，开展绿色防控与统防统治融合示范，推广种子处理，推进专业化统防统治，减少化学农药使用量。全市新增“有合法的组织机构、有健全的章程制度、有规范的服务行为、有专业的服务人员、有一定的服务能力和内部管理好、人员素质好、防治效果好、服务信誉好、经济效益好”的“五有五好”植保服务组织21个，开展统防统治与绿色防控示范区建设，全市建立水稻绿色防控示范区24个、蔬菜绿色防控示范区11个，示范区核心面积2.26万亩，高效低毒低残留农药及生物农药应用面积占比78.4%。

【国家新增千亿斤粮项目获批】 2016年，淮安市国家新增千亿斤粮项目获省发展改革委批复。项目涉及淮安区、盱眙县等6个县（区），建设规模9万亩，其中高标准粮田工程4万亩，末级渠系工程5万亩；投资规模13500万元，其中中央投资10800万元，省级配套资金2700万元。

（贾　军　蒋　萍　黄榅宇）

畜牧业

【概况】 2016年，淮安市畜牧工作围绕新常态下畜牧业转型升级这一主线，抓适度规模畜牧业建设，推进淮安黑猪等地方畜禽种质资源开发，跟踪服务龙头项目，全市畜牧业保持良好发展态势。有年出栏50头以上的规模养猪场户4576户，规模养殖比87.1%，大中型规模养殖比69.6%。全年规模养殖出栏生猪358万头。全市肉猪出栏375.8万头，肉禽出栏7124.5万羽，蛋禽存栏833.5万羽，奶牛存栏6137头，全年牛奶产量1.9万吨。加大科技创新力度，积极利用现代科学技术改造畜牧业，推广生猪高效健康养殖配套技术、发酵床生态养猪技术、农牧循环生产模式等新技术、新模式，形成一批种养循环生态养殖典型。新创建1个农业部标准化示范场和20个省级畜牧生态健康养殖示范场。

【生猪养殖】 2016年，淮安市生猪价格一路攀升并保持高涨势头，价格创出历史新高，总体养殖效益较好。年初生猪价格每公斤17元左右，5月达高点，最高21元，后慢慢回落，全年猪价总体保持高位运行。猪价高位运行同时，生猪养殖主要饲料玉米和豆粕价格走低，与上年相比，一度降幅20%。养殖利润空间进一步扩大，猪价最高时自繁自养场户每出栏一头110公斤育肥猪可获利1200元左右。

【适度规模养殖】 2016年，规模养殖

成为淮安市畜牧业发展主方向，全年生猪大中型规模养殖比69%，超过全省平均2个百分点。淮安温氏畜牧公司（盱眙县）建成6个种猪场，存栏母猪2.5万头，发展生猪养殖户580户，上市肉猪47万头；发展肉鸡养殖户468户，上市肉鸡1050万羽；发展肉鸭养殖户190户，上市肉鸭100万羽。广东温氏集团加大在淮安投资力度，在淮阴区和淮安区投资8亿元建设年出栏35万头和45万头的生猪养殖项目，两个项目加快建设中。江苏中慕农业发展有限公司在淮安区复兴镇投资建成存栏1.5万头种猪、年出栏30万头生猪项目。

【畜禽业结构优化】 2016年，淮安市探索符合市场需求的家禽品种，淮安温氏公司新建成10万套规模种番鸭场，年提供300万只鸭苗，填补淮安市种鸭场空白。加快草食畜禽产业发展，建成盱眙绿森然农业开发有限公司8万只羊场和涟水安华农业公司千头肉牛场。全市建成千头羊羊场20个。

【淮安黑猪产业】 2016年，淮安市放大淮安黑猪品牌效应，开展淮安黑猪品系繁育，与广东温氏集团达成苏淮猪试验养殖合作协议，建成年产万头淮安黑猪的温氏严岗苏淮猪扩繁场。在刘老庄乡初步选定两个地块33.33公顷，分别用于淮阴种猪场品牌打造和淮阴温氏苏淮猪万头扩繁场建设。淮阴种猪场分别与四川、厦门、云南、广东、安徽等地签订推广销售协议，推动苏淮猪外销。

【兽医队伍建设】 2016年，淮安市加强乡村兽医考核、培训，完成乡村兽医网上登记备案，登记827名乡村兽医。加强基层畜牧兽医体系建设。按照“统筹规划、整合资源、先建后补、注重实用”的原则，继续推进“五有”（有独立建制机构、固定工作场所、基本服务手段、定编专业队伍、稳定财政保障）乡镇（或区域）畜牧兽医站建设。建成22家“五有”乡镇畜牧兽医站，累计建成43家“五有”乡镇畜牧兽医站。

【动物疫病防治】 2016年，淮安市围绕重大动物疫病“力争不发生、确保不流行”总体目标，根据“政府保密度，部门保质量”要求，全面实施集中免疫、月月巡查、现场监管、定点联系四项制度，落实重大动物疫病强制免疫工作。开展春季集中免疫，夏季集中补免、消毒灭源，秋季集中免疫等三大防疫行动，使用各类疫苗6224万毫升，免疫牲畜8421万头（羽），应免免疫密度100%，重大动物疫病免疫抗体监测总体合格率92.5%以上。

（曹　利）

水　产　业

【概况】 2016年，淮安市抓渔业养殖结构调整，提高渔业产业化水平，渔业生产平稳运行。全市水产养殖面积4.95万公顷，水产品总产量26.1万吨，较上年下降1.0%，渔业经济总产值114.3亿元。全年改造低产池塘2946.67公顷，新增高效设施渔业2133.33公顷。调整养殖规模，发展稻渔综合种养和池塘工业化系统，全年实施稻渔综合种养面积1966.67公顷，池塘工业化养殖系统投产面积1252平方米，在建10600平方米，实现优质高效和环境友好两者兼顾。市农委被省海洋渔业局授予“2016年度江苏省现代渔业建设先进集体”称号。

【养殖结构优化】 2016年，淮安市坚持发展渔业主导特色品种，提升特种养殖比例。小龙虾、河蟹套养特色鱼类成为主要生产模式，全市河蟹养殖面积2.09万公顷，同比增加240公顷，其中河蟹套养鳜鱼、黄颡鱼等特种鱼类面积较上年同期大幅增加，促进河蟹养殖效益提升。全市龙虾养殖面积1.25万公顷，其中主养面积4400公顷；比上年减少666.67公顷。主养方式部分被虾蟹套养和稻渔综合种养替代，盱眙县全年小龙虾养殖面积9133.33公顷，主养2466.67公顷，全县推广稻渔综合种养6666.67公顷。

【渔业产业质效】 2016年，淮安市渔业产业效益提升，水产品电商发展良好。全市渔业总产值114.3亿元，其中一产产值56亿元，在全省10个内陆市中排名第六，比上年上升一位。全市23个水产品加工企业，年加工水产品突破7.2万吨，年产值超过4.9亿元；累计注册成立家庭渔场74个，渔民合作经济组织343个，休闲渔业单位83家。金湖县成立淘宝学校，专为农民教授网上销售课程。深化与苏宁易购等电商合作，打造“互联网+可追溯水产品”新优势。配合省渔业技术中心开展省级水产品追溯体系认证，认证企业8家，助力水产品流通方式创新。全年水产品电商销售量1500余吨，销售额近亿元。

【稻渔综合种养】 2016年，淮安市实施稻田养殖面积1966.67公顷，

淮安黑猪生态发酵养殖系统　　市农委供图

池塘工业化水产养殖　　市农委供图

四季度新开建面积5200公顷，累计7166.67公顷，其中盱眙县6666.67公顷，面积全省第一。模式主要为虾稻轮作与虾稻共作。盱眙县旧铺镇时集村村民自发利用低洼地开展虾稻轮作，平均亩效益3000元，虾稻产品经检测全部达到有机农产品标准，注册“朱雀湖”商标开展品牌运作，带动周边村镇农户开展稻虾轮作生产666.7公顷；金湖县陈桥镇振兴村晟宇家庭农场开展稻虾共作12公顷，种植五彩水稻，亩纯收入超过6000元。

【渔业科技创新】 2016年，淮安市水产养殖尾水净化与循环利用技术获得实践与推广，新品种推广促进增产增效。淮安市现代渔业产业园以该技术建设的6000平方米养鱼工厂运行良好，全年累计接待省内外到访客人2400人次，接待小学生参观5000多人次。淮安市科苑渔业有限公司将该技术引入池塘工业化养殖系统建设，在全国率先建成漂浮式圆筒形池塘工业化养殖系统2套。除重点发展小龙虾、河蟹养殖产业外，注重黄颡鱼、青虾、红螯螯虾等特色品种推广。淮安区翔龙生态农业发展有限公司开展红螯螯虾养殖与苗种繁育。

【渔业标准化建设】 2016年，淮安市抓好渔业示范园区建设，提高高效设施渔业占比。盱眙县天诚养殖有限公司（所属水产养殖场）、盱眙成林水产养殖家庭农场、盱眙鲍集政德水产养殖家庭农场等3家水产养殖场获批第10批农业部水产健康养殖示范场。全市共有47家水产养殖场获此称号。新创成盱眙兴隆省级现代渔业精品园1个，累计创建省级现代渔业产业园区4个、省级现代渔业精品园2个、省级现代渔业示范场5个、省级菜篮子水产品基地17个、省级现代渔业特色产业基地2个，其中省级现代渔业产业园区数量全省领先。全市高效设施渔业面积1.32万公顷，高效设施渔业占养殖总面积的比重由22.61%提高到26.6%。

【水产品质量安全】 2016年，淮安市认定无公害水产品11个，累计217个，全省排名第二。全年完成部、省监督抽检280个样，其中农业部例行抽检45个样，并于5月开展小龙虾风险监测，抽检淮安区、金湖县、盱眙县小龙虾18个样，全年各类抽检合格率100%。洪泽、金湖、盱眙、淮安4个县区水生动物疫病防控中心（站）在重点乡镇、市场设立水产品药残快捡室20个，年承担省要求1900个样快捡任务，合格率100%。

【渔业资源保护】 2016年，淮安市开展电鱼等非法捕捞专项整治，开展渔业资源增殖保护。全市开展非法捕捞执法检查754次，参与执法人员3099人次，查处非法捕捞案件270起，收缴电捕设备188台套，电鱼等非法捕捞现象得到有效遏制。渔业非法捕捞网络监督举报数为上年的25%。加大立案查处力度，全市立案查处非法捕捞案件24起，处罚金额3.6万元，移交司法机关3起。在洪泽县岔河镇白马湖村码头召开公开宣判大会，两名电鱼违法者被判处拘役3个月，缓刑6个月，“以案释法”为沿湖渔民代表、干部上了一堂宣传教育课。实施市区主河道春季人工放流，举办第六届“3·18春季放鱼节”，在里运河、废黄河、白马湖等地累计放流大规格鱼种、蟹种500万尾（只）。坚持河湖联动，省、市两级年投入资金110万元，用于恢复渔业资源，捕捞渔获质、量双高，全市淡水捕捞3.9万吨，全省排名第二。

【渔业品牌建设】 2016年，淮安市推广水产品牌，“盱眙龙虾”成为全国首例活体动物地理标志证明商标并获得“中国名牌农产品”“中国驰名商标”称号，品牌价值169亿元，超过阳澄湖大闸蟹品牌价值，盱眙县成为全省龙虾产业第一县、全国最大的龙虾生态养殖基地和交易集散中心，被中国烹饪协会授予“中国龙虾之都”称号。“洪泽湖大闸蟹”在获地理标志证明商标、地理标志保护产品、江苏省著名商标、江苏省名牌产品的基础上，新创成农业部农产品地理标志。“洪泽湖青虾”“洪泽湖河蚬”“白马湖大闸蟹”“白马湖青虾”获批农产品地理标志商标。（汪　沐）

林　业

【概　况】 2016年，淮安市全面完成造林绿化任务，全市林木覆盖率23.82%。全市林业总面积18.7万公顷，国家特别规定灌木林地面积57公顷，四旁树折算面积2.04万公顷，森林覆盖面积21.33万公顷。推进古树名木资源普查，全市调查新增古树名木356株，全市登记在册古树名木数量增至541株。加强古树名木保护，邀请专家对“问题”古树进行现场“把脉问诊”。加强林地管理、碳汇监测等资源管理，全市自然湿地保护率全省第三。森林防火、病虫害防治等林业有害生物防控成效显著。市绿委办在全省绿化好新闻评选中获省级优秀组织奖，淮安市林业局被表彰为全省林业信息工作先进集体。金湖县成功创成“全国绿化模范县”，盱眙县获评“全国森林旅游示范县（市）”，成为江苏省唯一一家获此称号的县（市）。淮阴区码头镇码头村被授予“全国生态文化村”称号，淮安市动物园被命名为“江苏省国家级生态文明教育基地创建试点单位”。

【林业资源管理】 2016年，淮安市严格林地使用管理，全市办理征占用林地申请19件，面积116公顷，收取森林植被恢复费近516万元。全市发生林业行政案件17起，查处17起，案件查处率100%。印发《致各县区政府分管林业领导的一封信》，宣传森林资源保护和发展目标责任，强调凭证和限额采伐等政策。举办全市林政资源管理培训班，93人参加培训，47人取得采伐管理上岗证书。组织县区开展国有林场改革，洪泽、盱眙、金湖国有林场改革实施方案获省国有林场改革工作领导小组批复同意或初步认可，洪泽区国有林场改革工作获得省表扬。淮安市林场改革工作获得省国有林场改革领导小组办公室通报表彰。做好全市“多规合一”试点调研，开展林地一张图调整，涟水、盱眙、淮安等县区全面调整省级以上重点生态公益林，为严格管理森林资源提供基础依据。开展林业碳汇计量监测工作（LULUCF），15个样地全部完成作业并上报省林业局。林权抵押贷款项目受到国家、省林业局表彰宣传。野生动物疫源疫病调查实行服务外包，妥善处理洪泽朱坝眼镜蛇违规养殖事件，做好全国“保护候鸟清网行动”等野生动物保护专项行动。通过国家林业局上海专员办、华东森林资源监测中心对盱眙等县林业发展目标责任制、林地征占用管理、3年造林保存情况、林木采伐更新及采伐限额执行情况等进行检查。被省林业局表彰为林业统计工作先进单位。

【林业灾害防控】 2016年，淮安市严格执行森林防火责任制，编制完成“十三五”应急规划，全市未发生较大级以上森林火灾，盱眙县防火办获省森林防火指挥部、苏浙皖护林联防委表彰。加强林业病虫害测报，通过签订责任状、出台防控方案、深入基层督导、开展技术培训等方式，重点做好美国白蛾、杨舟蛾等食叶害虫的防控，实现松材线虫病发生面积和病死株数双下降，美国白蛾防治率96%以上，树叶整体保存率在95%以上。没有出现美国白蛾疫情扩散事件。加强绿色通道杨小舟蛾等杨树食叶害虫防治，绿色通道树叶保存率在95%以上。

【造林绿化】 2016年，淮安市调动各方面造林、育林、护林积极性，开展植树造林，继续实施成片造林、村庄绿化、绿色通道、林苗一体化等重点工程。全市完成成片造林1686.67公顷，完成省任务量的230%，新建和完善林网7586.67公顷，完成省任务量的113.8%；四旁植树473万株，完成省任务量的118%。实施省级绿色示范村建设56个，完成省任务量的133%。全市各地开展大型义务植树活动100场次，栽植各类苗木10万余株，新建淮安市白马湖义务植树基地1个，占地13.33公顷，营建各类纪念林30个。提高乡土（珍贵彩色）树种繁育水平，举办乡土树种繁育暨新《种子法》学习培训班。建立首个“巾帼林”，10人被表彰为淮安市绿化女能手，建成10个市级“三八”绿色工程示范基地、2个省级“三八”绿色工程示范基地。继续开展“白马湖杯”绿化好新闻竞赛活动，17篇作品获市级奖励，其中3篇获省绿化好新闻评比活动奖励，市绿委办获省级优秀组织奖。上报并被采用林业信息133条，其中国家林业局网站采用19条，在全省排名第六，市林业局被表彰为全省林业信息工作先进集体。

（夏　妍）

农业机械化

【概况】 2016年，淮安市争当苏北农业机械化发展排头兵，补短板、拓领域、调结构、提质效，农机化工作在转型中升级。全市农机装备总动力640万千瓦，农业综合机械化水平84%，位列苏北五市第一。全市有农机合作社968个，总量位列全省第二，其中国家级农机示范合作社16个，省星级农机合作社81个，入社社员6万多人，拥有各类机具32万多台套，服务农户约70万户，累计土地流转面积3万公顷。

【粮食生产全程机械化示范创建】 2016年，淮安市在全省率先出台《关于推进粮食生产全程机械化的意见》，围绕粮食生产全程机械化各关键环节，通过组织座谈交流、培训学习、现场观摩等活动，引导社会资本、工商资本

6月17日，淮安市委书记姚晓东（左三）、副书记练月琴（左一）到淮安区调研指导夏收夏种工作
王晓靖供图

参与粮食生产机械化全过程。依托高校院所、研究机构、农机合作社、农机大户，推广粮食生产全程机械化技术，加大水稻机插秧、秸秆机械化还田、高效植保等集成技术应用，促进先进高效实用技术示范推广，建设洪泽岔河、金湖银涂、淮阴三树等一批200公顷以上连片粮食全程机械化示范基地。全市主要粮食作物综合机械化率88%，洪泽区成为首批全省粮食生产全程机械化整体推进示范县区。

【粮食烘干机械化】 2016年，淮安市推进粮食收储烘干与产地烘干融合发展，科学布点区域性烘干中心，全市新增粮食烘干机550台，净增烘干能力1.12万吨。新建批烘干能力60吨及以上的区域性粮食烘干中心124个，其中100吨以上的25个，覆盖全市80%以上的农业乡镇。全年累计烘干粮食140万吨，实现烘干纯收益1.1亿元，减少农民因粮食霉变、发芽等损失8.4万吨，增加农民收益2.1亿元。

【水稻育插秧技术推广】 2016年，淮安市新增插秧机1412台，其中高速机715台，高速机新增量首次超越手扶机；新增育秧流水线63条，育秧面积2400公顷，其中集中育秧面积1053.5公顷；机插面积23.33万公顷，机插率83.6%。全市拥有3.33公顷以上商品化育秧基地31个、2~3.33公顷的商品化育秧基地82个、0.66~2公顷的商品化育秧基地122个，全市商品化供秧率45%。

【秸秆机械化还田】 2016年，淮安市坚持"夏季主攻还田，秋季突出利用"总体思路，稳步推进秸秆机械化还田和利用。全市夏秋两季秸秆还田面积45.07万公顷，还田率75%。全市新增大中型拖拉机2181台、与大中型拖拉机配套的秸秆还田机械3817台，保有量分别为2.62万台和2.21万台。

【农机购置补贴管理】 2016年，淮安市累计争取农机购置补贴资金1.58亿元，总量及增量均居全省前列。引导农民购置补贴机具10702台套，6962户农户和服务组织受益。全年开展补贴政策集中宣传26次，发放宣传手册1.2万份。

【农机合作组织】 2016年，淮安市争取和投入1100余万元，重点支持农机合作社改善基础设施，全市新增工商注册农机合作社108个，总量968个，位列全省第二。新增省级示范农机合作社22个，位列全省第一。实现跨区作业收入10.1亿元。全市有全程一体化服务的农机合作社近300家，通过土地入股、托管、租赁等形式开展土地流转的农机合作社280家，其中666.67公顷以上的2家，333.33~666.67公顷的4家，66.67~333.33公顷的106家。组建农机合作联社12个。探索"联耕联种联管联营"服务新机制，引导农机合作社通过租用、入股、托管等方式开展土地流转，推进规模化发展。全市流转土地面积在200公顷以上的"四联"合作社有6家。全市农机合作社年经营服务总收入超过9亿元，参与作业服务的农机手年收入3~5万元，拓宽合作社周边农民增收渠道。淮安区根本农机专业合作社入选"全国农机合作社示范社"，淮阴区惠丰农机专业合作社入选"江苏省十家农民合作社十大畅销产品品牌"，成为全省农机系统唯一获此称号的合作社。

从经营模式来看，淮安市农机合作社主要包括以下六种类型：一是土地流转服务模式。主要是合作社以市场价格，从农户手中转让耕地经营权或农户直接以土地入股，实行统一的机械化耕、种、收和田间管理，定期支付土地流转费用或分红。二是土地托管服务模式。主要是合作社以合同形式，托管经营农户承包田，实行统一的机械化耕、种、收和田间管理，并按约定形式和标准支付土地使用费。三是作业订单服务模式。主要是合作社按作业服务协议，为农户提供全程或部分环节机械化服务，合作社按市场价格收取作业服务费。四是服务收购结合模式。这类型合作社有流转土地，也对外提供作业服务，同时利用烘干等机械设备，从种粮大户手中按市场价格收购粮食经营，赚取差价。五是产加销一体化经营模式。合作社除正常的产前、产中服务外，逐步向粮食加工销售拓展，并有自己的注册商标，经济效益提高。六是跨区作业服务模式。这类型合作社主要以出省、出市开展机械化耕地、栽插、收割等作业服务为主，适当兼顾本地农机化生产需要。

【农机管理服务】 2016年，淮安市组织农机抢收抢种，举行"情系机手助农增收"主题活动暨2016年全市农机跨区作业出征仪式。夏收夏种工作得到市领导及省农机局肯定，全市机收、机插订单面积占比均超80%。优化农机安全生产环境，全方位构建安全生产责任体系，开展农机安全大检查、农机事故应急救援演练等活动，全市农机"三率"（农业机械的持证

2016年，淮安市组织农机青年志愿者开展农机服务　王晓靖供图

率、挂牌率、检审率）81%。提升农机从业人员技能水平，举办第三届"淮安技能状元"大赛农机修理工竞赛，开展奖补培训鉴定47期，完成奖补鉴定2302人。

【农机政策性保险】 2016年，淮安市农机综合保险试点全面启动，市农机局、市财政局、市促进农业保险发展委员会、市保险行业协会联合下文开展农业机械综合保险试点，从政策层面迈出农机综合保险试点第一步。开展农机金融租赁，与苏州金融租赁股份有限公司合作，推出以谷物烘干机为重点的农机金融租赁服务，解决农户购机融资难问题。协调建立监理经费财政保障机制，全市实现主要乡镇和重点农机合作社送检上门服务全覆盖。全市投保拖拉机交强险7124台、联合收割机第三者责任险6938台、驾驶人意外伤害险10643人，应收取保费860万元，其中财政补贴516万元。

【农机产学研融合】 2016年，淮安市"智慧农机"发展全省领先。召开"智慧农机"现场演示会，争取财政项目支持发展无人驾驶、北斗定位、农业物联网等"智慧农机"技术，组织技术骨干赴先进地区观摩、学习及培训，全市推广"智慧农机"737台套。"市级农机产业园"启动建设，项目分段计划、土地洽谈等工作完成，开展立项申请。市农机推广站与淮安区以及淮安海普达机械制造有限公司合作开发海普达育秧摆盘机，与江苏财经职业技术学院、滨湖机械有限公司合作开发的立式多功能深耕深旋还田机进入批量生产。（王晓婧）

农业综合开发

【概况】 2016年，淮安市农业综合开发系统全面完成各项年度目标任务。争取省级以上财政投资量居全省第三位，远超苏北五市平均水平。以省级黄河故道开发项目为依托，加快黄河故道地区优势特色农业走廊建设。

【农业综合开发投入】 2016年，淮安市农业综合开发系统向上争取资金3.97亿元，完成全年计划的158.8%，比上年增加1200万元，增长3%。其中，高标准农田建设争取财政资金31650万元，产业化财政补助项目争取财政资金880万元，产业化贷款贴息项目争取财政资金615万元，黄河故道农业综合开发项目争取财政资金4100万元，丘陵山区农业综合开发项目争取财政资金2450万元。

【农业开发产业化项目】 2016年，淮安市获批农业产业化项目17个，其中财政补助项目6个，争取中央财政资金440万元，省级配套财政资金366万元；贷款贴息项目11个，争取中央财政资金615万元。

【高标准农田建设】 2016年，淮安市农业综合开发部门高标准农田建设项目投入财政资金31650万元，全市新建高标准农田面积2.34万公顷，其

表12　　2016年淮安市农业情况表

	绝对值	增长（%）
农林牧渔业总产值（亿元）	602.89	5.1
农林牧渔业增加值（亿元）	330.91	1.8
粮食播种面积（万亩）	989.98	0.3
夏粮	463.08	0.3
秋粮	526.91	0.2
粮食总产量（万吨）	458.55	−1.9
夏粮	170.57	−3.8
秋粮	287.98	−0.6
棉花播种面积（万亩）	0.14	0.0
棉花总产量（吨）	84	1.2
油料播种面积（万亩）	43.71	−2.3
油料总产量（万吨）	8.80	−0.9
油菜籽产量	4.86	5.0
花生产量	3.86	−7.3

表13　　2016年淮安市乡村从业人员情况表

地区	乡村从业人员（万人）	男性	按行业分			
			农林牧渔业	农业	工业	建筑业
全市	211.79	111.94	86.13	73.93	42.36	31.91
淮安区	43.39	22.38	21.75	18.35	6.58	7.01
淮阴区	39.44	20.08	14.89	13.48	9.30	7.92
清江浦区	6.79	3.63	2.37	1.91	1.56	1.17
洪泽区	16.69	8.61	6.37	5.06	4.23	2.64
涟水县	49.48	26.68	20.38	19.02	5.93	5.56
盱眙县	33.90	18.51	13.34	10.24	7.10	4.13
金湖县	13.45	7.03	4.60	3.60	3.90	2.67
开发区	5.92	3.60	1.07	1.00	3.04	0.50
工业园区	1.10	0.57	0.40	0.33	0.46	0.07
盐化新区	1.63	0.85	0.96	0.94	0.26	0.24

表14　　2016年淮安市农业生产情况表

地区	农林牧渔业总产值（亿元）	农林牧渔业增加值（亿元）	播种面积（万亩）			总产量（万吨）				单产（公斤/亩）	
				粮食	油料	粮食	夏粮	秋粮	油料	粮食	油料
全市	602.89	330.91	1195.76	989.98	43.71	458.55	170.57	287.98	8.80	463.19	201.30
淮安区	109.67	64.93	210.11	190.98	4.32	90.60	34.05	56.55	0.74	474.37	171.70
淮阴区	128.12	70.25	203.51	140.22	8.45	63.09	26.15	36.93	1.92	449.90	226.90
清江浦区	18.73	10.58	31.92	21.95	0.12	10.61	3.83	6.77	0.03	483.29	227.50
洪泽区	67.08	34.51	105.82	88.60	1.53	44.21	16.02	28.20	0.32	499.04	209.10
涟水县	109.49	57.95	251.96	199.40	17.61	88.44	33.39	55.05	3.73	443.53	211.70
盱眙县	100.75	55.08	244.11	215.37	6.72	97.86	33.45	64.41	1.20	454.40	178.90
金湖县	62.56	34.11	123.65	111.53	4.82	53.56	19.28	34.27	0.84	480.22	173.70
开发区	3.69	2.00	8.7	6.33	0.06	2.79	1.17	1.62	0.01	440.58	163.30
工业园区	1.13	0.59	4.8	4.61	0.05	2.22	0.81	1.41	0.01	481.19	166.70
盐化新区	1.67	0.91	11.33	11	0.05	5.19	2.41	2.78	0.01	471.00	204.40

中农业开发部门完成1.41万公顷，将全市高标准农田占比提升至52.43%。全市项目区新增和改善灌溉面积1.28万公顷，除涝面积1.16万公顷，新增节水灌溉面积6813.33公顷。

【黄河故道综合开发】2016年，淮安市农业综合开发系统实施交通、水利、农业开发、现代农业、土地整治、小城镇建设、扶贫开发7大类工程36个项目。全年向上争取资金4.67亿元，招引社会资本投入6.23亿元，完成实际投资10.9亿元。农业综合开发部门投入财政资金4100万元，持续改善黄河故道农业生态条件，重点扶持稻米、果蔬、花卉、畜禽、旅游观光等产业发展。

【丘陵山区综合开发】2016年，淮安市围绕发展现代高效农业，以省级丘陵山区开发项目为抓手，引导丘陵山区生态农业建设，发展农田稻虾养殖、林药及林果、林草间作套种，减少水土流失，改善丘陵山区农业生态环境。省农业开发局下发《关于下达2016年度丘陵山区农业综合开发省级财政投资控制指标及编报项目实施计划的通知》，淮安市有9个项目列入计划，其中盱眙县8个，获省级资金2250万元；金湖县1个，获省级资金200万元。（王大明）

工业　建筑业

综　述

【概况】2016年，淮安市工业战线实施"项目攻坚、存量改造、科技强企、主体培育、服务升级"五大行动，全市工业经济呈现"逆势企稳、稳中向好"发展态势。全市有规模以上工业企业2609家，实现产值7476.27亿元、增长12.6%，实现增加值1626.18亿元、增长9.8%，增幅全省第三，高于全省增幅2.1个百分点，占全省比重同比提高0.2个百分点。全市开票超亿元列统企业350户，合计开票1800亿元，占全市总量的75%。开票增量超亿元的企业150户，合计新增开票660亿元，拉动全市开票增长35个百分点。全市新增私营工业主体3399户、增长6.29%。全市规模以上工业投资1518.5亿元，增长17.3%，增幅全省第三。全市新增亿元以上项目210个，其中总投资10亿元以上项目21个，新开工亿元以上项目151个，新竣工设备投资超千万元工业项目105个。淮安富誉电子科技（淮安）有限公司、淮安远威化工有限公司、江苏中烟工业有限责任公司淮阴卷烟厂等3家企业主营业务收入超百亿元。江苏沙钢集团淮钢特钢股份有限公司、淮安双汇食品有限公司、淮安双汇食品有限公司、淮安市振达钢管制造有限公司、江苏理士电池有限公司、江苏共创人造草坪有限公司、江苏民康油脂有限公司、淮安清江石油化工有限责任公司、江苏韩泰轮胎有限公司、江苏德尔泰电器有限公司、江苏今世缘酒业股份有限公司、淮安旺旺食品有限公司、江苏康乃馨织造有限公司等67家企业主营业务收入超10亿元。入库税收超亿元的企业有14家，分别是江苏中烟工业有限责任公司淮阴卷烟厂、淮安清江石油化工有限责任公司、江苏今世缘酒业销售有限公司、国网江苏省电力公司淮安供电公司、江苏韩泰轮胎有限公司、江苏今世缘灌装有限公司、淮安旺旺食品有限公司、华能淮阴第二发电有限公司、江苏理士电池有限公司、江苏共创人造草坪有限公司、昌盛电气江苏有限公司、江苏今世缘酒业股份有限公司、江苏天士力帝益药业有限公司、江苏淮安双汇食品有限公司。

【优势产业】2016年，淮安市"4+2"（盐化新材料、特钢、电子信息、食品以及高端装备制造、新能源汽车及零部件制造业）优势特色产业实现产值突破4200亿元。其中，电子信息、

11月23日，全国白酒装备升级改造今世缘现场会暨中国白酒智能制造联盟成立大会召开　　薛余超供图

食品产业分别实现产值1201亿元、1015.9亿元，盐化新材料、特钢及装备制造产业在加大整治和去产能的不利情况下均实现两位数增长。半导体产业链企业落户，集成电路产业基地加快形成。井神盐化公司获批国家企业技术中心，实现国家级企业研发机构"零"的突破；新认定省级企业技术中心8家；新获批省重点推广应用新技术新产品4个；今世缘获批2015年工信部品牌培育示范企业，今世缘与井神盐化被认定为江苏省自主工业品牌五十强。4个企业质量管理QC（质量控制）小组获评全国优秀QC小组，企业质量管理QC成果获省级特等奖3个。

【要素保障】 2016年，淮安市实施"千企帮扶"专项行动，助推500多户企业走出困境。组织中小企业BCG（银行、企业、担保）融资服务市场"三进"专场等银企保对接活动40余场，全年融资担保贷款107亿元，办理企业转贷51亿元，解决中海华邦3.7亿元贷款过桥问题，累计发放低息贷款15亿元。新创成省级特色产业集群2个，创建市级特色工业园10个，特色工业品在线平台上线使用企业总数突破2500户。

【项目建设】 2016年，淮安市新开工亿元以上工业项目151个，新竣工设备投资超千万元工业项目105个。德科码半导体、华昌加氢新材料等超百亿元项目开工建设；苏杭科技高密度印制电路板、淮江科技氯苯精细化工等10亿元以上重大项目建成投产。全市完成规模以上工业投资1518.49亿元，同比增长17.25%，增幅全省第三。2016年竣工的105个亿元项目有59个项目当年投产、当年实现开票销售，累计新增开票销售24.1亿元。3月，总投资15亿美元的臻鼎科技多层挠性线路板项目一期投产，开票销售15.4亿元；艾科维化工、联力化工二期项目竣工后，生产规模不断扩大，新增开票销售超亿元。淮阴区德瑞加数控机床项目当年开工、当年竣工并列统，部分高端产品应用于国内航空航天工程。

【技术改造】 2016年，淮安市超过1300户企业实施技术改造，完成工业技改投入650.3亿元，同比增长17.6%，技改投入占工业投资的42.8%。加速推进智能化改造，江苏纳沛斯半导体有限公司等6个企业智能生产车间获评省示范智能车间，累计建成17个示范智能车间，位居苏北前列。和兴汽车公司、双环齿轮公司等企业新上智能化设备，膳魔师公司、威灵电机公司等企业实施嵌入式自动化装置改造，关键工序实现"机器换人"，产品质量和生产效率大幅提高。

【中小企业服务】 2016年，淮安市帮助中小企业开拓市场，提高企业产品的市场竞争力和市场占有率。组织近30户中小企业参加镇江农业装备配套对接会、无锡环保产业对接会和广州中国国际中小企业博览会，参展企业洽谈项目89个，签订协议30份，签约金额3000余万元，250余个项目达成合作意向。加快中小企业服务体系建设提档升级，促进全市中小企业平稳健康发展。完成网络窗口平台建设。实现与省中心信息系统互联互通，为中小企业提供多层次、宽领域的服务。充分利用服务大厅、融资超市、低息统贷平台、企业数据库和中小企业网络等，为中小企业提供多样化、全方位服务。新培育省三星、四星级公共服务平台2家（金湖黎城、洪泽西顺河小企业服务中心），完成建成省星级平台20家的任务。指导省五星级公共服务平台（留创园）、省级小企业创业示范基地建设。强化省重点培育小企业创业基地和省小企业创业示范基地培育，完善服务功能，提升服务能力，省重点培育小企业创业基地和省小企业创业示范基地达到"双20家"。完成省统一组织的"转型创新助推中小企业成长"的平台网络服务年活动，承办中小企业主管理研修班（淮安班），举办"大众创业、万众创新"淮安大讲堂，举办助推企业发展与强化资金管理专题讲座等培训活动。

【民营工业经济】 2016年，淮安市践行"全民创业、淮商崛起"战略，推动"大众创业、万众创新"，全市民营经济实现平稳较快发展。实现民营经济增加值1868.2亿元，同比增长10.1%，占全市地区生产总值的61.5%；民营工业企业实现增加值998.5亿元，同比增长11.2%，占民营经济增加值的51%。民营经济增加值增速、民营工业增加值增速均高于同期地区生产总值增幅。全市新发展私营企业17015户，同比增长3.8%，累计7.4万户，其中私营工业企业2.2万户，占比29.8%；新发展个体工商户42294户，同比增长4.4%，累计24.6万户，均超额完成全年目标任务。淮安市规模以上民营中小工业企业数量超过2600户，实现销售收入5369.5亿元、利

表15　2016年淮安市规模以上工业情况表

	绝对值	增长（%）
工业总产值（亿元）	7476.27	12.6
工业增加值（亿元）	1626.18	9.8
工业销售产值（亿元）	7364.04	12.7
资产总计（亿元）	3036.84	8.5
流动资产合计（亿元）	1234.21	9.5
应收帐款（亿元）	352.61	8.1
负债总计（亿元）	1354.93	8.2
亏损企业数（个）	198	19.3
主营业务收入（亿元）	7304.49	12.2
主营业务成本	6377.72	12.7
主营业务税金及附加	121.52	0.8
利润总额（亿元）	401.53	8.7
亏损企业亏损额（亿元）	13.59	−11.4
产成品（亿元）	110.11	2.8

税447.6亿元、利润285.1亿元，分别增长16.8%、17.2%和17.7%。其中，销售、利税、利润分别占全省总量的5.2%、4.1%和4.2%。22个技术创新项目列入省级计划，卧龙清江电机公司、实联长宜淮安科技公司等8家企业被认定为省级企业技术中心；爱吉斯海珠机械公司的国家重大科技成果转化项目通过验收；5家企业获评省管理创新示范（优秀）企业；新增省企业管理现代化创新成果2项。新增3户省科技小巨人企业和2件省专精特新产品。

【乡镇工业集中区】 2016年，淮安市乡镇工业集中区实现规模以上工业开票销售收入893.5亿元，同比增长36.2%。新增列统企业140户，占全市新增总数58.6%，列统企业总数1423户，占全市比重超过50%。17个重点区域发展型、27个工业主导型乡镇新竣工项目213个。开展淮安市首批“市级特色工业园”推荐申报。经乡镇申报、县区推荐、现场审核、专家评审和名单公示等环节，淮安区施河、淮阴区王营、洪泽区朱坝和西顺河、涟水县高沟和涟城、盱眙县盱城和马坝、金湖县银涂和戴楼等10个乡镇（街道）工业集中区被认定为淮安市首批“市级特色工业园”。10个园区共实现规模以上开票销售213.7亿元，超额完成150亿元的全年目标任务。淮阴区食品加工产业集群、金湖县仪器仪表产业集群新创成省特色产业集群。为淮安区施河镇华辰教学设备公司、喜洋洋科教设备公司、奇乐娃实业公司、长城教学用品公司等多家教学具特色产业企业争取统贷资金近1亿元；中小企业应急过桥资金为集中区企业提供过桥服务5.6亿元，有效防范企业发生资金周转风险。全市集中区新增开票销售超亿元企业80户。全市集中区通过市重点项目验收的新竣工投资额超亿元项目56个。

结合全市新型城镇化建设和现代产业体系发展需求，推进10个省级重点中心镇和一批工业基础较好、特色明显、潜力较大的乡镇工业集中区转型升级，深化产镇融合、镇园一体。淮阴区“一区五园”（高新技术产业开发区和渔沟、徐溜、三凌、张棉、南陈集5个特色园）规划建设、盱眙县8个特色产业园区创建、洪泽县6个镇（街）工业集中区规划调整等工作稳步推进，实现新型城镇化和工业化融合发展。（王　昱）

盐化新材料产业

【概况】 2016年，淮安市盐化新材料产业拥有规模以上企业224户，全年实现产值726.1亿元、销售收入715.4亿元、利税52.3亿元、利润25.9亿元。全市主要盐业企业生产井矿盐（含液体盐）810万吨、纯碱79万吨、烧碱18万吨、元明粉304万吨。骨干企业主要有淮安清江石油化工有限责任公司、实联化工（江苏）有限公司、江苏井神盐化股份有限公司、江苏安邦电化有限公司、江苏淮河化工有限公司、江苏华昌化工（涟水）有限公司、洪泽银珠化工集团有限公司等。

（王　昱）

【淮安清江石油化工有限责任公司】 2016年，淮安清江石油化工有限责任公司加快转变发展方式，提升企业竞争力，全年加工原料油93.17万吨，其中原油加工量84.72万吨。生产产品82.5万吨，销售产品83.05万吨，实现销售收入37.99亿元，利润1.1亿元，同比增长20.77%，入库税金13.47亿元。完成1000吨/年长链二元酸精制工业试验项目精品过滤与精品干燥中试试验，项目基础设计得到中石化公司批复并投入前期建设，项目投资3997万元。投资8900万元，完成国Ⅴ汽油质量升级溶剂抽提装置、硫回收装置建设任务并实现投产，汽油辛烷值损失降低到1.5单位以内，甲苯调和比例降低5%，二氧化硫排放减少2200吨/年。轻汽油溶剂抽提与LO-CAT脱硫技术应用得到中石化公司肯定。开展安全环保薄弱环节整治与管控，完成污泥干化设备投入、炼油厂区雨污分流改造等整治，投入移动视频监控设备对施工作业现场、废水总排口、市政污水连接口等关键点进行实时监控。投资1220万元，完成2万吨/年MTBE脱硫设施改造、全厂凝结水及蒸汽系统优化、风机节能改造等4项“能效倍增”项目。

全年未发生一起上报安全生产和环保事故，通过国家二级安全生产标准化复审考评。开展原油资源结构、产品结构优化，挖掘现有资源潜能，建立炼油成本价值链测算模型和多种原料组合下的产销平衡测算模式，完成原M系列、D系列特种溶剂油及3号低芳烃型溶剂油转换生产轻质白油系列产品工作，研制成功W1-TA-R3轻质白油、5#工业白油和加氢200#高附加值新产品，并实现放量生产。整合

清江石化有限责任公司国五汽油质量升级项目汽油加氢装置全景

杜平 摄

"供、产、销、研、服"五位一体团队技术力量，开展特色产品市场调研、用途开发及技术服务，制订个性化市场营销策略和方案，全年销售加氢产品8.83万吨，同比增加16.49%。从严制订产成品内控标准，强化新油种、新产品标定和产品中控质量分析和考核，全年接受国家、省、市质监部门以及中石化公司共13批次产品质量抽查，结果全部合格。年内，特色产品铝轧制液获"江苏名牌产品"称号，企业获"江苏省优秀企业""江苏省管理创新示范企业"称号，通过江苏省依法管理诚信经营先进企业复审验收。（宁阿芳）

【江苏井神盐化股份有限公司】 2016年，江苏井神盐化公司统筹谋划，全力提质效、抓创新、促改革，呈现出"稳中有进、创新突破、改革深化、和谐稳定"的良好局面，实现销售35亿元，利税1.5亿元。120万吨/年全卤制纯碱项目被工业和信息化部列入2016年绿色制造系统集成项目，研发具备生产上市条件食盐新品23个，通过国家企业技术中心和国家高新技术企业认定，获"2016年中国调味品产业十大上市企业"称号，并连续多年被评为"中国制盐行业十强企业"。（公司办）

【江苏韩泰轮胎有限公司】 江苏韩泰轮胎有限公司位于淮安经济技术开发区韩泰南路，1996年3月注册成立，注册资本19053.4万美元。公司主要从事载重汽车及公共汽车、轻型载重汽车、轿车、工程车、农业车辆用各类子午线轮胎、斜交轮胎及相关产品的研制、生产，销售自产产品并提供售后服务。2016年，韩泰公司完成工业总产值30.05亿元，工业销售产值30.24亿元；轮胎出口346万条，出口交货值17.06亿元；销售轮胎760万条，轮胎产量759万条；实现净利润2.04亿元，入库税收1.9亿元。（刘 彬）

【江苏安邦电化有限公司】 2016年，江苏安邦电化有限公司生产烧碱247767吨、销售180773吨、自用3379吨，化学农药原药销售量7170吨、杀虫剂原药1035吨、扑虱灵773吨、吡蚜酮262吨、乙烯利6136吨，全年实现营业收入16.2亿元，利润1525万元。公司被省科学技术厅、省财政厅、省国家税务局和省地方税务局联合认定为高新技术企业。被江苏省安全生产监督管理局和江苏煤矿安全监察局评为江苏省安全文化建设示范企业。

年内，安邦电化"十二五"国家科技支撑计划"螺螨酯的清洁生产技术"项目通过国家科技项目技术终极验收，并取得农药和制剂正式登记。公司60kt/a农药制剂项目进入设备安装阶段，杀虫/菌剂乳液生产装置、杀虫/杀菌剂悬浮液生产装置、液体杀虫/菌剂包装装置等完成建设。公司新增氯水脱氯装置，对氯水单独进行脱氯，提高氯碱用卤比例，有效节约生产成本，增加企业效益。（陆增波）

【淮安嘉诚高新化工股份有限公司】 位于淮安（薛行）循环经济产业园纬八路，成立于2001年3月，注册资金5600万元，有员工210人。2008年8月开工建设，2010年1月竣工投产。主要产品包括硝基甲苯、邻氯苯胺、甲基苯胺、高端抗氧剂等多个系列，广泛应用于染料、医药、农药和新型工程塑料等下游行业。公司是国家高新技术企业，是江苏省"两化融合"（工业化和信息化）试点企业、淮安市创新发展先进企业，被《环境保护》杂志社评选为"环境保护优秀企业"。拥有国内先进的新型硝化器和分离工艺（用于硝基甲苯系列产品的生产）、加氢还原工艺（用于邻氯苯胺的生产）、氯化工艺等一系列核心技术，产品质量、成本、安全和环保等方面具有显著优势，其高纯度邻氯苯胺被省科技厅认定为高新技术产品；邻氯苯胺加氢技术获评省青年科技大赛

安邦电化有限公司离子膜生产装置 陆增波供图

一等奖、省高新技术产品、市十大科技成果奖、市名牌产品；对二氯苯新技术填补国内空白，是省高新技术产品；硝基甲苯系列产品获得多项专利授权，是省高新技术产品、市十佳专利产品、淮安名牌产品。2016年，公司实现开票销售1.4亿元，入库税金162.4万元。（公司办）

【江苏华源生态农业有限公司】原名江苏华昌化工（涟水）有限公司，位于淮安（薛行）循环经济产业园涟新路28号，系上市公司华昌化工（股票代码002274）。2012年2月，华昌化工投资8亿元在涟水县薛行化工园区创建江苏华昌化工（涟水）有限公司，占地面积33.2公顷，建筑面积12万平方米，建年产100万吨新型生态肥料项目，主要从事新型生态复合肥生产。2016年，公司更名为江苏华源生态农业有限公司，开工建设总投资100亿元的新材料项目，有环保型增塑剂、生物可降解塑料、环保型粉末涂料及工业涂装、芳烃加氢新材料、光固化树脂及聚酯树脂等5条产业链和1个气化中心，五条产业链均为国际尖端技术，总体规划、分步实施。2016年，公司实现开票销售10.18亿元，入库税金812.17万元。（陈全昌）

特钢及装备制造产业

【概况】2016年，淮安市特钢及装备制造产业拥有规模以上企业235户，实现规模以上产值897.1亿元，同比增长13.4%。骨干企业有江苏沙钢集团淮钢特钢有限公司、江苏天淮钢管有限公司、江苏振达钢管有限公司、江苏金石集团有限公司、江苏双环齿轮有限公司、江苏施塔德电梯有限公司等。（王昱）

【江苏沙钢集团淮钢特钢股份有限公司】2016年，江苏沙钢集团淮钢特钢有限公司实现销售收入81.16亿元，同比14.05%；利税7.67亿元，同比增长887.63%。完成税金2.35亿元。全年生产铁304.29万吨，同比增长3.64%；钢306.9万吨，同比增长4.51%；材坯297.02万吨，同比增长4.23%。公司总资产62亿元，生产线长短流程相结合，配套精整工序，装备水平先进，可生产弹簧钢、轴承钢、船用锚链钢、合金管坯钢、汽车用钢等优特钢材，用于汽车、铁路、石油、海洋、矿山、煤炭、能源、机械制造等行业。（公司办）

【江苏清拖农业装备有限公司】江苏清拖农业装备有限公司位于淮安经济技术开发区，公司注册资本10130万元。主要从事大中马力轮式拖拉机的生产和销售，是集生产、开发、销售、外贸于一体的农机生产企业。公司主要生产30至180马力两轮、四轮驱动拖拉机，具有六大系列50多个品种，均为自主研发，主要机型均被列入国家支持推广的农业机械产品目录、全国农机补贴目录。2016年，公司实现销售收入11700万元，完成工业总产值13184万元。江苏牌系列轮式拖拉机被评为“2016年淮安市名牌产品（服务）”，公司主产品获得第七届“精耕杯”用户最心仪拖拉机十佳品牌和匠心产品二十佳两个奖项。公司被评为“江苏省质量信用AAA级企业”。

年内，公司技术中心实施产品开发和设计改进144项。完成江苏-1000P/1004P、江苏-1200A新产品开发设计，江苏-50~100P系列梭形档整体地板机型研发进入试制阶段。江苏-1200A、江苏-1004P两个系列六种轮式拖拉机通过部级推广鉴定，1204A型拖拉机获得部级推广鉴定续展证书，公司新产品1304型拖拉机通过升级推广鉴定现场检测试验。公司拥有实用新型专利13个，国家发明专利1个，其中公司研发的江苏-1204A型拖拉机被评为“江苏省装备制造业专利新产品金奖项目”。抓住农机减排升级最后时间节点，加快实施国二转国三柴油机升级配套，完成55-130马力、江苏-1000、1204A、江苏-1000/1204A国三配套技术验证、性能检测，消化改置国二库存800余台，存货占用整体下降2492万元，降幅26.6%。（田晓波）

【江苏省金象传动设备股份有限公司】2016年，江苏省金象传动设备股份有限公司加快转型升级，改进内部管理，全力开拓市场，通过新品研发、工艺改进等推进工作开展。全年公司创产值6739.46万元，营业收入6001.51万元。

2016年，公司立磨产品销售和维修额再创新高，全年完成立磨减速机销售和维修48台，销售额2087万元，占公司销售总额的24.49%。与浙江西子富沃德电机有限公司合作开发扶梯用齿轮副，实行批量化生产，全年为西子富沃德电机有限公司配套扶梯用齿轮副300余套。公司技术部门成功开发D53K系列减速机5个品种。研发的大型压下蜗杆减速机，采

清拖农业装备公司厂区 田晓波供图

用加工中心多轴联动技术加工蜗轮试配获得成功；研发与山东汶瑞机械公司配套的71台葡萄结晶机减速机，在齿轮强度、轴承类型与寿命等方面都进行优化。与淮阴工学院省重点实验先进制造实验室合作开展“克林根贝格螺旋锥齿轮有限元接触与强度分析项目”研究，掌握锥齿轮修形技术，大幅度提升减速机性能；与淮阴工学院合作开展“尼曼蜗轮数学方法精确建模、TCA与强度有限元分析”项目，研究成功建模与TCA计算方法，固化流程，并开发软件，实现尼曼蜗轮自由修形、TCA（遥测控制装置）以及强度有限元分析，提升尼曼蜗杆传动效率与强度，在精度、强度、效率、寿命与可靠性等方面达到国内领先水平。年内，公司获“单行星架大传动比行星变速传动装置”发明专利，获“页岩油气压裂泵动力箱”和“组合型人字齿轮”两项使用新型专利；参与“JH/JB系列齿轮箱”“SJDCY375结晶机减速机”“圆弧圆柱蜗杆减速机”“齿轮蜗轮双级减速机”4项国标备案。

电子信息产业

【概况】 2016年，淮安市电子信息产业实现产值1201亿元，全市规模以上企业134户，其中亿元以上企业84户、10亿元以上企业13户、百亿元企业1户。骨干企业有富士康集团淮安公司、澳洋顺昌、纳沛斯半导体、达方电子等公司。具备年产各类计算机接插件3亿件、线路板800万平方英尺、电子元器件1000万件、仪器仪表500万件的生产能力。

【产业分布】 2016年，淮安市电子信息产业形成电子元器件与计算机配套、绿色能源、仪表线缆等特色行业集群，三大特色行业产值占全部电子信息产业产值的93%，对整个产业发展支撑作用明显。淮安经济技术开发区为全市电子信息产业最为集中之地，聚集以富士康、达方电子和南瑞淮胜电缆等大企业为主体的计算机配套、电子元器件和电线电缆企业，园区电子信息产业产值占全市电子信息产业产值的80%。金湖经济开发区集聚苏仪集团等仪表线缆企业近100家；清河新区围绕澳洋顺昌公司打造光电产业园；淮阴区引进德科码和时代芯存两大百亿级集成电路项目，均开工建设。（王　昱）

【臻鼎科技控股股份有限公司淮安厂区】 2008年2月，臻鼎科技控股有限公司在淮安经济技术开发区综合保税区内的厂区投产，项目总投资2.94亿美元，注册资本1.36亿美元。主要研发、生产、加工用于计算机及通讯、网络设备等各类电子产品的高密度印刷线路板及其上述产品零配件和相关软件的开发。2014年，臻鼎科技公司再与淮安经济技术开发区签约，投资约10亿美元，在综合保税区外另设厂区。主要生产高阶印刷线路板及其周边产品，规划将淮安厂区建设为华东地区的研发生产总部。2016年，臻鼎科技控股股份有限公司营业收入183亿元。（公司办）

【淮安德科码半导体有限公司】 淮安德科码半导体有限公司成立于2016年，位于淮安高新区。项目占地总面积23.3公顷，总投资150亿元。一期为年产24万片12英吋半导体芯片晶圆厂，二期为年产48万片8吋晶圆厂。项目建筑采用国际最先进的绿化环保设计理念，总建筑23万平方米，建成后将填补中国传感器自主芯片设计、制造空白，成为中国第一座自主品牌12英寸晶圆厂。（公司办）

食品产业

【概况】 2016年，淮安市食品产业拥有规模以上企业321户，全年实现产值1015.9亿元，实现销售收入928.3亿元、利润75.3亿元。骨干企业主要有江苏中烟工业有限责任公司淮阴卷烟厂、江苏今世缘酒业股份有限公司、江苏淮安双汇食品有限公司、淮安旺旺食品有限公司、江苏民康油脂有限公司等。（王　昱）

【江苏今世缘酒业股份有限公司】 江苏今世缘酒业股份有限公司坐落在淮安市涟水县高沟镇今世缘大道1号，总资产61.79亿元。占地面积86.95万平方米，建筑面积41.88万平方米，有职工3200余人。拥有“国缘”“今世缘”“高沟”三个著名品牌，年产白酒3万余吨。2016年，实现销售收入255437.80万元，同比增长5.34%；实现利润75345.62万元，同比增长10.39%；入库税金84594.64万元，增长2.06%。年内，公司蝉联全国“守合同重信用企业”称号，获“全国质量奖鼓励奖”；53%Vol今世缘酒被评为中国白酒大师十大创新产品，今世缘A系列酒被评为中国十大喜酒明星产品；国缘、今世缘、高沟三个商标蝉联江苏省著名商标。

10月13日，第31届里约奥运会江苏健儿代表团在今世缘文化广场合影留念

薛余超供图

4月，今世缘酒业推出的商务K188/K288系列葡萄酒获布鲁塞尔世界葡萄酒大赛银奖。5月22日，今世缘智能白酒酿造车间被中国酒业协会授予“中国白酒智能化酿酒示范车间”称号。7月8日，由今世缘酒业独家冠名的央视《今世缘·等着我》第100期特别节目在今世缘文化广场现场录制。11月23日，中国酒业协会召开全国白酒装备升级改造今世缘现场会，推广“今世缘模式”，推进“白酒制造”升级为“白酒智造”；中国民间酿酒大师总部落户今世缘酒业公司。12月6日，在中国质量协会于桂林召开的全国现场管理星级评价经验交流会上，今世缘酒业股份有限公司酿酒十车间被评为“2016年全国现场管理星级评价四星级现场”。12月15日，在武汉举行的第25届中国食品博览会暨交易会上，“今世缘喜结良缘系列酒”参展并获“全国食品工业产品创新奖”。 （薛余超 秦守芹）

【江苏中烟淮阴卷烟厂】 2016年，江苏中烟淮阴卷烟厂生产卷烟71.23万箱，合作加工卷烟39万箱，入库税金84.99亿元，烟叶仓储三期工程竣工。打造“以细支烟为主的特色卷烟生产基地”，合理组织细支烟、出口烟、手工包烟等卷烟生产，第一台套细支设备3月进厂安装，15天内形成产能，全年有6台套细支设备改造投产，累计完成细支烟产量8.2万箱。修订完善《合作生产管理与考核》文件，实现地产和合作加工两条线同步同向发展，完成全省近三分之二的合作加工任务。累计完成创新项目337个、岗位改善583个，人均课题0.88个，挖掘经济效益5800余万元，企业获评“江苏省管理创新示范企业”。

完成厂质量专业岗位自我评价系统、生产物流设备综合管理信息平台等10多个应用软件模块的设计，“中烟质量专业岗位自我评价系统”等4个计算机软件系统获得国家版权局颁发的计算机软件著作权登记证书。企业核心网络保障率100%。开展95项大额电气备件修旧利废工作，建立设备可视化数据库，节约设备成本390万元。依托主机设备一机一档管理，通过建立维修承包制、信息化点检等手段，全面提升设备效能，中速机运行效率97.90%，高速机净效率87.01%，处于行业领先水平。年内，淮阴卷烟厂成为烟草行业精益“双十佳”五家单位之一，高分通过安全生产标准化一级评审，获“烟草行业‘六五’普法先进单位”“全国安康杯竞赛优胜单位”“江苏省企事业工会劳动保护工作示范单位”“江苏省工人先锋号”等称号。公司工程师石中被国家烟草专卖局表彰为“精益十佳”个人。 （王 禹）

1月，江苏中烟淮阴卷烟厂相关设备细支化改造工作全面启动 王禹供图

【江苏淮安双汇食品有限公司】 江苏淮安双汇食品有限公司成立于2007年，是双汇集团在国内投资最大的一个集生猪屠宰及肉制品加工、仓储、物流、生猪养殖于一体的综合性食品加工企业。厂区总占地面积16公顷，总投资10.16亿元，是双汇集团的全资子公司，年可屠宰生猪150万头、生产肉制品9万吨。年销售收入30亿元，创利税1.2亿元以上。（公司办）

【淮安快鹿牛奶有限公司】 淮安快鹿牛奶有限公司位于淮安市淮海西路282号，是以生物技术为核心，养殖业及农产品加工与销售并举的综合型企业、贸工农一体化企业。是江苏省农业产业化重点龙头企业、江苏省科技型农业龙头企业。业务范围涵盖奶牛养殖、乳品加工与销售、苏淮黑猪养殖、肉制品加工及销售、水产养殖，拥有民生医院、有机肥厂、生物菌剂中心等多个子公司。公司有9个规模化牧场，存栏奶牛3000多头，年产鲜奶1万多吨。通过国家农业部“无公害农产品”和江苏省农林厅“无公害牧场”认证。完成优质奶源基地建设和奶牛标准化养殖示范建设项目。公司拥有现代化标准的乳品生产厂房，具有国际先进水平的乳品加工设备和先进的乳品加工工艺，年生产能力40000吨。主要产品有：巴氏杀菌乳、调制乳、发酵乳、含乳饮料系列30多个产品。产品质量指标连续多年100%合格。“快鹿”商标是“江苏省著名商标”，“快鹿”产品是“江苏省名牌产品”。

2016年，集团公司实现利润近1500多万元，其中乳品实现净利润1100万元，水产公司净利润近400万元，生物资产预计增值近800万元。全年检验原辅材料402批次、原料奶2810批次，乳制品8280批次、肉肠制品41批次、质控点2271批次，检测率100%。国家、省、市各级监管部门开展各类抽样检查14批次，外检合格率100%。组织生产猪场用生物菌剂13.15吨、渔场用生物菌剂72.635吨，外销0.4吨，累计生产85.785吨。生物菌剂实现销售收入47.55万元，利润26.8万元。公司苏淮生态黑猪肉品质远高于国家无公害猪肉标准，达到日本及欧盟标准，通过“无公害农产品”产地认证。 （毛春艳）

【江苏圆绿捆蹄有限公司】 江苏圆绿捆蹄有限公司位于高沟镇今世缘东路，由周秀海投资兴建，总投资2220万元，注册资本800万元。占地0.67公顷，建筑面积3000平方米，是一家

集种养殖基地、技术信息咨询和肉制品、食品加工等为一体的江苏省农业产业化重点龙头企业。公司在原淮安市市级龙头企业涟水县高沟绿缘捆蹄厂基础上注册成立，主要生产圆绿系列捆蹄、鸡糕、五谷杂粮以及淮安味道卤菜系列等食品。有员工31人。2016年1月，投资1.58亿元，引进生物质颗粒燃烧机、锅炉、除烟设备、杀菌锅、热风循环烘箱、真空包装机、真空滚揉机、双格切肉片切肉机、冷库、绞肉机、蒸箱、立式剥壳机、万能粉碎机、面粉粉碎机及智能控温蒸煮生产线、自动化包装生产线、捆蹄生产线项目，当年底通过市重点项目竣工验收。2016年，实现开票销售772.11万元，入库税收23.83万元。

（陈全昌）

【淮安通威饲料有限公司】 淮安通威饲料有限公司位于江苏省涟水县保滩镇工业集中区（十堡村），总投资1.15亿元，占地5.33公顷，建筑面积18500平方米。2011年3月动工，9月投产。有4条牧羊M600颗粒饲料生产线和1条牧羊M165膨化饲料生产线，全电脑控制生产工艺流程。有化验室3个，主要仪器有KDN-2C定氮仪、LDS-IG电脑水分测定仪、722S分光光度仪、DG5033A酶联免疫检测仪、HYP-1008八孔消化炉、PXS体视显微镜、TDZ4A-WS低速台式离心机等。可以检测水分、粗蛋白、粗脂肪、粗灰分、粗纤维、钙、磷、盐分、砂分、酸价、过氧化值、挥发性盐基氮、水溶磷、黄曲霉毒素B1定性等项目。年产家禽、家畜、水产饲料20万吨，产品通过HACCP管理体系认证。总公司通威股份先后被评为中国民营上市公司100强、中国最具竞争力民营企业50强，中国农业第一股，并先后获“中国驰名商标”“中国名牌”等称号。2016年，实现开票销售收入2.09亿元，实现入库税金178.68万元。

（陈全昌）

新能源汽车及零部件产业

【概况】 2016年，淮安市新能源汽车及零部件产业拥有规模以上企业70户，全年实现产值214.5亿元，同比增长9%。骨干企业主要有江苏神舟车业有限公司、江苏惠民交通设备有限公司、圣固（江苏）机械有限公司、江苏和兴汽车科技有限公司等。

（王 昱）

【江苏敏安电动汽车有限公司】 江苏敏安电动汽车有限公司成立于2015年2月，注册资本3300万美元，由展图（中国）投资有限公司和淮安开发控股有限公司双方出资成立。展图投资是台湾敏实集团的全资子公司，敏实集团是一家开发生产销售中高级轿车零部件的上市集团公司。至2016年初，敏实集团在淮安总投资10.5亿美元，注册电动汽车及汽车零部件生产项目等4家公司，设立电动汽车和汽车铝部件两个研发中心。11月21日，国家发展改革委官方网站正式发布《关于江苏敏安电动汽车有限公司纯电动乘用车建设项目核准的批复》，同意江苏敏安电动汽车有限公司纯电动乘用车建设项目。江苏敏安正式成为继北汽新能源、长江汽车、长城华冠和奇瑞新能源之后第五家获得新建纯电动乘用车资质的企业。

（公司办）

江苏敏安电动汽车有限公司车间一角　　史润泽供图

【江苏神舟车业集团有限公司】 江苏神舟车业集团有限公司前身为金湖汽车配件厂。2000年3月，由工厂改制为股份有限公司，2004年4月组建集团公司，辖江苏金屋控制系统公司、江苏车桥有限责任公司、金湖县金马汽车配件有限公司、金大众轿车维修有限公司。公司占地面积12万多平方米，建筑面积近4.5万平方米，在岗职工480人，有固定资产原值5100万元，主要生产设备220多台。公司主要从事汽车零部件的制造，其产品包括汽车冲压件、焊接件以及汽车驱动桥、客车自动门及控制系统。

（公司办）

【涟水县苏杭科技有限公司】 涟水县苏杭科技有限公司位于涟水县兴盛路12号，由昆山客商投资兴建。总投资10.1亿元，注册资本5000万元。占地8.67公顷，建筑面积7.5万平方米。2015年6月开工建设，2016年11月竣工投产。主要生产汽车线路板，年可生产多层线路板120万平米，其中汽车印制线路板占65%，主要为奔驰、宝马、奥迪等汽车生产厂商提供车载线路板。2016年，实现开票销售8431万元，入库税收288.5万元。

（陈全昌）

生物技术及新医药产业

【概况】 2016年，淮安市生物技术及新医药产业拥有规模以上企业41户，全年实现产值145.8亿元，同比增长10.4%。骨干企业主要有江苏天士力帝益药业有限公司、江苏神华药业有限公司、江苏正大清江制药有限公司、江苏仁寿药业有限公司、淮阴医疗器械有限公司等。

（王 昱）

【江苏天士力帝益药业有限公司】 天士力帝益药业有限公司是天士力制药集团股份有限公司全资子公司，位于清浦工业园天士力淮安生物医药产业园。产业园占地21.5公顷，有年产300吨化学原料药制造平台、年产22亿片（粒）普通固体制剂和抗肿瘤固体制剂制造平台、化学药研发及产业化平台。主要生产化学原料药和口服固体制剂，形成以抗肿瘤用药、心血管用药、精神类用药及保肝护肝用药等产品系列。化学原料药有替莫唑胺、氟他胺、尼可地尔、舒必利、水飞蓟宾、苯扎贝特等12个品种。口服固体制剂主要是片剂、胶囊剂，品种包括抗病毒一类新药阿德福韦酯片、治疗脑胶质瘤二类新药替莫唑胺胶囊（蒂清）、治疗前列腺癌二类新药氟他胺片/胶囊、治疗失眠症二类新药右佐匹克隆片（文飞）和治疗高血压四类新药赖诺普利胶囊（帝益洛）等80余个产品。2016年，公司销售额9.51亿元，上缴税金1.84亿元。 （李 斌）

【江苏正大清江制药有限公司】 2016年，江苏正大清江制药有限公司实现销售额超5亿元，同比增长9.3%；利润同比增长16%；税收7000余万元，同比增长13.3%；员工平均收入同比增长9.5%。年内，公司获评江苏省放心消费诚信品牌企业、省级企业依法诚信经营先进单位，获得省级质量信用AA企业奖励，申报的AAA企业通过现场认证，“正大九力”获评江苏省著名商标、江苏省名牌产品，公司拥有省著名商标、省名牌产品4个。

对重点产品进行整体营销策划，并有效执行。正大素克产品得到44.1%的增长。培训代理商及店员258次，覆盖5641人次，增长44.3%；策划组织沙龙会37场，增长147%；产品经理与新事业部共同策划组织义诊活动3场；参与组织及讲解8场招商推介会；参与各级学术年会活动12场。与国际骨科权威杂志《骨与关节外科杂志》（JBJS）达成国内中文版发行合作意项，完成国内骨科专家编委会组建，并召开首次编委会。对数十个品种进行调研论证，形成数十份调研报告。江苏省重点技术创新项目、江苏省企业重点实验室、江苏省重点研发计划、中国专利奖、江苏省科学技术奖、淮安市国家级研究机构培育等23个项目申报成功。申请发明专利13件，完成发明专利答复29件，获得发明专利授权13件。 （公司办）

【江苏双鹤药业有限公司】 江苏双鹤药业有限公司为华润双鹤药业股份有限公司全资子公司。公司前身系淮阴第二制药厂，是一家具有40年历史的企业。公司有职工230名，有一条年产输液1亿瓶的生产线。公司先后通过ISO 14000环境管理体系认证、HSAS 18000职业健康安全管理体系认证和安全生产标准化三级企业认证。公司产品行销苏北地区三甲、二甲医院20多家。2016年，公司通过自主安装，自主调试，对生产线进行建设改造和创新。先后申报国家级发明专利6项、实用新型发明专利18项，提升生产线效率35%，产品单位人工成本下降25%。职工收入增加15%。实现利税868万元。（袁 卫）

轻工产业

【概况】 2016年，淮安市轻工产业拥有规模以上企业432户，全年实现产值958.9亿元，实现销售收入936.7亿元、利润50.0亿元。骨干企业主要有江苏共创人造草坪有限公司、江苏顺泰包装印刷科技有限公司、膳魔师（江苏）家庭制品有限公司等。

【纺织业】 2016年，淮安市纺织业拥有规模以上企业413户，全年实现产值759.17亿元，销售收入740.7亿元、利润35.2亿元。骨干企业主要有江苏康乃馨织造有限公司、淮安百隆实业有限公司、江苏金典纺织有限公司、淮安锦纶化纤有限公司、江苏妙通纺织有限公司等。 （王 昱）

【江苏共创人造草坪有限公司】 2002年10月，江苏共创人造草坪有限公司（CCG）成立，是一家集研发、生产、销售人造草坪于一体的全球领先企业。拥有以中科院博士为学术带头人的企业技术中心，资信等级连续多年被各大金融机构评定为AAA级，同时是中国人造草坪行业国家标准的主要修订者。是全球25家获得FIFA（国际足联）场地认证的企业之一，也是FIFA九大优选供应商之一。客户遍布90多个国家和地区，在全球铺设超过12000万平方米的场地。年销售量自2011年起稳居全球首位，占有国内45%、全球17%的市场份额，是全球最大的人造草坪单体工厂。2016年，实现销售11亿元，利税1.3亿元，分别实现增幅12.4%和58.5%。

（公司办）

【江苏妙通纺织有限公司】 2016年，江苏妙通纺织有限公司完成单纱入库5009吨，其中来料加工3397吨，实现销售收入5300万元，入库税金139万元，抵扣税150万元；德美公司完成入库产量2219吨，实现销售收入2490万元，入库税收102万元。

年内，公司征用土地4.8公顷，新建一个现代化工厂。该厂赛络紧密，机器设备国内领先，自动化程度高。生产的产品羽毛少，抗起球，耐磨性好。劳动强度低，用工少。全年完成5个系列15个品种465台次的工艺翻改，打样品36个；德美公司完成100多台次工艺翻改并成功攻克R/P包芯纱等混纺品种的布面染色差异问题，改善R/PC32.5的生物状况，成功解决R/P包芯纱的长丝跑偏问题。公司采取来料加工形式，拓展企业发展。为减少资金风险和经营风险，该公司和泰运公司合作，全年加工纯棉纱1648吨；与张家港华强公司合作，生产包芯纱，全年产量1749吨。经营部销售各种纱线5100吨。全年妙通公司和德美公司节约320多万元电费支出。

（刘正兵）

【淮安锦纶化纤有限公司】 淮安锦纶化纤有限公司位于江苏涟水经济开发区炎黄大道11号，由浙江金轮集团2003年11月投资兴建，是中国金轮集团下属子公司，注册资本1亿元，总投资8亿元。占地33公顷，厂房面积20万平方米，有员工2000余人。2005年3月正式投产，设有聚合、纺牵、加捻、织布、浸胶5个标准化生产车间，专业生产“金轮”牌浸胶帘子布，年生产能力7万吨以上。企业通过ISO/TS 16949质量管理体系和

ISO 14001环境体系认证，“金轮”牌浸胶帘子布获“江苏名牌产品”称号。2016年，公司实现开票销售8.55亿元，完成入库税金877.32万元。

（陈全昌）

【淮安源通制帽有限公司】 淮安源通制帽有限公司位于涟水经济开发区炎黄大道路1号，由亚源国际有限公司于2002年5月投资兴建，总投资3500万美元，注册资金775万美元，占地10.67公顷，建筑面积4.8万平方米。2002年12月正式投产，有工人3043人，有日本百灵达绣花机、自动裁床等设备1250台（套）。主要生产各种棒球帽、礼帽、牛仔帽等，产品主要销往美国、日本、德国等地区。2015年1月，新建UA高档运动帽生产项目，总投资1500万美元，占地4.2公顷，建筑面积1.6万平方米，年产48万顶。2016年实现开票销售58733万元，其中出口8742万美元，入库税收400万元。

（陈全昌）

凹土产业

【概况】 2016年，淮安市盱眙凹土产业园凹土产量60万吨，实现销售收入21亿元，税收3亿元，比2015年分别增长18%、36%、38%。集聚凹土规模企业50余家，其中从事凹凸棒石粘土采矿企业6家、加工企业50家，有国家高新技术企业7家、列统企业10家。产品主要有纳米材料、饲料添加剂、高粘剂、分子筛系列、干燥剂系列、造纸助留剂、脱色剂系列、功能材料系列等50多种。食用油脱色剂等主要产品占全国市场份额的75%、全球市场份额的50%以上，凹土干燥剂占全国市场份额的80%，是2011年的2倍。年内，成功组建凹土产业集团。5月6日，盱眙博图凹土股份有限公司正式在江苏省股权交易中心挂牌。11月14日，华洪凹土在新三板上市，成为盱眙第一家在新三板挂牌的企业。科学规划建设凹土科技小镇，规划方案出台。

【产业招商】 2016年3月，在北京举办凹土产业招商推介会，中国非金属矿协会在京部分会员公司、中材集团公司、五矿集团公司等央企参加推介会，扩大淮安凹土产业知名度和影响力。全年开竣工项目9个，分别是：中科香兰公司凹土均化中心项目、日升昌康华药业项目、格雷特凹土新材料项目、微纳米矿物材料项目、瑞元凹土脱硫催化剂项目、神力特生物科技公司霉菌毒素吸附剂项目、都梁香兰大厦项目、汇鑫凹土技改项目、年产一万吨凹土环境修复新材料项目。签约项目5个，分别是南京信息工程大学研发中心项目、兰州化工所与神力特科技成果转化合作项目、凹土环保深加工项目、新型土壤凹土材料、功能矿物材料项目。

【平台建设】 2016年，凹土产业园加强园区水、电、气、路等配套基础设施建设，将凹土科技园打造为产学研用、服务创业的综合基地。凹土都梁香兰大厦投入使用。加快科技平台建设，获批国家火炬特色产业基地，成立“江苏省凹土产业技术创新战略联盟”，江苏省凹土材料产品检测技术重点实验室通过资格认证。利用第十一届中国凹土论坛平台，开辟凹土产业发展生态环境新领域。融资平台建设有突破，总规模10亿元的盱眙县凹土产业发展引导基金由浦发银行江苏省分行参与设立，开展方案修订。

【科技创新】 2016年，在盱眙县举办第十一届凹土论坛。论坛上，江苏省唯一的中科院科技网络服务项目——中科院STS项目举行启动仪式。凹凸棒石纳米无机凝胶获中国产学研合作创新成果奖，中科院盱眙凹土研发中心被市委、市政府表彰为科技创新先进典型单位。国家建材标准凹凸棒石玛雅蓝颜料获国家工信部批准，纳米凹凸棒石联盟标准通过省质监局审查待评审。江苏神力特矿业股份有限公司霉菌毒素吸附剂项目获得江苏省科技厅2016年度重大项目成果转化扶持资金800万元。

【资源管理】 2016年，盱眙县以凹土均化中心建设为契机，构建凹土资源管理服务平台，整合全县7家有矿企业资源，统一纳入平台管理，最大化体现凹土资源市场价值。抓住凹土集团组建机遇，把高家洼矿区收回国有，作为都梁凹土集团的出资资产；强强联合，和中材集团谈判，在资源管理和利用上形成战略一致。继续开展行业经营秩序整顿，对检查中发现的违规企业，采取下发整改通知书、约谈及罚款等措施；对整改不积极不配合的企业实行限矿停矿，打击企业偷漏税违法违规行为，保障凹土产业开票税收和盱眙凹土产品价格和市场占有率。

（马 婷）

建材产业

【概况】 2016年，淮安市建材产业拥有规模以上企业278户，全年实现产值593.94亿元，实现销售收入559.1亿元、利润24.6亿元。骨干企业主要有淮安汤始建华管桩有限公司、淮安海螺水泥有限责任公司、淮安淮河木业有限公司等。

（王 昱）

【淮安汤始建华管桩有限公司】 淮安汤始建华管桩有限公司成立于2007年6月，位于淮安盐化新材料产业园，隶属中国最大的预应力混凝土管桩专业制造商——建华管桩集团。厂区占地13.3公顷，有员工1600余人，产品覆盖整个苏北、皖北地区。先后三次扩建增资，建成年产50万立方米商品混凝土项目，总投资7152.5万美元，形成年产1200万米管桩、50万立方米商品混凝土的规模，年产值16.5亿元。

【淮安淮河木业有限公司】 淮安淮河木业有限公司是在原惠泰木业有限公司的基础上组建成立的。2009年12月注册，2010年3月投产，占地12公顷，有员工410人，固定资产1.2亿，生产规模为年产中、高密度板30万立方米，年生产总值4~5亿元，实现销售4亿元，利税3000万元，是国家产业政策鼓励的资源综合利用型企业。

【银海木业（江苏）有限公司】 位于涟水经济开发区红日大道20号，由新加坡银海集团投资兴建。总投资5500万美元，注册资金2150万美元。占地面积16公顷，建筑面积3.2万平方米。2010年9月开工建设，2011年

6月投产。有德产豪迈机、裁板线、淋漆线等设备100套，包括全自动豪迈线（德国进口）2台、全自动包装线（德国进口）2台、全自动裁板线（美国进口）2台、双贴面热压机5台等。生产欧圣地板系列产品，年产木地板300万平方米，产品主要销往东南亚、欧美地区和国内各大城市。2016年，企业实现开票销售收入1.05亿元，入库税金299.95万元。　（陈全昌）

能源工业

【概况】 2016年，淮安市总装机容量353万千瓦，其中火电机组容量273万千瓦，水电机组容量2.6万千瓦，太阳能51.2万千瓦，风电24.8万千瓦。全市发电量132亿千瓦时，其中6000千瓦及以上机组发电量130亿千瓦时，华能电厂发电55.7亿千瓦时，淮阴发电厂发电24.3亿千瓦时；6000千瓦以下机组发电1.6亿千瓦时，同比下降8.4%。　（王　昱）

【淮阴发电有限公司】 2016年，江苏淮阴发电有限公司实现营业总收入22.94亿元，利润1.31亿元，上缴税金2.44亿元，总发电量52.64亿千瓦时，超额完成年度目标。江苏国信淮安盐化工园区2×400兆瓦级燃机热电联产工程加快推进，计划2017年上半年建成投产。全年实现生产与基建安全无事故，机组全年“零非停”，安全生产天数5244天，创历史最高纪录。#4机组连续四年被评为“省级标杆机组”，下属淮安燃气发电公司连续三年被评为“省级标杆电厂”，与东南大学合作的“大型发电机组故障检测与诊断技术研发及应用”成果获江苏省科学技术一等奖。被表彰为江苏省国信集团安全生产先进单位，连续24年获“江苏省文明单位”称号。　（田一萌）

【江苏国信生物质发电有限公司】 江苏国信生物质发电有限公司由江苏省新能源开发股份有限公司投资3亿元建设。规模为2×15t/h中温中压水冷振动炉排秸直燃锅炉，配2×15兆瓦汽轮发电机组，是中国第一批投运的以水稻、三麦软质秸秆为燃料，全部采用国产化设备并拥有自主知识产权的秸杆发电项目。获得国家知识产权局颁发的“生物质能电厂上料系统的上料方法”发明专利证书和“生物质能厂黄色秸杆的上料系统”“高压加热器疏水控制系统”“低压加热器疏水控制系统”“秸杆锅炉吹灰系统”等8项新型专利证书。2016年，公司

表16　2016年淮安市工业生产、用电情况表

	规模以上工业企业单位数（个）	规模以上工业总产值（亿元）	规模以上工业增加值（亿元）	全社会用电量（亿千瓦时）	
					工业用电量
全市	2664	7476.27	1626.18	163.20	106.70
市区	1509	5048.65	1158.09	118.22	80.64
市直	7	262.98	144.19	—	26.57
淮安区	377	882.07	181.32	21.59	12.09
淮阴区	447	1461.47	290.49	16.28	8.33
清江浦区	146	405.36	82.27	—	3.90
原清河区	28	91.95	19.71	—	1.47
原清浦区	118	313.41	62.56	—	2.43
洪泽区	336	726.41	134.95	17.99	14.35
开发区	182	1299.76	322.75	—	14.92
工业园区	14	10.62	2.12	—	0.48
涟水县	372	840.36	167.05	16.69	8.94
盱眙县	468	1040.26	197.65	17.51	10.26
金湖县	315	546.99	103.40	10.78	6.86

表17　2016年淮安市规模以上工业经济效益情况表

	产成品（亿元）	主营业务收入（亿元）	利润总额（亿元）	亏损企业亏损额（亿元）
全市	110.11	7304.49	401.53	13.59
市区	72.43	4936.11	300.12	12.20
市直	12.72	267.66	25.03	1.17
淮安区	11.30	832.20	30.08	0.57
淮阴区	16.63	1434.11	102.06	0.73
清江浦区	5.88	378.97	33.93	0.31
原清河区	1.73	86.93	14.88	0.31
原清浦区	4.15	292.04	19.06	0.00
洪泽区	8.89	710.27	43.57	2.34
开发区	16.20	1302.97	64.50	6.88
工业园区	0.80	9.94	0.95	0.20
涟水县	8.91	774.30	37.93	0.27
盱眙县	17.85	1062.61	40.93	0.80
金湖县	10.92	531.46	22.54	0.31

2016年，南京高传机电自动控制设备有限公司在涟水县投资风电项目，图为开工典礼　　王熙供图

安全生产、经营指标全面完成。全年机组未发生非计划停运，完成上网电量20717万千瓦时，倍热量10.11万吨。年末实现利润总额1067万元，入库税金1278万元。获评集团先进基层党组织、淮安节能先进企业。

（张　婷）

建　筑　业

【概况】 2016年，淮安市实现建筑业总产值1590亿元、同比增长5.3%，增加值405亿元，增幅位居全省前列。新升一级企业2家、二级企业15家。全市建筑企业总数1280家，其中一级企业73家、二级企业319家，总承包企业497家、专业承包企业785家。2家企业参建工程入选鲁班奖；8个项目获省“扬子杯”奖；全年获装饰国家奖24项、国家优质工程奖2项，11个项目获评省优，69个项目获评市优。全市5家企业获评省2015年度建筑业百强企业，司南工程公司再获全省“竞争力百强企业”称号，江苏鸿升装饰有限公司、江苏凯润建设有限公司、江苏淮阴水建有限公司、国涟建设有限公司、江苏恒龙装饰有限公司5家企业被表彰为全省“最具成长性百强企业”，江苏金建有限公司、淮安宏能有限公司、江苏名厦有限公司、江苏华磊建筑基础有限公司4家企业被表彰为全省“优秀企业”。江苏镇淮建设集团有限公司入选省经济和信息化委员会、省住房和城乡建设厅公布的第八批江苏省认定建筑业企业技术中心名单。

【建筑产业现代化】 2016年，淮安市出台《关于加快推进建筑产业现代化的若干政策（试行）》，召开首次建筑产业现代化推进工作联席会议，全方位扶持全市建筑产业现代化建设。江苏美城设计院首家获批设计研发类示范基地，获得专项引导资金100万元。江苏绿野建筑发展有限公司和江苏远翔装饰工程有限公司落实示范基地创建方案，通过省级示范基地中期评估验收。镇淮集团公司牵头与湖南远大住工集团签约，在淮安区投资建设混凝土预制装配式建筑部品部件生产基地。江苏天成建设集团有限公司、淮安市中天钢构有限公司与杭萧钢构股份有限公司签订战略合作协议，采用“钢管束剪力墙装配式住宅体系”核心技术，建成“年产100万平米钢结构装配式建筑省级示范基地”，为全省第二家应用该技术的基地，填补市钢结构装配式建筑基地建设的空白。江苏金建集团公司和江苏中尚集团公司合作成立江苏天工建筑科技有限公司，建设建筑产业现代化部品生产基地，专业从事建筑部品的研发设计、生产、安装以及全程配套服务。全市首家建筑产业现代化生产基地——江苏天工建筑科技有限公司落户金湖县。

【外埠市场】 2016年，淮安市在贵州和上海分别召开建筑业企业外埠市场观摩推介会，推动企业开拓外埠市场。北京、上海、大庆、南京、苏锡常五大传统市场完成产值147.1亿元，占全市建筑业总量9.25%，继续占据主导地位。山东、浙江等市场新开工面积增幅较大。全年创造50亿元市场2个、30亿元市场7个、10亿元市场12个。江苏镇淮、江苏中祥、淮阴水建、江苏坤龙、江苏建航等5家企业获得境外签约扶持资质11项，扩展境外水利、市政、交通等领域的投标施工资格。俄罗斯、泰国、蒙古、新加坡、非洲、中东地区等国外市场得到进一步巩固，巴布亚新几内亚、阿尔及利亚、科威特、尼日利亚、卡塔尔、越南、特立尼达和多巴哥等建筑市场得到进一步拓展。全年建筑业外出施工产值突破千亿元，达1010亿元，完成境外营业额5.2亿美元。

【建筑市场行业监管】 2016年，淮安市继续开展打击建筑工程转包违法分包暨建筑市场综合大检查，将340余个项目检查情况录入建筑市场管理信用平台。开展新鲁班论坛，向全市所有施工单位、监理单位、检测单位传达市建筑市场诚信体系建设知识。清欠农民工工资，摸底市区45个在建项目工程款及工资支付情况，涉及农民工7539人。

【绿色建筑】 2016年，淮安市所有民用建筑全面按绿色建筑标准一星级及以上设计标准设计建造，10月1日起，凡使用国有资金投资或者国家融资的保障性住房和超过5000平方米的公共建筑、社会投资建设超过1万平方米的公共建筑以及超过10万平方米的住宅小区，按照绿色建筑二星级及以上标准设计。出台《淮安市“十三五”绿色建筑发展规划》。绿色建筑三星运行标识和超低能耗被动房项目实现零突破。淮安生态文旅区通过省级绿色建筑与生态城区区域集成示范验收评估。全市有预拌混凝土生产企业62家，预拌混凝土生产量1000.86万立方米，水泥散装率77.35%；预拌砂浆生产企业14家，预拌砂浆生产量达40.61万吨。

2016年，淮安市启动建筑行业从业人员实名制管理工作　王灵敏供图

【建筑行业从业人员实名制管理系统启用】 为提升建筑市场规范化管理水平，加强建筑市场施工、监理从业人员管理，解决建筑业农民工工资拖欠问题，5月18日，市建筑行业从业人员实名制管理系统正式启用。实名制管理系统是通过二代身份证和面部识别技术，将在建工程的所有施工、监理等从业人员的信息录入管理系统，通过人脸识别技术实现实名考勤，考勤后系统将根据考勤结果结合商定的计酬标准，自动计算工资金额，再通过专户银行实现专卡（淮安建工卡）发放。系统将自动抓取银行工资发放记录进行匹配，项目结束或工人解除合同时，必须结清工资，否则将无法退场或结束项目。该系统在全市20个项目工地试用，录入3000余名从业人员信息，实现平稳运行。

【勘察设计与工程造价企业】 2016年，淮安市勘察设计行业按最高资质统计，有甲级设计资质单位7家、乙级设计资质单位9家；有甲级勘察资质单位4家、乙级勘察资质单位2家。共有在册从业人员10763人。工程造价行业有造价咨询企业26家，其中具有甲级资质7家、乙级资质16家、暂定乙级3家，具备全国建设工程造价员资格人数3311人、国家注册造价工程师人数449人。全年造价咨询企业完成咨询项目数1151个，咨询标的200.88亿元，其中工程结算审核755项，咨询标的额120.17亿元。节约投资12.65亿元，核减率10.35%。

（王灵敏）

服务业

综　述

【概况】 2010年7月20日，启动《淮安市中心城区市场体系、商业网点规划》修编，2011年8月17日，市政府正式批复下发，规划期限为2010—2030年。淮安规划的市场体系结构为“一综合、三集群、多特色、一配套”。“一综合”即重点建设以大交通、大流通为支撑的淮安综合大市场，成为淮安乃至周边区域汽车汽配、建材家具和其他工业及生活消费品的中转和辐射基地，辐射周边区域2000万人口；“三集群”即培育综合枢纽市场集群、清江浦现代市场集群、生产资料市场集群三大市场群；“多特色”即重点发展一批以零售业态为主的特色专业市场；“一配套”即适度发展工业园区功能配套市场。

淮安有市级商业中心2个。一是淮海中心商业区，以淮海广场为核心，由承德路、漕运路、人民路、健康路构成约2平方公里的区域性商贸中心；二是水渡口中央商务区，以水渡口广场为中心，西至承德路、北至古淮河、东至韩泰路（杭州路）、南至里运河，占地约5平方公里。有区级商业中心10个，分别是淮阴区规划的黄河广场、火车北站2个区级商业中心；原清浦区规划的延安东路、原清浦新城2个区级商业中心；淮安区规划的漕运广场、淮安新区2个区级商业中心；淮安经济技术开发区规划的弘康兴旺角、综合交通枢纽站2个区级商业中心；淮安生态文旅区和工业园区2个区级商业中心。至2016年底，全市有各类商品交易批发市场62个。其中，消费品市场47个、生产资料市场15个。有亿元以上商品交易批发市场27家。其中，区域辐射力较强的市场有汇通市场、中国施河教具城、淮安国际商城、锦绣装饰城、博德五金市场等，洪泽湖水产大市场是全市最大水产品交易市场。

2016年，淮安市实现社会消费品零售总额1083.83亿元，同比增长11.7%，增幅位居全省第三。其中，城镇964.5亿元，增长11.4%，乡村119.33亿元，增长13.7%。按行业分，批发和零售业978.3亿元，增长11.9%，住宿和餐饮业105.53亿元，增长9.3%。

【市场体系建设】 2016年，淮安市重点推动盐河生态科技城内的淮安传化公路港、中铁物流园、恩源科技园等重点项目，市政府将其列入“一县一题”专项扶持活动，努力打造“现代物流+互联网+金融”为主导的特色产业，传化公路港一期项目投入运营。加快10个重点中心镇商贸载体建设，制定下发《淮安市重点中心镇特色商业街建设标准》和《淮安市重点中心镇农贸市场建设标准》。完成全市商贸流通发展“十三五”规划，对淮安市“十三五”期间商贸流通业发展的思路、业态和商业网点布局、商贸中心发展和政策措施进行顶层设计。

【“双打”专项行动】 2016年，淮安市保持打击侵权假冒高压态势，全市行政执法机关立案768件，办结628件；公安机关破获侵权假冒犯罪案件93件，抓获犯罪嫌疑人187人，涉案金额3228万元，有效规范市场秩序。

【再生资源回收体系】 2016年，淮安市进一步推动再生资源回收体系试点项目建设，至年末，全市建成大型交易市场2个，建成各类分拣中心12个，改造回收站点352个；开展公共机构废旧商品回收利用，覆盖全市市直公共机构106家及市直事业单位269家，该项工作为“全国地级市首推、江苏省唯一”；创新实施“互联网+再生资源”项目，推出“潮回收”手机APP，实现线上线下一键下单，上门回收，当年注册用户超8万人次，平台回收8大类废旧物品12万件，回收价值909.27万元，新建线下直营网点3家。

【消费促进】 2016年，淮安市举办商务领域消费促进月活动。其间，全市组织促销活动24场次，参与商家150家，实现销售5.32亿元，同比增长5%。节日期间淮安市消费品市场一直处于旺销状态，市场活跃、价格平稳、市场有序、食品安全，商品销售呈稳步增长趋势。9月24~25日，由中国烹饪协会主办，淮安市烹饪协会、中国淮扬菜集团以及淮安市旅游协会承办的2016中国·淮安创新淮扬菜竞赛在淮阴商业学校举行。

【城市末端配送站点】 2016年，淮安市将城市末端配送站点建设工作列为市政府十件民生实事之一，制定出台《淮安市城市末端配送站点建设实施方案》和《关于加快城市末端配送站点建设的意见》，全年主城区布点建设智能快件箱592组，覆盖居民小区298个，主城区200户以上居住能力的小区智能快件箱布点建设覆盖率90%以上。 (市商务局)

金 融

·概 述·

【概况】 2016年，淮安市有银行机构35家，保险公司39家，证券、期货营业部17家。新设科技支行2家、小微支行1家、社区支行1家，新增县域以下银行营业网点8个，设立省信用担保淮安分公司，新引进保险机构2家，新设立农贷公司3家。年内，淮安市整合地方金融资源，组建淮安金融控股集团，兴业银行、南京银行、江南农商行淮安分行、清河兴福村镇银行相继开业。

至年末，淮安市金融机构本外币存款余额3121.81亿元，比年初增加764.9亿元，同比增长32.45%。其中，住户存款1367.16亿元，比年初增加179.44亿元，同比增长15.11%。年末金融机构本外币贷款余额2312.94亿元，比年初增加433.23亿元，同比增长23.08%。全年保险公司保费收入77.1亿元，比上年增长23.37%。其中，财险收入22.72亿元，增长15.84%；寿险收入44.93亿元，增长23.80%；健康险和意外伤害险收入9.45亿元，增长43.42%。保险赔款和给付支出28.65亿元，其中财产险13.77亿元、寿险11.84亿元、健康险和意外伤害险3.04亿元。

6月5日，淮安市在广东省举办淮安大米·盱眙龙虾米推介会 市粮食局供图

【金融总量】 2016年，淮安市实现金融业增加值121.84亿元，同比增长24.8%，占地区生产总值的4%。至年末，淮安市金融机构人民币存款余额3066亿元，增加737.37亿元，增长31.67%，全省排名第一；人民币贷款余额2304.22亿元，比年初增加439.04亿元，同比增长23.57%，全省排名第一；保险行业实现保费收入77.1亿元，同比增长23.36%。全市金融机构不良贷款余额42.18亿元，较年初下降2.62亿元。不良贷款率1.82%，较年初下降0.56个百分点。

【金融服务创新】 2016年，淮安市健全社会融资总量统计体系，建立数据库，按季进行统计分析，推动各银行机构成立“微贷中心”“三农”服务部、科技支行等小微企业专营或兼营部门，创新发展针对性强的产品，缓解中小企业融资困境，推进重大项目建设。组织召开全市重大项目融资推进会暨签约仪式，对接104个重大项目，融资对接金额731.34亿元，鼓励银行清理不必要的通道和环节，落实转续贷政策，发放转续贷贷款22.48亿元。农村土地承包经营权抵押贷款试点成效显著。金湖县获批国家级试点县，累计发放贷款1.44亿元。

【政银企合作机制】 2016年，淮安市加强与省级银行机构对接，推进金融资源向淮安集聚，与省国家开发银行、省农业银行、省中国银行、兴业银行南京分行、南京银行、江南农商行达成融资总额2415亿元战略合作协议，为淮安市“十三五”期间经济社会发展提供有力金融支持。召开淮安市金融工作会议和金融支持制造业推进会，举行银企签约活动，达成签约融资金额372亿元。搭建招商平台，举办金融中心招商推介会暨银行入驻签约仪式，帮助金融中心招引金融

4月29日，南京银行淮安分行开业暨政银战略合作协议签约仪式举行
孙珩供图

表18　　2016年淮安市地区社会融资总额及构成统计表

项　　目	本期余额（亿元）	比上季度（亿元）	比年初（亿元）	同比增速（%）
社会融资总额合计	4164.38	144.63	878.87	25.61
一、各项贷款	2808.95	109.71	509.50	22.16
1.区域内金融机构人民贷款	2304.22	134.23	439.09	23.54
2.区域内金融机构外币贷款	8.73	−1.27	−5.73	−39.63
3.异地贷款净额	496.00	−23.25	76.14	18.13
二、银行业表外业务融资	409.89	−36.84	98.54	31.65
1.委托贷款	221.82	2.32	64.67	41.15
2.信托贷款	0.00	0.00	0.00	—
3.未贴现的银行承兑汇票	−27.16	−43.27	9.87	−26.65
4.其他表外融资	215.23	4.11	24.00	12.55
三、企业债券和股票融资	597.59	105.59	331.07	118.48
1.企业债	157.20	−9.00	29.90	23.49
2.发行公司债或私募债等债券（通过上交所或深交所渠道）	227.90	79.00	174.80	329.19
3.银行间市场发债	194.30	33.50	123.80	150.71
4.非金融企业境内股票融资	18.19	2.09	2.57	16.45
四、信托	206.24	−44.20	−105.13	−33.76
五、融资租赁	76.54	7.15	9.79	14.67
六、资产管理公司融资	18.06	−2.16	10.85	150.49
1.证券类资产管理公司资	15.70	−1.51	11.93	316.45
2.保险类资产管理公司融资	0.00	0.00	0.00	—
3.四大国有资产管理公司融资	2.36	−0.65	−1.08	−31.40
七、其它融资	47.11	5.38	24.25	2.97
1.保险公司赔偿	28.65	6.82	28.65	25.16
2.投资性房地产	0.00	0.00	0.00	—
3.小额贷款公司贷款	17.68	−0.67	−2.44	−12.13
4.典当余额	0.78	−0.77	−1.96	−71.53

机构入驻。至年末，与金融中心签约入驻银行10家，类金融企业签约超过40家。

【社会融资】 2016年，淮安市金融指标增长较快，年末社会融资余额4164.38亿元，比年初增加878.87亿元，同比增长25.61%；金融业增加值121.84亿元，增长24.8%。淮安市直接融资余额597.59亿元，增加331.07亿元，增长118.48%。其中，企业债余额157.2亿元，增加29.9亿元，增长23.49%；通过交易所发行公司债或私募债等债券余额227.9亿元，增加174.8亿元，增长329.19%；银行间市场发债余额194.3亿元，增加123.8亿元，增长150.71%；非金融企业境内股票融资18.19亿元，增加2.09亿元，增长16.45%。全市有11户企业登陆多层次资本市场，超额完成全年8户企业挂牌上市目标。　（孙　珩）

【淮安市金融控股集团成立】 2016年，淮安市金融控股集团正式登记成立。公司注册资金8.2亿元，设置综合行政部、财务管理部、投资发展部、监察审计部、风控法务部5个职能部门；设立淮安市金控创业投资有限公司、淮安市金控资产管理有限公司、淮安市金控金融管理服务有限公司3家全资子公司和淮安市信用再担保有限公司1家控股子公司。金融控股集团主要经营股权投资、资产管理、互联网金融、融资租赁、信托证券、科贷、担保、发起设立银行保险企业等投资业务并为地方经济发展融资。形成"互联网金融平台、创投业务平台、资产管理平台、金融服务平台、参股金融机构"五大主营业务版块为一体的金融投资运营平台。年内，金融控股集团全面启动集团各项业务所需金融牌照申领，推进集团AA信用等级评估工作，各子公司完成业务发展规划编制，形成可行性实操方案。

（傅　冕）

·金融管理·

【概况】 2016年，淮安市金融机构人民币各项存贷款余额同比增速均居全省第一位。推动直接债务融资发展，全年淮安市企业发行银行间市场直接债务融资工具123.8亿元，较上年增长72.5%。实现永续票据、超短期融资券、项目收益票据在淮安市零的突破。应收账款融资服务平台推广应用取得成效，全市通过平台累计融资额332亿元，居全省前列，注册用户570户，同比增长10倍。

表19　　2016年淮安市金融机构存、贷款情况表

	绝对值	增长(%)
年末金融机构各项存款余额（本外币）（亿元）	3121.81	32.5
境内存款	3119.16	32.4
住户存款	1367.16	15.1
非金融企业存款	1097.12	66.2
广义政府存款	653.49	29.1
非银行业金融机构存款	1.39	−24.0
境外存款	2.65	177.2
年末金融机构各项贷款余额（本外币）（亿元）	2312.94	23.1
境内贷款	2312.91	23.1
短期贷款	781.16	3.2
中长期贷款	1426.86	44.2
境外贷款	0.03	−26.8
年末金融机构各项存款余额（人民币）（亿元）	3066.00	31.7
境内存款	3064.73	31.7
住户存款	1360.51	14.9
非金融企业存款	1049.81	65.1
广义政府存款	653.02	29.0
非银行业金融机构存款	1.39	−23.8
境外存款	1.27	38.8
年末金融机构各项贷款余额（人民币）（亿元）	2304.22	23.6
境内贷款	2304.18	23.6
短期贷款	772.43	4.1
中长期贷款	1426.86	44.2
境外贷款	0.03	−26.8

3月9日，淮安市召开金融工作会议　　孙珩供图

【支持实体经济】 2016年，淮安市组织开展制造业贷款调查，制定金融支持供给侧结构性改革、促进制造业发展等意见。召开全市金融支持制造业发展推进会，督促银行机构主动对接全市220项重大项目投资计划，优化信贷资源配置。全年新增贷款433亿元，增幅23.05%。向银行业机构转发落后和过剩产能、环保违法、安全违法等企业名单，贯彻落实绿色发展理念，新增风力发电、污水处理、环境管理等绿色信贷6.24亿元，压缩玻璃、水泥等过剩产能贷款6.78亿元。

【金融机构引进】 2016年，淮安市加大招商引行工作力度，通过与相关银行总行、南京分行、江苏银监局沟通协调，兴业银行淮安分行于1月正式开业；3月初，清河兴福村镇银行开业，淮安市实现村镇银行县区全覆盖；4月末，南京银行淮安分行正式开业，各项业务稳健增长；11月，江南农商行淮安分行正式开业。

【不良贷款管控】 2016年，淮安市全面完成对授信余额3亿元以上且银行业债权机构3家以上的42户企业债权人委员会组建工作。督促债委会及时向政府报告出现风险苗头的淮安嘉诚高新化工股份有限公司、江苏中央新亚百货股份有限公司等企业的情况，妥善处置相关问题。加强对农村中小金融机构信用风险管控，对部分农商行进行重点监管，推动采取政府帮扶、打包处置、引进战投等手段化解不良贷款。至年末，全市银行处置不良贷款近20亿元，实现不良贷款金额、不良贷款率双降。

【小微企业金融服务】 2016年，淮安市督促银行机构单列小微企业信贷计划，指导和推动银行机构加大小微支行、科技支行、社区支行等小微企业专营机构建设，推动成立科技支行2家、社区支行1家。联合淮安市国税局、地税局成立银税合作工作领导小组，签署《淮安市银税合作框架协议》，召开银税合作推进会，建立联席会议、信息共享机制等。至年末，小微企业贷款较年初增长20.6%，小微

企业贷款户数和申贷获得率分别高于上年同期。

【三农金融服务】 2016年，淮安市召开农村土地承包经营权抵押贷款座谈会。至年末，各机构发放农村土地承包经营权抵押贷款230户、9000多万元，金湖农商行经验做法再次被中央电视台《新闻联播》头条报道。丰富乡镇银行服务体系，新设涟水农商行东鼎支行、淮安农商行汤集分理处等10个网点。各机构在农村区域布设“快付通”机具2368台，900多个行政村达到2台以上，农村金融服务更加便捷。

【消费者权益保护】 2016年，淮安市对全辖各银行机构风险产品销售录音录像工作落实情况进行督查，确保录音录像覆盖范围、程序、质量达到监管要求，各银行机构均实现风险产品销售“双录”（录音录像）。部署各银行机构开展“金融知识进万家”宣传服务月活动，并组织专人进行督查，对活动开展不力的机构在全辖进行通报，督促其履行社会责任。推动成立涉银行业金融纠纷调解人民委员会和巡回法庭，建立多元化矛盾解决机制。开展银行从业人员消保知识考试，推动提高银行服务水平及消保工作处置能力。利用消保区宣传教育专区平台组织对大中院校在校学生、企业财务人员开展金融知识宣传，推动提高防范通讯网络诈骗、非法金融的意识和能力。

【金融扶贫】 2016年，淮安市出台《关于金融支持精准扶贫的实施意见》，对“十三五”期间全市金融扶贫工作的总体思路、目标任务、工作措施等进行细化分解，将金融扶贫工作列入年度重点督办事项。采取各项金融扶贫激励措施，鼓励涉农银行机构根据自身特色开展金融扶贫。指导人民银行各支行创新工作思路，辖内涟水县支行的“金融扶贫工作站+金融扶贫创业示范户”模式、盱眙县支行的“光伏扶贫贷”模式、淮安支行的“金融扶贫项目主办银行”模式各具特色、成效明显。至年末，全市3个扶贫重点县（区）贫困户的建档立卡面100%，累计发放扶贫再贷款7.2亿元。支持金融机构加大精准扶贫力度，直接惠及低收入贫困人口3万多人。

（王庆松）

·银行业·

【概况】 2016年，淮安市有银行业机构35家，其中当年新引进3家。至年末，全市本外币各项存贷款余额分别为3121.81亿元、2312.94亿元，较年初增加764.9亿元、433.23亿元，增长32.45%、23.05%。不良贷款率1.82%，较年初下降0.56个百分点；实现利润41.83亿元，较上年同期增长23%，银行业机构总体运行平稳，备付能力正常。

【存款】 2016年，淮安市国有大型银行本外币各项存款余额1106.29亿元，比年初增长172.82亿元，同比增长18.51%；政策性银行（农发行）存款余额87.23亿元，比年初增长40.53亿元，同比增长86.77%；其他商业银行（股份制银行、城市商业银行、邮政储蓄银行）存款余额1130.15亿元，比年初增长383.13亿元，同比增长51.29%；农村中小金融机构存款余额696.44亿元，比年初增长129.84亿元，同比增长22.92%。其中农行存款余额332.2亿元，占比10.64%，总量位居全市第一。

【贷款】 2016年，淮安市国有大型银行各项贷款余额870.87亿元，比年初增长91.69亿元，同比增长11.77%；政策性银行（农发行）贷款余额183.49亿元，比年初增长76.32亿元，同比增长71.21%；其他商业银行贷款余额694.16亿元，比年初增长191.51亿元，同比增长38.1%；农村中小金融机构贷款余额528.93亿元，比年初增长69.73亿元，同比增长15.29%。其中农行贷款余额249.42亿元，占比10.78%，总量位居全市第一。

【存贷比】 2016年，淮安市银行业机构存贷比74.09%，较年初下降5.65个百分点。国有大型银行中国银行存贷比居首，为86.67%；其他商业银行中存贷比最高的是兴业银行，为110.68%；农村中小金融机构存贷比超过100%的有昆山农村商业银行淮阴支行（279.92%）、无锡农村商业银行楚州支行（275.82%）、江阴农商行盱眙支行（211.11%）、太仓农商行洪泽支行（117.86%）等。

【信贷资金投向】 2016年，淮安市农林牧渔业贷款余额88.68亿元，较年初增长10亿元，同比增长12.71%；制造业贷款余额237.64亿元，较年初下降26.09亿元，下降9.89%；房地产开发贷款（不含个人住房按揭）余额134.07亿元，较年初增加26.93亿元，增长25.14%；个人贷款余额（包括个人经营和个人消费）935.06亿元，较年初增加144.13亿元，增长18.22%；中小企业（包括中型、小型、微型企业及个体工商户、小微企业主）贷款余额1278.84亿元，较年初增加339.65亿元，增长36.16%。

【存贷款地区分布】 2016年，从地区分布来看，淮安市辖区本外币和人民币存款余额2071.57亿元和2022.74亿元，同比增长38.64%和37.75%，分别占全市本外币和人民币存款余额的66.36%和65.97%；县（区）本外币和人民币存款余额1050.24亿元和1043.26亿元，同比增长21.73%和21.28%，分别占全市的33.64%和34.03%。市辖区本外币和人民币贷款余额1562.99亿元和1554.61亿元，同比增长29.25%和30.08%，分别占全市本外币和人民币贷款余额的67.58%和67.47%；县（区）本外币和人民币贷款余额749.95亿元和749.61亿元，同比增长11.86%和11.87%，分别占全市的32.42%和32.53%。

（孙 珩）

【中国农业发展银行淮安市分行】 2016年，中国农业发展银行淮安市分行全年各类贷款余额183亿元，比年初增加76亿元，增幅71%，信贷支农规模再创历史新高；年末存款余额83亿元，日均存款余额81亿元，分别比年初增加45亿元、46亿元，增幅分别为120%、128%；实现账面利润34380万元，比上年增盈18147万

2016年11月，农发行江苏省分行行长丁伟（中）赴淮安调研秋粮收购工作
赵倩供图

元，增幅112%；全年完成国际结算量4322万美元，比上年增长1452万美元，增幅51%。年度绩效考评位列全省系统第二。

业务发展　加大信贷投放，提升金融支农服务水平，全力服务地方农业农村经济发展，全年投放贷款115亿元，比上年度增加36亿元，增幅46%。做好夏秋两季粮食收购资金供应与管理，夏秋两季投放粮食购销储贷款19.88亿元，支持收购粮食7.87亿公斤。深化政银合作，开展政银对接，围绕淮安市经济发展规划，支持棚户区改造、农村公路、整体城镇化、水利工程建设等项目，获批项目18个，贷款金额288亿元，累计投放中长期项目贷款93亿元，较上年度增长172%。加快业务创新，拓宽支农平台，强化对高标准农田、土地流转等创新项目的探索和调研，设立业务创新示范行，主动与当地政府沟通对接。与淮安市发展改革委联合推动中国农发基金项目，先后上报重点建设项目投资需求7批，获批基金项目16个，金额22亿元，金额数位列全省第一。

风险防控　每月开展风险排查，提升风险排查效果，加固风险保证措施，推行多岗位同步交叉审查，前移风险防控关口，严格贷前风险评价，完善风险变动监测方法，提升资产质量。加强合同管理，规范法审流程，梳理法律风险关注点，建立法律风险提示制度。强化异地处置清收措施，全额收回不良贷款本息3043.5万元，实现全辖不良贷款清零。　（赵　菁）

【中国工商银行股份有限公司淮安分行】 2016年，中国工商银行淮安分行人民币各项存款余额249.1亿元，新增24.05亿元，增幅10.69%；人民币各项贷款余额187.41亿元，新增12.34亿元，增幅7.05%；实现中间业务收入3.25亿元，较上年增长13.78%；实现拨备前利润6.51亿元，增长7.7%；实现净利润4.15亿元，增长0.23%。在省分行经营绩效考评中位列第六。

信贷投放　新获批项目贷款14个，贷款金额50.9亿元。投放项目贷款17个，累计发放贷款25.74亿元。发放“小微创业贷”51户、1.81亿元。监管口径小微企业贷款余额51.21亿元，同比增加14.83亿元。小微企业贷款948户，较上年增加30户。申贷获得率94.27%，增加2.4个百分点，全面完成监管部门目标。住房按揭贷款累计发放21.81亿元，增加7.96亿元。全年全行累计发放各类贷款95.54亿元。

存款业务　新增私人银行客户27人，私人银行客户增加存款2亿元。新增代发工资单位26个。成功投产烟草移动客服项目和存量房预售资金监管系统，法院费款管理系统、“银医一卡通”项目取得突破。发挥“工商企业通”平台优势，新开有效结算账户821户。至年末，工行淮安分行人民币各项存款增幅排名全省第一，较全省平均增幅高6.29个百分点。

信贷资产质量　不良贷款余额1.27亿元，较上年下降0.25亿元，不良贷款余额全省工行系统最低；不良率0.68%，下降0.17个百分点。实施个人不良贷款证券化3538万元。累计清收处置不良贷款4.1亿元，省行计划完

9月1日，工行淮安分行组织工作人员走上街头，开展“金融知识普及月”宣传活动
陆伟供图

成率137%，完成率排名全省第二。不良贷款额、不良率实现双下降。

业务产品创新　工银聚富客户数达8159人，余额1.9亿元。薪金溢签约客户2.5万户，余额2.7亿元，同比增加1.3亿元。新增二维码商户4400户，新增融e行移动端客户数12.69万户，新增工银e支付客户10.99万户。新开积存金有效账户1.05万户，排名全省第二。成功办理美元存贷通、正向汇兑通、跨境人民币借款备用信用证等新业务。通过二维码渠道销售各项产品3427笔，实现销售9.33亿元。厅堂微沙龙活动网点覆盖率100%。新投产智能网点23家，智能网点覆盖率84.6%。获江苏省分行营业网点服务营销创新实践竞赛团体三等奖。

（陆　伟）

【中国农业银行股份有限公司淮安分行】2016年，中国农业银行淮安分行存款余额332.2亿元，比年初增加46.3亿元，同比增长16.2%，增幅列全省首位。至年末，全行贷款余额249.4亿元，比年初增加34.4亿元，同比增长15.99%，增幅位列全省第二。年末实现拨备前、后利润6.68亿元、5.57亿元，分别完成省行全年计划的115.62%和120.06%，获江苏省金融“五一”奖状。

服务三农　涉农水利各项贷款余额75亿元，比年初增加14.5亿元，农户贷款、新型农业经营主体贷款、扶贫贷款等完成年度计划。建成惠农通服务点1429个，实现全市行政村“全覆盖”。利用移动金融，上线试点运行全国首家“悦农贷”产品互联网操作平台。

支持小微企业　小微企业贷款客户411户，同比增加94户；贷款申贷获得率85.41%，同比增加21.31个百分点；贷款余额12.99亿元，比年初增加3.45亿元，增速36.16%，高于各项贷款增速20.17百分点。

重点项目营销　重点支持淮安市基础设施、工业制造业、高新技术产业等项目，全年介入重大项目19个，完成贷款审批53.85亿元，发放贷款27.95亿元。成功营销同业存放业务12单、56亿元，完成地方债分销业务首单5笔、1.5亿元，为生态新城发行中票5亿元，与国家开发银行业务合作取得进展。推动中国农业银行江苏分行与淮安市政府签署480亿银政企战略合作协议。

客户建设　年底，个人加权贵宾客户总量10.16万户，同比增长1.39万户，个人存款比年初新增18.6亿元；新开对公结算账户4822户，新开对公帐户日均存款3.6亿元，对公存款比年初增加28亿元。

风险防控　年底，不良贷款余额1.48亿元，贷款不良率0.59%。全年有效防控各类风险案件180起，直接防控金额2360余万元，没有发生重大风险事件和责任性事故，实现平稳运行。

（杜维堂）

【中国银行股份有限公司淮安分行】2016年，中国银行淮安分行实现拨备前利润7.29亿元，同比增加4502万元，增幅6.58%；实现净利润4.05亿元，同比增加1505万元，增幅3.86%。风险调整资本收益指标28.88%、资产收益率3.82%，分别排名全省第一和第二。存、贷款余额保持四大行第二，业务规模进一步扩大。至年末，各项存款余额274.65亿元，较年初新增42.94亿元，增幅18.55%；各项贷款余额238.03亿元，较年初新增26.53亿元，增幅12.54%。

信贷投放　将贷款投放纳入机构考核，盘活存量，加快贷款投放，贷款新增同业领先。加大重点项目支持力度，淮安市委、市政府2016年220个重大项目中取得进展的项目金额98.48亿元，其中当年实现投放53.21亿元、已批未放22.2亿元；支持淮安市现代有轨电车项目，投放10亿元银团贷款；叙做政府购买服务项目、资本金搭桥项目、债券搭桥项目，累计批复金额31.5亿元，当年实现投放9亿元。

特色业务　完成国际结算业务量19.11亿美元、跨境人民币业务收付量22.25亿元，市场份额分别为52.46%、34%。在全省率先叙做福农分期业务，支持“三农”发展，惠及淮安市“三农”企业及农户330多家，为全省业绩标杆行；支持淮安环保、科技型小微企业发展，为淮安市53户环保、科技型小微企业提供5.56亿元授信支持；推进“文化银行”“科技支行”建设，为全市文化、科技产业发展提供专业高效的金融服务。

资产质量　开展“深耕行动”，加强零售贷款和中小企业贷款窗口指导，化解或缓释潜在不良资产和贷款。至年末，该行不良贷款较年初减少2284万元，不良率1.38%，较年初下降0.29个百分点。实现全口径不良资产清收化解3.5亿元。年末拨备余额4.24亿元，较年初增提13164万元。

战略合作　10月18日，淮安市政府与江苏省中国银行签署战略合作协议。根据协议，中国银行未来3年将为淮安市提供不低于450亿元融资支持。中国银行淮安分行作为具体执行机构，主动对接各县区、开发园区、各大平台、企业，细化工作机制和实

10月18日，淮安市政府与省中行签署战略合作协议　于爱亮供图

施方案，把项目落到实处。

（于爱亮　王朝晖）

【中国建设银行股份有限公司淮安分行】 2016年，中国建设银行淮安分行全量资金增长迅猛。全量资金日均余额259亿元，较年初新增40.42亿元。对公存款日均余额119亿元，新增25.33亿元，个人存款日均余额108亿元，新增7.76亿元，超额完成省行年度计划。贷款投放态势良好，各项贷款余额194亿元，较年初新增20亿元，新增位次达到对标要求。其中，个人房贷余额突破100亿元。经营效益提升明显，税前利润3.49亿元，同比增速22%。拨备前利润6.7亿元，同比增速18%。一般性存款付息率1.19%，贷款收益率4.64%，存贷利差3.45%。中间业务实现净收入2.58亿元，同比增速20.7%。不良贷款额4.02亿元，较年初下降1.81亿元，不良贷款率1.95%，比年初下降1.25%。

资产规模扩大　组建“平行作业申报”团队、“特战旅”团队，推广“支行+市行专业产品团队”运作模式，注重部门之间、部门支行间联动响应。强化对重点城建项目、重点基础设施项目、重点水利项目、重点棚改项目、重点制造业项目等支持力度。至年末，对公新增项目储备100亿元。政付通、政府购买服务、同业存放和同业金交所开户取得突破。个人贷款余额突破100亿元，累计发放“质押贷”“快贷”“优享贷”等新型个人贷款1.34亿元。成功发行13.78亿元资产收益权类理财产品和10亿元短期融资券及中票。通过征信互认机制和信息共享机制，推动与市地税局银税互动平台成果落地。

负债业务增长　一般性存款时点较年初新增52亿，日均新增33亿元。落实转型发展理念，围绕重点市场、重点客户、重点项目、重点产品、重点区域、重点渠道、重点行部、重点人员进行战略性思考，做好增量拓展和存量挖潜“攻”“防”两项工作。

重点业务　新激活代发工资客户151户，增发资金量6.2亿元，完成率103%；新增对公基本结算户2327户，完成率105.8%；达标商户净增191户，完成率136.4%；全量商户净增528户，完成率101.5%；收单交易额12.4亿元，完成率124.4%。加快借记卡特色业务推广，扩大发卡群体，全年新增发卡31.26万张，创历史最好水平。完善高端客户营销服务体系，新增AUM（资产管理规模）1000万元以上私人银行客户20户。移动金融业务快速发展，手机银行活跃客户净增58600多户。持续开展国际收支客户营销活动，国际收支客户数213户，完成率592%。信用卡分期规模扩大，分期交易额8.56亿元，同比增长23%。大数据产品客户新增42户，完成率168%。重点机构客户合作覆盖度提升，成功签约、上线一批银医通、银校通及工商e线通项目，职业年金归集填补空白。新型结算产品收入667万元，完成率233%；票据池新增32户；多模式现金池新增2户，完成率100%。

风险防控　加强教育引导，开展案件防控，加大信贷风险管理力度，利用再融资、批量转让、现金回收、减免息等方式处置不良贷款。全年批量转让处置不良贷款22户、金额3.46亿元。完善潜在风险客户名单制管控，对潜在风险客户持续跟踪监测，按季动态调整。共压缩退出潜在风险客户10户、现金回收1.15亿元。

（周长国）

建行淮安分行信贷工作人员到一家企业提供上门服务　　周长国供图

【交通银行股份有限公司淮安分行】 2016年，交通银行淮安分行人民币各项存款时点余额54.75亿元，比上年末增加16.17亿元，增幅41.91%。人民币各项存款年均余额44.68亿元，比上年增加10.20亿元，增幅29.58%，其中对公存款年均余额36.79亿元，比上年增加9.01亿元，增幅32.43%，计划完成率142%；储蓄存款年均余额7.89亿元，比上年增加1.19亿元，增幅17.76%。人民币各项贷款时点余额42.27亿元，比年初新增4.88亿元，增幅11.54%，其中对公实质性贷款27.59亿元，比年初新增3.98亿元；小企业及个人消费类贷款13.7亿元，比年初新增0.44亿元；票据融资0.99亿元，比年初新增0.46亿元。实现经营利润13400万元，比上年增加3888万元，比一季度新增11432万元，计划完成率114.53%；实现经济利润8876万元，比上年增加4293万元，比一季度新增8121万元，计划完成率138.34%。中间业务收入5965万元，比上年增加3284万元，计划完成率166.06%。年末不良资产控制额3089万元，计划完成率166.06%；逾期非不良资产控制额1091.60万元，计划完成率182.67%。年末资产规模增长34.58%，在全国辖行排名提升25位，综合竞争力江苏省全辖第一，上升7位。

信贷资源配置　调整负债结构，重点抓结算、抓流量，扩大低成本负债规模，提升资产负债收益。负债成本较上年下降34个基点。提升非息收入，提升创新业务贡献度。坚持投行与公司业务同时开展，全年中收6337万元，投行类中收占比64.5%。开发控股8亿元增资过桥业务实现非信贷业务零的突破，投行类中收1024万元。年内，承销淮安市首单公募项目收益票据2.5亿元，实现中间业务收入150万元。存贷利差率3.64%，超全省平均75个基点，存款利差水平全辖最高，达1.51%，同比提升15个基点，比全辖平均水平高46个基点。通过表外理财产品、大额存单替代等方式压缩高成本负债，增加低成本核心负债，提升存款利差。

风险管控　逐户逐笔梳理分析，细化“一户一策”措施。年内，采取打包、重组、诉讼、清收等方式解决违约贷款20户，本金9164万元，利息399万元，年末不良率0.64%，低于全省平均水平0.43个百分点。

【中国邮政储蓄银行股份有限公司淮安市分行】 2016年，中国邮政储蓄银行淮安市分行两项存款余额119.72亿元，当年净增47.11亿元，增幅64.88%。其中，储蓄存款余额46.32亿元，净增11.51亿元，年增幅33.07%，增幅列系统内全省第一；公司存款余额73.40亿元，净增35.6亿元，年增幅94.15%，增量和增幅均居系统内全省第一。至年末，各项贷款余额112.90亿元，净增30.87亿元，年增幅37.63%。其中，小企业贷款余额净增1.46亿元，净增额系统内全省第一，公司贷款年净增3.90亿元。年末不良贷款总额1.11亿元，全口径不良贷款率0.98%，不良率较年初下降0.22个百分点。

扁平化管理　优化调整县区支行拓展团队，将原下沉二级支行的城区个贷客户经理集中于新设的市场拓展二部，在县区支行形成拓展一部、二部、三部拓展团队建设体系。上收县区支行网点营销组织职能至市行个人金融部，实现全区网点营销产品、方案、组织标准化，提升网点市场响应速度。整合县区支行管理资源，将综合业务部职能定位为纯信贷业务服务部门，仅设部门负责人及业务主管岗，部门负责人须兼任城区市场拓展二部负责人，业务主管岗协助部门负责人处理短期逾期、队伍管理等日常工作。

10月，邮储银行全省网点转型现场会在淮安召开　　张闯供图

企业运行保障机制　推进全面风险管理体系建设，围绕重点机构、重点人群、重点行业、重点流程开展风险防控，定期开展信用风险监测、资产分类监测，与业务部门沟通，对突发性风险实时调整风险分类。对洪泽湖养殖证权利质押小额贷款、商业汇票敞口承兑业务、网络创业小额贷款出具风险评估报告。围绕年度案件防控工作方案，开展信贷中后台履职检查、资金安全大检查等27次。建立创新数据库，以产品组合和配置实现快速定制化的产品创新模式，提升创新工作效率。至年末，完成创新案例上报204则，位列全省第三，获省分行创新建议奖励100余则，位列全省系统内第一。首次引入智能机器人进网点，是全国邮储银行系统内首次出现高智能人机交互机器人，为淮安市金融系统首家。　（张　闯）

【上海浦东发展银行股份有限公司淮安分行】 2016年，上海浦东发展银行淮安分行各项存款余额111.39亿元，比年初增加25.81亿元。其中，对公存款余额106.43亿元，比年初增加25.35亿元；储蓄存款4.92亿元，比年初增加0.47亿元。各项贷款余额85.28亿元，比年初增加17.07亿元。其中，对公贷款余额71.36亿元，比年初增加13.31亿元；个人贷款余额13.36亿元，比年初增加3.41亿元。

浦发银行淮安分行

全年实现营业净收入5.2亿元，中间业务收入1.1亿元，净利润2.9亿元，经济利润1.9亿元。年内，该行营业部获2016年度“中国银行业文明规范服务千佳示范单位”称号。

创新转型　银行业务向金融市场、投行、跨境联动等方向拓展。创新开展建设美丽蒋坝PPP，承销淮安地区首笔非公开直接债务融资工具，首创并购贷款助推国有企业兼并整合，引入总行理财资金投资本地农商行发行的二级资本债券，配合淮安市委市政府成立产业基金支持重点产业发展。

服务实体经济　调整组织架构，创新金融产品，统一推出“浦银点贷”业务，融资业务全程网上审批，客户通过网上银行、手机银行等载体随时划拨转账，全年办理“点贷”业务653笔、金额4756万；优化信贷营销组织框架，对小微企业贷前调查、贷时审核、贷后监督实施“专业化、一站式”集中服务，改进信贷流程，简化中间程序，提高融资效率，解决小微企业融资问题；实施小微企业弹性差别化贷款利率，按照贷款风险度、企业贡献度和银企合作度，对小微企业实施合理定价，对贷款利率执行优惠政策，打破利率“一浮到顶”传统做法。

（刘　坚　陈　融）

【苏州银行股份有限公司淮安分行】2016年末，苏州银行淮安分行存款余额45.51亿元，较年初增长12.26亿元，增幅36.58%；日均存款47.05亿元，较年初新增11.05亿元，增幅30.69%，存款类指标完成率111%。公司类贷款余额35.54亿元，较年初新增3.86亿元，增幅12.18%。

客户基础　开展对公账户提质增效活动，客户结算率提升，整体账户质量提高。至年末，日均存款50万元以上对公客户数366户，较年初增加71户；授信户262户，较年初增加53户。

资产质态　强化风险管控，清收不良资产、保持信贷资产质量相对稳定。至年末，贷款不良余额1000万元。不良现金清收、不良贷款控制额、逾期贷款控制额三大风险资产质量指标均超额完成总行下达的目标任务。

业务转型　深化结构调整，形成“一个中心、两翼联动”局面，以资产业务为中心，带动负债业务和中间业务发展。将信贷投放与结构调整相结合，加强实体投放，围绕结构优化和特色经营，有限制开展政信平台类业务，重点营销实体项目。至年末，贷款余额11.26亿元，较年初新增2.36亿元，同比增幅26.52%，制造业贷款占全部贷款余额的31.68%。定位中小客户，年内授信3000万以下的贷款户数占总贷款户数的93.51%，贷款金额占总贷款金额的59.48%。其中，500万元以下贷款140户3.32亿元，户均237万元，户数和金额占比分别为53.4%和9.34%。

创新业务　拓展新业务，完成股权质押融资业务、“融贷通”业务、外汇存单质押开票业务、大额存单业务、苏州金融租赁业务、苏北区域“厂房通”业务。11月，与淮安市工商联就“淮商易贷”产品成功签约，减轻企业资金周转成本。

【江苏淮安农村商业银行股份有限公司】2016年，江苏淮安农村商业银行股份有限公司按照“本土化、特色化、差异化”发展定位，发挥机制优势，规范内控管理，激发企业活力。至年末，全行有营业网点93个，从业人员1137人。全行各项存款余额268.93亿元，比年初增加47.30亿元，增幅21.34%。各项贷款余额192.21亿元，比年初增加25.17亿元，增幅15.07%。其中，小微企业贷款、涉农贷款增量分别为11.19亿元、12.89亿元，增幅分别为18.40%、20.01%。实现账面利润2.06亿元。电子银行业务柜面替代率72.35%，比年初上升10.7个百分点。

金融服务优化　乡镇网点广泛走访辖内村组、街道、返乡人员，城区网点在社区、超市、商业街、工业园区开展宣传。开展欢迎返乡人员回家、“进校园、献爱心”、高考中考“爱心助考”、微友龙虾节、羽毛球赛、艺术周末、刷卡送抵用券、刷卡抽奖等活动。对接重大项目，支持高铁拆迁、棚户区改造等民生项目，打通结算渠道。与农发行、粮食部门对接，提高农户通过农商行账户结算资金比例，方便农户售粮资金结算。做好柜面、快付通、POS商户宣传，推进电子银行线上营销，推广第三方支付业务；开通微信办理贷款渠道。开展代扣费签约专项竞赛、自助交易赢话费、幸运转盘大抽奖、新亚节日刷卡优惠等活动。推出单位结算卡，开通积分管理系统、贷记卡，做好试运行，丰富电子银行产品线。

农村信贷市场　开展包村营销，将所有村组划片包干，与包村走访、扶贫贷款发放、拆迁、粮食收购宣传等结合，建立并使用“大数据”，提高信贷支农精准性。全年走访农户7万户，建档5.9万户。升级改造阳光信贷工程。开展新阳光信贷试点，完善流程，提高科技支撑，及时录入包村营销信息，探索阳光信贷季年检工作。创新“全家福”家庭信用贷款，深耕农村信贷市场。落实精准扶贫要求，投放扶贫贷款1.81万笔3.35亿元。降低农民创业贷款利率，发放农民创业贷款77笔827.3万元。发放家庭农场贷款1558万元、农民专业合作社贷款4923万元。推广“公司+农户”产业链融资贷款，发放天参农牧等公司产业链融资贷款144笔1.68亿元。推进“节日进货易贷”“住

表20　2016年淮安市金融机构分区域本外币存贷款余额表

辖区名称	各项存款（亿元）	比年初（亿元）	各项贷款（亿元）	比年初（亿元）	存贷比（%）
全　市	3121.81	764.9	2312.94	433.23	74.09
市　区	2071.57	577.41	1562.99	353.70	75.45
涟水县	330.06	53.67	197.10	14.28	59.72
洪泽区	221.03	40.83	158.84	26.35	71.86
盱眙县	278.07	58.65	222.34	16.07	79.96
金湖县	221.07	34.33	171.67	22.84	77.65

表21　　2016年淮安市地方金融机构业务统计表

辖区名称	各项存款（亿元）	比年初（亿元）	各项贷款（亿元）	比年初（亿元）	存贷比（%）
地方金融机构	620.78	93.55	465.24	50.24	74.94
其中：淮安农商行	268.93	47.30	192.21	25.17	71.47
金湖农商行	72.49	9.93	60.59	5.81	83.58
盱眙农商行	119.69	18.64	105.02	13.55	87.74
涟水农商行	85.34	17.03	61.20	6.99	71.71
洪泽农商行	74.33	0.65	46.22	−1.28	62.18

表22　　2016年江苏省地级市银行业存贷款余额比较表

城市	存款余额（亿元）	增幅（%）	贷款余额（亿元）	增幅（%）	存贷比（%）
南京	27633.55	6.74	21681.28	19.01	78.46
苏州	25864.26	9.32	21924.44	14.19	84.77
无锡	14101.40	10.94	10382.93	11.26	73.63
南通	11097.74	14.89	6835.46	13.98	61.59
常州	8540.82	14.82	6043.15	12.86	70.76
徐州	5495.31	15.76	3620.21	17.93	65.88
扬州	5361.55	13.61	3508.13	13.32	65.43
泰州	5275.62	18.77	3656.79	13.28	69.31
盐城	5253.95	20.39	3699.32	21.47	70.41
镇江	4705.99	18.57	3444.36	15.48	73.19
淮安	3066.00	31.67	2304.22	23.57	75.15
连云港	2501.84	17.56	2046.93	14.93	81.82
宿迁	2207.43	21.3	1960.37	15.54	88.81
全省	121106.58	12.27	91107.60	15.52	75.23

房易贷”“汽车易贷”“婚嫁易贷”产品，推出金吉易贷、转按揭等新产品，融合升级“金领易贷通”与“手机自助贷款”，推出“金手指”公职人员消费贷款。加强与资信较好、实力较强的担保公司合作，为小微企业提供担保。与市工商联合作，推出“淮商易贷”互助资金贷款，办理“淮商易贷”互助资金贷款57笔1.49亿元。

（农商行办公室）

·保险业·

【概况】 2016年，淮安市保险业保费收入77.1亿元，比上年增长23.3%。其中，财产险保费收入22.7亿元，增长15.8%；寿险收入44.9亿元，增长23.8%；健康险和意外伤害险收入9.5亿元，增长43.4%。全年保险赔款和给付支出28.6亿元，其中财产险13.8亿元、寿险11.8亿元、健康险和意外伤害险3亿元。

【太平洋财产保险公司淮安中心支公司】 2016年，太平洋财产保险淮安中心支公司实现保费收入32859.96万元，同比增长6.03%。年内，加强对理赔效率、理赔服务、理赔管理考核，建立全方位评价体系，加强日常跟踪和考核监督力度。运用新技术，提高移动视频查勘系统的使用率和现场核查率，推广手机自助查勘项目（E理赔），提升理赔效率。完善零单证索赔、上门收单等服务举措。

规范增值服务管理，制定不同渠道、不同区域、不同产品增值服务整体规划，优化公司总体资源配置，强化增值服务执行监督和效果评价，对增值服务实行规范、动态管理。发挥公司防灾防损技术优势，为高端客户提供高精度风险查勘，开展风险管理专项培训，满足客户对风险管理解决方案需要。

开展全面渠道化改革，促进渠道业务发展，大力拓展重大项目，取得国信淮阴发电、淮安燃气发电财产险两个标段首席承保资格；独家承保淮安有轨电车营运期财产保险，新拓展连淮扬镇高铁、机场连接线工程险、国电洪泽热电和国电洪泽生物质发电等重大业务。发展农险业务，关注县区农险市场动态，拓展新市场。完善基层服务网络，争取到总公司战略投入资金75万元。2016年6月，太平洋财产保险股份有限公司淮安中心支公司与银行合作开办商业林木火灾保险，填补该公司商业农险空白。年内，中标淮安市农机保险项目。　（公司办）

2016年，淮安市举办人保财险杯防灾防损知识大赛　邵连欢供图

【平安财险公司淮安中心支公司】
2016年,平安财险淮安中心支公司全年承保保险数量13.85万件,承保总金额458.56亿元,实现保费收入2.24亿元,同比增长20.6%,全年完成赔付1.89亿元。全年承担各类风险保障458.56亿元,赔付11882.69万元。被评为江苏省"用户满意服务明星"企业及淮安市"保险业先进单位""百姓满意的诚信品牌"等。

创新服务　以理赔为核心升级服务,对客户投诉实现100%处理,推出好车主APP和线上直赔快捷高效理赔服务,提升客户服务感受。利用好车主APP,客户可直接通过APP平台实现违章查询、在线投保、在线申请理赔等一系列操作,方便快捷;利用线上直赔,客户报案后,可通过手机微信等方式将现场照片拍给话务员,审核通过后直接预付赔款完成理赔。创新推出"诉讼财产保全责任保险",被保险人向法院提出诉讼财产保全申请,如因申请错误致使被申请人遭受损失的,经法院判决由被保险人承担损害赔偿责任,保险人根据本条款规定在赔偿限额内承担赔偿责任。业内首创平安家居综合保障计划,首创个人账户资金损失险、平安个人预定特价机票取消险,创新推出车加意卡2代产品、主顾卡、旅游卡等产品。年内,联合市、县(区)环保部门推进环境污染责任险,为10多家企业承担污染保障680余万元。(刘以苏)

【平安人寿保险公司淮安中心支公司】
2016年,平安人寿淮安中心支公司个人代理渠道实现首期规模保费收入6223.8万元,较上年增长15.8%;银行代理渠道实现首年规模保费收入7478万元,较上年增长6%。代理人队伍865人。续期保费2.1亿元,较上年同期增长12.2%,13月保费继续率91.27%;理赔结案2190件,赔付金额1225万元。上缴税收521.25万元。

3月15日,由淮安市消费者协会、淮安报业传媒集团联合承办的3·15国际消费者权益日大型广场纪念活动在淮海东路苏宁广场举行。平安人寿淮海中心支公司派出10多位理赔、客服、承保人员到现场,接受消费者咨询。(汤　湛)

【联合财产保险公司淮安中心支公司】
中华联合财产保险股份有限公司淮安中心支公司2003年落户淮安,辖盱眙支公司、金湖支公司、洪泽支公司、淮安支公司、清浦支公司、开发区支公司、淮阴支公司、涟水支公司8个县(区)支公司,在职员工143人。2016年,公司全险种实现保费收入18417.82万元,保费计划完成率100.81%,同比增长5.55%。其中,商险保费收入11413.38万元,增长7.34%;农险保费收入7004.44万元,增长2.75%。至年末,业务简单费用率17.89%,简单赔付率70.85%,综合费用率27.58%。车险完成保费6554.2万元,完成年计划的104.03%,同比增长9.74%。

理赔管控　全辖接案13188件,同比增长13.17%;已决11022件,同比增加9.15%;已决赔款5963.4元,同比增加2.57%;"优赔增效我能行"活动合计减损101.80万元,车险赔款抵扣进项税额竞赛活动累计抵扣金额12.67万元。

渠道建设　车商渠道完成保费1471.72万元,同比增长52.38%。大病保险保费收入2366.4万元,与上年持平;意健险保费收入4491.92万元,完成率100.94%,同比增长5.72%。电商渠道业务有较大突破,全辖完成签单保费2149.25万元,其中外呼业务保费651.95万元,第三方网销平台保费101.69万元,中华E保保费940万元,业务量绝对值均位于全省前列。银保渠道达成1100万元,位列全省第三。邮政渠道实现跨越发展,全年完成银保渠道业务保费950万元,超额完成渠道保费158%,其中盱眙和涟水两县邮政渠道保费均超200万。至年末,淮安中支电商渠道签单保费2200万元,在全省13个地市机构位列第六。开发并推开"种植人员团体意外险"项目,为全省首创。金湖支公司"土地承包经营权流转履约保证保险""土地承包经营权抵押贷款保证保险"两个拟开发的险种,得到分公司领导与金湖县政府双方认同,实施方案上报总公司审批。

(公司办)

【人民财产保险公司淮安市分公司】
2016年,人民财产保险公司淮安市分公司实现保费收入11.2亿元,规模全市第一,同比增长20.5%,增速超市场5.1个百分点;市场份额45.5%,同比提升1.6个百分点;实现利润4643万元,同比增长33.5%,利润率4.2%。公司在全市下设9个县区支公司、4个直属经营单位,经营单位设有营销服务部。有员工530多人,平均年龄34.6岁,大专及以上学历占比89.1%,党员占比33.1%,中级以上职称占比11.7%。在全市104个乡镇设立营销服务部和近千个村组设立服务点,组成市、县、乡、村四级服务网络。

主渠道作用　为全市2850余家企业、30多万户家庭、300多万人、250000余辆车辆及12000余单货物

2016年,人保财险淮安市分公司举办职工运动会　邵连欢供图

提供总额近3.2万亿元的保险保障，占全行业风险总额的65%，约为淮安市同期地区生产总值的11倍。全年处理各类赔案8.5万件，支付赔款和未决赔款5.2亿元，较上年提升近1.1亿元。参与全市医疗卫生事业发展，独家承办全市城乡居民大病保险和外伤经办业务，为全市175万城乡居民提供大病和外伤医疗服务，大病保险份额55%以上，累计向6.2万人次补偿大病医疗费用1.5亿元。全年缴纳税收1.1亿元，为淮安市所有财产保险公司最高，获淮安市A级纳税信用等级。

融资产品　加强信用保险、贷款保证保险、科技保险以及涉农保证保险等融资产品工作，为21家企业活动融资1.2亿元。提升农业保险力度，为全市三农发展提供30亿元风险保障，累计赔款2800多万元，受益农户超11万户。

社会服务　为淮钢集团、沙钢集团、江苏省电力公司、淮阴卷烟厂、淮阴发电厂、清江石化厂、扬州第二发电厂、连云港新海发电厂、京沪高速、有轨电车等大型企业和重大项目提供保险服务。参与富士康、达方电子、旺旺集团、淮安机场等招商项目保险跟踪服务，为中国淮安户外运动挑战赛、中国盱眙龙虾节以及金湖荷花节等大型节会活动提供保险服务。参与扶贫济困、捐资助学、无偿献血以及志愿服务公益行动，全年累计捐款捐物130万元。（邵连欢）

【人寿保险公司淮安市分公司】 2016年，人寿保险股份有限公司淮安市分公司全市系统实现总保费18.52亿元，同比增长17.82%。其中，长期险首年标准保费1.93亿元，同比增长44.08%，位列全省第二；长期险首年期交保费4.13亿元，同比增长59.01%，增长率位列全省第三；10年期及以上期交保费2.46亿元，同比增长66.09%，增长率位列全省第三；大短险保费1.38亿元，同比增长17.7%，完成率居全省第三，主要销售指标均完成年度目标。

销售渠道　公司个险渠道累计实现首年期交保费3.11亿元，同比增长70.92%，增长率位列全省第一；10年期及以上期交保费2.18亿元，同比增长65.32%，增长率位列全省第三；短期险保费4846万元，同比增长36.02%，增长率位列全省第一；业务发展市场竞争比值5.01，提升1.33，排名全省第二。银保渠道实现期交保费1亿元，完成率109.64%；10年期交保费2700万元，完成率186.24%，同比增长67.45%；标准保费2769万元，完成率120.4%，同比增长32.3%，获评全省系统年度10年期交和标保“双冠王”。团险渠道年内实现大短险保费1.38亿元，完成年度目标107.03%，同比增长17.75%，完成率位列全省第三。其中，团险渠道实现短期险保费8605万元，完成年度目标100.04%，同比增长7.55%，完成率位列全省第六，业务总量位列苏北五市第一；实现代理企业年金到账规模8245万元，完成年度目标的103.06%。健保渠道把握政策性医疗经办业务主动权，完成2016年度清浦、洪泽、涟水、金湖四家单位到期协议续签，巩固大病保险市场份额。至年末，实现大病保险保费2613万元。

【人寿财产保险公司淮安市中心支公司】 2016年，人寿财产保险股份有限公司淮安市中心支公司全险种保费收入1.97亿元，同比增长12.57%。印发《中国人寿财险淮安市中心支公司“学保险 用保险，落实以客户为中心服务年”活动实施方案》，完善自身客户服务体系。建立完善岗位责任制，

表23　2016年全市前五名保险公司保费业绩表

人身险			财产险		
机构名称	保费（亿元）	市场份额（%）	机构名称	保费（亿元）	市场份额（%）
中国人寿	18.80	36.0	人保财险	11.02	44.5
利安人寿	9.23	17.7	太保财险	3.28	13.3
人保人寿	4.17	8.0	平安财险	2.24	9.1
太平洋人寿	3.04	5.8	国寿财险	1.9	8.0
平安人寿	3.07	5.9	中华财险	1.84	7.4

注：全市前五名保险公司保费业绩根据各公司报送数据统计并排名。

表24　2016年江苏省地级市保险业保费收入比较表

地区	总额		财产险		寿险	
	保费收入（亿元）	增幅（%）	保费收入（亿元）	增幅（%）	保费收入（亿元）	增幅（%）
南京	485.8	32.00	127.38	11.36	252.43	28.10
无锡	315.56	44.65	83.79	3.55	178.21	57.29
徐州	165.34	27.21	47.98	16.40	94.80	25.77
常州	227.54	42.49	53.76	4.61	123.86	38.41
苏州	524.80	42.50	170.83	7.07	263.99	59.08
南通	270.69	50.95	59.73	9.60	170.707	63.80
连云港	75.51	21.50	23.55	17.82	44.17	23.05
淮安	77.10	23.37	22.72	15.84	44.93	23.80
盐城	131.26	25.63	33.43	10.42	83.941	32.46
扬州	138.19	23.88	31.76	4.41	85.00	20.78
镇江	98.55	24.54	24.59	10.57	64.58	30.52
泰州	123.50	25.28	31.32	11.13	72.77	21.92
宿迁	56.35	17.29	22.53	15.83	27.52	17.63
全省合计	2690.24	35.19	733.431	9.11	1506.96	39.03

注：此表根据江苏保监局对外公布数据填写，保费收入包括财产险、寿险、意外险和健康险。

明确工作职责。开展“两个加强、两个遏制回头看”(加强内部管控、加强外部监督,遏制违规经营、遏制违法犯罪)、非法集资风险排查等工作。开展全面自查和配合检查工作。开展支公司现场检查,按照现场检查100%的标准进行,保证检查工作全覆盖。

(郑羽童)

·证券业·

【概况】 至2016年底,淮安市有证券期货营业部17家。当年有11家企业上市,其中挂牌新三板企业10户、挂牌区域性股权市场企业1户。全市共有27家企业上市,其中主板上市2家、香港上市2家、新三板挂牌21家、股份公司四板挂牌2家。江苏苏益电器股份有限公司等企业在新三板挂牌,盱眙博图凹土股份有限公司在江苏股权市场挂牌。淮安澳洋顺昌光电、安洁医疗、佳一教育等5户企业通过增资、定向增发等方式获得5.77亿元股权融资。挂牌上市企业累计募集资金21亿元。淮安威博液压有限公司、江苏洪泽湖生物科技股份有限公司申报材料被新三板受理。中国宇天控股有限公司在香港发行优先债券1.15亿港币,金湖县国有资产公司、涟水县红日交通投资公司、盱眙县城市资产公司、淮安区城市资产公司累计发行城投债券42亿元,淮安市新城投资公司、淮安区城市资产公司发行公司债22亿元。淮安市水利资产经营有限公司等企业在全国银行间市场发行债券30亿元。

(孙 珩)

表25 2016年淮安市上市企业市值情况表

企业名称	市值(万元)
今世缘	1645904
井神股份	973985
顺泰控股	140658
中国宇天	29707
大成医药	9600
金长城	33000
安洁医疗	92950
阿路美格	26994
永创医药	15000
海拜科技	5986
世昌农牧	2522
佳一教育	69730
正济药业	40000
大有恒	15000
紫山生物	32000
昇和新材	15829
祥豪实业	7245
总 计	3156109

盱眙第一山国家森林公园 市旅游局供图

旅 游

·综 述·

【概况】 2016年,淮安市全年接待境内外游客2612.4万人次,比上年增长12.3%;实现旅游业总收入308.57亿元,增长15.6%。接待入境过夜游客1.82万人次,增长24.2%。其中,外国人10078人次,增长27.5%;港澳台同胞8145人次,增长20.3%。旅游外汇收入1704.53万美元,增长9.4%。接待国内游客2610.54万人次,增长12.3%,实现国内旅游收入305.64亿元,增长15.8%。

至年末,全市有国家A级旅游景区41家,其中AAAAA级1家、AAAA级12家、AAA级景区11家、AA级景区17家。有全国农业旅游示范点5家,分别为铁山寺、八仙台、荷花荡、白马湖、桃花坞。有全国工业旅游示范点2家,分别为淮阴卷烟厂和今世缘酒厂。有省级乡村旅游区(点)52家,其中四星级8家,三星级18家。著名红色旅游景区有周恩来纪念馆、周恩来故居、周恩来童年读书处、黄花塘新四军军部旧址纪念馆、新四军刘老庄连纪念园、苏皖边区政府旧址纪念馆、大胡庄战斗纪念园、新安旅行团纪念馆等。有省级自驾游基地3家,分别为铁山寺国家森林公园、古淮河文化生态景区、盱眙国际房车露营基地。较为著名的旅游纪念品有淮安茶馓,周恩来纪念笔筒、铜像等系列纪念品以及博里农民画、金湖剪纸、涟水华夏云锦、华顶拖鞋、康乃馨床上用品等。有旅行社105家,其中淮安师苑国际旅行社、淮安交通旅游集团国际旅游有限公司是出境游组团社。有持证导游员4513名。有星级饭店48家,其中五星级1家(鼎立国际大酒店)、四星级7家。在建重点旅游项目金湖荷花荡景区综合提升工程、古淮河·西游记文旅区开发项目、白马湖旅游度假区综合开发项目入选省重点项目。中国漕运城建设项目、西游记文化体验园建设项目、白马湖生态旅游度假区综合开发项目、美丽蒋坝休闲旅游度假区开发建设项目入选2016年国家优选旅游项目。

【旅游规划】 2016年,《淮安市“十三五”旅游业发展规划》经市政府批准下发,《淮安市乡村旅游五年发展规划》编制完成,全市旅游业发展会议召开,出台《市政府关于印发淮安市国家级旅游业改革创新先行区工作实施方案的通知》和《市政府关于推进旅

表26 2016年淮安市国家A级景区名录

序号	景区名称	等级	地址	属地
1	周恩来故里旅游景区	AAAAA	淮安区长安路一号	淮安区
2	古淮河文化生态景区	AAAA	清河区河畔路1号	清江浦区
3	淮安市博物馆	AAAA	清河区健康西路146-1	
4	里运河文化长廊	AAAA	淮安市轮埠路	
5	淮安府署	AAAA	淮安区东门大街38号	淮安区
6	漕运博物馆	AAAA	淮安区漕运广场	
7	吴承恩故居	AAAA	淮安区河下打铜巷12号	
8	新四军刘老庄连纪念园	AAAA	淮阴区刘老庄乡	淮阴区
9	洪泽湖古堰景区	AAAA	洪泽区滨湖路2号	洪泽区
10	涟水五岛湖旅游区	AAAA	涟水县涟城镇公园路11号	涟水县
11	铁山寺国家森林公园	AAAA	盱眙县铁山寺国家森林公园	盱眙县
12	第一山景区	AAAA	盱眙县第一山公园	
13	黄花塘新四军军部纪念馆	AAAA	盱眙县黄花塘	
14	周恩来童年读书处	AAA	漕运西路174号	清江浦区
15	苏皖边区政府旧址纪念馆	AAA	淮海南路30号	
16	钵池山景区	AAA	和平大道8号	
17	清晏园	AAA	人民南路92号	
18	韩信故里	AAA	淮阴码头韩侯故里景区	淮阴区
19	白马湖森林公园	AAA	淮安市淮金线森林公园	洪泽区
20	日月洲生态乐园	AAA	开发区南马厂大道99号	开发区
21	涟水华夏云锦馆	AAA	涟水县红窑镇李庄创业园	涟水县
22	明祖陵	AAA	盱眙县明祖陵文管处	盱眙县
23	金湖荷花荡景区	AAA	金湖县闵桥镇	金湖县
24	金湖尧帝古城	AAA	金湖县人民南路288号	
25	金湖水上森林公园	AAA	金湖县银涂镇	
26	楚秀园	AA	淮海南路	清江浦区
27	桃花坞景区	AA	西安路	
28	勺湖公园	AA	淮安区西门大街68号	淮安区
29	大胡庄战斗纪念园	AA	淮安区茭陵乡	
30	新安旅行团历史纪念馆	AA	淮安区县西街二条营2号	
31	樱花园	AA	承德路黄河桥北首	淮阴区
32	三河闸国家水利风景区	AA	洪泽区滨湖路148号	洪泽区
33	洪泽老子山风景区	AA	洪泽区老子山镇	
34	洪泽渔家花园	AA	洪泽区滨湖路356号	
35	蒋坝老街	AA	洪泽区蒋坝镇	
36	西顺河二十六烈士陵园	AA	洪泽区西顺河镇陵园路	
37	南水北调洪泽水利枢纽景区	AA	洪泽区蒋坝镇	
38	金湖白马湖景区	AA	金湖县前锋镇白马村	金湖县
39	金湖大佛寺	AA	金湖县悦来巷	
40	金湖柳树湾湿地公园	AA	金湖县	
41	金湖尧帝公园	AA	金湖县衡阳路	

注：国家A级旅游景区计41家，其中5A级1家、4A级12家、3A级12家、2A级16家。

表27　**2016年淮安市省星级乡村旅游区名录**

序号	名称	等级	地址	获评时间	属地
1	淮安区苏嘴湾生态园	四星级	淮安市淮安区苏嘴镇苏家嘴居委会	2013年	淮安区
2	淮安区恩赐山庄	四星级	淮安市淮安区仇桥镇南涧村	2015年	
3	刘老庄当年农家	四星级	淮安市淮阴区刘老庄乡	2015年	淮阴区
4	开发区日月洲生态乐园	四星级	淮安经济技术开发区南马厂大道99号	2012年	开发区
5	涟水苏淮生态农业观光园	四星级	涟水县五港镇	2010年	涟水县
6	涟水红窑乡村旅游示范园	四星级	涟水县红窑镇	2013年	
7	盱眙玉皇山生态农业观光园	四星级	盱眙县河桥镇三元村	2010年	盱眙县
8	盱眙中澳乐博园(怡亨酒庄)	四星级	盱眙县盱城镇新华村	2011年	
9	古庄牛生态农庄	三星级	清浦区和平镇越闸村	2015年	清江浦区
10	淮安区顺河绿地生态园	三星级	淮安市淮安区顺河镇大吉村	2014年	淮安区
11	淮阴区吴城冬枣采摘园	三星级	淮安市淮阴区吴城镇三园村	2013年	淮阴区
12	淮阴区古清口休闲旅游生态园	三星级	江苏省淮安市淮阴区袁集乡桂塘村	2013年	
13	香园农庄休闲农业观光园	三星级	淮阴区刘老庄乡刘老庄村香园农庄	2016年	
14	古道山庄	三星级	淮阴区码头镇明远路	2016年	
15	洪泽区锦鸿生态园	三星级	洪泽区朱坝镇大魏居委会一组18号	2014年	洪泽区
16	洪泽中国传统古村落龟山	三星级	洪泽区老子山镇	2015年	
17	洪泽西顺河渔家乐园	三星级	洪泽区西顺河镇张福河村湖滨路356号	2016年	
18	龙禹生态园	三星级	洪泽区三河镇洪泽湖西路66号	2016年	
19	马羊山生态农庄	三星级	洪泽区高良涧镇越城村	2016年	
20	盱眙龙庙湖生态科技园	三星级	盱眙县河桥镇临湖村	2014年	盱眙县
21	盱眙月亮山生态园	三星级	盱眙县旧铺镇	2014年	
22	盱眙三河农场	三星级	盱眙县三河农场	2016年	
23	韵园生态庄园	三星级	盱眙县天泉湖镇化农村	2016年	
24	澳吉尔国际绿博园	三星级	盱眙县明祖陵镇渡口村村委会东侧	2016年	
25	陡山村乡村旅游区	三星级	盱眙县天泉湖镇陡山村	2016年	
26	星·塘度假村	三星级	金湖闵桥荷花荡金荷路16号	2016年	金湖县
27	清浦正欣生态农业旅游休闲观光园	二星级	淮安市清浦区盐河镇王元村现代农业产业园	2014年	清江浦区
28	淮安区南闸生态农庄	二星级	淮安市淮安区南闸镇新河头居委会镇湖村	2012年	淮安区
29	淮阴区高家堰农耕文化园	二星级	淮安市淮阴区赵集镇高堰村	2012年	淮阴区
30	淮阴区景台农业生态园	二星级	淮安市淮阴区码头镇泰山村村部	2014年	
31	吴老头农庄	二星级	洪泽区黄集街道东农场	2016年	洪泽区
32	清禾田社	二星级	洪泽区洪三路	2016年	
33	涟水·苏州荣林生态园	二星级	涟水县经济开发区金轮路	2013年	涟水县
34	涟水县绿汇生态科技示范园	二星级	涟水县义兴镇苗戴村	2013年	
35	万福家庭农场	二星级	涟水县保滩镇缺口村	2016年	
36	红日生态休闲农庄	二星级	涟水县大东镇瓦滩村	2016年	
37	盱眙满江红龙虾养殖基地	二星级	江苏省盱眙县官滩镇甘泉山风景区	2013年	盱眙县
38	豫景园	二星级	盱眙县古桑街道	2016年	
39	刘山头四季春观光园	二星级	盱眙官滩镇新桥村	2016年	
40	农本尚品休闲观光产业园	二星级	盱眙县穆店乡范楼村	2016年	
41	金湖东方园林	二星级	金湖县陈桥镇新农村张坝村	2016年	金湖县
42	一品葡萄采摘园	二星级	金湖县黎城镇工农村	2016年	
43	淮安区茭陵生态农业观光园	一星级	淮安市淮安区茭陵乡政府院内	2012年	淮安区

续表

序号	名称	等级	地址	获评时间	属地
44	洪泽滨湖观光农业采摘园	一星级	洪泽区东双沟青云路	2012年	洪泽区
45	涟水县麻垛生态旅游农业园	一星级	涟水县麻垛镇	2012年	涟水县
46	涟水亚夫农业生态园	一星级	涟水县唐集镇	2012年	
47	涟水石湖休闲农业示范园	一星级	涟水县石湖镇	2014年	
48	盱眙棋盘山生态观光园	一星级	盱眙县仇集镇	2013年	盱眙县
49	盱眙石马山生态园	一星级	盱眙县王店乡	2013年	
50	金湖县嵇圩林场	一星级	金湖县涂沟镇	2012年	金湖县
51	金湖金北千艺莲农业科技园	一星级	金湖县金北镇	2014年	
52	金湖戴楼荷盛观荷园	一星级	金湖县戴楼镇	2014年	

注：省星级乡村旅游区52个，其中四星8个、三星18个、二星16个、一星10个。

游业供给侧结构性改革促进旅游投资与消费的意见》。

【旅游品牌】 2016年，淮安市创成国家A级景区11个、全国休闲与乡村旅游示范县1个、全国特色景观旅游名镇1个、中国传统古村落1个、省级旅游度假区2个，盱眙国际龙虾节、洪泽湖大闸蟹节、金湖荷花节成为知名节庆品牌，金湖为全国首批全域旅游示范区创建单位，洪泽区蒋坝镇建设打造江苏省首批旅游风情小镇。年内，涟水五岛湖旅游区国家AAAA级景区进入公示阶段，白马湖森林公园、金湖水上森林公园创成国家AAA级景区；涟水今世缘旅游区、金湖荷花荡旅游区通过国家AAAA级景区价值评定。盱眙县被列入省级乡村旅游创新发展示范区创建单位；盱眙怡亭酒庄创建省首批五星级乡村旅游区通过省专家组初评；创成香园农庄等10个省三星级乡村旅游区、7个省二星级乡村旅游区。白马湖生态旅游度假区、运河旅游度假区创建省级旅游度假区。江苏三禾国际、洪泽怡然居度假酒店被评为三星级旅游饭店；盱眙金陵山庄、淮安开元大酒店获批省休闲度假酒店。淮安金色假期、淮安环宇旅行社被评为三星级旅行社。

【公共服务】 2016年，淮安市继续实施厕所革命、停车场建设、标识标牌规范等公共服务提升行动，全年完成新建、改扩建停车场26座，面积67588平方米，其中改扩建5座、新建21座，大车位359个、小车位1537个。全年新改建旅游厕所82座，超出年初计划指标的15.5%，投资额3524万余元。2月15日，被国家旅游局评为2015年度“厕所革命”先进市，全省仅4家。策划出品淮安旅游画册、手绘地图、口袋书、伴手礼，编排、策划淮安十大主题游，组织拍摄淮安旅游宣传片，全面拓展旅游服务载体。

【智慧旅游】 2016年，淮安市重点景区设置免费WIFI服务点，推广旅游官方微信，旅游电子触摸屏实现AAA级以上景区及主要旅游饭店全覆盖，旅游停车场、旅游厕所、集散中心、标识标牌等配套设施不断完善，旅游公共服务水平得到提升。

【旅游业创新改革】 2016年，淮安市被国家旅游局确立为全国首批20家旅游业改革创新先行区之一；金湖县入选国家首批全域旅游示范区创建名单，淮安区、清江浦区、洪泽区、盱眙县入选国家全域旅游示范区创建名单；盱眙县入围全省乡村旅游创新发展示范区；盱眙县、淮安区单设旅游局，洪泽区、涟水县、金湖县先后成立旅游局、旅游管理发展中心。

【淮安市旅游业发展会议】 12月5日，市委、市政府召开全市旅游业发展会议。市委书记姚晓东出席会议并讲话，强调要聚焦改革创新，全力推动淮安旅游全域化发展，持续打造“游在淮安”品牌和长三角地区乃至全国知名旅游目的地城市。市长惠建林主持会议，市领导王维凯、李森、李冰、王兴尧等参加会议。 （张　曼）

吴承恩故居　　市旅游局供图

·旅游开发·

【概况】 2016年,淮安市新建、续建旅游项目77个,完成投资153.78亿元,其中单体投资超5000万元旅游项目50个。其中,中国漕运城、西游记文化体验园、白马湖生态旅游度假区、美丽蒋坝休闲旅游区入围2016全国优选旅游项目,周恩来故里景区提升工程、天泉湖翡翠谷养生养老社区入围省重大旅游项目,西游记、白马湖、荷花荡旅游项目入围省级重点旅游项目。里运河文化旅游区淮州文化集团股份有限公司成为2015年度中国旅游投资百强企业,美丽蒋坝成为全省旅游业唯一获批财政部PPP示范项目。争取中央财政旅游发展基金旅游厕所建设补助110万元、省级无偿旅游引导资金1594万元,居苏北前列。 (张 曼)

【周恩来纪念地景区】 2016年,淮安市周恩来纪念地景区入选全国20家“我最向往的党史纪念地”,入选全国旅游服务最佳景区红榜,被评为第三批中国华侨国际文化交流基地、江苏省首批研学旅游示范基地,获评江苏省智慧旅游示范项目。景区全年接待中外游客220多万人次,讲解4500多场,观众满意率100%。接待全国政协副主席、民盟中央常务副主席陈晓光,全国人大常委会原副委员长许嘉璐、周铁农,江苏省委书记李强等省部级以上领导30多人次。 (张秋兵)

【里运河文化长廊】 2016年,淮安市里运河文化长廊建设实施项目56个,完成投资17.58亿元。中国漕运城(旅游度假区)修建性详细规划通过市规划委员会审议。年内,漕运城入口广场城门楼、城墙主体封顶,漕运城展示中心主体完工,二污厂路、公交二公司站场等项目启动建设。清江浦1415街区二标段完成竣工验收。青龙寺、中洲岛等布展提升工程稳步推进,文庙核心区改造、状元府第布展提升工程全面完成。国师塔、清江浦记忆馆开放迎客。中国运河文创中心(酱醋坊)、河下古镇影视基地提升等进展良好,萧湖景区提前开园。里运河全线慢行系统及人文自然景观工程基本全线贯通。山阳湖游客广场、生态停车场、里运河清淤及生态提升工程、北门桥控制工程全面完成。云林桥、榷关桥主体竣工。至年末,运河旅游发展公司全年完成营收231.8万元,完成年计划154.5%,游客人数12.3万人次,同比增长140.3%;清江浦景区游客人数达72.8万人次,同比增长20.1%。 (市里运河办)

【白马湖生态旅游度假区】 白马湖生态旅游度假区位于淮安市区南部,规划控制区面积320平方公里,其中湖面面积113平方公里。景区依托“生态绿色”的核心特质,将“一见清心”作为旅游品牌形象定位,打造森林公园、湿地公园、农业公园、水上中央公园、水利风景区、旅游度假区“四园两区”格局。2016年,景区建设完成投入5.21亿元,森林公园蓝莓园、菊花园、红叶谷、游客中心建成开放;湿地公园核心区、宣教展示区、湿地植物园初步成型;水上航线一期正式开通,李庄渔耕驿站主体竣工,农业公园启动实施。创成国家AAA级景区,入选全省“十三五”旅游业重大项目、2016全国优选旅游项目名录,先后举办中国淮安第二届环湖自行车赛、淮安白马湖首届钓鱼比赛,全年吸引游客近百万人次。 (市白马湖办)

白马湖景区北入口群马雕塑　　市白马湖办供图

【古淮河·西游记文化旅游区】 2016年,古淮河·西游记文化旅游区龙宫大白鲸室外欢乐世界入选江苏省十大新景区和十大旅游新线路,室内嬉水世界主体建成,基础建设、海洋动物和设备采购等进展顺利;西游乐园建设继续推进,游乐设备设施选型完成,“唐镇”区域施工;龙文卡丁车建设良好,综合用房主体完成工程验收;日月洲度假村建设进展顺利,总体方案基本确定,开展运营单位招商。龙宫大白鲸欢乐世界全年接待游客近30万人次,实现营业收入1200万元以上;漕埠商业中心商户入驻率76.5%,接待游客12万人次。

年内,西游产业集团参股动画电影《美食大冒险》,影片首映亮相戛纳。围绕“西游”相关品牌,申报商标,至年末,共申请商标386件,获证书190件,成功获得核心品牌——西游乐园商标专用权。龙宫大白鲸、西游传媒、西游环球等子公司年内均实现实体化运作。

【清江浦1415街区】 清江浦1415街区作为里运河文化长廊建设工程的重要节点,位于越秀桥东侧、清隆桥西侧、里运河南岸。整个街区全长1.2公里,滨水而建,占地9.13公顷,规划总建筑面积约12万平方米,其中地上建筑面积约9万平方米,地下室建筑面积约3万平方米,整个项目分四个标段开发建设。该项目以“历史形态、文化灵魂、商业支撑”为开发理念,打造体现清江浦600年厚重历史的文商旅综合体。至年底,二标段主体完工,王瑶卿艺术馆、盐文化博物馆及体验店、老舍茶馆、韩国CGV影城等一批文创项目落户,老舍茶馆、苏盐生活家等项目进场装修，1432德国花园餐厅、大猫咖啡等项目营业。

【萧湖景区】 萧湖景区生态旅游一期建设工程是淮安区委区政府重点工程建设项目，是2016年周恩来故里AAAAA级景区环境提升工程项目之一。该工程总投资8亿元，由淮安区文化旅游开发区投资建设，中外园林设计有限公司深圳市中外园林建设有限公司设计，棕榈生态城镇发展股份有限公司承接施工，南京理工大学工程兵工程学院南京工程建设监理部监理。是涵盖古建、绿化、园建、桥梁、湖泊、水电、清淤等多专业分项工程的综合大型公园建设工程。定位为以名人民俗文化为特色的综合性城市生态景区，融人文、历史、休闲、娱乐、生态自然于一体，占地17.33公顷。整体布局“一环”“二轴”“五岛”“七片区”，即：萧湖沿湖风光环状带，历史文化轴、休闲娱乐轴，桃花岛、登塔观光岛、芦苇岛、鸟岛、“水上花园”岛，湖岸观景区、花蒲岛屿区、文人园林区、漕运坊坞区、历史名胜区、市民休闲区、水上娱乐区等。建筑面积22万平方米。

·旅游管理·

【概况】 2016年，淮安市政府办公室下发《关于做好旅游市场综合监管工作的通知》，推动形成包括旅游、公安、工商、物价、质监、交通运输等12家涉旅部门权力清单，在体制机制上解决旅游业综合监管难问题。旅游管理部门结合日常行政执法检查、旅游市场专项治理、联合执法检查等执法活动，开展“不合理低价游”专项整治、“一日游”市场秩序整治。营造诚信旅游氛围，评选诚信旅游示范单位，建立企业诚信档案和诚信奖惩机制。倡导文明旅游，对景区、旅行社、旅游饭店等旅游企业开展全面检查，督促整改，推动形成文明有序的旅游环境。

【旅游市场秩序】 2016年，淮安市旅游局制定《淮安市整治“不合理低价游”专项行动方案》，联合工商、物价等部门定期开展检查，共出动检查10次、检查人员40人次，检查旅行社45家次、排查旅行社旅游广告5300多份，纠正不规范旅游广告39份。20名旅游服务质量社会监督员分成6组对18个重点景区明察暗访，提升景区服务质量。定期开展各旅游企业安全生产检查，排查安全隐患。加强旅游投诉平台建设，设立24小时旅游投诉热线，全年处理投诉12件，办结率和满意率100%。

夜晚的龙宫大白鲸嬉水世界广场喷泉　　陈光晰　摄

【旅游人才队伍】 2016年，淮安市旅游管理部门先后组织旅游信息化、旅游饭店总经理、旅游质监工作、旅游行业安全、旅游发展专题等培训，提高旅游从业人员的业务技能和综合素质。全年完成导游员年审及培训1835人，新考导游员岗前培训4批次200人，组织导游员资格考试。

（张　曼）

【白马湖生态环境保护】 2016年，白马湖生态环境保护工作持续推进。国家竞争立项工程完成26个，累计投入23.5亿元。其中，白马湖上游10条中小河道整治与生态修复工程全面开工，弃土区生态保护、风险防范体系及应急能力建设、无公害生产基地建设、监测监察能力建设、秸秆综合利用、水产清洁养殖、节水灌溉等工程有序推进。白马湖淮安境内湿地面积扩展到3059.78公顷，湿地保护率达87.44%，现有国家一级保护植物1种，二级保护植物3种，国家二级保护动物12种、省级保护动物35种、IUCN（世界自然保护联盟）濒危级别动物1种、易危级别动物4种。获批国家环保部、财政部湖泊保护专项奖励资金1.32亿元，累计获批中央环保资金10.3亿元。6月，中国湿地保护协会第一次常务理事会议在淮安召开，市白马湖办当选中国湿地保护协会副会长成员单位；9月，白马湖生态保护功能片区土地利用规划正式获省政府批复。

（市白马湖办）

·旅游宣传·

【概况】 2016年，淮安市整合区域旅游资源，优化旅游产品结构，设计淮安十大主题游和淮安旅游精品线路，组织淮安旅游“十佳伴手礼”暨淮安旅游商品文创设计，研制开发具有淮安旅游特色的旅游商品。在重点节假日集中推介淮安旅游。淮安文楼饭店被评选为长三角城市群“岁月余味”体验之旅老房子特色餐厅，盱眙休闲美食度假精品三日游被推荐成为2016十大长三角自驾游线路之一，里运河清江浦景区被江苏省旅游局评选为2016年江苏旅游十大新景区，淮安师苑国际旅行社推出的“名人、名河、名湖、名菜”精品三日游线路获评2016年江苏旅游十大精品线路。

【特色旅游宣传活动】 2016年，淮安市与德国卡尔夫地区旅游部门交流并签订旅游协议。与同程网、春秋航空公司合作，上线淮安旅游同程官方旗舰店，开展旅游送客行动；与同程网合作开展“游在淮安，感受美好”旅

洪泽湖古堰景区　　市旅游局供图

拍验客大赛，抢抓新媒体平台，吸引千余万人次关注淮安旅游，成为同程旅游优选目的地之一。在西安举行淮安廉政文化旅游推介交流会，推介淮安省级廉政文化旅游专线“周恩来故里清风行”。国庆黄金周期间，组织包括24项特色旅游活动的五大主题游，吸引游客213.84万人次；春节黄金周期间，推出17项旅游节庆活动，吸引游客163.18万人次。

【传统媒介宣传】 2016年，淮安市旅游管理部门积极与《淮安日报》、《淮安广播电视报》、淮安电视台等媒体合作，开辟淮安旅游专栏，营造宣传热点。在宁淮高速、京沪高速两侧广告牌投放淮安旅游广告，在南京高铁南站出口投放灯箱广告，在南京商业广场、高档住宅、写字楼等电梯轿箱内投放淮安旅游宣传广告，覆盖2000多个社区。组织县区旅游部门、主要景区及旅行社参加各种旅游宣传促销活动，先后参加广州、南京、义乌、厦门、新疆、港澳台等地的旅游展销活动，参加省旅游局组织的赴澳大利亚、新西兰、新加坡、印度尼西亚等地的旅游宣传促销活动。通过各种活动宣传推广旅游资源和精品旅游线路，散发各类旅游宣传材料10万余份。

【传播媒介创新】 2016年，淮安市通过在全国门户网站、周边主要地区门户网站、主要论坛及社区、微博、微信、问答等发表软文及图片，宣传淮安旅游资源，推广淮安旅游景点及线路。全年发布软文16篇，在全国主要论坛发布文章45篇，在社交网站发布淮安旅游信息135条。在西游记文旅区游客中心成立淮安旅游集散在线交易中心，填补线上旅游交易平台空白。淮安旅游同程旗舰店官网及APP于5月19日中国旅游日正式上线，开展万人自驾游淮安活动。8月，与同程网合作开展验客旅拍大赛暨淮安旅游体验者联盟游记攻略大赛，邀请国内知名旅游达人和本地旅游爱好者，以图片、文字、视频形式，对淮安餐、购、娱等方面进行直播，活动话题阅读量总计9700万。　　(张　曼)

【里运河景区宣传】 2016年，举行慈云寺国师塔落成暨佛像开光仪式，里运河游船开通闸口至河下“水上巴士”。组织开展中国淮安·丝绸之路户外运动挑战赛、千人健步走、微型马拉松、中秋祭月等系列活动，在中州岛戏曲馆举办“迎中秋·庆国庆”戏曲演出活动、“相约古戏台”戏曲演出和视频播放活动等各类活动26场次。年内，中国漕运城(旅游度假区)入选“全国旅游优选项目”，淮州集团被评为“全国旅游投资百强企业”，里运河文化长廊被评为“江苏十大年味目的地”，清江浦景区被评为“美团优选最佳人气景区”。与中国港中旅集团公司、中青旅控股股份有限公司、华侨城集团等一批具有丰富景区管理运营经验的“国”字头企业洽谈对接。与中央和省、市主流媒介及新媒体进行合作，开展全覆盖营销宣传活动。央视7套、10套《乡土》《探索》栏目，《新华日报》《扬子晚报》《淮安日报》等传统媒体，腾讯网、新华网等新媒体等对里运河文化长廊进行集中推介。由市委宣传部和市里运河办共同策划拍摄的微视频《淮安千年运河不了情》和《里运河情思》在第四届中国国际微电影展上，获“评委会特别奖”等奖项。

(市里运河办)

【周恩来纪念地旅游景区宣传】 2016年，淮安市周恩来纪念地景区征集到1972年周恩来在机场迎接美国前总统尼克松时穿的呢子大衣等珍贵文物进馆展出。先后邀请“时代楷模”李银江、周恩来身边工作人员及亲属代表赵炜等到纪念地举办专题讲

国家AAAAA级景区——周恩来纪念馆　　市旅游局供图

座。开展“学习伟人周恩来·争做模范共产党员”微党课大赛。承办江苏省首届博物馆馆长大会，策划《周恩来与文化名人》专题展。举办“周恩来精神与社会主义核心价值观”理论研讨会。以“风范——周恩来精神情景报告会”为载体，弘扬周总理精神，赴上海、湖南等地举办专题讲座和报告会30多场，受众万余人。举办《丰碑》报纸创刊十周年座谈会，不断扩大景区对外宣传覆盖面。（张秋兵）

表28 2016年淮安市旅游星级饭店名录

序号	单位	类别	地址	属地
1	淮安鼎立国际大酒店	五星	淮安市经济开发区厦门路6—1号	开发区
2	淮安迎宾馆	四星	淮安市淮海北路121号	清江浦区
3	曙光国际大酒店	四星	市淮海东路130号	
4	淮安金蝶苑宾馆	四星	淮安市珠海路钵池山公园南门内	
5	淮安宾馆	四星	淮安市楚州区友谊路2号	淮安区
6	洪泽湖国际大酒店	四星	洪泽区瑞特大道28号	洪泽区
7	江苏盱眙泗州饭店	四星	盱眙县淮河北路188号	盱眙县
8	金湖宏源国际大酒店	四星	金湖县金湖西路101号	金湖县
9	幽兰都大酒店	三星	淮安市健康东路36号	清江浦区
10	淮州宾馆	三星	淮安市健康东路55号	
11	东土大酒店	三星	淮安市淮海北路19号	
12	交通宾馆	三星	淮安市大治路12号	
13	淮海国际商务宾馆	三星	淮安市淮海南路71号	
14	万豪大酒店	三星	勤政路10号	
15	味道名家大酒店	三星	淮海西路226号	
16	淮阴宾馆	三星	淮安市淮阴区北京东路112号	淮阴区
17	淮安区淮电宾馆	三星	淮安市淮安区周恩来纪念馆北侧	淮安区
18	淮安锦秀格林酒店	三星	淮安国际商城汽车站物流中心商务综合楼	
19	洪泽老子山温泉山庄	三星	洪泽区老子山湖滨路108号	洪泽区
20	洪泽温泉一号钟山度假酒店	三星	洪泽区老子山镇温泉路1号	
21	洪泽怡然居度假酒店	三星	洪泽区水釜城南门	
22	涟水宾馆	三星	淮安市涟水县安东路1号	涟水县
23	盱眙金谷园饭店	三星	淮安市盱眙县金谷园路6号	盱眙县
24	盱眙淮河国际大酒店	三星	盱眙山水大道97号	
25	江苏金沃大酒店	三星	盱眙县奥体中心（南侧）	
26	盱眙香江国际大酒店	三星	盱眙县金鹏大道1号	
27	江苏东晨国际酒店	三星	盱眙县甘泉西路18号	
28	江苏三禾国际酒店	三星	金湖县园林南路29号	金湖县
29	今世缘宾馆	二星	淮安市勤政南路10号	清江浦区
30	淮安梦都宾馆	二星	淮安市健康西路57号	
31	楚州宾馆	二星	淮安市淮安区南门大街62号	淮安区
32	淮安区国康饭店	二星	淮安区淮城镇翔宇大道88号淮安国际商城	
33	淮安区御馨宾馆	二星	淮安区淮城镇河下古镇第十八号商铺	淮安区
34	淮安区海洋之星宾馆	二星	淮安区淮城镇车站新村218号	
35	洪泽电力宾馆	二星	淮安市洪泽区北京路111号	洪泽区
36	洪泽湖旅游度假村	二星	淮安市洪泽区滨湖路148号	
37	涟水今世缘宾馆	二星	涟水县高沟镇	涟水县

续表

序号	单位	类别	地址	属地
38	盱眙县金都饭店	二星	盱眙县盱城镇五墩西路16号	盱眙县
39	金湖金华兴宾馆	二星	金湖县人民南路	金湖县
40	金湖燕来居宾馆	二星	金湖县闵桥镇荷花荡内	
41	梅园宾馆（转向经营）	三星	淮安市健康西路37号	清江浦区
42	楚天宾馆（转向经营）	三星	淮安市健康东路75号	
43	淮安宋王朝大酒店（停业）	三星	淮安市承德南路18号	
44	淮安鑫源宾馆（停业）	三星	淮阴区北京北路536号	淮阴区
45	洪泽天鹅湖宾馆（转向经营）	三星	淮安市洪泽大庆南路4号	洪泽区
46	盱眙铁山寺森林度假村（停业）	三星	淮安市盱眙县铁山寺国家森林公园	盱眙县
47	盱眙宾馆（停业）	三星	淮安市盱眙县五墩北路3号	
48	金湖万家灯火宾馆（转向经营）	二星	金湖县园林南路20号	金湖县

注：全市旅游星级饭店48家，其中五星1家、四星7家、三星27家、二星13家。

表29　　2016年淮安市旅行社名录

序号	单位名称	地址	属地
1	淮安市师苑国际旅行社有限公司	淮安市淮海北路98号	清江浦区
2	淮安交通旅游集团国际旅游有限公司	淮安市淮海北路75号	
3	江苏省淮安京杭旅行社有限公司	淮安市淮海南路85-8#303室	
4	淮安旅行社有限公司	淮安市淮海北路121号	
5	江苏淮安中国青年旅行社有限公司	淮安市淮海东路71号	
6	淮安市新职工国际旅行社有限公司	淮安市淮海南路123号	
7	淮安市翔宇旅行社有限公司	淮安市楚秀园北大门东侧	
8	淮安市春秋国际旅行社有限公司	淮安市淮海北路70号	
9	淮安新闻旅行社	淮安市西大街116号	
10	淮安市天马国际旅行社有限公司	淮安市淮海北路金马酒店北10楼	
11	淮安康辉国际旅行社	淮安市承德北路215号丹桂苑小区门口对面	
12	淮安外侨国际旅行社有限公司	淮安市淮海北路121号	
13	淮安中青旅行社有限公司	淮安市人民北路8号	
14	淮安市九州旅行社有限公司	淮安市健康西路130号202室	
15	淮安市华夏旅行社有限公司	淮安市益兴名流花苑二期1幢1-13室	
16	淮安市阳光旅行社有限公司	淮安市上海路利苑新村3区7幢107室	
17	淮安市山水旅行社有限公司	淮安市浦东花园A幢10号	
18	淮安市神舟旅行社有限公司	淮安市黄河路14号	
19	淮安市金海岸旅行社有限公司	淮安市中经路11-28号	
20	淮安远大国际旅行社有限公司	淮安市清江浦区八二新村七区22号	
21	淮安市海盛国际旅行社有限公司	淮安市淮海南路30号	
22	淮安市凤凰国际旅行社有限公司	淮安市楚秀园北门	
23	淮安新能源旅行社有限公司	淮安市健康西路新世纪豪苑51号1211室	
24	淮安舜天旅行社有限公司	淮安市健康西路37号	
25	淮安市运河之都旅行社有限公司	淮安市解放东路59号	
26	淮安鹏腾旅行社	淮安市北京北路83号	

续表1

序号	单位名称	地址	属地
27	淮安市蓝天旅行社有限公司	淮安市淮海花园步行街63-30	清江浦区
28	淮安桃李旅行社有限公司	淮安大学城枚乘路4号	
29	淮安市新世纪旅行社有限公司	淮安淮海北路131号	
30	淮安楚风旅行社有限公司	淮安市清江浦区北京南路12号	
31	淮安汉耕新天地旅行社有限公司	淮安市淮海北路75号	
32	淮安市楚天国际旅行社有限公司	淮安市大治路5号	
33	淮安一起游国际旅行社有限公司	淮安市清江浦区城北乡繁荣村5组二幢2号	
34	淮安市远翔国际旅行社有限公司	淮安市金发商贸城205室	
35	淮安东升旅行社	淮安市淮海北路50-11号综合楼307-1号	
36	淮安古淮河生态旅游有限公司	淮安市清河新区河畔路88号2幢1楼	
37	淮安景扬旅行社有限公司	淮安市清江浦区承德南路浦东花园西门A03	
38	淮安市淮海旅行社有限公司	淮安市健康东路75号	
39	江苏麦果国际旅游有限公司	淮安市清江浦区金马酒店（商务）公寓北楼（A座）10009座	
40	淮安金桥国际旅行社有限公司	淮安市承德北路40号	
41	淮安市公交旅行社有限公司	淮安市承德路楚秀园北大门东侧	
42	淮安市绿洲国际旅行社有限公司	淮安市轮窑社区综合楼一号	
43	淮安市扬子江国际旅行社有限公司	淮安市淮海北路65号世贸购物中兴501室	
44	淮安市浦东国际旅行社有限公司	淮安市浦东花园D区3号楼7室	
45	淮安友好国际旅行社有限公司	淮安市康城明珠花园A区3幢54室	
46	淮安市中旅国际旅行社有限公司	淮安市清江浦区承德南路浦东花园西门A-17号	
47	淮安市欢乐行联合旅行社有限公司	淮安市淮海购物广场A区C座1402	
48	淮安市探索国际旅行社有限公司	淮安市清江浦区解放东路43号金樽国际1-17	
49	淮安游巴巴旅行社有限公司	淮安市健康东路57号九龙广场B1601室	
50	淮安美程国际旅行社有限公司	淮安市清江浦区金马酒店公寓北楼23002室	
51	淮安龙行天下旅行社有限公司	淮安市清江浦区承德南路东大街南侧	
52	淮安社康之家旅行社有限公司	淮安市清江浦区交通路新世纪城市花园7号会所103室	
53	淮安市美途国际旅行社有限公司	淮安市清江浦区淮海北路51号淮安市体育馆北立面西侧第一间门面房	
54	淮安中国旅行社	淮安市楚州区西长街243号	淮安区
55	淮安曙光旅行社有限公司	淮安市楚州区南门涧河北街58-7号	
56	淮安市环宇国际旅行社	淮安市楚州区韩信路79号	
57	淮安市源之旅旅行社	淮安市淮安区韩信南路65号	
58	淮安市瑞航旅行社	淮安市楚州区镇淮小区15号	
59	淮安市金色假期旅行社	淮安市楚州区西门大街85号化	
60	淮安市文通旅行社有限公司	淮安市楚州区府市口文化长廊处	
61	淮安市古城旅行社有限公司	淮安市淮安区局巷1号	
62	淮安市江淮国际旅行社有限公司	淮安市淮安区北门大街413号	
63	淮安市森源旅行社有限公司	淮安市承德北路樱花园广场	淮阴区
64	淮安市光大国际旅行社有限公司	淮安市淮阴区黄河花园小区9-1幢	
65	淮安市柏翠旅行社有限公司	淮安市淮阴区前进街115号7幢505室	
66	淮安市视界商务旅行社有限公司	淮安市樱花园小区E-30号楼106号门面房	
67	淮安市今世缘旅行社有限公司	淮安市淮阴区富豪花园C组团4号楼1-7室	

续表2

序号	单位名称	地址	属地
68	淮安市朝阳旅行社有限公司	淮安市淮阴区北京东路153号	淮阴区
69	淮安市万达旅行社有限公司	淮安市淮阴区北京东路59号	
70	淮安开元国际旅行社有限公司	淮安市淮阴区北京东路34-1号	
71	淮安市中行国际旅行社有限公司	淮安市淮阴区长江东路北侧	
72	江苏省洪泽湖旅行社	淮安市洪泽区人民路12号	洪泽区
73	洪泽思源旅行社有限公司	淮安市洪泽区大庆南路4号	
74	洪泽金色假日旅行社有限公司	淮安市洪泽区人民路3号	
75	洪泽正大旅行社有限公司	淮安市洪泽区益寿中路25号	
76	洪泽白马湖旅行社有限公司	洪泽区岔河镇凤凰街108号	
77	江苏蒋坝天鹅湾旅行社有限公司	洪泽区蒋坝镇淮宁路	
78	淮安安洁商务旅行社有限公司	淮安市经济开发区小康城珠海路35号	开发区
79	淮安鸿运国际旅行社有限公司	淮安经济技术开发区汕头路18号	
80	淮安市互通旅行社有限公司	淮安市经济开发区深圳路27-32号	
81	淮安鼎业旅行社有限公司	淮安经济技术开发区汕头路18号钵池创业大厦1622室	
82	淮安西游环球旅游有限公司	淮安经济技术开发区安澜北路3号总部经济园区26号楼419室	
83	淮安去哪儿国际旅行社有限公司	淮安经济技术开发区海口路9号3号楼503室	
84	涟水交通旅行社有限公司	淮安市涟水县涟城镇常青路77号	涟水县
85	涟水县青年国际旅行社有限公司	淮安市涟水县安东南路2号	
86	涟水县红日旅行社有限公司	淮安市涟水县涟城镇常青路北侧	
87	涟水县好风光国际旅行社有限公司	淮安市涟水县涟漪东路1号	
88	涟水县星光旅行社有限公司	淮安市涟水县常青路6号	
89	涟水大地旅行社有限公司	淮安市涟水县中央城四号楼	
90	盱眙旅行社	淮安市盱眙县盱城淮河东路39号	盱眙县
91	盱眙县都梁国际旅行社有限公司	淮安市盱眙县淮河东路39号	
92	盱眙交通旅行社	淮安市盱眙县盱眙公路站内	
93	盱眙县山水旅行社有限公司	淮安市盱眙县斩龙涧路1号	
94	盱眙春秋国际旅行社有限公司	淮安市盱眙县盱城斩龙涧	
95	淮安新马旅行社有限公司	淮安市盱眙县都梁北路18号	
96	盱眙县青年旅行社有限公司	淮安市盱眙县金源南路22号	
97	盱眙县民禾旅行社有限公司	淮安市盱眙县盱城镇淮河北路186号B601室	
98	盱眙康辉旅行社有限公司	淮安市盱眙县东湖西路富润花园A区6-101	
99	盱眙华夏旅行社有限公司	盱眙县金源北路国贸商城	
100	金湖县青年国际旅行社有限公司	淮安市金湖县建设路47号	金湖县
101	金湖金盛国际旅行社有限公司	淮安市金湖县健康西路39号	
102	金湖山水旅行社有限公司	淮安市金湖县衡阳路果园商贸楼6号	
103	金湖阳光假日旅行社有限公司	淮安市金湖县健康路29号	
104	金湖金鑫旅行社有限公司	淮安市金湖县建康西路28号	
105	恒业尧帝古城（金湖）国际旅行社有限公司	金湖县人民路85号	

备注：全市国内旅行社105家，其中4星2家、出境旅行社2家。

表30 2016年在淮安市设立旅行社分公司名单

序号	单位名称	地址	属地
1	中国国旅（江苏）国际旅行社有限公司淮安分公司	淮安市中鑫上城171室	清江浦区
2	南京跟着大脚走国际旅行社有限公司淮安分公司	淮安市新亚国际大厦1003室	
3	南京乐行国际旅游有限公司淮安分公司	淮安市新亚国际大厦902室	
4	江苏省中旅旅行社有限公司淮安分公司	淮安市清江浦区淮海北路98号	
5	江苏省镇江中国旅行社淮安分社	淮安市清江浦区淮海北路80号	
6	扬州市玉屏国际旅行社有限公司淮安分公司	淮安市清江浦区淮海东路138号新亚国际大厦1229室	
7	同程国际旅行社有限公司淮安分公司	淮安市清江浦区淮海花园A区1幢22室	
8	常州青鸟商务国际旅行社有限公司淮安分公司	淮安市淮阴区黄河花园小区8-2110号	淮阴区
9	南京鑫运程国际旅行社有限公司淮安分公司	淮安经济技术开发区小康城5区80号	开发区

商贸流通

·供销合作·

【概况】 2016年，淮安市供销合作社创建“三体两强”（自主经营实体、农民社员主体、合作经济组织联合体和综合实力强、为农服务能力强）示范基层社6个，改造薄弱基层社22个，发展农民专业合作社62个，提档升级经济薄弱村农村综合服务社25个，获得省级供销合作发展引导资金150万元，均超额完成目标任务。推进农村电商三农综合服务中心及电商“双代店”建设。

【社企分开】 2016年9月，淮安市委、市政府在苏北率先出台《深化供销合作社综合改革实施意见》（淮发〔2016〕26号），对全系统“十三五”时期改革发展做出全面部署。11月，市委市政府召开“三农”重点工作布置会，对供销社综合改革进行布置安排。12月19日，市委书记姚晓东，市长惠建林召开专题会议研究供销社社企分开事项，原则上通过市供销合作总社社企分开改革方案，会议要求淮安市供销合作社管好社有资产、承接上级支持、主营股权投资、聚焦三农领域、确保保值增值、培植为农服务主体，使社企分开改革取得实效。

【特色种植养殖服务体系】 2016年，淮安市供销合作社以其全资的江苏淮供欣隆现代农业全程服务有限公司为载体，推进市级服务中心、县区服务平台建设，全年建立县区服务平台3个，成立农机、植保飞防、测土配肥专业化服务组织3个，累计服务面积超6666.67公顷。组建淮安供销水产养殖服务中心，建立河蟹种苗孵化基地和养殖示范基地，养殖服务中心在淮安建有5家连锁服务店，服务水产养殖户600余户，服务养殖面积2333.33公顷；开展大型综合性培训3次，为300余名水产养殖大户培训更新专业知识。合作投资建设江苏大润生物科技有限公司，专业从事水产膨化饲料生产，全年生产销售饲料1900余吨，销售额近千万元，当年实现净利润超百万元。

【食材优电子商务发展有限公司】 食材优电子商务发展有限公司为淮安市供销社参股企业，有社区农产品电商体验馆10个、乡镇三农综合服务中心1个。2016年，公司在淮安现代食品城建设农副产品网货中心，取得市食品药品监督管理局授权，设立农副产品安全监测中心。全年为淮安市大中食堂配送大米8100吨、面粉460吨、农副产品2320吨。

【农资供应和农副产品推介】 2016年，淮安市供销合作社完成春耕夏种农资保障工作，在洪泽等地组织农业全程服务和放心农资下乡活动，现场开展植保无人机飞防演练、免费测土培肥登记、科技讲座，并与种田大户签订农业服务协议。组织20余家农产品生产企业和农民专业合作社参加2016年海峡两岸农展会，销售总额100多万元，同时签约（含意向）金额57万元。（市供销社办公室）

·粮食流通·

【概况】 2016年，淮安市全力做好粮食购销服务，全年收购粮食33.2亿千克，其中国有企业收购14.65亿千克，

5月4日，国家粮食库存检查组一行到淮安检查工作 市粮食局供图

托市收购3.65亿千克，促进农民增收1.75亿元。淮安市粮食局粮食流通监督检查工作全省排名第一，盱眙县粮食局创成“全国粮食流通监督检查示范单位”，淮安市粮食收储现代化考核排名全省第二、苏北第一，智慧粮食建设成为全省示范。

【粮食购销】 2016年，淮安市粮食局通过争取跨省移库计划、国有企业销售自营粮、储备粮提前轮换、即购即销等方式，累计去库存13.23亿千克，财政补贴与企业贴补费用计1169万元。以向省申报夏收租仓库点、建设新仓项目、搭建简易粮仓等方式，累计新增仓容6.5亿千克。粮食收购期间组织“粮食收购进行时”等系列宣传，及时公布托市库点名单、2016年小麦最低收购价政策解读，主动对接服务种粮大户3100多户。

【淮安大米品牌建设】 2016年，淮安市粮食局主导组建淮安大米产业联盟，21家相关企业参与，其中发展共建加工企业9家，全产业链合作企业近20家。提出产业链、品牌链、价值链“三链融合”与统一良种、统一种植、统一收储、统一质量、统一包装、统一宣传“六点统一”发展思路。争取淮安市政府“4+1”（优质稻米、高效园艺、规模畜禽、特色水产和休闲农业）优质稻米产业发展专项引导资金，统筹调度南京淮安优质稻米基地建设资金。委托专业设计公司进行策划，累计完成淮安大米12个系列46个产品包装的统一设计，新包装使用量10万吨。建立核心示范基地733.33公顷、合作基地1.33万公顷，建成约900平方米的“淮安大米展示展销中心”，推进在宁淮两地共建约15家“淮安大米直销店”。开展“淮安大米杯·稻香千年”征文大赛，袁隆平撰写寄语。在广东中山、浙江杭州开展淮安大米推介会。年内，淮安大米获第六届中国粮油榜“最佳标杆地理品牌”、第十四届中国国际粮油产品展示展销“金奖大米”等荣誉。

【粮食购销调控】 2016年，淮安市建成3.97万公顷宁淮优质稻米核心示范基地，全年供应南京市场稻米量创历史新高，首个“宁淮优质稻米基地淮安大米直销店”在南京新港粮油批发市场建成。产销衔接加强，与中山市、杭州市签订《粮食产销战略合作协议》，市直属库被授牌“杭州国家粮食交易中心淮安分中心”，企业间签订粮食购销协议12万吨。市粮食局与市级储备粮承储企业签约，调整优化成品粮储备方案。足额落实新年度大米、面粉和食用油储备任务。建成淮安市军粮应急保障配送中心。制定淮安市军粮供应市级统筹方案，筛选确定军粮供应定点加工企业。

【仓储物流设施建设】 2016年，淮安市完成14.25万吨粮食仓储物流设施项目和3个烘干设施项目建设。初步建成升级版市级粮食流通综合业务管理平台和升级版智慧粮库系统，全市26个市县储备粮库点全部安装粮情测控系统、可视化系统，实现对储备粮全过程远程监管。至年末，淮安市共获批中央预算内投资粮食仓储设施项目2个，省财政支持粮食仓储物流设施项目3个、烘干机项目2个，总投资1.32亿元，新增仓容11万吨，新增粮食烘干能力500吨/天。

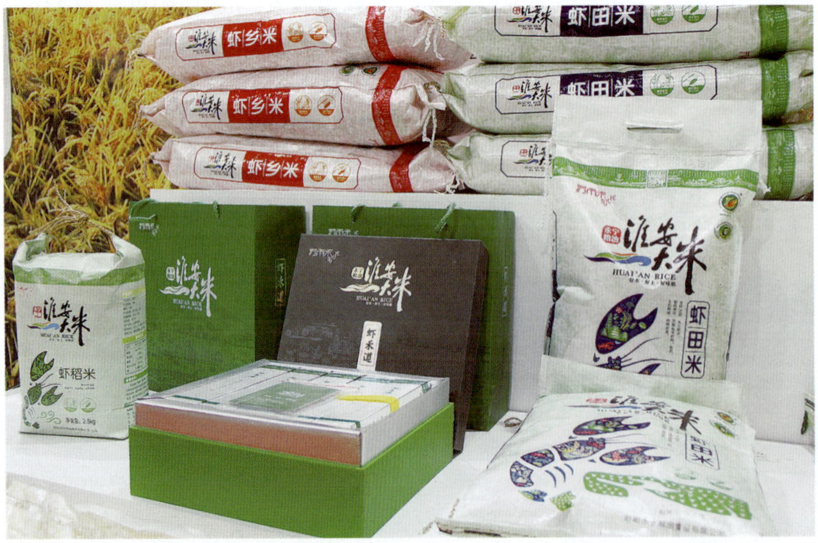

淮安大米部分品种展示　　市粮食局供图

【粮食监管】 2016年，淮安市粮食系统组织开展各类监督检查1139人次，实现全市179家托市库点全覆盖，检查收购主体935个，实施行政处罚28例。开展全市“放心粮油店”专项检查，摘牌3家，新评选10家“放心粮油示范店”。至年末，淮安市国有粮食企业由64家兼并重组至58家，完成土地性质变更42.4公顷，组建7家混合所有制企业，培育经营管理示范企业11家。　（市粮食局办公室）

·中国石油化工股份有限公司淮安石油分公司·

【概况】 2016年，中石化淮安石油分公司始终坚持以市场为导向，以客户为中心，开展各环节销售劳动竞赛活动，企业经营量效持续增长，综合服务功能和市场竞争能力进一步增强。至年末，油品销售量60万吨，非油品销售额突破2亿元。实现销售收入33.26亿元，利润1.15亿元，上缴税收7579.5万元。在中石化销售地市公司中综合竞争能力排名上升8位、发展进步能力排名上升21位。

【综合服务】 2016年，中石化淮安石油分公司全面构建油品、非油品、天然气三位一体的综合销售网，实现加油站加油、加气、购物、洗车、餐饮、保险等一条龙服务。推进综合服务功能升级，加油卡办卡充值实现电话、网络、短信、网点等多渠道办理，更加便捷高效；专门配备零售大客户经理，持续进行加油卡进机关、进企业、进社区、进学校、进车展等“五进”上门服务；100多个加油站便利店有烟酒、日用百货、汽服用品、特色产品等物品上千种，自助洗车、综合服务不断拓展，将加油站真正打造成"汽车生活的驿站"。

中石化总投资8.6亿元的淮安成品油管道及配套的齐湖油库投产运营，扬子石化、金陵石化等沿江、沿海炼油厂优质成品油资源通过管道输送至淮安，保障区域经济发展用油需求。成品油管道二期正在筹建中。

【安全监管】 2016年，中石化淮安石油分公司夯实安全基础管理，突出勤查、严查、重罚，严格推行库站规范化管理、施工标准化作业。以技防监控为手段，油库、加油站、机关、油品承运商油罐车全部安装视频监控，分公司建立视频监控室，实施日监控。持续推动隐患治理，强化风险排查防范和整改，保证硬件本质安全。推动全员轮训和预案演练，提升员工安全意识和应急处置技能。全过程管控，抓质量管理，推进环保蓝天工程。年内，成品油管道齐湖油库首获评先进油库，齐湖油库发货班和大连路加油站分别获评为中石化销售企业安全班组和中石化销售企业绿色班组。

【支农惠农服务】 2016年，中石化淮安石油分公司在三夏、三秋农忙期间，设立农机供应专供加油站，加大资源投入，向农机手免费提供茶水、擦洗用具、简易修理工具、淋浴和休息场所等便民服务。坚持实行"三优一免"（优惠充值、优先加油、优质服务、免费办卡）惠三农，对农机双优卡用户充值优惠高达10%。联合淮安市农机局推行江苏"农机双优卡"，农机用户累计享受优惠上千万元。

·食盐经营·

【概况】 2016年，淮安市碘盐覆盖率99.55%，碘盐合格率98.85%，合格碘盐食用率98.41%。全年开展多次食盐安全专项整治行动，出动执法人员7745人次、检查企业859个次、农贸市场1235个次、零售商店13895个次、食品加工作坊2444个次、饭店食堂14658个次、居民10203户次。查处盐业案件336件，同比下降44.3%；查处违法盐产品18.30吨，同比下降49%；罚没款31.46万元，同比下降47%；移送案件23起，涉案人数25人，判刑2人。

【盐产品质量监管】 2016年，淮安市盐务管理局与省制盐工业研究所、市疾控中心等单位协调联系，采取市、县（区）盐务局联合监管、随机抽查等方式，在盐产品生产、运输、仓储、销售等各环节进行质量管控。对全市盐产品和卤水质量定时检测，全年抽检样品约500份。对不合格产品加以整改，并进行回访，增强盐业生产经营企业的产品质量意识和责任意识，提高产品市场竞争力。

【"防治碘缺乏病日"活动】 2016年，淮安市集中做好全国"3·15"消费者权益保护日、"5·15"防治碘缺乏病日、5月宣传月、"减盐控压"宣传周等活动。全市设立咨询点36个，制作宣传靠牌100余块，参加宣传3000多人次，散发各种宣传资料3万份。

【全民减盐】 2016年，淮安市盐业系统组织动员各县（区）盐务管理局充分利用各地媒体渠道，多层次、多形式、多方位宣传食盐安全知识和盐业法律法规。根据全省"减盐行动"工作要求，与淮安市卫生局联合开展全民减盐行动宣传月活动。在《淮海晚报》、淮安电视台等市内主要媒体开展全民减盐行动相关宣传，倡导和普及"科学用盐、促进健康"理念，提高市民对防治高血压的认识和科学用盐意识。通过"淮安食盐安全"微信公众账号，广泛传播科学用盐知识。

（市盐务局）

·烟草专卖·

【概况】 2016年，淮安市烟草专卖局（公司）销售卷烟13.83万箱，完成省公司下达的任务指标。销售价格29782元/箱（119.13元/条），同比增长6.08%；实现税利10.67亿元，同比增长5.6%；上缴税收7.69亿元，同比增长14.4%。开展品牌培育，全年新引入39个卷烟品规，并对26个品规的卷烟实施退市，引导消费低焦油、细支卷烟，承担控烟履约职责。至年末，重点品牌销售占比80.7%；细支烟销售2070箱，同比增长121.21%；苏烟（一品梅）自上市累计销售519.88件，销售收入1824.3万元。2016年淮安烟草经济运行质效水平位居全省系统前列，被淮安市政府表彰为"科学跨越发展先进等次单位"。

【客户服务】 2016年，淮安市烟草公司深化电子商务发展，全市网上订货率稳定在98%，电子结算率与成功率均保持在100%，零售客户贷记卡及跨行结算办理占客户总数52%，客户资金交易便捷性大幅提升。稳步推进物流中心非法人实体化运作，在全省率先实行一库制和淡旺季弹性送货，坚持优化配送线路，淮安市烟草公司物流中心被授予"全省示范物流中心"称号。

【专卖管理】 2016年，淮安市烟草专卖局查处涉烟违法案件1082起，查获各类违法卷烟3567件，罚没收入110万元；拘留57人，逮捕14人，判刑15人；确认国标网络案件8起，获省烟草局嘉奖24次，市场净化率保持在98%以上。"5·04"互联网售假案件案值达2000余万元，被列为公安部督办案件。连续五年获"省卷烟打假工作特殊贡献奖"。开展"卷烟零售许可证后续监管"课题研究及实践应用，有效订烟户占比由2014年的93.39%提升到2016年的96.25%，许可证有效使用率明显提升，该课题通过省局专家组验收，成果经验面向全省推广。

【烟草专卖应用创新】 2016年，淮安市烟草专卖局鼓励全员小改小革，"改进型烟用打码皮带输送机""一种无线打印设备"等7项设计获得国家专利。在省级QC（质量控制）成果发布会上，获三个一等奖、一个二等奖、一个最佳人气奖；在2016年市委市政府创新创优项目评比中，物流中心的"提升卷烟分拣效率"项目获三等奖。

（靳　沛）

物　流

【概况】 淮安物流发展的功能定位主要是"一带一路"物流战略通道重要

城市、长三角北翼物流枢纽城市，全国承南启北、辐射东西、重要的现代仓储物流基地。物流业规划总体发展目标是，到2020年物流增加值达到350亿元，年均增长10%以上；全社会物流总费用与地区生产总值比率降至14%，新增营业收入亿元以上物流企业15~20家；全市AAA级以上物流企业达30家，新增省级重点物流基地（企业）6~10家。到2025年物流增加值达到700亿元，全社会物流总费用与地区生产总值的比率降至13%。至2016年底，淮安获批省级重点物流基地和物流企业22家，国家A级物流企业21家，其中AAAA级10家、AAA级11家。11月，淮安市翔和翎物流有限公司被省经信委批准为全省智慧物流试点企业，这是全市唯一被省批准的单位。

【空间布局体系】 淮安市现代物流发展空间布局体系为“一区、十园、九中心、多节点”。一区，即仓储集散核心区，加快仓储设施建设，为工业生产及大宗商品流动提供仓储基地，为物流园区及区域性物流中心提供各类特色专业仓储服务；十园，即淮安现代综合物流园、淮安电子商务现代物流园、淮安空港物流园、淮安新港物流园、淮安保税物流园区、淮安传化公路港物流园、淮安铁路物流园、淮安黄码港物流园、淮安金湖港物流园、淮安盱眙物流园；九中心，即淮安顺丰电商快递物流中心、淮安盐化工物流中心、淮安粮食物流中心、清江浦宏进农产品物流中心、淮安头溪河物流中心、涟水物流中心、洪泽物流中心、金湖物流中心、马坝物流中心9个专业物流服务中心；多节点，即按运输网络优化要求合理配置的若干配送结点，通过暂存、分拣和配送等服务完成由生产到消费的最终流通。

（周　鉴）

【快递业】 2016年，淮安市规模以上快递企业完成业务量9813.0万件，增长67.7%，增速全省第三；规模以上快递企业完成业务收入9.29亿元，增长66.1%，增速全省第二。有取得快递业务经营资质企业及其分支机构186家，有快递末端服务网点613个，有邮政速递（EMS）、顺丰、申通、中通、圆通等37个品牌，涵盖国际快递业务、电商落地配送、医药物流配送、同城自主品牌等多种形式，日均转运量突破250万件。淮安市成为全国快递物流重要节点城市、苏北地区快递物流中心枢纽城市。

快递园区建设　全市主要有四大快递物流园区，分别是金网物流园、顺丰电子商务产业园、苏北快递产业园和普洛斯物流园。苏北快递产业园区总占地面积367万平方米，入驻圆通、中通、韵达、国通、快捷、申通、天天、全峰苏北转运中心等物流企业8家，总投资9.1亿元，园区日均转运量近200万件，峰值280万件。加强与电子商务、制造业、仓储等产业融合发展，形成“淘实惠”“康乃馨”等多个“互联网+”快递典型发展模式。金网物流园紧邻京沪高速出口，占地10公顷，总投资超过1.5亿元。集中入驻速尔、优速、龙邦等多个品牌区域转运中心，是全市干线快递物流运输重要转运枢纽。顺丰电子商务产业园占地2公顷，建筑面积5万多平方米，是一个为小微电商企业创业服务的孵化体，园区主要分为电商综合服务区、电商办公区、电商创业孵化区、电商智能仓储区、电商产品体验区和电商配套生活区等六大功能区，实现电商、快递和仓储的融合发展。至年末，签约入驻电子商务企业106家。年内，百世苏北转运中心入驻普洛斯物流园区，各品牌拓展区域处理场所面积超过5万平方米。洪泽区圆通、中通、百世等7个品牌企业进驻洪泽高新技术产业园。

行业融合　借助市政府“4+3”服务业发展计划，推进快递业与电子商务、制造业等上下游产业融合发展，鼓励企业通过多种方式服务地方制造业，推动区域直达与落地配送有机结合的“互联网+”快递新模式。打造“农产品进城，工业品下乡”双通道。建设农村电子商务服务点，推动“快递下乡”工程快速展开。打造“互联网+特色农业”新模式，推动快递与仓储、电商平台等交叉发展，帮助“盱眙龙虾”“洪泽湖大闸蟹”“金湖莲藕”等名优农产品完成“走出去”战略。

解决快递“最后一公里”难题　制定《淮安市智能快件箱运营管理办法》，推动智能快件箱健康有序发展，至年末，全市安装智能快件箱590组，近5万格口。支持优派等第三方企业运营快递末端公共服务平台和快递服务中心发展，有第三方末端服务平台40多个，快递服务中心及基层网点613个。强化校园末端投递服务管理，引导规范校园快递超市、快递末端揽投点、快递校园流动服务车等多种模式共同发展。

行业管理　开展安全生产标准化建设，组织安全管理培训，编制《快递业安全生产事件案例汇编》。推进“平安寄递”创建活动，严格落实“实名收寄、收寄验视、过机安检”三项制度，全年查处行业案件5起，处罚金额4.5万元。连续四年没有发生重大安全事故。组织快递行业职业技能

2016年，淮安市开展5次“崛起江淮”现代物流系列学术研讨活动
市现代物流学会供图

2016年10月，淮安市成立全省首家快递行业工会联合会　　耿玉供图

鉴定考试，至年底，初级通过2000余人，中级通过300余人。推动市顺丰公司在淮阴工学院成立“顺丰班”，毕业135人。推动江苏食品职业技术学院成立物流专业（快递方向），首期67人通过考核入学。（周　永）

【物流行业调研研讨】 2016年，淮安市开展国家电商与快递物流协同发展试点城市申报及电商与快递物流调研，对全市电商与快递物流进行全面梳理，并形成调研报告。淮安市政协与市物流学会对全市物流发展情况进行为期5个月的大调研，形成《淮安物流园区建设和发展调研报告》。由淮安市现代物流学会编制的《淮安市邮政业十三五发展规划》发布，该规划是淮安市首部邮政业发展规划，对全市邮政物流发展及节点布局做出科学规划。11月，由淮安市现代物流学会、淮阴工学院、淮安市港口管理局承担的《长江经济带国家战略下的淮安港口发展策略研究》课题，获得江苏省第十四届哲学社会科学优秀成果三等奖。年内，开展5次“崛起江淮”现代物流系列学术研讨活动。研讨内容包括：淮安市邮政业发展、“互联网+物流”在淮安推广运用、淮河生态经济带发展、海峡两岸物流与交通专题研讨等。（市物流学会）

【淮安传化公路港物流有限公司】 淮安传化智能公路港由浙江传化集团投资运营，项目位于盐河生态科技城境内，总投资10亿元，建设一港三区模式，打造覆盖苏北的智能化城市配送中心、分拨中心、结算中心。2016年，项目一期竣工，并于当年实现满租，实现营业额约2亿元，上缴税收约2000万，获2015年省重大项目、2016年淮安市重大项目等称号。项目建成后可入驻各类物流企业400多家；日流动车辆1000~2000辆，整合社会车辆250多万辆，年承载货物量120万吨；建设运营185条零担快运专线，服务网络可以覆盖全国。为淮安市及周边地区具一定规模的制造企业和商贸企业降低物流成本近40%，解决400多人就业。（周　鉴）

电子商务

【概况】 2016年，淮安市制定出台全市电子商务工作要点，将农村电子商务发展各项目标纳入县区年度工作任务。制定出台《淮安市“十三五”电子商务产业发展规划》，明确未来五年全市电子商务发展总体思路、发展目标、重点任务、产业布局和保障措施等。加大政策扶持力度，落实市级电子商务发展扶持资金385万元，向上争取各类扶持资金311.56万元。

【农村电商】 2016年，淮安市成立农村电子商务协调推进领导小组，出台《关于加快农村电子商务发展的实施意见》，下发全市农村电子商务工作要点。农村电商示范创建加快，新创成省级电商示范县2个、省级电商示范镇8个、省级电商示范村（居）4个；新认定市级电子商务示范镇10个，市级电子商务示范村15个。召开农村电商培训研讨会，研究制定农村电商培训百千万工程方案，全市累计开展农村电商培训49场、参训5200多人次。

【跨境电商】 2016年，淮安市推进跨境电子商务发展，向南京海关申请跨境电商试点，并于当年4月获南京海关复函支持。邮政跨境电商产业园投入运营，可为企业和个人发展跨境电商B2C业务提供场地仓库、邮费补贴、培训孵化等便利。开展跨境电商培训，淮安市级层面就如何应用Wish、速卖通、谷歌等跨境电商平台开展5场培训，近500人参训。威特日用品、淮安国威科技等2家电商企业参加英国电商零售展会，拓展国际市场。

【电商平台合作】 2016年，淮安市加大与知名电商平台合作力度，与阿里巴巴集团、谷歌上海、苏宁云商等知名电商平台签署战略合作协议，“谷歌体验中心”项目顺利落户。淘宝电商平台在淮阴区、盱眙县、金湖县设立县级运营服务中心，建成155个村淘服务站；京东电商平台在盱眙县、金湖县设立县级运营服务中心，建成192个服务点；淘实惠农村电商平台在淮安区、涟水县设立197个服务站。（市商务局）

软件服务业

【概况】 2016年，淮安市软件和信息服务业实现销售89.9亿元，有软件和信息服务业企业458户，ITSS（信息技术服务标准）认证二级软件企业1户、三级企业2户；信息系统集成及服务资质三级认证企业2户、四级认证企业4户。至年末，有通过CMMI3（软件能力成熟度模型集成资质3级）认证企业7户，通过CMMI4认证企业1户；59户企业、206个产品通过“双软”（软件企业、软件产品）认定或评估。淮安软件园及淮阴软件科技产业园成为全市软件产业集聚高地，中兴

2016年，淮安软件园民福康科技股份有限公司在新三板挂牌
淮安软件园供图

智慧产业园建设推进顺利。年内，淮安市新获批江苏顺丰电子商务大学生创业园等“省级创业示范基地”4个，推荐申报全国“双创”示范基地备选项目4个。建有国家级众创空间1个、省级众创集聚区1个、省级众创空间2个、市级众创空间20个。（王　昱）

【中业慧谷·淮安软件创意科技园】 中业慧谷·淮安软件创意科技园暨淮阴软件园是江苏省宁淮挂钩重点项目。园区地处淮安市主城区东北侧，一、二期总占地面积约12.2公顷，总建筑面积近20万平米。其中，一期占地3.33公顷、建筑面积近3万平方米；二期占地8.87公顷、建筑面积约15万平方米。产业定位为软件研发、服务外包、文化创意产业。该园先后获得区级大学生创业园、市级服务外包示范区、市级创业孵化基地、省级软件园以及省级创业示范基地等授牌。

园区项目一期工程于2009年7月开工，2010年9月28日开园，一期研发用房全部投入使用，项目一、二期入园企业累计签约200余家，入园企业有中国铁通、航天信息、淮安市民卡、淮安公共自行车、天之成科技、瑞联教育、英泰特网络、腾讯房产等一些知名规模企业。

中业慧谷·淮安软件创意科技园（二期）2015年被淮安市委、市政府列为淮安市重点建设项目，由淮安万恒科技产业园发展有限公司开发建设，万恒公司系中业慧谷集团发展有限公司、淮安园兴投资有限公司、德祺实业有限公司（香港）共同投资设立的中外合资公司，协议外资3500万美元已经落实到位。园区二期项目分A、B、C三个地块，计划总投资10亿元。其中B地块占地约6万平方米，建筑面积近7万平方米，项目于2015年6月开工，至2016年末，32栋楼已经封顶，进行公共部位装修，B地块项目预计于2017年4月交付。二期项目招商情况良好，累计签约心里程科技、金思维科技、摇钱树电子商务、建宇物业、东华设计院、锐意广告、长江广告、东亭景观设计、灵虎科技等企业82家。2016年6月，二期A地块签约引入韩国城项目，该项目占地2.32万平方米，建筑面积约6万平方米。

（李晓鸥）

【淮安软件园】 淮安软件园成立于2008年，先后被批准为“省级软件园”“省级软件和信息服务产业园”“省级国际服务外包示范区”。2016年3月，淮安软件园成功认定“企企通”建设试点园区。软件园加快信息基础设施建设，提升园区及企业信息化水平，促进整个产业提档升级。同月，淮安软件园科技型企业淮安民福康科技股份有限公司在新三板挂牌上市，是园内继佳一教育登陆新三板后的又一家上市企业，为互联网健康平台第一股。至年末，淮安软件园有上市企业4家。

2016年7月，淮安软件园获批“江苏省互联网产业园”，为淮安市唯一获此称号的科技园区。11月，由台湾玉山国际交流协会理事长、笠美科技股份有限公司总经理宋明吉，台北内湖科技园区会长刘猛雄，陕台文旅促进会会长鲁晓明率领的考察团与淮安软件园签订友好战略合作协议。

（园　办）

【江苏淮工深蓝信息技术有限公司】 江苏淮工深蓝信息技术有限公司成立于1999年，注册资金1000万。有员工58人，中、高级职称15人。主要从事计算机软硬件开发服务、数据中心解决方案供应服务、应用系统集成服务、IT系统运维服务及国家级资格考试服务。是江苏省高新技术企业、江苏省双软企业、江苏省规划布局内重点软件企业、江苏省软件行业协会理事单位、淮安市计算机学会副理事长单位、淮安市电子商务协会会长单位、淮安产业互联网商会副会长单位。通过软件能力成熟度模型集成CMMI3级、信息安全管理体系ISO 27001、质量管理体系ISO 9001、ITSS信息技术服务运维二级标准、国家涉密信息系统集成乙级资质、工业与信息化部计算机信息系统集成三级资质、江苏省建筑智能化二级等资质认证。

2016年，公司“岩盐联碱产业多元危机监控物联网公共服务平台”项目获得淮安市科技进步三等奖，获国家实用新型专利1项，著作权2项，并在淮安盐化工产业园区麦道农化、万邦香料、建滔化工等企业得到广范应用。为淮安电子政务桌面云管理系统、淮安公路网络安全联动控制系统、淮安海事局指挥调度系统、航道智能管理系统及其他企业用户开发信息化服务平台和行业应用软件；研发数项具有自主知识产权、切合用户需求的系列软硬件产品。（徐　玉）

通信服务业

·概　述·

【概况】 2016年，淮安市完成通信基础设施投资4.96亿元，其中移动公司

1.09亿元，电信公司1.07亿元，联通公司0.15亿元，铁塔公司2.65亿元，均用于基站扩容和网络建设。为信息交流构造良好网络支撑环境，基本实现信息传输数字化、综合化、宽带化和智能化。进行异地容灾备份中心三期项目建设，以实现对办公自动化系统的容灾备份。

2016年，淮安市邮政业完成业务总量21.04亿元，同比增长48.05%；累计完成业务收入14.53亿元，同比增长39.92%。全市有邮政普遍服务营业场所171处，其中农村地区营业场所135处。10月，成立江苏省首家快递行业工会联合会。同月，江苏省淮安市淮安邮政管理局揭牌成立。年内，市政府发布《淮安市"十三五"邮政业发展规划》。该规划从全局出发，以长远立意，规划淮安市邮政工作五大任务、六大工程、八项措施。

【电子政务平台】 2016年，淮安市加强全市电子政务平台维护保障，市级行政权力网上公开透明运行平台、市级电子监察系统、市级法制监督系统、淮安市网上政务大厅以及市级电子监察平台下行政审批等各业务子系统维护工作完成，加强各系统运行状况日常监控及系统、数据备份。至11月底，淮安市外网门户及办公自动化系统包含单位317家、用户6482人；发文43328条，其中有效发文31029条，收文539885条；市级行政权力网上公开透明运行和电子监察系统及相关业务子系统上线单位38家。市级行政权力网上公开透明运行平台上线后累计受理行政许可项目572688件，办结546543件；受理行政处罚项目227900件，办结212570件；受理行政强制项目386件，办结332件；受理行政征收项目53981件，办结53931件；受理其他项目1090960件，办结1002290件。

【企业两化融合】 2016年，淮安市按照企业两化融合管理标准贯标体系要求，开展全市规上企业两化融合贯标专项行动。至4月，淮安市有申报2016年江苏省两化融合管理体系贯标试点企业14家，13家企业上榜，入选数量位列苏北第二。组织贯标中介咨询机构与企业对接活动，加深企业对两化融合评估关键指标认识理解，激发企业自评估自诊断自对标积极性，推动企业两化融合管理体系贯标开展。开展2016年江苏省两化深度融合创新（互联网与工业融合创新）示范企业评选，江苏康乃馨织造有限公司因"构建面向集成的融合创新管理系统"被评为两化深度融合创新示范企业，江苏凯乐汽车部件科技有限公司等5家企业被评为试点企业。先后在涟水县、金湖县和市区开展电商拓市环省行活动，重点电子商务综合服务平台以视频轮播、主题演讲的方式作电商应用解决方案介绍、推广，全方位为淮安工业企业提供优质电商服务。

【"智慧淮安"建设】 2016年，"智慧淮安"门户建设通过采取政府统筹、PPP运作、以市场换产业总体思路，规划资源整合、统一平台、智慧运行、品牌打造和"PPP+"建设路径，形成具有淮安特色的"1341"体系，即"一个顶层规划、三个目标、四统一原则和形成一个产业"。其中，顶层规划是淮安建设智慧城市坚持顶层设计、整体规划，注重信息资源整合共享以及各应用领域统筹推进；三个目标是提升政府效能、实现惠民便民和促进产业转型升级；四统一原则包括统一规划、统一建设、统一运营和统一管理，形成立足淮安辐射区域的智慧产业。重点推进基础设施、城市公共数据交换平台、园区载体、信息安全体系、城市管理、政务服务、新一代信息技术产业、高端装备制造产业、智慧企业、智慧旅游、智慧农业、智慧物流、智慧社区、智慧交通、智慧城建、智慧医疗、智慧文教和智慧生态等18项工程建设。

【村邮站服务】 2016年，淮安市村邮站建成投入运行1421家，实现全市所有行政村"一个不漏、一个不差"。村邮站在原有投递邮件及党报党刊功能基础上，拓展快递服务、农产品销售、邮件收寄、水电缴费、话费充值、代缴有线电视费、农资分销、网上购物、农村超市、邮政储蓄小额贷款等服务功能，致力于打造成集信息流、物流、资金流于一体的农村综合服务平台。

【公共WiFi建设】 2016年，淮安市加大公共WiFi建设力度和范围。年内，淮安电信、淮安移动、淮安联通三大通信运营企业完成3350个场所、9011个AP（无线接入）点建设，涉及大型商圈、交通枢纽、医疗结构等9大类区域。

【光纤入户（FTTH）】 2016年，淮安市审查备案小区通信设计方案（组团）177个，完成小区竣工验收（组团）209个。市区所有新建楼盘都按照淮安驻地网"三大通信运营企业平等接入，一纤到户"管理模式实施通信接入，整体情况良好。

【第二届网络信息安全技能竞赛】 11月2~4日，淮安市第二届信息安全技能竞赛在淮安信息职业技术学院举办，130名选手参加竞赛，其中党政机关工作人员34人、信息安全专业服务机构工作人员12人、高等院校学生84人。预赛成绩前6名的队伍参加决赛，江苏冲浪软件科技有限公司代表队的3名选手获得一等奖。

（王　昱）

·中国电信淮安分公司·

【概况】 2016年，中国电信淮安分公司主营业务收入完成年度预算100.08%，位列全省第五，同比增长2.68个百分点，位列全省第五。其中，新兴业务收入同比增长7.65%，占经营收入比较上年同期提高1.6个百分点；移动服务收入同比增长4.05%，占总经营收入比较上年同期上升0.65个百分点。

【市场运营质态提升】 2016年，中国电信淮安分公司重点围绕4G发展，加强4G终端销售，存量市场开展3G升4G活动，增量市场组织卡槽争夺战。天翼网间份额到达21.5%，提升1.53个百分点，连续四年保持较快提升速度。宽带主打差异化营销，在政策上坚持融合优先，开展光改、精扫、宽带提速、宽带回家等活动，直面低价竞争。全年宽带用户净增完成率

103%。FHHT（光纤到户）用户占比96.3%，全省最高，基本实现宽带光纤化。在网宽带平均带宽40.1兆，较上年末提升56%，带宽优势逐步显现。在省公司年度经营工作综合考评中，淮安分公司获“2016年规模发展先锋奖”银奖。

【渠道业务】 2016年，中国电信淮安分公司流量收入完成率95.7%，位列全省第二；同比增幅22.5%，位列全省第六；拉动收入贡献4.5个百分点，位列全省第三；流量规模同比增幅113.8%，位列全省第四。12月4G户均流量突破1G，达1081兆。流量经营年度综合考评位列全省第四，连续3年保持全省领先。大数据成功签约淮阴区码头镇旅游、盱眙供电、公安人流实时监控、金湖和洪泽马拉松、盱眙龙虾节、体彩等项目。政务云方面，淮安市人民政府云平台项目顺利签约。医疗云方面，相继签约盱眙同济医院医疗云桌面、金湖卫生计生委应急系统云灾备平台项目；盱眙中医院移动护士站项目系全省首家签约护士站项目。教育云方面，成功签约淮阴区教育局教育云、清浦区教育智慧云、盱眙县第一中学云桌面、涟水教育局教育云、金湖教育局教育云等项目。淮安区分公司成功中标淮安区技防城公安监控项目，中标总金额超千万元。

【4G建设和光网改造】 2016年，中国电信淮安分公司继续实施低成本快速建网，至年末，累计开通4G站点4273个，下行流量101.8T；4G时长驻留比97.42%，位列全省第二，流量驻留比93.56%；上下行平均速率31.35兆比特每秒和47.29兆比特每秒。全年净增（光纤到户）覆盖37.4万户，完成率112.1%，总数达223.6万户。全部宽带用户占比由71.02%提升到96.3%，位居全省第一。FTTH端口到达124.1万个，端口实装率51.4%，比上年底提升9.25个百分点，提升幅度位列全省第一。

【安装与维护服务】 2016年，中国电信淮安分公司安装与维护服务持续提升，至年末，淮安地区装维投诉总量1439件，同比下降22%。安装与维护即时点评满意率提升至全省第三。实现600家集团级客户电路端到端主动服务，告警处理及时率80%，故障主动发现率超60%，省接口完好率99.9%。网络质量稳中有升，移动业务感知优良率91.02%。创造性提出固移融合2.0组网架构，获省公司领导关注。光交箱隐蔽方式实现无线+驻地网同步建网被省公司发文推广。淮安样板区密集城区深度覆盖性能全省最好；电梯随行每台信源仅1000多元，总成本仅为传统方案的6%；光交箱方式比传统组网节约成本52%。

【优化管理】 2016年，中国电信淮安分公司严格把控外包用工进入，实现外包用工结构优化、数量降低和全员劳动效率提升。完成全地区25个支局改造扫盲及已改造支局的长效保有检查，验收综合优良率83.9%，列全省第一。完善能耗划小监测手段，至年末，在省公司最新的系统统计中，淮安A、B、C类局点能耗监测综合测评81.82分，省均69.22分，排名第一。服务能力提升，月均原始申诉率和重复投诉率完成值分别为百万分之1.95和4.77%，均位列全省第一；投诉处理满意率完成值93.45%，位列全省第三。推动创新型企业建设，公司1项实用新型专利申请获国家知识产权局正式授权，实现自主知识产权成果零的突破。全年引入复制全省创新成果24项。市公司客户服务调度中心综合运营班获“全国质量信得过班组”称号。深入开展普法宣传教育，年内，获评省公司“六五”普法先进单位。信息工作连续三年获评省公司信息工作先进单位。 （魏曙光）

· 中国移动淮安分公司 ·

【概况】 2016年，中国移动通信集团公司淮安分公司推进业务转型升级，营造良好行业环境，维护客户合法权益，提升服务地方经济社会发展的能力，公司获各项表彰50多项。全年手机通信用户规模近300万户，其中4G用户规模达到170万，公司运营收入超18亿元，行业收入份额超过60%，手机通信用户份额70%。

【4G提速降费】 2016年，中国移动淮安分公司4G四期建成开通，4G基站规模超过4000座（含替换），市区、县城、农村覆盖率分别达到97%、96%、94%。开展4G城市攻坚战，建设开通热点区域、疑难站点205座，网络感知大幅提升，4G上网和语音满意度均领先行业伙伴。经营提速，扩大4G客户规模；整合厂家、平台、渠道资源，加速2/3G客户换机，4G用户渗透率近60%；加强大流量套餐推广和应用分发辅导，多波次开展流量赠送和促销；全年上网流量增幅近150%，4G客户月户均流量约1450兆。

【家庭服务】 2016年，中国移动淮安分公司加快宽带基础设施升级，光纤宽带建设和光改投入近2亿元，累计新建宽带近40万户，光改用户超30万户，20兆以上小区占比100%。加强宽带、4G、电视融合发展，给予大幅优惠折让，降低客户综合使用门槛，宽带规模突破40万，互联网电视超过20万，20兆以上占比达到65%。推出“两天装机一天维修超时赔付”服务承诺，宽带问卷调查扭负为正，移动家庭产品得到认可，移动宽带成为市场第二大主导运营商。

【信息化拓展】 2016年，中国移动淮安分公司利用4G契机，促进行业应用升级换代。“公安4G物联网图传”项目为全省首创。联合淮安市经济和信息化委员会，帮助本地企业申报“企企通”专项补贴，降低信息化运营管理门槛。“慧眼守土”“卫生平台”“平安村村通”等基础资源型项目基本实现全区复制，淮安区技防城、淮安市文广新局新三馆项目签约额超千万元，有效提高政企即时指挥、视频监控、移动办公等信息化管理水平。加快移动互联网转型升级，打造工作手机拳头产品，标准工作通讯模块嵌入客户个性化应用，满足集团客户移动办公管理需求，活跃工作手机用户超50万人次，提升政企管理效率。

【行业整治】 2016年，中国移动淮安

分公司高度重视和落实防范电信诈骗，坚持公平市场竞争，严格按照国家相关规定履行企业社会责任。明察暗访新入网实名制落实情况，立体滚动告知存量未实名客户，分批实施半停、全停，年内总体实名认证率100%。进行专项检查、交叉抽查，至年末，关停无法提供资质、手续不全的语音专线、呼叫中心、一网通等用户13家，销户高风险的行业卡6000多张，未发生大面积涉嫌电信诈骗恶性事件。开展不知情定制专项整治，关停违规工号20多次。提升客户服务能力，开展流程穿越、加强营销协同、解决内部问题，4G流量资费满意度、宽带装维满意度得到改进，带动相关问卷调查值回升到全省前列。年内，公司获评全国用户满意服务单位。

（张良和）

·中国联通淮安分公司·

【概况】 2016年，中国联合网络通信集团有限公司淮安分公司业务收入3.02亿元，较上年增长7.7%，增值电信业务收入0.4亿元，较上年增长15%。全市电话用户增加约30万户，总计58万户，电话普及率20部/百人。互联网宽带接入用户新增3万户，总计15万户，平均宽带接入速率30M。全年完成投资0.48亿元。年内，向创新业务转型，向4G业务转型，向中高端业务转型，拓展系统集成项目12个。

【网络覆盖优化】 2016年，中国联通淮安分公司4G基站全部完成安装开通。解决淮安老小区高故障低带宽问题，提升联通宽带品质；新建小区宽带接入近2百个，覆盖10万多户；在淮阴师范学院、南林大淮安校区、淮阴商校、江苏护理职业学院等建设万个端口。开展网络质量专项优化，无线接通率提升0.1%。

【校园市场】 2016年，中国联通淮安分公司全面提升高校用户规模和市场份额。继在淮阴工学院完成宽带建设后，与淮阴师范学院、南林大南方学院签订校企合作协议，实现3所本科院校全面宽带接入。（姜苏航）

·中国邮政集团公司淮安市分公司·

【概况】 2016年，中国邮政集团公司淮安市分公司（以下简称市邮政公司）收入规模突破5亿元大关，累计实现收入5.15亿元，完成省公司计划103.94%，同比增长13.82%。其中，市公司、淮安区分公司收入破亿元，完成2016年初制定的计划目标及省公司下达的10个重点项目。全年新增金融总资产55.28亿元，同比净增18.65亿元。储蓄平均余额净增15.75亿元，完成年计划的175%，计划完成率位列全省第一。中邮期交业务完成6126万元，完成年计划的115.6%，计划完成率位列全省第一。发放有效绿卡25.1万张，完成年计划的105.5%；发展有效电子银行17.9万户，完成年计划108.5%。中邮证券实现有效开户2114户，完成年计划162.6%。年内完成包裹专业组织体系改革，全年累计实现收入3663万元，同比增长41.02%；“双十一”（11月11~22日）期间，全区累计出口快递包裹27.2万件，同比增幅64.01%。

2016年，淮安联通公司与市教育局签订战略合作协议 姜苏航供图

【传统邮务】 2016年，市邮政公司函件专业着力培育文化市场、旅游市场、校园市场，持续开展项目营销，紧贴客户需求，全年实现收入1819万元，完成年计划109.7%，计划完成率位列全省第三；封片“双转双促”营销活动中提前85天完成计划目标。报刊专业重点开展“光明书香节”“书香校园行”“小小报童”等活动，全年实现报刊发行收入3207.83万元，完成年计划100.03%，完成率位列全省第六。全淮安地区完成2017年一次性报刊大收订流转额9023.57万元，完成计划的100.26%。洪泽分公司经多方谈判，在外发行十多年的党报党刊回归邮发渠道，新增流转额190余万元。集邮专业融入地方文化，以邮票首发扩大邮政社会影响，全年实现集邮收入1600万元，完成计划117.42%，增幅26.05%，完成率与增幅均位列全省第二。市集邮业务局开发全国首例双渠道邮票书——《信中书》，实现收入300余万元，与国家大剧院联合开发“纪念长征”邮品，印青、阎维文等名家现场签售，效果良好。电子商务专业实现收入2814.45万元，完成计划101.83%，增幅10.2%，其中短信业务实现收入1989万元（含汇兑和EMS收入）、车险业务实现收入611万元，利用“邮乐网”线上平台和“邮乐购”加盟店线下渠道助推分销业务转型，实现分销业务差价收入850.5万元。

【网店改造】 2016年，市邮政公司改造邮政网点14个，同时新增CRS（自动循环存取款机）一体机7台，存折取款机3台。四年多投入资金7000余万元，累计改造服务网点130余个，累计增加营业面积13000多平方米。

【电商便民服务平台】 2016年，市邮政公司累计建成邮政便民服务站1421个，实现全市行政村基本全覆盖，累计安装邮掌柜1930个，计划完成率位列全省第一，各项运营指标均居全省前列。通过加盟店维护，有效助推分销转型，渠道批销占比提高至60%。邮乐农品—淮安馆正式开馆，受到客户好评。

【邮银融合】 2016年，市邮政公司深化邮银合作，邮银双方尝试实现大邮政集体利益的最大化，共建共创、共享共赢。年内，发放信用卡1772张，完成省公司计划126.57%，完成率位列全省第二，完成小额信贷5068万元，完成省公司计划169%，完成率列全省第4位。

【合规管理】 2016年，市邮政公司强化安全教育，落实各项措施，企业安全生产保持平稳态势。全年开展安全管理检查260人次，下发整改通知书49份，发现隐患473处，立即整改445处，限期整改28处，隐患整改率100%。成功防范电信诈骗案件54起，避免客户损失61.38万元。做好G20杭州峰会等重大活动期间安全保障工作，杜绝各类安全生产事故发生。加强金融风险合规管理机构设置和人员配备，在金融业务局设立金融合规部，配齐合规检查人员，通过完善考评体系、定期召开邮银联席会、邮银共同开展培训等方式，增强员工金融合规意识，全年金融主观A类问题得到有效控制。2016年，全淮安地区无任何邮政事故、案件发生。

【《长征》新邮首发仪式在淮安举行】 10月22日，市邮政公司在苏皖边区政府旧址举办《长征》新邮首发仪式。此次《长征》邮品将红色题材邮票与国家大剧院原创歌剧《长征》六幕九场故事相结合，并由国家大剧院官方授权，与北京同步发行。通过国家大剧院会员与集邮会员的资源共享，将中国集邮文化与歌剧艺术完美融合，共谱长征精神文化赞歌。

（严克勤）

·无线电管理·

【监测保障】 2016年，淮安市加大民航、铁路、电力等重点频率保护，落实沟通协调机制和快速响应的干扰排查机制。全年排除民航干扰1起，确保航空飞行安全。为1.4G无线政务网项目提供频率需求保障服务。保障重大活动安全，保障研究生入学考试、高考等重大活动无线电安全14场，实施干扰阻断16起，防范和震慑不法分子利用无线电技术手段进行考试作弊的违法活动，维护考试公平公正。确保G20杭州峰会期间全市无线电安全。8月20日至9月6日，无线电管理部门与市公安、广电等部门建立联动机制，联合查处"黑广播"案件1起。做好重点频段监测保护，利用固定站和小型站对公安、森林、水上等9个重点频率进行保护性监测，利用固定站和可搬移站监测工作时间22687小时。加强干扰信号查处，对使用重点频率的台站周边地区不明信号进行查处，接到干扰申诉8起，解决8起，其中航空专用频率干扰申诉2起、通信运营商干扰申诉6起。在日常监测工作中发现不明信号10个，均及时进行处理。

【基站管理】 2016年，修订出台《淮安市新建通信基站工作流程》，对基站建设程序进行规范，对铁塔公司2016年第一批、第二批共680个铁塔建设进行备案批复。召开淮安市"十三五"通信基础设施空间布局规划座谈会，组织运营企业、铁塔公司、规划设计院开展市区、县区及5个重点区域基站规划编制，将基站规划纳入城乡规划。全年，共处理市长热线基站建设投诉19起。

【无线电基础职能】 2016年，淮安市建设完成2套无线电校园管制系统。反无线电考试作弊为无线电管理部门重要工作任务，平均每年要对10余场大型考试进行保障。考点数量较多，人手有限，经过协调，在考点集中的大学城，于食品学院实验楼和江苏护理学院教学楼楼顶各建设一个监测管制站，预算140万元，天线建在楼顶上，配备10平方米机房，为大学城6所高校考点的各类大型考试保驾护航。

【非法设台查处】 2016年，淮安市先后出动监测车10余次，查获非法调频广播案4起，缴获非法广播电台设备4套，配合公安部门检测伪基站设备2套，查处擅自使用手机屏蔽器干扰移动通信事件2起，打击和震慑违法分子，保障移动通信安全。（王 昱）

中介服务业

·典当业·

【概况】 2016年，淮安市有经商务部门审核批准并进入商务部典当行监督管理系统监管的典当行23家。至12月，有20家申报财务报表。20家典当企业实收资本3.6亿元，典当总额7.48亿元，同比增长10%，其中动产典当总额8984万元，房地产4.66亿元，财产权利1.9亿元；利息收入1684万元，其中房地产利息1069万元，上缴税金237.4万元，税后利润303.37万元。20家企业资产总计5.12亿元，同比增长13.97%；主营业务收入2212.23万元，同比减少45.66%，主营业务利润381.1万元，同比减少64.14%。

·融资担保·

【概况】 2016年，淮安市有融资性担保公司21家，法人机构19家，注册资本26.27亿元。其中，国有担保公司13家，注册资本22.82亿元，占比86.87%。2年内新增担保贷款43.99亿元，在保余额43.45亿元，在保户数1504户。中小企业担保贷款40.09亿元，占担保贷款总量的91.13%。担保公司信用评级AA级1家，A级以上5家，没有出现系统性风险。完成省进出口银行、淮安农商行低息贷款申请发放工作，发放低息统贷平台贷款5.31亿元。市、县（区）企业应急过桥资金办理企业转贷资金51.1亿元。完善中小企业BCG融资服务市场管理，组织开展银企保融资对接活动18

表31 2016年淮安市融资性担保公司区域分布表

所属县区	注册资本(亿元)	担保贷款(亿元)	公司数量(个)
淮安区	2	2.35	2
开发区	4	5.04	2
淮阴区	1.5	2.63	2
清江浦区	3	5.82	5
涟水县	2.4	4.97	2
洪泽县	2	0.76	2
盱眙县	1.01	2.13	1
金湖县	1.34	1.7	2
工业园区	2	0.17	1

表32 2016年淮安市小额贷款公司区域分布表

所属县区	实收资本(亿元)	贷款余额(亿元)	公司数量(个)
开发区	3	1.86	4
清江浦区	4.11	4.77	7
淮安区	2.44	2.5	5
淮阴区	3.2	3.36	4
洪泽区	1.5	1.1	2
涟水县	1.3	1.12	3
盱眙县	3.41	3.41	5
金湖县	3.8	4.38	4
苏淮高新区	0.72	0.68	1
合　计	23.48	23.18	35

场，包括清江浦区、淮安区、重点中心镇专场活动。完成2016年度107.13亿元的融资担保任务。

·小微贷款·

【概况】 2016年，淮安市涉农贷款余额932.97亿元，比年初增长201.88亿元，同比增长27.92%。小微企业贷款余额501.94亿元，比年初增长105.93亿元，同比增长26.82%。至年末，淮安市开业小贷公司35家，包括29家农村小贷公司和6家科技小贷公司，实收资本23.48亿元。年内，3家农村小贷公司开业，实收资本1.8亿元。贷款余额23.18亿元，其中农村小贷公司贷款余额18.77亿元，科技小贷公司贷款余额4.41亿元。全市小贷公司机构覆盖各县区，业务范围逐渐向周边未设小贷公司空白乡镇、街道延伸，服务半径不断扩大，在促进农村金融改革和拓宽中小微企业融资渠道等方面发挥重要作用。 （孙　珩）

开放与合作

综　述

【概况】 2016年，淮安市实现进出口总额35.04亿美元，同比下降15.1%，其中出口26.98亿美元，进口8.06亿美元。实现外经营业额1.3亿美元，同比增长25%。全市开发区实现规模以上工业开票销售收入1360亿元，同比增长7.2%。新批外资项目240个，协议外资28.6亿美元，注册外资实际到账11.6亿美元，总量苏北第二，增幅苏北第三。拨付外贸相关项目扶持资金3375.5万元，各县区立足实际，制订出台适合当地外贸发展的政策措施，扩大小微企业出口信用保险免费投保覆盖面。

【外贸载体培育】 2016年，淮安市实施外贸企业“双百工程”，重点培育百户重点企业和百户新增长点企业。全市有进出口、出口实绩企业分别为809户、725户，较上年同期分别增加53户、44户。全市新培育外贸企业152户，新增进出口1.9亿美元。

【国际市场开拓】 2016年，淮安市组织330家次外贸企业参加中国华东进出口商品交易会、中国进出口商品交易会、在日本大阪举办的江苏出口商品展览会及德国科隆五金展等境内外展会，设立展位570多个，参展企业数和展位数均创历史新高。

【新兴业态发展】 2016年，淮安市积极探索对外贸易新兴业态。跨境电子商务试点获得南京海关复函支持，新引进谷歌Adwords体验中心，帮助外贸企业通过大数据手段开展国际市场精准营销。组织6场次跨境电商企业培训交流活动，支持引导外贸企业通过江苏一达通等外贸综合服务平台代理出口。

【加快企业“走出去”】 2016年，淮安市抢抓“一带一路”战略机遇，组织外经企业参加宣传推介及央企对接活动20多场次，鼓励支持企业发展境外投资。全市新签对外承包工程合同3个，新签合同额12350万美元，同比增长350%。新设境外投资项目15个，中方协议投资额3883万美元，同比增长12.3%，企业境外投资区域涉及欧洲、非洲、美洲、亚洲等20多个国家和地区。

【开发园区提档升级】 2016年，全市开发区实现规模以上工业开票销售收入1360亿元，同比增长7.2%；累计实现到账外资6.98亿美元，占全市60.1%；新批总投资3000万美元以上外资项目37个，占全市62.7%；实现进出口31.2亿美元，占全市89%；实现规模以上工业开票1360亿元，同比增长7.2%，占全市58.2 %；新开工亿元工业项目81个，占全市77%；新竣工亿元工业项目81个，完成固定资产投资136.8亿元，分别占全市73%、76.8%。淮安经济技术开发区电子信

表33　　2016年淮安市贸易和外资外经情况表

	绝对值	增长（%）
国内贸易		
社会消费品零售总额（亿元）	1083.83	11.7
批发和零售业	978.30	11.9
住宿和餐饮业	105.53	9.3
城镇	964.50	11.4
城区	502.68	7.8
农村	119.33	13.7
对外贸易		
进出口总额（亿美元）	35.04	−15.1
出口	26.98	−10.3
进口	8.06	−28.2
外资外经		
协议注册外资（亿美元）	28.58	31.5
注册外资实际到帐（亿美元）	11.61	−4.3
对外承包工程完成营业额（亿美元）	1.30	24.4

表34　　2016年淮安市分地区国内外贸易、利用外资情况表

地区	社会消费品零售总额（亿元）	进出口总额（亿美元）	出口	进口	注册外资实际到帐（亿美元）	协议注册外资（亿美元）
全市	1083.83	35.04	26.98	8.06	11.61	28.58
淮安区	172.23	2.43	2.31	0.12	1.45	4.75
淮阴区	119.08	2.20	1.60	0.60	1.58	4.75
清江浦区	285.87	3.60	3.11	0.49	0.69	1.11
原清河区	178.05	1.89	1.45	0.44	—	—
原清浦区	107.81	1.71	1.66	0.05	—	—
洪泽区	94.03	1.24	1.13	0.10	1.51	3.22
涟水县	130.03	3.71	3.30	0.41	1.41	1.97
盱眙县	123.89	1.88	1.34	0.54	1.20	2.99
金湖县	90.76	3.47	3.42	0.06	1.20	1.52
开发区	67.94	15.82	10.32	5.50	2.47	7.28
工业园区	—	0.64	0.41	0.23	0.41	0.77
生态新城	—	—	—	—	0.02	0.23
盐化新区	—	0.18	0.13	0.05	0.06	0.01

息、金湖开发区装备制造、盱眙开发区机械（钢管轴承）产业产值超过百亿元。年内，淮安高新区申报国家级通过科技部专家组调研；清河新区获省政府批复筹建省级开发区，盐化新材料产业园区获省政府批复筹建省级高新区；淮安经济技术开发区通过国家生态工业示范园区验收，淮安工业园区、淮安高新区2家通过省级生态工业园区验收；淮安、金湖2家开发区通过省级知识产权试点园区验收。

【招商引资】 2016年，淮安市组织境外日本、韩国、意大利、南非和境内上海、北京、珠三角等外资密集区专题招商，洽谈富士通电子、三菱重工等一批世界500强企业和知名跨国公司，建立与德国中小企业家协会、韩中发展交流协会等90多家机构的联系。举办两次全市外资招商人员实务培训班，邀请苏南等地一线专家到淮安讲课，组织优秀外资招商人员赴苏州参加培训班，提升全市外资招商队伍的综合素质。实施委托招商，聘请苏南、珠三角等地有招商资源的专家、中介机构作为招商代表和顾问。全年淮安市新批总投资3000万美元以上项目59个，其中1亿美元以上项目10个。伊弗特精密零部件、德科码半导体等重大产业项目及宝岛母爱医院等新业态项目落户，大项目数苏北第一。

（市经济和信息化委员会　市招商局）

开发区

· 淮安经济技术开发区 ·

【概况】 淮安经济技术开发区成立于1992年，2010年升格为国家级经济技术开发区。2016年，辖钵池乡、徐杨乡、南马厂乡3个乡和东湖办事处、广州路办事处、新港办事处、枚乘路办事处、金港办事处5个办事处，行政面积166平方公里，常住人口30余万人。建有综合保税区、留学人员创业园、软件产业园、大学科技园等系列“国字号”平台，以及科教产业园、空港产业园、物流园、海关通关点等省级特色平台，综合载体功能江北领先。先后吸引欧美、日韩、中国香港、中国台湾等20多个国家和地区的客商到区投资兴业，集聚富士康、台玻、敏实、明基达方、膳魔师、臻鼎科技等台资企业近500家，形成新能源汽车及零部件、智能装备、生命健康三大新兴产业以及IT、盐化新材料两大支柱产业，以西游记文化体验园为龙头的文旅产业、以“智慧谷”为核心的智慧产业加速崛起。2016年，在全省129家开发区综合排名第13位。

【经济发展】 2016年，淮安经济技术开发区实现地区生产总值284.17亿

10月19日，第十一届台商论坛在淮安市举行　史润泽供图

元，可比价同比增长8.8%。其中，第一产业增加值下降2.1%，第二产业增加值增长9.4%，第三产业增加值增长9.0%。经济结构进一步优化，三次产业结构比例由上年的0.8∶80.4∶18.8调整到0.7∶80.0∶19.3，第三产业占比逐年提高。全区累计实现外贸进出口15.82亿美元，其中出口10.32亿美元，同比分别下降20.4%、16.0%。完成规模以上固定资产投资245.19亿元，同比增长19.5%。实现全区财政总收入54.56亿元，公共财政预算收入41.33亿元，同比分别下降9.5%、17.5%。

【工业发展】 2016年，淮安经济技术开发区规模以上工业企业累计完成工业总产值1299.76亿元，同比增长12.2%；实现工业增加值322.75亿元，可比价增幅10.4%；累计实现销售收入1306.76亿元，增长14.1%；利税97.95亿元，增长9.5%，利润64.49亿元，下降3.5%。规模以上工业增加值占全市比重为19.85%。全区规模以上工业企业利润总额同比下降3.51%，总体毛利润率4.83%。

【科技创新】 2016年，淮安经济技术开发区研究与试验发展（R&D）经费支出10.66亿元，增长7.9%，R&D经费支出占地区生产总值比重3.8%。实现高新技术产业产值961.5亿元，增长10.6%。完成专利申请2395件，增长27.3%，其中发明专利申请736件，增长66.5%。专利授权1240件，增长15.1%。新增国家高新技术企业14家，新增省级以上企业研发机构3家。

【投资促进】 2016年，淮安经济技术开发区新签亿元以上民资项目25个，其中林达智思、惠电创新等10亿元以上项目3个；全区新批外资项目47个，协议外资6.54亿美元，比上年增长9.2%；注册外资实际到账2.47亿美元，下降31.9%。新开工亿元以上项目18个，新竣工设备投资超千万元实绩考核重点项目15个；累计实施城建项目125个，完成投资59.33亿元。敏安汽车获批国内第五张新能源整车牌照。

【管理与服务】 2016年，淮安经济技术开发区深化项目审批改革，行政许可项目精简率26.8%；探索项目审批"容缺预审""缺项办理"，在全市率先打造窗口"无否决权"特色品牌。出台新能源汽车及零部件等三大新兴产业集聚发展实施意见，成立全市首家金融控股有限公司，为产业加快集聚提供新动能。坚持绿色发展，成功创建国家生态工业示范园区。（董亚峰）

·淮安工业园区·

【概况】 2016年，淮安工业园区落实"12345"工作思路：一个目标，即紧盯创建国家级开发园区的奋斗目标；两个理念，即牢固确立开放引领、项目为王两个理念；三大战略，即全面实施产业立区、环境兴区、科技强区三大战略；四新园区，即努力打造科技环保新高地、创新创业新平台、产城融合新示范、人文生态新家园；五个重点领域，即重点抓好招商引资与项目建设、产业集聚与经济发展、环境提升与功能配套、民生保障与社会和谐、组织建设与党风廉政五个领域的工作。

开展"全员招商年"活动，经济社会发展呈现"稳健增长、动力增进、后劲增强"的良好态势。全年完成规模以上工业总产值10亿元，同比增长31%；工业增加值2.3亿元，同比增长11.3%；工业开票销售9亿元，同比增长71%；工业用电量4800万千瓦时，

8月18日，淮安工业园区举办项目集中签约　周成强供图

同比增长42%；公共财政收入是全市唯一正增长区域。6月14~16日，全国人工林木材提质优化与应用高峰论坛暨新技术研讨会在淮安工业园区举办。7月，淮安工业园区电镀废水第三方运营机制试点和河道生态建设第三方服务机制试点两个项目获批环保部第五批环境服务业试点项目。9月12日，淮安工业园区爱美森木业母公司中国优材在香港联合交易所主板上市。年内，淮安工业园区获批“省级生态工业园区”。

【产业经济】 2016年，淮安工业园区牢固“项目为王”理念，大幅度调整招商体系，在原有1个招商局的基础上，构建“2+X”的招商新格局，组建2个专业招商部门、8个招商分局，全年引进机器人集成、RTP管材等项目29个。启动“八园一小镇”建设，打造智能制造产业园、机器人产业园、旅游装备产业园、国际中小企业创业园、木业科技产业园、跨境电商产业园、生态环保智创园、汽车博览园和婚庆文化风情小镇，提升园区差别竞争力。突出“一家人”式101%服务理念，抓项目帮办，抓要素供给，强化问题解决，培育纳沛斯、金德安、海润环保、远程光伏、淮安之星列统企业。洛克弗、纳沛斯公司外贸进出口实现高速增长，新增爱美森、纳沛斯、中科环保公司等开票销售过亿元企业。

【公共服务】 加快培育企业创新能力，鼓励创新型、成长型企业申报国家级高新技术企业，纳沛斯、凡新科技、苏能电动车、洛弗克公司培育为国家级高新技术企业，博泽科技、海润环保、爱美森、海泰克公司为市级高新技术企业。加大与高等院校产学研合作力度，南京大学（淮安）生态环保智创中心、上海交通大学（淮安）智能装备研究中心等研发平台落户园区。获批2个环保部环保服务业试点项目，完善园区科技创新承载功能。栖霞幼儿园建成运营，实验学校与淮阴中学新城校区合作办学取得成效。组织实施医改惠民工程，园区医院急诊、住院楼投入使用。举办园区第七届全民运动会、“倡导文明·放飞梦想”大型文化活动、广场舞比赛，组织文艺演出28场，评比“十星文明户”“道德模范”“创业模范”等，实现以文化人、以文育人。创新社会治理，以“言和工作室”“天眼工程”、矛调中心为载体，从源头上化解矛盾、消除隐患，全年调处矛盾纠纷超800起，调处率100%，实现群众矛盾“零激化”，社会治安防控能力提升。

【基础设施建设】 2016年，淮安工业园区按照满足产业需求、保障民生需要、完善功能必需的要求，组织实施一批重点项目。完善基础设施配套，滨河路、永济路西延工程建成，永济路与栖霞路等8个道口交通安保设施建成使用，龙江路、通衢大道等5条道路路灯安装全部完成，开展电子危废水管道与设施处理，发展大道、昆仑路景观提升工程及城市绿色小客厅成为园区新形象亮点。推进永济河公园景观提升、道路绿化、城市绿色小客厅建设、村庄环境整治，强化环境保护和生态建设。集中开展区容整治行动，规范建筑工地、拆迁工地管理，严密监管工程渣土运输，实施道路区域化管理机制，初步实现保洁全天候，管理无缝隙。

6月，2016全国人工林木材提质优化与应用高峰论坛在工业园区举行
周成强供图

【社会保障】 2016年，淮安工业园区发展社会事业，改善民生，推进惠民项目，落实城镇低保与农村低保提标政策。新建7个城乡综合便民服务点，方便群众参加城居保，做到“参保、缴费、查询、领取”四个不出村。推进困难群体帮扶、公交通达等10项惠民工程计23项具体项目，完善东片区未开发区域生产生活配套。抓城市长效管理，推进文明城市创建，实现防违治违“八连冠”，村庄环境长效管护迈入优秀行列。（周成强　许继璐）

·江苏省苏淮高新技术产业开发区（筹）·

【概况】 2016年5月，江苏省政府批复同意淮安市筹建苏淮高新技术产业开发区（简称“苏淮高新区”）。规划面积5.33平方公里，四至范围为：东至楚盐路，南至盐都路，西至洪盐路，北至苏北灌溉总渠。苏淮高新区坚持走“量质并举”之路，稳增长、促创新、调结构，工业经济呈现良好发展态势。全年实现规模以上工业产值95.1亿元，同比增长15.3%；工业增加值15.6亿元，同比增长12.6%；开票销售67.7亿元，同比增长14.2%；完成规模以上工业投资50.2亿元，其中技改投入15亿元。新增列统企业5户、开票销售超亿元企业2户，联力环保在“新三板”上市。

通过科技部国家火炬盐化工特色产业基地复核。发挥“科技镇长团”桥梁纽带作用，推动产业研究院实质性运作，与淮阴师范学院合作共建技术转移分中心。明德立达、美轲化学等7家企业入围国家级高新技术企业公示名单，开发市级以上高新技术

产品4个，新建“两站三中心”13家，创成省级示范智能车间3家，建成省级企业技术中心2家，高新技术产业产值占比突破40%。提高入园门槛，完善入园项目论证评估机制，通过部门初审、专家评审、领导小组会审，综合考量项目投资实力、安全环保等要素，杜绝低端项目入园。开展产业链招商，与中国石油化工协会、台湾化工原料商业同业公会等协会开展合作，深度跟踪对接德国朗盛、印度UPL、南化集团等一批知名企业，新引进清源农冠、施普润等终端型项目，形成“洽谈一批、跟踪一批、签约一批”的良好氛围。

【基础建设与管理】 2016年，苏淮高新区实施各类建设项目37项，以高端配套提升园区吸引力。实联大道西延段、光新路、李湾路等主干道路基本竣工，淮洪路、楚盐路等绿化、亮化工程全面完成，“九横九纵”路网格局初步形成。新建40公里热力管网、20公里天然气管线，提高供热供气服务水平。完成24.58平方公里扩区环评修编技术评估，实施郭桥、刘桥、花河等4个地块、431户、6.5万平方米拆迁。

探索智慧园区建设，聘请省安科院、江苏环保产业技术研究院规划设计数字化监测监控和应急处置平台，平台集成方案通过专家评审。在苏北地区率先实施企业污水排放“一企一管”和雨水排放监控工程，3.5平方公里污水接网、清下水管网建设、清华同方污水处理能力提升及污水管网改造等5项重点工程基本竣工，生态防护屏障一期工程完成规划设计。持续开展区容环境秩序集中整治行动，合理布局各类市政配套设施，新增交通信号灯26个、路口标示牌32个、公共停车位110个，提升绿化、路灯、雨污水管网养护管理水平。推进以河道整治、垃圾处理、污水治理为重点的村庄环境综合整治，建立水环境整治河长制，完成永济河河道清淤，村庄环境整治工作跻身全市优秀县（区）行列。

【项目建设】 2016年，苏淮高新区在建亿元以上产业项目17个，新开工利宏科技、凯美科等10个亿元项目，新竣工瑞洋安泰、淮江科技、禾裕泰等亿元项目。投资200亿元的富强新材料一期项目完成安评环评批复以及主干路网配套和部分建设用地挂牌工作；投资30亿元的国信热电项目主厂房建成，1号机组完成设备调试；投资11亿元的晨化新材料项目厂房、车间主体基本建成，部分罐区设备安装到位；实联生技盐、联科化学等3亿元以上项目加快推进。加快盐投公司实体化转型步伐，完成土地收益权注资，实现总资产突破百亿元。推动融资成本有效降低，完成低成本融资置换，节约资金成本近600万元。提升融资水平，全年实现融资实际到账10.5亿元。

实施一条龙服务、一站式审批，帮助企业办理工商注册、环评安评、规划施工等手续。在土地资源紧缺情况下，保障富强新材料、晨化新材料、纳科科技等项目用地需求，提前做好拆迁清障、土地征用等工作；在市级化工项目环评限批情况下，争取多方支持，优先解决祥霖美丰、先声合成等项目排污总量问题。建立重大项目建设月推进制度，完善班子挂钩、全程帮办、问题交办等推进机制。启动运行项目推进管理系统，明确行政审批各环节的牵头部门、工作时限，加强手续办理过程控制，并实行蓝黄红“三色”预警。

【民生事业】 2016年，苏淮高新区兴办民生实事，提升群众幸福指数。推进新农合基本医保提标扩面，新农合参保人数3.3万人，参保率99.3%。探索新型养老服务模式，新建1个居家养老服务中心，为园区失能老人购买养老服务。综合运用救济、慰问、帮扶等形式，提高低保、五保、优抚、孤儿等困难群体生活保障标准，做好残疾儿童康复训练。建立农业支持保护补贴资金平台，及时发放涉农补贴资金近750万元。推进教育现代化建设，改造提升范集中学、范集小学、张码小学硬件设施。提升医疗服务水平，借助“医联体”平台，引入八二医院等市级优质医疗资源，新建2个社区卫生服务站，完成范集防保所改造，开展家庭医生签约服务。完善农村道路、桥梁、涵洞等生产生活配套。

打造“平安园区”，完成社会面监控一期工程，新增高清视频探头441个。在企业、机关、学校开展法制教育，实现市级以上民主法治示范村全覆盖。做好夏季强降雨防汛，建立健全应急机制，保障辖区群众生命财产安全。推进信访维稳，完善诉求表达机制，成功化解一批信访积案。

【环保安全监管】 2016年，苏淮高新区整治一批环保安全问题突出的企业，推动园区生态环境改善。以开展环保专项整治为契机，对园区所有企业开展全覆盖、兜底式排查，对存在废气扰民、污水排放不达标问题的相关企业，坚决实行停产整治，环保信访投诉量直线下降。聘请南京大学环境规划设计院成立专家咨询组进驻园区，对企业开展“一对一”“面对面”把脉问诊，创新“四个明确”整治模式（“一张清单”明确企业问题，“一个要求”明确整改方向，“一个标准”明确验收门槛，“一份承诺”明确企业责任），对整改有效的相关企业及时予以试生产。结合危化品安全专项整治，加强安全生产事前预防、风险管控，针对蓝、黄、红三类企业，进行动态化监管，抓好易燃易爆物品储存、动火作业、自动控制设施等隐患问题排查和整改；强化企业主体责任落实，动态完善“一企一档”安全档案和“一案一档”隐患档案，加强隐患自查、自改的闭环管理；创新安全生产教育培训模式，开展液氯使用、电气安全等菜单式培训；打造消防应急救援处置电子预案平台，受到省消防总队的肯定和推广；完成黄标车整治任务，工作进度位于全市前列。 （张 健）

·江苏省淮安高新技术产业开发区·

【概况】 2001年5月，江苏省淮安高新技术产业开发区（以下简称“淮安高新区”）启动建设。2006年4月，省政府批准设立江苏淮阴经济开发区。2012年11月，省政府批准更名为江苏省淮安高新技术产业开发区。高新区总规划面积75平方公里，辖1个乡镇、4个村。有“六纵七横”16条主干道，与淮安经济技术开发区、清河新区无缝对接。基础设施配套齐全，供电、电信、供热、供水、排污、天然气、路灯、交通标志与道路同步到位。绿化面积158万平方米，绿化率52%。2016年，实现地区生产总值300亿元，规模以上工业总产值802亿元，增长8.07%，营业收入1194.9亿元，增长8.53%；规模以上工业开票销售107.3亿元，增长21.59%，规模以上固定资产投入75亿元，主要经济指标稳定增长，跃升为全省省级工业园区20强。

【产业发展】 2016年，淮安高新区定位电子信息、中高端机械装备制造、新能源汽车及零部件等"2+1"主导产业体系，按照"建百亿项目 培百亿企业 育百亿产业 跨千亿台阶"目标，招引大项目、培植大产业。新开工投资150亿元的德科码半导体12吋晶圆厂、投资130亿元的时代芯存相变存储器项目。举办淮安国际半导体产业论坛，推介高新区半导体产业规划。引进总投资5.4亿元的恩耐斯特钢筋连接件项目，新开工投资10.2亿元的华和智能叉车、投资10.5亿元的伊弗特精密零部件、投资2亿元的绿友智能草坪机械、投资2亿元的德瑞加精密机床等项目。招引总投资100亿元的益威新能源汽车动力电池、22亿元的遨珀轻量化车身、50亿元的金唐新能源汽车等项目，开工建设投资3.5亿元的普锐明汽配等项目。在淮安高新区237省道以北区域，规划513.33公顷的新能源汽车产业用地，做强新能源汽车产业。

【招商引资】 2016年，淮安高新区通过发展平台委托招商，以商引商，建立专业招商队伍，扩大招商效果。与台湾电电公会、德国现金工业科技研究院（IAIT）、清华长三角研究院等高端平台合作，实现招商渠道拓展。每个平台提供项目信息30条以上。以产业龙头企业为载体，成立相关研究中心；以投资130亿元的时代芯存相变存储器（PCM）项目为平台，启动时代芯存研究院建设；以一期投资150亿元的德科码项目为平台，规划建设德科码技术研究中心；以科研院所、技术中心建设为契机，引进行业类相关上下游产品。成立5个招商分队，在全区范围内成立15支招商队伍。对不同投资模式与招商策略进行系统化培训，对项目市场型、成本型、效率型、技术型进行科学分类，确保项目信息落地成功率。

【科技创新】 2016年，淮安高新区招才引智，拓宽人才引进新渠道。借助清华校友创业园、江淮科技园、中业慧谷创意软件园等创业平台，加快引进各类专业化、领军型创新创业人才，为高新区转型升级提供人才保障。至年底，引进院士4名、国家千人计划25名、高层次创新创业人才42名，申报江苏省"双创"人才38人，科技镇长团4期186人次。开展"百名博士帮百企"活动，110多名博士深入企业提供服务，为企业加快技术革新和转型升级提供人才支撑。设立淮安高新区人才交流服务中心，出台创新人才激励机制。搭建创业孵化载体，推进江淮科技园建设。通过"共建+共管"模式，对入驻江淮科技园的高层次引进人才和企业双创人才项目给予专门扶持。

【城市建设】 2016年，淮安高新区全面启动新渡乡整乡推进新型城镇化工作，计划用3年时间将辖区内新渡乡8987户、32000人和徐梅村1000户、3000人全部搬迁进高新区核心区。至年底，完成5000余户搬迁安置。与中核华兴、中冶天工等5家央企合作，高标准建设安置小区。新开工台湾宝岛母爱医院、清华东城中小学、高新区人才公寓、2个农贸市场、养老产业园等项目。推进宁连路景观改造工程、王兴出入口环境整治工程、宁连路以东全域绿化景观提升工程，打造功能完善、宜工宜商、宜业宜居的新型城镇。

【民生事业】 2016年，淮安高新区道路、绿化、安置房建设等一批民生实事项目进展顺利。开工建设望舒苑等安置小区4个、50.71万平方米，交付884套、11.2万平方米。改造长江东路、飞耀路北延等道路6条，竣工康马路古淮河桥等桥梁2座。城乡居民基本养老保险、城镇居民医疗保险实现全覆盖，完成第11届村民委员会换届选举。全年接待各类群众来访62批560余人次，开展扶贫慰问380余人次。（石廷权　戴利伟）

·江苏淮安经济开发区·

【概况】 2016年，江苏淮安经济开发区实施"招商引资、项目服务、功能完善、民生保障、创新驱动、财税增收、社会管理、党的建设"八大工程，主要经济指标稳健增长。开发区核心区企业实现开票销售94亿元，同比增长10.5%；入库税收5.7亿元，增长33.8%；外贸进出口2.13亿元，增长21.7%；注册外资到账6570万美元，增长13%。新开工亿元以上项目8个，全区计15个；新竣工亿元以上工业项目6个，全区计13个；置换盘活项目4个，盘活闲置存存量土地37.33公顷。

【产业发展】 2016年，淮安经济开发区坚持高端产业和特色产业发展，调优产业结构，促进产业转型升级。有机械类企业156家，列统企业52家，其中省高新企业13家。在双环齿轮、施塔德电梯、惠民汽配、孟召尼机械、苏通市政机械等龙头企业引领下，机械行业形成冷锻、热锻、热处理、钣金、喷涂、铸造、精加工等配套较为完善的产业体系，初步形成精密机械产业集群。引进落户日恒电子、厚生电子等重点企业，初步形成电脑、空调、厨房电器、灯具等多个终端产品电子电器产业集群。圆通速递、中通速递、国通快递、韵达快递等一批知名物流公司以及康乃馨、杭州咔淘、淘实惠等电子商务企业相继入园，初步形成以知名快递物流企业为支撑的电子商务物流产业集群。

【招商引资】 2016年，淮安经济开发区加大大项目、外资项目招引力度，全年外出驻点招商80多人次，驻点200多天，拜访企业100多家。接待台正企业家代表团、台湾花莲市企业家代表团、深港企业家代表团、新加坡大华基金、慕德生技等30多批（次）企业家考察，获取投资1亿美元的太阳能电池、投资4000万美元的羽绒制品和机电产品制造、投资1000万美元的相机手机镜头生产等10多条有价值项目信息。自主招商新签约投资10.8亿元的赢合科技、投资8亿元的薄膜太阳能发电、投资1.2亿元的明好食品生产以及投资3000万美元的金融租赁4个项目。新增双环齿轮全自动智能化改造、共创草坪超丝草车间技改、仁寿药业中药加工等3个技改扩能项目。

【科技创新】 2016年，淮安经济开发区推进企业间科技和产业合作，鼓励企业申报市级以上高新技术企业，申请发明专利和实用新型专利。年内通过省知识产权局对开发区知识产权试点园区验收。企业申报专利588件，其中发明专利18件，实用新型专利87件，外观设计专利483件。新获批省级高新技术企业11家。

【城市建设】 2016年，淮安经济开发区加大基础设施建设力度，对纬二路、纬六路等道路破损及时维修，推进经十三路、纬七路、明通污水厂提标升级改造工程，完善路网、雨污水管网以及供热、供气等配套工程。新区花园小区三期22万平方米1576套主体基本完成，四期26万平方米1982套开工建设。对超同机械、施塔德电梯、生壹公司等15家企业进行拆迁，为连淮扬镇高铁、深圳赢合科技新能源等项目征租地60公顷。

【管理与服务】 2016年，淮安经济开发区对重点企业实行"一领三帮"服务机制，即：对所有亿元以上项目推行引进单位领办，开发区、行政服务中心、区四套班子领导帮办的服务机制。做到"四定两保"，即定时间、定目标、定责任、定奖惩，保证项目按时开工建设、按时竣工投产；实行领导班子成员挂钩帮办和局室分片挂钩制度，做好精密机械、电子电器、电子商务物流和食品医药等主导产业规模以上企业运行服务，实行一企一策，鼓励支持企业增资扩股，技改扩能。

（陈闯红）

·江苏涟水经济开发区·

【概况】 江苏涟水经济开发区位于涟水县主城区西侧，宁连高速公路涟水入口处，南至机场南一路，北至235省道，西与机场产业园相接，规划面积99平方千米，开发建设面积30平方千米，下辖10个村（社区），社会人口6.4万人。开发区管委会办公大楼位于红日大桥西首，有职工170余人。2016年，开发区主区土地开发率94.17%，建成城镇建设用地面积占供应国有建设用地面积的100%；发展方向区土地开发率97%；建成投产企业土地面积4.33平方千米，建成投产率90%。当年规模以上固定资产投资总额80.3亿元，累计413.3亿元。规模工业总产值170亿元，全部工业开票销售48.8亿元，其中规模工业开票销售48.2亿元；工业入库税金1.13亿元。完成进出口总额2.99亿元。财政总收入2.91亿元，其中公共财政预算收入2.15亿元。从业人员3.1万人，单位土地税收每公顷30万元，单位土地产出每公顷1500万元。

【项目建设】 2016年，涟水经济开发区吸引外资项目5个，累计40个。开工项目注册外资实际到账7738万美元，累计3.2亿元。落户内资企业当年新注册25个，累计145个。新增列统企业5家，苏杭科技、金典纺织获批为国家级高新技术企业。实施固定资产投资5000万元以上工业项目31个。其中，亿元以上项目26个，外资项目11个。新招引项目19个，续建项目12个，总投资116亿元。引进1个固定资产投资6亿元的电子商务产业园三产项目。新招引项目质态继续提升，主导产业项目占比90%，外资项目占比37%，13个项目纳入市重大项目考核。总投资10亿元的苏杭线路板项目，装备水平和工艺先进程度全市领先；总投资20亿元的中信华线路板项目和总投资1亿美元的酷库雪冰柜项目实现重大主导产业项目和韩资产业项目突破。

（陈全昌）

·江苏盱眙经济开发区·

【概况】 2016年，江苏盱眙经济开发区完成规模以上工业企业开票销售160.27亿元，比上年增长5.22%；实际利用外资6189万美元，增长3.2%；实现进出口总额1.91亿美元，下降9.48%；完成入库税收5.72亿元，增长47.04%，其中工业企业入库税收4.61亿元，增长45.43%。在83家省级开发区中排名第38位，上升12位；在淮安地区排名第3位，上升1位。

【产业发展】 2016年，盱眙经济开发区昌盛电气、葛洲坝资源两家企业分别完成税收12267.9万元、6706万元，另有4家企业完成税收1000万元以上。新获批省级以上高新技术企业11家，有省级以上高新技术企业38家，其中国家级36家。新获批列统企业3家，自引项目列统企业6家。50户重点企业完成规模以上工业开票销售107.27亿元，增长18.6%；完成工业企业入库税收2.71亿元，增长61.3%；完成固定资产进项税4234万元；完成工业用电量3.1亿千瓦时，增长5.5%。新签约项目60个，其中新用地项目15个、置换项目18个、租赁项目27个，合同总引资额42.8亿元，其中5亿元以上项目3个、1亿元以上项目13个、5000万元以上项目4个。

【基础设施建设】 2016年，盱眙经济开发区完成龙山路西延、合欢大道、梅花大道雨污水管道建设，混凝土路面基层修复；完成盱眙海关、国检装修工程、开发区食堂装修工程；完成南苑新城储藏室工程施工及监理招标。完成黑色化路面摊铺61.2万平方米、安砌路沿石190公里、埋设雨污水管道149.5公里、新建雨污检查井3800座。完成苏郢水库景观绿化工程，完成宝山路、甘泉路、铁山路道路景观绿化工程。完成企业服务大厦民防应急疏散基地景观绿化工程。

【国家级开发区创建】 2016年，盱眙经济开发区开展国家级开发区创建。申报材料报省商务厅，《关于江苏盱眙经济开发区创建国家级经济技术开发区的请示》报市政府，草拟《盱眙经济开发区创建国家级经济技术开发区情况汇报》并报县政府。创建指挥部办公室挂牌运行，组织构架、规章制度、目标责任上墙；纸质材料成册归档，影音、图片资料刻盘存档。知识产权"零侵权"示范园区申报完成，盱眙县出口宠物食品示范区通过省考核组考核验收。

【民生实事】 2016年，盱眙经济开发区新成立企业基层工会8家、园区基层工会251家，实现规模以上企业工会组织全覆盖。筹措15万元资金，用于助困、助医、助学、维权等事项，开展扶贫帮困活动，全年慰问困难职工60人、社区困难户63人、救助大病医疗11人、资助困难职工子女上学7人。新办产地证612份，总值1831.67万美元。为企业节约50万元。

·江苏洪泽经济开发区·

【概况】 2016年，江苏洪泽经济开发区有规模以上企业207家。规模以上企业实现开票销售229亿元，入库税收3.9亿元。规模以上工业总产值、工业固定资产投资分别为522.79亿元、114.27亿元。一般公共预算收入9.6亿元。实现外贸进出口总额11662万美元。拥有自主知识产权企业120家，年申请专利3000件。

【南北共建园区】 2016年，洪泽经济开发区继续深化南北园区共建合作。采取PPP、债市发债等方式加大投入，优化园区功能配套。投入5.5亿元，高标准建设园区基础设施，铺设双向六车道主要干道；投入2.2亿元，用于辖区内550户农民拆迁安置，土地全部实现流转。新签约项目23个，新开工项目16个，其中亿元以上项目13个。南京高新区帮助洪泽工业园建成形象展示馆，启动投资10亿元的“综合服务中心”项目规划。年内，南京高新区洪泽工业园在全省45家共建园区考核中列第19位，上升2位，进位全市领先，获奖补资金1000万元。

【产业发展】 2016年，洪泽经济开发区有新三板上市企业2户，香港H股上市企业1户。园区产业集聚效应显现，初步形成以威凌生化科技公司为代表的盐化新材料产业、华晨机械公司为代表的冶金机械产业、鹿港科技公司为代表的现代纺织产业、瑞特电子公司为代表的电子信息产业及新兴产业为主导的“4+1工业产业体系。一批现代物流、电子商务、“互联网+”企业落户洪泽开发区。

【科技创新】 2016年，洪泽经济开发区获批国家高新技术企业13家。全区建成市级以上研发平台项目13个。其中，市级院士工作站1个，即淮安市宋微波院士工作站；省级工程技术中心1个，即江苏省半导体激光焊接工程技术研究中心；市级工程技术中心8个；市级企业技术中心3个。建成省级以上科技孵化平台2家。获批国家级“星创天地”2家，分别是洪泽水产星创天地、洪泽食品产业星创天地。有各类专业技术人员3700多人。全年高新技术企业产值155.28亿元。

【基础设施建设】 2016年，洪泽经济开发区启动老制造业基地空间布局、产业体系规划修编，完成规划环境影响报告书编制并报送省生态环境评估中心进行审查。启动园区16条道路建设，巢湖路实现通车，洞庭湖路重建过半，幸福大道、黄海路、东海路、九牛路及创新路进场施工。争取工业用地指标136.97公顷，完成24个项目土地挂牌，完成东扩区的征地、房屋征收和326.67公顷已征土地倒包。创客服务中心、综合配套服务中心加快推进方案设计、项目选址，完善形象展示中心展馆厅位和布局内容。

【招商引资】 2016年，洪泽经济开发区审核投资协议33个，签订22个，其中亿元以上项目12个。开发区机关新签约亿元以上工业项目13个。其中，总投资额超10亿元以上项目2个，5亿元以上工业项目4个。总投资10亿元的华西新能源项目、总投资7.5亿元的环保日用品项目、总投资3亿元的海珠气缸套项目和总投资1.5亿元的亚润智慧文档项目实现当年洽谈、当年签约、当年开工。 (魏 嘉)

·江苏金湖经济开发区·

【概况】 2016年，金湖县政府印发《关于明确金湖经济开发区财政管理体制的通知》，批准开发区财政独立运行。开发区四至范围明确为：北至淮河入江水道南岸，东至环城西路接健康西路接华海路接金湖西路接衡阳路，南至金宝南线以南台北路，西至戴楼镇双楼路接东联路一线。全域面积28.87平方公里。年内，金湖经济开发区完成工业开票销售收入92亿元，入库税收4.1亿元，分别同比增长5.1%、15.48%。规模以上工业企业97家，实现销售收入85.56亿元，入库税收3.73亿元，分别增长4.22%、17.26%，占开发区企业销售总收入的93 %、入库税收总额的90%。全年实现外贸进出口总额30243万美元，增长5.9%；外资到账5497.6万美元，增长8.9%。根据省商务厅公布的全省开发区科学发展评价结果，金湖经济开发区在省级开发区中名列第32位，较上年进5个位次。获省科技厅、省知识产权保护局联合授予的“2016年度江苏省知识产权工作先进集体”称号。

【基础设施建设】 2016年，金湖经济开发区投入5000万元实施基础设施工程。主要包括开发区道路、下水管网和污水管网维修工程，工二路(八四大道—宁淮东线)、建设西路(宁淮东线—东联路)、神华大道(宁淮东线—西一路)道路绿化工程，电力线路新建和改造工程，八四大道自来水公程，健康西路、同泰大道燃气管道工程。

【产业发展】 2016年，金湖经济开发区新签约新能源汽车、屋顶光伏发电、韩资汽车内饰件等亿元以上项目14个，协议固定资产投资69亿元。新开工正贸仓储二期、祥和石油机械、科瑞井控装备等项目17个，固定资产投资18.47亿元。新竣工东南纳米材料、广原油脂、众诚塑业等项目10个，固定资产投资10.2亿元。金湖经济开发区下设淮安市金鑫投资有限公司和金湖县金宁资产经营管理有限公司。金鑫公司主要负责融资发债工作，完成水面租金运作收入1.6亿元，完成实收资本运作4亿元，完成11个代建项目收集，支付项目成本5.4亿元。金宁公司主要负责不良资产处置，完成原金湖超越机械公司9420平方米厂房和1.56公顷土地资产转移过户，完成农商行华泰纺织有限公司1650万元资产过户，完成农行福润禽业5146.44万元资产过户，强泰机械、展旺管业、超越机械等10个项目得到有效处置。

【招商引智】 2016年8月，金湖经济开发区在韩国仁川设立的招商联络处正式成立并投入运行；在韩国首尔举办金湖招商推介会，与韩国成均科技公司、城南市中小企业协会建立合作关系，推动韩资建筑新材料项目和汽车内饰件项目落户。10月，在苏州成立招商联络处。注重人才引进与培养，通过科技镇长团渠道引进2名高校和科研院所骨干担任开发区主任助理，申报“双创人才”1名，通过县级初审；申报“淮上英才计划”1名，通过市人才工作领导小组评审，入选“淮上英才计划”并获得资助。

【管理服务】 2016年，金湖县编制委员会批准金湖经济开发区新增加10个事业编制和20个编外人员使用计划。通过公开招考，择优录用12名编外人员。建立健全领导班子成员联系企业等制度和机制。分别从机关单位和企业的角度制定“政商交往负面清单”，禁止政商交往中可能出现的违规行为。出台《政商交往行为规范》，用简练的语言从正反两方面提出要求，使政商各安其位，各负其责，各得其所。结合廉政文化“五融入五提升”活动，开展廉政教育。通过健全和完善监督体系、建立守廉激励和失廉惩戒机制、实行不廉洁企业及负责人黑名单制度等一系列举措，加强对机关干部和企业的监督。（居述杰）

贸易促进

【对外联络】 2016年，淮安市贸促会新与3家境外机构建立合作关系，举办5场投资交流会，组织27家企业参加8个国际展会。市贸促会与大韩贸易振兴公社南京代表处、韩国大田市政府南京代表处以及日本工厂网等机构建立友好关系，助力外资招商。举办“2016中国淮安·韩国大田企业洽谈会”“淮企开放引领战略之工业4.0与中小企业成长”专题德瑞商务考察、“2016江苏淮安日商投资经贸交流会（昆山）”“淮安（上海）中日制造业企业经贸投资交流会”等。

【国际展会】 2016年，淮安市制定出台《2016年淮安市贸易促进计划》，印制重点推荐境外展会展览宣传册。组织企业参加德国科隆家具展、迪拜五金工具展、拉斯维加斯服装服饰博览会等境外展会，展位数18个，展位面积162平方米。承办中国（昆山）品牌产品进口交易会淮安馆的组展和布展工作。

【出证认证】 2016年，淮安贸促会签发一般原产地证书5791份，同比增加10.4%；商事证明书753份，同比增加33.1%；代办领事认证260份。获得中国贸促总会授权开签优惠原产地证书，签发优惠原产地证书268份，同比增加204.5%；启动网上年审，完成113家企业的年审工作。

【法律服务】 2016年，淮安市贸促会跟进淮安仁雁、江苏昊天石油等企业贷款纠纷问题，协助解决经贸摩擦。配合省贸促会开展法务周活动，举办外贸企业“优惠原产地证暨经贸法律风险防范培训班”，就自贸协定与优惠原产地规则、争议解决与外经贸法律风险防范、经贸摩擦预警和应对等开展培训，90家企业参加培训。12月14日，市贸促会与淮安出入境检验检疫局签署《关于加强原产地签证工作服务“走出去”战略合作备忘录》，建立数据信息共享机制、加强产地证签证工作领域的研究、联合开展产地证政策宣传和培训等。

【国际商会建设】 2016年，淮安市贸促会利用多种媒体平台宣传国际商会，新增会员企业30家。将原产地核查和开展企业调研相结合，与企业建立常态沟通机制。建立县区和会员企业联络员机制，拓展上下联系和沟通渠道，帮助各级政府和会员企业加强对外交流与合作。7月28日，举办“2016淮安市贸促会 淮安市国际商会企业家沙龙”，探讨外贸政策、补贴、展会及境外商标注册、最新外贸形势等方面内容，21家重点外贸企业负责人参加。

【江浙贸促联席会议】 11月24~25日，第17届江浙两省市级贸促会联席会议在淮安召开。江浙两省21家市级贸促会负责人参会。大会围绕“凝聚贸促共识，强化区域联动，共享峰会成果”主题，共同讨论，相互交流。

【涉外商事法律服务平台】 12月2日，淮安商会、淮安市律师协会、江苏岸庆律师事务所共同签署“淮安涉外商事法律服务合作备忘录”，打造淮安市首个涉外商事法律服务平台。

（夏悦灵）

宁淮挂钩合作

【概况】 2016年，南京、淮安两市签署挂钩合作协议和同城化建设行动方案，明确合作方向和路径。全年重点在教育、医疗、旅游和干部人才交流等11个方面加强合作，推进发展规划互相衔接、基础设施互联互通等5个方面25个项目建设。南京市在资金、项目、科技人才等方面继续支持淮安发展，为淮安加快发展注入动力。两市加深在高层互访、交通联系、公共服务、共建园区等方面交流与合作。

【两市高层互访】 1月28日，淮安市委书记姚晓东、市长惠建林率党政代表团到南京对接交流宁淮合作工作。两市召开2016年宁淮挂钩合作工作座谈会暨签约仪式，签署《南京市—淮安市2016年度挂钩合作协议》和《南京市—淮安市加快宁淮同城化建设行动方案》。11月24日，宁淮两市在南京召开宁淮挂钩合作工作座谈会，省委副书记、南京市委书记吴政隆提出，南京要在产业、科教文卫、旅游、干部人才交流、共建园区建设、搭建农副产品展销平台、加大民生领域特别是扶贫工作的扶持等7个方面与淮安加强合作。淮安市委书记姚晓东要求在完善工作机制、加快规划实施、构筑对接平台等三方面与南京加强对接合作。

【交通合作】 2016年，宁淮两市间高等级公路网逐步完善，形成宁连高速G25、宁连一级公路G205、S247–S205以及G235等4条主要通道，全年宁淮间客流量超过325万人次；高等级航道网初步建立，有水运通道2条；航空交通关系密切，全年淮安至南京禄口国际机场乘机人次30万。

1月28日，2016年宁淮挂钩合作工作座谈会在淮安市举行　　王熙供图

【医疗合作】 2016年，江苏省人民医院专家到淮安市肿瘤医院会诊、手术44人次。省肿瘤医院专家到淮安市肿瘤医会诊、手术7人次。南京市第一人民医院专家到淮安会诊、手术4人次。南京鼓楼医院专家到淮安会诊、手术4人次。南京中大医院专家到淮安会诊、手术3人次。南京市口腔医院专家到淮安会诊、手术2人次。省人民医院、省肿瘤医院、南京市儿童医院专家先后在淮安市肿瘤医院举办专题讲座，参会医护人员600余人。从2016年3月开始，省人民医院康复科每两周一次安排专家到淮安市第三人民医院，通过集体授课、教学查房、疑难病例讨论、康复技术操作现场示教和实地指导等形式，提升基本操作技能、临床思路和诊疗规范；对住院患者病程记录的规范性、康复治疗的合理性进行讲解和分析，提高医务人员康复工作能力。年内，淮安肿瘤医院选派6名医生、2名检验师、1名护士到江苏省人民医院进修；先后安排3名医生分别到东南大学附属中大医院、南京医科大学附属南京医院、南京市中医院进修。选送4名护士分别到南京鼓楼医院、南京市儿童医院、南京市妇幼保健院、省中西医结合医院参加专科护士培训。涟水县医院选派临床主任36名、护士长32名到东南大学附属中大医院跟班学习医院管理。

【教育合作】 2016年8月，淮安市教育局和南京市教育局共同出台《关于推动宁淮职业教育合作的通知》，双方在专业共建、师资共育、资源共享、平台共筑、项目共创、文化共融等6个方面开展合作，共同推进现代职教体系建设。淮安市职教教研室、11所职业学校分别与南京职教教研室、南京市23所职业学校签订“手拉手”共建协议。

【旅游合作】 2016年，南京、淮安两市着力打造“明文化”“红色文化”“生态文化”等精品旅游线路。淮安市组织旅游企业到南京参加新线路发布踩线活动；组团参加“2016中国（南京）国际度假休闲及房车展览会”；邀请南京旅游界到淮安参加盱眙国际龙虾节活动。盱眙龙虾节期间，在南京举办招商洽谈会，盱眙县与江苏省品牌学会签署战略合作协议、与福中集团签署龙虾销售云平台合作协议、与江苏悦心养老产业集团签署智慧养老产业基地项目合作协议、与国鼎汽车产业园有限公司签署淮安国鼎汽车产业园项目合作协议。年内，南京金陵集团天泉湖养老社区和蒋坝镇天鹅湾温泉项目落户淮安。

【科技合作】 至2016年底，宁淮两市深化科技合作，促成河海大学、南京农业大学、南京理工大学、东南大学等在淮安设立研究机构，联合企业开展产学研合作项目约150项；紫金科技呼叫中心、江苏（中欧）国际知识产权及技术转移中心等7家省级骨干科技服务机构在淮安设立分支机构；依托南京高校和知名企事业单位，南京市在淮安组织实施“磁悬浮轴承高端产品研制”等科技项目。

【农产品产销合作】 2016年，淮安市配合南京众彩物流中心在淮安进行农产品基地调研，组织农产品种植合作社与南京市众彩农产品物流公司开展产销对接，先后建立众彩（淮安）丁集黄瓜、白马湖娃娃菜、席桥包头菜、大白菜、黄码红椒基地；组织淮安农产品批发市场与南京批销企业开展对接，开辟淮安农产品进入南京的“绿色通道”，每天调往南京市场的红椒、芹菜、包头菜、花菜等地产蔬菜50多吨；协调黄码红椒合作社与南京市商务局签订蔬菜应急储备保供400吨，增加南京农产品有效供应。

【粮食合作】 2016年，淮安市提升基地稻米品质，将宁淮优质稻米保供基地和“淮安大米”基地融合建设、共同打造，精心打造宁淮优质稻米核心示范基地1万多亩。统一选用“南粳9108”等优质水稻品种，统一工厂化育秧，每盘秧苗补贴2元。在洪泽湖、白马湖等国家保护水体和土壤有机质丰富的核定区域内，通过直接流转土地、发展订单种植建立稻米基地，请农技人员对种植过程全程指导、规范管理。在淮安市大运河广场建设900平方米的宁淮优质稻米基地成果展示厅。年内，淮安市多次选派人员到南京市考察粮食市场，与南京市粮食局、南京市粮食集团座谈沟通，计划建立“宁淮优质稻米保供基地淮安大米展示展销中心”和“批发中心”。

【宁淮同城化发展规划】 9月3日，《宁淮同城化发展规划（2016—2030）》在南京通过专家评审。《规划》以“创新、协调、绿色、开放、共享”五大发展理念为引领，以改革创新为动力，在基础设施先行互通、产业发展互补共赢、科技发展协同创新、文化建设彰显特色、公共服务共建共享、生态环境协作共保等6个方面，实施具有宁淮两市特色的同城化。全面提升区域综合竞争力和辐射带动力，合力打造六个“示范区”，即：南北挂钩深度合作示范区、南京都市圈同城发展示范区、对接"一带一路"和长江经济带发展示范区、产业转移互补发展示范区、公共服务共享示范区、生态旅游宜居示范区。到2030年，基本建成南京、淮安"一小时优质生活圈"，基础设施、产业发展、科技创新、文化建设、公共服务、生态环境全方位交融，基本建成富有活力和竞争力的国际大都市区，同城化发展格局基本形成。

【4个省级南北共建园获表彰】 5月4日，全省加快苏北发展推进全面建成小康社会工作会议召开，淮安市南京江宁技术开发区淮阴工业园、江苏国信集团淮安工业园、南京经济技术开发区涟水工业园、南京高新区洪泽工业园等4个省级南北共建园区获苏北发展协调小组表彰奖励。其中，南京江宁技术开发区淮阴工业园考核结果为第9名，其他3个工业园考核结果分别为第18名、19名、21名，共获省财政"以奖代补"奖励资金4500万元。与上年相比，获表彰奖励的园区增加1个，获得的奖励资金增加2300万元。 （王　熙）

台资高地打造

【概况】 至2016年，淮安市连续五年获评台商投资"极力推荐城市"。放大国家级台资企业产业转移集聚服务示范区品牌效应，示范区建设获省政府专门政策支持。年内，全市新批台资项目47个，到账台资14355.3万美元。举办第十一届台商论坛，集中签约总投资3000万美元以上台资项目12个，总投资12.9亿美元。

【台资企业产业转移集聚服务示范区建设】 3月，江苏省政府出台《关于支持淮安台资企业产业转移集聚服务示范区建设的若干意见》。6月，成立由副省长张雷担任召集人、省有关部门参加的江苏省淮安台资集聚示范区建设联席会议。7月，淮安市委、市政府专门成立由主要领导任组长的淮安台资企业产业转移集聚服务示范区建设领导小组，出台《推进淮安台资企业产业转移集聚服务示范区核心区建设的意见》和《淮安台资企业产业转移集聚服务示范区建设工作行动方案》，加快淮安承接台资企业产业转移集聚、促进台企转型升级、创新台商服务模式的速度。

【"2016淮安周"活动】 4月，淮安市委书记姚晓东率团赴台开展"2016淮安周"系列活动。举办"2016淮安周"开幕式、食品产业恳谈会、IC产业合作研讨会、卫生交流合作恳谈会、汽车电子产业交流会、淮安台资企业产业转移集聚服务示范区建设暨台商学院两岸青年创新创业论坛等重要活动，密集参访许多台湾知名企业和机构。"2016淮安周"期间，签署合作协议近20个，协议金额1亿美元。

【第11届台商论坛】 10月19日，淮安市举办以"两岸智慧共话发展大计 携手合作共绘美好愿景"为主旨、"共创台企升级新十年 铸就台商服务新示范"为主题的第11届台商论坛。海峡两岸代表近700人出席。当日，举行两岸信息家电产业发展论坛、两岸跨境电子商务发展论坛、两岸文旅产业暨西游记文化发展论坛、两岸新能源汽车产业发展论坛、两岸智能装备产业发展论坛、两岸生命健康产业发展论坛、第五届苏台（淮安）青年菁英峰会暨两岸青年菁英特训营、"相聚淮安、携手新北"系列交流等活动。论坛期间，举办台商台胞摄影大赛作品展览暨颁奖典礼、两岸文化美食嘉年华展示展销、淮台两地医疗交流研讨会等活动。签约台资项目36个，总投资18.9亿美元。

【两岸青年就业创业示范点】 8月，淮安台商学院被授予"海峡两岸青年就业创业示范点"称号，为苏中、苏北地区唯一一家。中央台办、国务院台办主任张志军为淮安台商学院授牌。淮安台商学院是大陆首家，也是全国唯一的台商学院。围绕服务淮安台商台企、两岸青年创新创业以及台企台商人才培训、涉台研究咨询服务、两岸青年大陆创业、两岸青年文化交流等开展工作。

【金湖荷花荡景区创成省级对台交流基地】 6月，金湖荷花荡景区创成省级对台交流基地，为淮安首个省级对台交流基地。该基地向广大台湾游客和台商台胞宣传推介淮安历史文化、风土人情，打造特色对台交流品牌，在弘扬荷文化、促进淮台文化交流等方面发挥积极作用，推动淮台两地交流交往，带动地方文化、旅游和经济发展。

【"紫峰奖"台企数量居苏北首位】 10月30日，首届江苏省"紫峰奖"（台资企业）颁奖典礼在南京市举行，表彰扎根江苏、表现卓越的台资企业。

2016年，淮安市组织校企同行台企员工培训活动　　史润泽供图

淮安市4家台企获奖，数量位居苏北5市之首。分别是：旺旺集团获纳税贡献领军企业奖，鸿海集团获出口贸易领军企业奖，江苏和兴汽车科技有限公司、实联长宜淮安科技有限公司获成长型企业奖。

【“与台企同行”系列活动】 2016年，淮安市开展政企同行、税企同行、律企同行、校企同行等“与台企同行”系列活动。其中“律企同行”作为重点工作，被写进中共淮安市委六届十次全会工作报告；7月，司法部向全国公开推广该创新做法。市台商服务中心进驻市政务服务中心办公，服务台资企业纳入“101%服务流动红旗”优质服务竞赛项目统一考核。8月，台湾电电公会发布2016年中国大陆地区投资环境与风险调查评选报告，淮安获评台商投资“极力推荐城市”；中央电视台《海峡两岸》栏目对淮安完善服务机制助力台商发展进行报道。

【2016年台商台胞摄影大赛】 “情融两岸·美哉中华”2016年台商台胞摄影大赛，是江苏省人民政府台湾事务办公室、江苏省文化厅、淮安市人民政府主办，旨在促进两岸交流、密切两岸情感联系。大赛自8月30日征稿，9月30日截止，历时一个月，收到台商台胞台属以及热心于两岸交流人士的摄影作品千余幅。经过专家评审团评选，产生最高奖郎静山纪念奖5幅、一等奖5幅、二等奖10幅、三等奖15幅。

【涉台宣传】 2016年，淮安市多手段、多层次、多渠道开展淮安台资高地宣传活动，不断放大淮安对台工作影响力和感染力。年内，中央电视台多次报道淮安市涉台工作。市台办先后在国台办《台企联工作通讯》《两岸关系》和省台办《台湾工作动态》上发表宣传淮安台资高地建设成就、台商投资环境的系列文章。完善宣传机制，市台办与《淮安日报》、淮安电视台建立长效合作机制，在两家媒体分别开设专栏，宣传重大涉台活动、重大台资项目、台企台商风采等。新办刊物《台资高地建设》，开通“淮台一家亲”“淮安台商服务中心”两个微信公众号平台，传播全市涉台重要活动、台办重要活动、重要特色亮点工作。（史润泽）

援　疆

【概况】 2016年，淮安市继续结对援助新疆生产建设兵团第七师，在经济、干部、人才、教育、科技等方面开展援疆工作，两地交流交往1169人次，援建七师基建项目6个，援建资金1.2亿元。淮安援疆前方工作组连续三年被新疆生产建设兵团党委授予“产业援疆突出贡献奖”。

【项目产业援疆】 2016年，淮安市援建新疆生产建设兵团第七师6个基建项目，援建资金1.2亿元。创新产业援疆方式，在引项目、搭载体、扩产业上求突破。领导带头招商、节庆自主招商、外出登门招商、委托商会招商、开展驻点招商等多形式并举，拜访企业210余家，洽谈项目46个，接待到七师考察企业和客商38批103人次。年内，新增签约项目18个，总投资额35.53亿元，其中单体投资超10亿元项目1个，超5亿元项目1个，外资项目1个，协议引进外资8000万美元。引入江苏淮安盐化新材料产业园区，与七师五五工业园区签订对口友好合作发展框架协议，推动两地园区战略合作、园区共建、项目招商和产业提档升级。

【融合发展】 2016年，淮安市与新疆生产建设兵团第七师交流合作从经济、民生部门逐步向其他领域拓展。纪检监察、教育、卫生、公安、统战、统计、司法、工会等相关部门先后互访交流，部门对接实现条线融合。设立11名县区—团场联络员，加速实现团县融合。组织开展两地青少年“手拉手”夏令营活动，加深相互了解，增进两地感情。组织全体援疆干部人才学唱新疆歌、学跳新疆舞，从文化风俗上融入七师，实现民间融合。通过创建淮安援疆网，关注淮安对口援疆，集聚更多更优项目资源和人才资源为七师服务，助推援疆工作，实现网上融合。

【干部人才交流】 2016年，淮安市通过干部人才培训、挂职等多种方式，为新疆生产建设兵团第七师干部人才注入先进理念和思维方式。年内，淮安市实施干部人才培训项目24个，安排干部人才培训项目资金580万元，培训七师干部、人才近千人次。

【协议跟踪落实】 2016年，为落实好2014年淮安市各部门及师市之间分别签署的《教育领域合作协议》《高层次人才领域合作协议》《人力资源合作协议》《团县融合合作框架协议》《淮安市教育系统对口支援第七师教育局协议书》《淮安市体育局、新疆生产建设兵团第七师教育（体育）局关于实施合作共建计划备忘录》等各项协议内容，淮安市出台《团县融合协议落实考核办法》，市委书记姚晓东等市领导先后赴新疆生产建设兵团第七师检查和督促，推动协议落实到位。年内，淮安市各县区、各有关部门支援七师财物合计1056万元，交流交往1169人次。

【高新技术科技孵化园项目】 8月19日，总投资1.5亿元的淮安市援建新疆生产建设兵团第七师高新技术科技孵化园在七师五五工业园区开工建设。该项目规划用地38.8公顷，重点吸引国内外科研机构、高等院校、高新企业设立研发机构、经营场地等，为园区化工企业开展产业研发、产业技术、产业服务、产业投融资、产业信息、高端人才服务等提供创业创新平台，力争把五五工业园区打造成国家级高新技术开发区。（李琪琳）

公共服务

GONGGONG FUWU

（荀德强　摄）

科　技

教　育

文　化

卫生计生

体　育

科 技

综 述

【概况】 2016年，淮安市实现高新技术产业产值1909亿元，同比增长13.14%，占规模以上工业总产值25.5%。建有省级企业院士工作站7个、市级企业院士工作站24个。淮安全社会研发投入54.86亿元，占地区生产总值比重1.8%。全市科技进步对经济增长贡献率超过53%。有省级创新型试点县区3个，即盱眙县、金湖县、洪泽区；创新型试点乡镇11个，即涟水县高沟镇、淮安区施河镇、淮阴区王营镇、洪泽区仁和镇、清江浦区城南乡、金湖县黎城镇、盱眙县马坝镇、清江浦区长东街道、洪泽区高良涧镇、淮安区淮城镇、涟水县保滩镇。建有国家农业科技园区1个，有省、市两级农业科技园区56个、农业科技型企业129家、科技型农民专业合作社89家、农村科技服务超市16家。有1个全国科普示范县（区），即淮阴区；4个省级科普示范县（区），即淮阴区、洪泽区、金湖县、清江浦区。落实科技税收减免3.93亿元，惠及企业187家，其中国家高新技术企业78家。

【创新驱动发展战略上升为首要战略】 1月18日，淮安市第七届人民代表大会第五次会议提出，"十三五"期间创新驱动发展战略由第三战略上升为首要战略。在该战略指引下，预计到2020年，全市科技进步对经济增长贡献率60%；万人有效发明专利拥有量10件，百亿元地区生产总值专利授权数370件，获省级以上科技奖励20项以上；在盐化新材料、凹土资源开发等领域基本建成若干全国有影响力的产业科技创新研发机构。高新技术产业产值占规模以上工业总产值比重确保达到33%，创新型领军企业20家以上，国家高新技术企业302家；建成国家级高新技术产业开发区1个、省级高新技术产业开发区2个、省级科技产业园15个。

【国家创新型试点城市创建专题会议】 3月30日，淮安市委、市政府召开国家创新型试点城市创建工作情况汇报会。市委书记姚晓东强调，全市上下必须牢固树立"抓创新就是抓发展，谋创新就是谋未来"的意识，深化共识，强化举措，健全组织，推进国家创新型试点城市创建，努力为淮安经济社会发展增添强劲动力，为全省建设创新型省份做出应有贡献。会议听取淮安市国家创新型试点城市创建工作进展情况汇报。市国家创新型试点城市创建工作领导小组成员单位负责人就创建工作交流意见和建议。

【《淮安市"十三五"科技创新规划》颁布】 7月4日，《淮安市"十三五"科技创新规划》正式印发。《规划》提出，全面贯彻落实创新、协调、绿色、开放、共享的发展理念，坚持"创新驱动、高端引领，深化改革、双轮驱动，统筹协调、融合发展，主动对接、开放创新，整体推进、重点突破"的基本原则。到2020年，科技型产业和创新型企业明显壮大，创新创业体系基本建成，科技综合实力明显增强，基本形成以技术、品牌、质量为核心的区域创新优势，使淮安成为科技发展主要指标位居苏北前列的自主创新高地、人才集聚高地和成果转化高地，建成国家创新型城市、国家知识产权示范市。

【科技创新活动】 8月12日，淮安市委、市政府召开全市科技创新大会，贯彻落实全国科技创新大会、两院院士大会、中国科协第九次全国代表大会和全省科技创新大会精神，就实施创新驱动战略、推动科技创新进行研究部署。11月11日，市科技局和市人才办联合举办江苏省科技创新"40条政策"宣讲会。市各园区、生态新城分管科技负责人，各县（区）科技局主要负责人，以及淮安市高校院所、科技孵化器、众创空间、科技镇长团、科技企业负责人等近200人参会。11月28日，淮安市省级科技计划经费管理工作培训班开班。淮安市承担省科技计划项目的单位负责人和财务负责人、各县区科技主管部门分管负责人和有关业务科室人员等180余人参加培训。12月7日，市首届科技企业创新创业大赛暨第六届大学生科技创业大赛总决赛暨颁奖仪式在淮阴工学院举行。大赛历时近6个月，参赛项目40余个，涵盖新能源、新材料、移动互联网、电子信息等领域。其中"基于姿态检测的老人跌倒报警系统的开发"等2个项目获一等奖。

【"大众创业、万众创新"活动周淮安活动周】 10月12~18日，江苏省"大众创业、万众创新"活动周淮安活动周启动实施。活动周主题为"发展新经济、培育新动能"，内容包括创业培训招聘活动、科技创新创业大赛、移动互联网+跨界共赢暨食客狼平台上线发布会、高新技术企业创新发展

8月12日，淮安市委市政府召开全市科技创新大会 贾良文供图

交流展示会、科技企业融资对接活动、电子商务创新创业发展交流会、创客研讨会、双创活动成果展示等8个主题活动和若干自主活动。

（贾良文）

工业科技

【概况】 2016年，淮安市按照全省新一轮高新技术产业“双倍增”计划部署，继续加大高新技术产业和产品群培育，高新技术产业保持较快增长。省级淮安高新区创建国家级获得科技部同意，盐化园区创建省级苏淮高新区获得省政府批准。全年实现高新技术产业产值1909亿元，同比增长13.14%，占规模工业总产值比重25.5%。新获认定国家级高新技术企业121家、累计302家，市级67家；新认定省级高新技术产品91个、市级85个。

【考察考核】 1月19日，国家“千人计划”专家组一行考察盱眙县凹土产业。专家组就盱眙凹土产业工作中的瓶颈问题进行交流讨论，对以后合作提出意见建议。4月7日~8日，由科技部高新司副司长曹国英、原司长赵玉海率队的专家组，到淮安考察调研淮安高新区“以升促建”工作。省科技厅副厅长蒋洪，市长惠建林、副市长唐道伦陪同调研。

【省科技金融工作培训及政策解读会】 5月5日，省科技金融工作培训及政策解读会（苏北片区）在淮安市召开。省生产力促进中心金融部主任张维祥、市科技局副局长朱海军等出席会议，徐州、连云港、盐城、宿迁、淮安等5市及所辖县区科技局、生产力促进中心及合作的江苏银行、建设银行、交通银行、招商银行、南京银行等相关人员70余人参加培训。

【苏淮高新区获省政府批准筹建】 5月17日，江苏省人民政府下文同意淮安市筹建江苏省苏淮高新技术产业开发区。批复指出，江苏省苏淮高新技术产业开发区实行现行的省级高新技术产业开发区政策，同时要全面贯彻创新、协调、绿色、开放、共享的发展理念，深入实施创新驱动发展战略，按照布局集中、产业集聚、用地集约、特色鲜明、规模适度、配套完善的要求，努力成为自主创新的战略高地、培育发展战略性新兴产业的核心载体、抢占高新技术产业制高点的前沿阵地。批复强调，要严格实施土地利用总体规划和城市总体规划，以产业用地为主，确保合理、集约、高效利用土地资源。

【科技创新龙头企业若干文件】 8月8日，《淮安市科技创新龙头企业培育行动方案（2016—2020年）》（以下简称《方案》）制定印发。《方案》对工作思路、主要目标、重点任务、保障措施进行明确。提出到2018年底，培育10家具有自主品牌和自主知识产权、创新能力位居行业前列的创新型领军企业；培育30家科技小巨人企业。到2020年底，培育20家拥有顶尖人才、创新能力一流、规模与品牌位居行业前列的创新型领军企业，其中有1~2家进入全国500强；培育50家科技小巨人企业。12月19日，《淮安市科技创新龙头企业遴选办法》（以下简称《办法》）制定印发。《办法》规范科技创新龙头企业的标准、认定条件、遴选程序等内容。《办法》指出，科技创新龙头企业分为创新型领军企业和科技小巨人企业两种，按企业申报、县（区）科技管理部门审核推荐、市科技局评审确定程序遴选。

【国家级平台建设】 12月15日，国家发展改革委、科技部、财政部、海关总署、税务总局联合发布2016年国家企业技术中心名单，江苏井神盐化股份有限公司技术中心被确认为国家企业技术中心，实现苏盐集团和淮安市国家级企业技术中心“零突破”。2016年，淮安市施河教育体育装备产业园申报国家火炬特色产业基地通过验收。至年底，淮安市有国家级特色产业基地4家，其他3家分别是金湖石油机械、盐化工新材料、盱眙凹土特色产业基地。

【工业科技获奖】 8月25~26日，由科学技术部人才中心联合江苏省、上海市、浙江省、安徽省科技厅（科委）联合主办的“2016年中国科技创业人才投融资集训营——长三角新兴产业专场”在南京市召开。淮安科润膜材料有限公司全氟离子膜项目挺进3强，获“最具成长潜力项目奖”。11月21日，第五届中国创新创业大赛新材料行业总决赛开幕。淮安市江苏视客新材料股份有限公司“防蓝光树脂在光学领域的应用研究”项目获得企业组第三名，该项目还获得江苏省科技创业大赛企业组第二名；淮安新能源材料技术研究院在孵项目“载物强劲新能源”获中国创新创业大赛新能源及节能环保行业总决赛季军。

12月7日，淮安市首届科技企业创新创业大赛暨第六届大学生科技创业大赛总决赛暨颁奖仪式在淮阴工学院举行　　贾良文供图

【高端装备制造产业科技企业家培训班开班】 11月13~18日，淮安市委组织部、市科技局和市人才办联合在上海交通大学举办全市高端装备制造产业科技企业家培训班。全市50余名高端装备制造产业的科技企业家、科技人才工作者参加培训。培训采取"专题讲授+现场教学+互动研讨"模式，围绕"当前宏观经济形势与供给侧结构性改革""工业4.0与中国制造2025""新三板、资本运营与企业投融资""'互联网+'浪潮下的智能制造与智能化工厂"等内容授课，并组织学员赴大众汽车、上海自贸区、张江高科技园区、上海临港产业园等高端装备制造企业集聚区进行现场教学。

（贾良文）

农业科技

【概况】 2016年，淮安市加强农业科技创新，优化整合农业科技资源，加强农业科技自主创新能力建设。全年获省级立项5项，获扶持资金450万元；市级农业科技计划项目立项36项，下达经费455万元；新增国家级星创天地4家，新建科技服务超市分店2家、便利店6家。

【新获批8家省级农村科技服务超市】 6月14日，省科技厅认定江苏农村科技服务超市分店、便利店，淮安市淮阴区淮安主要农作物产业分店、金湖县金南镇特色畜禽产业便利店等8家服务主体获批，其中产业分店2家、便利店6家。

【科技服务进园区活动】 8月2日，淮安市开展科技服务进园区活动，5家农业领域研发机构、20多家园区企业参加活动。与会人员参观现代渔业示范园、四新成果基地、创新创业中心、天丰种业、农科园展示大厅，并与项目承建单位进行交流。上海交通大学苏北研究院、南京农业大学淮安研究院等研发机构代表围绕服务能力、成熟农业技术项目进行路演推介。

【省企业创新创业管理能力培训班】 9月12日~14日，由省科技厅农村科技服务中心主办、市科技局和洪泽区科技局协办的"企业创新创业管理能力"培训班在洪泽区举行。全市9个县区的103家企业以及县区科技管理部门151人参加培训。 （贾良文）

·淮安市农业科学研究院·

【概况】 2016年，淮安市农业科学研究院有科技人员86人，其中高级职称研究人员45名，中级职称研究人员30名，初级职称研究人员11名，硕士生、博士生34名，享受国务院特殊津贴专家9名，全国劳模4名，省、市劳模15名，省、市突出贡献中青年专家18名，优秀科技工作者22名，省"333工程"培养对象18名、"六大高峰"人才6名。年内，淮安市农科院开展学术交流活动、讲座培训14场，组织科研骨干赴台湾开展现代农业技术培训。引进的张大兵团队获江苏省人才工作领导小组双创计划支持，获经费资助500万元。

【科研平台】 2016年，淮安市农科院与淮阴师范学院共建的江苏省区域现代农业与环境保护协同创新中心获批优秀等次；江苏省植物生长调节剂工程技术研究中心通过省级绩效评估，获得省科技厅滚动支持。江苏省淮安市国家级农作物品种审定区域试验站建设高质量实施，通过省农委专家组中期检查。上海交通大学苏北分子育种研究院主体工程全面完工。实施完成1000万株蔬菜种苗培育基地改扩建项目并通过市级验收，工厂化育苗设施水平达国内一流。与淮阴工学院签署战略合作协议，联合创建农学院，共建硕士研究生招收点，市农科院专家受聘为兼职教授和硕士研究生指导老师。

【科研建设】 2016年，淮安市农科院获批科研项目43项，合同经费1972万元。其中，国家级2项、省部级25项。新增省、市成果奖13项。8个品种通过省级审（鉴）定，"防止日光温室黄瓜连作障碍发生的轮作种植方法"等2项专利获得授权。2项省级、8项市级标准获准发布。在专业刊物上发表论文58篇，其中EI1篇，SCI2篇。根据淮安市"4+1"（即优质稻米、高效园艺、规模蓄禽、特色水产和休闲农业）现代农业产业发展需要，率先发起组建"淮安稻米产业技术协同创新联盟"，创设"淮安市蔬菜工厂化育苗工程技术研究中心"，均获立项批准。

【科技成果】 2016年，淮安市农科院"设施蔬菜连作障碍生态解除技术集成创新研究"获江苏省农业科学院科技进步二等奖。"设施种植污染生态减控技术研究与应用"获江苏省教育厅科技进步奖二等奖。"高产稳产多抗国审小麦新品种淮麦28选育与应用"获淮安市科技进步一等奖。"设施黄瓜根结线虫病分级标准制定与新型防治技术体系构建"获淮安市科技进步二等奖。"利用意杨屑栽培珍稀食用菌技术研究与推广应用""草莓新品种引进及其脱毒快繁技术体系建立"获淮安市科技进步三等奖。"现代农业中成果转化的对接机制及其路径研究（研究报告）"获江苏省第十四届哲学社会科学优秀成果三等奖。"现代农业创新体系与成果转化对接机制及路径研究》（研究报告）获淮安市第十三届哲学社会科学优秀成果二等奖。

【科技服务与帮扶】 2016年，淮安市农科院承担的省院科技服务专项"猪—沼—果—稻循环农业技术示范"项目得到应用，使养殖企业多年集聚的废弃物得到综合利用。选择生猪和蔬菜作为挂县强农富民工程项目实施的两大主攻方向，在示范基地淮阴区刘老庄乡刘老庄村示范推广综合性状良好的优良品种20多个。在淮阴区渔沟镇杨庙村示范大棚草莓、火龙果、反季节葡萄等生产技术200公顷，提高收益10%以上。在淮阴区丁集镇农庄村重点推广微型沼气-黄瓜和水肥一体化模式，扶持发展生态农业，农庄村成为人均年收入近18000元的小康村。加强科技扶贫，在扶贫村淮阴区码头镇玉坝村投入143.52万元。在淮阴区韩庄村、创业村、韩圩村、林圩村进行小麦高产栽培技术培训，受训农民560多人，发放技术资料1000份。帮助基地农村合作社推销农产品，指导合作社以优质农产品为纽带，加强农产品加工与包装，建立品牌，引导农民转变经营理念，将基地生产和城市社区对接，探索科技支农新模式。

【省蔬菜科技创新协作组年会暨学术交流会】 10月26~28日，2016年度江苏省蔬菜科技创新协作组年会暨学术交流会在淮安市召开。淮安市委副书记练月琴、沈阳农业大学副校长李天来、江苏省农科院副院长余文贵等出席会议，省内外25家高校与科研单位及蔬菜种子相关企业代表140多人参加。中国工程院院士、沈阳农业大学副校长李天来和"国家千人计划"专家、海亮集团生态农业首席科学家张兴平分别作题为"中国设施蔬菜发展现状与未来方向"和"与时俱进的西瓜种质改良"的专题报告。

（孙苏阳）

科技创新体系建设

【概况】 2016年，淮安市深入科技体制改革，加快科技创新载体建设，推进重点企业研发机构创建，出台《淮安市企业研发机构"十百千"行动计划实施方案》，启动"淮安市重点企业研发机构"建设，首批确认36个。全年新设立院士工作站3家，新增国家级众创空间1家，新增省级科技公共服务平台1个、市级10个，新建省级工程技术研究中心5个、市级79个，新建市级重点实验室5个。至年底，全市累计建有科技企业孵化器14家，其中国家级3家、省级11家。

【科技创新平台建设】 2月15日，淮安清城创意谷获批第二批公布的国家级众创空间，成为苏北首批、淮安市唯一入选国家级众创空间并被纳入国家级科技企业孵化器的管理服务体系。4月29日，淮安市科技局和涟水县人民政府合作共创淮安（薛行）循环经济产业园省级高新区签约仪式举行。副市长唐道伦、市科技局局长李太生出席签约仪式。8月9日，省科技厅公布43家高校技术转移中心建设运行绩效评估结果。淮阴工学院联合技术转移中心和淮阴师范学院联合技术转移中心考核合格，分列16家联合共建转移中心第五位和第六位，各获省级奖励资金50万元。

【科研方案出台】 2月22日，淮安市出台《重大科研基础设施和大型科研仪器向社会开放实施方案》，加快重大科研基础设施和大型科研仪器向社会开放步伐。《方案》要求，淮安市将依托现有大型科学仪器设备协作共用网，进一步加强大型科学仪器设备共享服务平台建设，将全市符合条件的科研设施与仪器纳入平台管理，建设完善全市科研设施与大型科学仪器数据库。5月31日，淮安市印发《淮安市企业研发机构建设"十百千"行动计划实施方案》。《方案》提出，到2020年，力争实现10家行业领军企业建成省内一流水平研发机构并积极创建国家级重大研发机构，100家大中型工业企业和规上高新技术企业建成市级以上重点企业研发机构，1000家规模工业企业建成市级"两站三中心"。全市本土大中型工业企业和规模以上高新技术企业研发机构建有率稳定在95%以上；规模以上工业企业研发机构建有率提高到60%以上。力争获批1~2家国家级企业工程技术研究中心（企业重点实验室）。

7月1日，淮安市"研发机构进校园"活动在淮阴工学院举行　贾良文供图

【院士工作站】 1月18日，江苏世昌农牧股份有限公司印遇龙院士工作站揭牌仪式在淮安经济技术开发区举行。6月6日，中国工程院院士李德发院士工作站在淮安澳华农牧有限公司揭牌。7月26日，中国工程院院士王国栋院士工作站在淮安振达钢管制造有限公司揭牌。全市建有省级企业院士工作站7个、市级企业院士工作站24个。

（贾良文）

产学研合作

【概况】 2016年，淮安市坚持创新驱动发展战略，立足"集聚科技资源，促进创新发展"，加快推进产学研协同创新。先后组织产学研对接活动10余场，签约科技合作项目59项，推动科研院所与淮安产业技术转移和科技创新领域合作。推进英国牛津大学到淮安设立分中心，牵头淮安鸿玛生物科技有限公司和英国牛津大学Isis公司签署合作框架协议。推动驻淮高校院所新建立校企联盟18家，累计768家。淮安市政府与清华大学苏州汽车研究院签署协议，共建清华大学苏州汽车研究院技术转移（淮安）中心。有省级产学研创新载体7个，分别为南京大学淮安高新技术研究院、中科院水生所淮安研究中心、中科院盱眙凹土应用技术研发与产业化中心、中科院大连化学物理研究所淮安化工新材料研究中心、中科院沈阳自动化研究所金湖工业物联网应用技术研发中心、中科院合肥研究院先进制造技术研究所淮安区精密机械研发中心、中国矿业大学盱眙矿山装备与材料研发中心。

【《淮安市产业技术协同创新联盟建设管理办法（试行）》出台】 3月9日，淮安市制定出台《淮安市产业技术协同创新联盟建设管理办法（试行）》。《办法》对产业技术协同创新联盟的性质、组建原则、目标任务、组建与

8月12日，淮安市高校科研院所成果转移对接和签约仪式举行 贾良文供图

支持、发展理念作出明确规定。联盟建设按照“成熟一个、启动一个”的方针加以推进，重点围绕淮安市农业“4+1”、工业“4+2”等优势特色产业和战略新兴产业等领域优化布局。

【“淮安市常春藤产学研合作计划项目”设立】 7月6日，淮安市科技局、上海交通大学苏北研究院与“114产学研协同创新服务平台”举办签约仪式，引入114产学研协同创新服务平台，设立技术转移公共服务平台，共同设立“淮安市常春藤产学研合作计划项目”。以解决企业技术需求、转化高校科研机构科技成果为核心业务，面向淮安市科技企业、科研机构推进产学研合作。

【全市技术转移对接活动】 8月12日，淮安市举办高校科研院所成果转移对接和签约活动，上海交通大学苏北研究院、南京农业大学、钢铁研究总院华东分院等30多所引进高校院所与淮安市企业进行技术转移对接，现场签署合作协议19项。（贾良文）

知识产权

【概况】 2016年，淮安市专利申请量17293件、专利授权量8081件，万人有效发明专利拥有量3.55件，同比增长29.52%，增幅全省第一。企业专利申请量9667件，同比增长93.84%，同比增幅全省第一；企业专利授权量4307件，增长49.29%，增幅全省第一。企业专利申请量、授权量占全社会总申请量比率均超过50%，分别为55.9%、53.3%。企业有效发明专利拥有量占全市有效发明专拥有量的61.08%。1件发明专利获中国专利优秀奖，19项发明专利参加第九届国际发明展览会，获金奖、银奖和铜奖各2项。江苏天士力帝益药业有限公司的发明专利“替莫唑胺的精制方法ZL200510063370.0”获中国专利优秀奖，是淮安市首次获此奖项。

【知识产权培训】 7月23日，2016年度江苏省知识产权工程师培训（淮安）班开班，全市企事业单位从事知识产权工作人员123人参加培训。培训班为期5天。培训结业考试合格者颁发省知识产权工程师培训结业证书。8月26日，江苏省规模以上工业企业负责人知识产权培训（淮安班）巡回宣讲在淮安市举办，全市200多家规模以上工业企业负责人参加。省知识产权局副局长张春平作“知识产权与企业发展”的主题宣讲。9月23日，苏北五市外向型企业海外知识产权实务培训班在淮安市举办，苏北五市140余家外向型企业负责人、知识产权主管及知识产权管理服务系统相关工作人员240余人参加培训。

【3家省“正版正货”示范创建项目获批】 5月9日，洪泽万通国际商城、淮安金地商业广场2家街区和金湖县仪器仪表协会分别申报的江苏省“正版正货”示范创建街区、示范创建行业项目获省知识产权局批准。至此，淮安市获批江苏省“正版正货”示范创建街区8家、“正版正货”示范创建行业1家。

【3件专利申请文件被确定为“省百件优秀发明专利申请文件”】 2016年，淮安市“减轻痛感的穿刺装置”“一种卧式多头轮毂焊接装置”“一次成型对称孔的电火花打孔机”等3件发明专利申请文件被省知识产权局确定为年度“江苏省百件优秀发明专利申请文件”，是苏北五市中唯一有发明专利申请文件入选的城市。（贾良文）

科技人才

【概况】 2016年，淮安市新引进国家“千人计划”专家21人，省“双创人才”13人、省“双创团队”1个；引进“淮上英才计划”创新创业团队8个、领军人才64人。获批省级双创团队（创新）1家、省“科技副总”73人，申报省双创博士（企业创新世界名校类）获批3人。

【淮安本地国家“万人计划”零突破】 2016年，淮安市江苏协诚科技发展有限公司陈建明、江苏华天通科技有限公司王明华成功获批国家“万人计划”人才，实现淮安本地国家“万人计划”零突破。

【入选国家创新人才推进计划】 2016年，淮安江苏科润膜材料有限公司杨大伟入选国家创新人才推进计划。这是继2013年淮安市首次入选该项目后，连续第四年获此荣誉。

【市人才发展研究院成立】 12月27日，淮安市人才研究院在淮阴师范学院揭牌成立。市人才发展研究院由淮阴师范学院、市人才工作领导小组办公室、南京理工大学等共同组建，是全省首个、全国首批地方综合性人才智库。（贾良文）

防震减灾

【概况】 2016年，淮安市地震局在全省综合考评中获评市级先进单位，连续三年获得表彰；洪泽区地震局获得县级先进单位，受到中国地震局表彰。地震监测预报效能考核获优秀单位等次，强震动观测资料评比获得综合管理一等奖和唯一的技术革新奖。淮安强震台获运行维护一等奖。在全省地震观测资料质量评比中，淮安市地震台网中心获市级测震台网资料产出第二名、市级测震台网系统运行第三名、地震信息网络评比第三名。年内，全市有6个社区获评国家级地震安全示范社区、4个社区获评省级地震安全示范社区，新增省级防震减灾学校3所和省级防震减灾科普教育基地1个。

【国家防震减灾示范城市创建】 1月23日和3月14日，淮安市副市长王红红带队先后前往省地震局、中国地震局汇报启动淮安市创建国家防震减灾示范城市事宜。3月25日，召开创建国家级防震减灾示范城市动员会，下发《关于印发淮安市创建国家防震减灾示范城市实施方案的通知》。年内，组织市县防震减灾工作人员30人次，先后赴广东阳江、四川成都、河北唐山、山东潍坊、甘肃兰州等地考察学习。每季度召开一次推进会，每半年开展一次专项督查，每年组织一次综合考评，对标找差，有针对性的采取补差措施，推进创建工作。

【地震监测预报】 2016年，淮安市做好地震台网中心日常维护，做好每月地震目录及每月台网运行月报。制定和印发《淮安市2016年度震情监视与短临跟踪工作方案》《关于进一步强化宏微观异常工作措施的紧急通知》《关于加强夏季雷雨天气地震台站运行管理的通知》等，要求各县区地震局加强台站建设及管理，做好震情跟踪。做好宏微观异常处理，全年分析处理宏微观异常4起；完备应急监测设备，淮安市首个地震预警系统投入运行。建成地震应急指挥技术支撑系统，每月与省地震局进行1次视频对接测试；加强台站管理，每季度对淮阴果林、洪泽等地震台站进行接地电阻测量，确保台站仪器工作正常；对淮阴区果林场、金湖县金南、盱眙县地震台进行环境改造和提升。金湖苏06井新征地0.1公顷，开展扩建改造；加强群测群防网管理，提高观测员队伍素质，做好震情监视跟踪，分别向省地震局上报全市周异常汇总48份、月震情监视报告12份。建立震情会商机制，坚持地震趋势会商，编写2017年度趋势会商报告并参评，参加省地震局震情会商会；编写2016年强震、效能评比资料，开展全市观测资料质量评比。

【地震灾害预防】 2016年，淮安市强化建设工程抗震设防要求管理，规范行政权力运行，全面启动行政许可和行政处罚等信用信息“双公示”工作。开展地震安全性评价管理，提高建设工程抗震防灾能力。市地震局下发《关于开展地震安全性评价工作情况检查的通知》，要求各县区开展地震性评价检查，对辖区内建设工程是否按规定开展地震安全性评价、地震安全性评价工作的质量情况以及地震安全性评价结果在建设工程抗震设防要求中的应用情况进行自查，并填写《地震安全性评价工作情况自查表》。开展地震小区划、城市活断层探测与震害防御，对全市小区划进行前期资料准备，立项开展城市活动层探测和危险性评价的前期准备工作。支持和指导地震安全民居工作，把农村民居建设纳入法制化规范化管理轨道。2月，在涟水县岔庙镇进行农村民居抗震设防调研，为建筑工人提供民居图纸并组织集中培训。

【地震应急救援】 2016年，淮安市修订制定《淮安市地震应急预案》。发挥EQIM地震应急信息自动发送系统作用，用联通四个网卡发出地震信息，全年发送震情短信61条，计5978人次。组织主城区地震“三网一员”地震应急救援综合技能培训。在5月12日“防灾减灾日”，组织开展地震应急综合处置演练；淮安军分区、市公安局、消防支队、武警支队、淮阴应急救援队、应急救援志愿者、防震减灾助理员、应急救援医疗队、机关代表、企业代表、社区代表、民兵代表等计400余人参加现场演练；出动大型救援车4辆，其他各类车辆36辆，市电视台全程录像，近3千名群众到场观看。年内，总计投资100余万元的市地震应急指挥中心建成并试运行；金湖、盱眙等县区也新上应急指挥中心，市地震局指挥中心与六县区实现互联互通。此外，与市公安局等12个市直部门指挥大厅通讯互通，与省应急指挥中心通讯连通，实现省、市、县三级信息实时互联互通。

【防震减灾队伍建设】 2016年，淮安市依托民兵、卫生、人防力量组建一支400多人的应急救援队，于5月12日举行授旗仪式。对救援队进行集中培训，配备物资装备，提高救援能力。与淮安军分区联合举办地震应急救援综合技能培训班，邀请省地震局专家到淮安讲座，对民兵骨干进行搜救抢险专业技术培训并进行现场指导。建立群测群防人员档案。淮阴区每月召开防震减灾助理员例会。组建地震应急救援志愿者队伍，市、县（区）有地震应急救援志愿者队伍94支，参加人员9168人。

【防震减灾法制工作】 2016年，编制印发《淮安市防震减灾十三五规划》，修订《淮安市防震减灾管理办法》。健全执法队伍，开展执法人员培训，年初召集市县地震系统人员进行防震减灾法律法规培训，先后组织9人次参加省地震局法制培训班、市行政执法人员培训、“七五普法”骨干人员培训。防震减灾法律法规走进党校主体班，提高各级领导干部和职能部门地震灾害意识和指挥调度能力。建立防震减灾法规大众教育机制，通过门户网站、微信、微博等，发布防震减灾法律法规政策资讯和知识等。

【防震减灾科普宣传】 2016年5月12日“防灾减灾日”期间，淮安市在全市多所小学、中专院校播放防震减灾公益影片。开展人员密集型场所防灾宣传活动，以淮安市中医院为试点，开展生命线工程单位的防灾减灾宣传活动。7月26日，邀请40余名网友参观洪泽防震减灾体验馆，观看防震减灾知识图片及4D电影，体验地震模拟小屋、地震知识互动小游戏。年内，市地震局微信号为广大市民提供包括地震信息、地震科普知识、地震科技动态在内的54条信息。

（王嫚珊）

气象服务

【气象台站基础设施建设】 2016年，淮安市开工建设江苏省洪泽湖流域气象灾害监测预警信息处理中心。完成淮安国家基准气候站新址建设工程。淮阴区气象预警中心进入内部装修阶段；洪泽区气象预警指挥中心完成业务用房建设装修和气象台业务切换；涟水县气象预警中心项目主体建设进入扫尾阶段；盱眙国家基本气象站迁建项目取得0.66公顷土地证，进入施工图纸审查阶段。

【气象综合观测和装备保障】 2016年，淮安市新一代多普勒天气雷达通过现场验收。建成反应性气体观测站、激光雷达、地基多通道微波辐射计，完成风廓线雷达机房土建，添置柴油发电机、核心交换机各1台。全市127个区域站社会化保障工作运行正常。

【气象为农服务】 2016年，淮安市气象部门加强关键农时及重大灾害的监测预报，与农业部门联合开展大田调查，做好小麦赤霉病等重大病虫害发生气象等级和盛发期预报。市气象局发布农业气象服务专报65期，新增土壤墒情服务产品8期。发挥农村气象信息服务站、气象信息员队伍、气象电子预警设施的作用。在全市多点开展人工增雨作业3次。涟水县高沟镇、金湖县闵桥镇、盱眙县古桑街道、洪泽区岔河镇、淮安区苏嘴镇被评为第四批标准化气象灾害防御乡（镇）。金湖县被评为省级为农服务标准化县区，淮安区施河镇、淮阴区刘老庄乡、金湖县吕良镇3个乡镇被评为省级气象灾害防御标准化乡镇。淮安区实现电子预警喇叭行政村全覆盖。洪泽区在岔河国瑞气象为农服务示范点建成水稻农田小气候自动站和农业物联网并投入使用。

【公共气象服务】 2016年，淮安市气象部门增加对危化行业、重点企业的服务频次，累计服务5万余人次。《市级气象灾害预警信号公布发布渠道的公告》通过《淮安日报》、市政府门户网站、市气象局门户网站等媒体刊发。利用微信、微博等新媒体渠道，发布和推送公众气象服务信息超过1500条次。开发上线淮安气象综合信息点播平台，整合资源，将区域站、精细化预报产品纳入服务产品库。社会公众和用户对气象服务整体满意度97.3%。

【防雷管理体制改革】 2016年，淮安市专题会办研究优化建设工程防雷许可工作，就建立优化建设工程防雷许可工作机制，加强指导协调和强化监管责任等印发专题会议纪要。全市防雷管理实行政事企分开，取消防雷审批技术服务性收费，放开防雷检测市场，分流防雷编外人员。成立防雷民营公司。

【部门联动】 2016年，淮安市气象、水利、环保部门组成合作单位，完善信息共享机制，将水利、环保等部门纳入国家突发事件预警信息发布平台。市气象局与市环保局签署全面战略合作协议，每日进行空气质量预报会商，发布《空气质量专报》。根据气象与环保部门的会商结果，市大气污染防治办启动预警2次。开展防雷安全检查、联合执法，覆盖全市280家重点单位。 （吴序鹏）

教 育

综 述

【概况】 2016年，淮安市有各级各类学校、成规模幼儿园898所，其中，成规模幼儿园424所、小学252所、初中157所（含38所九年制学校）、高中31所（含8所完全中学）、中等职业学校20所、高校7所、特殊教育学校7所。有在校生87.12万人，其中，在园幼儿17.56万人、小学生35.05万人、初中生14.31万人、高中生7.22万人、中等职业学校学生6.2万人、大学生6.69万人、特殊教育学校学生0.09万人。有专任教师5.59万人，其中，幼儿教师0.86万人、小学教师2.11万人、初中教师1.32万人、高中教师0.63万人、中等职业学校教师0.31万人、高校教师0.34万人、特殊教育学校教师200人。

【教育现代化建设】 2016年，淮安市启动实施市教育城域网、市开放大学、市教师发展学院等一批重点项目，新改扩建达到省优标准的幼儿园22所、创成省市级优质园59所，按省一类标准提升60所中小学装备水平，创成34所智慧校园、11个省职教高水平示范性实训基地，全市75%的学校“三防”设施高水平达标。创建现代化先进学校61所、先进乡镇（街道）10个。原清河区完成先进学校、先进街道创建任务。年内，全省2015年度教育现代化监测综合得分公布，淮安市高于全省综合得分，增幅全省领先，淮阴区、盱眙县分别增加11.19分、10.92分；有7个县区得分高于80分，数量居苏北地区第一。

【教育公平】 2016年，淮安市继续强化措施，保障教育公平。

均衡资源配置　完善义务教育经费保障机制，实施100个义务教育改薄项目，各县区义务教育阶段教师交流比例均超过15%，促进学校办学均等化，市教育局被表彰为江苏省促进义务教育均衡发展先进单位。

关爱弱势群体　投入2.75亿元精准资助学生17.05万人次，为建档立卡的农村贫困生免除普通高中学杂费，市政府出台文件对寄宿留守儿童给予每生每年500元成长补助，教育资助绩效评估实现“省优六连冠”。进城务工人员随迁子女入学享受同城待遇，残疾儿童义务教育入学率保持100%。

深化集团办学　发挥全市52个基础教育集团的龙头学校作用，加大城区优质学校对重点中心镇学校的帮扶力度，特级教师“幸福教育乡村行”全年赴16所学校开展12次名师送教活动，一批新建学校和薄弱学校办学水平得到提升。

【教育质量提升】 2016年，淮安市推动教育质量提升，素质教育、特色办学成果明显。

素质教育　高标准建成淮安市

未成年人成长指导中心，新创171个市级周恩来班，8个践行社会主义核心价值观创新案例获省教育厅表彰。推进教体结合，举办全市第三届中小学体艺文化节，学生体质健康合格率93.2%，江苏省淮阴中学的艺术教育在全国产生影响。江苏省清江中学国防班受到江苏省军区肯定。

教学质量　常态开展推门听课和教学视导，提高课堂效益，淮阴师范学院第一附属小学、淮安小学“一师一优课”成绩居全省小学组第一、第二名。高考二本以上录取数连续第八年超过万人，清华大学、北京大学录取24人，数量位居全省前列；全市义务教育学生学业质量监测成绩保持全省前列，淮安区、盱眙县中考质量全市领先。职业学校参加全省职教技能、创新、教学大赛等获23金、50银、93铜，创新大赛金牌数、奖牌数分列全省第二、第三名。

特色办学　召开小学特色文化建设推进会，市实验小学承办第三届全省幸福教育论坛；周恩来红军小学的“红色德育”、繁荣小学的“经典诵读”等一批特色品牌加快形成。创成全国校园足球特色学校15所、省市级体育艺术教育特色学校89所，承办全省校园足球现场会并作经验介绍。工业园区实验学校承办全省校园足球锦标赛，组队代表全市参赛获得第三名。淮阴商校承办全省第三届职业学校田径锦标赛。

【教育队伍建设】 2016年，淮安市将师德教育作为教师培训的必修内容，开展主题教育活动，创新运用信息化手段开展师德教育网络培训，涌现以“中国好人”——市第一中学教师顾春艳、江苏省“最美幼儿教师”——盱眙县仇集镇中心幼儿园纪巧为代表的一批师德模范。涟水县实施师德建设工程，探索建立师德建设长效机制。健全教师培训体系，全年组织市级以上教师培训3万多人次。加快培训平台建设，淮阴区与民盟江苏省委缔结师资培养合作协议，淮安区全面推进“校校有课题、人人有专题”行动计划，洪泽区、金湖县、开发区等3个教师发展中心接受省示范评估验收。成立特级教师工作室32个、乡村骨干教师培育站18个，与华东师范大学联合举办特级教师研修班，全市新增省特级教师19名、教授级高级教师12名。改革教师管理体制，原清浦区成为全国首批义务教育教师队伍“县管校聘”管理改革示范区。完善教师激励机制，调整乡村教师职称评审政策，淮安经济技术开发区采取动态考核的方式兑现教师职称工资，洪泽区、金湖县在绩效工资基础上增设奖补资金。

【教体艺结合】 2016年，淮安市有教体结合9类项目布点学校261所，阳光体育运动和艺术展演受到教育部表彰。举办第五届“市长杯”校园足球比赛，淮阴区被认定为全国校园足球试点县区；79所学校被认定为全国青少年校园足球特色学校，42所学校被认定为全省青少年校园足球特色学校，淮安市在全省作经验介绍，《光明日报》头版报道。创成省、市级体育、艺术教育特色学校89所、书香校园10所，12所中小学被认定为江苏省首批书法特色学校。在全省率先试点体艺师范生农村顶岗实习，保证国家规定体艺课程开齐开足开好。

4月13日，民盟江苏省委与淮阴区共同举办的“‘烛光行动’合作基地·淮阴”揭牌仪式举行　李晓鸥供图

【教育服务】 2016年，淮安市加快构建现代职教体系，获批17个分段培养试点项目，宁淮两地34所职业学校开展结对共建，市高职校双元制实训基地项目获中央财政支持2000万元，全市职业教育向地方输送各类技能人才1.5万名。完成教育系统文明城市年度创建任务，市教育局被表彰为“江苏省文明单位”，33所学校创成“江苏省文明校园”。策应“书香淮安”建设，创成首批10所书香校园。创成省市级节水型学校18所。创成省级标准化社区教育中心19个，洪泽区、涟水县创成省级社区教育示范区，全市全年开展社区培训60万人次。“高考志愿填报院校智能推荐平台”项目入围市年度创新项目。

【首批特级教师工作室启动】 3月1日，淮安市举行首批特级教师工作室启动仪式，并为32个首批特级教师工作室授牌。市首批特级教师工作室主要由在教育教学、教科研、产学研某一领域中具有一定影响力的江苏省中小学特级教师、教授级高级教师担纲领衔人，涵盖高中、义务教育及职业教育各学段。

【“书香校园”读书节】 4月28日，2016中国淮安·周恩来读书节暨“书香校园”创建启动仪式举行。10名高级职称以上的语文教师被聘为淮安全民阅读首批领读者。为纪念世界读书日，淮安市专门制订《淮安市教育系统“书香校园”阅读活动实施方案》，提出2016年创建“书香校园”10所、打造“三味书屋”50个。各学校积极响应，开展小学生讲故事比赛、中学生征文比赛、大学生演讲比赛等，掀起“与好书为伴，与经典同行”主题读书活动热潮。

【乡村骨干教师培育站】 5月24日，淮安市举行乡村骨干教师培育站建设启动仪式，18个培育站主持人获省师培中心授牌。“十三五”期间，淮安市计划在每个县区建设乡村骨干教师培育站，通过培育站的形式，为乡村学校培育一批市级骨干教师后备人选和县级骨干教师后备人选。2016年，全市设立骨干教师培育站18个，其中市级7个、县区级11个。

【乡村教师定向培养计划】 6月，淮安市启动乡村教师定向培养计划。年内，淮阴区、涟水县、金湖县、盱眙县等4个县区列入全省首批乡村教师定向培养计划，招收定向委培乡村教师200名。

【中青年优秀校（园）长培育工程】 6月12日，淮安市举行市中青年优秀校（园）长培训工程启动仪式暨第一次集中培训。淮安市中青年优秀校（园）长培育工程计划分两期实施，每个培育周期两年，围绕校（园）长专业素养、领导理论、办学实践以及管理能力等方面内容，进行重点培养和指导，通过示范引领带动全市中小学校（园）长水平整体提升，为淮安基础教育奠定坚实基础。第一期为优秀校长（园长）高级研修班，选定培养对象160人，其中幼儿园48人、小学60人、中学52人。

【“最美教师”和“功勋教师”评选表彰】 2016年，淮安市继续评选表彰“最美教师”“功勋教师”。通过选拔，从5万教师中，选出16位正式候选人，并公示投票。社会各界积极参与，12万人次通过网络、微信、短信等多种方式参与投票。经过评选，吴凯等8名教师入选2016年“最美教师”，顾士明等20名教师被评为2016年功勋教师。（谷玉红　华　跃　周　军）

学前教育

【概况】 2016年，淮安市有成规模幼儿园424所，在园幼儿17.56万人，学前教育毛入园率99.54%；幼儿教师0.86万人，其中专科及以上学历8348人，占97.42%。全市投资1.6亿元，按省优园标准新改扩建20所公办幼儿园，全年创成省优质园38所，市优质园24所，建成省级幼儿园课程游戏化项目10个，幼儿园课程游戏化项目20个、培育项目6个。

【省科技特色幼儿园联盟科学教育研讨会在淮召开】 5月12~13日，2016年江苏省科技特色幼儿园联盟科学教育研讨会在淮安市召开。全省13个市近400名代表参加会议。研讨会包括学术报告、分会场学术交流、观摩8所科学教育特色幼儿园等议程，全省60位会议代表作专题交流发言。

（谷玉红　华　跃　周　军）

义务教育

【概况】 2016年，淮安市有小学252所、初中157所（含38所九年制学校）、特殊教育学校7所，小学生35.05万人、初中生14.31万人、特殊教育学校学生0.09万人。有小学教师2.11万人，其中专科及以上学历20738人，占98.44%；初中教师1.32万人，其中本科及以上学历12781人，占96.94%；特殊教育学校教师0.02万人。小学巩固率100%，初中巩固率100%，初中升学率99.78%。

【完善城乡义务教育经费保障机制】 2016年，淮安市印发《关于进一步完善城乡义务教育经费保障机制的通知》（简称《通知》）。《通知》从建立统一的城乡义务教育经费保障机制、统一城乡义务教育“两免一补”政策、统一城乡义务教育学校生均公用经费基准定额、巩固完善义务教育学校校舍安全保障长效机制、保障落实城乡义务教育学校教师工资政策等五个方面就改革完善现行义务教育经费保障机制作出明确要求。结合淮安市实际情况，《通知》特别提出，对寄宿留守儿童给予每生每年500元成长补助。根据《通知》精神，全市从2016年春季学期开始统一城乡义务教育学校生均公用经费基准定额；从2017年春季学期开始按全省新的分担办法对家庭经济困难学生补助生活费；以后年度，根据义务教育发展过程中出现的新情况新问题，适时完善城乡义务教育经费保障机制相关政策措施。

【全省青少年校园足球现场推进会】 4月26~27日，2016年全省青少年校园足球现场推进会在淮安市召开。与会代表在淮阴奥体中心观摩淮安市淮阴区“区长杯”校园足球联赛决赛开幕式，现场观摩淮阴袁集小学、袁集幼儿园、王营实验学校、淮阴师范学院附小新区实验学校等4所中小学幼儿园校园足球活动开展情况。淮安市

2月，淮安市组织小学生们参观《中国共产党在淮安——崛起之路》主题展览
韩仁先供图

教育局等5个单位分别就开展校园足球工作相关经验和成果向与会者作汇报交流。

【全市农村小学校长培训班启动】 8月，淮安市组织为期三天的农村小学校长培训班。全市各县区约150名农村小学校长参加培训。邀请省内知名专家和名优校长，围绕校长专业发展、学校文化建设、农村留守儿童教育与管理、校本课程开发、教师的教学风格与专业发展以及农村学校变革发展与学校管理创新等内容，通过授课、现场交流分享等形式，使全体参训学员理解国家和省的相关教育政策，明晰全市推进义务教育优质均衡发展的中心任务，提升农村小学校长规划学校发展、领导课程与教学改革的能力。

【小学特色文化建设观摩推进会】 11月9日，淮安市召开小学特色文化建设观摩推进会。会议围绕小学特色文化项目建设工作，从特色文化建设的成效问题、课程内容建设、以项目建设推动学科发展等几个方面，理论联系实际，作专题培训。与会人员参观市天津路小学、淮安小学、市繁荣小学、市富士康实验小学等特色文化建设项目活动现场。

【第三届中小学体育艺术文化节】 11月25日，淮安市举行第三届中小学体育艺术文化节闭幕式暨颁奖典礼。市第三届中小学体艺文化节主题为“放飞梦想，绽放精彩”，历时近10个月，有舞蹈、器乐、声乐、朗诵、戏剧等5大类112个节目，近3000名中小学生参加展演。评选出一等奖作品187件、二等奖作品264件、三等奖作品325件；一等奖节目99个、二等奖节目129个、三等奖节目95个；一等奖教师论文25篇、二等奖教师论文37篇、三等奖教师论文39篇；优秀组织奖13个、优秀指导老师213名、优秀教练员55名。

（谷玉红　华　跃　周　军）

高中教育

【概况】 2016年，淮安市有普通高中31所（含8所完全中学），高中生7.22万人，高中阶段毛入学率99.26%，高中教师0.63万人，其中本科及以上学历占100%，研究生学历864人，占13.79%。高考二本以上录取数连续第八年超过万人，清华大学、北京大学录取24人，录取人数居全省前列。

【生态新城高中开工建设】 5月31日，淮安生态新城与江苏省淮阴中学、淮安市实验小学签订校地双方集团办学协议，新城教育集团化办学正式启动。根据协议规定，两个教育集团实行校地双重管理，集团内各成员学校实行统一建设标准、统一经费标准、统一资源配置、统一编制管理、统一教师配备、统一业务管理。12月18日，生态新城高中开工建设。该校投资5亿元，占地13.2公顷，建筑面积10万平方米，是一所高起点、高品味、高层次的市直高中，预计2017年底全面建成完工交付使用，2017年9月借校招收高一新生。

【第十三届中学生英语口语比赛】 10月21日，淮安市举行第十三届中学生英语口语（电视）比赛决赛。全市9个县区和3所市直高级中学的11个代表队参加现场决赛。经过自备演讲、即兴演讲和即兴问答三个环节，有10名学生进入对抗赛。经过对抗赛双方辩论，最终评选出江苏省淮阴中学钟子阳等6名学生代表淮安市组队参加省“领航杯”中学生英语口语（电视）比赛。中学生英语口语比赛为省教育厅基础教育阶段十大立项学生比赛赛事之一，连续几年均在互联网现场直播，吸引数万人关注和观看。

【淮阴中学举行大学节】 12月29日，江苏省淮阴中学举行第三届大学节开幕式暨2017年新年音乐会。北京大学、清华大学、复旦大学、南京大学、上海交通大学、西安交通大学、中国人民大学、东南大学、中国科学院大学、南开大学等10所著名高校的领导、专家、学者出席活动，并组织形式多样、内容丰富的大学文化推介活动。自2014年起，淮阴中学与国内著名高校携手合作，在中学校园首创大学节，邀请国内著名高校学者与淮中学子对话，并力求逐步把大学节打造成淮阴中学新的、高端的校园文化品牌。　（谷玉红　华　跃　周　军）

职业教育

【概况】 2016年，淮安市有中等职业学校20所，中等职业学校学生6.2万人，中等职业学校教师0.31万人，其中研究生学历407人，占14.64%。全市职业学校创成4所省高水平现代化职业学校、11个省高水平示范性实训基地、3个省现代化专业群、3个省级名师工作室，获批17个分段培养试点项目，市高职校“双元制”实训基地项目获中央财政支持2000万元，全市职业学校向地方输送各类技能人才1.5万名。创成省级标准化社区教育中心19个，开展社区培训60万人次。职业学校参加全省职业技能、创新、教学大赛获23金、50银、93铜的好成绩，创新大赛金牌数、奖牌数位居全省第二名、第三名。

【职业教育活动周】 5月13日，淮安市举行2016年职业教育活动周启动仪式。活动周期间，淮安市围绕“弘扬工匠精神，打造技能强国”主题，组织开展成果展示、开放校园、为民服务等6个主题、50多项活动，通过面向广泛、贴近群众、有声有色的活动，吸引企业人员、中小学生、社区居民、各界人士走进职教，引导职业学校学生走出去，利用专业所长，展示技能，服务群众。

【宁淮职业教育合作】 8月4日，淮安市与南京市正式启动宁淮职业教育合作。淮安市教育局、淮安市职教教研室分别与南京市教育局、南京市职教（成人）教研室签订合作共建协议，淮安市11所中职学校与南京市23所职业学校签订手拉手共建协议。根据合作协议，双方职业学校将围绕6个方面进行深入合作：一是专业共建，鼓励两地职业学校在课程开发、专业设置、教学管理方面互相借鉴，培育具有区域特色的品牌特色专业和现代化专业群；二是师资共育，双方互派师资交流任课，互派干部交叉挂职，

2016年，淮安市承办江苏职业技术教育学会年会　　井宏峰供图

提升师资队伍整体素质；三是资源共享，双方在实训基地使用方面相互开放，教学资源共建共享；四是平台共筑，双方以市教科研中心组为纽带，共同构筑教研互动平台；五是项目共创，双方积极推动中高职衔接、现代学徒制试点、国际化合作等项目交流和合作；六是文化共融，推动双方职业学校开展文化交流，相互借鉴，形成特色，提升品质，丰富内涵。

【江苏省第三届职业学校田径锦标赛】 11月5~6日，由省教育厅、省体育局主办的江苏省第三届职业学校田径锦标赛在淮安市举行，全省46所职业学校、49支代表队、616名运动员参加比赛。开幕式上，淮安市组织主题为"崛起江淮 精彩职教"系列团体操表演。（谷玉红　华　跃　周　军）

·江苏省淮安技师学院·

【概况】 江苏省淮安技师学院为国家级高级技工学校、省重点技师学院，是省高技能人才培养示范基地、省市共建公共实训鉴定基地、高技能人才专项公共实训基地。2016年，学院有省技工院校示范专业4个，重点专业15个，精品课程20门，教学名师8名，专业带头人21名。有全日制在籍生5000人，毕业各层次学生2022人，招收各层次新生1506人。对外培训5630人次、技能鉴定3686人次。年内，学院被授予"第十九届全国青少年主题教育活动示范学校"。

【基地建设】 2016年，江苏省淮安技师学院新增汽车检测与维修省级专项公共实训基地和电子商务创业省级职业教育实训基地，新增4门省级精品课程、1名省级教学名师和2名省级专业带头人；新增5年制高职汽车检测与维修技术专业，完成国家高技能人才培训基地建设项目并通过验收，学院申请的"十三五"产教融合项目被省政府推荐入选国家发展改革委规划资助项目。

【师资教研】 2016年，江苏省淮安技师学院派遣5名教师赴德国、英国培训，14名教师参加省级培训；支持13名教师在职攻读硕士学位，毕业4人；组织83名专业课教师到企业实践锻炼。申报正高职称1人、副高职称2人、中级职称14人、初级职称2人，新进教师3人。启动数控加工、发动机构造与维修等5门课程的改革试点。组织观摩课、公开课38次，微课、说课21次，企业专家或名师讲座17次。立项市级课题2个、院级课题13个、主编参编教材5部、发表论文39篇。

【学生培养】 2016年，江苏省淮安技师学院坚持"德、技、体"三位一体培养模式。建立青年志愿者服务基地，开展各项志愿服务活动，构建多层次校园文化活动，新建学生社团10个，成立社团联合会，获2016淮安最美院校票选活动"最美院校"称号。将弘扬"工匠精神"纳入教学计划，发挥技能大赛引领作用，组织学院第十一届技能创新节。学生参加省市技能大赛取得省级二等奖4个、三等奖8个，市级一等奖13个。举办学院第十一届田径运动会，在省职业学校田径运动会上，获1银1铜，市第八届全民健身运动会大中专组篮球赛获中专组第一名。在淮安市经济开发区众智机器人大学生创业实践活动中，学院学生获第一名。

【校企合作】 2016年，江苏省淮安技师学院推进校企合作，与5家企业新签合作协议。以就业为导向，抓好学生就业指导和实习工作。通过邀请23家省内外企业进校、进班宣讲，组织毕业生参加相关网络洽谈会，与市就管中心联合开展"淮安市高校毕业生招聘服务月淮安技师学院专场招聘会"等一系列就业创业服务活动，为毕业生就业创业搭建平台。年内，学院毕业生就业率95%。

【第十九届全国青少年主题教育活动示范学校】 2016年，在第十九届全国青少年五好小公民"老师您好，我的好老师"主题教育活动中，江苏省淮安技师学院数控技术系《记忆中的老师》和《老师您好》两篇作品获征文比赛中学组一等奖，电气工程系《我技能人生的引导者——刘秀娟老师》、数控技术系《忆方先生》、信息技术系《老师，谢谢你》三篇作品获征文比赛中学组二等奖，5名教师获"优秀指导老师"称号，学院被授予"第十九届全国青少年主题教育活动示范学校""淮安市十佳中学中职共青团组织"等称号。（郑琳琳）

·江苏省淮阴商业学校·

【概况】 江苏省淮阴商业学校位于淮安市高教园区，占地28.33公顷，校舍面积12.8多万平方米，发展规模1.2万人。设有财经贸易、建筑工程、机电信息、烹饪旅游等4个系17个专业。2016年，学校"3+4"（中职教育学习3年与普通本科学习4年）、五年制高职、三年制中职等全日制招生1333人，毕业生就业率100%。新增省名师工作室1个、"江苏人民教育家培养工程"培养对象1人、"省特级教师"1人、"江苏省教育工作先进个人"1人；两名教师分别获评市功勋教师、市优秀教师。在全省教学大赛中，获一等奖3个、二等奖3个、三等奖7个，在全市同类学校中名列第一。在全市第11届职校技能大赛中获一等奖29个、二等奖24个、三等奖23个；在省级以上技能、创新、信息化教学等大赛中，获奖总数48个，名列全市第一。

【市首批"智慧校园"建设】 2016年，淮安市打造"智慧校园"建设，利用云计算、虚拟化和物联网等新技术，将学校的教学、科研、管理与校园资源和应用系统进行整合，实现智慧化服务和管理的校园模式。全市有13所中小学成为首批"智慧校园"示范学校。4月6日，江苏淮阴商业学校智慧校园建设工作接收专家组现场验收，并被授予"智慧校园"称号。

【校体育文化艺术节】 5月，江苏淮阴商业学校启动第五届"五四体育文化艺术节"。该届艺术节历时一个月，以"团结、进步、改革、奉献"为主题，开展包括五四教育、体育运动、文化艺术5个系列40余项活动，参与人数超过12000人次。

【淮安市中等职业学校班主任培训】 8月9~14日，淮安市中等职业学校班主任培训在江苏淮阴商业学校举行。全市12所学校的200多名班主任学员参加。培训由8个模块组成，涉及班主任的常规管理、文化建设、学生心理健康教育、校园安全预警机制的建立、职业精神的培养、企业文化的教育等内容。

【承办省第三届职业学校田径锦标赛】 11月5~6日，由省教育厅、省体育局主办的江苏省第三届职业学校田径锦标赛在江苏淮阴商业学校举行。全省46所职业学校、49支代表队、616名运动员参加比赛。比赛期间，组织"江苏省职业学校体育与心理健康研讨会"，聚焦江苏职业教育贯彻落实国家《"健康中国2030"规划纲要》，关注职校学生体育与心理健康。

【承办市第十一届职业学校技能大赛】 11月8日，淮安市第十一届职业学校技能大赛会计、导游与酒店服务、中餐烹饪、建筑施工4个专业14个项目比赛在江苏淮阴商业学校举行。全市10所职业院校400多名师生参加大赛。

【淮扬菜旅游服务实训基地通过验收】 12月6日，江苏淮阴商业学校淮扬菜旅游服务实训基地建设通过省级验收。省检查组通过听汇报、看现场、查材料、访谈、听课等环节，对淮扬菜旅游服务实训基地软硬件建设情况进行现场检查，对基地创建工作给予认可。（宋德志）

·淮安市高级职业技术学校·

【概况】 淮安市高级职业技术学校是一所集中高等职业技术教育和现代远程开放教育于一体的市属公办学校，主要依托于市职业技术教育中心和市开放大学组建而成。学校占地24.18公顷，有徐杨路和淮海路两个校区，另有位于淮安市现代商务集聚区的开放大学校区在建设中。2016年，学校"3+4"（中职教育学习3年与普通本科学习4年）、五年制高职、三年制中职、退役士兵等全日制各类招生1754人；远程开放教育招生规模稳定，春、秋两季本、专科招生1203人。学校获批江苏联合职业技术学院淮安分院，创建成为"江苏省高水平现代化职业学校"，开工建设国家发展改革委产教融合发展工程规划项目"淮安市双元制开放性公共实训基地"。

【省高水平现代化职业学校和示范性实训基地建设】 2016年，淮安市高级职业技术学校继续开展省高水平现代化职业学校和省高水平示范性实训基地建设，深化内涵发展、特色发展、创新发展，提高教育教学质量，打造职教品牌，为区域经济发展提供人才支撑。10月，撰写上报创建报告、特色案例，收集整理佐证材料，通过专家网评。12月，省教育厅发文正式认定市高级职业技术学校为省高水平现代化职业学校，学校高新信息技术实训基地被认定为"江苏省高水平示范性实训基地"。省高水平现代化职业学校和示范性实训基地建设项目2013年立项，2015年启动建设。

【省现代化专业群建设】 4月，淮安市高级职业技术学校数控技术应用专业群接受江苏省现代化专业群专家组现场视导。5月24日，经省教育厅认定，学校中职数控技术应用专业群被认定为省现代化专业群，成为学校"十三五"期间创建成的第一个省级现代化专业群。

10月20日，淮安市双元制开放性公共实训基地奠基仪式举行　井宏峰供图

【启动现代学徒制试点】 2016年，淮安市高级职业技术学校以淮安经济技术开发区为主体申报现代学徒制试点，12月，省教育厅正式发文批准立项。未来5年，学校数控和物流专业将开展现代学徒制试点。其中，数控技术专业对接淮安膳魔师有限公司和淮安益恒精密机械公司两家企业，物流专业对接淮安百世物流公司和络捷斯特科技发展有限公司。

【智慧校园建设】 结合教育部《职业院校数字校园建设规范》要求和江苏省教育管理信息中心、江苏省电化教育馆年度教育信息化主要工作任务部署，2016年，淮安市高级职业技术学校研究制定新一轮校园信息化建设项目方案，并上报相关部门申请立项。11月24日，学校被中央电教馆认定为"职业院校数字校园建设实验校"。

【现代职业教育体系建设】 2016年，淮安市高级职业技术学校继续开展"3+4"中职与本科分段培养项目试点，与淮阴工学院、淮阴师范学院开展合作数控技术、工艺美术"3+4"分段培养试点项目，完成招生70人。

【淮安市双元制开放性公共实训基地建设】 淮安市双元制开放性公共实训基地建设项目为国家发展改革委批准2016年产教融合发展工程规划项目，总投资6000万元，其中中央财投入2000万元。10月20日，淮安市高级职业技术学校举办中德职业教育交流周暨淮安市双元制职业培训中心奠基仪式，德国卡尔夫地区第一行政副长官、德国工商大会上海代表处负责人、淮安市副市长王红红等出席仪式。培训中心计划建成2万平方米的5层综合实训大楼。

【物流实训基地建设】 淮安市高级职业技术学校物流实训基地占地3500平方米，总投资900多万元，建有物流文化展示区、叉车实训区、现代物流中心实训区、运输实训区、国际货代实训区、虚拟实训区以及未来课堂等七大功能区域，完全满足省技能大赛赛场要求。2016年，学校在实训基地承办江苏省城市职业学院系统学生技能大赛，省内各办学点的21名选手在基地进行"物流包装与商品分拣"项目的比赛。

【江苏联合职业技术学院淮安分院建成】 2016年，经淮安市高级职业技术学校申报，淮安市政府报省教育厅批准（苏教发函〔2016〕89号），在江苏省淮安中等学校基础上，挂牌成立江苏联合职业技术学院淮安办分院。

【交流与合作】 2016年，淮安市高级职业技术学校先后接待江苏省教工委、国家开放大学、省人大常委会教科文卫委、省教育厅等单位的相关领导和专家到校调研和指导；接待南京高职校、睢宁中等专业学校、盐城高等师范学校、阜宁高等师范学校、东台中专、宿迁开放大学、河南三门峡陕州中专、盐城工学院、盐城开放大学等23所国内院校参观考察团；接待德国BWA协会、英国NPTC教育集团、匈牙利、德国巴符州行政官员及德国职业学校师生代表团等外国代表团到访，加快淮安职教交流与合作。

【社区教育】 2016年，淮安市高级职业技术学校启动"社区教育学习示范苑建设工程"，先后与枚乘路街道社区教育中心、广州路街道社区教育中心、南马厂镇社区教育中心等单位合作共建，打造一批有内涵、有特色、有影响，具有一定示范意义的"社区教育学习示范苑"。开放教育质量和规模全省领先。年内，国家开放大学、甘肃省电大、哈尔滨电大等开放大学系统负责人多次带队到淮安调研、交流，对学校发展表示赞赏。淮安开放大学被评为国家开放大学江苏分部"优秀管理集体"第一名、学校被省开放大学评为师资建设工作先进单位。

【社会服务】 2016年暑假，淮安市高级职业技术学校组织67位学生到江苏金鹿罐头食品有限公司进行为期近40天勤工俭学；组织662名学生到臻鼎科技（206人）、富誉电子（196人）、膳魔师（130人）、达方电子（130人）顶岗实习。与臻鼎科技公司合作建立"全面人才战略培养基地"，共建"臻鼎学院"；与海尔集团合作共建"海尔学院"。11月18日，学校举办专场校园招聘会，邀请45家企业到校集中招聘。年内，毕业生就业质量明显好转，毕业学生1046人，就业率98.85%（含三年制中职升入高等教育人数的241人），本地就业率79.83%。

【师生获奖情况】 2016年省技能大赛中，淮安市高级职业技术学校获1金、3银、11铜；在淮安市第11届师生技能大赛中，70人代表淮安市参加省赛，获19金、16银和14铜；在2016年江苏城市职业学院技能大赛8个比赛项目中，获3金、8银、3铜，5名教师被评为优秀指导教师；在2015~2016第七届江苏省职业教育创新大赛评比中，获一等奖1个、二等奖3个、三等奖3个、入围奖2个；在2016年省教学大赛中获，获二等奖3个、三等奖5个；在江苏省联合职业技术学院组织的公共课微课比赛，获一等奖1个；在江苏城市职业学院教学设计比赛中，获二等奖1个；在市中职班主任基本功大赛中，获得团体一等奖第一名，两名教师入围省赛，并获得2016年江苏省职业学校班主任基本功大赛主题班会设计项目三等奖。

（井宏峰）

·淮安生物工程高等职业学校·

【概况】 淮安生物工程高等职业学校是全国建校最早的农林学校之一，是淮宿连地区唯一一所农业类高等职业学校，为淮安市政府直属事业单位。2016年，学校占地面积25.04万平方米，建筑面积7.95万平方米；有学生5000余人，教职工300余人。学校先后获得全国教育系统先进集体、全国科技特派员工作先进集体、全国农村成人教育先进学校、首批国家中等职业教育改革发展示范学校（淮安首家）、农业部"农牧渔业丰收奖"、江苏省职业教育先进单位等表彰。2016年，淮安生物工程高等职业学校新增五年制高职"饲料与动物营养"专业并开始招生。园艺技术专业群被省教育厅认定为江苏省五年制高等职业教育现代化专业群。

【基础设施建设】 2016年,淮安生物工程高等职业学校完成校内两个高水平示范性实训基地建设采购事项及校内其他实验设备项目采购,完成培训楼改造和对外招租、校园绿化维护和保洁、校园维修及系部设备采购等。对照“透明厨房”标准,对学生食堂、教工餐厅、清真餐厅等进行改造,并公开招标、引进餐饮服务企业。推进校园信息化建设,优化校园网络,推广数字校园综合管理平台项目。

【学生素质提升】 2016年,在江苏省职业学校技能大赛中,淮安生物工程高等职业学校获金牌1枚、银牌5枚、铜牌7枚。在淮安市职业学校第十届技能大赛中,获一等奖29个、二等奖24个、三等奖20个。7件作品在省第七届职业教育创新大赛中获奖。“宠物美容”和“艺术插花”两个品牌技能项目受邀参展世界职业教育大会暨展览会。在市科技创业大赛暨第六届大学生科技创业大赛上,作品“家庭环境安全智能检测报警系统”获三等奖,成为全市非本科、高职院校唯一获奖作品。第一届“3+4”(中职教育学习3年与普通本科学习4年)班有91人参加考试,84人合格,本科率92.3%。参加首次学业水平测试,成绩居全市前列,语文、数学两门通过率居全市首位且超全市平均通过率10个百分点。

【师资力量建设】 2016年,淮安生物工程高等职业学校实施“名师工程”,6人被评为市第三批中等职业学校专业(学科)带头人,2人被评为江苏联合职业技术学院专业(学科)带头人,41人入选第二届市职业教育教科研中心组,3人晋升教授、副教授职称。举办“名师讲堂”,以名师优秀案例引领全体教师成长。安排2人出国培训,组织66人参加市级以上培训、14人参加专业群建设培训、11人参加专业课程标准培训,暑假期间安排4天校本培训。开展青年教师公开课活动,19名青年教师利用每周一的教研活动时间开设校级公开课。安排6名副教授以上职称督学推门听课,助推教师专业成长。开展“十佳课堂”评比,引导教师关注课堂。

【学生管理】 2016年,淮安生物工程高等职业学校推进系部学生二级管理工作,指导系部开展工作,完善团委组织机构。制定印发《班主任工作管理评聘办法》等制度,选拔班主任参加市职校基本功大赛,开展全校班主任培训、《中华人民共和国教师法》微竞赛等活动。抓住德育课堂主阵地,上好素质教育课,引导学生社团开展健康向上的主题活动。加强全校师生民族团结教育,做好新疆部学生的教育管理工作,组织开展“匠心筑梦、始于家风”主题团日活动,以典型人物实例熏陶青年学生。举办新疆部庆祝古尔邦节晚会,开展“国庆七天乐”活动,召开新疆部女生大会、全体学生大会,做好新疆部2014级学生有序回疆参加高考宣传与报名工作,完成内职班学生家长考察组接待。组织开展首届校园文化节系列活动,组织师生志愿者服务队常年到社区、企业、学校,开展常态化的志愿服务活动。年底,学校通过团省委考核,获评全省“六个一”团建项目示范校。

【服务“三农”】 2016年,淮安生物工程高等职业学校传承“农工学堂”办学传统,在全市8个省级重点中心镇开设“农工学堂”。开展新型职业农民、基层农技人员、退伍士兵培训等,完成江苏省新型职业农民培训761人次、省级农作物病虫害专业化统防统治组织负责人培训200人次、农技推广人员培训700人次、退伍士兵培训1580人次。发挥专业技术人才优势,在淮安区车桥镇大东村挂钩扶贫点确立扶资、扶知、扶智“三扶”相结合的帮扶思路,投入帮扶资金4万元用于村活动中心建设;组织送温暖慰问活动,登门了解贫困户情况,量身定做帮扶措施;三次组织专家赴大东村实地考察,确定土壤、水质状况,对养殖户、种植户进行技术指导。与洪泽区继续紧密合作,组织专家驻村深入服务,实施挂县强农富民工程。

【招生就业】 2016年,淮安生物工程高等职业学校落实市职教招生工作意见,加强招生过程管理,招生人数保持稳定。开展与本科院校联合办学,招收计算机应用、园艺专业“3+4”学生70人。注重中西部合作招生,继续拓展新疆内职班招生,招收新生113人。创新开展“农工学堂”,招收中专班学员460人。南京农业大学、淮阴工学院、退役士兵等成教招生得到拓展,全年南京农业大学招收208人,淮阴工学院招收32人,退役士兵中专生招收580人。多途径开展就业创业教育,组织2016届大专毕业班490人参加系统创业理论培训和训练,聘请优秀毕业生、优秀企业管理者到校作报告,举办校园招聘会6次,毕业生就业率99.35%,在江苏联合职业技术学院三所农业类学校中名列首位。

【被认定为第二批省高水平现代化职业学校】 6月25日,省教育厅、财政厅联合下发《省教育厅、财政厅关于认定第二批江苏省高水平现代化职业学校的通知》,淮安生物工程高等职业学校被认定为第二批江苏省高水平现代化职业学校。为创建江苏省高水平现代化职业学校,淮安生物工程高等职业学校成立专门创建小组,多次召开相关会议,分解任务,定期检查汇报;建设专题网站,按三级条目汇总材料,共73个三级条目、9000多个文件夹;形成自评报告,整理5个典型案例。2016年4月,通过省教育厅网上评审。

【新型职业农民培训班开班】 9月20日,江苏省2016年农业部新型职业农民第一期培训班在淮安生物工程高等职业学校开班。培训班重点面向淮安市从事现代农业生产经营的种养大户、家庭农场经营者、农业合作社骨干、农业企业骨干、农业社会化服务能手等,分三个阶段进行,第一阶段专家授课,第二阶段参观学习,第三阶段专家实地指导。

【淮台现代农业职业教育集团成立】 12月30日,淮台现代农业职业教育集团成立大会在淮安生物工程高等职业学校召开,淮安台商协会、驻淮涉农台资企业代表、淮安农业龙头企业代表以及涉农类中高职院校代表等60余人参加会议。

淮台现代农业职业教育集团是由淮安生物工程高等职业学校牵头

组建的区域性、非赢利性非法人社会组织。集团以服务发展为宗旨、以需求为导向，以构建现代农业职业教育体系为引领，以提高人才培养质量为核心，以深化产教融合、校企合作为主线，整合政府、行业协会、农业龙头企业、农业科研院所、农业职业院校等各方资源，创新集团管理结构和运行机制，探索多种形式的集团化办学模式。

（校办公室）

·淮安文化艺术学校·

【概况】 淮安文化艺术学校始建于1958年，原名淮阴艺术专科学校，1984年经江苏省人民政府批准、教育部备案为中等专业学校，1992年更名为“淮阴文化艺术学校”，2001年更名为“淮安文化艺术学校”。至2016年底，学校有戏曲表演、舞蹈表演、音乐（含学前教育方向）、美术设计与制作、美发与形象设计、导游服务（含酒店管理与高铁乘务）6个专业。

【教育教学】 2016年，淮安文化艺术学校先后参加江苏省艺术职业学校班主任基本功大赛，获1金、1铜；参加江苏省职业学校教学大赛，获3银、1铜；4名教师获江苏省艺术职业学校“教学能手”称号；学校2013级中国舞表演班和2014级教改班被命名为淮安市“周恩来班”。年内，承办江苏省艺术学校教学观摩现场会、淮安市课堂教学大赛、淮安市微课比赛、淮安市职业学校文化艺术类师生技能大赛等。

【文化惠民服务】 2016年，淮安文化艺术学校建设艺术表演实训基地，筹措资金600余万，年底通过江苏省高水平示范性实训基地验收。7名舞蹈教师代表淮安市参加由江苏省文化厅组织的赴韩文化艺术交流活动。承办“美好家园·情醉淮安”第三届江苏文化艺术节大型广场文艺演出。11月，学校小梅花艺术团接受《新华日报》专访，引起关注。年内，同清浦区城乡7所中小学共建艺体教辅基地，全年派出骨干教师进校辅导85人次，暑假期间抽调4个专业的教师对清浦城南小学“百塑工程”进行艺体培训。

2016年，淮安文化艺术学校举行纪念“一二九”大合唱活动　　吴轩供图

【合作办学】 2016年，淮安文化艺术学校与江苏省戏剧学校、江苏省广播电视学校、南京玄武中专校、南京女子中专校等4所学校建立结对合作关系；与南京视觉艺术职业学院签定合作协议，就艺术教育和艺术人才培养开展深度合作，新开设旅游、酒店管理、高铁乘务方向专业，并在淮安文化艺术学校挂牌南京视觉艺术职业学院“优质生源基地”；与南京美界造型有限公司深度合作美发形象设计专业，共建校内模拟美容美发工作室；加入淮安市大中专教师教学发展联盟，融入全市教育教学的发展平台。

（吴　轩）

社会教育

【概况】 2016年，淮安市以教育现代化为引领，完善社区教育网络体系和建设学习型社会，社区教育和全民终身学习工作取得成效。投入1.4亿、建筑面积3.5万平方米的市开放大学主体工程封顶，市、县（区）开放大学均挂牌并完成组织架构。全年创建省级社区教育示范区2个、省级标准化社区教育中心19个和高水平农科教结合富民示范基地2个，洪泽区养羊大户、大学生创业典型王伟伟获“全国百姓学习之星”称号（全省共5个），另有3人入选省百姓学习之星，3个品牌入选省终身学习活动品牌。

【全民终身学习活动周】 12月16日，淮安市暨淮阴区主题为“开展全民学习活动，推进美丽乡村建设”全民终身学习活动周举行开幕式。大学生创业典型、养羊大户王伟伟等一批国家、省、市百姓学习之星，洪泽区洪泽湖文化广场大讲堂等一批省、市终身学习活动品牌项目，淮安经济技术开发区“智慧社区”视域下“互联网+社区教育”等一批省、市社区教育实践创新项目优秀案例等受到表彰。

（谷玉红　华　跃　周　军）

高等教育

【概况】 2016年，淮安市有高等院校8所。分别是淮阴师范学院、淮阴工学院、南京林业大学南方学院3所本科院校；淮安信息职业技术学院、江苏食品药品职业技术学院、江苏财经职业技术学院、炎黄职业技术学院、江苏护理职业学院等5所高职院校。

【淮安市与南林大合作办学】 1月17日，淮安市与南京林业大学举行合作建设南林大淮安校区签约仪式。南林大淮安校区为公办本科办学性质，学制四年，培养应用型人才，逐步发展研究生教育。学校自2017年开始招生，在校生规模为6000人左右。

【淮安市大学生读书演讲比赛】 11月1日，由中共淮安市委宣传部、市教育局、市文广新局联合主办，淮安市新华书店协办的“新华杯”大学生读书演讲比赛在淮阴师范学院举行。淮安8所高校14名选手围绕演讲主题，作《让经典融入生活》《读先贤经典 继端木遗风》等主题演讲，用生活实际讲述真人真事，用真情实感分享读书心得，诠释“与经典同行”。

(谷玉红 华 跃 周 军)

·淮阴师范学院·

【概况】 淮阴师范学院有王营、交通路两个校区。2016年，学校占地面积近120万平方米，校舍面积56万平方米，教学科研仪器设备总值2.05亿元。有17个二级学院，涵盖理学、工学、经济学、法学、教育学、文学、历史学、管理学、艺术学等9个学科门类。有全日制在校本科生2万余人，成教生1万余人。有专任教师1113名，具有高级职称专任教师492人，其中正高140人、博士304人；享受国务院特殊津贴专家1人，全国优秀教师3人，省有突出贡献中青年专家3人，省教学名师2人，省“333工程”高层次人才培养对象31人，省“青蓝工程”中青年学术带头人25人，省“青蓝工程”优秀青年骨干教师48人。有江苏高等学校优秀科技创新团队7个，江苏省高校“青蓝工程”科技创新团队4个，省级优秀教学团队2个。有国家级特色专业建设点2个，教育部“专业综合改革试点”项目1个，教育部产学合作协同育人改革项目1个，省级优秀教学团队2个，江苏高校品牌专业建设工程一期项目2个，省级特色专业5个，“十二五”省高等学校立项建设重点专业(类)9个，省计算机服务外包人才培养试点3个，省卓越工程师(软件类)教育培养计划试点专业3个，省卓越教师培养计划项目2个，省人才培养模式创新实验基地1个，省级优秀教学成果奖19项。有国家级精品视频公开课1门，教师教育国家级精品资源共享课1门，省级精品课程17门，省级精品立项教材32部，省优秀多媒体教学课件22个。有省级重点建设学科7个，省级协同创新中心、省级重点实验室等科研平台13个，省级实验教学示范中心及建设点10个，省高校人才培养模式创新实验基地1个。

【省重点学科建设】 2016年，淮阴师范学院参加省“十三五”重点学科申报，中国语言文学、生态学、化学、物理学、马克思主义理论、数学、教育学等7个学科全部获准立项。

【教学成果】 2016年，淮阴师范学院获批“教育部—中兴通讯ICT产教融合创新基地”项目、产学合作专业综合改革项目1项，省高校软件服务外包嵌入式人才培养项目4项，新增国家级精品视频公开课程1门，6部教材获省重点教材立项建设。地理科学实验教学中心和教师教育实践教育中心通过省教育厅验收。

3月29日，工行淮安分行与淮阴师范学院举行“大学生金融实践中心”揭牌仪式 陆伟供图

【科研成果】 2016年，淮阴师范学院获批国家自然科学基金与哲学社会科学基金项目20项，教育部人文社科项目10项，国家艺术基金项目2项，省级项目22项，省社科基金重点项目2项。获省第十四届哲学社会科学优秀成果奖三等奖7项，省教育科学研究成果奖教育研究类一等奖1项，科学技术研究类二等奖2项、三等奖1项，哲学社会科学研究类二等奖1项、三等奖5项。应用型科研成果倍增，获授权专利数117项。

【师资队伍建设】 2016年，淮阴师范学院引进各类人才63人，其中全职外籍教师2人，博士研究生34人，行业高级人才2人。新增“江苏省有突出贡献中青年专家”、省教学名师、省优秀教育工作者各1名，省高校“青蓝工程”学术带头人培养对象3名、骨干教师培养对象5名，优秀科技创新团队1个，省“333工程”培养对象7名。

【学生综合素质】 2016年，淮阴师范学院学生先后获批国家级、省级大学生创新训练计划项目72项，省优秀毕业设计(论文)8篇、优秀团队2个。在省第五届师范生教学基本功大赛中获一等奖6项、二等奖11项、三等奖12项，一等奖获奖比例和获奖总数居全省前列。在全国大学生数学建模竞赛、全国大学生电子设计竞赛、全国大学生化工设计竞赛、创青春省大学生创业大赛等各类学科竞赛中，获省级、国家级奖274项。毕业生考研录取521人，占毕业生总数的10%。

【教育服务地方】 2016年，淮阴师范学院加强与地方合作，成立淮河生态经济带研究院和淮安市人才发展研究院，打造高端智库品牌。新增苏北首家谷歌Adwords体验中心、淮安市电子商务协会、淮师创客中心、联合技术转移中心等校企校地合作平台，签订横向和“四技”(技术开发、技术转让、技术咨询、技术服务)合同119项，科研与服务项目总经费创历史新高。

【2个本科专业获教育部备案】 2016

年3月，根据《教育部关于公布2015年度普通高等学校本科专业备案和审批结果的通知》（教高函〔2016〕2号），淮阴师范学院申报的软件工程（080902）、电子商务（120801）2个本科专业，通过教育部审核并予以备案。至年末，淮阴师范学院有本科专业69个。

【第五届海峡两岸大学生语言文学暨文化学术研讨会】 12月3日，第五届海峡两岸大学生语言文学暨文化学术研讨会在淮阴师范学院举行。海峡两岸的台中科技大学、台南大学、陕西师范大学、南通大学、江苏师范大学、临沂大学、淮阴师范学院7所高校的专家学者与大学生参加会议。

【小学教育专业试点认证】 11月1~3日，省教育评估院对全省首个师范类专业认证——淮阴师范学院小学教育专业进行试点认证。专家组通过听汇报、咨询问答，集体考察专业教学资源和学生活动、查阅资料和核查数据、深度访谈、专业技能测试、课堂教学观摩和考察实践基地、集体评议、考察反馈等开展认证工作，并向淮阴师范学院反馈现场考察意见。

【获世界大学生品酒赛全球总决赛第四名】 2016年“波尔多左岸杯”（LBBC）世界大学生品酒赛全球总决赛在法国拉菲酒庄举行。淮阴师范学院代表队与巴黎政治学院、里昂商学院、英国牛津大学、瑞士洛桑联邦理工学院、美国耶鲁大学、沃顿商学院、香港浸会大学等7所名校角逐。经过知识问答和盲品实战两轮比赛，最终获第四名。 （王江明 潘 涛）

·淮阴工学院·

【概况】 淮阴工学院有枚乘路、北京路两个校区。2016年，学校占地138万平方米，校舍建筑面积59万平方米。有19个二级学院（部），62个本科专业，1个研究生专业，在校普通本科生、研究生、留学生1.9万余人。有专任教师1094人，其中教授、副教授等高级职称人员445人，博士、硕士942人；研究生导师158人，企业导师55人，兼职博导11人，享受国务院政府特殊津贴5人，省特聘教授1人，省“333工程”等高层次人才培养对象100余人，双聘“千人计划”“国家杰青”等高端人才69人，省级科技创新团队3个。有国家级卓越教育培养计划试点专业8个，国家级特色专业2个，国家级“专业综合改革”试点专业2个，江苏省品牌专业3个、省特色专业4个，省“十三五”重点学科5个，省卓越工程教育培养计划专业10个，省级科研平台17个，省级创新工程项目39项。有国家级虚拟仿真实验教学中心1个，国家级淮安市大学科技园1个，国家级工程实践教育中心1个，省级实验教学与实践教育中心13个，省级研究生工作站28个。

【学科建设】 2016年，淮阴工学院获批“十三五”省重点学科5个。其中，化学工程与技术一级学科被遴选为省重点（培育）学科，机械工程、交通运输工程、软件工程、作物学4个一级学科被遴选为省重点建设学科，省级重点学科数量、层次与门类均取得新突破。年内，材料科学与工程、高分子材料与工程、城市地下空间工程3个本科专业获批准，学校本科专业总数增至62个。

【师资队伍建设】 2016年，淮阴工学院引进博士53人，首次突破50人。选派49人出国（境）研修访学。新增正高职称17人、副高职称32人。1名教授获批为2016年度享受国务院政府特殊津贴人员，1名教授入选2016年度江苏省“特聘教授”，获省教育厅100万元科研资助。

【校园建设】 2016年，淮阴工学院投入6500万元，新建2幢学生宿舍楼和枚乘路校区青年教师公寓；完成北京路校区2幢学生宿舍和有关校舍的改造装修等工程。完成兴安华庭人才公寓分配，并于年内开工建设。

【学校科研】 2016年，淮阴工学院获批国家自然科学基金项目21项，其中面上项目3项、青年项目14项、应急管理项目1项、人才引进转入3项。获国家社科基金项目2项、教育部人文社会科学研究项目1项、省社科基金项目9项、省教育厅高校哲学社会科学研究项目40项、省社科应用研究精品工程课题16项、省“十三五”教育规划课题9项。获批各类产学研项目29项，达到历史新高。新增湖泊遥感实验室、特色资源药用研究与高效利用重点实验室、益生制剂重点建设实验室等3个省级自然科学科研平台。“面向用户需求的工程车辆性能优化技术”获省高校科学技术研究成果科技进步一等奖。全年科研经费突破7000万。

【研究生联合培养】 2016年，淮阴工学院与台湾“中华大学”、法国洛林大学、爱尔兰塔拉理工学院、南京工业大学等继续开展研究生联合培养工作。有联合培养博士研究生11名，11名教授被联合培养高校聘为兼职博士生导师。12月，学校首位联合培养的博士生完成博士论文答辩。

【协同共建】 2016年，淮阴工学院中兴学院获批“教育部—中兴通讯ICT产教融合创新基地”，同时获批教育部高等教育司产学合作协同育人项目2项；苏北发展研究院获批为全省重点培育的15家智库之一，并作为首批智库入选中国智库索引来源库（CTTI）；台商学院被中共中央台办、国务院台办授予“海峡两岸青年就业创业示范点”称号，为苏中、苏北地区唯一一家。

【获批国家级虚拟仿真实验教学中心】 2月17日，淮阴工学院“车辆与交通虚拟仿真实验教学中心”获批国家级虚拟仿真实验教学中心，实现国家级平台建设零的突破，也是全国100所入选高校中仅有的6所学院之一。

【首次招收全日制本科留学生】 2016年，淮阴工学院成立国际教育学院，开启淮安市招收海外本科学历留学生先河。9月19~20日，18个国家的63名全日制本科留学生到校报到，分别就读于国际贸易和软件工程两个专业。

【师生获奖情况】 2016年，在第二届全国高等院校工程应用技术教师大赛决赛中，淮阴工学院2名教师获二等奖、2名教师获三等奖、1名教师获入围奖，学校获优秀组织奖；在全省首届高校教师公共艺术课程微课大赛中，2名教师分获本科组一等奖和二等奖，获奖等级与数量位居同类高校第一，学校获优秀组织奖。在2016年全国科技活动周重点项目比赛中，淮阴工学院学生获一等奖2项、二等奖3项；在第九届“中国大学生计算机设计大赛”全国总决赛中，获一等奖3项、二等奖2项、三等奖1项；在中国机器人大赛暨国际公开赛中，机械与材料工程学院学生代表队获一等奖3项、二等奖4项、三等奖1项；在“全国应用型本科会计技能竞赛”中，获手工账项目比赛一等奖、二等奖、三等奖各1项，电算化项目比赛二等奖1项、三等奖2项，并获团体三等奖1项。此外，外国语学院1名学生获首届ETTBL全国商务英语翻译大赛二等奖；管理工程学院学生作品获全国高校商业精英挑战赛物流管理竞赛一等奖1项、二等奖1项；管工学院5名学生组成的代表队在第十二届全国大学生“新道杯”沙盘模拟经营大赛全国总决赛中获全国总决赛二等奖；自动化学院3名学生获2016年“创青春”全国大学生创业大赛电子商务专项赛(创意类)优秀奖。 (秦家沛 李继林)

·南京林业大学南方学院(淮安校区)·

【概况】 南京林业大学南方学院是1999年经江苏省教育厅批准，按照新机制、新模式举办的公有民办二级学院。2010年由江苏省教育厅提议，江苏省教育厅、南京林业大学和淮安市人民政府共同创建南方学院淮安校区。学院实行2+2办学模式，即一、二年级学生在淮安校区学习，三、四年级学生在校本部学习。2016年，学院有11个系，40个专业，涵盖文、理、工、农、管、经、艺等多个学科门类和特色专业；有在校学生10212人，其中淮安校区5135人，校本部5077人。至年末，淮安校区累计完成建筑面积18.58万平方米，固定资产投资约8.5亿元，培养毕业生7668人。

【基础设施建设】 2016年，南京林业大学南方学院淮安校区新建成1个力学实验室，并投入使用。校区基础设施建设逐步完善，总建筑面积185843平方米，其中教学行政用房63136平方米，学生宿舍79373平方米，学生餐厅11702平方米，教师宿舍、教师公寓以及其他生活设施31632平方米，基本满足师生正常教研学习需求。

【教学改革】 2016年，南京林业大学南方学院淮安校区开展应用型本科人才培养模式研究与探索，强化与企业行业的协同育人机制。引进4门网络学习课程，进行教学方法与考试方式改革试点。修订、改进部分基础课教材，强化应用型本科人才培养针对性。组织学习兴趣小组、开展学科竞赛等活动，引导、培养学生创新能力、应用能力，提高学生综合素质。全年组织学科竞赛及模型制作、设计比赛等活动10次，获省级以上各类奖励80多人次。开展“四个一”工程(即每系每个学期举办一个讲座，每系每年举办一个培训班，每个专业成立一个课外兴趣小组，每个月每个系与对口专业研究生交流一次)，邀请校内外、国内外专家，开展多种类、多形式专业讲座、学习讲座、学术讲座40多次。

【学生创新创业】 2016年，南京林业大学南方学院淮安校区响应“大众创业、万众创新”重大决策部署，提高学生创新创业意识和实践创新能力。4月，举办首届“赢在校园”大学生科技创业大赛，鼓励学生通过对社会、市场的观察，结合自身特点，策划制定有实际价值的创新创业方案。5月，实施第一届大学生创新训练计划，经审核，30个项目立项。同时，开展“辅导员讲堂”和“苗圃景观试验田”项目，鼓励和引导学生开拓视野、发掘专业学术兴趣。

【学生获奖情况】 2016年，南京林业大学南方学院淮安校区学生在全国大学生英语竞赛中获一等奖1项、二等奖1项、三等奖2项，在江苏省第五届理工科大学生人文社会科学知识竞赛中获二等奖1名、三等奖2名、优秀奖16名，在江苏省大学生数学竞赛中获一等奖4名、二等奖9名、三等奖12名。

【校园文化建设】 2016年，南京林业大学南方学院淮安校区积极拓展校园文化氛围，发挥校园网站、“青春驿站”微信等网络平台作用，拓展适合青年特点、有益于学生健康成长的系列校园文化活动。举办首届“十佳大学生”风采展示晚会、青年志愿者服务日活动、第三届心理情景剧大赛、第五届“5·25”大学生心理健康节、大学生辩论赛、“炫动青春，舞动奇迹”暨“阳光总在风雨后”助困系列活动等。年内，参加江苏省第九届“水杉杯”大学生话剧巡礼月比赛，学院风华剧社出演的话剧《作家之死》获独幕剧二等奖。在淮安市第八届运动会学生部大中专组系列比赛中，学院参加足球、篮球、乒乓球、羽毛球和啦啦操比赛等项目，获“优秀组织奖”。

【毕业生就业】 2016年，南京林业大学南方学院全方位、多渠道开展毕业生就业创业活动。举办“赢在大学”系列辅导报告会，开展公务员、留学、考研、就业、创业、村官等专题讲座，邀请优秀毕业生、出国留学校友作经验交流。年内，学院应届毕业生有157人考取研究生，其中“985”“211”高校9人；37人出国留学；考取公务员11人、大学生村官7人，参军入伍5人，志愿服务10人，自主创业13人，毕业生总就业率98.29%。 (郭岩辉)

·淮安信息职业技术学院·

【概况】 淮安信息职业技术学院是由江苏省人民政府主办、江苏省经济和信息化委员会主管的全日制高等学校，是苏北地区唯一的信息类职业技术学院。2016年，学校占地面积120万平方米，建筑面积30多万平方米，固定资产6亿多元。有在校生11000余人，教职工600余人，其中专任教师400多名，专任教师中高级职称教师占30%；有省级优秀教学团队3个，省级教学名师2名，省“333工程”培养对象人选14名，省“六大人才高峰计划”资助人选4名。有国家级实训基地2个、省级实训基地3个、省级实验教学示范中心1个、各类职业技能鉴定站（所）31个，可开展74个工种技能鉴定。

【教育教学】 2016年，淮安信息职业技术学院深化层次化培养体系改革，在人才培养方案中增加选修课学分比例，实施柔性化、个性化创新创业类人才培养新机制。深化教学方法改革，重点加强《大学英语》《高等数学》等公共课程分层教学改革。建立跨院系、跨专业交叉培养人才新机制。推进项目化教学改革，完成首批55门课程项目立项，其中21门课程完成首轮项目化教学改革实践。开展现代学徒制试点工作，完成首批35名学生招生与进厂工作。编制学校《质量保证体系建设计划（2016—2018年）》，明确学校未来三年质量保证体系建设和诊改实施具体项目。试点开展人才培养质量评价与实践教学评价。深化以“赛教融合”为内容的人才培养模式探索和实践，开展48个竞赛项目7000余人次参赛的技能竞赛月活动，建立三级递进的技能竞赛体系和指导管理体系，提升学生职业素养和综合职业能力，全校学生在省级以上技能大赛中获得奖励253项。完成4个省重点专业群建设项目验收，落实2个省级品牌专业建设任务。获批江苏省产教深度融合实训平台2个。新增省“十三五”重点教材立项2部、省重点教材3部，在全省优秀毕业设计评选中获一等奖2项。

【学校科研】 2016年，淮安信息职业技术学院推进科研二级管理，建成院系科研评价指标体系，对院系年度科研工作进行考核与评价。制订科研平台管理办法，加强平台、重大科研项目绩效考评；修订《科研经费管理办法》，制定《横向科研项目管理办法》，加大众创园基地建设和项目扶持力度，推进科研成果转化。全年科技横向经费到账180万元，同比大幅增长。主持国家级教育科研项目1项，立项省高校自然科学基金项目2项，联合立项国家级科研项目1项，获批省部级以上项目16个；获得专利授权数160个，同比增长50%；获省市社科成果奖励8项。

【合作交流】 2016年，英国、德国、澳大利亚、中国台湾地区等多支代表团访问淮安信息职业技术学院。围绕互派教师进修、派遣交换生研修、引入德国“双元制”职业教育课程、“德国工业技师国际”课程、职业教师师资进修项目“国际专业师资进修”等方面交流意见，达成初步合作意向。

【获评省“高校档案工作先进集体”】 2016年，淮安信息职业技术学院加快推进档案数字化进程，探索实施纸质、电子档案双重管理模式。学校档案管理软件实现将部分档案资源以数字化形式存储、网络化形式连接，并利用计算机系统进行管理，形成档案信息库，实现资源共享，大大增强档案查询、调取准确性和档案卷宗利用率。年内，学校档案工作达到省四星级标准，被评为省“高校档案工作先进集体”。

【全国职业院校职业技能大赛“八连冠”】 2016年，在全国职业院校职业技能大赛中，淮安信息职业技术学院代表队获得报关技能大赛金牌1块，二等奖1项。学校在该项赛事上连续八年夺金，连续七年被评为“江苏省职业院校技能大赛先进单位”。

【入选全国首批“国家职业院校文化素质教育基地”建设单位】 2016年，淮安信息职业技术学院以坚持文化建设与文化育人相统一，坚持文化素质教育与专业教育相融通，坚持大学文化与地域文化、行业文化相融合，坚持整体规划与分步实施相衔接“四个坚持”继续推进文化育人工作，学校文化素质教育工作取得实效。年内，入选全国首批“国家职业院校文化素质教育基地”建设单位。

【入选高等职业院校服务贡献50强】 2016年7月，全国高职高专校长联席会议发布《2016中国高等职业教育质量年度报告》，淮安信息职业技术学院入选2015年高等职业院校服务贡献50强。该报告首次面向社会发布“服务贡献表”，以“毕业生就业去向、横向技术服务到款额、纵向科研经费到款额、技术交易到款额、非学历培训到款额、公益性培训服务”等6项指标评价职业院校的社会服务贡献度，按照“服务发展、促进就业”的办学方针，排出高等职业院校服务贡献50强。

【学校官微综合影响力跻身全国职业院校30强】 2016年8月，《中国青年报》发布全国职业院校微信公众号综合影响力排行榜，淮安信息职业技术学院官方微信公众号综合影响力跻身全国30强，进入第一方阵。2016年7月，淮安信息职业技术学院官微“微淮信”首次纳入榜单统计，当月推送内容阅读总量接近30000次，转发总量超过2000次，微信传播（WCI）平均指数439。

（李思政　杨　栋）

·江苏食品药品职业技术学院·

【概况】 江苏食品药品职业技术学院是国家示范性（骨干）高职院校重点建设单位。学校位于淮安市高教园区，占地面积84.6万平方米，总建筑面积近28万平米。2016年，有全日制在校生11000余人；有教职工610人，其中教授36人、副教授141人，有全国食品工业专业教学指导委员会副主任委员、供销合作专业教学指导委员会委员等4人，全国优秀教师、中国烹饪大师、省有突出贡献的中青年专家、省“333工程”培养对象、省高校“青蓝工程”中青年科技带头人、省高校教学名师等30余人。建有11大类实验实训室182个，设备总值1.2亿以上；建有全国同类院校中规模最大的食品科技园，并建成焙烤、肉制品、乳制品、啤酒、黄酒、葡萄酒、糖果巧克力、饮料等多条生产线。年内，学校获评“江苏省文明校园”“江苏省平安校园建设示范高校”。

【教育教学改革】 2016年,江苏食品药品职业技术学院全面启动推进内部质量保证体系诊断与改进工作。强化学生职业精神与职业能力培养,推进学分制改革,新增6个学分的公共基础课程为选修课,两个专业开展"辅修专业"试点;加大在线开放课程建设力度,营造传统课堂与网络课堂相结合的学习环境,新增在线课程近80门,平台累计建设课程近300门。

【申办四年制应用本科】 2016年,江苏食品药品职业技术学院探索现代职业教育体系,加快培养产业发展紧缺的四年制应用型本科人才,与淮海工学院联合申请的四年制应用本科("4+0"模式)食品科学与工程专业成功获批并招收第一届学生。该举措是学校继招收培养"3+2专本连读"后,在探索"应用本科"道路上取得的新突破,实现省普通本科院校与高职院校教育资源共享、办学优势互补,探索建立现代职业教育体系。

【科研建设】 2016年,江苏食品药品职业技术学院牵头成立淮安市食品产业技术协同创新联盟,并编制完成《淮安市"十三五"食品药品安全保障规划》。全年学院获批江苏省高校自然科学研究面上项目1项,获江苏省社科基金后期资助项目1项,立项省社科应用研究精品工程课题1项、省高校哲学社会科学研究项目17项、市社科联研究项目16项,申请专利58项,授权专利25项;获中国轻工业联合会科技进步三等奖1项、省轻工业科技进步二等奖1项。学校教师主持申报的科技成果首次获得江苏省教育厅教育科学研究成果二等奖,实现该类奖项零的突破。1名教师申报的《淮河生态经济带发展战略研究》在江苏省第十四届哲学社会科学优秀成果奖评审中获二等奖。

【国际合作与交流】 2016年,江苏食品药品职业技术学院组织召开2016中英高等教育圆桌会议。会议以"创新、开放与共享——中英高等教育发展路径探索"为主题,与会英国高校和中国高校代表就高技能人才培养、现代学徒制、国际教育交流与合作等高等教育热点和焦点问题进行探讨。会议期间,签署合作协议3份。年内,学校联合美国中餐联盟、美国亚太文化促进会、美国王子郡社区学院、美国艺术大学等,举办"2016中美烹饪文化教育峰会暨淮扬菜国际推广洽谈会",就烹饪专业合作及淮扬菜文化推广进行探讨,并启动"中美友好院校"合作项目。

【学生获奖情况】 2016年,江苏食品药品职业技术学院推进学生创新创业教育与实践平台建设。举办第一届"双创杯"教学设计大赛;参加"挑战杯——彩虹人生"江苏省职业学校创新创效创业大赛,获二等奖1项;参加"创青春"江苏省大学生创业大赛,获铜奖1项。做好志愿服务,"城乡博爱行"入选江苏省"博爱青春"暑期志愿服务重点项目。学院棒垒球队再次获得江苏省大学生慢投垒球比赛高职高专组一等奖,并作为全省唯一1所高校被国家体育总局棒球协会吸纳为"团体会员单位"。(张 军 吴加恩)

·江苏财经职业技术学院·

【概况】 江苏财经职业技术学院是教育部高职高专人才培养工作水平评估优秀学校、江苏省省级示范性高等职业院校、江苏财经职业教育集团理事长单位。学校位于淮安高教园区,占地面积54.13万平方米。2016年,有全日制在校生8518人;有专任教师330人,其中副高以上技术职称占40.6%。有8个二级学院、32个专业。建有周恩来文化馆、淮商文化馆、货币文化馆、今世缘文化馆、艺术文化馆等11个文化场馆以及清风苑、清风亭、清风墙三位一体的廉洁教育基地。

【教育教学】 2016年,江苏财经职业技术学院650多人次在省级以上技能大赛中获奖。其中,近100人次在10个项目中获得国家级技能大赛和艺术展演大赛特等奖和一等奖。年内,学校承办江苏省2016年会计、金融技能大赛和第四届淮安市粮食行业职业技能大赛、全国高职院校企业经营分析与决策技能大赛。学校人才培养坚持价值引领、文化育人,实现"人人出彩";推动"智慧成就企业、企业搬进校园"被《中国教育报》《江苏高教》《新华日报》等刊物和媒体专题报道。

【通过省示范高职院校验收】 2011年,江苏财经职业技术学院被确立为江苏省示范性高等职业院校立项建设单位,2013年正式启动建设。至2016年,完成合作办学体制机制创新、师资队伍与领导能力建设、社会服务能力建设、师生素质共同提升4个重点项目及会计、金融保险、市场营销、粮食工程、工商企业管理5个重点专业的全部建设任务。2016年6月16~17日,江苏省教育厅、财政厅组织专家组进行现场验收,学校以优秀成绩通过验收。

【获全国高职会计技能大赛一等奖】 6月4日,由教育部、财政部、人力资源与社会保障部等联合主办的全国职业院校技能大赛高职组会计技能赛项在山西省太原市闭幕。江苏财经职业技术学院会计学院4名学生组成的江苏省代表队获团体一等奖,2名指导教师获优秀指导教师奖。全国职业院校技能大赛高职组会计技能赛项自2012年开始举办,江苏财经职业技术学院均以省赛第一名的成绩代表江苏省参赛,数次获得优秀成绩。

【合作交流】 2016年,江苏财经职业技术学院拓展紧密型合作企业,先后与北京中航天使教育集团、南京银行、中国银行、常州嬉戏谷有限公司、广州心怡科技物流有限公司开展校企合作,新增校外实训基地19家。年内,学校与江苏十方通信有限公司、南通超达淮安模具工程技术中心、京东商城三家企业合作,在3个专业(群)试点"现代学徒制";与江苏沙钢集团淮钢特钢股份有限公司等大中型企业合作订单培养班级数30余个,订单培养学生850余名;与海尔集团等537家单位签订学生顶岗实习与就业创业协议;与四川财经职教联盟互派28名师生访问交流;举办江苏省中小企业"大众创业万众创新"淮安大讲堂,与淮安市审计局、新疆石河子职业技术学院签署战略合作协议。年内，淮安市审计人员培训基地落户江苏财经职业技术学院。组织两岸6所院校近60名青年学生到淮安市携手开展公益夏令营活动。

【高职院校财经商贸类专业教师教学能力提升班】 7月10日，"高职院校财经商贸类专业教师教学能力提升班"在海南职业技术学院开办。该次教师教学能力提升项目是由全国高职高专教育教师培训联盟主办的国培项目，江苏财经职业技术学院与海南职业技术学院共同承办。培训班历时一个月，核心内容是提升高职院校财经类专业教师课程开发、教学设计和实施能力，交流教学改革信息，明确课程开发路径和具体实施的教学设计和运用，熟悉并掌握国家高职专业建设与职业发展管理平台设计思路与实践操作。

【第四届海峡两岸高等职业教育校长联席会议学术年会】 12月9日，第四届海峡两岸高等职业教育校长联席会议学术年会在江苏财经职业技术学院召开。该届年会由中国高等教育学会职业技术教育分会、江苏省高等职业教育研究会、江苏财经职业技术学院主办，江苏省教育厅、江苏省台办、淮安市人民政府支持，江苏经贸职业技术学院、台湾龙华科技大学协办，主题为"深化职业教育改革，服务学生成长人才"。台湾地区21所院校、祖国大陆46所高职院校代表以及11家优秀企业负责人应邀参加。

（王　凯　杨　智）

·江苏护理职业学院·

【概况】 江苏护理职业学院1958年建校，由淮阴医专、淮阴卫校发展沿革而来。2016年，学院有科技路、黄河路2个校区，占地面积38公顷，建筑面积30余万平方米。设有护理、助产、医学检验技术、药学、康复治疗技术、针灸推拿、生殖健康服务与管理、呼吸治疗技术、中医康复技术、药品服务与管理、药品生产技术等专业，在校生1万余人。

【新校区启用】 8月22日，江苏护理职业学院在科技路校区举行首次升旗仪式，该校区正式启用。新校区总建筑面积约20万平方米，总投资约7亿元，分为教学区、实训区、生活区、运动区、中心景观区五大功能区，可容纳6000名学生的教学生活需求。

【学科专业建设】 1月7日，省教育厅评估专家组对江苏护理职业学院呼吸治疗技术、中医康复技术、生殖健康服务与管理等3个新申报专业进行现场评估，均获通过。7月18日，学院护理（老年护理）专业被教育部、民政部、国家卫生计生委确定为首批全国职业院校养老服务类示范专业点（全国共65个专业点）。年内，学院与宿迁卫生学校、徐州卫生学校合作申报"生殖健康服务与管理、呼吸治疗技术"两个专业分段人才培养模式。同时，增设中医护理、社区护理、康复护理3个护理专业方向。

【学生素质提升】 2016年，江苏护理职业学院获第九届国际发明展览会金奖1项；国赛获个人一等奖2项、三等奖1项，团体二等奖1项、三等奖1项；省赛获一等奖1项、二等奖6项。参加全国护士执业资格考试通过率99.67%，毕业生就业率99.02%，五年制高职投档率110%，三年制高职投档率83.2%。年内，2个班级获批"淮安市周恩来班"，1个团支部获评"省五四红旗团支部"，1人获评"省优秀团员"。

【师资队伍建设】 2016年，江苏护理职业学院创新人才招引机制，以备案制方式引进70余名硕士研究生以上人才。8月26~28日，举办新进人员岗前培训班，淮安市政协副主席、市第一人民医院副院长李玉峰等为学员作专题讲座。年内，学院加强对在岗教师的职业技能培训。组织68名专业教师参加暑期临床实践，14名教师参加国外学习研修，11名教师参加国内3个月以上研修，28名教师参加省培项目。

【行业合作及产教融合】 2016年，江苏护理职业学院明确淮阴医院、盱眙县人民医院、金湖县人民医院为学院附属医院。学院助产专业与常州市妇幼保健院等医院开展的医护类现代学徒制联合培养项目被上海市教委列为2017年度长三角教育协作发展项目。成功申报"苏护迪安医学检验中心"产教融合实训平台建设项目，获省教育厅、省财政厅专项建设资金250万元。

【学院文化建设】 2016年，江苏护理职业学院成立校训征集工作小组，面向校内外征集作品3000余篇，经分析、讨论、提炼，并经学院党委研究决定，以"护爱生命，修身明理"作为校训。确立"用智慧铸品牌、用良心办教育、用责任求发展"的办学理念、"开明开放、创新创优、团结争先"的学院精神。

（吉文桥　朱传连）

文　化

综　述

【文艺创作】 2016年，淮安市召开全市繁荣发展社会主义文艺暨戏曲工作会议，出台《关于繁荣发展社会主义文艺的实施意见》和《关于支持戏曲传承发展的实施方案》文件。推进"双名工程"（培养文艺名家、打造精品名作）组织实施，在全市范围内广泛组织申报，奖励扶持资金500万元。中国画《淮安水文化》、淮海戏《林道静》等4个项目成为国家艺术基金资助项目，15个项目获得江苏省艺术基金资助，推出《纤夫》《林道静》《乌龙院》等一批优秀剧目作品，《林道静》获江苏省首届京昆群英会原创精品剧目奖；创立"郎静山杯"中国新画意摄影双年展；沙克获第七届冰心散文奖，姚中文获"京昆艺术紫金奖·表演奖"。

【文化体制改革】 2016年，淮安市制定年度深化文化体制改革工作要点，并纳入到全市全面深化改革领导小组年度工作要点。协调文化产业考核由科学跨越发展考核中任务指标转为重点指标，总体分值为原来3倍。编制完成《淮安市"十三五"文化发展

1月18日，《一代楷模》情景朗诵剧在淮安人民大会堂公演　　李斌供图

规划》，编排国家级重点项目1项、省级重点项目8项、市级层面重点项目7大项51小项。委托南京大学在全省首家编制完成《淮安市文化产业“十三五”发展规划》。

【文化惠民】 2016年，淮安市组织“快乐淮安·激情广场”、第二届百姓文化艺术节、周恩来读书节、第七届农民艺术节等品牌惠民活动，广场文艺演出、惠民相声巡演等基层文化活动受到好评。在江苏省首批群众文化“百千万”工程建设表彰中，“快乐淮安”广场文化活动、周恩来读书节被评为优秀文化活动品牌，市芳之梦社区舞蹈团等8支艺术团队被评为优秀群文团队，季云华等20人被评为优秀文艺骨干，宋长荣获“深入生活、扎根人民”优秀文艺工作者称号，“美好家园·情醉淮安”获全省广场演出优秀奖。（市委宣传部研究室）

【国家基层公共数字文化服务推广项目】 9月，文化部全国公共文化发展中心召开2016年中央补助地方公共数字文化平台建设及服务推广项目评审会，淮安市获批2016年基层公共数字文化服务推广项目。基层公共数字文化服务推广项目以国家公共文化数字支撑平台为基础，建设基层综合性数字文化服务平台，整合和统一揭示不同部门、不同领域的公共数字文化资源，实施基层公共数字文化服务推广。“淮安市公共数字文化综合服务平台”作为国家级公共文化服务体系示范项目，打造淮安地方公共数字文化服务模式，推动淮安公共数字文化服务体系建设。

【全省基层公共数字文化建设骨干培训】 6月3~5日，由江苏省文化厅主办，省公共数字文化建设中心、淮安市文广新局承办的“全省基层公共数字文化建设培训班（淮安班）暨图书馆总分馆制和农家书屋提升工程现场会”在金湖县举办。该培训班是全省基层公共数字文化建设计划的第一个培训班，有162人参加观摩、培训活动。培训班开设“江苏省基层公共数字文化建设”“江苏少儿图书馆推介”“中国文化网络数字电视互动终端资源内容及安装使用”“总分馆制建设案例分享及软件操作”“公共电子阅览室管理软件安装及操作”等5个专题辅导讲座。

【对口协作交流】 2016年，淮安市与四川省雅安市的对口交流协作经验被文化部在《关于2015年〈中西部地区文化市场综合执法能力提升三年（2014–2016）行动计划〉开展情况及2016年工作安排的通知》文件中予以肯定，成为全省唯一一家被点名表扬的单位。2015年，按照江苏、四川两省文化厅的统一安排，淮安市文化行政综合执法支队与雅安市文化市场综合执法支队结为对口交流协作单位。两市相互学习借鉴，从短期培训、驻地学习、以案实训、经费扶持等方面开展合作交流，双方互动交流5次，安排联合执法65人次，淮安市支持雅安市培训设备经费15万元，派遣培训师资2人次，现场培训30余人。在交流合作中，与雅安市提升交流层次，搭建市政府、文化广电新闻出版局、综合执法机构之间的交流协作平台。

【《大运河（淮安段）板闸遗址保护展示工程方案设计》专家论证会】 7月1日，国家文物局在北京组织召开《大运河（淮安段）板闸遗址保护展示工程方案设计》专家论证会，大运河保护专业委员会专家张廷皓、水利史专家谭徐明、地质勘探专家兰立志等参加会议。专家们一致认为，板闸遗址保护展示方案设计理念新颖合理，较好地满足了板闸遗址保护展示功能需求；建议方案设计充分考虑板闸遗址后期的维护与管理，合理规划业态布局，提高综合服务功能，做到规划项目与运河遗产的环境协调一致，把板闸遗址建成一处靓丽的文化遗产保护展示工程。专家们针对方案的诸多细节提出建设性的宝贵意见，为进一步完善板闸遗址设计提供指导。

【王瑶卿135周年诞辰纪念活动】 12月28日，“京剧艺术的传承与创新”——纪念一代宗师王瑶卿135周年诞辰座谈会在北京举行。活动由中国戏曲学院，中共淮安市委、市政府主办，中共清江浦区委、区政府承办。中国文联、文化部艺术司、中国戏曲学院、王瑶卿弟子和家人、王瑶卿戏曲艺术馆研究专家和团队等人员参加。当晚，“京剧一代宗师王瑶卿先生诞辰135周年京剧演唱会”在人民大会堂上演，“梅程尚荀”四大流派传人和国家京剧院、北京京剧院、天津京剧院、江苏省长荣京剧院的京剧名家、青年演员们登场演出。活动中，中国戏曲学院与淮安市政府签署创建“中华戏曲之乡”战略合作协议。

【《比德于玉——江苏·博物馆玉器精品联展》展出】 7月9日 ~8月6日，《比德于玉——江苏·博物馆玉器精品联展》在淮安市博物馆展出。展览由淮安市博物馆牵头，联合南京博物院等21家博物馆共同承办，是江苏省第一次集中全省博物馆馆藏玉器精品的展览。展览汇集21家博物馆的158余件（套）、219件精品玉器，从新石器时代至清代，涵盖礼器、装饰器、实用器等，都是各家参展单位的镇馆之宝。（李 斌）

文化艺术生产

【概况】 2016年，淮安市文化艺术生产成果丰富。现代淮海戏《林道静》被打造成国家级舞台艺术精品工程，获得2016年度国家艺术基金资助，并参加第三届江苏文化艺术节汇演，反响热烈。获得第25届中国戏剧梅花奖、江苏省首届文华奖"文华大奖"的大型淮海戏《秋月》，作为全省11台优秀现代戏之一，代表江苏省赴北京参加江苏优秀现代戏市场推广演出，并申报2017年度国家艺术基金传播交流推广资助项目。年内，全市有4个项目成为国家艺术基金资助项目，15个项目获得江苏省艺术基金资助。其中，栾剑的中国画《淮安水文化》入选国家艺术基金2016年度美术创作资助项目，是淮安市在国家艺术基金美术创作资助项目上首次入选，也是江苏省唯一一幅入选中国画作品。江苏省长荣京剧院申报的"当代戏曲名家收徒传艺"工程项目，获国家文化部批准，入选"中华优秀传统艺术传承发展计划"。

【实施"双名"工程】 2016年，淮安市出台《关于培养文艺名家，打造精品名作工程的实施办法（试行）》，推进"双名"工程实施。《办法》指出，文艺名家培养工作实施范围为淮安市各单位（包括部省属驻淮单位）的文艺工作者；精品名作打造工作实施范围为淮安市（包括部省属驻淮单位）的集体或个人创作并承诺以淮安市作为唯一或联合奖项申报单位的优秀文艺作品。市文化广电新闻出版局牵头组织，各县区、各部门按照程序进行申报，收到申报项目242个。按照"优中选优、突出淮安特色"的原则，评审出入选项目80个，其中奖励类项目19个、扶持类项目61个。

【9名书画家获省艺术基金资助】 7月18日，2016年江苏艺术基金资助项目评选工作结束，淮安市有9位书画家获批美术创作资助项目。分别为栾剑的中国画《水上家园》、李文灵的书法《林散之论书诗句选》、李德会的书法《伟人故里·总理诗词选录》、左希文的中国画《生态·洪泽》、杜愚的中国画《淮岸家园·洪泽湖》、谭鸿遐的版画《淮水·运河·名城揽胜图》、李守卫的书法《西游文化·吴承恩诗词书法作品选录》、翟明帅的中国画《溪山高远图》、孙琳的雕塑《铁军轻骑兵》。

【市美术馆作品入展第五届全国画院美术作品展】 淮安市美术馆（书画院）栾剑《昼行夜泊》、左希文《铸梦》、刘锐《橱窗·行走》入展第五届全国画院美术作品展。该展览由中国国家画院、江苏省文化厅联合主办，有186幅国画作品入展，淮安市美术馆（书画院）三幅作品同时入展，数量在全省地级市书画院（美术馆）中居前列。

【大型廉政话剧《纤夫》上演】 1月24日，由中共淮安市纪委主办，淮安市文广新局承办，江苏省演艺集团话剧院、淮安市淮剧团、江苏省淮海剧团、江苏省长荣京剧院合力打造的大型廉政话剧《纤夫》在淮安人民大会堂首次公演。《纤夫》展现1958~1976年间，开国总理周恩来面对天灾、人祸和自身疾病，始终信仰坚定、公正严实、生命不息、奋斗不止，拉着国家命运之船向着四个现代化奋力前行的坚强党性和感人事迹。年内，该话剧在全市演出21场，服务观众约2.5万人次。

【情景朗诵剧《一代楷模》公演】 1月8日，情景朗诵剧《一代楷模》在淮安人民大会堂举行公演。该剧是省文化厅精心打造并重点投入的舞台艺术工程，为纪念周恩来总理逝世40周年，学习他的革命精神和崇高品德，以其"严"与"实"的典型事迹为主要内容。（李 斌）

群众文化

【概况】 2016年，国家级创建项目——淮安市公共数字文化综合服务平台项目搭建完成；盱眙县创成第三批省级公共文化服务体系示范区；淮安大剧院投入运营，社会反映热烈。推进公共文化设施建设，全市累计新增文化场馆20256平方米，公共文化服务设施覆盖率94.98%，人均拥有公共文化设施0.16平方米。淮安市文化"新三馆"（图书馆、美术馆、文化馆）完成装饰布展；建成334个标准化综合性公共文化服务中心；淮阴区文化馆完成非遗展厅改造；涟水县文化馆免费对外开放；金湖县城南文化艺术中心于7月正式开工建设。在"第四次全国文化馆评估定级"中，全

现代淮海戏《林道静》剧照 李斌供图

市9个县级以上文化馆全部达到国家等级馆标准，提前实现“十三五”既定目标。全年完成送展览108场、送演出1093场、送电影15482场、送图书133106册。

至年末，全市有文化馆8家，其中一级馆7家、二级馆1家；有公共图书馆9家，其中一级馆7家、二级馆1家、三级馆1家；有乡镇综合文化站129所；农家（社区）书屋1529家。有数字影院23家，持证经营网吧594家，歌舞、游艺娱乐场所399家，演出经纪机构15家，经营性互联网文化单位11家。

【文化馆上等级】 2016年，文化部开展第四次全国文化馆评估定级。淮安市文化馆、清河区文化馆、洪泽区文化馆、盱眙县文化馆再次获评国家一级馆，清浦区文化馆、淮阴区文化馆、淮安区文化馆、涟水县文化馆晋级为国家一级馆，金湖县文化馆被评为国家二级馆。文化馆评估定级是衡量文化馆建设和管理水平的一项重要工作机制，淮安市先后投入大量资金构筑公共文化服务体系，以评促建，改善群众文化工作条件，为群众文化活动开展夯实基础。

【2016年周恩来读书节】 周恩来读书节为江苏省三大阅读活动品牌。2016年，淮安市以阅读文化培育、阅读阵地建设、阅读分众服务等为主题，市县区联动，组织实施16大项、101子项重点活动。组织2016中国淮安·周恩来读书节暨“书香校园”创建活动启动仪式、“名家大师总理故乡行”——全民阅读系列讲座、“你选书，我买单”等互动活动。开展缘文化阅读、“漂母杯”东方母爱国际散文大赛、“漕运杯”全国邱心如女性散文大奖赛、和（荷）文化阅读、洪泽湖渔民读书节、盱眙“农家书屋”法制教育宣传月等地域特色阅读活动。

【第二届百姓文化艺术节】 2016年，淮安市以“文化共享，娱乐百姓”为主题，开展第二届百姓文化艺术节。涵盖书法艺术节、民间非遗展演、摄影大赛、舞蹈大赛、器乐大赛、美术大赛、合唱大赛、朗诵艺术大赛、中秋戏曲票友大赛、歌手大赛、大学生音乐节等相关展演和赛事。全市约100万人次参与活动。

【公共图书馆建设】 2016年，淮安市在市区新建12座24小时城市阅读新空间自助图书馆，每馆藏书3000余册，24小时不间断提供方便快捷的借阅服务，并与市图书馆原服务网点实现一卡通用、图书通借通还。利用汽车流动图书馆、数字图书馆、网络阅读平台服务等一系列创新服务手段，开展“武警淮安支队——警营读书节”“庆六一：大手牵小手，我们爱读书”“走进市民健身广场”“庆国庆流动图书车下基层”等活动。升级市图书馆微信公众号，完善借书、还书、续借图书，图书到期提醒、逾期费预缴功能，开通赠送逾期费功能等，针对世界读书日期间以及暑期专场的“你选书，我买单”活动，进行微信现场直播。年内，市图书馆与淮阴工学院金松志愿者团队合作，建立大学生社会实践基地。市图书馆学会首次获中国图书馆学会授予的“全民阅读”优秀组织奖。在中国图书馆学会主办的“信息时代数字未来——2016年数字图书馆业务技能竞赛”中，淮安市图书馆有8人获“2016年数字图书馆业务技能能手”称号。12月19~23日，淮安市图书馆与南京市图书馆首次合作，在市图书馆新馆举办“第十八期江苏省古籍保护工作培训班”。

2016年，淮安市组织周恩来读书节活动　　李斌供图

【淮安大剧院正式开票】 5月15日，淮安大剧院举行开票仪式暨新闻发布会。芭蕾舞剧《红色娘子军》，国家艺术基金2015年资助项目、原创音乐剧《啊！鼓岭》，音乐会《致音乐·大师有约》，话剧《盗墓笔记》，互动儿童人偶剧《青蛙王子》等演出剧目同时开始售票。2016年，淮安大剧院根据观众不同需求，推出“开业首演季”“惠民音乐会”“打开艺术之门”系列儿童剧三大保利品牌演出，并推出戏剧舞蹈演出季、保利流行风明星演唱会等多种品牌演出季，供市民选择。“开业首演季”自6月27日首演开始，纵贯2016年全年，汇聚中央芭蕾舞团经典芭蕾舞剧《红色娘子军》、舞台剧《仙剑奇侠传》、杨丽萍总编导舞剧《十面埋伏》、吕思清小提琴独奏音乐会、巴黎木十字男童合唱团音乐会、俄罗斯爱乐交响乐团音乐会等精品演出。淮安大剧院位于淮安生态新城核心区，主要建筑有1220座大剧院、1175平方米文化展示区、260座巨幕影厅1间、100座放映厅4间及50座VIP电影厅1间。

【盱眙县建成第三批省级公共文化服务体系示范区】 2016年，盱眙县建成第三批省级公共文化服务体系示范区。年内，盱眙县图书馆建成总分馆，基本实现通借通还；县博物馆建成青少年活动体验区；县文化馆建有室内功能室、室外活动场地，成为全县文化艺术活动中心。管镇、桂五镇、马坝镇启动建设新文化站房，盱城镇、太和镇、明祖陵镇、天泉湖

大型廉政话剧《纤夫》剧照　　　李斌供图

镇、鲍集镇调优文化站房。乡镇（街道）文化中心设有图书室、电子阅览室、文化活动室、共享工程室、多功能室、培训室、室外文体活动场所。全县257个村居、社区有文化室、农家书屋、文化共享工程点、室外文化活动阵地等，76个村居、社区综合文化服务中心提升服务标准，管镇崔岗村、马坝镇石桥村、明祖陵镇项魏村、桂五镇星星居委会等一批村居率先达标。此外，盱眙县还有官滩非遗广场、河桥文化广场、古桑文化中心、维桥大桥居委会文体广场等一大批公共文化设施。全县万人拥有公共文化设施面积1979平方米，县乡村三级文化场所常年免费对外开放。（李　斌）

文化产业

【概况】 2016年，淮安市文化产业增加值占地区生产总值比重4.19%，占比连续三年苏北第一，被表彰为全省文化产业“发展速度先进地区”。举办“智创淮安”文化创意设计大赛，入围省赛复评数量居全省地级市第三，获得省“紫金奖”文化创意设计大赛组织促进奖。专题走访调研里运河文化长廊、白马湖景区、淮扬菜集团、西游集团，召开全市文化产业发展推进会，参展第八届中国南京文交会。

【文化产业发展环境】 2016年，淮安市文广新局与财政等部门联合起草《淮安市市级文化产业发展引导资金使用管理办法》（征求意见稿），并多方征求意见，不断修改完善，于5月出台。年内，科学编制完成《淮安市文化产业十三五发展规划》，由市政府正式对外公布。

【创新文化产业渠道】 2016年4月，淮安市与上海股权托管交易中心、上海德印投资管理有限公司、上海韵沣金融信息服务有限公司签订建立孵化基地的合作协议，结成战略合作伙伴关系，推动中小微文化企业上市，打造沪指淮安文化板块。

【文化产业引导资金争取】 2016年，淮安市有参与申报中央文化产业专项资金项目9个，申报省文化产业引导资金项目32个，申报市级引导资金项目65个，争取到省文化厅扶持资金320万元。（李　斌）

文化交流

【国际文化交流】 2016年9月、10月，淮安市分别组团赴韩国全罗北道完州郡和全州、高昌两地开展文化交流活动，受到韩方高度评价。年内，以“母爱”为主题的系列文化经贸活动走进大洋洲，组织开展“漂母杯”东方母爱散文大赛，“韩信杯”象棋国际名人赛，象棋旗袍秀，地方特色舞蹈、剪纸、布艺等非遗项目展示展演等活动，加深新西兰、澳大利亚与淮安人民的友谊。12月12日，由淮安市文广新局、淮安市文联主办的《沈军艺术展》开幕活动在香港尖沙咀文化中心展览馆里举行，香港媒体《大公报》《文汇报》、香港卫视及内地人民网、中国网、新华社等媒体相继报道。

【国内文化交流】 2016年，淮安市创新工作机制，组织实施“淮安文化走出去工程”。市博物馆的《翰墨飘香——淮安馆藏明清书画作品展》在常州博物馆展览。组织钦工肉圆制作技艺、淮安茶馓制作技艺参展“长三角城市非物质文化遗产传统技艺南通展”，清河线编和博里农民画参展扬州“江苏省非物质文化遗产传统美术、传统技艺展”。（李　斌）

文化市场监管

【文化市场执法】 2016年，淮安市文化市场查处行政案件66件，协调查处

12月28日，中国戏曲学院与淮安市政府签署创建“中华戏曲之乡”战略合作协议　　　李斌供图

刑事案件7件，结案率100%。针对群众反映较多的网吧接纳未成年人等问题，主动加强文化市场监管，开展元旦春节期间文化市场专项监管行动、暑期网吧整治行动、校园周边文化市场集中检查行动等多个专项行动。特别是G20杭州峰会期间、创建全国文明城市复检期间，明确分工，责任到人，确保全市文化市场安全稳定有序。年内，行政综合执法支队被表彰为2016年全国“扫黄打非”先进集体；洪泽区“扫黄打非”进湖区宣传活动被《人民日报》等中央8家媒体集中宣传报道；淮安淮海印务有限公司擅自变更经营地址案被列为全国“扫黄打非·护苗2016”第一批八大重点案件之一，中央电视台《朝闻天下》进行报道。

【文化市场监管执法队伍建设】 2016年，淮安市加大执法人才培养力度，于4月、11月举办两期全市文化综合执法技能培训班，提升执法人员的执法技能。加强执法能力建设，通过竞赛、评比等形式，抓好执法人员的岗位技能训练，提升全市文化市场行政执法能力。（李　斌）

文博事业

·文物保护与管理·

【概况】 2016年，淮安有市级以上文物保护单位182处，其中全国重点文物保护单位11处、省级文物保护单位24处、市级文物保护单位147处。有不可移动文物1600处，其中古遗址457处、古建筑421处、古墓葬290处、石窟寺及石刻52处、近现代重要史迹及代表性建筑365处。

【运河遗产保护】 2016年，淮安市开展运河沿线文化遗产资源调查勘探，加快推进板闸遗址公园建设，开展板闸遗址保护与展示方案编制，市文物局协助市里运河文化长廊建设办公室完成板闸遗址保护展示工程在国家文物局立项。指导农业科技园区管委会做好世界文化遗产清口枢纽遗产区、缓冲区范围内的建设项目申报工作。实施大运河监测预警系统提升工程，完成提升平台建设，实现部分文物智能化、动态化管理。

【全国第一次可移动文物普查】 2016年，淮安市组织完成全市34家国有单位18537件（套）文物数据的上传审核，并提交省普查办进行终审。举办《辑宝寻珍传承文明——淮安市第一次全国可移动文物普查成果展》，重点宣传普查工作的意义、过程和成果，并赴各县区进行巡展。淮安市文物局被省普查办表彰为全省第一次全国可移动文物普查先进集体。

【文物保护与展示提升】 2016年，淮安市组织实施清江浦楼布展工程、皇家敕建名人馆布展工程、北门城墙遗址保护展示工程、洪泽湖大堤环境整治提升工程、老市政府4号楼布展工程等中心城市建设项目。组织实施淮阴区王营清真寺修缮、淮海二中修缮及环境整治、淮安区秦焕故居修缮、蝴蝶厅修缮及环境整治、原清浦区王瑶卿故居解读工程等。列出专项资金，对市博物馆馆藏陶瓷器进行保护修复。

【文物安全及宣传】 2016年，淮安市开展全市文物消防安全排查、台账检查工作，对各级文物保护单位、古建筑等进行排查，对发现的隐患及时整改。联合气象部门，对部分省级以上文物保护单位中的古建筑、近现代优秀建筑开展防雷安全检查。加强文博单位安防、技防设施建设，完善相关制度，并制订应急预案。会同公安部门，严厉打击盗掘古墓葬、古文化遗址等违法犯罪活动。

·非物质文化遗产保护·

【概况】 2016年，淮安市完成第五批市级非遗项目代表性传承人评审命名工作，命名18名市级非遗项目代表性传承人。制定出台《淮安市工艺美术大师和工艺美术名单评审暂行办法》，完成全市传统工艺美术项目与从业人员调查统计工作，经行业专家评审，推荐首届工艺美术大师7名、工艺美术名人5名。完成楚州十番锣鼓和淮阴马头灯舞两项省级项目的记忆工程信息采集，着手进行宋长荣抢救性记录工作。争取省级以上专项补助资金208万元，其中国家级项目淮海戏60万元、淮剧80万元，国家级传承人宋长荣、杨秀英各2万元，省级专项补助资金64万元。

至年末，全市有市级以上非物质文化遗产有176项，其中国家级6项、省级33项、市级137项；有国家级非物质文化遗产项目代表性传承人2人、省级非物质文化遗产项目代表性传承人12人、市级非物质文化遗产项目代表性传承人213人。

【非物质文化遗产展示宣传】 6月10日，2016年“文化遗产日”江苏省非遗展示展演主会场活动——苏皖地区

6月10日，苏皖地区莲湘舞邀请赛在金湖县举办　李斌供图

莲湘舞邀请赛在金湖县举办，江苏省9个地区、安徽省2个地区13支莲湘表演队伍参加活动。组织钦工肉圆制作技艺、淮安茶馓制作技艺参展“长三角城市非物质文化遗产传统技艺南通展”；组织清河线编和博里农民画，参加在扬州486非物质文化遗产集聚区举办的“江苏省非物质文化遗产传统美术、传统技艺展”。6月18日，在涟水县五岛湖公园广场举办“文化遗产日”淮安文化遗产保护成果宣传展示活动。

【非物质文化遗产调查研究】 2016年，淮安市组织开展全市非遗保护工作理论征文活动，收到文章46篇，评出一等奖2篇、二等奖4篇、三等奖8篇和优秀奖16篇。完成楚州十番锣鼓调查研究工作。推进非物质文化遗产合理利用，组织就钦工肉圆制作技艺、码头汤羊肉烹饪技艺、淮安茶馓、博里农民画、仇桥杂技等适宜产业开发利用的项目进行座谈交流，谋划非物质文化遗产与特色文化产业发展思路。

·博物馆·纪念馆·

【概况】 2016年，淮安市有博物馆、纪念馆36家。有三级以上馆藏文物2248件（套），其中一级文物136件（套）、二级文物318件（套）、三级文物1794件（套）。淮安市博物馆为国家二级博物馆，有文物12647件，其中国家一级文物140件、二级文物112件、三级文物895件；特色藏品包括1978年清江浦区高庄战国墓出土的刻纹青铜器、青铜马车饰件、双囱原始瓷带盖熏炉等战国重器；2004年清江浦区运河村战国墓出土的木雕鼓车；书画收藏家徐伯璞1984年捐赠的近现代名家书画和馆藏明清书画等。

【陈列展览】 2016年，淮安市博物馆举办《运河陶·宜兴窑——当代紫砂茶器展》《紫气东来，圣旨驾到——徐州圣旨博物馆馆藏圣旨精品展》《寿州窑精品瓷器展》《比德于玉——江苏·博物馆玉器精品联展》等各类临时展览15次。全年累计接待观众30余万人次，社会团体600余批次。

5月18日，淮安市博物馆组织学生参加5·18博物馆日活动　李斌供图

【博物馆服务社会】 2016年，淮安市博物馆利用自身资源优势，立足博物馆的基地辐射作用，组织12次公益性质社会服务活动，吸引2000余人次未成年人参与。初步建立一支200余人，由大中小学生组成的小义工和志愿者队伍，在一些特殊的节日，全方位参与博物馆的各项活动。苏皖边区政府旧址纪念馆在“5·18世界博物馆日”“5·19中国旅游日”增大免费开放力度，增加免费讲解员等，并开展“红色之旅——苏皖边区”及“新四军—建设华中”红色影片展播、京剧票友会演、红色书籍汇展、江苏博物馆联盟文创产品展销等系列活动，提升公共文化服务水平。

【考古工作获得多项大奖】 在2016年底江苏省考古学会年会上，淮安市博物馆考古部主持的东台北海村遗址考古发掘项目获2016年度江苏省田野考古奖；其主持的淮安板闸遗址考古发掘项目和参加的川东港工程考古发掘与保护项目获2016年度江苏省考古与遗产保护奖。（李　斌）

广播电视

【概况】 2016年，淮安市广播电视有淮安人民广播电台（4个频率）、淮安电视台（3个频道）。广播电视无线综合覆盖率100%，有线广播电视用户69.77万户，其中数字电视用户58.98万户。省广电网络淮安分公司通过有线网络传输广播节目17套、电视节目176套。全市有广播电视节目制作经营许可证持证单位17家、有有线电视播出传输机构14家。

【主题宣传】 2016年，淮安市广播电视台（集团）广播《941早新闻》和电视《淮安新闻联播》等重点新闻栏目细化主题报道、深化典型报道、强化特色报道，策划开展战役性、主题性宣传。坚持团结稳定鼓劲、正面宣传为主方针，深入贯彻落实习近平总书记在党的新闻舆论工作座谈会上重要讲话精神，紧紧围绕学习宣传贯彻党的十八大及十八届三中、四中、五中、六中全会精神，围绕淮安苏北重要中心城市建设和高水平全面建成小康社会开展宣传。全年推出广播专栏31个、电视专栏42个，播出主题报道1800余条。

【典型报道】 2016年，淮安市广播电视台（集团）把镜头、话筒更多地对准基层，挖掘宣传具有鲜明时代特征、事迹生动感人的典型形象。全年挖掘宣传百位五保老人的孝心儿子李银江、比亲人还亲的好片警姜贵才、低调行善的巾帼志愿者杨玉琴、坚守孤岛29年的“大湖卫士”孙成斌、为英雄哥哥守灵46年烈士之妹李爱云、为救患者带病跪地手术的医生赵光元、钻进污水中抢修管道被誉为“最美双腿”的维修工王兆福、捐髓救母孝心感人的12岁男孩沈祉延，以及倒塌房屋废墟中徒手救人的消防员群体等一批身边典型，引起广泛社会反响。

【新闻行动】 2016年，淮安市广播电视台（集团）旗下广播、电视、《新周刊》、视听网和"无线淮安"移动客户端五大传媒联动，推出"打造增长极·筑就崛起梦""创客空间"两个年度大型全媒新闻行动，分别围绕"聚焦经济转型，追踪项目突破"和"大众创业、万众创新"，全方位、多视角、深层次宣传淮安打造新兴增长极，推动创业创新关键举措、重大成就和突出典型，激发全民创新创业活力，凝聚推动淮安科学跨越发展的强大合力。

【广电传播】 2016年，淮安市广播电视加强对上对外新闻宣传能力建设，有效构建多层次、多维度、多形式的多极传播空间。年初，淮安电视台连续第四年蝉联"中央电视台中国电视新闻协作网十佳优秀通联集体"，淮安广播电台连续第二年蝉联"中央人民广播电台新闻报道发稿量全国地市台十强"。全年在中央电视台用稿150条，其中《新闻联播》10条；中央人民广播电台用稿112条，其中《中国之声》58条，继续保持全国地市台发稿排名前列。在省级媒体传播上，江苏卫视新闻用稿2270条，跃居全省地市台第一名；江苏新闻广播用稿405条，稳居全省第二位；通过江苏国际频道长江卫视播出纪录片22部（集）310分钟，名列全省地市级电视台前列；获"江苏电视新闻繁荣奖""全省广播新闻外宣先进单位"等表彰。

【节目创新】 2016年，淮安市广播电视培育并强化栏目节目创新意识，突出内容本土化和栏目特质化建设，广播电视节目创新改版、创新节目，频道频率特色更加明显。《政（行）风热线》《今日观察》《有事报道》等名牌栏目推陈出新，《淮安新闻联播》《941早新闻》《直播淮安》等优秀栏目长盛不衰，《共话淮安》《超常脱口秀》等创新栏目受到赞誉，收视率、收听率保持较高水平。以广电播音员、主持人为主体的《一起读诗》全民阅读公众平台被表彰为"江苏省全民阅读促进工作优秀项目"。

【精品创作】 2016年，淮安市广播电视在全省广播电视创优评比中有43件作品获奖。其中，《唯有百姓利益大于天》《盱眙探索江苏行政审批体制改革的"县域样本"》《创业书写青春的精彩》《用鲜血和生命铸就的抗战精神值得永远传承》等8件作品获一等奖、特别奖，9件作品获二等奖、26件作品获三等奖。电视纪录片《爱相随》、电视文艺片《格咚代》获江苏电视奖；高清纪录片《家住运河边》获长江（国际）电视联盟最佳系列片奖和第21届中国电视纪录片系列片作品奖；《冬梅含香》被国务院妇儿工委、全国妇联、中国电视艺术家协会表彰为第七届女性题材优秀电视作品。

【广播电视安全播出】 2016年，淮安市广播电视坚持"不间断、高质量、既经济、又安全"方针，完成全国"两会"、G20杭州峰会、省市党代会等重要安全播出期工作任务，全年无政治事故和责任事故发生。全年电视发射54157小时、调频广播发射59719小时、中波广播发射35164小时，实现全年停播率小于60秒/百小时，可用度大于99.983%的控制指标，在全省年度安全播出检查考核中获满分。

【广电产业】 2016年，淮安市广播电视实现产业总收入1.21亿元，其中广告收入1.1亿元，与上年持平。适应经济发展新常态，把握客户需求，加强营销推广，开发新客户、新项目、新增长点，拓展商贸、流通、金融、家装等服务性行业广告份额，全年举办各类广告活动158场。培育广电关联产业，举办猴年春晚、少儿春晚，以及汽车消费节、房地产交易博览会、皮草节、家电展等；拓展少儿才艺培训产业，与南京艺术学院、江苏省淮阴中学续签新一轮合作协议；出资800万元（其中年内出资400万元），入股由全省13个地市台共同组建的江苏城市联合电视剧制作股份有限公司，进军影视剧拍摄、制作、发行。

【广电工程建设】 2016年，淮安市广播电视台（集团）配合协助生态新城推进电视发射塔重建工程建设。先后就精密空调、UPS主机、电池组、配电柜、电梯、机房建设等事项，做好专业技术配合；做好天馈线系统、天线系统、建筑智能化系统、发射台自动化系统等广电工艺建设的技术设计、把关和项目跟进等工作。4月，主体钢结构获2015建设工程金属结构（优质工程）"金钢奖"特等奖。争取省财政专项资金200万元，并积极自筹资金，推进发射机系统更新和节目传输系统等建设，为建成开播奠定基础。新建广播电视中心项目完成方案设计优化、初步设计及概算审批、广电工艺设计、施工图设计等；11月，项目正式进场开工。 （林光耀）

报　纸

·概　述·

【概况】 2016年，淮安市有公开发行出版报刊10家，分别是《淮安日报》《淮海晚报》《淮海商报》《淮安新周刊》《淮阴师范学院报》《淮阴工学院报》《淮阴师范学院学报（哲学社会科学版）》《淮阴师范学院学报（自然科学版）》《淮阴工学院学报》《名城绘》。在淮安市设立记者站的省级媒体有7家，分别是省人民广播电台、《新华日报》《扬子晚报》《江苏法制报》《江苏经济报》《江苏工人报》《江苏电力报》。

·《淮安日报》·

【新闻宣传】 2016年，《淮安日报》组织开展一系列新闻宣传活动。

重要会议报道　组织、做好全国省市"两会"、市委六届十次全会、市第七次党代会、十八届六中全会、第十一届台商论坛、国际智力运动精英赛、市八运会等重要会议、重大活动的宣传报道，会前营造氛围，会中准确报道，会后贯彻落实。

重大主题报道　重点做好学习贯彻习近平2·19重要讲话、"两学一做"专题教育、"两为"专项整治、纪念中国共产党成立95周年、纪念红军长征胜利80周年、"五城同创"等主题宣传。"西游逐梦、路在脚下"全媒新闻行动、"我们的节日"主题行动、"我是一个兵"大型新闻采访活动等产生广泛社会影响。

重点工程宣传　对有轨电车运营、淮安高铁建设、民生十件实事、城市通达工程、工业企业克难奋进以及"开门红""双过半"等重点工作进行贯穿全年的追踪报道。

社会民生报道　对于社会关注的"江苏高考新方案""生态新城施教区调整""大运河桥拆除重建"等市民关注的事项，通过政策解读、专家答疑、追踪报道等形式，满足读者信息需求。组织开展记者进社区、公益相亲会、创富商学院、年度汉字征集、亲子露营大会、高校美食评选、奥运活力宝宝、老人理财讲座、商报萌娃大赛、刘老庄留守儿童关爱等数十场活动。"重走新旅抗战路"获得省内业界最高奖"江苏新闻奖"和中国晚报最高奖"赵超构新闻奖"。

【广告经营】 2016年,《淮安日报》改变坐等客户、出售版面的传统做法，针对用户个性化、差异化需求，利用全媒体资源为其量身打造宣传营销方案。在报纸广告业务进一步下滑的形势下，利用户外大屏、电子阅报栏、户外高炮、有轨电车等宣传平台，举办车展、房展、家装展、农产品博览会、教育产业博览会等营销活动，开展"为爱健走·兴业圆梦"千人健步走、"出国留学金融服务咨询会"、清江浦古婚俗仪典等"双效"兼顾的社会活动。创意设计版面，挖掘报纸潜力，江南农商行开业广告、淮安名特优农展会系列海报，受读者和客户喜爱。在全国报业经营继续以两位数下滑的情况下,《淮安日报》全年广告经营收入守住亿元大关，同比稳定。

【多元发展】 2016年,《淮安日报》及其报业集团实施多元发展战略。报业艺术馆创办清江浦创意工坊，主营紫砂陶艺和艺术培训，举办当代朝鲜油画精品展、淮安首届艺术品博览会等12场展览、56场微信拍卖；"智能电子阅报栏"和"淮安报业艺术馆"两个项目获省文化产业引导资金180万元。教育培训中心在优胜一对一、精品班课、舞蹈三大项目基础上，新办托管中心，主营周边学校中小学生午餐午休服务和晚自习辅导等业务，发展小记者2000多名，实现赢利数十万元。通达公司竞标现代有轨电车，全线代理有轨电车广告业务；食品部牵线策划，与江苏增力商贸发展有限公司合作销售牡丹酒；房产部与上海"房多多"网络科技公司、江苏天时商业管理公司、淮安苹果国际公寓等合作，尝试电商售房、楼盘代理等业务；潮韵文化公司围绕清江浦景区、挖掘淮安历史民俗文化，策划举办系列民俗活动；新闻旅行社开拓旅游线路，薄利多销，重焕生机。非报业务在集团经营中的比重逐步提升，对冲报业广告的下滑势头。　　（严　蓉）

·《淮海晚报》·

【主题新闻行动】 2016年,《淮海晚报》社和市文明办共同组织开展"我们的节日"主题行动。全年围绕春节、清明节、端午节、七夕节、重阳节等传统节日，策划开展"翰墨咏新春，文明中华年""给空巢老人拍全家福""绿化古淮河，踏青文明行""社区端午文化节""相亲大会进军营""中秋家宴""带你看秋景"等活动，受到市民和社会各界好评。与市民政局联合推出"我是一个兵"大型新闻采访活动，寻访90位转业、退伍军人，通过他们的故事，弘扬军人优秀品质，凝聚科学跨越发展正能量，献礼中国人民解放军建军90周年。在淮安获全国双拥模范城"四连冠"的重要节点，超前谋划，精心组织，推出"我是一个兵"八一特刊，共8个整版，展示淮安双拥成就及淮安军民军爱民、民拥军的感人故事，产生较大反响。

【民生专栏报道】 2016年,《淮海晚报》围绕民生重点工程，推出专栏，予以解读。与市铁路办联合推出"拥抱高铁"专栏，对淮安高铁建设进展及新高铁规划等情况予以报道，满足受众求知欲。推出"民生1+1"专栏，对新建公厕、新增停车位、新建幼儿园、智能交通、小区智能监控等予以解读报道。开辟数据新闻专栏，用数据反映全市经济社会发展现状。

【"西游逐梦 路在脚下"全媒新闻行动】 2016年，中共淮安市委宣传部策划指导，市文广新局、市旅游局、淮安报业传媒集团等联合组织实施"西游逐梦 路在脚下"全媒新闻行动，取得良好社会效果。该新闻行动于2016年初开始策划，7月28日在淮安区吴承恩故居启动，12月底结束，历时一年。沿着"一带一路"以及淮河生态经济带路迹，涉及10多个省市、自治区，以实地探访、座谈会、专访、推介会等多种形式，形成文字、影像

1月31日，由市文明办、淮海晚报社联合组织开展的"我们的节日"主题行动启动仪式举行　　金鑫供图

记录。年内，在《淮海晚报》推出50多个专版约10万字文稿及系列图片。该新闻行动获2016年江苏省好新闻重大主题策划三等奖。

【《淮海晚报》全新改版】 7月1日，《淮海晚报》进行全新改版。形式上，正文标题字体部分由超粗黑、大黑改为统一的10号宋黑字体；副题由中等线改为小2号准圆；分栏由5栏改为普遍流行的4栏，整体看起来更简洁更大气；简单调整头版报头，重点突出天气情况。内容上，新增加《爱问周刊》《身体周刊》、“深1度”等专刊和专版，更为可读悦读。

【新媒体发展】 2016年，《淮海晚报》创新实施“信息+产品+服务”模式，推进新媒体建设。晚报官方微信开展“年度汉字征集”“淮安高校美食评选”“奥运活力宝宝”评选、晚报“2016露营大会”等10多个线上线下活动。新运营“印象淮安”“淮安创富”“身爱”3个微信子账号，针对特定读者群，提供更精准的信息和服务。

【社会活动组织】 2016年，《淮海晚报》参与和服务社会，创新推出公益活动项目。开展“晚报记者进社区”活动，联合各方力量，为近千位市民送去新春暖心礼包；联合市园林局、市妇联、团市委等部门，举办月季园公益相亲会，3000多人参与。组织中秋游船拜月、中秋家宴、带老人看秋景宠物秀、爱心报童义卖晚报、“我学榜样做公益”义务植树等社会活动。

（金　鑫）

网　站

【概况】 淮安市有新闻网站2家，即淮安新闻网、淮安视听网。有知名商业网站（论坛）9家，其中淮水安澜是淮安最活跃的论坛，注册用户量83万，日最高同时在线13.33万；淮安掼蛋网是淮安最大的网络游戏网站，注册用户量2000万，日最高同时在线1.8万。

【“中国·淮安”政府门户网】 “中国·淮安”政府门户网站（http://www.huaian.gov.cn/）于2002年正式开通运行，是淮安市政府在互联网上发布政务信息、提供在线服务、与公众互动交流的重要平台。2016年，网站访问量超过700万次，日均访问量近2万次。全年审核43116条文字信息，发布31524条文字信息，维护各类栏目1100多个，推出“2016年全国两会”“服务大众创业 助推万众创新”等专题报道29个，其中22个专题被省政府门户网站采用。举办15期“在线访谈”活动，发布26篇规范性文件政策解读，直播12场新闻发布会，公开360条视频类信息，分拣3308封网上信件，回复公众信件3140件，调整超1100次网站修改需求。开通“中国·淮安”政府门户网站微信微门户平台，发布50余条图文消息，受到近千余人次粉丝关注。年内，网站群通过国务院办公厅组织的第一、第二、第三、第四季度全国政府网站普查抽查。

（张亚中）

【淮安视听网】 淮安视听网（www.habctv.com）是淮安市广播电视台旗下新媒体，2011年4月开通，2012年3月取得国家新闻出版广电总局信息网络传播视听节目许可证，2015年12月通过总局评估并获得二级安全网站证书。网站提供淮安市广播电视台3个电视频道和4个广播频率的全天候直播、点播服务，2014年合作引进北京国广院线正版影视剧，并设有论坛、影视、播客、资讯、房产、交友、分类、旅游、美食等10多个特色频道和栏目，提供“衣、食、住、行”等多方面全方位的本地生活指南及商业信息服务，是全天候网民互动的本土综合性视听门户网站。2016年，网站日均浏览量7万次，日独立访客3万人。

对接社会智力资源和第三方资金控股成立的“淮安喂电影影视传媒有限公司”，通过爱奇艺、腾讯等主流视频网站、移动运营商APP平台等，发行《致匆匆那些年》《毛个咪呀》等网络剧和《校草的快进爱情》《影子猎人》《我的世界》《1983之枫雨之夜》等网络电影7部，影视作品累计播放量超过6000万次。其中，在爱奇艺独家上线网络剧《致匆匆那些年》，是淮安市首部在全国性平台播出的网络剧，时长195分钟，点击量突破1100万；全网上线的原创影评栏目《影评3缺1》和系列网络大电影《影子猎人》，点击量均突破1000万次；全网播出的网络剧《毛个咪呀》，点击量突破800万；爱奇艺独播的网络大电影《我的世界》，年内一直高居爱奇艺热播榜；腾讯视频独播的《校草的快进爱情》，单月点击量突破200万。

（朱　锋）

【淮安新闻网】 淮安新闻网（http://www.hynews.net/）创办于2000年，是由中共淮安市委宣传部主管，淮安报业传媒集团（淮安日报社）主办，以

2016年7月，“西游逐梦 路在脚下”全媒新闻行动在吴承恩故居启动

金鑫供图

淮安新闻网组织邀请百余名老人走进白马湖菊花基地 童淮玉供图

新闻传播为龙头，集宽屏、社区、微博、移动终端等综合信息服务和技术应用为一体的全媒体大型新闻综合门户，是江苏省重点新闻网站。2016年，淮安新闻网按照个性化、分众化的用户需要，采取文图、语音、视频播报、专题等多种报道形式推送新闻。重大时政新闻第一时间组织报道，重大突发事件第一时间发布权威声音，重大政策文件出台第一时间组织解读，聚焦政府实事，回应社会热点，发挥新媒体的舆论导向作用。全年开设“跨越上水平”“创建文明城市 共享美好生活”“淮安好人榜”“两学一做”等专题，推出系列报道，围绕经济转型发展、供给侧改革、生态文明建设、美丽乡村建设、民生实事工程等主题，聚焦“淮安样本”，放大“淮安元素”，升华“淮安经验”。年内，淮安新闻网创新开展网络文化活动，网聚群众力量。相继参与开展“翰墨咏新春 文明中华年”暨“我们的节日”主题行动启动仪式，“运河风光随手拍”摄影大赛，“寻找淮安最美踏青地”线上线下活动，“九九重阳节·带你看秋景”等系列活动，建设积极向上、健康和谐的网络文化氛围。全年网站日均浏览量约8万，日均独立访客约3.2万人。

（童淮玉）

移动新媒体

【概况】 淮安市移动新媒体发展迅猛。2016年，全市有微信公众号1080多个，知名新闻客户端2个，即“无线淮安”“掌上淮安”。有政务微博270多个，其中“淮安发布”政务微博（新浪、腾讯）粉丝总数272万，累计发布信息2.5万条，新浪微博网络互动438.68万次，日阅读量15.1万。“淮安微广场”政务微博群进驻地区、单位78家，新浪、腾讯微博粉丝总数320万，累计发布信息50万余条。“淮安发布”政务微信粉丝数近10万，累计发布消息4513条。“无线淮安”新闻客户端下载量17万，推送信息22万余条。“掌上淮安”新闻客户端下载量18万，推送信息30万余条。

【“无线淮安”手机客户端】 “无线淮安”手机客户端属于淮安市广播电视台旗下新媒体，上线于2014年12月。以移动智能终端为载体，以融媒体技术为支撑，推出新闻资讯、政务公开、便民服务和社交娱乐四大类21个模块，成为淮安市党务政务客户端、公共服务客户端、广电传媒客户端。2016年，依托淮安视听网和“无线淮安”手机客户端，组织开展“我与主持人共骑行”、摄影沙龙、单车骑行、网友相亲、淮安市网络春晚、淮安市十大经济风云人物颁奖晚会等线上线下活动。

（刘志平）

档案工作

【概况】 2016年，淮安市有国家综合档案馆8家（市及清江浦区、淮安区、淮阴区、洪泽区、涟水县、盱眙县、金湖县档案馆），城建专业档案馆7家（市及淮安区、淮阴区、洪泽区、涟水县、盱眙县、金湖县城建档案馆），保管档案1756186卷603300件，资料121187册。其中，淮阴区、盱眙县、金湖县城建档案馆保管属地房产档案。市档案馆为国家二级综合档案馆，保管旧政权档案、革命历史档案、新中国成立后党政机关文书档案96965卷141630件，资料26496册，建成馆藏档案目录数据库233万余条、全文数据库731万余页。市城建档案馆为国家一级城建档案馆，有馆藏18万余卷，涵盖工程档案、市政公用档案及建设管理过程中产生的业务管理和业务技术档案等18大类，最早档案为民国12年（1923年）淮阴县图。

【档案新馆建设】 2016年，淮安市淮安区档案新馆完成搬迁工作；洪泽区档案新馆、金湖县档案新馆开工建设；涟水县档案新馆重新规划到县滨河新城，年内编制施工清单，桩基工程进入招标阶段；盱眙县档案新馆选址方案获县政府批示。

【档案资源体系建设】 2016，淮安市印发《淮安市档案局关于实施档案双套制移交进馆工作的通知》，明确档案移交单位须移交纸质与电子双套档案进馆。组织召开档案移交、接收工作会议，全市进馆序列单位档案工作负责人140余人参加,市档案馆全年接收档案553卷、27603件。推进破产改制企业档案进馆,初步完成25万件档案整理工作。通过《淮安日报》《淮海晚报》以及“淮水安澜”论坛等媒体刊登征集档案史料公告,陆续征集到“昭和十四年(1939年)三月日军攻陷淮阴城和连云港”的日文画报等一批珍贵档案。联合市摄影家协会举办首届“美好记忆”摄影大赛,收到投稿作品近千组。利用非编系统采集《淮安新闻联播》80小时。采集古黄河大桥、大运河桥两座桥梁影像资料,保存珍贵的城市记忆。金湖县档案馆征集到清代名医欣澹庵《四珍秘录》《集试秘览》手稿原件等珍贵医学著作20册。

【档案信息化建设】 2016年,淮安市完成馆藏档案数字化919.3万页,累计完成2335.7万页,数字化率50.4%。其中,市档案局完成馆藏纸质档案数字化210.3万页,累计完成674.5万页,数字化完成率85.6%;完成馆藏14383张老底片整理、目录著录、数字化转换、加盖水印工作。形成较为系统完善的“淮安智慧档案”建设方案,并被列入淮安市“智慧淮安”PPP项目2017年子项目建设计划。在全省档案信息化基础业务培训班上,淮安市作为全省2家先进单位作数字档案馆建设实例经验交流。

【档案服务】 2016年,淮安市各级档案部门立足档案资源,推行便民服务。全年接待查档24163人次,调阅档案资料28550卷(册)次。根据行政区划调整工作进程,出台《关于认真做好行政区划调整中档案管理工作的意见》《关于在撤县设区调整中加强档案管理的通知》,及时部署清河区、清浦区合并,洪泽撤县设区期间档案管理工作。推动机关团体企业事业单位档案工作规范化建设,对申报星级档案工作单位跟踪指导和服务。全年档案工作获评省三星级规范单位2个、四星级规范单位6个,通过五星级复查单位3个。市档案局《中国共产党在淮安——崛起之路》主题展览全年接待193个单位、1443人次参观,配套出版的同名图文集获2016年度哲学社会科学优秀成果省级三等奖、市级一等奖。组织13批次、457名中小学生走进市档案馆,开展参观展览、举办档案知识讲座、制作心愿档案卡片等专题活动,通过省级中小学档案教育社会实践基地考评验收。

【档案编研】 2016年,淮安市档案馆编印《淮安市大事记》,及时为淮安政府网、淮安档案网、《淮安政报》提供大事记素材;编撰出版《档案记忆》,筹办“如梦岁月——淮安档案馆藏老照片展”,引发社会好评。《淮安日报》开设“档案·影像”专版,全年50期,刊登淮安各条战线变迁、变化的新老对比照片和文章。《淮海晚报》开设“档案中的里运河”专版,从档案的视角描绘里运河前世今生的壮美画卷。淮安区档案馆联合区文化局、区党史工委、新四军研究会等部门,先后出版《淮安区建制详考》《淮安地方史志述略》等。

11月11日,淮安市家庭档案观摩现场会召开 韩仁先供图

【档案法制宣传】 2016年,淮安市档案局、市公安局、市民政局等7家单位联合开展“档案与民生”暨档案法律法规宣传咨询活动。市档案局对清江浦区、淮安区、洪泽区、盱眙县进行“下跨一级”档案行政执法检查,对检查中发现的问题,及时责令相关单位限期整改到位,促进基层档案工作规范化开展。对部分市直单位贯彻执行《中华人民共和国档案法》情况进行执法检查,提升全市档案工作的规范化水平。9月6日,国家档案局副局长王绍忠率领国家档案行政执法检查组到淮安市检查,对全市档案工作给予肯定。开展“家庭档案看我家”主题活动,选取清江浦区所辖各街道培育家庭建档示范户,档案部门无偿提供档案盒、档案整理工具和全程指导服务,召开家庭档案观摩现场会,打造“内容原汁原味、收集充满趣味、整理有滋有味、展陈耐人寻味、收藏独具韵味”具有淮安特色的“五味”家庭档案工作品牌。

【档案安全】 为维护档案、资料实体的安全,2016年,淮安市档案系统定期检查清点馆藏,重点核查档案资料数量、排架次序、归库和有无损毁情况,做好相关检查记录,并将记录归入全宗卷。市政府安排专项经费,向社会购买安保服务,实现专职安保人员24小时值守,解决档案管库管理存在的安全隐患。市档案局核心数据库正式投入使用,为全市档案数据长期安全保存提供保障,项目在全省首创。市档案局组织专家调研组,赴淮阴区、洪泽区、涟水县、盱眙县和金湖县开展观摩调研活动,掌握县区档案综合管理状况,与各县区党政分管领导交换意见,书面通报各县区存在问题,给出整改意见,推动全市综合档案馆基础工作开展。

【档案科研】 2016年，淮安市档案系统按照“走出去、知趋势；走下去、知需求；走进去、知方法”的要求，集中开展调研活动，组织专家筛选评比出14篇年度优秀调研报告。全市申报档案科研项目12项，超过历年总和，数量全省第一；省档案局立项档案科技项目20个，淮安市获批3个，与苏州并列全省第一；“地市级档案数据安全管理方法与技术研究”成为市档案局自主承担的首个科研项目，实现历史性突破。

【档案队伍建设】 2016年，淮安市联合北京大学举办首期档案人才综合素质提升培训班，市、县区档案局和市直部分单位的46名档案工作者参加。各级档案部门针对基层档案工作实际需要，举办档案人员上岗资格培训、省档案人员上岗资格远程教育培训和多期业务短训。组织开展档案系列职称评审工作，16人获馆员、助理馆员资格。继续开展“淮安最美档案人”评选推荐工作，通过“淮安档案”、《淮安日报》刊登先进事迹，宣扬展示优秀档案工作者的风采。连续举办12期兰台讲坛和3期领导干部上讲台，拍摄《舒展案卷绘华章——奋进中的淮安市档案局》宣传片，开展全市档案知识竞赛。清江浦区开展乡镇街道档案员跟班学习活动，量身定制学习计划和内容，助力基层档案工作。

（韩仁先　李　洁）

地方志

【概况】 2016年，淮安市以创佳志良鉴为目标，推进二轮修志，提升年鉴编纂质量。年内，淮安市及各县区均完成年度修志目标任务，《淮安年鉴》（2016）及各县区年鉴2016卷均按期出版。在全省地方志工作会议上，淮安市被推荐介绍年鉴编纂工作经验，是13个省辖市中唯一一家。

【方志编修】 2016年，组织专家组完成《淮安市志（1978~2008）》总纂稿审读，收到意见建议数百条。各责任编辑按照专家组意见，反复打磨完善志稿，提升志稿质量，12月底报省志办终审。《淮安市志（1978~2008）》

2016年3月，《盱眙县志》终审会在盱眙县召开

终审稿共41卷，并设《史略》《专记》，计460余万字，翔实反映1978~2008年淮安市境内自然地理、经济建设、政治制度、历史文化、社会生活的发展与变化，彰显地域特征与时代特色。

【年鉴编纂】 11月，《淮安年鉴》（2016）印刷出版。全书资料翔实、图文并茂、框架科学，内文近100万字，收录反映2016年及全市“十二五”经济社会发展成就的各类图片300余幅，随文图片约200幅，并配以各类表格上百个。创新篇目设计、装帧设计及条目编写，突出淮安元素、年度特色，可读性、鉴赏性、资料性强。年内，淮安市志办邀请省内年鉴专家为《淮安年鉴》供稿人以及全市年鉴工作人员授课，提高全市年鉴编纂水平。参加南京都市圈年鉴编纂研讨会，并作交流发言。

【旧志文献整理】 2016年，淮安市地方志办公室组织专家精心点校的《嘉靖清河县志》《光绪清河县志》经过多次修改完善，通过出版社审稿，进入出版程序。

【地情资料开发与利用】 2016年，淮安市继续编纂市情简明读物《淮安手册》（2016）。该书印刷精良、信息量丰富，在市内逐渐形成品牌效应。全年向全市各级党政机关、重点服务行业、公共机构、大中小学校等免费发放上万册，得到社会各界好评。

【方志信息化工作】 2016年，淮安市建成“运河之都—淮安地情网”。网站设10余个栏目，收录近千幅有关淮安的古今图片，录入重要文献资料及信息数百万字，是面向基层、面向大众提供淮安地情文化服务的全新平台和窗口。开设淮安市地方志微信公众号，推送地情文化普及类文章近20篇，阅读量上万人次。

【大运河文化研究】 运河文化研究是淮安市地方志系统的一项特色工作。2016年，成功申报市级社科研究课题“运河之都淮安与济宁比较研究”；参加中国水利史学会年会，作题为《明清时期大运河清口上下防洪减灾研究》的学术报告；参加第六届江苏书展“大运河书香文脉传承发展论坛”，作题为《大运河与中国古典小说名著》的重点发言；撰写运河文化研究论文数篇。

（王信波）

卫生计生

综　述

【概况】 2016年，淮安市户籍总人口567.56万人，常住总人口489万人，常住人口出生率10.93‰，死亡率7.44‰，自然增长率3.49‰。全市拥有医疗卫生机构2237个。其中，三级医院8所（“三甲”医院5所）、二级医院14所、妇幼卫生保健机构9个、疾病预防控制机构9个、卫生监督机构10个、乡镇卫生院115个、社区卫生服务中心（站）79个、计划生育技术服务机构122个。市直医院全部建成三级医院,所有县(区)人民医院、中医院均达到“二甲”标准。乡镇卫生院、社区卫生服务中心、村卫生室实现标准化建设、规范化管理。全市医疗卫生机构实有病床数27529张,卫技人员31524人,其中执业(助理)医师12385人、注册护士14349人。每千人口医师数、护士数、床位数分别为2.53人、2.93人、5.63张。市卫生计生委获全省综合医改考核创新奖,市计划生育协会获“全国计划生育协会工作先进集体”称号。

【卫生体制改革】 2016年,淮安市成立市属公立医院管理委员会并规范实质运作。试点推进法人治理结构,市第三人民医院、第四人民医院理事会运作步入正轨。14所城市公立医院全面实施药品零差率销售,19所县级公立医院同步推进。落实中医药激励措施,所有医疗机构中药饮片、院内制剂不实行零差价。城市公立医院“药占比”34.9%、同比下降5.15个百分点,医疗服务收入占比54.7%、同比上升5.74个百分点,平均住院日下降0.8天。“新农合”床位费纳入可补偿费用限额,二、三级医疗机构提高10元,分别为30元/床日、40元/床日。完善药品(耗材)采购监管、规范购销行为,对急(抢)救、妇儿专科非专利药品集中招标采购,成交价格比企业初始报价降低25.04%。加快形成多元化办医格局。新设置9家民营医院,有序推进与英国信诺集团、上海复星医药、四川恒康集团等合作项目。

【卫生规划与信息】 2016年,淮安市颁布实施《淮安市“十三五”卫生与健康规划》《淮安市区域卫生规划(2016—2020年)》《淮安市医疗机构设置规划(2016—2020年)》,成为全省最早印发系列规划的地级市。全市获批中央投资建设项目5个,获批乙类大型医用设备15台。市、县区两级区域卫生信息平台与省平台实现互联互通,所有二三级医院均建成远程医疗服务平台,与乡镇卫生院实现远程会诊。获批13个智慧健康(医疗)项目,概算投资8350万元。建立居民电子健康档案395万余份,建档率81.4%。开展统计信息资源深度挖掘,各类统计报表完成率、及时率100%。

【卫生计生财务管理】 2016年,淮安市落实医疗卫生投入政策,市财政预算安排卫生与计生事业经费4.33亿元,同比增长59.2%。争取地方政府债券资金7600万元用于化解公立医院历史债务,市财政对医院贷款贴息补助533.6万元,安排医药价格综合改革药品零差率财政补助资金2000万元。加强公立医院财务和预算管理,全市公立医院全面实施三级医院总会计师制度。向上争取扶持,全年争取中央和省专项资金14.38亿元。

8月8日,《人民日报》《新华日报》《光明日报》《中国青年报》《健康报》等24家中央媒体到淮安采访综合医改工作 钱士伦供图

【卫生应急】 2016年,淮安市有省级卫生应急示范(规范)县(区)6个,27个乡镇(街道)达到卫生应急规范化乡镇标准,全市二级以上公立医疗机构和疾控中心全部成立应急办。全年培训卫生应急救护知识人员7980余人,占全系统人数20%以上。增加12320卫生热线服务功能,启动“健康新时空”健康体验馆建设。开展卫生应急专题风险评估2次,撰写日常风险评估报告12篇。开展突发事件紧急医学救援,及时报告并规范处置3例人感染H7N9禽流感病例。

【医政医管】 2016年,淮安市第一人民医院、第二人民医院通过“三甲”医院周期评审,2所县级医院通过三级综合医院自评并报省备案。优质护理实现二级以上医院全覆盖,二三级医院建成远程医疗服务平台,与乡镇卫生院实现远程会诊。二三级公立综合医院全面开展日间手术试点,出院患者平均住院日分别控制在9天、10天。全年推动检验检查结果互认,减少重复检查约18万人次,为患者节约医疗费用约1222万元。全市7所三级医院创成省级平安医院,二级医院全部创成市级平安医院。全市二级以上医院电子病历均达三级以上水平,市一院利用“互联网+”技术建成全省首家慢性病网络医院。全市无偿献血50976人次,75864.75单位,同比分别增长4%、5%。

【基层卫生】 2016年,淮安市新农合参合率99.98%,人均筹资标准565元,其中各级财政补助425元,个人提高到140元,县乡两级政策范围内住院费用报销比例76.53%。重大疾病保障范围扩大到22类,新农合报销比例70%。新创成20个国家级“群众满意乡镇卫生院”、10个省级示范乡镇卫生院、26个省级示范村卫生室。完成3102名基层医学人才培训和319名人才招录,遴选上报180名省级基层卫生骨干人才。在全省基层卫生岗位练兵和技能竞赛中获得二等奖，淮阴区南陈集镇中心卫生院李海丽代表江苏参加全国竞赛，获个人项目一等奖。基本公共卫生服务项目人均补助标准提高到50元。

【妇幼保健】2016年，淮安市、县（区）两级独立建制妇幼保健机构健全率100%，市妇幼保健院启动异地新建工程并创成省级新生儿危急重症救治中心，淮安区创成省妇幼健康优质服务示范区。全市母婴保健技术服务机构及人员持证执业率均为100%，婚前医学检查率98.01%。全市孕产妇死亡率3.66/10万、婴儿死亡率3.24‰、新生儿出生缺陷发生率3.31‰，均低于省标准。为2.61万名农村孕产妇发放分娩补助，为2.98万名农村妇女增补叶酸，为13.7万名农村妇女进行宫颈癌和乳腺癌检查，免费孕前优生健康检查目标人群覆盖率100%。

【食品安全】2016年，淮安市全面建立食品安全风险监测体系，完成食品安全风险监测市级分中心建设及省级哨点医院挂牌工作，对7个县级中心和8家省级哨点医院进行考核验收。全市10个食品安全风险监测点完成各项监测任务。举办市级培训讲座4场，印发宣传材料2000余份，接受宣传群众约7000人次。全面完成省下达的食品安全标准跟踪评价和企业标准跟踪核查工作任务。

【药政管理】2016年，淮安市基本药物制度实现政府办基层医疗机构规范实施、非政府办基层医疗卫生机构全面实施、二三级医疗机构联动实施。药品网上集中采购率100%、及时回款率90%以上。全年全市网上采购金额26.76亿元，二级以上医疗机构基本药物占比15.93%，全省排名第三。开展短缺药品信息综合监测，选取20个药品监测哨点，收集短缺药品信息1517条。加强药品购销双向监管，在全省率先实行药品生产、配送企业约谈制度，对5家配送企业进行询问调查。

【中医药发展】2016年，淮安市中医院"临床教学综合楼"建设项目主体

6月8日，市委、市政府召开中国（江苏）第12期援助圭亚那医疗队欢送会
钱士伦供图

封顶，涟水县、淮阴区异地新建中医院。市二院建成国家级综合医院中医药工作示范单位。全市有1个国家级中医临床专科建设单位完成建设期任务，6个专科被确定为省级中医临床重点专科，1个专科被确定为省级中医临床重点专科建设单位。新增2个省名老中医专家工作室，汪再舫工作室在省考核验收中获得优秀成绩。所有社区卫生服务中心和95%以上的乡镇卫生院建立中医馆、中药房。开展各类巡讲98场次，公益性活动350余场次，发放宣传资料4万余份，媒体报道35次。

【科技卫生计生】2016年，淮安市新建省级临床重点专科7个，总数为16个。获批国家自然科学基金项目4个，获省新技术引进奖9项，市科技进步一等奖1项、二等奖5项。市政府与南京医科大学正式签署合作协议，共建苏北临床医学研究院。拥有海归专家7人、博导7人；招聘硕士或副高职称以上人才133人，其中博士3人、学科带头人1人；入选省"333"人才55人、省有突出贡献中青年专家2人、双创博士3人、苏北计划专家1人。

【卫生计生先进】2016年，淮安市淮阴区南陈集中心卫生院李海丽获全国基层卫生岗位练兵和技能竞赛"社区护理"项目一等奖、"全国基层卫生技能标兵"称号；淮阴区卫生监督所刘燕获全国卫生计生综合监督行政执法微课大赛鼓励奖；淮阴区王营社区卫生服务中心吴晶晶获全国"医联杯"基层卫生主持人大赛"优秀选手奖"；金湖县人民医院曹顶贵获全国结核病临床技能竞赛总决赛个人总成绩三等奖和个人影像读片技能单项奖。市第一人民医院季峰"靶向激活AMPK信号通路抗激素诱导的成骨细胞损伤作用及机制研究"、市第二人民医院郑东辉"基于'药—自组装短肽—功能肽复合物'结构构建的区域靶向双药纳米纤维对缺血再灌注肾损伤保护作用及机制"获评国家自然科学基金面上项目，市第一人民医院佟强"NLRP3炎症小体在帕金森病α-Syn病理中的作用及机制研究"、仝宇桉"循环IncRNAPOU3F3促进食管鳞癌细胞增殖和侵袭的分子机制"获评国家自然科学基金青年基金项目。

【分级诊疗制度建设在全国产生影响】2016年，淮安市在市级形成以市一院、市二院、解放军八二医院、市妇幼保健院、市中医院为核心的5大医疗集团，在县级以县级公立医院为龙头组建11个医联体。全市8所三级医院与19所县级医院建立医教研帮扶关系，8所三级医院与10个重点中心镇卫生院建立有序结对共建关系，19所县级医院与115所乡镇卫生院建立稳定的医护技支援关系。全市组建家庭医生签约服务团队720个，签约总人数258万人，重点人群签约86万人。家庭医生签约服务实现县区全覆盖，98%的乡镇、86%的行政村、所有社区卫生服务中心均开展家庭医生签约服务。家庭医生签约服务

团队月均上门服务4次，签约家庭满意度90%。全市基层首诊率68.9%，县（区）、乡（社区）两级首诊人次占比87.5%。年内，淮安市在国家卫生计生委东部片区分级诊疗推进会上介绍经验。省政府在淮安市召开分级诊疗制度建设暨家庭医生签约服务现场推进会，驻江苏全国人大代表到淮安市专题视察并给予高度评价。

【强基层建机制】 2016年，淮安市筑牢基层卫生“网底”，实施“5000名基层医学人才培养工程”，培训2061人次、招录219人。完善医保政策，提高“新农合”筹资标准，比苏北各市高17%。实施差别化医保报销政策，“新农合”乡镇卫生院起付线是县级医院的50%、三级医院的30%，乡镇卫生院报销比例比县级医院高15%、比三级医院高30%，城镇居民医保基层医疗机构起付线是县级医院的58%、三级医院的40%，报销比例比县级医院高5%、比三级医院高10%。推进基层绩效工资改革，将基层卫技人员绩效工资总量扩大到135—150%，将基层医疗机构骨干工资扩大到150—230%。给予社区卫生服务中心的家庭医生、乡镇卫生院的健康管理团队每月每人600元专项津贴。落实遴选省级、市级和县级骨干人才补助政策，省级骨干每年补助不少于4万元，地方骨干每年不少于2万元。年内，淮安市“强基层、建机制”工作经验在全省综合医改推进会上作交流发言，被国务院医改办列为典型案例向全国推广。

【援外医疗】 2016年，淮安市组建16人的中国（江苏）第12期援助圭亚那医疗队，开展援外医疗活动。副省长张雷出席培训开学典礼，并为医疗队授旗。年内，医疗队在圭亚那完成门诊1.2万人次，病房1800人次，手术1300人次，抢救危重患者300人次，接生240人次，针灸900人次。医疗队受到圭亚那总统格兰杰和总理纳加穆图接见，赢得圭亚那人民高度赞扬。先进事迹被中央电视台国际频道、《人民日报》，以及圭亚那主流媒体多次专题报道。

【第十一届台商论坛·淮台医疗卫生交流合作研讨会】 10月18日，第十一届台商论坛·淮台医疗卫生交流合作研讨会在淮安市举行。台湾“中华卫生医疗协会”荣誉理事长石曜堂、理事长雷永耀，台湾合富（中国）医疗科技贸易有限公司董事长王琼芝，淮安市副市长王红红出席活动。台湾花莲慈济医院院长林欣荣、双和医院院长赖鸿政、振兴医院首席副院长蔡胜国等专家作学术报告，并与淮安医疗卫生界深入探讨医药卫生体制改革等相关问题。

【淮安公立医院医药价格改革】 2015年10月31日，淮安市启动城市公立医院医药价格综合改革。至2016年底，全市14所城市公立医院全面推行实施医药价格改革，19所县级公立医院同步推进，近2000种药品取消加成，2378种医疗服务项目进行价格调整，仪器检查费用有升有降，医务人员积极性提高，患者满意度提升。

改革的重要内容是取消药品加成，城市公立医院药品按零差率销售，取消药品加成后的差额。通过调整医疗服务价格，总体上能够补偿药品加成差额的85%左右，不足部分通过增加政府投入和医院加强内部管理、增效节支解决，改革后大医院药价下降15%左右，城市公立医院“药占比”34.9%、同比下降5.15个百分点。

改革后，淮安城市公立医院医疗服务收入占比54.7%、同比上升5.74个百分点，平均住院日下降0.8天。城镇职工医保、居民医保和“新农合”政策范围内的住院费用支付比例分别为81.3%、72.7%和75.99%，城乡居民大病保险实际报销比例在基本医保基础上提高7个百分点。调整医疗服务价格体现医务人员医疗技术和医疗服务水平，调动医护人员工作积极性和主动性，提升医院的医疗服务质量，提高患者满意度。

前三季度，基层医疗机构诊疗量398万人次，同比上升2.54%，市级医院服务县区诊疗量77万人次，同比下降2.8%。市、县（区）两级医联体内上转病人14803人次，下转6006人次。以下转6006人次为例，按照每人节省4000元计算，为患者减轻医药费用负担2000多万元。

（钱士伦　董方旭）

11月13日，淮安市第五届“健康·幸福家庭”示范户表彰活动在淮安区府衙门前广场举行　钱士伦供图

计生服务

【概况】 2016年，淮安市有计划生育协会组织2762个，会员32.75万人。出生人口性别比109.87:100，孕前优生健康检查覆盖率98%，流动人口服务管理率92.5%，人口信息化建设达标率94.8%，计划生育机构队伍达标率95%，计划生育奖励扶助政策兑现率100%。市计划生育协会获“全国计划生育协会工作先进集体”称号。

【计生家庭发展能力提升】 2016年，淮安市深入开展健康幸福家庭创建活动，突出对计生特殊困难家庭扶助力度，建立起集扶、助、保、医、爱于一体的关爱机制。省级计生奖扶政策惠及48029人、特扶政策惠及2741人，市级奖扶政策惠及38364人。开展1~14周岁独生子女父母奖励金提标工作，发放奖励金1254.49万元。为42名农村计生困难家庭女大学生每人发放助学金5000元，发放助学金21万元。全市表彰健康幸福家庭400户，1户家庭被表彰为首批“全国幸福家庭”。

【计划生育基层指导】 2016年，淮安市稳妥实施全面两孩政策，全年出生5.81万人，出生率12‰，同比略有增加，出生政策符合率99.1%。开展生育登记服务“散快优”行动，全年生育登记服务56786人，登记率居全省前列，再生育审批1083例，出生人口信息统计入库及时率和准确率98%以上。金湖县、淮阴区等2个县区入选新一轮全国计划生育优质服务先进单位。盱眙县、金湖县、清河区、清浦区4个县区获省政府表彰为“十二五”人口协调发展先进县区。

【流动人口计生服务管理】 2016年，淮安市流动人口计生服务管理率92.3%。流动人口信息系统入库人数63.9万，同比增长21%。核对流动人口数据近20万条，网上办证1500余件。流动人口健康档案建档率60.27%，居住满3个月0~6岁流动儿童预防接种率96.02%，传染病报告率和报告及时率100%，育龄妇女避孕节育免费服务项目人群覆盖率100%。作为苏北唯一地级市代表在全省计划工作会议上作交流发言。

爱国卫生

【概况】 2016年，淮安市以农村卫生改厕、基层卫生创建、健康教育与健康促进、病媒生物防制、城乡环境卫生整治为重点，开展爱国卫生运动。爱国卫生工作综合排名居全省前三、苏中苏北第一。涟水县高沟镇、淮安区施河镇建成国家卫生镇；金湖县通过国家卫生县城复审。涟水县建成江苏省卫生县城，全市实现省级卫生县城全覆盖；金湖县银涂镇等6个镇（乡）建成省卫生镇（乡），金湖县在全市率先实现省级卫生镇（乡）全覆盖。淮安区宋集乡等5个镇（乡）建成市级卫生镇（乡）。盱眙县穆店乡龙王山村等39个村建成省级卫生村，洪泽县高良涧镇三村等44个村建成市级卫生村。全市建成省级健康社区8个、健康单位10个、健康企业2个、健康促进金牌学校10个，印发健康读本13万册、健康挂历103万份。

【农村改厕】 2016年，淮安市认真贯彻落实《江苏省农村改厕工作管理办法》《农村无害化卫生户厕技术规范》，将农村改厕与城乡环境卫生整洁行动、生态城市创建相结合。全市19800座无害化卫生户厕和200座生态改厕工作任务，分解落实在金湖、盱眙、洪泽、淮安、淮阴5个县（区），24个镇（乡）60个村。至年底，完成改厕20032座，超额完成任务。金湖县、淮安区被省爱卫办评定为“江苏省农村改厕示范县（区）”。

【城乡生活饮用水安全卫生监测】 2016年，淮安市城区10座水厂全年监测不少于4次，每季度分别在市、县（区）卫生计生委网站公布监测结果；965座农村水厂全年监测不少于2次，实现枯、丰水期水质监测全覆盖。市疾病预防控制中心具备106项水质理化指标检测能力，各县（区）疾病预防控制中心具备42项水质常规理化指标检测能力；市经济开发区、工业园区、生态文旅区、苏淮高新区因检测能力不足，分别委托淮阴区、清江浦区（原清浦区）和淮安区疾病预防控制中心代为监测，城乡饮用水安全卫生监测完成全覆盖工作任务，达到国家、省规定要求。

【健康城市建设】 2016年，淮安市出席第七届世界健康城市联盟大会，撰写的《健康教育与健康促进行动的淮安实践》《淮安市百万城乡老人十项免费健康体检摘要》《助您好孕——免费孕前优生健康检查摘要》《家庭医生服务项目》等7篇论文入选大会论文汇编。年内，全市建成省级健康社区8个，健康单位10个，健康企业2个，健康村1个，健康促进金牌学校10个、银牌学校23个、铜牌学校19个。

【健康教育与健康促进】 2016年，淮安市组织开展全国第28个爱国卫生月和江苏省第20个健康教育宣传月活动。印制《中国公民健康素养66条》10万册，征订《江苏居民健康读本》3万本、《基本公共卫生服务健康教育入户挂历》103万份，分发到机关、企事业单位、城乡居民手中，全市健康资料入户率90%以上。市爱卫办与市电视台合作，每天晚上在三个频道的黄金时段播放“中国公民健康素养66条漫画”公益广告。金湖县省级健康促进示范县试点工作通过省考核评估，金湖县、淮安区完成国家和省健康素养监测点工作任务。

【公共场所控烟】 2016年，淮安市爱卫办联合开发区社会事业局，举办“第29个世界无烟日”宣传活动。市电视台、各县区媒体播放公益戒烟广告近万次。在省卫生计生委、省爱卫办、省疾控中心联合主办的“健康中国行——无烟生活”控烟主题知识竞赛活动中，全省有6个市、10个县区获优秀组织奖，淮安市及5个县区名列其中。

年内，根据省爱卫办《关于开展2016年江苏省公共场所控制吸烟专项监督检查工作的通知》，淮安市组织卫生、教育、公安、交通、文化、体育、食药监、旅游、机关事务管理局、爱卫办等10部门联合开展执法检查，检查单位700余家，下达整改意见书87份；印制3万本《控烟——健康教育核心信息》读本发放到机关、企事业单位。

【病媒生物防制】 2016年，淮安市印发《关于大力开展爱国卫生运动，做好春夏季传染病防控和全民灭鼠工作的通知》《淮安市病媒生物防制技术方案的通知》《关于开展夏秋季灭蚊灭蝇灭蟑活动的通知》《关于开展秋冬季全民灭鼠活动的通知》，统一部署安排全市病媒生物防制工作。根据《淮安市病媒生物防制技术方案》要求，开展病媒生物密度监测、消杀药物抗药性检测工作。坚持“政府组织、部门协作、属地管理、全民参与、社会监督”及“环境治理为主、药物消杀为辅”工作方针。全年整治重点场所1869处，清除四害孳生地98389处，新建毒饵站67595个，完善“四害”防制设施14215处，组织药物灭杀383次；购买灭蚊蝇药物7.8吨，灭鼠药物23.23吨，投入经费141.26万元，病媒生物密度有较大幅度下降。金湖、洪泽、涟水三县（区）通过省级病媒生物防制先进县（区）复审。

【空气污染对人群健康影响监测】 2016年，淮安市卫生计生委、环保局、教育局、气象局及爱卫办5个单位联合印发《2016年淮安市空气污染（雾霾）对人群健康影响监测工作实施方案》，市疾病预防控制中心两次对淮安区监测点进行督导，完成监测资料收集、PM2.5监测和成份分析、小学生及社区人群健康监测、2013–2015年监测数据补充上报等工作，为政府和职能部门科学控制、预防空气污染对人群健康伤害提供科学依据。

【信息化建设】 2016年，淮安市爱卫会网站全年发布爱国卫生工作信息172篇；对网民提出的意见和建议，均在7个工作日内反馈处理，无法办理的及时予以解释说明；网站建立信息发布审核和保密审查制度，确保发布信息真实性、准确性。省爱卫会网站全年用稿66篇，位居全省第一。通过省爱国卫生信息管理系统完成农村改厕、水质监测、卫生创建等数据直报，提高工作效率。　　（徐　峰）

卫生监督

【概况】 2016年，淮安市起草的《公共场所卫生管理规范》成为国家标准。全市有1件执法微课获得国家级奖项，14件微课和9篇卫生监督论文获得省表彰，数量全省第一。卫生行政处罚案件数全省前三，全年完成行政许可3000余件，开展打击非法行医等专项监督检查8次，查处无证行医72户次。督查公共场所卫生单位800余户，市卫生计生委获评2016年度平安市场创建先进单位，市卫生监督所许崇军获评江苏省首届十佳卫生监督员。

【卫生行政许可】 2016年，淮安市完成放射诊疗卫生许可证新发证3户、复核卫生许可证17户，变更6户次、注销1户；完成医师注册658人、医师变更664人、医师多点执业5人、医师执业注册其他情形38人；完成护士首次注册1211人、变更注册831人、延续注册960人、其他89人；开展医疗广告审核19户；麻醉药品、第一类精神药品购用印鉴卡延续18家、变更16家；完成省级卫生计生行政部门要求的5户卫生用品生产企业卫生许可证延续资料申请、受理、审查和现场审核；根据生产企业要求，对2户卫生用品生产企业现场生产布局指导；完成6户9个批件涉水产品生产企业生产能力审查和现场封样以及许可批件发放。

2016年，淮安市开展卫生法制宣传进社区活动　　夏天供图

【公共卫生监督】 2016年，淮安市对全市35个游泳场所开展监督检查，抽检池水72份；抽检各类场所集中空调通风系统12户；抽检各类场所顾客用品用具191份、空气质量138户；监督抽查各类场所255户，责令限期整改62户，立案查处3户，罚款金额2200元。

【学校卫生监督】 2016年，淮安市开展学校卫生、学校传染病及常见病防控、饮用水安全监督检查，检查学校248所，抽检学校饮用水水样88份，下达监督意见书138份，限期整改单位数79所，向教育部门通报单位数84所，对2所饮水抽检不合格学校给予行政警告处罚。

【医疗服务市场监管】 2016年，淮安市开展整顿医疗秩序、打击非法行医专项行动，查处、取缔无证行医72户次，移交司法机关6个，没收药品器械560箱（件），罚款金额43万元。开展医疗机构依法执业专项检查和集中整治“号贩子”和“网络医托”专项行动，开展县区基层医疗机构依法执业专项督查督导，检查各级各类医疗机构93家。开展预防接种专项检查，检查疾病预防控制机构10家，预防接种单位171家。开展传染病防治监督专项检查。开展计划生育行政执法专项督查，抽查全市15个基层计划生育指导站（服务站），抽查执法卷宗97份、执法卷宗对应执法人员资格194人、计划生育技术服务人员58人。开展放射诊疗监督检查，检查放射诊疗场所217个、放射工作人员健康体检及个人健康监护档案795人、放射设备395台。

【卫生监督处罚案件查办】 2016年，淮安市办理卫生监督处罚案件57件，罚没款总额23.57万元。其中，医疗服务类27件，占47%；公共场所类12件，占21%；消毒产品类4件；涉水产品类2件；放射职业卫生类11件；血液安全类1件。3月和9月，两次组织开展全市卫生处罚案件评查。

【卫生标准跟踪评价】 2016年，淮安市承担国家卫生计生委安排的《生活饮用水卫生标准》跟踪评价，以及省卫生计生委安排的食用油脂食品安全国家标准跟踪评价、医疗卫生机构传染病防治分类监督综合评价试点等多项试点工作任务。年内，在省卫生计生委召开的食品安全标准跟踪评价工作汇报会上，由淮安市卫生监督所承担的4项国家标准跟踪评价工作获“工作细致、扎实、到位”的好评。

【国家标准修改完善】 受国家卫生计生委委托，淮安市卫生监督所作为主起草单位，负责《公共场所卫生管理规范》等8项国家标准编写。2016年5月，国家卫生计生委公开征求意见，收集各类意见建议89条。淮安市组织编制人员对每条意见进行深入分析，通过查阅资料、研讨交流，对相关条款内容的科学性、合理性、实用性进行论证，最终采纳意见33条，对相关条款内容进行修改完善，对未采纳的意见均以书面方式说明理由。

【服务文明城市创建】 2016年，淮安市开展日常公共场所卫生监督检查和重点场所专项督查，服务全国文明城市创建。督查3065户次，下达卫生监督意见书500余份、核证提醒函150余份，督促整改问题500余户次。开展各项专项整治行动和严厉查处违法违规行为，突出公共场所重点对象、重点区域、重点时段、重点公共用品的监管，规范公共场所经营者行为，提高公共场所经营者自身卫生管理水平，提高业主卫生意识，改善卫生管理状况。 （夏　天）

11月7~8日，国家卫计委督导组对淮安市进行《中国预防与控制梅毒规划》中期评估 宗飞供图

疾病预防控制

【概况】 2016年，淮安市传染病总发病率315.33/10万，保持平稳可控状态。适龄儿童免疫规划疫苗整体接种率高于95%。建有预防接种点155个，其中数字化预防接种门诊114个，数字化达标率73.55%。高血压、Ⅱ型糖尿病规范管理率高于75%，户籍人口粗死亡率5.61‰，常住人口粗死亡率7.01‰。公共卫生监（检）测、职业卫生、健康教育工作等融入政府基本公共卫生服务体系，保持良性发展，以防病为核心、多元化公共卫生服务并举的疾病预防控制工作格局基本形成。截至年末，全市拥有市疾控中心1家、职工123人，县（区）疾控中心9家、职工297人，乡（镇）卫生院（防保所）145家、专职防保人员1105人，中级及以上技术职务人员分别占75.61%、47.47%、19.91%。

【传染病疫情报告与管理】 2016年，淮安市疾病预防控制系统落实《中华人民共和国传染病防治法》，实时开展法定传染病监测、预警、报告和管理，在二级以上医疗机构推行基于HIS系统传染病监测报告。全年无甲类传染病报告，报告乙类传染病发病率127.64/10万，同比下降4.69%，前五顺位病种依次为肺结核、乙肝、梅毒例、丙肝、淋病；报告丙类传染病发病率192.68/10万，同比上升84.54%。接收传染病自动预警信息636条，同比减少50.81%。报告3起流感样病例暴发疫情。

【急性传染病防制】 2016年，淮安市疾病预防控制系统采取措施，有效控制各类急性传染病。

呼吸道传染病　落实以接种流感疫苗为主的流感综合性防治措施，实施流感样病例、流感生态、禽流感监测，主动监测发热呼吸道预警病例728511例，其中发热呼吸道病4705例、发热肺炎624例，监测住院肺炎病例2951例，无传染性非典、流脑、百日咳、白喉病例报告。处置3起人感染H7N9禽流感疫情，落实流行病学调查、强化监测、溯源调查等措施，疫情无扩散。

肠道传染病　制订并落实霍乱防制工作计划，成立防制组织，下发2批防治消杀药品。4~10月，医疗机构肠道门诊实行疫情值班和腹泻就诊登记、检索、旬报告制度，登记腹泻26056例，总人口检索率1.86‰，外环境及腹泻病人样本未检出霍乱弧菌。对手足口病进行流行病学、病原学监测，采样和网络订正合格率100%，规范处置聚集性病例8起。

其他　应对寨卡病毒病，无疫情输入和传播。贯彻国家《狂犬病预防控制技术指南（2016版）》，流调4例狂犬病病例，市四院狂犬病暴露处置门诊建成。实施戊型肝炎、布氏病、发热伴血小板减少综合征、致病菌等专项监测。处置盱眙县河桥镇1起发热伴血小板减少综合症聚集性疫情，未发生密切接触者死亡及续发病例。首次举办人感染H7N9禽流感防控技能桌面推演竞赛。

【免疫规划】 2016年，淮安市接种及

查漏补种免疫规划疫苗110万余人次，卡介苗、百白破、糖丸、麻风及乙肝疫苗等5苗接种率、流脑与乙脑疫苗接种率、麻风及乙肝疫苗接种及时率均高于95%。调查处理疑似疫情170例，免疫规划相关疾病发病率低于国家、省规定指标。2015/2016年两轮脊灰强化免疫服苗14421人次，服苗率99.18%，报告急性弛缓性麻痹病例（AFP）21例。查验新入托入学儿童接种证98061人，补证881人，补种11946人。督导预防接种门诊290余次，市级督导覆盖率100%。推行异常反应补偿制度。儿童预防接种信息管理系统建卡约5万个，关联APP安装使用率高于50%。

【艾滋病防制】 2016年，淮安市落实《艾滋病防治条例》及对艾滋病人的"四免一关怀"政策，加大艾滋病宣传、发现、干预、管理力度。至年末，全市有筛查实验室59家（含9个疾控中心、8个市直医疗单位、19个县区级医疗单位、23个乡镇中心卫生院）、艾滋病检测点136个，检测HIV抗体661523人份，其中羁押人员3386人份、自愿咨询者6065人份，全人群检测率12%。检测CD+4T淋巴细胞1018人次、病毒载量410例。除洪泽区、金湖县外，其他县（区）抗病毒治疗转交至定点医院。完成艾滋病综合监测、男男性行为人群调查干预、耐药传播监测、自述不明原因传染病指示病例调查等工作。

【结核病防制】 2016年，淮安市"三位一体"结核病综合防治服务体系稳定运行，新登记活动性肺结核1986例，非结防机构疑似肺结核患者报告率100%，转诊率100%，患者追踪到位率93.22%，总体到位率97.21%，定点医院初诊患者查痰率高于95%，涟阳肺结核患者密切接触者筛查率100%；新登记活动性肺结核规范管理率100%，2015年登记病原学阳性肺结核患者治愈率86.42%。新发现耐多药肺结核20例，纳入治疗率85.71%，2014年纳入治疗耐多药患者成功治疗率66.67%。淮安市代表队在江苏省结核病临床技能竞赛上获团体一等奖。

【慢性非传染性疾病防制】 2016年，淮安市健全以死因网络直报、肿瘤发病死亡登记、心脑血管事件报告、慢性病危险因素监测为基础的全人群慢性病监测体系，加强数据分析和利用，发布居民病伤死亡原因分析报告和慢性病监测报告。淮阴区、洪泽区、涟水县、金湖县、盱眙县5个县（区）肿瘤登记数据被国家肿瘤登记中心年报收录。创新适宜技术，管理慢性病高风险人群，首诊测血压率高于95%；规范化管理高血压362267例、Ⅱ型糖尿病99368例，活动6次以上的慢性病自我管理小组覆盖20%以上的村（居委会）。强化慢性病健康教育与宣传，新建健康支持性环境30个，培训全民健康生活方式指导员1856人。慢性病综合防控示范区保持全覆盖，部分省级示范区启动创建国家级示范区工作。争取并实施高血压社区规范化管理、肿瘤随访登记、淮河流域癌症综合防治、食管癌早诊早治、心血管病高危人群早期筛查与综合干预项目等10个上级财政项目，专项资金667万元。

11月9日，淮安市人感染H7N9禽流感防控技能桌面推演活动举行
宗飞供图

【寄生虫病防制】 2016年，淮安市查螺3066万平方米，灭螺30.4万平方米，超额完成省下达任务，未发现新螺情；监测南水北调东线工程、血吸虫病潜在流行区，查治血吸虫病，处置输入性血吸虫病疫情1起，连续25年无本地感染病例报告。发现国外输入性疟疾41例，无本地疟疾病例报告，洪泽区、淮阴区和清江浦区通过市级消除疟疾达标考核，以县区为单位全面实现消除疟疾目标。监测食源性寄生虫病（肝吸虫、肺吸虫、淡水产品寄生虫、自来水"两虫"、弓形虫）、土源性线虫病、广州管圆线虫病感染情况，淮安区达到省肠道线虫病有效控制标准。

【地方病防制】 2016年，淮安市监测盐碘、水源性高碘地区病情、人群碘营养，居民户层次碘盐覆盖率99.63%、合格率99.08%、合格碘盐食用率98.71%、非碘盐率0.37%。组织淮安市首届青少年"科学补碘，保护智力，成就梦想"网络科普知识大赛。监测降氟、降砷改水工程，无超标现象。完成国家级碘缺乏病、氟中毒、砷中毒健康教育项目。

【消毒与媒介生物防制】 2016年，淮安市在全市范围内开展鼠、蚊、蝇、蟑螂的生态学监测及蜱本底调查，并在部分县区开展乙脑蚊媒监测、登革媒介蚊虫监测。监测市直7家医疗卫生单位、10家幼儿园消毒质量，开展"病房环境及鲍曼不动杆菌感染情况调查""江苏省医疗器械清洗情况调查"。

【健康教育】 2016年，淮安市通过巡讲、健康咨询、知识竞赛、播放短剧、发布文稿等多种手段实施健康素养干预，监测居民健康素养状况，健康素养评估学习系统使用人数保持全省前列，微信公众号、网站、手机客户端等新型媒体平台得到广泛运用。健康教育信息化程度稳步提高。学校健康教育、医院健康教育、无烟卫生单位长效管理等工作同步推进。立足基本公共卫生项目，巩固健康教育宣传阵地，印发健康教育入户资料（台历）103.7万份、健康教育处方52.9万份，征订《健康之窗》1783套、《江苏居民健康读本》7100本、健康教育系列光盘300套，县区自制宣传折页、手册、宣传画计1千多种137万余份，被中国健康教育网、江苏健康教育网录稿802篇。

【公共卫生】 2016年，淮安市疾病预防控制系统承担政府公共卫生监测任务，为社会提供各类公共卫生服务。

职业卫生　全市具有职业卫生服务资质单位8家。市疾控中心全年受理职业病咨询1200余人次，组织诊断8次，确诊职业病70例，职业性健康监护批量团检92户14381人次、危害因素检测11户次、场所检测8户次、健康体检各类从业人7322人次。监测重点职业病，开展职业病危害信息报告，全市无职业中毒突发公共卫生事件发生。

放射卫生　实施放射性疾病哨点监测、职业性放射性疾病监测与职业健康风险评估项目。X线放射防护检测评价55户次，放射诊疗项目职业危害控制效果放射防护评价7项。

食品卫生　合理膳食指导乡镇、社区覆盖率100%，监测食源性疾病、小龙虾及熟肉制品等食品安全风险，处置食物中毒事件3起。

环境卫生　监测城市、农村饮水水质，合格率分别为95.28%、89.24%，监测覆盖率100%，无突发饮水污染事件报告。专项调查农村环境卫生、空气对人群健康影响。

学校卫生　监测学生缺课、常见病、学校环境状况，实施口腔卫生项目。

【卫生检验】 2016年，淮安市疾病预防控制系统加强实验室网络建设，通过加大投入、严格质量管理以及参加各级各类培训、质控活动等手段，提高卫生检测能力，满足疾病预防控制工作需要。市疾控中心新购置原子吸收等4台大型仪器，通过江苏省质量技术监督局实验室资质认定及食品检测机构资质认定、国家认证认可委员会实验室认可现场评审，建成江苏省食品安全监测市级分中心。完成食品安全风险监测、流感病例监测、禽流感外环境监测、手足口病项目、腮腺炎病毒项目、应急处置等卫生检测任务。　（宗　飞　胡　伟）

医疗机构

·淮安市第一人民医院·

【概况】 淮安市第一人民医院，又名南京医科大学附属淮安第一医院，是一所大型三级甲等综合性医院，是卫生部指定国际紧急救援中心网络医院、淮安市第一红十字医院。2016年，医院完成门急诊总人次179.31万，出院人次8.8万，出院病人手术台次3.47万。有在职职工3104人，其中高级职称402人，中级职称787人，博士以上研究生66人，硕士研究生646人，博士生导师4人，硕士生导师150人。医院总资产21.71亿元、固定资产7.94亿元、净资产16.99亿元。拥有PET-CT、陀螺刀、3.0TMRI、双源CT、大平板DSA等万元以上设备1988台。建有7个省级临床重点专科、1个省级示范中医科、17个市级临床重点专科。年内，医院先后获“中国和谐医患先锋医院”等市级以上荣誉15项；通过等级医院复核评价、省文明单位复核检查、南医大附属医院评审。在香港艾力彼医院管理研究中心公布的“2015年中国地级城市医院综合竞争力”排名中，医院名列全国第53位。

【公立医院改革】 2016年，淮安市第一人民医院稳妥推进分级诊疗，与涟水县政府、英国信诺公司合作筹建一所综合性二级医院，与淮安肿瘤医院、宿迁康达医院组建医联体，与金湖县、涟水县等多家县区医院建立远程影像云平台，与14个社区服务中心实现双向转诊无缝对接，年双向转诊人次4.19万。主动适应医保改革，上线自费项目管控工程，成效显著，受邀在省医保年会上作经验交流。引入“互联网+”理念，省内首家成立“苏北慢病管理医院”，并实现国内首创慢病单病种管理路径，打造“疾病与健康管理”信息平台。推进“诊间结算”，开发完成微信和支付宝结算系统。医院“互联网+”管理服务工作受到认可，在全国改善医疗服务推进会上作经验交流。

【医疗学科建设】 2016年，淮安市第一人民医院围绕“学科建设，项目为王”的建设主题，逐科开展“学科建设推进会”，重点推进120个专科建设项目。先后完成疾病与健康管理中心、直线加速器机房等30余个基建项

3月30日，苏北慢性病医院在淮安第一人民医院揭牌　董迎春供图

目升级改造。挂牌成立甲状腺、胸痛等15个多学科合作诊疗中心及加速康复病房。先后在17个科室试点推行专病诊疗医师制。新增3个省重点专科、1个省重点专科建设单位。有6个专科入选中国医院科技影响力百强榜。国家消化病临床研究中心、中国肺癌防治联盟肺结节诊治中心等高层次协作项目先后落户。技术项目发展创历史新高，获批总经费375.5万元，其中省级以上技术项目6项、市级35项。三四级手术占比65.43%。

【医疗科研创新】 2016年，淮安市第一人民医院选派15名临床科主任赴美国约翰·霍普金斯大学交流学习。邀请美国哈佛大学医学院、加拿大西安大略大学等多批国外医学同行先后到院查房、讲学。新创成2个市重点实验室。2人获"六大人才高峰"C类资助，16人入选省“333”工程第五期培养对象。获批3项国家自然科学基金项目，其中青年基金项目2项，面上项目1项，实现淮安外科系统国家自然科学基金面上项目零的突破。发表SCI论文168篇，占论文总数的33.8%，在南京医科大学24所附属医院中排名第二。在英国《自然》杂志最新全球自然指数排名中，位列中国医院百强榜第98位。

【医院精益管理】 2016年，淮安市第一人民医院科学编制“十三五”发展规划。启用新绩效分配方案，实施“以工作量核算为基础，效益评价为手段，质量控制为依据”的综合绩效考核模式。推进信息化建设，成功上线资源计划等15个项目，其中自研项目8项，获得国家软件著作权2项，实现由学习、引进向自主研发迈进。医院电子病历功能应用水平分级基本达到5级。强化节能降耗管理，开发完成全省首家互联网供应商云平台系统，逐步推进物资耗材的可追溯、零库存管理。整合设备资源，对彩超、臭氧治疗仪、呼吸机、监护仪等设备进行合理调剂，推进共享管理。建立能耗分析与监控平台，医院水、电、汽消耗在服务量增长的情况下，不增反降。

【医疗服务】 2016年，淮安市第一人民医院严保质量安全，通过省平安医院检查。检验科成为淮安唯一获得ISO 15189质量认证的医学实验室。新开设介入放射、超声，延续护理等5个特色门诊。正式启用“检查预约中心”，实现超声、CT、MRI等检查项目一站式预约。试行单病种预约，实现对部分复诊病人中长期号源预约管理。启动“住一次院，掌握一项技能”主题活动，制定技能方法52项，提升患者疾病自我管理能力。

【医疗公益】 2016年，由淮安市第一人民医院医务人员为主体组建的第12期援圭亚那医疗队先后5次被中央电视台国际频道《华人世界》栏目专题报道。帮助新疆农七师医院创成三级甲等医院。完成援助陕西省兴平市医院任务，被表彰为“陕西省对口支援先进集体”。与6所县区医院签订对口支援协议，启动“专家万里行”授课行动，先后到宿迁市沭阳县、扬州市宝应县等地举办培训、讲座12次，培训人员2800余人次。年志愿服务总量28500小时·人次。“让唇腭裂患儿绽放自信微笑”项目先后获“省青年公益项目”大赛志愿服务类一等奖、“第三届中国青年志愿服务项目”大赛银奖。

【廉洁行医】 2016年，淮安市第一人民医院持续开展“药械回扣”“公务接待”等系列专项治理。实行药品、耗材使用量每月排名、超常预警、约谈供应商及经济处罚等措施，严控“药占比”“耗材比”，避免滋生腐败。与市纪委、市监察局共同发起成立“五德关爱基金”，将医院干部职工爱心捐赠和上缴的红包、“回扣”用于助学育人、扶弱济困，传播关爱。启动“满意云”信息系统，创新性通过手机APP客户端强化与患者沟通，并结合医院“962011”信息服务平台，做好满意度调查及投诉管理，实现提早介入和在线沟通。医院获评全省唯一“中国和谐医患先锋医院”。

【享受国务院政府特殊津贴专家孙晓阳】 孙晓阳，淮安市政协副主席，淮安市第一人民医院院长、主任医师，博士生导师，南京医科大学教授。2005年11月，孙晓阳就任淮安市第一人民医院院长。在他任内，淮安市一院创成全市首家三甲医院。医院服务能力提升，获评“全国百家群众满意医疗机构”“省医疗服务先进单位”，跻身“中国医疗机构公信力示范单位”百强榜第10名；学科建设成果丰硕，先后创成7个省级重点专科、1个国家级示范中医科，有6个专科跻身全国科技影响力百强榜，国家级肺癌防治联盟诊治中心等高层次技术协作项目相继落户；科技创新能力增强，建成国家级博士后工作站等多个高层次科研创新平台，在国家自然科学基金等省级以上科研项目和科技成果上实现重大突破，在英国《自然》杂志最新全球自然指数排名中，位列中国医院百强榜第98位；综合效益提高，获“全国五一劳动奖状”“全国文明单位”“全国改革创新奖”等荣誉，位列香港艾力彼中国地市级城市医院综合竞争力百强榜第53名。孙晓阳本人先后获“全国先进工作者”“中国医院服务改革创新人物奖”“江苏省五一劳动奖章”“江苏省先进工作者”“江苏省优秀院长”“江苏省有突出贡献的中青年专家”等称号。2016年，入选享受国务院政府特殊津贴专家名单。 （董迎春　张伟一）

·淮安市第二人民医院·
（江苏省淮安仁慈医院）

【概况】 淮安市第二人民医院是徐州医科大学附属淮安医院，是集医疗、教学、科研、预防、保健、康复、急救为一体的国家公立三级甲等综合性医院。2016年，医院总收入9.19亿元，增长9.96%，其中医疗收入增长7.88%；门急诊835279人次，增长2.06%；出院50077人次，增长5.06%；手术18707台次，增长1.77%；平均住院日9.96天，同比下降0.01天。年内，医院通过江苏省卫生计生委等级医院复核评价。

【重点专科建设】 2016年，淮安市第二人民医院以创建临床重点专科为抓手，推进学科建设。消化内科、内分泌科、肾内科、急诊医学科、血液内

2016年4月，淮安市二院开展第22届肿瘤防治义诊活动

二院信息中心供图

科被确定为省级临床重点专科，中医科被国家中医药管理局确定为“全国综合医院中医药工作示范单位”。至年末，医院有省级临床重点专科6个。呼吸内科、神经内科、老年科、耳鼻咽喉科、骨科、普外科、放疗科、重症医学科、检验科、肿瘤科被确定为市级临床重点专科。至年末，医院有市级临床重点专科10个，位居全市同级医院前列。完成眼底疾病科、儿童消化科的三级分科工作；整合资源，设立脑血管病中心及小儿外科。

【医疗科技成果】 2016年，淮安市第二人民医院副院长郑东辉再次获得国家自然科学基金面上项目，成为淮安市卫生系统唯一获得两项国家自然科学基金面上项目的专家。年内，医院获得江苏省卫生计生委新技术引进奖二等奖5项；获得淮海科技奖一等奖1项、二等奖3项、三等奖1项；获得淮安市科技进步奖8项，其中二等奖3项；获得淮安市自然科学论文奖一等奖2项。有22项护理新技术获得国家实用新型专利。

【医疗新技术】 2016年，淮安市第二人民医院陆续开展人工耳蜗植入、“烟囱”技术治疗复杂主动脉夹层、CAR-T治疗血液系统恶性肿瘤、DBS技术治疗帕金森氏病、脊柱侧凸和后凸畸形的矫形手术、3D打印术等一系列影响重大的新技术。脑外科采用选择性脊神经后根切断术+肌张力调整术治疗脑瘫，眼科开展生物角膜移植，甲乳科开展乳腺癌一期乳房再造等项目，均为淮安首例，苏北地区领先。

【医疗联合体建设】 2016年，淮安市第二人民医院先后与淮安市第四人民医院、盱眙县人民医院、涟水县人民医院组建以技术为纽带、资源共享、同质管理、独立核算的半紧密型医院集团。举办淮安市二院医疗集团成立六周年暨集团续签仪式，新加盟清安医院、泗阳同济医院、蒋庵中心卫生院、刘老庄卫生院、唐集中心卫生院、车桥中心卫生院等，至年末，医疗集团有成员单位30家。与淮安市残联共建残疾人康复中心，开展残疾预防、建立残疾人健康档案及制定相应康复计划，打造一流康复医学中心。

【推进分级诊疗】 2016年，淮安市第二人民医院通过专家坐诊、人才培养、双向转诊共享医疗资源。全年集团内转诊病人2361人次，同比增长16%。与15家基层医疗机构建立影像远程会诊，常态化开展远程影像会诊。24家社区卫生服务中心新开检查直通车，全年医疗集团检查直通车人次1981人次，检查总费用59.6万余元。加强慢病管理，开展心血管病高危人群早期筛查与综合干预项目，筛查高危人员3000人，完成率100%。举办消化道癌早诊早治项目中国行—淮安站及消化科省继续教育项目，完成上消化道肿瘤筛查2000人次。

【医疗服务能力建设】 2016年，淮安市第二人民医院简化、优化门诊服务流程。增加种植牙、帕金森病、甲乳外科、肝胆外科、胃肠外科和儿童消化专家门诊，增开小儿外科专病门诊。启动中药协定处方。在儿科诊区增设母婴哺乳室。开展101%优质服务竞赛，实现服务问题“零投诉、零差错、零事故”。每月对行风软环境进行检查和通报，全年42人被约谈，8人被问责，39人因被投诉或违纪被扣发个人绩效奖金。患者满意度96.47%。

【医疗信息化建设】 2016年，淮安市第二人民医院自主研发“医疗质量考评、手术科室考评”等系统，为临床节约大量时间。全面上线BS架构门诊医生工作站和门诊电子病历系统，提高诊疗效率。上马医保监控软件，监控医保费用使用。进行传染病管理、慢病管理、食源性疾病管理及双向转诊软件建设。实施“医银通”项目，奠定智慧医院基础。加强基础设施建设，耗资2200余万元采购史赛克胸腔镜、3D头架和人工膜肺等设备。投资517万元完成婴儿洗浴中心、病区彩超、乳腺检查室、名中医传承工作室等项目改造。

【医疗援助】 2016年，淮安市第二人民医院有5名队员参加中国（江苏）第十二期援圭亚那医疗队。先后派出6名医疗技术骨干参与支援新疆建设发展，1名医师被评为新疆伊犁州卫生援疆优秀工作者，2名医师被评为伊犁州卫生援疆优秀专家。

（市二院信息中心）

·淮安市第三人民医院·

【概况】 淮安市第三人民医院是一所以特色专科为主的国家三级专科医院，是苏北地区精神、神经疾病治疗、康复、预防、鉴定及心理咨询的权威机构。2016年，医院完成业务收入1.67亿元，同比增加1800万元，增幅12.2%；门诊总诊疗99632人次，同比增加2181人次，增幅2.24%。医院被授予“国家级公共机构节能示范单位”“江苏省文明单位”等称号。

【精神科日间病房开设】 2016年，淮安市第三人民医院设立精神科日间病房，挂牌清河区阳光康复中心。每天有30余名精神残疾患者常住日间病房，减轻社会和家庭压力。加强重性

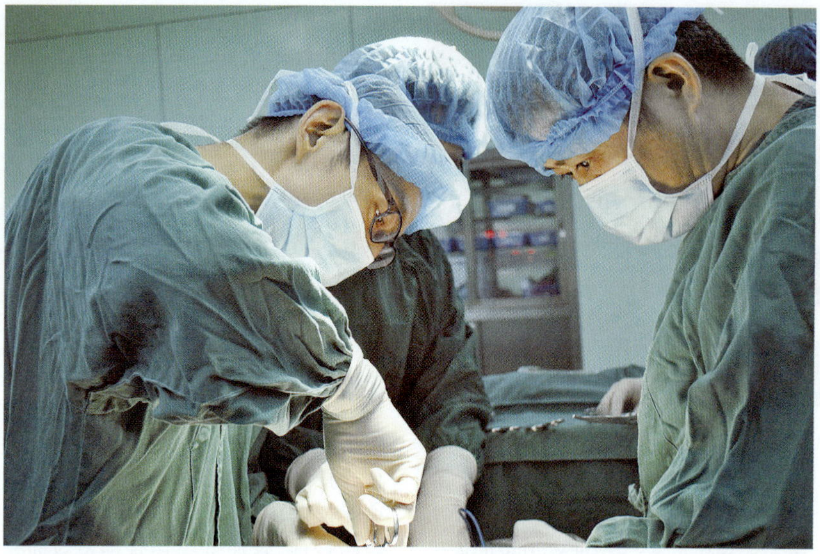

2016年，市四院与南京二院建立外科业务合作关系，定期邀请南京二院副院长、肝胆外科专家易永祥到院手术　　陈士新供图

精神障碍管理，全年录入严重精神障碍患者1005人次，培训县区专业人员270余人次。在全省同类医院中首家开设精神专科护理门诊，为患者提供院前院后精神康复指导。

【医院服务】 2016年，淮安市第三人民医院上线全功能微信掌上医院，患者可通过医院微信公众号实现预约挂号、就诊查询、在线挂号、门诊缴费、排队提醒、检查报告查询等网上服务。完善门诊自助服务终端，实现医保卡、银行卡等自助挂号、缴费、查询、报告打印功能。正式上线运行医院协同办公系统，推进医院内部信息与办公无纸化。开发全院短信平台，实现检验危急值短信预警功能。

【医疗水平】 2016年，淮安市第三人民医院新修订《临床及医技科室医疗质量考核与持续改进方案》，更新和完善医疗规章制度56条，并严格执行与督查。年内，在江苏省精神科医疗质控中心举办的优秀病历竞赛中，该医院医生获一等奖1名，优胜奖1名。在淮安市第八届二、三级医院急救技能竞赛中，获个人二等奖2个、个人三等奖1个，团体获三等奖。

【医院科研】 2016年，淮安市第三人民医院"指纹识别技术在住院精神障碍患者身份识别中的应用研究"获江苏省医学新技术引进二等奖。神经科"奥卡西平治疗学龄期癫痫患儿的安全性及依从性研究"（含4个子项目）获市级科研立项。1项科研成果通过市卫生计生委科技进步奖初评。

【应急救护培训】 2016年，淮安市第三人民医院对医技人员和行政、后勤、药学部人员进行应急救护理论培训，并组织急救技能操作竞赛，提高全院职工防灾避险意识和自救互救技能。医院应急救护培训覆盖率90%。11月22日，成功抢救一名呼吸心跳骤停患者。

【平安医院创建】 2016年，淮安市第三人民医院开展各项平安医院创建工作，并分解下发目标任务。全年查出各类平安创建问题46条，均提出整改意见并全面落实。医院在医疗护理、安保消防方面持续保持平安状态。

【三级甲等医院创建】 2016年，淮安市第三人民医院积极创建三级甲等医院，以三级甲等专科医院的标准规范各项工作。以强化组织领导、层层落实责任、严格督导考核、狠抓整改落实、注重持续改进为五大工作举措，全员参与、全力以赴，等级医院创建工作取得成效。至年末，医院有取得资质内审员32名，基本涵盖所有院领导及职能部门负责人。开展形式多样的理论培训及心肺复苏、手卫生等技能大练兵活动，做到全员参培，人人达标。举办两期涵盖所有职能部门及科室的持续改进案例竞讲会，并将案例择优编印成持续改进案例集，提升管理水平。（李谷娟）

·淮安市第四人民医院·

【概况】 淮安市第四人民医院为苏北地区首家获批的三级乙等传染病专科医院。2016年，医院业务收入首次过亿，门急诊就诊人次同比增加15.61%，出院人次同比下降1.96%，药占比同比下降5.24个百分点。医院肝癌微创治疗中心被中华全国总工会、国家安全监管总局评为全国"安康杯"竞赛优胜班组，结核科获评"省级青年文明号"。

【重点专科打造】 2016年，淮安市第四人民医院肝病科和检验科被确定为市级临床重点专科。至年底，肝病科开放床位258张，病员主要覆盖苏北、苏中地区；科室除常规开展诊疗项目外，探索和开展疑难、少见肝病的临床诊治，"肝岛型肝窦阻塞综合征1例""对多重核苷类耐药且合并阿德福韦酯相关的低血磷性骨软化症的乙肝肝硬化患者的再救治1例"代表江苏省参加"全国肝脏疑难与经典病例交流会"，分获"最具人气奖"第一名和第三名。检验科为徐州医学院硕士研究生培养点、淮安市肝炎病毒分子病毒学重点实验室，有检验项目300多项。

【医护质量管理】 2016年，淮安市第四人民医院严抓医疗规范化管理和医疗核心制度落实，深化优质护理服务内涵。医院获市第八届二、三级医院急救技能竞赛团体二等奖；选派队员参加省结核病临床技能竞赛，获得团体一等奖。与市第二人民医院建立医疗联合体，提高综合救治能力；与南京第二人民医院联手打造肝胆外科，做强做大肝病科。患者满意度超过95%，全年无医患纠纷。

【医疗科研创新】 2016年，淮安市第四人民医院发表SCI论文10篇，核心期刊发表23篇。获第五届淮海科学技术三等奖1项，市新技术引进一等奖1项、二等奖2项。获批市科技局立项课题1项、中国肝炎防治基金会肝病研究基金课题1项。国家“十二五”重大传染病防治科技重大专项顺利结题。委托培养博士生1名，新增省“333”人才工程培养对象1名，省青年医学人才1名。（陈士新）

·淮安市妇幼保健院·

【概况】 淮安市妇幼保健院是淮安地区唯一的三级甲等妇幼保健机构，承担淮安市及周边地区妇幼保健、医疗、科研、教学和新技术推广工作。2016年，医院门急诊量801246人次，同比增加3.96%；出院病人27842人次，增加11.5%；分娩11755人次，增加21.04%；手术16443人次，增加21.29%；出院患者平均住院日7.27天，同比减少0.19天；药占比由上年的28.98%降至24.72%，全市最低；业务收入44496.32万元，增幅23.85%。年内，医院再次入列全国妇幼保健机构地市级30强。市计划生育宣传指导所整体并入，增挂“市妇幼保健计划生育服务中心”牌子。

【妇幼保健服务】 2016年，淮安市孕产妇死亡率3.66/10万，婴儿死亡率3.24‰，5岁以下儿童死亡率4.75‰，出生缺陷发生率3.31‰，住院分娩率100%，低出生体重发生率1.3%，0–6个月婴儿纯母乳喂养率81.8％，5岁以下儿童生长迟缓率0.26％，5岁以下儿童贫血患病率2.85%，均达到“十三五”规划阶段目标。全面完成重大妇幼卫生项目任务，农村孕产妇住院分娩补助、农村妇女补服叶酸任务完成率116.1%，全市宫颈癌、乳腺癌“两癌”筛查任务完成率分别为144.18%、146.71%，艾滋病、梅毒和乙肝母婴传播阻断随访水平明显提高。规范出生医学证明管理、托幼机构卫生保健管理，对全市24家托幼机构卫生保健合格单位进行复核评估。举办各类妇幼保健培训班10期，培训2241人次。对6个县（区）8家医疗机构申报的危重孕产妇救治中心及危重新生儿救治中心进行现场考核验收。

【医院专科建设】 2016年，淮安市妇幼保健院小儿外科成功创成省级临床重点专科，为全省妇幼系统小儿外科第一家。成为中国妇幼保健协会表彰的全国首批、全省唯一妇幼保健机构“产科管理服务新模式”优秀项目单位。建成首批省级新生儿危急重症救治中心，省残联三级康复医疗机构、省残联残疾儿童康复人才实训基地、中法盆底防治与生殖整复技术合作中心。申报的国家新兴产业重大工程包项目“淮安市基因检测技术应用示范中心”获国家发展改革委批准。入选中国人口福利基金会、联合国人口基金会等联合评选的全国首批青年长效可逆避孕方（LARC）促进公益计划试点医院。

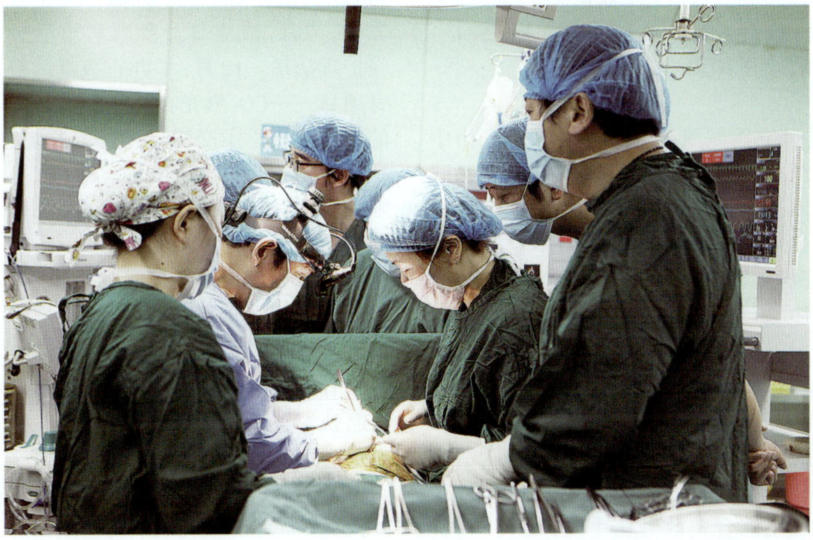

2016年，市妇幼保健院成功实施苏北首台腋下小切口不停跳小儿先心病手术 院办供图

【医疗技术】 2016年，淮安市妇幼保健院准入新技术、新项目56项。开展国内首次腹腔镜下应用弹性牵拉带暴露肝门协助治疗小儿胆道闭锁；再次成功抢救1例羊水栓塞产妇。利用球囊封堵术联合剖宫产术治疗凶险性前置胎盘30余例。水中分娩数全省第一；全市首家开展伊氏架治疗肢体不等长手术，成功“接骨”延长7.78公分，增高长度苏北地区居首；开展3D腹腔镜在妇科手术中应用，妇科四级手术率同比增加47.17%；成功救治680克新生儿1名，体重为历史最低；成功实施甲状腺癌切除术11例。

【医疗科研】 2016年，淮安市妇幼保健院获市科技进步奖一等奖1项，实现院史上零的突破。获省卫生计生委新技术引进一等奖1项，省妇幼保健新技术引进二等奖2项，市医学新技术引进一等奖3项、二等奖4项，3人获省妇幼保健资助项目、1人获省妇幼保健协会科研资助项目；中标1项国家卫生计生委医药卫生科技发展研究中心课题；1人获“江苏省有突出贡献的中青年专家”称号，5人入选省第五期“333高层次人才培养工程”第三层次培养对象。

【医疗卫生改革】 2016年，淮安市妇幼保健院平稳、按时完成969种药品零差价销售，降低收费检查项目72项，调整医疗服务项目433项。与全市9家妇幼保健院（所）组建“淮安市妇幼保健院集团”，与淮阴区妇幼保健院合作共建紧密型医联体。加盟“江苏省妇幼保健院集团”，与上海市儿童医院、省中西医结合医院、台湾“中华”卫生医疗协会及脑性麻痹协会等签订战略合作协议。

【医疗合作】 12月28日，上海市儿童医院与淮安市妇幼保健院举行战略合作协议签约仪式，市妇幼保健院挂牌“上海市儿童医院淮安地区技术合作医院”，建立淮安市妇幼保健院“苏北地区小儿胸心外科危重症疾病诊疗中心”。签约结束后，在上海市儿童医院胸心外科专家的帮助下，淮安市妇幼保健院成功为一名患儿实施腋下小切口不停跳先天性心脏病手术。

（市妇幼保健院）

·淮安市中医院·

【概况】 淮安市中医院是全市唯一一所非营利性国家三级甲等中医医院，是江苏省中医院“战略联盟医院”、上海龙华医院“姐妹医院”和“程氏针灸”临床研究基地，是淮安市中医药研究所、淮安市肛肠病诊疗中心。2016年，医院编制床位550张、实际开放床位460张，开设病区11个；有职工540多人，其中博士5人、硕士70人，省市院名中医24人，中级以上职称200多人，市级学术技术带头人、有突出贡献中青年专家、省“333”重点人才、市“533”英才工程培养对象等20多人。开设临床科室22个，其中国家级中医重点临床专科1个、江苏省中医重点临床专科3个、市级中医重点临床专科8个。配有64排螺旋CT、核磁共振、DSA、高压氧舱、中药浓缩提取机等先进医疗装备及中医特色诊疗设备200多台（套）。年内，医院正式创成“南京中医药大学附属淮安医院”和“江苏省中医药研究院淮安临床研究基地”；与全市6家二级医院，16家社区卫生服务中心、乡镇卫生院共建“医疗集团”和“医联体”。全年完成门（急）诊201312人次，出院病人9468人次，施行大中型手术3030例；中药饮片使用2024.34万元，同比增长11.85%；实现业务收入15084.18万元，同比增长9.54%。

【医院基础设施建设】 2016年，淮安市中医院“临床教学综合楼”主体结构封顶，完成管线预埋和部分设备安装准备工作，强化新大楼中医药特色和便捷服务，在一、二楼建立中医养生保健康复中心。添置更新全自动生化分析仪、有创呼吸机、心电监护仪、全自动中药配方机等急需医疗设备，满足临床诊疗需求。

【医疗学科建设】 2016年，淮安市中医院心血管科、肾病科通过终期评审，正式成为省级中医重点临床专科。肺病科、内分泌科、肿瘤科、耳鼻咽喉科、妇产科、针灸（推拿）科、骨伤科、脾胃病科等8个学科建成市级中医临床重点专科。举办第六届中华医药五千年“六大名家”传人峰会暨中医院发展高层论坛、第五届中医药科技周、第七届膏方养生节。开展国家级继续教育项目1项、省级继续教育项目2项。开展程氏针灸“三才进针法”、肛肠科PPH及TST手术、生物反馈治疗、胰岛素泵、连续性肾脏替代治疗（CRRT）、消化道呼吸道疾病镜下治疗、肿瘤内照射及热灌注治疗、“调周法”治疗妇女不孕不育症、活血利水法治疗充血性心力衰竭、小针刀疗法等新技术、新项目10多项。

【医学人才与科研工作】 2016年，淮安市中医院引进省中医院心内科专家担任心血管科主任，引进硕士以上和紧缺型人才13人。5人被评为“淮安市名中医”，1个省级“学术传承工作室”通过省中医药局终期验收，新建省级“学术传承工作室”1个。2名省名中医被推荐为“全国名中医”人选。1人被评为“第二批江苏省优秀中青年中医临床人才”。全年申报省第五期“333工程”科研项目、省医学科技奖、省中医药科学技术奖、省卫生计生委科研、市医学新技术引进奖、市科技进步奖等各级各类课题20项，在研课题22项，获得科研经费资助的省级课题3项、市级课题3项。全院在各类学术期刊上发表论文49篇，其中SCI1篇，北大图书馆中文核心2篇，统计源10篇。

【公立医院改革】 2016年，淮安市中医院与市内22家医疗单位共建医联体（医疗集团），完成所有科室与各成员单位的对接工作。20多位副主任医师以上的专家参与基层卫生机构坐诊、查房、手术，320多人次。指导基层卫生机构中医馆建设6个。举办中医护理操作实践观摩会和理论研讨会3次。与集团成员单位共同举办中药方剂知识竞赛1次，开展中医适宜技术培训20次，实现院内制剂共享。运用综合绩效考核手段，加大“药材占比”、抗菌药物使用、医疗服务质量考核，清理减少高值耗材厂家、规格等，强化对不合理使用高值耗材的管控，规范高值耗材使用。全年“药占比”36.15%，同比下降5.63个百分点，住院患者抗菌药物平均使用率39.9%，较上年下降2.45个百分点。

【公益服务】 2016年，淮安市中医院针灸科副主任胡勇参加赴圭亚那医疗队，为该国总理及夫人进行中医保健治疗，受到该国总统接见。年内，医院走进“淮中”等名校送医赠药，到乡镇、学校、企业、社区等举办义诊、讲座100多场次，发放宣传材料近万份，现场为5000多位患者提供针灸、刮痧、耳穴埋籽等中医药特色医疗服务。全年收到表扬信18封、锦旗26面，退还“红包”11500元。（白海连）

·淮安市第一人民医院一分院·
（淮安市耳鼻咽喉医院）

【概况】 2016年，淮安市第一人民医院一分院总诊疗13.8万人次，出院病人5637人次，业务收入1.03亿元。

【耳鼻咽喉专科建设】 2016年，淮安市第一人民医院一分院实施耳鼻咽喉科三级分科，夯实专科市级龙头地位。市第一人民医院（简称“总院”）院长孙晓阳三次到医院召开耳鼻咽喉科发展调研会及业务发展计划落实汇报会。4月，耳鼻咽喉科划分亚专科鼻咽喉科、耳咽喉科，明确专业主攻方向。7月，成立耳鼻咽喉科重症加强护理病房。12月，举办省级继续教育项目——CO_2激光在耳鼻咽喉科中的临床应用学术交流会，淮安、盐城、宿迁等地区200余人参加。年内，鼻咽喉科引进美国科医人医疗公司CO_2激光系统，成功开展喉癌切除术、喉气管狭窄成形术等系列微创手术；耳咽喉科开展电子耳蜗植入术、咽鼓管球囊扩张术、颈动脉体瘤切除术、颈静脉孔区肿瘤切除术、面神经减压术等新技术、新项目多项。

【基础设施建设】 2016年，淮安市第一人民医院一分院完成病房楼屋面防水、体检中心及血透室、耳鼻咽喉科重症加强护理病房病房改造工程，粉刷门诊、病房楼内等处墙体3000平方米，清理病房楼后面、污水处理站周围等多个卫生死角，移除扬絮白杨近百棵。11月，完成社区楼东侧墙体改造工程，根治七病区、十病区东侧大房间渗雨、墙面脱落等问题。年内，规范采购呼吸机、血凝仪、生物安全柜、自动粪便分析仪、高清摄像系统、鼻内镜及动力系统等医疗设备。

【社区医疗】 2016年，淮安市第一人民医院一分院扩大社区服务半径，丰富社区卫生服务内涵。与清江浦区武墩镇、黄码乡卫生院继续建立大型检查项目合作关系，开发清江浦区城南乡卫生院放射检查转诊项目。以建立居民健康档案为切入点，深入居民家中开展社区卫生服务。全年更新健康档案1.97万份，慢病随访1.04万次，为65岁以上老年人及幼儿免费体检2000余人次，收治家庭病床129人次，周边社区城镇居民医保定点8399人，定点率56.23%。组织医疗专家到周边厂区、学校开展健康教育讲座15次、义诊13场次，受惠群众万余人。协助社区排查重型易肇事肇祸精神病患者6人，为淮阴卷烟厂、江苏淮阴华新集团、淮安市第一中学举办的大型活动提供医疗保障。

【医疗安全与教育】 2016年，淮安市第一人民医院一分院开展安全教育，构筑安全防线。先后开展"医疗纠纷防范—典型案例分析""医疗知情谈话与沟通""病历书写法律问题"等5场医疗安全专题培训。医务科先后两次深入临床一线，开展"医疗纠纷防范与处置"讲座，增强医务人员安全意识。完善医疗不良事件管理，持续跟踪督查每一例不良事件进展，召开不良事件分析暨安全会议2场次，梳理、分析、总结不良事件32例，全院共享警示案例，避免同类问题再次发生。

【医护服务】 2016年，淮安市第一人民医院一分院按照"医疗服务人性化"的要求，推行全程、全员优质服务。制订高风险评估量表口袋版，编制、推广使用深静脉血栓、自理能力评估、管道滑脱等临床工作量表7个，完善输血标本采集、术后首次下床活动、进食前试饮水等流程3个。落实优质护理，实现"一专科一特色"，内分泌科完善糖尿病健康教育途径，骨科建立工作坊指导病人正确使用拐杖，耳鼻咽喉科指导患者鼻腔冲洗及为气管切开患者提供自我护理宣传册等。举办冠心病健康教育现场会、肾友联谊会、联合国糖尿病日宣传活动，建立喉癌出院病人微信群等。推进"服务零距离，爱传千万家"家访活动，先后8次组织医务人员走访80位出院患者，上门为患者提供测量血压、血糖、简单体检、术后肢体功能恢复、锻炼和保健指导等医疗服务。

【医疗卫生行风建设】 2016年，淮安市第一人民医院一分院贯彻落实《医疗机构从业人员行为规范》《加强医疗卫生行风建设"九不准"》《医疗机构内部价格管理暂行规定》要求，加强职业道德和行业作风建设。开展药品器械回扣专项治理活动，加强重点部门、重点岗位、重点人群的职业道德、法律法规教育，加大对违规违纪人员惩治力度，约谈药品、耗材等主要指标异常责任人，给予提醒警示，端正行业作风。

11月14日，市一院一分院举办第100期糖尿病之友俱乐部联谊会

易乐供图

【与总院信息系统接轨】 2016年，淮安市第一人民医院一分院推进与总院信息系统全面接轨，在专科发展、信息建设、医院管理等方面与总院实行同质化、一体化管理。4月，耳鼻咽喉科LIS（医院检验科实验室信息管理系统）上线，畅通总院—分院检验科的专检功能；11月，PACS（影像归档和通信系统）实现总院—分院联线运行，缓解分院放射科诊断医生缺乏状况；12月，职能部门OA（办公自动化）上线，开启总院—分院管理信息同步化进程。（易　乐）

淮安市医学会

【学术交流】 2016年，淮安市医学会组织召开各类学术年会、学术论坛、研讨会、城市会、进展学习班、检验读片会等各类学术交流活动64场次。完成国家级、省级继续教育项目5个。分别是心脏外科国际论坛、神经外科国际论坛、南京医科大学金陵论坛、苏北地区血液病学术会议、苏北地区风湿病论坛、苏北五市消化论坛、淮安肝胆胰外科高峰论坛、江苏省口腔正畸诊疗指南和操作规范化培训"环省行"（淮安站）等。邀请国内外医学专家150余人次到淮安市讲学，7000余人次医务人员参加学术活动，各专科分会交流论文520篇。组织召开专科分会主委会或全委会20余次。

【公益培训】 2016年，淮安市医学会重点实施"糖尿病基层医师培训项目""红动基层医疗骨干培训项目"。"糖尿病基层医师培训项目"为市科协择优资助项目，分县区培训316名乡镇糖尿病基层医师，每名糖尿病基层医师接受3场次24课时的糖尿病诊治知识培训，淮安市在全省率先实现全市乡镇"糖医"培训全覆盖。"红动基层医疗骨干培训项目"针对"强基层"要求，按照贴近基层、适应需求的目标，重点针对心血管疾病、内分泌疾病、消化道疾病等基层常见疾

病，邀请市级知名专家对基层医疗机构业务人员予以培训，每县区半天培训3个以上专题，培训涟水县、洪泽县、淮安区、盱眙县、金湖县500多名乡镇医生。开展江苏省医学会送教到基层消化道早癌诊治培训涟水站、金湖站、淮安站培训活动，开展基层医疗骨干及医学影像基层医师培训、“共铸中国心脑心同治走基层”义诊。慢病（络病）防治中国行走进金湖公益培训、胰岛素类似物城市巡回讲学等活动。开展3场次基层业务培训活动，培训医务人员1200余名。

【医疗鉴定】 2016年，淮安市医学会规范受理、组织医疗事故鉴定、医疗损害鉴定，接待各类医疗争议咨询来电、来访，把好鉴定前、鉴定中、鉴定后各个环节关口。耐心听讲、耐心解释，规范鉴定程序，提高医鉴质量，保证鉴定工作公平公正公开，并开展鉴定前中后全过程调解，缓解医患矛盾。强化鉴定专家管理，增强责任意识，动态管理专家库。

【科普宣传】 11月12日，淮安市医学会承办2016年联合国糖尿病日“蓝光行动”。该次活动由中华医学会糖尿病学分会、江苏省医学会糖尿病分会和淮安市卫生计生委联合主办，淮安市医学会承办，活动在中国南北地理分界线标志园举行。国家卫生计生委、中华医学会糖尿病学分、江苏省卫生计生委、淮安市卫生计生委等单位的相关人员出席活动。《健康报》《生命时报》、江苏教育频道《健康进万家》、淮安电视台、《淮安日报》《淮海晚报》等新闻媒体予以报道。年内，结合“爱耳日”“爱眼日”等，市医学会组织开展送医下乡、免费义诊、健康宣传、科普讲座进校园等各项公益活动。

【期刊网讯】 2016年，淮安市医学会出刊《淮安临床医学》6期，每期印刷800本，免费发送至全市各医疗机构，在全国地方医学期刊协作网评比中，再次被评为全国地方医学优秀期刊。建好门户网站，发布各类信息150余篇，宣传重要政策、活动及会员单位工作信息。出刊《淮安市医学会会讯》12期，刊出信息200余篇。

【评优推荐】 2016年，淮安市医学会向省医学会推荐28个专科分会35名医学专家进入省医学会相关专科分会，上报市科协科技创新智库人才51名。评选推荐申报江苏省医学科技奖6项，获省三等奖1项；评选推荐申报淮海科技创新成果奖42项，获一等奖1项、二等奖8项、三等奖6项、人才奖1项，在苏北五市位居前列。评选推荐申报淮安市第十六届自然科学优秀学术论文48篇，完成市级医学专业组评审等工作，获一等奖3项、二等奖11、三等奖16项。 （陈　跃）

11月12日，2016联合国糖尿病日江苏蓝光行动现场　　陈跃供图

体　育

综　述

【公共体育服务体系示范区建设】 2016年，淮安市提升公共体育服务能力，原清浦区、金湖县、涟水县创成第三批省公共体育服务体系示范区。至年底，全市所有县区均创建成省级公共体育服务示范区。

【教体融合】 2016年，淮安市完善教体融合体系建设，全市421所布点学校开展教育、体育融合工作。在市八运会中小学生部比赛中，有209支队伍4000余人参加。年内，79名优秀体育运动员通过教体融合平台，充实到各业余训练运动队中。

【校园足球建设】 2016年，淮安市加强校园足球建设，建立以县区为单位、校园足球优秀布点学校为基础的校园足球精英赛和重点学校对抗赛等新型赛事，吸引全市55支足球队1284名中小学生参与。15所校园足球布点学校被评为“全国青少年校园足球特色学校”，形成以特色学校为塔尖、布点学校为基石的校园足球联动发展模式。5所中小学获省体育局和省教育厅审批，扶持建设江苏省首批青少年校园笼式足球场地，提升淮安市青少年校园足球场地多元化建设力度。

【体育产业】 2016年，淮安市体育产业发展总体水平特别是体育用品制造业、赛事运作、场馆多元化经营、体育彩票销售市场占有率等位居全省前列。年内，组织申报体育产业扶持资金，全年获省级体育产业专项资金270万元，国家和省申请大型体育场馆免费低收费开放管理补助资金595万元。培育发展区域特色体育产业项目，淮安区施河镇被命名为江苏省首批体育健康特色小镇；金湖县银涂镇和淮安区施河现代教育装备产业园创建为省级体育产业基地；江苏共创人造草坪有限公司申报为2016年江苏省十佳体育用品企业；淮安市乐仕堡

淮安市第八届运动会开幕式表演 黄丽供图

健身会所有限公司申报为2016年江苏省十佳健身会所。体育彩票销量7.2亿，市场份额64.5%，居全省第一。（黄 丽）

群众体育

【概况】2016年，淮安市政府印发《淮安市全民健身实施计划（2016-2020年）》，明确“十三五”期间全民健身工作的发展目标、重点任务和实施路径。全市21个大型公共体育场馆（市级6个、县区15个）逐步向社会免费或低收费开放。推广基层群众欢迎的体育设施，建设笼式足球场4个、拼装式游泳池1个，社区基本实现全民健身站“二室一场一路径”（乒乓球室、棋牌室，篮球场或其他球场，一条10件体育设施以上的健身路径）覆盖。开展科学健身大讲堂系列活动，广泛普及科学健身知识和健身方法。全市登记注册的体育类社会组织有330个。

【全民健身活动】2016年，淮安市打造全民健身品牌活动。全市举办大型群体活动1000多项次，近百万人次参加。举办第九届万人自行车环市行活动、2016第二届环白马湖自行车赛、“全民健身日”——健步走、“夏夜大舞台”等系列活动。

【全民健身工程】2016年，淮安市继续打造城市社区“十分钟体育健身圈”，全市新建健身路径40套，新建健身步道58公里。将乡镇全民健身工程列入“市政府为民办十件实事”，加大农村乡镇多功能运动场和行政村农民健身工程建设力度，缩小城乡体育设施差距，推进公共体育服务城乡均等化。全年投资1712万元，完成30个乡镇多功能运动场建设。

【社会体育指导】2016年，淮安市举办二级社会体育指导员培训班7期，培训500余人次，举办省一线指导员再培训班5期培训近600人。新建成3155个晨晚练站点、11个体质测试与运动健身指导站，完成体质测定2.5万人次。至年底，全市有市级体育协会38个、民办非企业单位28个，有县级体育社团198个。

【社会体育服务】2016年，淮安市优化政府购买社会体育服务工作方案，全年购买群众体育赛事活动18项，涉及足球、篮球、乒乓球、羽毛球、健身气功等方面。

【市首届水上运动会】7月31日，淮安市举办首届水上运动会。全市300多名游泳爱好者参加比赛，运动会分为儿童甲、乙组，成人甲、乙组，成人4×100米接力和家庭泳池接力赛6个项目。（黄 丽）

竞技体育

【概况】2016年，淮安市竞技体育发展迅速。全年派出625名运动员参加24个大项、496个小项金牌的角逐，获得金牌62枚、奖牌132枚，总分1492.5分。在第31届奥运会上，淮安市培养输送的3名运动员入选里约奥运会中国体育代表团，是淮安运动员参加境外奥运会人数最多的一次，获银牌1枚、铜牌1枚。全年向省优秀运动队输送运动员23人，新进省体校25人，至年底，有75人在省体校训练学习。12月，经国家高水平后备人才基地专家组检查，淮安体校被正式命名为“国家重点高水平体育后备人才基地”。年内，有4项国际级体育赛事、3项国家级体育赛事、7项省级体育赛事在淮安市举办。

5月15日，淮安金湖国际半程马拉松队员们在雨中起跑 黄丽供图

【2016国际智力运动联盟智力运动精英赛】 2月25日～3月3日，2016国际智力运动联盟智力运动精英赛在淮安市举行。64个国家和地区的300多名选手参赛。《中国体育报》开设“智英赛”专版，连续8天8版跟踪宣传，相关网页转载百万余条。比赛期间，淮安草根文化“掼蛋”作为表演项目，首次与围棋、象棋、桥牌等五大智力运动项目同登国际赛场，组委会专门为淮安掼蛋冠军举行升国旗奏国歌仪式。《淮安掼蛋竞赛规则》通过国家体育总局棋管中心、省体育局审定后正式印发，首部“淮安掼蛋国标”诞生，并被译成英文版。淮安市人民政府与国家体育总局棋管中心、省体育局和国际智力运动联盟共同签署四方备忘录，通过战略性合作，未来将淮安打造成“世界智力运动之城”，有望实现首个国际赛事组织（中国总部）落户淮安。

【2016中国淮安·丝绸之路户外运动挑战赛】 10月29日，2016中国淮安·丝绸之路户外运动挑战赛在淮安市“里运河文化长廊”风光带举行。比赛由联合国海陆丝绸之路城市联盟项目办公室、江苏省体育局与淮安市政府主办。国内外近200名选手和6000多名淮安市民，参加跑步、自行车、皮划艇等比赛项目。

8月7日，淮安市全民健身日千人健步走活动举行　　黄丽供图

【第11届“春兰杯”世界职业围棋锦标赛】 12月20日，第11届“春兰杯”世界职业围棋锦标赛在淮安市开赛。该届赛事由国家体育棋牌管理中心、春兰集团主办，淮安市人民政府承办。8位世界级围棋高手争夺决赛入场券和冠亚军对阵权。

【全市第一场国际马拉松比赛】 5月15日，淮安第一场国际马拉松——金湖农商行2016淮安金湖国际半程马拉松赛举行。肯尼亚等国家的特邀运动员和全国各地的马拉松爱好者11888人参加比赛。

【2016中国·淮安第二届环白马湖自行车赛】 5月22日，2016中国淮安第二届环白马湖自行车赛举行。该次赛事由淮安市人民政府主办，淮安市白马湖规划建设管理办公室、淮安市体育局承办，中国自行车运动协会和江苏省自行车运动协会予以支持。江苏、河北、安徽、上海等省市37家俱乐部的300多名优秀自行车选手以及法国、新西兰、马来西亚、新加坡等国家的选手参加比赛。比赛分为男子公路、男子山地和女子公路、女子山地四个组别进行。

8月13日，2016年江苏省乒乓球球王城市争霸赛淮安赛区开赛　　黄丽供图

【洪泽县举办6000人掼蛋比赛】 6月11日，洪泽县举办6000人掼蛋比赛，县镇村数十个赛场、赛点同时开赛，创下现场参赛规模最大记录，成为中国掼蛋之最。大世界吉尼斯总部派员现场认证，并颁发证书。

【涟水县举办国际公路自行车邀请赛】 10月23日，“今世缘·国缘”杯涟水国际公路自行车邀请赛暨环太湖国际公路自行车业余俱乐部赛资格赛举办。比赛设置精英大组赛、大众骑行赛和精英绕圈赛3个类别，美国、澳大利亚以及中国香港、澳门、台湾等10余个国家和地区的22支代表队、近200名运动员参加比赛。　（黄　丽）

社会保障

SHEHUI BAOZHANG

（潘铸亚　摄）

社会保险

劳动就业

城镇困难群众帮扶

农村扶贫开发

残疾人事业

红十字会工作

住房公积金

保障性住房建设

社会保险

【概况】2016年，淮安市五项社会保险征缴总额82.43亿元，其中征缴基本养老保险费50.82亿元、医疗保险费26.5亿元、工伤保险费1.36亿元、生育保险费1.09亿元、失业保险费2.64亿元。全市参加企业养老保险职工人数90.27万人。参加工伤保险51.66万人，比上年增加0.5万人；生育保险50万人，增加3.13万人；失业保险人数64.3万人，增加1.1万人。参加城镇职工基本医疗保险81.42万人，城镇居民基本医疗保险参保人数80.92万人。参加农村养老保险人数126.32万人，参保率99.48%。全市共支付27.78万名企业离退休人员养老金60.7亿元，全年征缴养老保险费48.16亿元，组织14.78万名企业退休人员第四轮免费体检。

【社保基金"四方联网"征管机制】2016年，淮安市继续推进实施社保基金"四方联网"（市人力资源和社会保障部门、市地税局、市财政局、市审计局创建社保费四方联网征管监控）。强化监督手段，增强监督能力，确保社保基金安全完整。市直书面稽核参保职工16.39万人，实地稽核参保职工3.7万人，查出少缴漏缴社会保险费897万元，基金到账率98%。

【市直保险费征缴】2016年，面对经济下行压力不断增大以及社保费率下调的形势，淮安市加强社会保险扩面、清欠、稽核力度，全面推进社会保险征缴业务标准化建设和信息系统一体化建设，完成各项社保费征缴任务。市直征缴五项社会保险费22.91亿元，超额完成全年征缴目标，较上年增长4.77%。其中，企业职工基本养老保险费征缴13.33亿元，完成年度目标的109.61%，增收0.55亿元，增幅4.32%；基本医疗保险费征缴7.87亿元，增收0.72亿元，增幅9.96%；工伤保险费0.43亿元；生育保险费0.35亿元；失业保险费征缴9411万元，完成年度目标的117.64%。

【企业养老保险】2016年，淮安市参加企业养老保险职工人数90.27万人，比上年增加1.37万人，其中农民工参保人数6.74万人，个体灵活就业人员参保人数37.18万人。企业养老保险征缴总金额50.83亿元，比上年增加3.76亿元。至年底，全市企业养老保险基金余额47.98亿元。围绕推进供给侧改革，主动降低社保费率、暂缓上调社保缴费基数，全年为企业降低成本2.05亿元。

【企业退休人员基本养老待遇落实】2016年，淮安市建立养老保险发放责任制，强化年度收支预算，帮助省重点困难县（区）争取补助资金，确保养老保险待遇落实到位。退休人员养老金100%按时足额发放，全年为27.78万名企业离退休人员按时足额发放养老金52.4亿元，未发生一起养老金拖欠事件。按照国家、省部署要求，企业退休人员基本养老金调整8.72%，全市企业退休人员月人均养老金1933.43元。

【城镇医疗保险最高支付限额】2016年，淮安市城镇职工基本医疗保险最高支付限额31万元，31万元以上部分由职工补充医疗保险（即大病医疗救助）支付且上不封顶，城镇居民医疗保险自负部分超过1.5万元的进入大病保险，大病保险赔付不设最高支付限额。

【新型农村合作医疗】2016年，淮安市新型农村合作医疗实现应保尽保，全年新农合政策补偿比76.53%，最高支付限额22万元。同时利用新农合基金购买农村居民大病保险，参合人因患大病发生的高额医疗费用，经新农合医疗保险补偿后，由大病医疗保险对个人负担合规医疗费用超过12000元的部分再给予不低于50%的补偿，补偿额度暂不设封顶线。

【社保便民服务】2016年，淮安市推动社保基层平台建设提档升级，提升"15分钟人社基本公共服务圈"运行质量。推进"智慧人社"建设，统一的社会保障卡持卡人数314.4万，社会保障卡公共服务项目开通率86.7%。"12333"呼入总量25.3万次，服务满意度99.4%。跨省异地就医实现联网结算，打通密切联系服务群众最后一公里。市人力资源和社会保障综合服务窗口办结各类服务事项49万余件，群众满意率99%，10次被评为全市政务服务优胜窗口，72人次被评为服务明星和优胜个人。（翟　翰）

劳动就业

【概况】2016年，淮安市城镇新增就业7.78万人，再就业4.32万人，就业困难人员就业6508人，截至年底，城镇登记失业率1.87%。新增农村劳动力转移2.26万人。淮安外出务工人员91.45万人。完成城乡劳动者职业技能培训2.78万人次，其中城乡新成长劳动力职业技能培训1.35万人；创业培训2.31万人，大学生创业模拟实训5000余人，援疆创业培训103人；发放创业担保贷款1.65亿元；扶持农村劳动力自主创业4992人，引领大学生创业1326人。新增江苏顺丰电子商务大学生创业园、江苏淮阴软件园创业孵化基地等4家省级创业示范基地，全市省级创业示范基地达到10个，吸纳入驻企业超过400家，带动就业5000人以上。

【企业职工最低工资新标准】自2016年1月1日起，淮安市执行新的企业职工最低工资标准：市直、清江浦区、淮安经济技术开发区1600元/月；淮安区、淮阴区、洪泽区、涟水县、盱眙县、金湖县1400元/月。

【创业专项行动】2016年，淮安市启动省级"创业型街道（乡镇）、社区（村）和园区"创建，年内建设成创业型街道（乡镇）11个、创业型社区（村）118个、创业型园区1个。实施大学生创业引领、农村创业富民、城镇失业人员创业促进、留学回国人员创新创业等"四项计划"，推进农民工等重点群体创业带动全民创业。开展创业普训"进社区、进乡村、进校园"行动，将城镇登记失业人员、农村转移就业劳动者、城乡未继续升学的应届初高中毕业生等“四类人员”纳入培训补贴，完善面向人人、城乡一体的普惠性培训补贴政策。实施“巾帼家政服务专项培训工程”，计划到2020年为有意愿或已经在家政服务行业就业创业的城乡女性提供一次免费培训。

【农村电商创业】 2016年，淮安市做好“扶持农村电商创业促进农民增收”专题调研，出台《淮安市网络创业认定和扶持操作办法》《口径解释和补充规定》。首次将网络创业纳入补贴范围，推进创业扶持政策向农民和电商覆盖，实现城乡一体。经认定登记注册的城乡网络创业商户享受与实体经济同等创业扶持政策。实施“互联网+”培训工程助力全市“双创周”系列活动，开通“淮安创业网”和“淮安创业”公众微信号，完善“自助机+手机”平台，提升“线上+线下”服务，开发城乡创业者信息管理系统。

【创业载体建设】 2016年，淮安市打造众创载体，优先发展返乡农民工创业园、乡土创业园和众创空间等新型创业孵化平台。全市开展省、市级“优秀创业项目”遴选和“创业示范基地”评选，全市推荐认定“省级创业示范基地”4个、“省级大学生优秀创业项目”28个、“市级创业孵化基地”13个以及“市级优秀创业项目”32个。在所有行政村设立“基层就业创业服务平台”，创业服务网络向农村和社区延伸，公共就业创业服务基本实现全覆盖。

【城乡创业服务】 2016年，淮安市对农民创业申请担保贷款取消户籍限制，无需反担保，在基准利率基础上上浮3个百分点以内的贷款按规定予以贴息，最快3日内发放到位；将大学生创办科技类、文化创意类企业贷款最高额度提高到300万元。累计为包括返乡农民工在内城乡各类创业者兑现初始创业补贴、创业租金补贴、担保贷款贴息等资金850.9万元。举办“全市大学生村官创业大赛”和“中国创翼”全国青年创新创业大赛淮安分区赛等创业主题活动，培育农民创业典型。开辟“创富商学院—创业大讲堂”“淮海晚报—创富周刊”“创业走进直播间”等服务项目，首次在市政府门户网站开辟“服务大众创业、助推万众创新”专栏，形成覆盖农民工的创业服务网络。

【惠民惠企就业政策】 2016年，淮安市贯彻落实新一轮促进就业政策，出台市区社保补贴、岗位补贴实施细则等若干操作办法。全面推行享受就业扶持政策人员实名制管理，确保政策到人、资金到位。落实社会保险及岗位补贴资金3700余万元，受惠就业困难人员9800多人，其中90%以上为灵活就业人员。通过减低失业保险费率，直接为企业减负7500余万元，累计向1412家企业发放稳岗补贴7014万元，惠及企业职工16.79万人。

【就业信息化服务】 2016年，淮安市通过信息化建设提升“线上线下”同步经办能力，实现“互联网+”与就业创业深度融合，让更多的人“足不出户”享受就业创业服务。就业APP上线运行，基本涵盖所有面向个人的业务，引导求职者进行登记，主动推送岗位信息。完善“O2O”(线上线下电子商务)同步市场，每周开设大学生、就业困难人员等线上招聘专场，提高招聘成功率。有线上会员单位4677家，个人会员8.91万人，累计成功求职4.8万人次，降低企业招工成本。

【劳动人事争议一体化调处机制】 2016年，淮安市人力资源和社会保障局、中级法院、总工会、经济和信息化委员会等部门在全国首创劳动人事争议一体化调处机制，实行劳动人事争议“调、裁、审”一条龙式办理，有效解决争议处理程序繁、周期长、调解率低等问题。全市劳动人事争议案件调解结案率从2010年末的58.9%上升至2016年末的90.2%，初步实现“案结、事了、人和”目标。

【劳动技能培训】 2016年，淮安市弘扬“工匠精神”，强化技能人才培养，3名选手获全省技能大赛三等奖。在省家政服务技能大赛获得总分第四的历史最好成绩。举办第三届淮安技能状元大赛，采取以赛代评方式，32人获技师证书、1人获高级技师证书。全年开展职业技能鉴定5.58万人次，核发职业资格证书5.11万人次，组织全国、全省职业资格统一鉴定2615人次，新增高技能人才1.25万人。

【劳动保障监察】 截至2016年底，淮安市有劳动保障监察中队45个，配备专职和兼职监察员和协理员443人，劳动保障监察网格化覆盖率100%；劳动保障监察信息系统入库用人单位16652户，网络化覆盖率100%。

(翟　翰)

城镇困难群众帮扶

【基本民生保障】 2016年，淮安市建立村(居)“救急难”信息员网络，构建“救急难”主动发现的长效机制。开发建设“淮安阳光大救助平台”，实现救助职能部门信息共享，拓宽群众求助渠道。全年实施医疗救助22.5万人(次)、12166.7万元。规范临时救助程序，全年实施临时救助13361户(次)、1181.1万元。开展“5·12防灾减灾日”活动，创成9个全国综合减灾示范社区。农村农房自然灾害保险实现全覆盖。

【城乡低保标准提升】 2016年，淮安市城乡低保标准分别提高至每人每月520元、400元，到年底全市有在保对象68058户、140106人，全年发放低保金36292.31万元，人均补差分别为282.84元、202.12元。规范城乡低保季度审核程序，采集图片资料，加强城乡低保动态管理，相关做法被《省社会救助省级部门联席会议情况通报》专题推广介绍。 (汤　荣)

【困难群体就业帮扶】 2016年，淮安市做好高校毕业生、下岗失业人员等重点群体的就业帮扶工作。全市124户“零就业”家庭动态清零，帮扶近200人实现就业再就业。累计实名调查登记离校未就业高校毕业生7459人，其中省内毕业生6754人、省外705人，实现两个100%的工作目标。年

春节期间慰问环卫工人　　曹军辉供图

末，离校未就业高校毕业生总体就业率96.5%，高于省目标4.5个百分点。

【困难职工帮扶】 2016年，淮安市各级工会安排送温暖资金3000多万元，慰问困难企业56个，慰问困难职工6520户、困难劳模456户。市县两级工会为1010名特困职工、15150人次困难职工解决就医、购药减免优惠，救助钱款1430多万元。推进职工医疗互助保障，累计入会职工21.32万人，救助患病会员4953人次，发放救助金1386.42万元。市总工会和市人力资源和社会保障部门联合开展小额贷款业务，对符合条件的创业职工给予2万元~10万元贴息贷款，鼓励有创业能力的下岗失业人员及农民工等就业困难群体自主创业。（许　盼）

农村扶贫开发

【概况】 2016年，淮安市实施各类农村帮扶项目771个，投入各类帮扶资金7.6亿元。截至年底，全市农村建档立卡低收入人口14.14万人，实现人均可支配收入6000元以上，44个省、市定经济薄弱村集体经济收入达到18万元以上，渠北、涟沭结合部、西南岗等重点片区整体帮扶规划全面完成。片区关键性工程确定并启动实施，刘老庄片区启动实施新一轮关键性工程，进一步巩固脱贫成果，黄花塘革命老区"点穴式"重点帮扶全面展开，淮阴区、淮安区、涟水县等三个重点县区逐步建立缓解相对贫困的长效机制。

【低收入农户脱贫】 2016年，淮安市在全面做好建档立卡精准识别工作的基础上，突出因户制宜、因人制宜，继续推行三大类10种模式、36种方式的菜单式扶贫经验，对有劳动能力的低收入农户，由帮扶责任人帮助制定产业帮扶计划，宜农则农、宜工则工、宜商则商，并帮助他们解决好资金、项目、技能等方面问题。对因病、因残、因学致贫低收入农户，健全医疗和教育保障体系。针对无劳动能力低收入人口，统筹落实低保政策，逐步实行农村低保标准与脱贫标准相衔接，低保线与扶贫线"两线合一"，实现全面社会保障兜底。

【经济薄弱村扶持】 2016年，淮安市坚持因地制宜、多元支撑，做好"三资增值""实业兴村""服务创收"工作，扶持经济薄弱村发展。指导省定经济薄弱村实施土地股份合作社试点项目和有效利用、提供服务、物业管理、混合经营等增收项目。安排1000万元财政扶贫专项资金支持63个村实施产业增收项目，扶持15个市定经济薄弱村，每村扶持30万元资金用于发展村集体经济。发挥市级帮扶单位帮扶作用，扶持经济薄弱村实施产业发展、基础设施和民生事业项目。

【重点片区扶贫开发】 2016年，淮安市涟水县涟西革命老区纳入涟沭结合部片区，涟水县佃湖荡低洼圩区新纳入渠北片区，盱眙河西片区纳入西南岗片区，淮安区的渠北片区继续保留。淮阴区的刘老庄片区退出后，继续享受帮扶政策。盱眙县黄花塘革命老区获得省委、省政府"点穴式"重点帮扶。围绕片区急需解决的突出问题，谋划实施新的关键工程，加快推进安全饮水、交通出行、农田水利、电力通信等基础设施建设，改善农民生产生活条件，增强对经济社会发展的支撑能力。按照"区域发展带动扶贫开发，扶贫开发促进区域发展"基本思路，坚持新型工业化、信息化、城镇化、农业现代化同步发展要求，根据片区自身条件、产业基础和农民意愿，因地制宜规划产业项目，通过农村一二三产业融合互动推动片区发展、农民增收。（刘昊宇）

残疾人事业

【概况】 截至2016年底，淮安市有残疾人33.35万，占全市总人口6.26%，涉及家庭人口100万。全市在市、县（区）、乡（镇、街道）三级全部建立残联，村（居）成立残疾人协会。全市有残疾人就业服务机构8个，其中市级1个，清江浦区、淮阴区、淮安区、洪泽区、涟水县、盱眙县、金湖县7个县（区）各1个，公办、民办残疾人康复服务机构25家。有公办残疾人托养服务托养机构8个，其中市级1个，7个县（区）各1个。乡镇原有的托养机构重新整合为"残疾人之家"。

【重度残疾人救助标准提高】 2016年，淮安市对家庭人均收入在低保标准200%以内的一户多残、依老养残等特殊困难家庭中的残疾人，按照城乡低保标准100%发放生活救助金，高于省定标准。重度残疾人补贴标准随低保标准同步提高，由上年的城镇每人每月490元、农村每人每月370元，提高到城镇每人每月520元、农村每人每月400元。

【残疾人辅助性就业】 2016年，淮安市依托社区残疾人康复点、日间照料中心等，创建“残疾人之家”，打造辅助性就业新平台。年内，完成建设并投入运行37家。全年帮助1149名残疾人实现辅助性就业。通过定期举办招聘会等形式，累计帮助1069名残疾人实现就业再就业，培训残疾人1068人次，1166名残疾人实现脱贫。

【残疾人康复救助】 2016年，淮安市为每名0~14岁残疾儿童增加2个月救助经费，全年投入资金2500多万元用于残疾儿童康复救助。市残联与市第二人民医院合作，成立淮安市残疾人康复中心，开展肢体(脑瘫)儿童康复工作。新增3家康复机构，实现残疾儿童康复机构县区全覆盖、残疾儿童康复救助全覆盖。举办全市教育康复技能选拔，选派35名一线优秀康复教师，代表淮安市参加全省教育康复技能比赛，取得听力语言康复类一等奖、二等奖各1名，孤独症康复类优秀奖1名，比赛成绩在全省排名第一。依托市残疾人辅具器具服务中心，精准服务辅具器具适配工作，全年为近6000名残疾人提供辅具适配服务。全年完成假肢、矫形器安装120例、白内障免费手术1098例、贫困精神病患者免费服药3847人。

【残疾人文体生活】 2016年，淮安市坚持面向基层发展残疾人文体事业，推动图书馆等公共服务设施免费向残疾人开放，充实图书馆、基层图书室内盲人读物。参加第九届全省残疾人文艺汇演，选拔运动员备战、参加全省残疾人田径锦标赛和游泳锦标赛。在全省残疾青少年游泳锦标赛上，淮安市获得18枚金牌、10枚银牌、7枚铜牌，团体总分295分，奖牌总数和团体总分均位列第一。

【残疾人合法权益维护】 2016年，淮安市举办残疾人工作维权干部培训班，提高相关工作人员的履职水平。开展法律咨询活动，引导广大残疾人合理维权。拓宽残疾人维权渠道，在助残日期间，开通“12385”服务热线，并与市政府“12345”热线实现并联，实现“一个号码对外，一通电话解决问题”。

【残疾人组织管理】 2016年，淮安市规范残疾人动态管理流程，出台《关于进一步加强残疾人证管理工作的意见》，成立残疾等级评定工作领导小组，建立由360多名专家组成的淮安市残疾等级评定工作专家库，负责全市残疾等级评定、指导、督查和复核。建立涵盖残联、卫生、民政等多部门的残疾人数据共享机制，优化残疾人证管理。建立健全社区公示、逐级复评、定期抽查、上门服务、承诺时限、适当激励六项制度，在规范程序基础上精简办理流程，解决群众办证难问题。在全市开展残疾人证清理，加强残疾人证规范管理。 (孙振羽)

红十字会工作

【概况】 2016年，淮安市红十字会系统开展各类慈善募捐活动，募集善款750.53万元(含盐城风灾募捐)，物资折币10.8万元。投入资金342.28万元，物资折合39.85万元，用于开展形式多样的博爱救助活动，受益困难家庭1.14万户。淮安市遗体捐献者纪念园于2016年3月竣工落成。完成省政府为民办实事项目“公益性应急救护百万培训”任务，推动救护培训进机关、进企业、进社区、进学校。全市完成救护培训67517人次，培训救护员7818人，普及培训59699人次。参加全省应急救护技能竞赛，获团体三等奖。

【募捐筹资】 2016年，淮安市红十字会组织开展“人道万人捐”活动，收到捐款458.71万元，其中市本级51.08万元。6月23日，江苏省阜宁县、射阳县部分地区遭受超强龙卷风冰雹袭击，造成重大损失，市红十字会紧急从备灾救助金账户拨付20万元赈灾款至盐城市红十字会，用于救助受灾群众。6月24日下午，市委书记姚晓东、市长惠建林等领导带头，市级机关干部积极响应，第一时间向灾区人民踊跃捐款、奉献爱心。同时向社会发布捐款倡议书和捐赠账号，各级红十字会接收募捐款物134.32万元，全部汇往盐城市红十字会用于灾区救灾和灾后重建。

【社会救助】 2016年，淮安市红十字会系统开展人道救助活动。元旦、春节期间，向省红十字会争取救助款物29.44万元，本级配套155.13万元，全市各级红十字会拨发救助款物184.57万元，组织开展“红十字博爱送万家”“三下乡”和“三进三帮”等各类救助活动，受益困难家庭6732户。全年争取中国红基会“小天使”“天使阳光”救助款24万元，救助9名白血病、先心病患儿。市红十字会开展临时救助活动，向县区发放大病救助款14万元。组织助困品牌“红十字博爱超市”开业9次，救助294名特困群众，救助物资7.35万元；启动助医品牌“红十字健康快车”，为1500多名群众免费提供诊疗、咨询服务，发放健康处方和常用药品。

【造血干细胞捐献】 2016年，淮安市红十字会采集血样710人份，再动员127人次，高分辨27人次，体检13人次，成功捐献造血干细胞4例。全市成功捐献者合计31人。

【遗体器官捐献】 2016年，淮安市红十字会接受遗体捐献登记16人、器官捐献2例，角膜捐献6例。3月31日，举办“淮安市遗体捐献者纪念园”落成仪式暨清明缅怀追思活动，省红十字会、市政府领导共同为纪念园揭牌，百余名医务工作者、机关干部、红十字志愿者和登记捐献遗体器官志愿者代表参加活动。

【学校红十字工作】 2016年，淮安市红十字会实施省红十字“博爱青春”暑期志愿服务项目，淮安市高校有16个项目入选2016年度省、市“博爱青春”志愿服务项目，其中2个入选省级项目。市红十字会、文明办、卫生计生委等七家单位联合召开驻淮高校红十字会2016年博爱青春项目启动工作会议。暑假期间，8所驻淮高校的16支红十字志愿者服务队1200余名大学生，奔赴全市各地为群众开展各类志愿服务，主题鲜明、内容突出、分布面广，受益人数1.3万人。在省“博爱青春”项目展示会上，江苏食品药品职业技术学院实施的“城乡博爱情”项目被评为优秀项目。全年全市新创建省级红十字示范学校8所，市级红十字示范学校7所。

【对口援建】 2016年，按照省红十字会“十三五”期间对口西部援建工作要求，淮安市红十字会对口援建新疆农七师（奎屯市）。通过与农七师卫生局联系了解当地情况，并结合自身实际，给予对口支援地10万元资金资助，帮助开展红十字“博爱项目”建设。

【中国红十字总会领导到淮安调研】 2016年6月，中国红十字总会党组成员、副会长王汝鹏一行在省红十字会领导陪同下到淮安市调研，淮安市副市长、市红十字会会长王红红全程参与接待。调研组重点查看基层社区红十字服务站，仔细了解救助品牌“红十字博爱超市”物资的来源方式和运营情况，视察红十字示范学校创建情况。调研组对淮安市基层社区红十字组织和红十字示范学校创建、红十字救助品牌社会成效给予充分肯定。

（刘　卉）

住房公积金

【概况】 2016年，淮安市住房公积金开户单位5143家、开户职工47.08万人，缴存43.03亿元、同比增长23.79%；新增住房公积金开户单位676家、新增开户职工7.21万人，净增单位618家、净增职工3.50万人。住房公积金缴存职工按单位性质，国家机关和事业单位占41.33%、国有企业占16.61%、城镇集体企业占1.28%、外商投资企业占14.27%、城镇私营企业及其他城镇企业占24.33%、民办非企业单位和社会团体占1.51%、其他占0.67%。至年末，全市住房公积金缴存总额251.99亿元、缴存余额93.91亿元。全市提取住房公积金29.97亿元，占当年住房公积金缴存额的69.65%，比上年同期增加1.4个百分点。其中，住房消费提取占85.45%（购买、建造、翻建、大修自住住房占29.33%、偿还购房贷款本息占56.09%、租赁住房占50.03%），账户销户提取占13.42%（退休提取占11.93%、完全丧失劳动能力并与单位终止劳动关系提取占0.37%、不在本市继续工作户口迁出本市和出境定居提取占1.12%），家庭特困提取占1.13%。全年全市发放住房公积金个人住房贷款1.02万笔、31.47亿元，同比分别增长16.11%、25.49%，回收个人住房贷款14.88亿元。截至2016年底，全市住房公积金运用率104.34%，同比增加3.66个百分点，住房公积金个人贷款率104.24%，同比增加3.69个百分点。

【缴存政策】 2016年，淮安市住房公积金管理委员会依据《住房公积金管理条例》规定，调整住房公积金缴存基数。住房公积金缴存基数为职工本人2015年工资总额除以12，工资总额按照国家统计局规定列入工资总额统计的项目计算，主要包括计时工资、计件工资、奖金、津贴补贴、加班加点工资、特殊情况下支付的工资。住房公积金缴存基数最高不超过市统计部门公布的上一年度职工月平均工资的3倍，最低不低于2015年市人社部门规定的职工最低社会保险费缴费基数。国家机关、事业单位单位和职工个人住房公积金缴存比例仍各为12%；各类企业和其他单位单位和职工个人住房公积金缴存比例仍各为8%～12%。

【住房公积金贷款及提取】 2016年，淮安市住房公积金管理部门为1.02万户家庭发放住房公积金贷款31.47亿元，支持职工改善居住面积112.09万平方米，带动商品房住宅销售60.83亿元。支持职工改善居住条件，购买住房提取住房公积金不分套数、直系亲属共同购买拥有产权住房不分次数，推行委托提取住房公积金偿还贷款业务，全市住房消费提取住房公积金25.61亿元，占提取总额的85.45%。至年底，全市住房公积金个人贷款余额占全市商品住房个人贷款余额的13.87%。个人住房贷款发放额、住房消费提取额的总和与当年缴存额的比率为132.71%，比上年同期增加3.32个百分点。

【个人贷款额度】 2016年，淮安市住房公积金个人贷款额度按照借款人的住房公积金账户存储余额、偿还贷款能力、购建住房价款，依据下列标准计算确定：贷款额度不超过申请贷款时住房公积金账户余额的15倍；贷款额度不超过购买、建造、大修自住住房应付房价款的80%；贷款额度不超过市住房公积金管理委员会规定的最高额度（夫妻双方连续、足额缴存住房公积金的为60万元；一方未缴或停缴3个月以上的为30万元）。

【账户年度结息】 2016年，淮安市有46.74万名职工住房公积金账户参加结息，共结付职工住房公积金账户利息1.2亿元。根据《住房公积金管理条例》规定，住房公积金自存入职工住房公积金账户之日起计息，每年6月30日为住房公积金结息日。

【住房公积金精细管理】 2016年，淮安市住房公积金管理部门参与住房和城乡建设部《住房公积金信息技术导则》课题研究，该导则在全国颁布实施。淮安市住房公积金中心与上海市住房公积金中心完成《住房公积金资金管理业务规范》编写，淮安“财务账”与“业务账”有机分离的管理理念和“日记账”与“核算账”实时匹配的管理方法，得到住房和城乡建设部领导和专家认可。创新资金管理模式，继续推行住房公积金专户“零余额”管理，住房公积金专户资金得到有效整合，规模效应持续放大。全年实现业务收入3.04亿元，上缴财政城市廉租房建设补充资金1.39亿元，贷款逾期率控制在0.01‰以下。

（马　倩）

保障性住房建设

【概况】 2016年，淮安市新开工各类保障房建设16144套，完成省目标任务14640套的110.27%；基本建成各类保障房16871套，完成省目标任务11480套的146.96%。其中，市本级新开工各类保障房4899套，完成省目标任务4500套的108.87%；基本建成各类保障房6303套，完成省目标任务4300套的146.58%。各项指标均超额完成省政府下达的年度目标任务。新增租赁补贴155户，完成省目标任务107套的144.86%。7月，省统计局核定数据显示，2015年淮安市住房保障体系健全率93.15%，超过全面小康指标值3.15个百分点，处于全省第二位。

【货币化市场化住房保障和供应体系】 2016年，淮安市实施《关于进一步推进住房保障货币化补贴的实施意见》，推行住房保障货币化、市场化，符合国家由实物保障逐步转向实物保障和货币补贴并举的住房保障方针政策。提高享受租赁补贴的低收入城市住房困难家庭补贴标准和住房面积标准，鼓励保障对象通过房屋租赁市场解决住房问题，使保障家庭到市场租得到房、租得起房。全年累计为588户家庭发放货币补贴501.42万元，其中427户家庭领取租赁补贴174.77万元；继续推进共有产权房货币助购，9户家庭领取购房补贴117.31万元。

【"新市民"住房保障】 2016年，淮安市鼓励本市进城务工人员、在本地就业的外市户籍人员等"新市民"申请公租房租赁补贴和共有产权房助购补贴。全年实物配租公租房265户、货币补贴588户，公租房合计保障家庭853户，发放供应证27户，配售共有产权房9户，另有87户共有产权房保障家庭回购政府产权，实现产权独有。此外，市区首批用于紧缺型专业人才的60套人才公寓年内通过竣工验收并组织交付，结合人才引进、需求情况，适时启动下一批次人才公寓资金筹集。

表35　　2016年淮安市居民家庭基本情况表

指标名称	绝对值	增长(%)
全体居民人均可支配收入(元)	22762	9.2
城镇常住居民人均可支配收入	30335	7.9
农村常住居民人均可支配收入	14319	9.1
工资性收入	13310	8.5
经营净收入	4760	8.4
财产净收入	1514	16.9
转移净收入	3179	10.2
全体居民生活消费支出(元)	13382	8.4
食品烟酒	4044	5.7
衣着	1040	4.1
居住	2601	11.9
生活用品及服务	819	11.4
交通通信	1316	13.2
教育文化娱乐	2362	7.5
医疗保健	852	10.5
其他用品和服务	348	4.8
城镇人均住房建筑面积(平方米)	44.2	0.9
农村人均住房建筑面积(平方米)	51.2	1.0

【公租房摇号】 2016年，淮安市举行两次公租房摇号分房活动，有278户家庭通过摇号分房。1月20日，举行首次电脑摇号分房活动，187户家庭参加摇号分房，房源位于康居花园、淮钢二期、香格里拉、福星花园、运通郁金蓝湾、奥林晴园、东湖怡景苑等7个小区。12月20日，举行第二批公租房摇号活动，有91户家庭参加，房源位于康居花园、淮钢二期、香格里拉、福星花园、运通郁金蓝湾、华德力运河城、和达雅苑、越河小区、东方金色花园9个小区。

(王灵敏)

公共管理

GONGGONG GUANLI

公共财政

经济事务管理

社会事务管理

公共财政

财 政

【概况】 2016年，淮安市财税部门按照中央决策部署，全面实施“营改增”改革，落实减税政策，按照中央与地方增值税五五划分要求，对年初确定的一般公共预算收入预期指标作相应调整，及时报市人大常委会批准。全年全市实现一般公共预算收入315.5亿元，一般公共预算支出483.5亿元。

【经济转型升级促进】 2016年，淮安市发挥财政政策和资金的撬动作用，综合利用财税手段，调整优化财政引导政策和产业扶持资金，重点引导产业布局、产业培育，支持淮安优势特色产业、新兴产业、生态产业发展。推动营改增税制平稳转换，全面落实国家减税降费政策，清理调整收费项目标准，下调失业等社会保险费率，为企业减税降费34.6亿元。争取和筹措资金2亿元，完善县域基础设施建设，支持重点载体平台提档升级，提升园区发展内涵空间，积极策应“一县一策、一县一题”实施。聚焦最有条件、最具优势的领域，落实资金2亿元，实施企业科技创新补偿机制，运用“淮上英才”创投基金等多种方式，鼓励市场主体增加研发投入。完善财政资金“存贷挂钩”办法，引导银行业金融机构将信贷资金更多投向实体经济。充分运用中小微企业低息统贷等各种平台，帮助中小企业降低融资成本、缓解融资难题。

【助推城乡统筹发展】 2016年，淮安市围绕苏北重要中心城市建设目标，千方百计筹措资金，支持城乡基础设施建设，推进城乡统筹发展，助推国家文明城市、生态市、节水型城市等创建活动。筹措资金，支持现代有轨电车一期工程运营和古淮河西游记文旅区、里运河文化长廊、白马湖保护与开发等重点项目加快实施。推动与国开行、农发行分别签订战略合作协议，为棚户区改造、内环高架工程建设提供低利率、长周期的资金保障。安排6.36亿元，保障市政设施、道路桥梁、园林绿化和垃圾污水处理等基础设施运转和环境改善整治，支持机场新旧航线运营、新能源公交车购置以及公共自行车增量扩点等市民便捷出行项目需要，推进低碳城市创建。落实好强农惠农政策，整合涉农资金，争取和统筹安排34亿元，加强

表36 2016年淮安市财政情况表（一）

指标名称	绝对值	增长（%）
财政总收入（亿元）	483.13	-5.3
上划中央收入	167.62	4.9
增值税	61.12	6.5
消费税	77.99	2.3
企业所得税（60%）	18.48	9.0
个人所得税（60%）	10.03	8.7
一般公共预算收入	315.51	-9.9
税收收入	235.15	-17.2
增值税	47.87	82.7
营业税	76.90	-42.6
企业所得税（40%）	12.32	9.0
个人所得税（40%）	6.68	8.7
一般公共预算支出（亿元）	483.45	-5.8
一般公共服务支出	51.72	0.8

表37 2016年淮安市财政情况表（二）

地区	财政总收入（亿元）	一般公共预算收入	税收收入	一般公共预算支出（亿元）	税收占一般公共预算收入的比重（%）
全市	483.13	315.51	235.15	483.45	74.53
市级合计	194.81	86.41	60.03	104.38	69.47
市直	130.77	37.22	22.98	68.08	61.73
开发区	54.56	41.33	29.72	29.21	71.91
工业园区	1.17	0.94	0.74	1.35	79.35
生态新城	7.91	6.61	6.41	5.45	97.01
盐化新区	0.39	0.31	0.17	0.30	55.84
县区合计	288.33	229.10	175.12	379.07	76.44
原清河区	34.69	27.98	20.09	16.71	71.81
淮安区	42.91	33.44	26.04	67.94	77.88
淮阴区	48.81	40.58	30.12	62.71	74.23
原清浦区	26.08	22.10	14.75	29.64	66.73
涟水县	41.01	28.98	23.49	64.11	81.06
洪泽区	29.26	23.24	18.42	41.48	79.25
盱眙县	37.05	30.78	23.02	54.64	74.80
金湖县	28.52	22.00	19.19	41.84	87.21

农田水利、环境整治、饮水安全和装备技术等“三农”建设投入，推动土地承包经营权确权登记颁证基本完成，促进精准扶贫脱贫。

【民生改善保障】 2016年，淮安市调整财政支出结构，科学盘活财政存量资金，民生保障投入持续增加，增强人民群众在改革发展中的获得感。多方筹措资金55.6亿元，支持完善电梯应急处置、家庭医生签约服务、公共停车场等便民服务体系建设，支持市区应急备用水源、农村居民饮水等城乡供水安全保障建设，提高城乡居民基础养老金和城乡低保标准，落实尊敬呵护老人、关爱困难群体政策。争取和安排资金8亿元，用于支持基础教育和职业教育政策补贴以及教育基础和教师人才建设，推进淮安开放大学和中等职业学校建设，促进教育均衡发展、内涵发展，提升教育现代化水平。安排2.5亿元，支持公立医院综合医改、债务化解和重点基础设施建设。落实1.7亿元，实施文化惠民工程，支持博物馆、纪念馆等公共文化设施免费开放，支持国家级公共数字文化综合服务平台搭建完成，淮安大剧院投入运营，市第八届运动会、国际智力运动联盟智力运动精英赛成功举办。

【财政改革创新】 2016年，淮安市进一步健全政府预算体系，建立预算稳定调节基金，健全跨年度预算平衡机制。细化国有资本经营预算，首次将国有平台企业完整纳入市级国有资本经营预算，落实国有资本收益权。完善全口径预算管理，规范财政资金拨付程序，实行国库集中支付电子化，提高资金支付效率。落实中央、省预决算公开要求，完善市级预决算公开方案和操作流程，实现预决算信息公开全覆盖、无死角。完善政府债务管理新机制，全市累计新增、置换地方政府债券191.7亿元，保障部分重点项目建设需要，缓解债务还本付息压力。创新重点领域投融资机制，推广运用政府与社会资本合作模式（PPP模式），实现入库项目55个，总投资640亿元，被列入部省试点项目14个，吸纳资金51亿元。 （马 剑）

国家税务

【概况】 2016年，淮安市组织各项国税收入216.1亿元，同比增长15.8%。全年办理各类减免税金48.5亿元，增长186.8%。其中，改善民生11.3亿元，鼓励高新技术企业优惠5.2亿元，促进小微企业发展2.9亿元，节能环保1.9亿元，办理出口退税13.2亿元。淮安市国税局和6个县（区）局均被省国税局命名为“税收管理改革综合示范点”，全市累计应对总成效5.45亿元，其中直接入库税款2.38亿元，调减留抵0.45亿元，调减亏损10.52亿元。

【依法治税】 2016年，淮安市国税系统严厉打击涉税发票案件，联合市公安部门，开展虚开发票专项打击行动。夯实税收法治基础，开展税收规范性文件清理，清理各类文件399件。组织开展行政处罚自由裁量权执行情况专项督查，发现问题3类47个。加大系统内公职律师培养力度，全系统有3人被省司法厅正式认定为公职律师。

【税务改革】 2016年，淮安市全面推进营改增试点、金税三期上线和深化征管体制改革工作。全年实现5万余户纳税人平稳交接；召开纳税人座谈会，面对面答疑解惑，帮助纳税人掌握各项降低税负政策，实现四大行业税负“只减不增”的政策目标；主动承接省国税局金税三期上线初始化验证、“小双轨”试点等重任，优化办税服务厅现场管理，实现金税三期上线和平稳运行；贯彻落实《深化国税、地税征管体制改革方案》，由市国税局牵头起草《淮安市税收征管体制改革实施方案》，经市委全面深化改革领导小组审议通过，并印发各地各单位执行。

【纳税服务优化】 2016年，淮安市落实国地税合作规范2.0版、3.0版。实现登记环节国地税一窗办理；将原来的“三方协议”升级为国地税互认的“四方协议”；在按要求代地税征收城建税、教育费附加等基础上，主动将印花税纳入委托代征范围。优化办税流程及现场管理，出台《办税服务厅现场管理规范》，制定全市现场管理统一标准；将常用的37个表单整合为1个个体和3个企业通用表单，纳税人反响良好；在全市确定136个社会代征点，分流办税场所压力；按照纳税人进一个门、领一次号、一窗办结所有涉税事项的目标，整合窗口功能，探索实施“综合窗口”。完善“税易捷”品牌服务，在《淮安日报》、国税微博、微信公众号中推出“税易捷”专栏，按月筛选未享受优惠政策的小

4月30日，淮安市政府常务副市长戚寿余（右三）见证全市开出首张营改增发票 黄彬供图

4月26日，江苏省国税局局长胡道新（右二）到淮安督导营改增试点工作
黄彬供图

微企业名单并主动进行提醒。扩大税银合作范围，全年向全市中小企业发放贷款6700余万元。（黄　彬）

地方税务

【概况】 2016年，淮安市组织各项地税收入304.43亿元，其中税收收入208.94亿元，同口径增长6.8%；非税收入95.49亿元，同比增长5.7%，完成省地税局和淮安市的收入目标。淮安市地税局蝉联省局绩效管理考评先进单位，连续两年位居江北第二、苏北第一。在国家税务总局、省国地税局先后组织的纳税人满意度第三方测评中两次取得全省地税系统省辖市局第一名的成绩。市地税局在全省地税系统大比武决赛中取得团体第二名。

【重点税源管理】 2016年，淮安市按照“20/80”法则加强重点税源管理，建立重点税源管理台账，强化实体税收征管和税源分析，提高税源掌控能力，入库实体税收104.8亿元。加强企业所得税汇算清缴管理，汇算清缴1.26万户，汇缴申报率100%，补缴企业所得税0.7亿元。强化非上市公司自然人股权转让管理，全年办理股权转让1248户，入库个人所得税1.82亿元。加强高收入高净值人群个人所得税管理，12万元以上自行申报1.11万人。对4192名取得两处以上工薪所得的自然人进行风险应对，补缴个人所得税406.28万元。

【税种管理强化】 2016年，淮安市加强非居民税收管理，深入推进反避税，强化协定待遇减免税事项后续管理，成功入库首笔税款66.98万元。加强土地增值税清算管理，组建专业团队，实施动态监控，全年完成清算项目17个，全年入库土地增值税28.14亿元。研发以地控税软件，推进房土两税明细申报，开展土地使用税定额调整测算和报批工作，全年入库房土两税16.37亿元。贯彻资源税改革方案，资源税改革顺利到位。规范社保费征收，开展欠费清缴专项行动，清缴欠费1.76亿元。

【优惠政策落实】 2016年，淮安市贯彻落实促进科技创新、绿色发展、就业创业、固定资产加速折旧等各项税收优惠政策，召开“走出去”企业座谈会、股权激励技术入股税收优惠政策座谈会，全年减免各类税收14.15亿元。

【征管效能提升】 2016年，淮安市地税系统全面推开营改增试点、金税三期上线两项重要改革，营改增试点顺利过渡，10月，金税三期成功上线。严格按照改革路线图和时间表，贯彻落实深化国税地税征管体制改革方案，继续按照“一县一题”工作思路推进征管工作微创新。逾期申报处罚率、个体超定额补税率等基础管理指标位居全省前列。持续深化风险管理，加强指标模型建设和风险特征报送，全年推送各类风险1.12万户次，应对税款12.74亿元，实地核查面为23.32%，贡献率由2015年的4.29%提升到5.62%。强化税收协同共治，拓宽信息采集范围，全年采集重大项目信息、宗地信息、财政补贴收入信息等各类涉税信息125.68万条，应对入库税款3.72亿元。主机虚拟化升级改造和网络虚拟化建设通过验收，终端信息安全的登记率、安装率和准入率较上年有大幅提高。

【法治建设】 2016年，淮安市推进项目化稽查，实施国地税联合稽查，强化积案清理。全年重点检查204户，查补收入7.46亿元，清理千万元以上案件11件、百万元以上案件17件，积案完成率93.4%。发现违法使用发票纳税168户，涉案金额7750万元，查补税费2340万元。规范税收举报案件管理，全年受理举报案件162件，办结137件，查补税款3320.24万元。推进司法协作，加强社保费欠费强制执行，全年提交法院强制执行38户，清缴欠费834万元。对市区中高等风险应对实地核查案件进行集中随机互审，全年审理案件127个，发现问题927个，整改到位712个。组织中等风险应对质量检查，全年检查企业147户，涵盖工业、建筑、房地产、商贸、物流等行业。开展三证合一、双创、股权转让个人所得税管理等专项督察，核查疑点188个，发现问题50个，补税190.6万元，退税6.4万元。全面落实税收执法责任制，责任追究61人次，经济处罚7381.6元。

【纳税服务优化】 2016年，淮安市地税系统构建常态化宣传格局，全面推广办税员制度、副科职以上干部联系服务企业制度，通过淮安地税微信公众号、地税网站、“12366”短信平台、《淮安日报》、淮安电视台等载体，广泛进行税收宣传。规范实体办税，完善网上办税，推广手机APP办税、微信缴税，增加自助办税机布点，拓宽纳税人办税渠道。提升“12366”纳税服务热线服务质效。开展“税银互动”，全省率先开发运行“纳税人信用查询终端”，全年出具涉税信息证明600人次，协助银行发放贷款128笔、金额1800万元。

【国、地税合作】 2016年,淮安市构建多元化的办税渠道,深化国地税合作,加强国税、地税相互委托代征管理,国地税共同进驻政务中心,设立国地税业务通办窗口。通过国税代征,每月为地方财政净增收1200万元。与国税局联合印发文件,规范委托代征工作,对合作方式、发票开具、税款征收与解缴等作出统一规定。减并规范纳税人变更、注销税务登记报送资料种类,对国地税传递形式、交接时间作出统一规定。加强与市外汇管理局、商务局数据共享,与国税局联合建立"走出去"企业清册,开展个性化政策宣传和业务辅导,服务企业"走出去"。推行四方联签税银协议,纳税人到国税、地税任何一家单位,都可领取加盖国地税双方印章的扣款协议书。国地税联合开展纳税信用等级评定,统一评定口径。 (吴笑程)

经济事务管理

宏观经济管理

【概况】 2016年,淮安市经济运行保持在合理区间,主要指标增速保持高于全国、全省平均增速,大部分指标增幅继续保持全省前列。完成地区生产总值3048亿元,增长9%。其中,规模以上工业增加值1626.18亿元、增长9.8%,先进制造业占比提高0.5个百分点;实现服务业增加值1415亿元、增长10.4%,占地区生产总值的47.1%。完成服务业城镇固定资产投资931亿元,同比增长10.4%。实施5000万元以上服务业重点项目200个,全年完成投资603.28亿元。新兴产业实现销售1700亿元。获批省级工程中心和工程实验室14个,超过省定目标2个。完成规模以上固定资产投资2535.2亿元、增长15.1%。15个省重大项目完成投资185.16亿元,万元地区生产总值能耗下降4.5%。按省定3‰比例,筹措援疆资金14693万元,及时、足额汇缴省财政专户,市各县区、部门支援新疆农七师财物合计1056万元。全年有6台4.5万千瓦煤电机组计划实施节能改造,6台135.2万千瓦煤电机组计划实施环保改造;新增并网光伏发电78兆瓦,完成省定目标。

【发展规划编制】 2016年,淮安市全面落实"十三五"总体规划纲要确定的发展定位、发展目标、发展战略和重点任务,开展新闻宣传、宣讲解读、贯彻落实三大行动,举办规划纲要宣讲班,实现乡镇宣讲全覆盖,编发规划纲要单行本。牵头配套编制健康养生业发展规划、战略性新兴产业发展规划、基本公共服务体系规划、高铁商务区产业发展与布局规划等10项重量级规划,指导并编发29项市重点专项规划。

【重大战略推进】 2016年,淮安市深度融入国家和省重大发展战略,加快落实"东融西拓、南联北接"全面开放战略,市委市政府印发实施向东全域融入沿海开发、向南联动长江经济带、向北对接沿东陇海线经济带实施方案等一系列政策文件。淮河生态经济带建设上升为国家战略取得实质性进展,淮河生态经济带纳入国家和省"十三五"规划纲要并完成规划初稿编制。坚持"谋势""取实"并举,主动对接"一带一路"、长江经济带、江苏沿海开发、沿东陇海线经济带等国家战略,突出以基础设施建设为先手棋、突破口,编排"十三五"期间各类基础设施项目84项,总投资3036亿元。

【"多规合一"试点】 2016年,淮安市全面落实主体功能区实施规划,以"多规合一"思路编制《淮安市"十三五"总体规划纲要》,确定城镇、农业、生态三类空间10∶62∶28的比例;《淮安市推进"多规合一"工作方案》正式出台,初步建立"多规合一"空间信息技术平台,开展国土、城市规划冲突图斑调整。完成洪泽县撤县设区,加快淮洪一体化、"纳湖入城"步伐;确立"一廊四区多片"(里运河文化长廊,淮海中心商业区、水渡口中央商务区、河下文旅开发区、生态新城国家级绿色低碳示范核心区,清河新区、清浦新南城、淮阴新北城、南部工业新城等片区)中心城市功能片区和"1—3—10—47"(中心城区、3个县城、10个重点中心镇、47个一般或特色镇)新型城镇体系。持续下放县级经济社会管理权限,推动盱眙县马坝镇、金湖县银涂镇等重点中心镇综合发展。

【新型城镇化建设】 2016年,淮安市常住人口城镇化率59.7%,累计制发居住证15.1万张,全市外来流动人员办证率超90%。出台全市新型城镇化和城乡发展一体化工作方案、新型城镇化年度考核办法,形成国家新型城镇化综合试点方案要点,按月填报试点进度情况、按季报送试点进展报告。实施新型城镇化综合改革,开展差异图斑调整,建成市区"多规合一"空间信息技术平台,基本实现规划成果统一管理、联动更新、信息共享,试点成果初步应用并入选省优秀改革案例,得到省主要领导批示肯定。盱眙县马坝镇等国家新型城镇化综合试点有序推进。创新多元化投融资机制,控源截污、备用水源、新城高级中学等12个项目入选省级PPP试点,总投资216.26亿元,项目个数、投资额均居全省第一。

【服务业发展】 2016年,淮安市坚持将现代服务业作为减缓经济下行压力的"稳定器",推进"4+3"(即物流、金融、旅游、商贸四大基础服务业,电子商务、健康养生、文化创意三大新兴服务业)服务业特色产业高端化发展。特色服务业活力增强。制定出台加快"4+3"服务业特色产业年度工作方案、服务业引导资金管理办法。实现服务业增加值1455.24亿元、增长10.6%,其中"4+3"特色服务业增加值占比76%。三次产业结构比例为10.9∶41.9∶47.2。29家省、市级现代服务业集聚区入驻企业超过1.3万户,营业收入增长13%。

【重大项目建设】 2016年,淮安市出台强化重大项目建设督查工作意见、市级政府投资项目生成和资金管理实施细则,创新开展市党政主要领导按月督查会办、半年督查推进和项目建设督查（稽察）活动月，220个市级重大项目完成投资1061亿元，增长13.8%。宁淮、沂淮铁路规划进入国家层面研究，淮安机场二期扩建工程开工建设，金湖通用机场前期工作有序推进。公布2016、2017年度产业结构调整指导目录，优化淮安市存量产业，增强经济发展活力。出台政府投资项目稽察工作细则，研发稽查及竣工验收流程再造公共服务平台，汇编政府投资项目监管政策。

【经济和社会体制改革】 2016年，淮安市推进重点领域改革，制定下发《淮安市人民政府2016年深化重点领域改革工作意见》。推进中小城市和特色专业镇建设，制定下发《中共淮安市委、淮安市人民政府关于优化全市空间功能定位和产业布局的意见》，明确到2020年在全市规划建设32个具有明确产业定位、文化内涵、旅游特色和一定社区功能的市级特色小镇和创建10个省级特色小镇的目标。推进行业协会商会改革，推动成立全市深化行业协会商会与行政机关脱钩工作领导小组，制定下发《淮安市深化行业协会商会与行政机关脱钩工作实施方案》。

【生态文明体制改革】 2016年，淮安市划定11类56个省级生态红线区域，占淮安市面积的21.14%。推行污染物排放许可证制度，市直企业换发排污许可证9家，金湖县、盱眙县部分企业购得排污量。试运行水环境区域补偿工作。开展产品碳足迹第三方认证，完成全市25家纳入全国碳交易市场的重点企业2013–2015年度温室气体排放报告，国家低碳城市试点评估报告通过国家考核。

【苏北发展工作】 2016年，淮安市8家南北共建园区参加省级考评，在全省44家共建园区中有4家进入前1/2。其中，南京江宁经济技术开发区淮阴工业园位列第9名，南京经济技术开发区涟水工业园位列第18名，江苏省国信集团淮安工业园位列第19名，南京高新技术开发区洪泽工业园位列第21名，共获省奖励金4500万元。江苏人寿药业等3家公司总经理被省表彰为“2015年度苏北创业领军人才”，获奖励金90万元。

【企业债券与创业投资】 2016年，淮安市申报企业债券173.5亿元，其中核准82亿元、发行52亿元，均为历年最高。14个项目获批国家专项建设基金24.91亿元，是2015年全年的2.75倍。

【循环经济】 2016年，淮安经济技术开发区循环经济信息共享与公共服务平台建设成果全省领先，洪泽经济开发区、金湖经济开发区通过省级园区循环化改造考核验收，淮安高新技术产业开发区、金湖经济开发区、涟水经济开发区等3家单位列入首批市级低碳试点园区。实联化工公司、常盛动力公司、凡新科技公司等3家企业6项产品获中国质量认证中心碳足迹证书，25家企业纳入全国碳市场重点排放单位。淮安市获批为企业温室气体排放数据国家直报系统唯一试用城市，在苏北率先提出碳峰值时限。

【淮河生态经济带建设】 3月17日，国务院发布《中华人民共和国国民经济和社会发展第十三个五年规划纲要》，明确“推进淮河生态经济带建设”。8月22日，淮安市政府致函淮河沿线19个市县，提议共同发起成立淮河生态经济带城市协调会，并就草拟的《淮河生态经济带城市协调会章程（征求意见稿）》向各县市征求意见。10月18日，在国家和江苏、安徽、河南三省发展改革委支持下，在沿线各城市配合下，淮河生态经济带发展规划编制工作在淮安市正式启动。12月初，形成规划初稿。

【政策争取】 2016年，淮安市政策争取实现新突破，争取将苏北重要中心城市建设、全域融入江苏沿海开发、区域性综合交通枢纽、淮安大学等近30个重大事项纳入国家、省“十三五”规划纲要。省委明确提出南京要辐射带动淮安发展，台资集聚示范区建设获省政府专门政策支持。获批国家“互联网+政务服务”试点市、智慧城市惠民发展优秀城市，淮安高新区获批创建国家级高新区，获准筹建省级清河经济开发区和苏淮高新区。项目争取实现新突破，20个项目列入2017年省重大项目投资计划，其中责任项目16个、共建项目4个，德科码半导体、时代芯存相变存储器、凹土纳米新材料开发利用等一批引领产业发展的重大项目进入省投资计划盘子。敏安汽车获批全国第五张纯电动乘用车生产牌照，实现淮安市整车制造重大突破。资金争取实现新突破，累计争取各类扶持资金32.1亿元。其中，白马湖片区综合整治、马坝镇新型城镇化建设、棚户区改造等14个项目获批国家专项建设基金24.91亿元。上报国家发展改革委企业债券100亿元，当年核准82亿元，其中发行52亿元。

【淮安发展智库建设】 为贯彻落实国家和省发展高端智库决策部署，淮安市发展改革委于2013年与淮阴师范学院共同设立淮安县域经济发展研究中心，2016年升格为淮安发展研究院。2015年，市发展改革委与淮阴工学院、江苏省社会科学院联合建立苏北发展研究院，每年围绕全市经济社会发展难点、热点问题开展10个课题研究。淮安县域经济发展研究中心、苏北发展研究院成为市委、市政府经济社会发展决策研究的“两大智库”，为推动全市经济社会发展的理论探索研究提供重要支持。2016年，苏北发展研究院获批全省首批重点扶持的15家智库之一。 （张　颖）

工商行政管理

【概况】 至2016年底，淮安市各类市场主体总数34.38万户，超序时完成2016年市定民营经济发展指标，市场主体活跃度显著提高。全年办理各类工商违法违规案件626件，罚没款入库1359.4万元，市工商局被省工商局授予“集中整治公用企业限制竞争和垄断行为突出问题专项执法先进单位”称号。淮安打击传销工作在省政法委和省综治办的考核中位列全省第一。

【广告专项整治】 2016年，淮安市工商系统不定期召开医疗机构、网络媒

8月31日,淮安市首届"我最喜爱的淮安商标品牌"评审会举行　周泉供图

体负责人等行政约谈会和整治虚假违法广告联席会议,加大对房地产、旅游、金融等广告专项整治,通报阶段性进展情况,全年监测各类媒体(电视、广播、报纸)广告36.2万条,形成监测报告110份;全年检查网站、网店1922个(次),督促删除违法商品信息220条,责令整改网站51个(次),查办网络违法案件19起,关闭问题网站5家。

【支持"大众创业、万众创新"】 2016年,淮安市工商系统支持"大众创业、万众创新",在住所、名称、简易注销等方面进一步降低门槛,全面清理、压缩行政审批事项。协同市审改办建立市场准入"负面清单",涉及99类市场主体,184个市场主体行业准入应知事项,加强"先照后证"改革后市场主体事中事后监管。

【商事登记制度改革推进】 2016年,淮安市深化商事登记制度改革,全年实现网上登记主体、区域全覆盖,网上登记率92.7%,所有登记业务均在3个工作日内办结,特殊事项启动"马上就办"等跟踪服务程序。整合工商、质监、税务、公安、人社、统计等多个部门信息数据,将多头审批简化为"一窗对外",累计办理企业"一照一码"营业执照46000余份。加强政银合作,推进全程电子化,登记窗口发放电子营业执照。实施"双告知双承诺"制度,向行政许可审批部门推送2100余条登记信息,向新设立及变更企业和个体户书面告知3.8万户。

【"双随机一公开"抽查全覆盖】 2016年,淮安市研发"双随机一公开"(随机抽取检查对象,随机选派执法检查人员,抽查情况及查处结果及时向社会公开)抽查软件,实现全市"双随机一公开"抽查100%全覆盖。全年组织对2260户企业公示信息的不定向抽查,依法将1.8万户未按期申报年报企业列入经营异常名录。

【地理标志商标稳居全国地级市第一】 2016年,淮安市将商标品牌培育列入国家创新型城市建设重点任务、商标权质押融资纳入全市《关于金融支持制造业发展的实施意见》。推进区域公共品牌提档升级,累计申请区域性公共品牌保护性商标注册1800余件。举办首届"我最喜爱的淮安商标品牌"评选,"淮安大米""洪泽湖螃蟹"等6件商标被评为"第二届我最喜爱的江苏商标"。举办第一期品牌管理专业人才培训班,组建地标企业维权信息库。至年底,全市累计有效注册商标21825件;行政认定驰名商标18件、著名商标181件、知名商标450件;有地理标志商标116件,稳居全国地级市第一。

【小微企业扶持】 2016年,淮安市扶持小微企业发展,指导帮助苏益电器等7户企业成功实现新三板挂牌上市,指导帮助15户企业通过国家级"守信用重合同"企业认定公示,引导600余户个体工商户转企升级。开展"融资暖企"行动,运用股权出质登记,帮助229户企业和个人股东出质股权47.2亿元,担保融资113.7亿元。指导帮助企业办理动产抵押登记405件,抵押物价值52亿元,为企业融资35亿元。推动个私协会与邮储银行、民生银行等金融机构合作,为中小企业发放创业担保贷款近3亿元。

【放心消费创建】 2016年,淮安市围绕"新消费我做主"消费维权年主题,组织开展33场次"3·15"广场咨询活动。"12315"申投诉举报热线主动融入市政府"12345"便民服务平台,全年受理消费者投诉2400余件,接待来访、咨询2万余人次,为消费者挽回或免受损失近500万元。开展"红盾质量维权"行动,对农资、成品油、家用电器等85个品种1762个批次商品质量抽检。开展汽车修理企业和机动

8月2日,淮安市工商局与建设银行淮安分行签订"工商E线通"战略合作协议
周泉供图

车综合性能检测机构质量信誉等级评定、放心粮油店认定。推荐申报省级诚信示范旅游单位，创成6个品牌消费集聚区，全市有省级放心消费创建先进（示范）企业、行业和单位66家。

（周　泉）

国有资产监督管理

【概况】 2016年，淮安市国有企业平稳较快发展，全年纳入统计的市属监管平台类企业总资产3206.29亿元、净资产2056.65亿元，同比分别增长56%、82%；市属监管生产经营类企业总资产212.65亿元、净资产96.54亿元，同比分别增长15%、33%；累计实现营业收入32.14亿元、实现税收1.37亿元，同比分别增长30%和14%。北京机电院与淮安工业园区合资废塑料炼油项目年内建成投产。完成2016年度落实国企职教幼教退休教师待遇问题。完成城市公交公司体制改革，城市公交实现国有化。

【国企改革顶层设计】 9月，淮安市为深化国有企业改革，根据国企改革发展和国资监管工作实际，制定出台《市政府关于改革和完善国有资产管理体制的方案》（淮政发〔2016〕129号）、《市政府关于国有企业发展混合所有制经济的实施意见》（淮政发〔2016〕131号）、《中共淮安市委淮安市人民政府印发〈关于深化国有企业改革的实施方案〉的通知》（淮发〔2016〕30号）、《市委办公室市政府办公室印发〈关于加快淮安市属国有企业市场化主体建设的意见〉的通知》（淮办发〔2016〕77号）、《市委办公室市政府办公室印发〈关于深化国有企业改革的实施方案重点任务分工方案〉的通知》（淮办发〔2016〕74号）、《市政府办公室印发〈关于加强国有企业监事会组织体系建设的意见〉》（淮政办发〔2016〕21号）等深化国有企业改革文件。

【首次向市属国有企业派驻监事会】 2月18日，淮安市召开市属企业监事会派驻工作会议，实行国有企业外派监事会制度。这是淮安市首次向市属国有企业派驻监事会。

【市属国有企业完成功能界定与定位】 5月，淮安市国资机构与市属国有企业负责人对市属国有企业主业定位、功能界定与分类面对面进行确定。7月5日，批准66户市属国有企业的子企业功能界定与分类方案。其中，公益类子企业3户，主业处于充分竞争行业和领域的商业类子企业51户，主业处于重要行业和关键领域、主要承担重大专项任务的商业类子企业12户。8月3日，明确市属14户国有企业的主业定位及功能界定与分类。其中，主业处于充分竞争行业和领域的商业类市属国有企业4户，主业处于重要行业和关键领域、主要承担重大专项任务的商业类市属国有企业10户。同时，根据企业不同功能界定与分类，“一企一策”科学设定企业考核指标体系，增强考核的针对性和有效性。

【国有企业改革试点】 2016年，淮安市推进国有企业整合重组和混合所有制改造，加快平台公司实体化经营转型。推进国联集团对体外国有企业的整合重组，将国资委持有的淮安市房地产测绘事务所的100%国有股权无偿划转市国联集团，指导服务国联集团对市保障性住房中心资产移交划拨。围绕重点改革试点内容，研究制定2016年度市属国有企业及子企业改革试点计划，完成市交通控股投资控股民营运兴船务有限公司、市工投集团参股民营江苏圣欧芳纶公司等混合所有制试点项目，江苏冲浪软件科技公司职工持股改革列入省国资委确定的全省10户试点企业名单。市国联集团、水利资产、工投集团、工贸资产、兴盛投资等5户企业自营投资7个项目基本竣工，当年完成投资29250万元。

【中心城市建设】 2016年，淮安金融中心规划建设项目有序推进，工程施工全面铺开。金融中心能源项目作为江苏省5个“互联网+智慧能源”示范项目之一成功入围国家能源局组织实施的全国性示范项目评选。国联商务中心项目二期用地征地补偿矛盾妥善解决并挂牌，富丽瑞锦苑一期项目具备交付使用条件，康居花园二期保障房项目全面进入装饰阶段，淮钢三期保障房项目主体工程完成，新星幼儿园改建项目一次性通过项目整体竣工验收，新体校建设项目手续前办理和招投标工作按计划推进，网球馆工程竣工。东城国际国税办公楼完成施工图审查。

【市属国有企业资产整合、重组及发债】 2016年，淮安市政府为各平台公司增加注册资本金722.37亿元，加快资产整合、重组及发行债券工作。

资产整合　对淮安境内入江水道沿岸水利工程用地进行评估，增加市水利资产公司注册资产155.63亿元。将淮沭河沿岸及洪泽湖北岸水利工程用地进行评估，再次增加市水利资产经营有限公司注册资产112.96亿元，两次增资后市水利资产公司注册资本金为622.22亿元，为市水利资产公司争取AAA级打下扎实基础。先后2次将主城区道路、街头树木、绿化景观等资产进行评估，分别增加市国联集团注册资产142.81亿元、58.09亿元，2次增资后该集团注册资本金上升到306.99亿元。同时用这2项资产对市城市资产公司进行再增资，使市城市资产公司注册资本金达到306.59亿，打通为市城市资产公司争取AAA级通道。将部分市属船闸、航道、市直交通事业单位土地、房产等资产进行评估，增加市交通控股有限公司注册资产129.28亿元，增资后市交通控股有限公司注册资本金143.45亿元，为市交通控股公司信用找好路径。11月，市交通控股公司取得公司主体AA+的信用级别。将里运河文化长廊景区内存量旅游设施资产进行评估，用1.17亿元补齐淮安市淮州文化集团股份有限公司注册资本金，剩余22.19亿元增加淮安市淮州文化集团股份有限公司注册资本金。增资后淮安市淮州文化集团股份有限公司注册资本金122.19亿元。将淮安盐化新材料产业园区部分土地开发权进行评估，增加淮安盐化投资开发有限公司注册资产101.41亿元，增资后淮安盐化投资开发有限公司注册资本金为112.41亿元。

资产重组　体育中心、保障房公司、测绘事务所等划入国联集团，国联集团社会影响力增强。为配合高新区发展需要，指导帮助组建高新控股公司、金融控股公司、城开建设公司、有轨电车公司。

发行债券　启动水利资产公司在北京金融资产交易所挂牌5亿元债权融资。指导帮助市白马湖投资发展有限公司在中国银行间市场商协会申请注册发行非公开定向债务融资工具10亿元。指导帮助淮安市山河园艺绿化工程有限公司股份制改造。新三板挂牌获银监会批准，可募集10539.7万元股金。水利资产公司实际发行各种债券52亿元、城市资产公司实际发行各种债券22亿元、交通控股公司实际发行各种债券人民币44.9亿元、美元3亿元。

【“国有企业公有房屋信息管理系统”开发】 2016年，淮安市为规范市属国有企业公有房屋出租行为，提高国有资产使用效益，防止国有资产流失，维护国有资产安全、保值和增值，根据《淮安市市属国有企业公有房屋出租管理办法（试行）》新要求，联合江苏冲浪软件科技公司开发“国有企业公有房屋管理系统”。

【市直机关事业单位所属企业调查】 2016年，淮安市开展市直机关事业单位所属企业调查。经调查，淮安市直机关事业单位有所属企业的30个，无所属企业进行“零”申报的79个。30个有所属企业的单位上报企业73个，其中运行的55个，吊销未注销或歇业的企业18个。运行的55个企业注册资金55908.2万元，职工总数1285人，净资产228257.04万元，经营范围主要涉及农业、文化广告、服务业等。

【全市行政事业单位资产清查】 10月，全市行政事业单位资产清查工作完成，市直及各区1712家行政事业单位资产在经过单位精准填报、中介机构数据审核、财政部门核实批复后全部通过网上登记，纳入系统平台管理。本次清查的1712家行政事业单位，清理后资产总额323.89亿元、净资产194.66亿元，资产清查待处理0.59亿元。固定资产在用102.83亿元，出租出借3.23亿元，闲置1.56亿元，待报废0.68亿元，其他19.89亿元。利用国有资产对外投资2.38亿元，其中股权投资收益0.45亿元，用于出租资产账面原值2.08亿元，当年取得租金收入0.25亿元。

【举办首次市属企业监事会工作业务培训班】 2016年12月22~23日，淮安市举办市属企业监事会工作业务培训班。各市属企业主要负责人、分管财务负责人、财务（审计）部门负责人、各企业监事会主席、专职监事、职工监事以及国资委相关处室人员等100余人参加培训。　（王亚飞）

价格管理

【概况】 2016年，淮安市居民消费价格总水平（CPI）累计上涨2.2%，同比涨幅较全省平均水平低0.1个百分点，完成年度调控目标任务。制定出台《2016年全市价格改革和工作要点》，举办“全市深化价格改革专题培训班”，有序推进重点领域价格改革。实施价格调控目标责任制，印发《市政府办公室关于淮安市2016年价格调控目标责任制的实施意见》（淮政办发〔2016〕58号）。组织开展电信、涉企收费、商品房明码标价等9项专项检查，查处各类价格（收费）违法案件101起，实施经济制裁8274万元。编制和公布《淮安市行政事业性收费项目目录（2016年版）》，以及市级涉房、涉审、涉车、涉企、涉农等6个收费目录，规范收费行为。依法办理3起依申请政府信息公开、2起行政复议、2起行政诉讼，召开5场价格政策提醒会，组织开展价格改革、认定、成本监审等11次业务培训。全年接受价格举报2146件，受理和办结价格举报、投诉、咨询535件，办理“12345”热线工单131件，答复网民发帖160余件。

【价格改革】 2016年，淮安市稳步有序推进重点领域价格改革。降低一般工商业及其他用电价格3.12分/千瓦时，年减轻企业负担9000万元。根据《淮安市市区煤热价格联动暂行办法》规定，两次调整市区蒸汽销售价格。争取农村饮水安全工程项目98项，年减轻农村水厂负担约100万元。洪泽、盱眙、涟水和金湖全部完成阶梯水价改革。制定下发《关于贯彻落实省排污费征收标准的通知》，明确有关排污费收费征收标准。制定出台主城区差别化污水处理费政策，启动污水处理费调整，主城区污水处理费全部达标。在全省率先出台《淮安市家庭医生签约服务收费管理办法》，促进分级诊疗。加强市直医疗机构医疗服务价格动态管理，开展城市公立医院医药价格综合改革评估，及时掌握政策实施效应。

【价格调控】 2016年，淮安市统筹加强价格总水平综合调控，印发《淮安市2016年价格调控目标责任制实施意见》，细化分解和落实各县区和市价格调控联席会议成员单位的年度调控目标任务。推进“平价商店规范年”活动，制定《关于完善农副产品平价商店管理考核工作的通知》，完善平价商店准入、退出、检查巡查、考核、扶持等管理制度体系。全年全市平价商店总销售量2570万公斤，其中蔬菜1523万公斤，蔬菜平均让利幅度16.64%，累计减少居民支出约2000万元。规范价格调节基金使用管理，开展价格调节基金使用情况考核，发放市级价格调节基金183万元。落实社会救助和保障标准与物价上涨挂钩联动机制。2月，淮安市居民消费价格指数（CPI）同比上涨3%，达到联动机制启动条件，淮安市政府向全市15.54万名符合条件的低收入群体，发放497.74万元价格临时补贴。

【清费降本】 2016年，淮安市持续降低实体经济和社会价费负担。强化收费目录清单管理，编制和公布行政事业性收费、涉房、涉审、涉车、涉企、涉农等6个收费目录，涉及190余项收费项目，提高缴费透明度和满意度。组织开展收费单位情况报告，公布市本级2015年度收费单位收费情况报告目录清单，对全市2015—2016年度行政事业性收费项目标准进行清理规范，停收、免收、降低、转经营服务性收费33项，减轻企业和群众负担2697万元。组织开展清费降本减负政策落实情况专项督查。6月中旬，

表38　2016年度淮安、全省、全国居民消费价格指数（上年=100）

	1月	2月	3月	4月	5月	6月	7月	8月	9月	10月	11月	12月
淮安	101.9	103.0	102.5	102.5	102.2	102.6	102.5	102.0	101.6	101.8	101.5	102.2
全省	102.3	102.5	102.5	102.3	102.2	102.2	102.2	101.9	102.3	102.6	102.3	102.0
全国	101.8	102.3	102.3	102.3	102.0	101.9	101.8	101.3	101.9	102.1	102.3	102.1

表39　2016年淮安市价格指数表

指标名称	增长（%）
居民消费价格总指数	102.2
食品烟酒	104.8
粮食	102.8
鲜菜	114.5
畜肉	115.4
水产品	106.4
蛋	91.0
鲜果	104.0
衣着	99.4
居住	100.0
生活用品及服务	101.8
交通和通信	97.8
教育文化和娱乐	100.4
医疗保健	112.7
其他用品和服务	102.6
商品零售价格指数	100.9

配合省物价局在淮安开展为期10天的专项督查。6月中下旬，市物价部门组织三个督查组对全市8个县区、6家房地产开发企业、5家工业企业、3个乡镇和40多个收费单位进行专项督查。至6月30日，淮安市行政事业性收费部门、收费项目、涉企收费项目分别为31个、100项、61项。

【价格监管】 2016年，淮安市组织开展价格专项检查，开展电信、粮食、药品、景区门票、机动车检测、涉企收费、商品房明码标价、环保电价、银行收费等9项专项检查，全年查处各类价格（收费）违法案件129起，实施经济制裁8274万元。利用重大节假日节点，开展节日市场价格巡查活动，先后在元旦、春节、清明、“五一”“六一”和中秋、国庆等重大节假日以及中、高考期间，开展市场价格检查，保障节日市场价格秩序，营造良好的节日市场价格环境。构建社会监督服务网络，实现价格社会监督服务无死角、广覆盖。深化价格诚信体系建设，优化完善“淮安市价格信用信息平台”，该项工作被省信用办评为“工作创新奖”和“联动奖惩典型案例”。开展2015—2016年度省、市价格诚信单位考核推荐和认定工作，全市44家单位被命名表彰为“2015—2016年度淮安市价格诚信单位”，17家单位被命名表彰为“2015—2016年度江苏省价格诚信单位”。

【价格服务】 2016年，淮安市加强重要民生价格管理，清理城市市政公用设施行业收费，放开市场已形成充分竞争的经营服务性收费。规范AAA级以上景区门票明码标价行为，中止部分景区门票涨价计划，规范全市旅游市场价格行为。开展“三涉”（涉案财产价格鉴证、涉税财物价格认定和涉纪财物价格认定）价格认定，全年办理价格认定案件1520件。在2016年全省价格认定案卷评查中，淮安市取得全省第二名的成绩。加强价格争议调处宣传，全年开展价格争议调处宣传活动6次，发放宣传资料近4000份，办理价格争议调处78件。做好农本调查，开展6个县区109个调查样本数据核查，完成10个常规品种调查、6个品种直报调查、3个专项调查、7个特色农产品成本收益调查。引进第三方参与成本监审，全年完成5项定调价成本调查监审任务，监审成本总额11.38亿元，核减成本6915.83万元，核减率6.07%。加强价格监测预警预报，按时上报八大类近1200多个品种的价格数据。

（殷露洋）

安全生产监督管理

【概况】 2016年，淮安市发生各类生产安全事故440起、死亡310人。全年全市开展危险化学品、道路交通、非煤矿山、人员密集场所、农业机械、建筑施工等15个重点行业领域安全生产专项整治，大部分重点行业领域安全生产形势平稳可控。排查事故隐患3.56万个，整治3.54万个，整治率99.4%。全年全市亿元地区生产总值生产安全事故死亡率为0.092，远低于力争指标0.10。至年底，淮安市生产安全事故连续16年实现“双下降”，连续8年没有发生重特大事故。

【落实安全生产责任】 2016年，淮安市党政主要领导多次就安全生产工作作出批示，市委、市政府先后出台贯彻《江苏省安全生产“党政同责、一岗双责”暂行规定》的意见、《市政府及部门和单位领导成员安全生产工作“一岗双责”暂行规定》《市政府关于印发淮安市有关部门和单位安全生产工作职责规定的通知》等文件规定，对安全生产职责具体细化。金湖县“1·24”事故中，2人被追究刑事责任，10人被党纪处理，并对责任不落实、管理不到位或隐患突出的13个单位27名个人进行约谈。

【安全生产标准化建设】 至2016年底，淮安市完成化工、非煤矿山、烟花爆竹、冶金工贸等各类企业标准化达标1704家。其中，一级标准化达标2家，二级标准化达标25家，三级标准化达标1677家。

【安全生产宣传教育】 2016年，淮安市深入开展安全生产月活动，举办安全公益演出30余场，发放安全生产法律法规、《市民安全常识手册》、应急逃生知识手册、职业健康知识、安全画册和宣传品10万余份，累计印发2.2万余份《致全市企业主要负责人一封信》，并通过电台、广播、网络平台等载体进行集中宣传。在《淮安日报》上打造“安全政策宣传之窗”和

“安全文化展示之窗”，弘扬安全生产文化。

【安全生产专项培训】 2016年，淮安市为“三项岗位”人员举办各类培训班2600余期，培训企业主要负责人、安全生产管理人员和特种作业人员10127人。安监、住房和城乡建设、交通等部门累计培训农民工15万人次。举办职业卫生培训30余期，培训乡镇（街道）、部门以及重点行业企业主要负责人、分管负责人和管理人员4000余人。投入50万元专项资金购买“安培网”远程教育培训资源，向全市“三项岗位”人员免费开通网络培训。5月，淮安市安监系统在南京工业大学开办全市危化品安全监管业务培训班；8月，在市委党校举办监管人员执法资格培训班；11月，在中国矿业大学举办安监站长培训班。

【危险化学品安全专项整治】 2016年，淮安市有危险化学品企业1796户，其中涉及“两重点、一重大”（安监部门重点监管的危险化工工艺、危险化学品和重大危险源）危险化学品企业105户。构成危险化学品重大危险源的企业52户，其中构成一、二级重大危险源的企业11户，涉及危险化工工艺企业73户。至年底，对应排查的1796户企业进行全面排查，查出各类安全隐患2560条，全部整改到位。列入红表（关闭、取缔、搬迁）的企业10户，关闭、取缔、搬迁10户。在专项整治中，淮安市探索形成富有成效的“作业现场控制法”。淮安市安监局与淮安技师学院联合开办化工专业人才定向培养班，培养适应“作业现场控制法”要求的专业人才。

【重点行业领域专项整治】 2016年，淮安市对道路交通、危险化学品、非煤矿山、人员密集场所、建筑施工等15个重点行业领域开展安全生产专项整治。道路交通方面，先后组织19次统一行动，累计查处各类交通违法224.2万余起，全市道路环境进一步改善。粉尘防爆、有限空间作业、涉氨制冷方面，抽查县（区）38家企业，发现隐患180条，提出整改意见320条，建议停产搬迁1家，停产整改部分企业车间3家。消防方面，先后部署开展冬春火灾防控、夏季消防检查，检查单位1.7万家，发现火灾隐患2.9万处，临时查封175家，责令“三停”81家，拘留34人。全市还开展烟花爆竹、非煤矿山、职业卫生、农业机械、民爆器材、建筑施工、水利、电力、旅游等行业领域的专项整治。

【职业病危害专项治理】 2016年，淮安市先后开展3轮职业病危害专项治理，覆盖11个职业病危害重点行业。关停并转企业7户，其中电子产品生产企业1户，皮革箱包与制鞋企业1户，木制家具制造企业4户，石棉制品企业1户。

【安全生产应急救援能力建设】 2016年，淮安市灭火救援应急中心一期工程投入正常运营。投入2800余万元，购置6辆消防车、1套远程供水泵组；投入750余万元，购置40吨灭火药剂和各类常规器材、防护装备4670余件套。洪泽湖水上搜救中心在水上安全管理中发挥积极作用。成立淮安市化工行业应急救援大队。

【淮安市化工行业应急救援大队成立】 2016年，依托江苏安邦电化有限公司应急救援力量，淮安市成立化工行业应急救援大队。有专兼职救援队员20名，投入300万元，添置应急救援物资和装备。加强应急救援人员训练，定期开展应急救援演练，提高应急保障能力。7月21日，淮安市化工行业应急救援大队和消防、卫生、公安等应急队伍在淮安盐化新材料产业园区江苏麦道农化有限公司开展一次模拟光气泄漏事故应急救援演练。年内，淮安市化工行业应急救援大队先后参与淮阴区205国道异辛烷罐车泄漏、京沪高速淮安区段辛醇罐车泄漏等3起事故的应急救援。（赵　伟）

食品药品监督管理

【概况】 至2016年底，淮安市有食品及食品添加剂生产企业736家、食品经营户2.8万户、现场制售6500户、农贸市场176个、食用农产品经营户1.2万户。有获证餐饮服务单位9339家，其中特大型餐饮服务企业27家、学校食堂580家。全市有药品生产企业22家，持有批准文号企业529个，销售总额25.1亿元、利税5亿元。有批发企业26家（含分支机构5家），销售额51亿元、利税3000万元。有零售连锁企业19家，有药房1754家，其中零售连锁门店1020家、零售单体门店734家。全市有医疗器械生产企业31家，品种有医用缝合针线、手术刀片等，年生产总值4.89亿元、利润4000万元。全市有保健食品生产企业2家、化妆品生产企业5家，均为季节性生产。有保健食品经营企业1595家、化妆品经营企业896家。“透明放心菜市场建设”获“2016中国十大民生决策奖”和全市创新创优一等奖。

12月5日，食品安全透明共治淮安模式研讨会在淮安召开　　唐栋良供图

【"十三五"专规发布】 2016年7月，《淮安市"十三五"食品药品安全保障规划》正式发布。《规划》明确"十三五"期间全市食品药品安全工作指导思想、基本原则、发展目标、主要任务、重点项目和保障措施。全市将建立健全责任落实、法规制度、监管保障、监管能力、产业发展、社会共治等六大体系。着力打造"透明食药监"品牌项目、"舌尖110"指挥中心项目、食品药品监管信息化项目、食品药品区域性检验检测中心项目、农产品质量安全县创建项目、食品安全城市创建项目、基层装备标准化项目、队伍素质提升项目、食品药品安全科普宣传项目等九大重点项目。力争到"十三五"末，把淮安建成全国食品药品最安全、消费最放心的城市之一。

【食品安全城市创建】 2016年，淮安市所有县区向省食安办递交省级食品安全示范城市创建申请。各县区开展食品安全城市创建，金湖县、涟水县通过省里组织的第三方测评。全市农产品合格率持续提升，省级例行监测蔬菜产品合格率98.8%，畜禽产品合格率99.67%。蔬菜入市前合格率99.6%，农残检测抑制率21.3%，位居全国前列。出口食品样品检测合格率100%，累计抽检样品90个，检测项目覆盖农兽药残留、重金属、微生物和添加剂。保障2016国际智力联盟智力运动精英赛、全国田径大奖赛（淮安站）、第十一届"春兰杯"世界职业围棋锦标赛等重大活动57次，保障人员18.3万人次。

【透明食药监管体系建设】 2016年，淮安市持续推进透明食药监管模式创新，重点巩固提升"透明安全餐饮"质效，研发推进"透明放心菜市场""透明合格食品生产""透明食品流通"等模块，构建食品生产经营主体信息、地理信息、食品信息、食品流向、食品检验票证资料等5个数据子库，丰富完善以信息化、制度机制、检验检测、透明规范执法和应急响应五大支撑系统为主要内容的食品安全透明共治体系。透明共治体系入选"智慧江苏示范工程"，"透明安全餐饮"获"2015中国十大社会治理创新"奖。新华社内参第4689期、国家食药监管总局《食品药品监管简报》第106期、省委研究室《调查与研究》第55期、全国政协第59次"双周"座谈会都专门介绍淮安市透明共治创新做法。

【首创透明放心菜市场】 2016年，淮安市率先在全国创建以检测准入为核心，以透明共治为特征的"透明放心菜市场"，覆盖全市64个室内农贸市场、81家大型商超，蔬菜入市前合格率提升至99.6%，农残检测抑制率由46.2%下降到21.3%，位居全国前列。截至年底，日均检测蔬菜近3000批次、约5000吨，惠及全市560万民众。"透明放心菜市场"被市、县（区）两级都列入2016年民生十件实事项目，获"2016中国十大民生决策"奖。

【执法监管机制创新】 2016年，淮安市创立全国首家"舌尖110"，具备集中受理登记、统一指挥调度、分级分流处置、快速应急响应、网上督查督办、数据应用分析等"六大功能"，初步形成城区30分钟、乡镇40分钟的食品药品安全应急响应圈。建立3S（"双清单"责任落实机制、"双核查"工作机制、"双随机"市县联动执法机制）透明规范执法机制，实行执法全程痕迹化管理，实现对食药监管执法的全程记录和全方位监督，全面落实生产经营者的主体责任和监管部门监管人员的监管责任。开展农村食品安全"扫雷"行动、药品医疗器械流通领域违法经营专项整治、化妆品标签标识整治等专项行动，累计查办案件682件。

【药械保化品监督管理】 2016年，淮安市强化药品生产监管，对3家生产高风险制剂和8家生产基本药物的企业开展2次以上检查，其中1次为飞行检查，监管覆盖率100%。强化药品流通监管，对辖区14家基本药物配送企业、19家零售连锁企业总部检查覆盖率100%，日常检查零售单体药店及连锁门店935家次，随机抽查比例20%。强化医疗器械监管，对全市30家生产企业、942家经营企业和20家二级以上医疗机构全部实行分类分级监管。全年累计检查生产企业30家、经营企业293家次和二级以上医疗机构20家。其中，对27家高风险生产企业、112家高风险经营企业监督抽查覆盖率均为100%，且均实施100%全项目检查。强化保健品化妆品监管，对全市2家保健品生产企业和5家化妆品生产企业检查覆盖率100%，完成4家化妆品生产企业换证工作。

【检验检测能力建设】 2016年，淮安市完成市食品药品检验所检测能力扩项，至年底，具有189个品种、1445个参数检测能力，涵盖《2015版食品安全抽验实施细则》规定的所有检验项目。县区基本建成食品安全快检中心。全年抽检食品22416批次、药品1353批次、保健食品100批次、化妆品67批次。食品抽检达到4.57批次/千人。强化不良反应（不良事件）监测，全市上报药品不良反应报告4240份、医疗器械不良事件2137份、化妆品不良反应监测报告26份，继续位居全省地级城市前列。

【服务食药产业发展】 2016年，淮安市主动对接"放管服"（简政放权、放管结合、优化服务）改革，有序承接省局下放的部分食品生产许可和执业药师注册2项事权，集中行使全市饭馆、咖啡馆、酒吧、茶座等4类公共场所公共卫生许可和食品经营许可2项职能。推进精准式行政指导，帮助天士力帝益药业公司新建无菌抗肿瘤制剂车间，申报生产米诺膦酸等高附加值新原料药；指导江苏实联化工公司原料药氯化钠技术转让；跟进永安制药公司引进蚓激酶生产项目；帮助淮安九州通有限公司、华龙医药公司两家企业取得药品零售连锁委托配送资质。深化产学研结合服务，参与江苏正大清江制药有限公司等企业的技术研发，实现产、学、研合作共赢。

（唐栋良）

质量技术监督

【概况】 2016年，淮安市成功创成

全国质量强市示范城市，“品质行天下 匠心居江淮”成为淮安城市质量精神。淮安市标准信息公共服务平台（淮安市标准馆）、江苏省凹土检验检测重点实验室相继建成。全年未发生重特大特种设备安全事故。

6月3日，副市长唐道伦（右二）出席“96333”电梯应急处置中心开通仪式
梅军供图

【全国质量强市示范城市创建成功】 2016年，淮安市积极争创“全国质量强市示范城市”。市政府召开“淮安市创建‘全国质量强市示范城市’启动大会”，市长惠建林等市领导赴北京参加创建“全国质量强市示范城市”申述论证会议。淮安市在质量提升方面的创新举措和特色亮点得到国家质检总局和专家组的高度评价。12月20日，淮安市成功获批创建“全国质量强市示范城市”。

【品牌战略】 2016年，淮安新增名牌产品44个，总数311个，新申报江苏名牌20个，今世缘酒业有限公司获2016年度全国质量奖鼓励奖，董事长周素明获“中国杰出质量人”，理士电池有限公司、双环齿轮有限公司获2016年度市长质量奖，旺旺食品有限公司获提名奖。

【“96333”电梯应急处置平台建成】 电梯应急处置平台建设被市政府列入2016年度为民“十件实事”项目。6月3日，“96333”电梯应急处置平台正式开通运行。至年底，“96333”开通运行282天，解救被困人员3108人，月均接警143起。采用3级救援模式，平均到场用时14.23分钟，比法定时间缩短50%。开发“淮安市特种设备动态监管系统”，采用互联网和云计算技术，拥有监督数据远程实时查询、监督检查管理、统计分析和隐患实时预警等9大模块，实现执法检查记录电子化、云端存储，以及监管大数据分析等主要功能。

【特种设备安全监管】 2016年，淮安市共检查特种设备相关单位600余家次，排查特种设备安全隐患374条，查办特种设备相关案件29起。先后3次组织21个督查组对各地特种设备安全工作开展专项督查，现场督查整治隐患80条。妥善处置“金湖1·24锅炉爆炸事故”“江苏鸿兴铁路构件有限公司6·9起重机事故”以及“10·26淮海第一城电梯事故”。全年未发生因安全监察责任引发的特种设备重、特大事故。

【标准化建设】 2016年，盱眙县全国非金属矿产品及制品标准化技术委员会凹土工作组获准成立，淮安市专题召开全市标准化工作推进现场会，发放标准化专项经费70万元。年内，井神盐化公司、理士电池公司、五鑫尼龙公司主导制定国家、行业标准。《红色旅游景区服务规范》经国标委备案发布，填补江苏省红色旅游服务标准空白。《淮安市社区居家养老服务规范（试行）》《淮安市用水定额》文件发布，标准化推进机制实现多领域融合发展。在标准化试点示范项目上，1个国家级、4个省级项目通过验收，2个国家级项目通过中期评估，新增1个国家级、2个省级项目立项。省联盟标准《纳米凹凸棒石粘土》通过专家评审，淮安区助推“教学具团体标准试点”立项。

【计量工作】 2016年，金湖县创成省级计量惠民示范县；淮钢特钢有限公司、淮阴卷烟厂通过省级能源计量示范单位考核；实联化工公司被省质监局、省经济和信息化委员会确定为省级能效“领跑者”；全市检定214个集贸市场在用计量器具12932台件，医疗计量器具9431台件。

【质检执法行动】 2016年，淮安市质监系统组织开展“质检利剑”“双打”专项执法打假行动18次，检查生产、销售单位1087家次，查办违法案件119件，捣毁制假售假窝点3个，查获涉案产品货值1389万元，挽回经济损失309万元。

【质监政务服务】 2016年，淮安市质监系统受理办结质监行政业务3000余件，淮阴区行政服务中心项目通过国家级项目验收，清江浦区做好市、区事权划分对接工作。实现“12365”热线与“12345”市长热线并线运行，办理网上公众留言、投诉举报1822件。建立“双随机一公开”（随机抽取检查对象，随机选派执法检查人员，抽查情况及查处结果及时向社会公开）监管制度，开展权力清单标准化编制，出台《淮安市市场监督管理行政处罚程序规定》《行政处罚案件法律指导工作制度》。

【质监技术科研】 2016年，淮安市级检验检测机构设备投入795万元，停车场计价计费系统、新能源汽车充电桩（柱）项目进入试运行。新增照度计检定装置、声级计检定装置，填补淮安市声学、光学两个领域的空白；新增热敏纸检测仪，补齐江苏省质检机构纸及纸制品检验设备短板。年内，申报国家质检总局储备项目1个、国家质检总局能力提升项目1个、江苏省质监局能力提升项目3个、江苏省质监局科技项目1个、江苏省质监局计量专项能力提升项目1个。“一种石油紧密螺纹距测量尺”等6个项目获发明专利，中小企业盐化工产业分析检测公共技术服务平台获省级专项资金支持，“淮安市现代模具智能制造与检测服务中心”平台项目获市科技立项。 （梅 军）

审 计

【概况】 2016年，淮安市实施审计项目1922个，查出各类违纪违规资金18.81亿元，管理不规范资金16.84亿元；审计促进整改落实有关问题资金3.65亿元；节约政府投资26.48亿元，提出审计建议并被有关部门、单位采纳整改1943条。编制《淮安市“十三五”审计工作发展规划》，参与国家审计署审计长刘家义赴江苏人财物管理改革调研、中央经济责任审计工作联席会议办公室赴江苏地方经济责任审计调研工作汇报。在全省优秀审计项目评比中，金湖县审计局项目被评为优秀项目。

【跟踪审计】 2016年，淮安市审计局根据省审计厅统一部署，按季度对宿州至扬州高速公路（盱眙段）工程建设情况、降低实体经济企业成本及盘活财政存量资金、“放管服”（简政放权、放管结合、优化服务）改革措施落实等情况开展跟踪审计，推动供给侧结构性改革和各项改革措施落到实处。

【财政审计】 2016年，淮安市审计局财政同级审计工作组织实施106个审计项目，对市本级预算执行形成“1+4”框架机制（即市本级加4个功能区预算执行），首次实现审计区域范围全覆盖。审计工作报告重点反应预算编制、预算执行和重点项目等方面存在的问题，深入分析原因，提出切实可行的建议。市第七届人大常委会第32次会议全票通过审计工作报告。审计整改突出“即知即改”，整改率100%。

【经济责任审计】 2016年，淮安市持续深化“组审合作”，在任中点审、离任即审、异地交叉审计成功实践的基础上，探索分类评价和审后联谈等方法，形成《淮安市领导干部任中点审暂行办法》《淮安市领导干部异地交叉审计暂行办法》。受省审计厅委托，淮安市审计局对南京高淳、栖霞两区原党政主要领导开展经济责任审计，这也是淮安市首次实施副厅级地方党政领导干部经济责任审计。

【专项资金审计】 2016年，淮安市围绕保民生、惠民生目标，组织开展保障性安居工程、住房公积金、养老保险基金、盐城龙卷风救灾资金和市政府民生“十件实事”等一系列专项审计。组织对淮阴区、涟水县、淮安区三个省级重点帮扶县（区）的财政扶贫资金进行专项审计调查，为淮安市“阳光扶贫”平台搭建摸清相关情况。

【固定资产投资审计】 2016年，淮安市对有轨电车一期工程、体育中心、里运河文化长廊、金融中心一期等154个政府投资项目开展跟踪和决算审计。项目送审额55.57亿元，核减额7.63亿元，审减率13.73%，促进项目实施单位建章立制8项。前移监督关口，有效化解项目建设廉政风险，提高政府资金使用绩效。

【百村居财务专项审计】 2016年，淮安市集中两个月时间，按照统一组织、统一方案、统一实施、统一报告、统一处理、统一归档“六统一”审计模式，运用“大兵团作战”和大数据分析等方法，对全市105个村（居）开展财务专项审计。审计查出违纪违规金额2.42亿元，管理不规范金额3.35亿元。审计期间，向市纪委移送违纪违法问题线索106份，涉及金额1.25亿元。

【两区合并清产核资审计】 2016年，淮安市审计局负责行政区划调整工作中原清河、清浦两区清产核资审计工作，对两区下属328个单位的5900余张自查表进行两次以上交叉复核，重点检查159个单位。在核实资产基础上，及时完成清产核资审计报告，清晰反映两区资产、财务现状，为两区顺利合并奠定基础。

【自然资源资产离任审计】 2016年，淮安市对淮安区2013年至2015年耕地保护与节约集约用地责任进行试点审计。审计内容涉及地方主要负责人履行耕地保护第一责任人制度建设和执行情况等7个方面20个具体审计事项。

【人财物管理体制改革】 2016年，淮安市贯彻执行《关于完善审计制度若干重大问题框架意见》《江苏省审计机关人财物管理改革试点实施方案》及相关配套文件，逐一细化工作任务，确定目标要求，拟定全市落实管理改革试点工作的时间表、路线图和任务书。同时，结合淮安实际，认真研究干部管理、机构人员管理、财务资产管理方面的贯彻意见和业务管理的具体办法，运用好制度成果。

（张路路）

统 计

【概况】 2016年，淮安市全面协调推进现代统计调查体系建设，“十三五”统计调查改革开局良好，“部门统计推进年”活动取得成效。组织开发的“统计调查云平台”项目通过市级科技成果鉴定，并获省第十四届统计科研优秀成果评比“信息技术类”最高奖及全省年度项目“重大创新奖”。省统计局公布25个专业考评结果，淮安有10个专业获得奖项。

【第三次农业普查】 2016年，金湖县省级第三次农业普查综合试点完成。在试点普查中，淮安市认真总结“五落实”（普查机构、办公条件、人员保障、工作责任、沟通协调落实）、摸底清查、入户登记、质量控制、数处理等关键环节遇到的问题，实践探索解决方案，为全省普查方案修订提供宝贵经验。组织召开三农普查领导小组第一次全体会议，明确各县（区）政府和市各有关部门的职责和任务。组建县乡普查机构，落实经费和办公用房，完成普查人员选聘、综合业务培训和市级试点。在全省率先开展遥感测量工作质量抽查。开展形式多样的普查宣传，在市级主流媒体、政府门户网站播放宣传片和宣传字幕，刊登答记者问和普查标语，发布农业普查工作动态，走进"中国淮安"政府门户网站与广大市民进行在线交流。创新宣传方式，以"农业普查、福到农家"为主题，在金湖县、淮阴区举办两场群众喜闻乐见的送戏下乡活动；利用新媒体技术制作微场景短剧"农小豆下乡"，获"迎农普·江苏统计'微传播'创新大赛"二等奖。

【统计方法与制度创新】 2016年，淮安市制定《淮安市"十三五"时期统计调查改革发展规划》，以"十大工程"为总布局，整体谋划淮安统计改革。开展"三新"（新产品、新产业、新业态）统计，出台《关于贯彻"三新"统计体系建设的实施意见》，摸底核查淮安新产品、新产业、新业态发展状况，了解采集"四众"（众创、众包、众扶、众筹）企业基本情况，试点"健康养生业"调查，撰写调查报告。建立非金融资产投资调查制度；开展商业综合体调查；完善消费零售额统计，增加网上零售等指标；完善生态文明建设统计，并纳入部门一套表；城镇住户电子记账比例由2015年的8%扩大到20%；启动低收入农户五年监测。规范民间统计，召开淮安市统计调查服务行业协会大会，选举产生第一届理事会和领导机构。加快政府职能转变，重点扶持、培植淮安瀚唐信息技术有限公司和淮安伯特统计调查有限公司，将统计教育培训、农业普查无人机遥感测绘和统计微信H5产品开发等统计调查事务外包，探索政府购买服务新途径。

【统计信息化建设】 2016年，淮安市继续推进实施《淮安统计信息化2015—2017发展规划》。建成统计调查云平台，将多种计算机辅助调查手段与数据处理全部建设在云端，实现市、县统计局、调查队在线访问和实时处理数据。完善统计综合数据库，完成历年统计年鉴、三次人口普查、两次农业普查和三次经济普查纸质年鉴的电子化和数字化扫描存储。初步建成统计地理信息系统，完成三次经济普查数据展示系统、企业地理信息展示系统和新增企业标点系统建设。建成统计综合办公系统，以移动化操作为导向，提供完善流程审批类应用，与市电子政务办公系统无缝对接，市县统一共享使用。升级建成覆盖市、县、乡三级的统计内网网站群。

【统计服务】 2016年，淮安市统计局出台《统计科研课题管理办法（试行）》，发挥统计科学研究院在课题研究方面的优势，向全市公开招标课题29项，实现历史性突破。《淮安制造业企业供给侧改革实证研究》和《淮安精准扶贫存在问题与对策研究》分别获江苏调查总队课题评选二等奖和三等奖；《基于年龄变量分组的消费者电子商务采纳影响因素分析》获江苏省第十四届统计科研优秀成果奖评比"论文类"三等奖。升级优势特色产业监测，建立"4+3"（四大基础服务业，即物流、金融、旅游、商贸和三大新兴服务业，即电子商务、健康养生、文化创意）服务业监测制度，围绕淮安发展重要领域和关键改革环节，开发挖掘产业数据、结构数据。建立"一月双报"制度，每月5日、15日，以《统计专报》的形式，向市委市政府主要领导汇报数据走势，统计"数库"和"智库"功能日益增强。市统计局全年撰写统计分析65篇，统计信息300余篇。《淮安制造业融资环境持续改善》等13条信息被省两办采用。与市发展改革委联合报送的《新常态下淮安经济持续增长能力与转型发展动力分析》被市委书记姚晓东批示。将"数据淮安"植入"中国淮安"、淮安网等门户网站，开发推送20余条微信产品，实现统计数据一键查询、动态更新，"淮安统计调查"微信公众号综合影响力在全国统计系统排第19名。健全媒体合作机制，公布统计信息发布日程表，定期召开新闻发布会4次。发挥统计调查云平台功能，服务中心工作，按季度组织实施全国文明城市和国家生态市模拟考核测评，为创建工作找薄点、补短板。接受市纪委委托，组织实施"两个责任、行风评议"民意调查，调查结果作为部门科学跨越发展考核重要依据。

【部门统计】 2016年，淮安市政府下发《关于加强和完善部门统计工作的意见》，将部门统计全面纳入市级机关科学跨越发展目标考核。建立覆盖范围更全、涵盖指标更多的《淮安市部门综合统计一套表制度》，全市46个部门、1041项部门指标被纳入制度范畴，部门统计取得重大突破。配套部门一套表制度，完善部门网络直报系统，得到各部门支持、配合。组织部门统计人员参加在四川大学举办的淮安统计高级研修班。

【依法治统】 2016年，淮安市统计系统开展"数据造假、以数谋私"专项治理活动，清理违反《统计法》精神和做法的文件。逐一核实空壳企业、僵尸企业，全年清理退出规模以上工业企业182家、贸易企业134家、投资和房地产项目215个、服务业企业112家。对5个乡镇（街道）进行综合监审，对150余家联网直报单位进行专项检查，通报处理发现问题的2个乡镇、5家企业，并对2个乡镇行政约谈，查处3起统计违法案件。规范案件查处程序，1起案件资料被省统计局评为"全省十佳统计行政执法案卷"。贯彻落实《江苏省统计数据全程质量管理体系（2016）》，制定出台《淮安市主要统计指标评估认定办法》，以"公开公平公正"为原则对县（区）数据进行评估，努力做到全面系统、方法科学、量化透明。严控数据源头，抓住"五证合一"（营业执照、组织机构代码证、税务登记证、社会保险登记证和统计登记证合一）登记制度改革契机，利用省工商共享平台获取源头资料，第一时间更新、完善名录库信息。启动全市村（居）统计规范化建设，全市申报规范化建设成果10余项，乡镇统计规范化建设抽检单位53家，新申报联网直报规范化合格单位959户，促进市县乡企四级规范化水平同步提升。 （张建国）

海　关

【概况】 2016年，淮安海关监管进出境货物7.9万吨、货值8.4亿美元。全年实现税收入库3.8亿元，同比增长1.8%；审批加工贸易进出口合同备案

8月17日，淮安海关赴淮阴区举办“海关进县区”政策宣讲活动　陈莉供图

金额7.6亿美元，增长27.4%；审批减免税款1118万元；验放进出境航班286架次、进出境人员35239人次，同比分别增长201%、255%；实施稽查作业14家、完成率超90%。淮安海关被授予“2013~2015年度江苏省文明单位”称号。

【安全监管】 2016年，淮安海关开展“8·12”专项整治、审计问题回头看、细化第七巡视组巡视整改措施、审计和巡视巡察发现问题自查自纠等专项自查整改工作。实施风险分析工作制度，组织淮安海关风险大排查，排查各类风险86条，并编制淮安海关风险清单及防控措施。加大对异常贸易数据的管控，制发管控虚假贸易工作办法，维护正常进出口贸易秩序。开展知识产权海关保护“清风”行动，与地方主管部门形成监管合力。

【打击走私】 2016年，淮安海关深入开展“国门利剑2016”专项行动，重点打击涉及枪毒废税、战略资源性产品，以及食品、环境安全等严重危害社会和谐稳定与人民群众安全的走私犯罪，查获走私固体废物3200吨。全年立案办理刑事案件3起，抓获犯罪嫌疑人1名，检察院批准逮捕1名，立案调查行政违规案件42起，货物价值12262.9万元，涉税1317.6万元。罚没入库54.2万元，补缴税款160.6万元。

【深化改革】 2016年，淮安海关复制推广“区内自行运输”“批次进出、集中申报”“智能化卡口验放”“简化统一进出境备案清单”“简化无纸通关随附单证”“汇总征税”“委内加工”等7项上海自贸区海关监管创新措施。持续推广通关无纸化改革，无纸化率99%，处于全国领先水平。通关一体化改革加速推进，惠及重点企业43家。建成行政审批“一个窗口”，减少、优化内部核批程序。开展移动查验单兵、加工贸易一体化改革改革，落实取消加工贸易业务审批改革，试点加工贸易单耗自核。

【服务经济】 2016年，淮安海关协助推进跨境贸易电子商务贸易，淮安被列入“开展跨境贸易电子商务试点”城市。助推“淮安新港综合货运码头”获批设立。“淮安海关涟水县事务联络处”正式挂牌。开展关检联合服务外贸稳增长“百千万”（百企帮促、千企挂钩、万企直通）活动，走访30家重点进出口企业。举办“海关进县区”专题现场会6次，覆盖县区政府十几个职能部门和进出口企业200余家。推广加工贸易联网监管，联网企业进出口总值占全市加工贸易进出口总值45%。服务重点进出口企业，协调淮安和通汽车零部件有限公司大型设备进口难题，抽调专人服务庆鼎精密电子（淮安）有限公司转型升级。培育高级信用认证企业，淮安新国纺织有限公司通过高级企业认证。

（陈　莉）

出入境检验检疫

【概况】 2016年，淮安市检验检疫出入境货物10105批、53593万美元，签发原产地证书16402份，其中优惠原产地证10995份。全年检疫查验进境集装箱339标准箱，检出不合格186标准箱。机场口岸检疫查验航空器283架次、旅客34327人次，筛查有症状人员81人次、确诊14人次，截获禁止携带物203批次。进出境动植物产品中检出有害生物105种次，其中检疫性有害生物1次。实验室检测样品12279批、66229项次。保健中心完成出入境人员健康检查4295人次、预防接种2076人次，检出艾滋病感染者2例、恶性疟疾5例、梅毒抗体阳性42例。

9月30日，淮安检验检疫局在综保区以焚烧方式对禁止进境物进行销毁处理，图为工作人员对销毁物品进行称重登记　吉婧供图

7月18日，淮安检验检疫局工作人员在一批泰国进境天然橡胶烟胶片中发现大量活体昆虫　　吉婧供图

【贸易便利举措】 2016年，淮安市出入境检验检疫部门无纸化申报和全程无纸化覆盖率增至90%和70%，通关一体化负面清单外实现全覆盖，全年申报8049批、签发进出境通关单7659份。检验检疫业务主干系统上线运行，江苏国际贸易"单一窗口"货物进出口申报系统增设ECIQ（中国电子检验检疫）报检模块及检验检疫原产地证申领模块。与市贸促会签署《关于加强原产地签证工作服务"走出去"战略合作备忘录》，建立联络会商和数据信息共享机制，优化原产地签证服务。

【口岸把关】 2016年，淮安市推进口岸卫生检疫核心能力和旅检口岸规范化建设，对近三年赴安哥拉劳务人员进行摸底统计和后续监管，联合边防、机场公司开展口岸疫情应急处置演练，成功排除全国首例归国裂谷热确诊病例淮安籍密切接触者的染疫嫌疑。开展口岸"绿蕾行动"、禁止携带物"国门销禁"行动以及全国系统首家"江苏旅邮检口岸检疫犬巡检活动"，相关报道两次在中央电视台播出。全年检测动植物产品及食品665批次，检出不合格动物产品47批。严格进出口危化品监管，检出不合格出口危险货物及其包装71批次，全年未发生一起安全事故。

【质量共治】 2016年，淮安市出入境检验检疫部门与金湖县政府建立全面合作机制，明确"政府主导、部门联动、企业主体、行业自律、社会监督"质量共治新格局的责任分工、建设路径和保障措施，联合出台"质量共治"三年活动方案。开展进出口质量共治试点，助推江苏金石机械集团建成苏北地区首家"中国出口质量安全示范企业"。引导金湖出口机械产品质量安全示范区争创省级示范区，区内企业全部建成ISO9001国际质量管理体系，全年区内进出口总额2亿美元、同比增长3%，在全县进出口额中占比60%。相关工作获全市创新创优项目三等奖。

【开放水平扩大】 2016年，淮安市出入境检验检疫部门跟进空港口岸开放，完成淮安涟水机场日本航线检验检疫保障任务；设立港口办事处筹建机构，协助空港及新港水路口岸开展科学合理的口岸规划和功能设置。承接台资企业产业转移集聚服务示范区省级战略，牵头建设台资集聚出口质量安全示范区，对综合保税区跨境电商公共服务平台建设给予大力支持，联合海关继续开展关检联合"一站式"服务进园区系列活动。帮扶特色农产品食品出口，金湖龙虾成为内地首批输入香港乃至出口的鲜活小龙虾，盱眙品牌龙虾首次走出国门出口澳大利亚，花卉企业取得大陆首批介质兰花输美资质，河蚬、蜂蜜、罐头等传统出口食品、农产品成功开拓新市场。

【检验检疫通关一体化进口食品】 6月15~17日，一批摩洛哥粗鱼油抵达连云港口岸后直接转检至进口企业所在地洪泽县工业园区，成为检验检疫一体化以来首批适用通关直放的进口食品。淮安检验检疫局完成入境报检、抽样检测、入境证明出具等全过程监管。该批货值20万美元的进口粗鱼油，也是淮安地区首次进口的动物源性食品。　（吉　婧）

社会事务管理

民　政

【概况】 2016年，淮安市建设现代民政，提高各类民政对象保障标准和服务水平，健全社会救助体系，增强防灾减灾救灾能力，完善多层次养老服务体系，创新基层社会治理水平。市政府办公室印发《淮安市"十三五"民政事业发展规划》，制定民政事业发展目标。"打造'互联网+捐赠'阳光慈善新模式"入选江苏省第二批法治实践优秀案例。2篇政策理论研究论文在民政部民政论坛获奖，4篇论文在省民政厅"福彩杯"评比中获奖。市永思园公墓管理处被省民政厅定为标准化建设试点单位，《淮安市社区居家养老服务规范》标准在全市试点推行。在全市推行收养评估。推进多样化节地生态安葬方式，出台生态殡葬和集中守灵奖补办法。初步完成《主城区（2016—2030）殡葬规划》修编工作。清江浦区和洪泽区成立。洪泽区创成现代民政示范区。盱眙县民政局"开通清廉民政手机报"项目被评为2016年度现代民政建设"十大创新成果"。市永思园公墓管理处被评为2013—2015年度江苏省文明单位。盱眙县桂五镇敬老院院长李银被中共江苏省委宣传部授予江苏"时代楷模"称号。

【福利慈善】 2016年，淮安市为12.2万名80周岁以上老年人发放尊老金

8599万元。城市“三无”（无劳动能力、无收入来源、无法定赡养人）人员年供养标准、农村五保对象年分散供养标准提至上年度城乡居民人均可支配收入的50%，农村“五保”集中供养标准高于分散供养800元。散居孤儿、集中供养孤儿养育费分别提高至每人每月1178元、1930元，监护人监护缺失儿童养育费提高至每人每月940元。所有分散供养农村“五保”对象、城市“三无”人员、孤儿、监护人缺失和监护人无力抚养儿童均签订结对关爱照料协议。明确困难残疾人生活补贴对象为四类，将重度护理补贴发放对象整合扩面为两类。推进微信捐赠和网站同步联动，搭建淮安阳光慈善网掌上“微公益”微信公众服务平台，打造“移动互联网+捐助”新模式。开展“阳光助医”“精准帮扶”“起跑关爱”“助跑关爱”等慈善救助项目，全年救助支出近3000万元。

【养老服务】 至2016年底，淮安市有60周岁以上户籍老年人口108.8万人，占户籍人口的19.17%。建成9个街道老年人日间照料中心、104个社区老年人助餐点，全年服务老年人17.28万人。新建标准化社区居家养老服务中心75个，提档升级标准化养老服务中心211个，全市城、乡标准化社区居家养老服务中心建成率分别为43%、16%。建成20个关爱驿站，累计建成43个。养老床位总数3.7万张，每千名老年人拥有养老床位数36张。社会力量举办或运营床位数占总床位数的55%，县区政府主办的养老机构有一半实现公办民营。护理型床位数占机构床位数的45.3%，全市累计建成运营11个护理院。112个农村敬老院与乡镇卫生院对接签约，乡镇卫生院提供服务。基本完成农村敬老院消防设施改造建设任务，为5925名经济困难的高龄、失能老年人购买养老服务，标准为每人每月60~260元。市本级福彩公益金投入27万元，为101个社会力量举办或运营的养老机构购买养老机构综合责任险，全市有29.4万名老年人参保意外伤害保险，保险覆盖面28.5%。

【基层社会治理】 2016年，淮安市完成第十一届村民委员会、第六届居民委员会换届选举，金湖县作为全省村委会换届选举试点单位，组织全省现场观摩会。全市125个街道（乡镇）全部开展“政社互动”，覆盖率100%。社区信息化平台在70%的城乡社区运行，为社区减负增效持续开展提供技术支持。依托村（居）民会议、村（居）代表会议，利用社区论坛、居民听证会、社区自治协会、社区治理议事会等一系列民主形式，广泛开展城乡基层民主协商活动。盱眙县“三提三知”（提户知人、提人知事、提事知情）工作法被评为全省基层社会治理十大创新成果。全市98%的城市社区和96%的农村社区都拥有400平方米以上工作活动场所，城乡和谐社区建设合格率分别达到92%、85%。举办全市社区治理创新和社工实务培训班，在主城区103个城市社区建设志愿者服务站和社会工作室。全市累计持证全国社会工作师718人，每万人拥有社工人才数苏北第一。举办全市社区社会工作继续教育培训，开展首届社区社工服务技能竞赛。全市新增民办社工服务机构13家。淮阴区营北社区、清江浦区心苑社会工作服务社被民政部确定为全国社会工作服务示范社区、全国社会工作服务示范单位，心苑社会工作服务社赵海林被评为全省社会工作领军人才。

8月10日，淮安市在市委党校举办村（居）“两委”换届选举工作培训班

汤荣供图

【社会组织管理】 2016年，淮安市推进行业协会商会与行政机关“五脱钩”（人员、财务、资产、职能、机构五方面脱钩）。建立市级社会组织综合性培育发展中心，县区培育发展中心实现全覆盖。至年底，全市注册登记社会组织4240家，平均每万人拥有社会组织8.7个。其中，社会团体2209家，民办非企业单位2024家，基金会7家；市直注册社会组织605家。有持证社会工作专业人才718名，其中社会工作师158名，助理社会工作师560名。开展社会组织公益创投，支持社会组织服务公益慈善事业、参与社会治理创新。规范社会组织年检，加强社会组织等级评估，全市获得等级的社会组织有1420家，占应参评社会组织的60%。健全社会组织综合监管体系，加强社会组织自身建设，推动形成政社分开、权责明确、依法自治的现代社会组织体制。推进社会组织管理信息化建设，建立健全市、县区两级社会组织法人数据库。组织实施社会组织18位社会统一信用代码赋码工作。推进社会组织党建工作，社会组织党组织开展迎“七一”活动，启动有10多家社会组织参与的传统包容文化研究汇编。

【关爱服务】 2016年，淮安市全省首家在全市范围实施困境人群心理关爱项目，为942名对象开展常态化关爱服务，整理41个案例，编撰《困难群体精神关爱启示录》。开展农村留守儿童摸底排查，全市有21005名留守儿童信息录入信息平台。建立淮安市农村留守儿童关爱保护工作联席会议工作制度，组织多部门开展农村留守儿童“合力监护、共伴成长”关爱保护专项行动。加强流浪乞讨人员救助管理，全市救助流浪乞讨人员4215人次，其中救助流浪未成年人86人次，救治流浪乞讨精神病人272人次。

【优抚安置】 2016年，淮安市各类优抚对象抚恤补助标准实现自然增长，调整带病回乡退伍军人与“两参”（参战和参加核试验）人员享受同等待遇。严格评残调残程序，重点优抚对象集中疗养。淮安市楚州烈士陵园管理处、洪泽烈士陵园管理处、涟水县烈士陵园管理处被市政府确定为市级烈士纪念设施。做好烈士纪念日公祭活动和新婚夫妇向烈士献花活动。刘老庄烈士陵园获批第六批96处国家级烈士纪念设施。接收2015年秋、冬季退役士兵2103人。退役士兵职业教育培训参训率96.4%，双证获取率95.7%，就业率100%。接收军休人员7名，接收安置率100%。“国防关爱基金”拓展至县区，发挥更大帮困作用，解决涉军群体实际困难。开展“我是一个兵”主题征文，在《淮海晚报》连载刊发，展示当代退役军人风采，增强荣誉感。查找落实下岗失业志愿兵档案和党员组织关系，增强归属感。

【区划调整】 参见《运河之都·区划》

【地名勘界】 2016年，淮安市政府出台《淮安市地名管理办法》。开展全国第二次地名普查工作，收集地名条目3万多条。建设清江浦臧家码头遗址，制作《淮安中心城区历史地名保护规划》。清江浦区白鹭湖街道、清安街道分别更名为清河街道、清浦街道。完成省界苏皖线淮安—滁州段联检工作以及两条县际界线联检工作。在全省率先完成市际界桩更换工作，建立界桩档案。

【丧葬管理】 2016年，淮安市出台《淮安市区节地生态葬和集中守灵奖补办法》，将选择参加民政部门组织的不保留骨灰生态葬奖励提升至1500元（原为1000元）。对选择树葬、壁葬等绿色生态葬法的，给予当地物价部门核定公布价格15%的优惠，对选择在民政部门指定地点集中守灵的，每例给予1500元费用减免，对新产生的骨灰寄存，减半收取格位占用费。

【婚姻登记】 2016年，淮安市完成原清河区、清浦区婚姻登记处合并更名以及原洪泽县婚姻登记处更名，新设立淮安经济技术开发区婚姻登记处。全年全市办理婚姻登记89644例，其中结婚登记59907对（补办18071对），离婚登记14341对。 （汤 荣）

2016年元旦，市人大常委会副主任陆长苏慰问百岁老人 汤荣供图

民族宗教事务

【概况】 2016年，淮安市有47个少数民族人口居住生活，总数1.8万人，少数民族流动人口约9000人。有民族村4个，分别是涟水县黄营乡朱桥村（回族）、淮阴区码头镇张庄镇村（回族）、洪泽县西顺河镇街西居委会（回族）、盱眙县兴隆乡刘岗村（多民族）；有民族组8个，分别是淮阴区码头镇郑台村四组（回族）、淮阴区吴城镇城南村七组（回族）、淮阴区吴城镇淮泗村六组（回族）、涟水县唐集镇丰河村顾庄组（回族）、盱眙县官滩镇三桥村马庄组（多民族）、盱眙县王店乡范墩村下郢组（多民族）、淮安经济技术开发区山前村一组（回族）、金湖县吕良镇陈庄村一组（多民族）；有民族学校、班4个，分别是淮阴区码头镇民族小学、涟水县民族小学、江苏省淮州中学新疆内高班、淮安生物工程高等职业学校新疆中职班。

淮安市有基督教、佛教、道教、伊斯兰教四大宗教，有市级宗教团体5个，分别是市佛教协会、市伊斯兰教协会、市基督教“三自”爱国运动委员会、市基督教协会和市道教协会，有县级宗教团体17个。有宗教活动场所1034处。其中，佛教65处、伊斯兰教6处、道教6处、基督教957处。有清真网点161家，其中清真饭店8家、拉面店146家、清真食品生产企业7家。有信教群众32.3万人，其中基督教28.5万多人，佛教3万多人，伊斯兰教6000多人，道教2000多人。有宗教教职人员1271人，包括基督教教职人员1179人，其中牧师37人、长老50人、传道1097人；伊斯兰教教职人员（阿訇）8人；佛教教职人员（僧尼）78人；道士6人。根据江苏省《关于规范县级民族宗教工作机构设置的通知》要求，开展县级民族宗教机构改革，全市县级民族宗教工作机构全部单列。

【民族团结创建】 2016年，淮安市加强城市基础性民族工作，特别是社区、企业、高校民族工作以及少数民族流动人口服务管理的探索与总

10月15日，淮安市举办全市民族健身舞比赛　　周育雄供图

结。配合全国文明城市创建，在市及各县（区）政务大厅建立少数民族就业、培训、权益保障和法律援助等引导窗口。抓好民族体育运动训练基地建设，组织基地领导和教练员到湖北民族学院、吉首大学、恩施和湘西土家族苗族自治州、通道侗族自治县等地考察交流民族传统体育项目。基地陆续组建少数民族体育项目队伍：珍珠球队、高脚舞龙队、毽球队、健身操队，并进行常规性训练。在6月全国“民体杯”民族健身操比赛中，淮安市代表江苏队参加比赛，获得总分第三名。举办2016“康乃馨家纺”杯民族健身操舞比赛。启动两个民族村民族文化广场建设。淮州中学民族团结进步主题教育馆建成，并申报全省民族团结进步主题教育馆和筹备全市民族体育健身操比赛。

【少数民族经济发展】 2016年，淮安市支持民贸企业流动资金贷款贴息申报，全年向康乃馨公司贴息近百万元，推动民贸企业民族特需用品展厅建设，规范台账建设。指导民族村组申报民族村特色村寨建设，跟踪指导淮阴区张庄镇民族村特色村寨民族文化广场规划、认证和建设；跟踪指导洪泽县西顺河镇街西民族村特色村寨回民小区及配套设施建设；跟踪指导涟水县黄营乡朱桥民族村村容村貌整治。申报11个项目，争取中央和省财政少数民族发展资金431万元，比上年增加40%。争取寺观教堂维修经费10万元。加大项目资金自查督查力度。对2014年、2015年两年项目资金进行自查和抽查，省民委对淮阴区、洪泽县扶持项目资金进行检查，对财政部门资金不到位情况现场整改。

【宗教活动场所管理】 2016年，淮安市下发文件，完善宗教活动场所认定工作程序和步骤，推动宗教活动场所“依法、依规、科学、有序”管理，健全宗教活动场所民主管理组织和各项规章制度，加强教风建设，强化宗教活动场所档案消防和文物管理。针对夏季高温、多雨和易发火灾的情况，下发《关于切实做好当前宗教活动场所安全工作的通知》。全市获得授牌五星级场所1处、四星级场所6处、三星级场所4处。各县（区）对300多处一、二星级场所进行认定授牌。通过星级场所创建活动，推动宗教活动场所民主化、规范化建设水平。开展基督教私设聚会点管理。

【慈云寺国师塔落成】 5月3日，慈云禅寺国师塔落成仪式在里运河畔举行。省委统战部副部长、省民委主任、宗教局局长李国华，省宗教局副巡视员鞠桂富，中佛协咨询委员会副主席、省佛协名誉会长松纯大和尚，中佛协副会长、省佛协会长心诚大和尚，市领导姚晓东、惠建林、王维凯、张彤、陈洪玉、王兴尧、仲波等参加落成仪式。国师塔为九层八面楼阁式佛塔，建筑面积3680平方米，塔高62米。　　（周育雄）

名录库法人单位

【概况】 2016年，淮安市名录库法人单位数继续保持较高速度增长，新增法人单位18420户，比2015年新增单位14292户多增加3728户。至年底，名录库中有法人单位83206户。

【基本单位名录库法人分布情况】 2016年，因清河区和清浦区合并成立清江浦区，该区法人单位数最多，为19563户。生态文旅区成立时间最短，单位数最少，为16户。淮安区、淮阴区、涟水县法人单位数都超过10000户，分别为10993、10444、10639户，洪泽区、盱眙县、金湖县、淮安经济技术开发区法人单位数分别为7121、8611、8135、7993户，工业园区、盐化学工业园区单位数分别为169、271户。

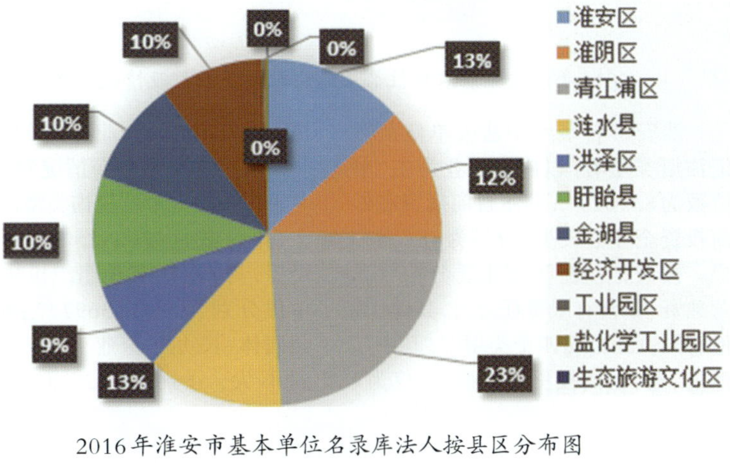

2016年淮安市基本单位名录库法人按县区分布图

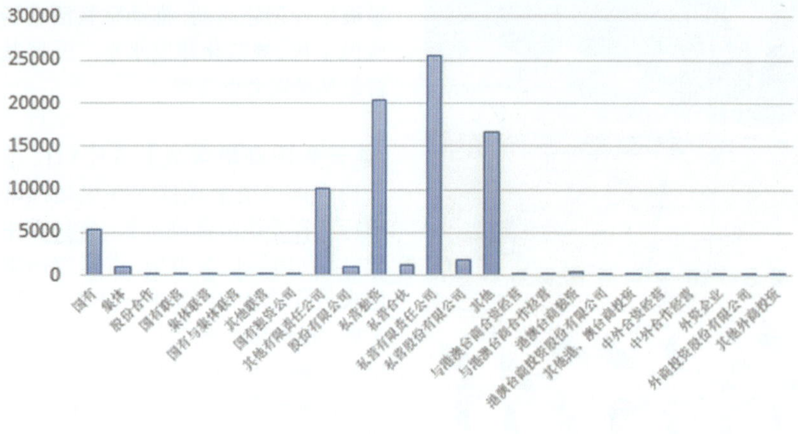

2016年淮安市基本单位名录库法人按县区分布图

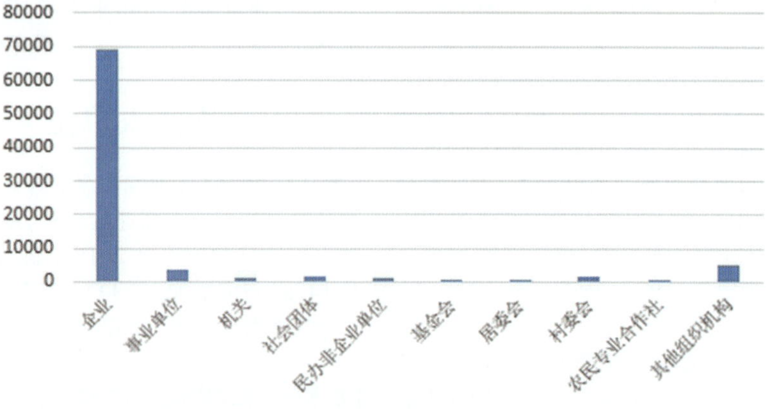

2016年淮安市基本单位名录库法人按机构类型分布图

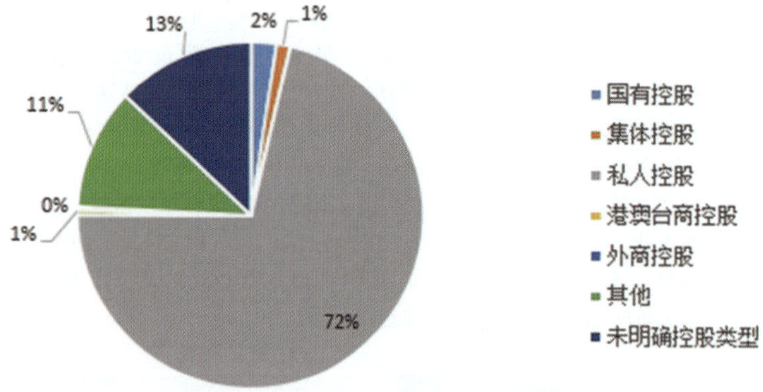

2016年淮安市基本单位名录库法人按企业控股情况分布图

淮安市名录库中法人单位从登记注册类型看,以内资企业为主,单位数为83101户;港澳台商投资和外商投资企业数较少,分别为481、433户。按登记注册类型主要分布在私营独资、私营有限责任公司、其他、其他有限责任公司四个类型中,其中其他港、澳、台商投资企业最少,仅为4户。淮安市外资企业占比较少。

从机构类型分布情况看,淮安市名录库中法人单位机构类型以企业为主,单位数量为68935;基金会数量最少,为19户;其他组织机构和事业单位分别为5242、3697户;机关、社会团体、民办非企业、村委会数量差别不大,分别为1125、1808、1124、1480户。

从企业控股情况看,淮安市名录库中企业以私人控股类型为主,数量为60034户;外商控股数量最少,为208户;另外还有10860户单位没有明确控股类型。 (周 鉴)

社会信用体系建设

【概况】 2016年,淮安市出台《淮安市"十三五"社会信用体系建设规划》《淮安市机动车驾驶人文明交通信用管理办法》。至年底,淮安市有521家企业完成信用管理贯标,43家企业成为市级示范企业,3家企业成为省级示范企业。有开展信用服务业务的信用机构20余家。

【公共信用信息系统建设数据归集】 2016年,淮安市按照"一体化"建设模式,实现市及7个县区公共信用信息系统建设全覆盖。42个部门设立行政许可和行政处罚"双公示"专栏,建设覆盖率100%,公示"双公示"信息85378条,其中行政许可58091条、行政处罚27287条,信息报省中心入库率100%。社会法人信用数据库涉及市场主体包括91352家工商社会法人、3535276家个体工商户;数据库的数据规模包括7个县区、45个部门、406个信息类,计3650676条社会法人信息记录;自然人信用基础数据库涉及的信息类包括执业资格信息、自然人纳税信息、自然人欠税信息、专业技术资格信息等25个部门、84类信息,涉及到律师、导游等1432345条重点人群信息、1352601条自然人信息记录。开通8个"一体化"信用信息查询服务窗口。全市社会统一信用代码工商企业转换率83%、社会组织转换率100%。

【信用信息和信用产品】 2016年,淮安市在政府采购和机电设备招投标领域应用第三方信用报告2179份,开展企业信用信息审查3205家次,为企业或第三方信用服务机构提供信用信息查询报告4523份。 (王 昱)

法治　军事

FAZHI JUNSHI

依法治市

军　事

依法治市

地方立法

【概况】 2016年7月1日，淮安历史上第一部地方性法规、全国首部关于永久性绿地保护工作的《淮安市永久性绿地保护条例》正式实施；12月2日，省十二届人大常委会第二十七次会议批准该市第二部地方性法规《淮安市古淮河保护条例》。标志淮安市地方立法权"后授先至"目标实现，是开展立法实践的阶段性成果，开启依法治市新篇章。

【《淮安市永久性绿地保护条例》实施】 2016年5月26日，江苏省十二届人大常委会第二十三次会议表决通过《淮安市永久性绿地保护条例》，自7月1日起施行。2015年，淮安市人大常委会认真落实中共十八届四中全会精神和新《中华人民共和国立法法》要求，以"后授先至"为目标，认真承接地方立法权，及时成立工作机构，聘请立法咨询顾问，制定立法工作规则，广泛征集立法项目，经市委同意，将《淮安市永久性绿地保护条例》列入立法计划，及时开展调研和起草工作。市人大常委会通过媒体、网络、座谈会、实地调研等形式广泛征求意见，对条例草案不断进行完善。4月29日，该条例经市七届人大常委会第三十次会议表决通过后，报请省人大常委会批准。《淮安市永久性绿地保护条例》共5章29条，该条例明确永久性绿地的定义和适用范围，规定永久性绿地确定和公布的程序，明晰政府、主管部门、相关部门以及管护责任主体的具体职责和保护措施。条例还对永久性绿地内的禁止行为以及临时占用、调整和变更等程序作了具体规范，对违反永久性绿地保护规定的行为明确处罚范围、幅度。

【《淮安市古淮河保护条例》通过审议】 12月2日，《淮安市古淮河保护条例》通过江苏省第十二届人民代表大会常务委员会第二十七次会议审议。古淮河流经淮安市淮阴区、清江浦区、涟水县、淮安区，西至二河口、东至淮安区苏嘴镇交界。淮安境内古淮河沿线有四个水源地，古淮河集供水、蓄泄洪水、灌溉、生态调节、景观等于一体，不仅承担全市绝大部分的饮用水任务，更是淮安最主要的生态大通道，被称为淮安人民的"生命之河"，保护好古淮河任重而道远。《淮安市古淮河保护条例》共6章44条，强化地方政府和水利、发展改革委、环保、国土等相关部门管理职责，在多方面取得积极进展，尤其是在解决体制机制问题、水域保护与河岸保护相结合，水资源保护与水污染防治衔接等方面有所创新和突破。《淮安市古淮河保护条例》成为开展淮安市古淮河生态环境，饮用水源安全，水资源保护和水污染防治，水域、岸线保护，以及合理开发利用等各方面工作的强有力法律依据。

（邢文峰　凌　颖　朱斌斌）

7月1日，淮安历史上首部地方性法规《淮安市永久性绿地保护条例》正式实施

邢文峰供图

法治政府建设

【概况】 2016年是实施《法治政府建设实施纲要（2015—2020年）》的开局之年，淮安市在法制协调、立法制规、执法监督、复议应诉、政府法律服务、自身建设等方面取得进展。市政府确立《淮安市古淮河保护条例》1件地方性法规项目、《淮安市人民政府规章制定程序规定》等4件政府规章项目、《白马湖渔业管理办法》等13件规范性文件项目，完成《市政府规章制定程序规定》《市区停车场管理办法》等2部政府规章制定，《淮安市古淮河保护条例（草案）》提交市人大常委会审议并通过，《淮安市地名管理办法》等3部规范性文件制定出台。7月1日，淮安市历史上首部地方性法规《淮安市永久性绿地保护条例》正式实施。全年各级行政复议机关收到行政复议申请338件、依法审结312件。全年全市行政调解申请239476件、办理238717件、办结236872件，其他3888件。

【政府立法制规水平提高】 2016年，淮安市对所有立法项目具体量化工作任务和跟踪时间进度，多次赴兄弟市学习立法经验，赴相关部门调研督促立法起草工作，专门召开多次立法座谈会听取专家学者和相关部门的意见建议，通过政府门户网站等平台向社会公开征求立法意见，提高立法质量。用好、用活、用足地方立法权，发挥政府立法破解发展难题、激发发展活力作用。加强规范性文件制定管理，在制定规范性文件过程中，通过座谈会、门户网站等渠道广泛征求专家学者及公众意见，增强文件制定民主和科学性。加强规范性文件备案审查。10月，组织各县区政府规范性文件制定工作的专项监督检查，规范制定程序，纠正一般文件代替规范性文件、应报不报等问题，此外对全市各地各部门报送的16件规范性文件进行严格审查。11月，召开规范性文件后评估专家评审会，对《淮安市征地补偿和被征地农民社会保障实施细则》贯彻执行情况进行立法后评估。

【政府法律顾问制度全覆盖】 2016年，淮安市组织对全市各地各部门政府法律顾问制度及运行情况进行调查研究，及时掌握全市政府法律顾问工作面上情况，并针对一些问题进行跟踪落实整改。全市政府法律顾问制度初步实现全覆盖，各县区、各部门、各国有资产公司均依托法制机构全面建立法律顾问制度，各乡镇政府、街道办事处都根据工作实际，形成切实可行的政府法律顾问服务方式。市政府层面通过成立市政府法律顾问委员会、与律师事务所开展法律服务合作、选聘律师专职从事政府法律顾问事务等举措，打造一支多层次、高水平的政府法律顾问队伍。4月，举行市政府法律顾问委员会聘任仪式，市长惠建林为16名市内外法律专家学者、知名律师颁发政府法律顾问聘书。11月，制定出台《市政府涉法事务办理程序规定》，规范工作流程，优化服务机制，提高政府涉法事务办理质量和效率，全年累计对大剧院委托经营管理合同、智慧城市建设PPP项目合同、机场二期建设等70件重大政策和政府合同进行合法性审查。

【行政执法监督】 2016年，淮安市制定市行政处罚全程说理规定和行政执法全程记录规定，利用信息化技术实现对执法活动的全流程、客观监督。专门制定市场监管行政处罚程序规定，统一市场监管行政处罚程序，规范市场监管行政处罚自由裁量权，提升市场监管执法水平。强化行政执法规范化建设，加强对重点执法领域的监督，对市农委、环保、国土、地税等部门上一年的执法工作情况进行专项执法监督检查。加强执法个案监督。11月，从7408个一般程序行政处罚案件、7516个行政许可案件中，随机抽取行政处罚案件45件、行政许可案件42件，进行集中评查，指出各部门执法工作中存在的问题并提出改进建议。开展重大行政处罚案件备案审查，对市级18个行政执法部门报备的重大行政处罚案件286件进行备案审查。召开行政执法与刑事司法衔接工作推进会，通报淮安市近年来“两法衔接”工作基本情况，就做好“两法衔接”作具体部署。督促各部门录入“两法衔接”案件信息，解决录入案件数量少、有选择录入、录入不规范和不及时等问题。加强执法基层基础建设，开展行政执法规范化建设示范点创建活动，强化“队、站、所”执法基层基础建设，全市有48个执法机构被命名为市行政执法规范化示范点。搭建执法工作与媒体融合新平台，于10月举行“规范农业执法推进依法行政”新闻发布会，通报淮安市农业执法工作，提高执法公信力和公众法治建设满意度。

11月27日，淮安市举办“律师与法治政府建设”高端论坛　　盛杰供图

【社会矛盾化解】 2016年，淮安市高标准落实复议工作规范化建设，根据省行政复议工作规范化建设要求，提升基层行政复议规范化建设水平。市本级对照省定标准，对标找差，推进行政复议委员会办公设施规范化。根据省法制办行政复议工作规范化建设合格单位复核验收情况通报，市本级及各县区均被确认为行政复议工作规范化建设合格单位，其中清江浦区被确认为全省示范单位。全年提交集体讨论案件6次26件，与办案部门、法院之间进行沟通协调案件4次6件，实地调查11件、召开听证质证会13次。对可调处的矛盾和争议，组织申请人与被申请人调解，成功调解案件8件，均以当事人撤回申请结案。9月，召开全市行政复议与行政审判工作联席会议，市长、市中院院长出席会议，推动全市行政复议应诉工作。开展行政应诉案件分析研究，定期与审判机关开展业务交流研讨活动，提高行政应诉水平，全年办理行政应诉案件93件，市政府直接出庭应诉41件，取得良好应诉效果。做好信访复查复核案件法制审核和行政调解，对39件信访复查复核案件进行审核，修改通过28件，退回重新调查处理3件。严格贯彻落实行政调解月报、季报、半年报以及年报的例行报送制度，每月向市委政法委和省法制办报送行政调解工作情况。

【政府法制队伍建设】 2016年，淮安市建立健全政府法制工作人员定期集体业务学习制度，围绕多个主题，邀请业务骨干、法律顾问、专家学者讲授相关业务和法律知识，提高政府法制工作人员业务水平。9月，市法制办和市委组织部组织全市65名政府法制系统领导干部赴厦门大学参加法治专题培训班。8月、10月，分四期组织市级机关行政执法人员公共法律知识更新教育培训班，省法制办、河海大学、市检察院等单位专家学者应邀为全市1700余名行政执法人员授课。组织全市行政执法证件集中清理，对经审核拥有执法资格的人员，年底换发统一的新版执法证件。围绕政府法律顾问、政府立法、政府合同审查等重点工作，向市委、市政府、省法制办等刊物报送政府法制工作最新动态，供领导决策参考。完成《政府公报》《法治淮安》各6期发刊工作，配合市政务办开发《政府公报》网络版和手机APP版，《法治淮安》成为在省内具有广泛影响力的法治政府建设宣传阵地。（张建东）

社会治安综合治理

【概况】 2016年，淮安市政法机关推进平安淮安、法治淮安和过硬队伍建设。全市公众安全感94.13%，连续多年位居全省前列；法治建设满意度同比上升0.79个百分点，为96.29%；政法队伍满意率89.77%，位居全省第三；社会管理创新工程发展指数和水平指数分别位居全省第二和第四；社会矛盾纠纷调处率98.99%，调处成功率98.66%。加强基层创新经验总结，编撰出版《淮安社会治理创新经验集萃》。12月9日，中央综治委副主任、中央政法委副秘书长、中央综治办主任陈训秋到淮安调研，充分肯定淮安市社会治安综合治理工作。

【社会矛盾纠纷排查化解】 2016年，淮安市出台《关于完善全市社会矛盾纠纷多元化解机制的实施意见》，市综治委同步印发人民调解、行政调解、司法调解3个工作细则，构建起具有淮安特色社会矛盾纠纷多元化解制度模式，被省综治办在全省推广。11月7日，市委、市政府在洪泽区召开全市矛盾多元化解工作现场推进会，推广洪泽“无讼村居”创建经验，部署矛盾纠纷化解工作。注重源头预防，推进重大事项社会稳定风险评估，最大限度预防减少因决策不当引发的社会矛盾，全年报备稳评项目316个，完成258个。

【社会治安防控体系建设】 2016年，淮安市健全管理模式，市级“六位一体”（综治信息管理、城市应急联动、公安110指挥、互联网信息安全管理、视频资源管理、反恐指挥）社会治理服务中心全面投入运行。提升技防建设水平，市及7个县区全部完成技防城建设任务，全年新增视频监控系统12000余路。实施居民小区视频监控联网工程，全市累计完成联网改造550个小区。在全省率先开展市级涉稳风险库建设，汇聚整合重点人员、群体、组织、矛盾、阵地、单位等6个维度数据6万余条，逐一见底见人见事见物，提升风险防控的针对性和精准性。

【治安重点人群服务管理】 2016年，淮安市稳步推进户籍制度改革，严格外来流动人员登记管理，全市流动人口信息采集率95%以上。深化“未成年人零犯罪社区（村）”创建活动，实施关注青少年成长“蓝天工程”，探索建立“未成年特殊群体成长中心”，在政法部门基层一线庭所室建立“青少年维权岗”，保障青少年健康成长，全省青少年校外辅导站建设现场会在淮安召开。优化特殊人群管理模式，7个县区全部成立社区矫正中心，矫务通配备率、登录使用率均100%，服刑人员手机GPS定位率超过90%，刑释人员安置帮教衔接率、帮教率均100%。全面实施困境人群心理关爱工程，通过政府购买服务的方式为困境人群开展精神慰藉和心理援助，确定关爱对象944人，协调落实项目经费152.95万元，向社会组织购买服务，全年未发生一起个人极端案（事）件。制定出台《淮安市关于贯彻以奖代补政策落实严重精神障碍患者监护责任的实施意见》，开展严重精神障碍患者筛查专项行动，设立易肇事肇祸精神障碍患者救治专项经费和专项救助基金，救治费用政府财政全面兜底。健全吸毒人员社区戒毒社区康复网络，盱眙县盱城街道被国家禁毒委命名为“全国社区戒毒社区康复示范点”。

【基层基础建设】 2016年，淮安市县、乡两级综治中心建设实现全面覆盖、提档升级，1695个社区（村）全部建成“十位一体”（警务、治安联防、矛盾纠纷排查调处、外来人员管理、预防青少年违法犯罪、刑事解教人员安置帮教、社区矫正、防范和处理邪教问题、禁毒、情报信息）综治办。组织开展基层综治中心规范化建设调研，完成省综治办委托的《县乡两级综治中心等级评定办法》文稿起草任务。实施综治信息化应用提升工程，实施全员培训计划，开展全市综治信息化实战应用技能比武活动。全市城乡社区划分6466个网格，配备近7000名专兼职网格员，基本实现城乡社区网格化服务管理和信息化采集全覆盖。开展“两网融合”建设工作，经验做法被新华网、人民网等国内主流媒体宣传报道。公安部门全面推行“微单元”管理模式、搭建“微警务”平台集群，依托城区“网格化”管理体系和农村“一公里服务圈”，推广“两提两知”工作法，推动社区警务工作向纵深发展。（王朝晖）

公　安

【概况】 2016年，淮安市公安民警中有9人入选省公安厅外语人才库，5人入选省公安厅法律人才库，11人被评为全省刑侦、技侦技术专家行家，2人被授为技侦技术能手，1人入选公安部技侦青年人才库。全年淮安公安110接报警情173.38万起，其中有效警情50.46万起。违法犯罪警情5.15万起，占总有效警情数的10.20%；群众求助8.1万起，占16.05%；交通事故14.8万起，占29.33%。

【公安改革】 2016年，淮安市公安机关抓住江苏省公安厅在淮安开展公安改革试点工作的契机，结合清江浦区划调整实际，围绕大数据、“互联网+”等新形势下公安工作特点，推进警务实战化改革。以清江浦分局为试点开展县级公安机关体制改革，打破原来以业务划分单位的模式。有序推进市公安局机关部门合并、合署和调整，打造“大指挥”“大防控”“大侦查”“大保障”体系，机关实战化功能明显增强。深化公安“放管服”（简政放权、放管结合、优化服务）改革，户籍制度改革意见、居住证实施办法全面实行，全省首创身份证办理“优选+自主”服务、交通事故“一站式”处理等举措惠及50万群众，淮安公安“微警务”获评“2016年全市101%服务第一品牌”。创新执法服务新模式，应用信息化整合执法资源、优化执法流程，《法制日报》《人民公安报》等媒体头版报道淮安市公安机关执法规范化建设成果。

【打击犯罪】 2016年，淮安市公安机关开展破案攻坚，快侦快破各类大要案件。17起现行命案全部告破，全市“八类”（杀人、纵火、投毒、抢劫、强奸、绑架、爆炸、故意伤害）、“两抢”（抢劫、抢夺）、盗窃电动车、入室盗窃案件发案数全面下降，破案率上升。其中，“八类”案件发案432起，同比下降3.8%，破案率92.8%，同比上升0.1个百分点；“两抢”案件发案132起，同比下降7.7%，破案率55.8%，同比上升1.3个百分点；盗窃案件发案19580起，同比下降9.2%，破案率23.4%，同比上升3.3个百分点；盗窃电动车案件发案4378起，同比下降12.5%，破案率20.6%，同比上升3.9个百分点；入室盗窃案件发案6570起，同比下降9.9%，破案率32.3%，同比上升4.4个百分点。打黑除恶绩效名列全省第二，百警抓捕历年网上逃犯数列全省第三，抓获境外逃犯10名。相继破获淮安经济技术开发区“3·10”杀人分尸案、盱眙“4·28”杀人焚尸案、淮阴区“6·1”一次杀死2人案、淮安区“6·11”一次杀死2人案、涟水“8·20”一次杀死2人案、“9·11”持刀杀人案等一大批重特大案件。

全年先后开展打击治理新型电信网络诈骗违法犯罪专项行动、打击治理通讯网络诈骗犯罪“雷霆行动”、打击“盗抢骗”犯罪专项行动、打击网络贩枪专案行动、“五整一打”（整治突出治安问题、整治公共安全隐患、整顿交通秩序、整治导控敏感舆情、整顿队伍纪律作风、打击突出违法犯罪）百日专项行动等一系列与打击犯罪直接关联的专项行动。电信网络诈骗案件破案149起，同比上升16.4%；抓获犯罪嫌疑人194名，同比上升34.7%；发案2984起，同比下降24.5%；案件损失5471.2万元，同比下降21.2%。起诉“盗抢骗”犯罪嫌疑人数同比上升2.4%，起诉外地“盗抢骗”案件数同比上升12%，“盗抢骗”犯罪分子中判处五年以上刑罚比例同比上升1.1个百分点。“五整一打”百日专项行动期间，全市破获八类案件140起，破案率比行动前增长4个百分点；破获盗窃案件2366起，破案率比行动前增长3.5个百分点。

【治安防控】 2016年，淮安市公安机关进一步改革和加强社会面巡防，推进城市巡逻体制重组工程，规范常态、加强、战时三个等级巡防勤务，全年投入巡防警力766500人次，全市公安巡特警部门抓获违法犯罪嫌疑人2104人。全国“两会”、中共十八届六中全会、G20峰会等重要节会和敏感期，围绕火车站、汽车站、机场、重点要害目标、人员密集场所等重点部位，开展武装巡逻、叠加巡逻，做到万无一失。年内，新增公安自建视频监控摄像机6000余台。针对通信网络诈骗案件高发态势，组织开展防范宣传专项活动，全市发生通讯网络诈骗案件2850起，同比下降23.7%，成功堵控银行通讯网络诈骗案件162起，避免群众损失近280万元。

2016年，淮安市建立城市警务工作站，打造高效警务实战单元　张聪供图

【交通管理】 2016年，淮安市公安机关组织开展交通安全隐患大排查大整治百日行动、重特大道路交通事故预防百日行动、城区交通秩序集中整治百日行动等3个“百日行动”大会战，全面排查交通安全隐患，全力压降道路交通事故。全年排查交通安全隐患540处，治理交通秩序乱点36处、堵点22处；查处交通违法行为300万起，同比增长34%，其中涉牌涉证8649起、饮酒驾驶1706起、醉酒驾驶1232起，同比分别增长244%、74%、16%；暂扣驾驶证1206本、吊销驾驶证1231本、行政拘留1929人，同比分别增长66%、4%、185%。发生一般以上交通事故1109起、死亡550人，同比分别下降4%、8%。渠化改造交通节点28处，优化交通组织33处，增设交通标志120套，施划交通标线2万平方米，从源头上治理重点路段交通拥堵；新增城市监控126处、4G图传设备107台，采集上传交通数据255万条。

【人口户籍管理】 2016年，淮安市公安机关全面实施《关于进一步推进户籍制度改革的实施意见》《淮安市常住户口登记管理规定》，推进人口户籍管理。全年，从农村迁入城镇落户12765户38295人，镇化率54.1%。免费制发证件15.5万余张，外来流动人员办证率90%以上。升级全市人口管理信息系统，3月底完成改造任务，实现市内户口迁移网上一站式办理。开展“双实”（实有人口、实有房屋）信息采集会战，采集房屋信息90.4万户，人员信息247.9万条、单位信息4.8万家、联系方式135.4万条。全面开展二维码门楼牌标准化改造，引用二维码技术，专门开发门楼牌管理系统，开展全市二维码实体门牌上牌工作。全市重新确认门楼牌地址信息199.5万条，制作安装各类门楼牌21.3万块，完成主要道路、集中小区门楼牌标准化改造。

【公共安全监管】 2016年，淮安市强化公共安全监管，全市未发生重大火灾、交通、危化品安全事故。交警部门创新施行“两客一危”（旅游包车，三类以上班线客车和运输危险化学品、烟花爆竹、民用爆炸品的专用车辆）重点车辆“七个一律”严管措施。驾驶人行驶途中打手机的一律停班7天；故意屏蔽或破坏车载监控终端的一律停班7天；客运车辆（包括旅游客车）擅自组客、拉客的一律停班7天；卫星定位动态监控终端损坏的由车属企业通知客运站一律不得排发班；卫星定位动态监控平台工作人员履行职责不到位的一律调离；营运车辆收班后（旅游车辆手续不齐全）擅自运营的一律解聘驾驶员；动态监控不在线的车辆一律查扣。禁止2家公司13辆车辆参加营运，“两客一危”车辆交通事故环比分别下降43%、50%。依托重点车辆“一车三方”（三方指公安、交通、安监部门）监管平台，构建公安、安监、交通和保险、环保、银行等机构“3＋N”联动协作模式，对87家重点运输企业、4083辆重点车辆和4975名重点驾驶人实施动态监管，发现梳理预警信息7593条，联合下发整改通知书1894份，查处违规运行车辆48辆。侦办全省第一例“8·11”聚众飙车、全省第一例“8·13”大客车严重超员危险驾驶等重大案事件。加强对危险物品从业单位、从业人员及其从业活动的安全监管，实现对危险物品源头管控，收缴各类枪支117支，废旧炮弹、手榴弹67枚，仿真枪895支，管制刀具4147把，查处涉枪、涉爆案件18起，抓获涉枪涉爆犯罪嫌疑人31人。严肃整改消防安全隐患，检查“九小场所”（小商店、小学校、小医院、小餐馆、小旅馆、小棋牌室、小歌舞厅、小网吧、小美容、小生产加工作坊）148372家，发现火灾隐患260891处，整改火灾隐患178052处；强化消防宣传培训，开展灭火救援应急疏散演练93次，举办消防知识培训班46次，培训人员3900人次；组织重大火灾隐患集中攻坚，提请政府新挂牌督办重大火灾隐患36家，全部整改到位，销案摘牌。

2016年，淮安市强化交通秩序整治，居民出行通畅率明显提升　张聪供图

【场所行业管控】 2016年，淮安市公安机关加强对旅馆、洗浴、歌舞、游艺、收旧等重点场所行业的监管检查力度，深化信息系统建设应用，提升实名制管控质态，采集从业人员、住宿人员、交易人员等信息近490万条，在场所行业经营单位内破获刑事案件92起，查处治安案件257起，抓获犯罪嫌疑人186人。5月24日至7月24日，在全市范围内开展为期两个月的集中整治棋牌室突出治安问题专项行动，排查登记各类棋牌室1528家，办理刑事案件6起，刑事拘留11人、取保候审5人，查处治安案件27起，处罚155人。开展寄递行业安全监管，排查登记604家寄递企业网点、7100名从业人员。主动加强沟通协调，建立联合管理机制，提升服务实战效能，推行信息技术监管，采集寄件信息和来件运单数据近60万条，推动寄递行业落实收寄验视、实名寄递、过机安检三项制度，逐步走上规范化经营正轨。

【大型活动安保】 2016年，淮安市公安机关全力抓好大型活动安保中摸底排查、审批监管、安全检查、现场管控等环节，加大科技信息化应用。先后完成2016中国梦·梦之蓝群星演唱会、金湖国际半程马拉松赛、盱眙国际龙虾节、双沟牡丹2016群星演唱会、2016中国·淮安丝绸之路户外运动挑战赛等63场次大型活动安保任务，完成三级以上警卫任务21批次，投入安保警力32385人次，未发生一起安全责任事故。

【全国先进基层党组织巡特警支队党总支】 7月1日，淮安市公安局巡特警支队党总支被中共中央授予“全国先进基层党组织”称号。2012年至2016年底，淮安市公安局巡特警支队超前化解不稳定事端1700余起，稳妥处置各类群体性事件1384起，完成135场重大活动安保任务，快速有效处置涉暴涉爆警情82起，抓获各类违法犯罪人员897名。在全省率先建立以勤务指挥室为龙头，研判查证处置一体化运作为支撑的主动型巡防勤务，实现巡防勤务提档升级。该支队先后被江苏省公安厅记集体二等功，被淮安市委市政府评为“江苏省第十八届运动会淮安市先进集体”，被淮安市总工会授予“工人先锋号”称号。该支队有152人次立功受奖，其中立一等功1人、二等功11人次、三等功41人次。

【江苏最美警察付洪涛】 付洪涛，男，1985年1月生，中共党员，大学本科，淮安市盱眙县公安局盱城派出所副所长、社区警务中队中队长，中国共产党淮安市第七次代表大会代表。从警9年中，付洪涛先后立个人一等功1次、二等功1次、三等功5次。2012年11月，被公安部表彰为“十八大消防安全保卫战”先进个人；2015年5月，被淮安市公安局、共青团市委评为“淮安十佳青年民警”；2015年5月，在全省公安机关“四项建设”考核社区民警业务竞赛中取得第一名，被省公安厅评为“社区民警业务标兵”；2015年6月，被淮安市公安局、共青团市委授予“淮安市青年岗位能手”称号；2016年6月，被淮安市委授予“优秀共产党员”称号。2016年12月，获评第四届“江苏最美警察”。

【维和卫士张忠付】 张忠付，男，43岁，中共党员，大学本科学历，1998年参加公安工作，淮安市公安局政治部政工综合处副处长。曾3次获联合国维和勋章和公安部维和奖章，2次立一等功。2006年、2008年、2016年，他远赴利比里亚、苏丹和南苏丹执行维和任务。在维和期间，他身染非洲恶性疟疾，顽强地战胜病魔；面对父亲病故、儿子升学等家庭困难，在家人的理解和支持下，他义无反顾，三赴非洲维和。2016年4月，他的妻子李燕获首届“江苏最美警嫂”称号。南苏丹长年战乱，在枪林弹雨中，他坚守难民营，积极参与清查行动和部族冲突处置，维护当地治安秩序，保护5万难民生命安全。

【维和卫士章策】 章策，男，39岁，淮安市公安局政治部组织教育处副处长。先后获评淮安市劳动模范，立个人一等功、二等功、三等功各一次，两次获得联合国维和勋章、公安部维和奖章。2008年、2016年，他通过省公安厅、公安部和联合国层层考核与选拔，远赴苏丹和南苏丹执行维和任务。面对生活条件艰苦、政治局势复杂、安全形势严峻的工作生活环境，克服重重困难，圆满完成各项任务，展现出中国警察的过硬素质和优良作风。

（张　聪）

检　察

【概况】 2016年，淮安市检察机关检察官、书记员、法警中研究生学历103人，本科以上文化程度占比91.6%。全市检察工作获省检察院通报表扬，获评全国首批“科技强检示范院”“2011—2015全省普法工作先进单位”，市检察院反渎职侵权局获评全省检察机关“十佳反贪（反渎）局”，市检察院和4个基层检察院被表

2016年，市检察院、市工商联在淮商服务中心联合开展“检察官咨询日”活动
叶光业供图

彰为“全国检察宣传先进单位”，市院和6个基层检察院获“全省文明单位”称号，淮安区检察院被最高检表彰为“全国先进基层检察院”，金湖县检察院被团中央、中央综治办等联合表彰为“全国优秀青少年维权岗”。李思雪、马春晓、万滔等9名干警在全国、全省检察机关业务竞赛中获“全国侦查监督业务标兵”“全省优秀公诉人”等称号。

【打击刑事犯罪】 2016年，淮安市检察机关批准（决定）逮捕834件1100人，提起公诉3848件5214人。先后对国务院主要领导批示和高检院批复的吴小军非法经营同类营业、向非国家工作人员行贿案、舆论高度关注的吴盼盼故意杀人案等案件提起公诉。严厉打击各类危害食品药品安全犯罪，起诉危害食品药品安全犯罪案件38件90人。市检察院针对市场上以工业盐冒充食用盐销售、严重危害群众身体健康的问题，联合法院、公安、盐务等部门下发《关于办理涉盐危害食品安全刑事案件的指导意见》，统一办案尺度，起诉涉盐犯罪案件20件41人。严格执行宽严相济的刑事司法政策，依法决定不批捕271件436人，不起诉87件171人。

【查办和预防职务犯罪】 2016年，淮安市检察机关立案侦查贪污贿赂犯罪案件84件106人、渎职侵权犯罪案件31件46人。先后立案查办淮阴卫生高等职业技术学校原校长花开功受贿案、涟水县委原常委杨亚专受贿案、淮安市公安局工业园区分局原局长邵明受贿案等一批大要案件。开展对“为官不为、为官乱为”及基层领域职务犯罪专项查处活动，立案查办职务犯罪案件10余件。开展查办民生领域职务犯罪专项行动，在医疗、惠农、扶贫、消防等领域查办贪污贿赂犯罪案件42件64人。严肃查办科技、民政、经信等财政补贴领域渎职失职犯罪，查办11件14人。继续开展“新网工程”专项行动，查办案件10件17人。成功追逃职务犯罪嫌疑人7人，潜逃17年之久的中行淮安支行原储蓄记账员李松生被抓捕归案。深化职务犯罪预防，开展警示教育活动240余场次，配合市委组织部对全市村支部书记开展预防职务犯罪警示教育；依托“预防职务犯罪网上警示教育基地”开展廉政教育，网上点击量26000余人次；与市扶贫办、财政局、铁路办、供销总社开展预防共建，对扶贫领域职务犯罪、政府投资重大项目、连淮扬镇铁路、徐宿淮盐铁路项目开展专项预防。

【法律监督】 2016年，淮安市检察机关充分履行宪法法律赋予的监督职责，将监督工作贯穿于案件侦查、起诉、审判、执行等全过程。

刑事侦查审判监督　监督立案13件17人，监督撤案18件，纠正漏捕7人，书面纠正侦查活动违法52件；深化“两法衔接”（行政执法与刑事司法衔接），市检察院及时与市食药监、公安部门开展排查工作，督促公安机关立案查处非法疫苗经营人员3

名；金湖县检察院及时跟进监督央视“3·15”晚会曝光的食用油安全事件，督促相关部门切实履行职责。办理刑事抗诉案件24件，法院采纳抗诉意见改判20件，工作经验在全省公诉工作会议上作交流；纠正漏诉21人，书面监督纠正刑事审判活动违法24件；参与全市执法监督“百百千”（百名专家、听百案庭审、评千案文书）工程，16件公诉案件庭审和公诉意见书获奖，淮安经济技术开发区检察院办理的一起盗窃案被评为“2015年全省优秀诉讼监督案例”。

刑事执行监督　书面纠正监管活动违法37件，纠正社区矫正人员脱管9人、漏管7人，监督收监27人，对88件案件进行羁押必要性审查，其中58人改变强制措施，书面纠正监外执行不当49件，立案查办1名法官渎职犯罪案件。

民事行政检察监督　提出抗诉案件4件，发出再审检察建议20件，决定支持起诉80件，法院采纳70件；发出执行监督检察建议59件，法院采纳59件；发出督促履行职责检察建议61件，行政机关回函采纳61件；发出纠正诉讼违法行为检察建议45件，法院采纳42件；建立预防、打击虚假诉讼常态工作机制，监督虚假诉讼案件14件，法院改判6件。市检察院民行检察处被表彰为“全省检察机关民事行政虚假诉讼监督专项活动先进集体”。

【非公经济权益保护】2016年，淮安市检察院制定《服务保障非公有制经济健康发展的实施意见》，全市两级检察院领导联系重点非公有制企业78家，通过走访调研、座谈咨询、法律讲座等方式，帮助解决实际问题52个。强化知识产权司法保护，拓展民事监督权。协助权益人主动维权，建立绿色通道，打击知识产权刑事犯罪，批准逮捕侵害知识产权类犯罪19件27人，提起公诉93件213人，涉案金额5000余万元。盱眙县检察院联合县龙虾产业局、龙虾协会共同开展“支持绿色产业、守护金色品牌”专项活动，相关做法被《检察日报》报道。

【服务生态文明建设】2016年，淮安市检察机关实施服务绿色发展创新项目，围绕“生态优先、绿色崛起”战略和“环境美”要求，制定落实《加强生态环境保护协作共同促进全市绿色发展的意见》《关于建立环境资源司法执法联动机制服务全市绿色发展的若干规定（试行）》等文件。起诉危害环境资源类犯罪58人、查办渎职犯罪9人。践行恢复性司法理念，制定《对环境资源案件实行恢复性司法的实施意见》，设立环保修复专项资金，80%的环境损害案件受损生态环境得到修复。

【参与社会治理创新】2016年，淮安市检察机关严格落实信访积案领导包案化解制度和涉检信访稳控措施，保证春节、全国“两会”以及杭州G20峰会期间无涉检进京、赴宁、到杭访。结合司法办案加强社会风险排查研判，提出研判报告50余篇，市领导批示11篇，其中反映洪泽湖非法采砂现象猖獗的信息得到省检察院领导的高度重视并获省检察院提请省人大常委会立法。延伸法律监督工作触角，加强和规范派驻检察室工作获评“2015年度市级法治为民办实事十佳项目”。加强涉案未成年人司法保护，深化“蓝天校园工程”，实施“小雨滴”“检察蓝信封”“紫藤成长工程”等富含地域特色的未成年人保护活动，建立全省首家未成年被害人“一站式”询问中心——“暖阳之家”；1起“对涉罪未成年人心理危机开展紧急干预”案例入选全国检察机关加强未成年人司法保护十大典型案例之首，市检察院未检处被最高检确定为未检工作联系点，并被评为“2015年度全省预防青少年违法犯罪工作先进集体”，涉罪未成年人“1+2”（1名老干部、老教师、老战士、老劳模、老专家“五老”人员和1名青年志愿者帮扶1名涉罪未成年人）结对关爱活动被团省委评为“江苏省未成年人保护十大事件”。

【科技强检】2016年，淮安市检察机关突出信息化建设，深化科技强检。加强项目建设，按照“外引、内联、共建、窗口、共享”的目标定位和要求，建成全省首家检务指挥中心。推进电子检务工程、检察非涉密网建设、图像综合平台整合应用、电子取证数据接入全国检察机关电子取证云平台、移动办公平台、短信群发平台、法律法规和文献资源共享系统等一批信息化建设重点项目。市检察院研发“案件信息告知平台”。响应“智慧淮安”建设，推动市委政法委建设“智慧政法平台”，打造政法服务“超市”，为执法司法办案、业务案件查询、接受社会监督提供一站式服务。强化科技应用，组织开展全市检察机关“信息化服务自侦办案技战法比武竞赛”活动，提升全市自侦干警信息化实战能力；举办电子取证培训班，提高科技装备和信息化应用能力。市检察院司法鉴定中心通过最高检审核，两名鉴定人分别获得法医和电子证据鉴定资格。

【检察改革】2016年，淮安市检察机关推进各项检察改革。推进司法责任制改革。抓好开发区检察院、清河区检察院两个全省首批试点单位改革，在人员分类管理、办案组织模式、办案质量评价等方面作出有益探索。按照省检察院统一部署，全面推开司法责任制改革，遴选产生244名员额制检察官，并在此基础上推进检察官、检察辅助人员、司法行政人员分类管理；完善检察权运行机制，细化检察官职权清单，探索办案质量终身负责和错案责任倒查问责制度，设置79个检察官办案组，确定独任检察官145名。深化人民监督员制度改革、检务公开和涉法涉诉信访改革。聘任新一届市人民监督员46名，组织评议拟相对不起诉和附条件不起诉的职务犯罪案件31件37人。公开案件程序性信息12906件，重要案件信息280余条，法律文书3434份，编发手机报21期。完善诉访分离工作机制，基本实现控告申诉案件与普通信访有效分离；探索建立律师参与化解和代理涉法涉诉信访案件工作机制，建立律师库，律师代理涉检信访案件25件，参与化解信访案件19件。（尹伟君）

法　院

【概况】2016年，淮安市各级法院受理各类案件101090件、审（执）结

4月26日,市中院宣布组建环境资源审判庭,公开审理第一例环境资源公益诉讼案
丁可供图

95058件,同比分别增长8.99%和9.55%。其中,市中级人民法院(以下简称"市中院")收案6194件,审(执)结6233件。全市法院干警中具有研究生以上学历的230名。市中院有干警210名,其中员额法官67名,司法辅助人员和其他工作人员143名,具有研究生以上学历107名。市中院被最高法院评为"全国法院党建工作先进集体",被江苏省委、省政府授予"2013—2015年度江苏省文明单位"称号。清浦区法院商东雷被最高人民法院表彰为"全国法院先进个人"。

【刑事审判】 2016年,淮安市法院系统审结一审刑事案件3287件,判处被告人3541人。依法严惩危害环境资源案件25件、食品安全犯罪案件23件,追究行政机关工作人员监管失职犯罪1件2人。强化司法人权保护,落实刑事冤假错案工作机制,对5件事实不清、证据不足的刑事案件予以发回重审或改判。严把死刑案件事实关、证据关、法律关。自2007年死刑案件核准改革后,市中院死刑案件核准率100%。

【民商事审判】 2016年,淮安市出台系列规范文件,全力护航"全民创业、淮商崛起"。全市法院审结一审民商事案件54570件,同比增长3.76%,其中合同纠纷案件35050件,占一审民商事案件总数的64.23%。民间借贷、买卖合同、劳动争议、建筑工程案件分别为8907件、4094件、3332件、1513件。

【行政审判】 2016年,淮安市法院系统依法受理一审行政诉讼案件557件、审结510件。依法支持行政机关依法行政,以维护具体行政行为、驳回诉讼请求等方式判决行政机关胜诉案件和裁定驳回案件占结案数的25.01%。依法推进行政机关负责人依法履行出庭应诉义务,全市法院行政机关负责人出庭应诉率89%。

【司法体制改革】 自2015年5月立案登记制实施后,淮安全市法院当场登记立案率98%,不立不裁、不调不立、年底不立案等现象得到根本扭转。2016年,全市法院登记立案总数同比增长16.52%,其中行政案件登记立案同比增长51.53%。推进案件速裁和分流工作,在诉讼服务中心设立速裁组,全面推进小额诉讼强制适用,简化诉讼程序和裁判文书制作,提高审判效率。在保护诉权的同时,依法规制恶意诉讼,采取有效措施,防止滥诉行为。制定出台《全市法院深化司法责任制改革方案》《全市法院员额法官定岗定责意见》《关于建立院庭长行使审判管理权全程留痕制度的规定》等文件,合理界定审判人员与审判组织权限,依法让独任法官和合议庭独立行使审判权,独任法官定案占一审诉讼案件总数的73.02%,基本实现"让审理者裁判、由裁判者负责"。强化院庭长监督责任,制定出台《案件廉政回访若干规定》,建立干预法官依法办案防范机制。推进审判委员会议题过滤机制,严格工作程序和要求,市中院召开审委会讨论案件132件,同比减少28件,占办结案数的2.37%。开展员额法官遴选,严格遴选标准和程序,坚持向基层倾斜、向办案一线倾斜,除院领导外,市中院96.07%入额法官来自办案一线。推进与法官员额制相衔接、适应审判工作需要的书记员管理制度改革,建立书记员单独序列管理制度,推行书记员"三级九等"保障制度。

【司法公开】 2016年,淮安市推进审判流程公开,立案当日即通过手机短信告知当事人案件信息。推进庭审公开、裁判文书上网,开展庭审网络图文或视频直播705场,在中国裁判文书网公布裁判文书41311份。推动法院开放日工作,建立定期新闻发布制度和网上预约旁听庭审制度,召开新闻发布会12场,接待群众参观或旁听案件庭审2.5万余人次。主动接受人大监督和政协民主监督,开展"三观三评"(参观评议法院工作、观摩评议庭审、参观评议法庭建设)和"千名代表(委员)进法院"专项联络活动,1100名代表或委员旁听评议案件。

【执行工作】 2016年,淮安市加大法院执行工作力度,执结案件22570件,同比增长24.5%;实际执结率40.14%,同比上升5.55个百分点。市中院和基层法院全部建成执行指挥中心和"点对点"查控系统,强化上下联动,信息共享,通过查控系统查询信息50.5万次,控制房产、土地3218处、车辆1180台,全市两级法院发布失信被执行人信息19579人次,1145人主动履行义务。

【服务大局】 2016年,淮安市法院系统开展以"供给侧结构性改革可能引发的法律问题及司法应对"为主题的专题调研活动,形成《关于发挥破产审判职能为全市供给侧结构性改革提供司法保障的实施意见》等规范性文件。市中院出台《关于依法服务和保障全市生态文明建设和绿色发展的实施意见》，发挥审判职能作用，对大气、水、土壤污染防治等案件审理提出具体要求，并就创新工作机制、延伸审判职能、加强组织领导和工作能力建设等工作作出具体部署，依法为全市生态文明建设和绿色发展提供司法保障。

【司法为民】 2016年，淮安市法院系统注重民生权益保护，妥善审理各类涉民生案件。完善“12368”诉讼服务热线，建立网上立案登记系统，为当事人提供网上立案、网上查询、网上信访、网上送达等服务。设立志愿者服务窗口，实行庭长值班制度，及时为当事人提供诉讼、法律释明和风险告知服务。加强司法救助，向困难当事人发放执行救助资金200余万元，为经济困难当事人缓减免诉讼费1300余万元。开展“法庭直通车”，深入农村社区开展巡回审判2546次，参加旁听群众2万余人次。

【法学研究】 12月16~18日，江苏省法学会生态法学研究会2016年年会暨“环境司法高层论坛”在淮安市中院召开。研讨会由省法学会生态法学研究会、淮安市中院、南京工业大学法学院共同主办，会议围绕“环境污染的司法治理研究”主题，结合中国环境法治现状，从立法、司法、执法等不同方面进行研讨。12月，全国法院第二十八届学术讨论会结果揭晓，淮安市法院有6篇论文获奖，其中一等奖2篇、二等奖1篇、三等奖2篇、优秀奖1篇。

【巡回法庭设置】 11月1日，淮安市中院联合市工商联召开非公企业诉调对接推进会，成立非公企业巡回法庭，制定《关于开展诉讼调解与商会调解对接工作的意见》，聘请季秀平等23名人员为市中院特邀调解员。同日，市中院联合淮安银监分局、淮安市司法局召开涉银行业金融纠纷人民调解委员会暨巡回法庭成立大会，向23名特邀调解员颁发聘书。

【环境资源庭成立】 4月26日，淮安市中院环境资源审判庭宣告成立。设庭长1名、审判员2名和书记员3名。主要实行“三审合一”工作机制，集中审理涉及与环境资源有关的一、二审民事、刑事、行政案件。主要包括以国土、环保、农业、林业、牧业、水利等涉及资源环境管理部门为被告的行政案件，环境民事公益诉讼案件、各类环境污染侵权民事纠纷案件，污染、破坏环境有关的刑事案件及环境监管工作人员贪污、受贿、渎职等职务犯罪案件。同日，市中院院长钱斌担任审判长公开开庭审理该院受理的第一例环境民事公益诉讼案件。

2016年，市中院在诉讼服务中心实行庭（局）长值班制度，为当事人提供诉讼咨询服务　　丁可供图

【判处一起涉毒案件主犯死刑】 6月23日，淮安市中院依法公开对一起涉毒案件的6名被告人作出一审判决。该案主犯李某因犯贩卖、运输毒品罪，被判处死刑，剥夺政治权利终身，并处没收个人全部财产，其余5名被告人分别被判处一年零六个月至十五年不等的有期徒刑。这是淮安市法院首次对毒贩依法判处死刑。

【淮安区法院被授予全国优秀“青少年维权岗”称号】 12月，淮安区法院被共青团中央、司法部等12家部门联合命名为全国“青少年维权岗”。淮安区法院于1998年初建立“未成年人犯罪合议庭”，2010年初建立单独建制的“少年案件审判庭”。淮安区法院以争创国家级“青少年维权岗”为动力，打造青少年健康成长“司法引航工程”，不断创新和拓展青少年维权工作方式，被全国妇联表彰为“全国维护妇女儿童权益先进集体”，被市委市政府表彰为“预防和减少青少年犯罪工作先进集体”，青少年健康成长司法引航工程被中央综治办、共青团中央、中国法学会联合评为未成年人健康成长法治保障制度创新事例。

（丁　可）

司法行政

【概况】 2016年，淮安市司法行政系统“律企同行”、社会组织培育发展、队伍建设三项工作获省司法厅高度肯定。通过公务员招录、政法干警招录、军转干安置等方式补充司法干警，司法所编制落实率从55%提高到92%。实施“先进典型引航工程”，评出淮安市首届“司法行政十大模范”。市司法局在省综合绩效考核中列全省第三，淮阴区司法局被省司法厅表彰为全省司法行政系统绩效评价优秀单位。淮安市取得“全省普法工作先进城市”的称号。

【“律企同行”专项活动】 2016年，淮安市着眼台资高地建设实际，深入开展“律企同行”专项活动。淮安市司法行政系统对中共十八大后淮安台企诉讼案件进行大数据分析，开出法律处方，实施精准服务。律企同行服务团为多家台企解决重大难题，避免和挽回经济损失1.2亿元。司法部发专刊推广，省政府《每日要情》刊发，《人民日报》要闻版、《新华日报》头版头条报道。

【公共法律服务体系建设】 2016年，淮安市整合全市“12348”公共服务平台，电话接通率和群众满意度大幅提升。推动公证机构改革，全市7家公证处全部完成改制任务。在市政务中心建成市级公共法律服务大厅，服务全市重点工程、重大项目、重要民生实事，淮安公证处做好经济发展护航员、服务员、快递员“三大员”的做法被省司法厅推广，《新华日报》专题报道。开展“法律快车村村通”活动，完善“一村一顾问”工作机制。至年底，全市村（社区）法律服务覆盖率92%，人民日报社专题到淮安采访报道。

【社会治理】 2016年，淮安市发挥社会矛盾调处、特殊人群管控重要作用，提升司法行政参与社会治理能力，累计调解矛盾纠纷1.8万件，调解成功率99.59%。市、县（区）人民调解协会全部建成，县（区）专业性行业性调解组织不断拓展，全市各城镇公安派出所全部建成“派驻式”人民调解工作室，医患纠纷调解全省创新试点工作获省医调办督查组高度肯定。创新“互联网+调解”新路径，实现案情网上研判、纠纷网上调处、技能网上操练。

完善社区矫正监管、教育和帮扶工作机制。全年入矫2924人，解矫3112人，在册2296人，无严重重新犯罪，全市7个县区建成2个省级示范社区矫正中心，5个达标中心，构建定位管理、风险评估、公益服务与技能培训、应急处置四大平台，利用生物识别、移动定位、信息化走访等科技手段，确保人员在管在控。强化安置帮教工作。全年接收4260人，在册15986人，安置率90%以上，帮教率98%以上。加强刑释解教人员回归衔接，对有重新违法犯罪倾向等重点刑释解教人员严格实行“必接必送”，充分发挥社会力量，加强技能培训和就业指导，促使刑释解教人员顺利回归社会。履行特殊人群服务管理工作领导小组组长单位职责，完善各项工作制度和运行机制，协调各专项工作组做好特殊人群衔接管控、教育帮扶和服务解困。

【“七五”普法规划启动】 2016年，淮安市全面启动实施“七五”普法规划，召开全市法治宣传教育工作推进会，为新一轮法治城市创建营造良好法治环境。严格落实“谁执法谁普法”、以案释法等制度，制定加强领导干部法治教育的意见，构建普法工作机制。举办全市第二届法治文化作品征集评选、“以案释法”典型案例征集评选、全市领导干部、公务员网上法律知识竞赛等活动；开展“法润江苏·2016春风行动”、“12·4”国家宪法日、“农民工学法活动周”等法治宣传活动，参加全省公务员学法大赛。精选电子大屏、公交广告位、宣传栏、道路栏杆等实施“七五”普法全屏宣传，融入“互联网+法治宣传”概念，实现微博、微信、网站联盟化操作。推进法治文化建设和基层民主法治实践，建成7个国家级民主法治示范村，638个省级民主法治示范村（社区），省级建成率38.3%，达到法治城市创建标准。

2016年，淮安市举办“法润江苏·春风行动”法律服务进社区活动　盛杰供图

【法律援助】 2016年，淮安市出台《关于完善法律援助制度的实施意见》，扩大法律援助范围，降低经济困难标准，全年办理法律援助案件5710件。连续11年有法律援助案件入选全省法律援助“十大优秀案件”，市法律援助中心获评司法部第五届先进集体，邵永高受邀赴京参加中欧法律援助研讨会。

【司法鉴定】 2016年，淮安市有14家司法鉴定机构，接受司法鉴定委托8032件，业务收费664.47万元。全年办理司法鉴定法律援助案件137件，减免收费18.52万元。组建司法鉴定协会，首创的“鉴前谈话”等预防纠纷新机制在全省推广。司法鉴定案件采信率100%。开展“司法鉴定开放日”活动，服务诉讼需求，维护群众权益。

【司法考试】 2016年，淮安市连续15年组织国家司法考试，累计报名14890人，1748人通过考试，其中78%的人员进入法官、检察官、律师、公证员等法律职业队伍或从事法律事务工作。

【司法行政基层建设】 2016年，淮安市推进局所站一体化建设、信息化建设，强化司法行政基层工作力量。市司法局与县（区）党委政府协调沟通，理顺司法所管理体制。按照“不变体制变机制”的原则，推进县（区）司法局实战化、基本保障规范化，基层队伍正规化建设。加快实施“智慧法务”工程，建成市级二级信息流转协同中心，推广一体智能化平台和各信

12月4日，市司法局在金鹰广场举办宪法日法律咨询活动　　盛杰供图

息系统，提升司法行政内部管理水平和效能。加快市"12348"网络平台和县乡村三级公共法律服务实体平台协同发展，设立信息分析研判岗，培育大数据分析员队伍，提升信息采集质量。强化县（区）社会组织孵化中心建设，全市建成枢纽型、基础型、网络型、行业型、专业型社会组织128个，推动司法行政工作从"有形覆盖"向"有效覆盖"转变。

【王名海被表彰为"2011—2014年度全国优秀律师"】 王名海，男，汉族，中共党员，中共江苏引航律师事务所支部书记、江苏引航律师事务所副主任、淮安市淮阴区人大代表、江苏省律协文化建设委员会委员、淮安市律协奖惩与纪律工作委员会副主任。先后担任淮安市清河新区管委会、清浦工业园区管委会等多家政府以及企事业单位法律顾问，为政府排忧解难，为企业保驾护航。2013年11月，司法部、全国律协发出招募通知，从江苏、上海等7省市招募35名援藏律师赴西藏、青海无律师县开展为期一年的援藏法律服务活动，王名海报名成为首批援藏律师，被司法部、全国律协选派至西藏察隅县开展援藏法律服务。因援藏工作成绩突出，被察隅县委县政府授予"平安察隅特殊贡献者"称号，受到中华全国律师协会嘉奖。2016年2月，被中华全国律师协会表彰为"2011—2014年度全国优秀律师"。　（盛　杰）

仲　裁

【概况】 2016年，淮安仲裁委共受理平等主体之间的合同和财产权益纠纷案件508件，同比增长10.4%；受理案件标的22亿元，同比增长331.3%；无撤销或不予执行案件，无一起因裁决不公上访事件。在2016年度长三角仲裁机构联席会议上，淮安仲裁委被授予"长三角仲裁机构公信力建设奖"，被省仲裁学会评为"2016年度先进仲裁委员会"。

【金融领域仲裁服务】 3月下旬至4月上旬，淮安仲裁委分别走访市工行、市农行、市建行、市交行、民生银行和兴业银行等金融机构，开展专题法律及仲裁知识培训。年内，联合市政府法制办、市政府金融办、银监局、人行、保协联合发文《关于积极运用仲裁方式解决金融合同纠纷的通知》，研究出台《金融行业宣传推行仲裁法律制度促进办法》，各金融机构对合同文本进行修订和规范，在争议解决条款中明确列明仲裁方式供当事人选择。建立一站式服务，形成金融单位名册，制定针对金融案件审理和收费的特别规定，对金融机构提起的金额纠纷案件，减少仲裁受理费，案件处理费全免，降低当事人仲裁成本。金融案件原则上当天受理当天立案。建立案件速裁制度，提高金融纠纷解决效率，压降不良资产。组建金融专业仲裁员队伍，确保金融案件办理的专业性和时效性。建立仲裁联络员制度，在各金融机构聘请联络人员，定期召开座谈会、业务研讨会，交流工作，协调有关问题。

【仲裁案件质量】 2016年，淮安仲裁委严格案件管理，提高案件质量。研究出台《淮安仲裁委员会办案流程》，实行办案秘书、部门主任、分管秘书长三级监督，对仲裁案件从立案到结案的所有流程和时间节点进行严格细化，保证案件及时有效审结。严格执行《仲裁员过错责任追究办法》《加强检察监督促进公正仲裁试行意见》，对仲裁行为、仲裁程序进行监督检查。明确办案助理、书记员工作职责，建立办案质量和服务水平评价体系，出台《案件绩效考核管理办法》。清理积案，2016年以前的超审限案件不足10件。实行重大、疑难案件专家

表40　　2016年淮安仲裁委联系方式表

名称	地址	电话
淮安仲裁委员会	健康西路142号二楼	0517-83320411
洪泽分会	洪泽县东九道26号	0517-87222790
涟水分会	涟水县涟城镇红日路18号	0517-82380711
淮安区分会	淮安区西长街141号	0517-85912868
盱眙分会	盱眙县十里营大街86号县政府法制办	0517-80810037
清江浦分会	淮海南路268号	0517-83515097
金湖分会	金湖县黎城镇建设路109号222室	0517-86888275
淮阴分会	淮阴区承德北路606号	0517-84997507
经济技术开发区分会	淮安经济技术开发区宏恒胜路95号	0517-83181065

咨询制度，当年没有发生一起上访事件。完善仲裁奖励考核机制，建立仲裁员办案档案，评选2015年十大仲裁优秀案例，形成以绩效选聘仲裁员的正确导向。实行办案监督和裁决反馈追踪制度，对审结案件进行回访，协助当事人做好自动履行工作，调查了解当事人对仲裁工作满意程度，并作为考核仲裁员的重要依据。

【仲裁分支机构建设】 2016年，淮安仲裁委召开四次仲裁分会工作会议，了解各分会仲裁工作推进情况，指导各分会在制度推介、仲裁宣传、案件办理等方面发挥积极作用。实行仲裁委秘书长、部门主任与分会工作挂钩制度，推进分会工作开展。修改完善《淮安仲裁分会管理办法》，明确分支机构的性质和职能，建立对分支机构人、财、物以及案件等方面统一要求的新模式，争取各县（区）政府和职能部门对分支机构建设给予政策支持。在资金上对仲裁分会予以支持，提高分支机构工作积极性。加快仲裁分会信息化建设进程，仲裁软件接入各分会并进行试运行。

【仲裁制度建设】 2016年，淮安仲裁委强化制度建设，提升仲裁队伍素质。11月26~29日，组织新一届仲裁员在苏州大学王健法学院参加仲裁员专题培训。在办案人员中开展“两提两知”活动，要求办案人员包括仲裁员、办案秘书要做到：提到案号要知道当事人的名称，提到案件当事人要知道案件的情况，要清楚地知道案件审理到哪一个阶段，案件的焦点是什么，案件难点和矛盾在哪。以此考察各仲裁员、办案秘书的敬业精神和业务水准。开展2015年度优秀仲裁员评选活动。修订完善规章制度并统一装订成《仲裁工作手册》，加强监督和落实，做到以制度公开促仲裁公信。

【仲裁宣传推广】 2016年，淮安仲裁委加大仲裁法律制度宣传和推广力度，加强与《淮安日报》《淮海晚报》、淮安电视台的合作，设立仲裁专栏和电台节目。通过仲裁分会在各县区政务中心设置仲裁宣传点，接受法律咨询，放置宣传彩页，面向全市发放仲裁宣传扑克5万多副。鼓励仲裁委工作人员为机关、企事业单位提供法律服务。加强与市工商联、中介服务机构、行业协会、商会等直接联系，发挥律师协会、商会及各类行业协会宣传优势，通过专题讲座、座谈讨论、提供合同示范文本等，把精准推介落实到具体工作中。　（梁　璟）

7月28日，淮安军分区举办“两学一做”知识竞赛　陈凤朝供图

地方军事

淮安军分区

【概况】 2016年，淮安军分区坚持以强军目标为统揽，适应新体制、新职能、新使命要求，锁定应急应战指挥部、地方党委军事部、后备力量建设部、同级政府兵役部、军民融合协调部“五部”职能，看齐追随狠抓落实，军分区全面建设保持稳步推进协调发展良好态势。年内，淮安区人武部党委被省军区通报表彰为“先进团党委”，金湖县人武部被省军区表彰为“军事训练先进单位”。

思想政治建设　深入学习贯彻军委主席习近平系列重要讲话精神，扎实开展改革强军主题教育和“两学一做”学习教育，组织“三新”大讨论和“三亮三起来”主题实践活动，抓好习近平“七一”重要讲话和中共十八届六中全会精神学习贯彻，打好意识形态领域斗争主动仗。组织全军分区“两学一做”知识竞赛和全市大中学校国防教育知识竞赛，相关做法在省军区“两学一做”学习教育推进会上作为经验推广介绍。

军事斗争准备　持续抓好日常战备，落实军地联侦联情机制，制订推动军事斗争准备创新发展26条具体措施，组织方案对接会审，初步形成军分区人武部两级方案体系。购置4G移动指挥终端，规范库室建设，配齐战备设施，高标准抓好防汛防台准备，组织军地抗震救灾和抗洪抢险骨干联训联演，参加全省副团职军官考核取得团体总分第二名。高标准完成省军区赋予国防动员指挥体制试点研究任务，编制出台《淮安市军民融合深度发展第十三个五年规划》，征集兵员质量稳步提升。

后勤装备建设　坚持党委理财，严格财经纪律，坚持把有限经费向军事斗争准备倾斜；改善官兵办公生活条件，开展干部职工经济适用房建设，建成机关训练场，启动干休所营院综合整治工程，推进全面停止有偿服务。落实民兵武器装备统存统管，优化调整武器装备，征召预备役人员加强仓库警戒力量，管好用好武器装备安防设施。加强仓库基础设施建设，改善工作生活环境，人武部兵器室建成投入使用。

部队安全管理　加强部队正规化建设，依法规范工作秩序，注重经常性安全教育，强化官兵法规观念和纪律意识。坚持将高铁动车原理融入部队建设新常态，深入贯彻落实军委国防动员部安全管理六个文件，突出安全管控重点，抓好常态监管，对官兵涉黄、涉赌、涉毒、涉股、涉贷情况进行摸排，切实掌握底数。加强信息安全保密管控，全面运行机关办公保密“八个规范”集中管控体系，突出涉密信息网络和终端监管，严格落实保密制度。

党委班子和干部队伍建设 认真贯彻准则、条例等党内法规，层层召开专题组织生活会，党员人人郑重承诺践诺，党组织凝聚力战斗力增强。肃清郭伯雄、徐才厚案件流毒影响，开展思想清理和组织清理，人人划清界线、亮明立场。严格执行改革期间干部工作规定，始终保持干劲不松、标准不降、工作不断的良好态势。接受中央军委审计署驻东部战区审计局对领导干部履行经济责任情况审计。

军政军民关系 军地互办实事274件，加强党管武装，持续规范第一书记宣布任职、考评述职，探索民兵基层党组织“五建”做法。开展精准扶贫，助推“小康路上一个不少、一户不落”富民战略。贯彻省《关于完善拥军政策增强军人荣誉感意见》，积极拓展双拥工作方法和渠道，探索研究加强军人荣誉体系建设办法措施，市“三就”工作走在全省前列。

（朱立军 孙立群 董 炜）

【副团职军官参加省军区军事训练考核】 2月25日，淮安军分区参谋长高连宝率分区副团职军官，到南京市参加省军区副团职军官军事训练考核，取得团体总分第二名。其中，淮安区人武部副部长余清勇、金湖县人武部副部长王刚分获全省个人第5名和第7名。

【民兵应急分队抗震救灾演练】 4月24~28日，淮安军分区联合市地震局在市民兵训练基地，组织军地84名抗震救灾分队骨干集训，采取理论授课、装备操作、仿真训练、综合演练等多种组训形式，提高军地应急力量遂行抗震救灾行动能力。为确保演训紧贴任务需求，军分区与市地震局通力协作，确定以市属民兵应急营、县区民兵应急连干部骨干和市地震局下属防震减灾助理员为参训对象，动用破拆、撑顶、吊装等多类救援装备器材。军分区司令部与市地震局4次召开训练计划对接会，就实施内容、教学分工、组训方法和生活保障等事宜进行会商。演训时，按照地震灾后可能出现的中毒、埋压、被困等情况组织受灾环境仿真模拟演练，先后设置地震后化工厂泄漏、车辆变形受困、水泥楼板埋压等训练课目，按照个人自救、快速集结、组织机动、请领任务、开展救援5个程序，组织指挥和装备操作训练。演训期间，还邀请省地震局专家现场教学，军地联训联演训达到预期效果。

【遂行民兵应急分队抗洪抢险行动】 2016年夏季汛期到来之前，淮安军分区协调军地相关部门，尽早部署落实相关安排，全力做好民兵应急分队遂行抗洪抢险救灾准备。5月23日，军分区联合市水利局，组织军地抗洪抢险分队111名骨干，在洪泽湖二河闸进行实地联训联演，培养磨合军地抢险救灾协同能力。演训采取现地组织、现场操作、多情处置等办法，完成3大类13种险情处置、16种34个抗洪抢险制式装备操作训练，参训骨干遂行抢险救灾任务能力得到有效提升。6月后，淮安全市降雨量相比往年同期增长60%。6月6~10日，军分区联系协调市水利局、驻淮部队、武警支队等相关单位，实地防汛勘察。6月13日，省军区副参谋长金川一行，到金湖县部分险工险段检查勘察，对淮安地区防汛抗洪工作给予肯定。汛期，各人武部动员落实民兵开展巡逻查滩、大堤加固，保证夏季安全度汛。

【神舟十一号飞船应急搜救备勤】 9~10月，淮安军分区组织各团单位分别抽组1个民兵排兵力进行机动备勤，预征吊车、拖船、打捞船等救援装备，高标准做好神舟十一号飞船应急着陆搜救相关准备。9月下旬，军分区组织本级值班民兵进行紧急拉动演练，2小时内满员集结完毕，全体人员着装统一、精神振奋、任务清楚。

（左 迟 黄海涛）

【网上征兵】 2016年，淮安军分区以提高兵员质量为核心，从做好网上兵役登记入手，全面推进网上征兵。4月25日，市征兵办公室、市教育局联合下发《关于做好2016年度网上兵役登记工作的通知》，要求各兵役登记部门掌握第一手资料，准确摸清辖区可征兵员、高校资源、大学生征集形势、适龄青年入伍意愿四个底数，确保年满18周岁公民登记率不低于90%。指导县、乡、村三级开设网上登记报名服务站，覆盖所有街道、村、高校和企事业单位。4月开始，市征兵办对各县区网上兵役登记和应征报名情况定期通报。到8月5日网上报名截止，全市18周岁适龄青年兵役登记率、网上报名参军人数均远超征集任务数。

【征兵宣传动员】 2016年，淮安市征兵办进一步深化“早部署、早调研、早宣传、早发动、早登记、早预征”经验做法，搞好征兵宣传动员，在提升广大群众对征兵工作感知度和支持率方面，取得较好效果。按“六早”要求，市征兵办在全省征兵工作总结部署会后，抓好征兵宣传和网上兵役登记。要求全市人武、专武、民兵干部采取分片包干、走村入户、网络联动等方法，实施“面对面”“键对键”宣传发动，做到大报小报有版块、电台媒体有音像、手机网络有内容、校园社区有动作。4月20日，淮安军分区参谋长高连宝对全区征兵宣传和网上兵役登记情况进行讲评，要求各人武部将征兵工作作为年度重要任务，主业主抓、主职主责，不容懈怠。6月14~30日，市征兵办联合淮阴师范学院等6所院校，开展“征兵宣传校园行”活动。整个征兵期间，全市累计出动宣传车113台次，张贴宣传标语（画）6432条（张），分发宣传册34200份，面对面发动1万余人次，市、县（区）直播征兵题材专题新闻50余次。

【军民融合】 2016年，淮安军分区贯彻《江苏省军民融合式发展三年实施计划》，推进军民融合深度发展。会同市发展改革委编制出台《淮安市军民融合深度发展第十三个五年规划》，为全市军民融合深度发展提供政策支撑。结合民兵整组，依托信息系统，采取分级采集汇总、专人核实录入办

2016年，淮安军分区抓好民兵整组，提高编组队伍整体质量　　陈凤朝供图

法，对全市经济、人防工程、交通战备、新闻媒体、卫生医疗等系统数据进行调查、收集和录入。组织对市、县两级国防动员总体方案和专项计划进行修订，多次组织研究讨论和集中会审。加大军地需求对接力度，推动军地科技协同创新，推进预征预储预置体系建设。与地方医药公司签订战救药材及常备代储协议，推动江苏爱特福公司获批省级动员中心，井神盐业集团省级动员中心正式挂牌。

【民兵整组】 2016年，淮安军分区坚持按照综合化、常态化、精干化标准，抓好民兵整组。召开全市民兵整组任务部署会和整组工作对口会，下发《关于做好2016年度民兵整组工作的通知》，组织潜力数据会审，把各项工作部署到基层。采取就近选编、单位跨编、系统合编等办法，持续抓好市、县、乡三级应急力量建设，同步购置补充战备物资器材。通过对口化、模块化、精细化编组，挖掘兵员潜力，提高编组队伍整体质量。全市基干民兵编组中退伍军人编入率、专业对口率、基干民兵党团员比例、应急队伍经训率和在位率均达规定要求以上。协调地方党委政府提高党管武装工作在政府年终目标考评所占分值，夯实基层民兵组织基础。建立基层“一把手”责任追究和检讨式发言机制，严格落实民兵干部进“两委”制度，同步落实地方政府缴纳养老保险和特岗补助等优惠政策，深化民兵基层党组织建设，完成各县(区)基干民兵应急队伍党委、支部建设。4月，省军区工作组对淮安军分区民兵整组工作进行验收检查，给予肯定。

【“安全整治月”活动】 4月，出台《淮安军分区防范重大恐怖袭击措施》，拉开2016年度“安全问题整治月”活动序幕。淮安军分区各单位利用一个月时间，集中整治“安全教育不扎实、形势研判不具体、人员管理不到位、车辆派遣不严格、防范暴恐不托底、基础设施不完善”等问题，认真组织防暴恐应急演练，加强营区管控。对防暴器材不完整、不齐全的，迅速备齐配全；对应急报警和110联动设施对接不顺畅的，迅速加以完善。通过清查整治，安全隐患得以及时发现并加以整改，部分干部职工中存在的法规观念淡、纪律意识弱、履职尽责差、部队秩序散等问题得到有效解决。

【G20峰会期间安保】 9月，G20峰会在杭州市举行。为做好峰会安保工作，淮安军分区于7月中旬专门下发《关于抓好G20峰会安保工作的通知》，要求各县区人武部严密监控辖区重要目标，严控军人军车入浙，协助辖区搞好民社情掌控和可疑人员排查，加强本单位重点要素安全管控，随时听令处置重大突发情况，完成峰会安保任务。军分区于峰会期间，抽组民兵力量，配合地方做好G20峰会期间安保工作。(秦跃泉　陈　冬)

【“党员承诺践诺”活动】 5月18日，淮安军分区党委下发实施意见，以党支部为单位，在全区党员中开展承诺践诺活动。5月中旬，全体党员围绕加强学习、能力素质、履职尽责、改进作风、遵章守纪等五个方面，采取个人定诺、小组把关、党支部审核方式，每名党员写出书面承诺书。5月下旬，所有党员在支部党员大会和党小组会上作公开承诺，并将书面承诺书张贴在公告栏接受监督。为推动全体党员扎实践诺，对基层党员采取划分党员职责区、设立党员示范岗、成立党员攻坚团队等方式，鼓励机关党员争当理论通、政策通、业务通，争做优秀机关干部、优秀参谋人才；对领导干部采取挂钩帮带、蹲点调研、直接联系群众等方式帮助其践行诺言；对离退休干部，主要是鼓励他们为改革强军增添正能量，老有所为、继续奉献余热。7月上旬，为纪念中国共产党成立95周年，淮安军分区党委下发通报，对先进民兵基层党组织、优秀共产党员进行表彰。

【第一届大中专院校和高中学校国防知识竞赛】 为纪念中国共产党建党95周年和红军长征胜利80周年，7月26日，淮安军分区政治部、中共淮安市委宣传部、市教育局、市双拥办和市全民国防教育委员会办公室，在市电视台演播大厅联合举办“第一届大中专院校和高中学校国防知识竞赛”。竞赛主题为“同心共圆强国梦，青春激扬固国防”，全市23所学校组成代表队参加小组赛和预赛角逐。经过层层筛选，最终有12支代表队晋级决赛。通过决赛，江苏省清江中学代表队获特等奖，江苏省清浦中学、淮安市淮海中学等11支代表队分获一、二、三等奖。市委副书记练月琴，军分区司令员张正军、政委朱海文、政治部主任周春发等参加知识竞赛，并同获奖队员合影留念。

【拥军工作】 2016年，淮安军分区协调市委市政府制定出台淮安市《贯彻落实省委省政府省军区〈关于完善拥军政策增强军人荣誉感的意见〉责任分解方案》，为强化军人职业提供政策支持。根据省军区部署，组织20

对新婚夫妇向烈士献花，树立崇尚英雄、缅怀先烈时代导向。各县区人武部给刚入伍义务兵家庭登门送“军人之家”牌匾，盱眙县将立一等功10名“盱眙军中星”先进事迹载入当地县志。淮安军分区牵头在火车站召开新兵欢送大会，举行“送战友·迎新兵”双拥歌会。新设立“军人优先”窗口166个，全市城区所有公交线路和新开通有轨电车全部实行军人免费乘坐优待政策。　　（朱行彦　马兆跃）

【全面停止有偿服务工作】 6月20日，淮安军分区与承租户签订停租协议，机关本级和县（区）人武部可控托底租赁项目全部实现停租。根据江苏省军区全面停止有偿服务活动电视电话会议部署，淮安军分区拟定下发《全面停止有偿服务实施方案》，与各县区人武部、干休所签订全面停偿工作责任书，制作下发各类停偿政策宣传口袋书500余本。开展调查核实，摸清项目底数，并按政策宣传、逐一商谈、分析评估、研究停偿工作路线图，推进停偿工作。对部分矛盾突出复杂敏感项目，持续加强政策宣传，并协调地方政府在继续协商停租基础上，与地方法院及专业律师对接，做好法律途径停租准备，确保按照时间节点完成停偿工作。

（潘　勇　涂汪红）

【党委班子进行经济责任审计】 11月3~14日，中央军委驻东部战区审计局福州中心审计组到淮安军分区，对分区党委班子履行经济责任情况进行审计。审计所跨年度为2013~2015年，淮安军分区司令员、政委在审计组进点会上，向审计组做履行经济责任情况述职，军分区参谋长、政治部主任、后勤部部长向审计组提交书面述职报告。2013~2015年，淮安市军分区预算收入支出实现收支平衡、略有节余。军分区所属团单位家底全部达到规定基数标准。

（赵以宏　陈朝峰）

武警淮安市支队

【概况】 2016年，武警淮安市支队深入学习贯彻习近平系列重要讲话精神，紧紧围绕武警部队、江苏总队党委决策部署，坚持“四个相适应”（与强军目标的新要求相适应，与江苏经济社会发展的新形势相适应，与国家安全和社会稳定的新需求相适应，与官兵全面发展的新期盼相适应），不断深化“四种理念”（人人都要敢担当，凡事都要讲规矩，时刻都要保稳定，上下都要扬正气），着力在固本铸魂、练兵备战、依法治军、厚实底蕴、整风肃纪上下功夫，部队建设稳中向好、全面发展。2016年7月，支队党委被总队表彰为“先进党委”。

【思想政治建设】 2016年，武警淮安市支队严密组织“两项重大教育”（改革强军主题教育、“两学一做”学习教育）和“五个敬畏”（敬畏信仰、敬畏法纪、敬畏组织、敬畏群众、敬畏责任）经常性教育，灵活运用走出去、请进来的方法抓实理论武装。着眼“三个紧贴”（紧贴时代发展，紧贴使命任务，紧贴官兵实际）要求，奔着官兵“活思想”，革新教育理念，让思想政治教育更加走心、亲近官兵。坚持以文育人、涵养底蕴，开展“强军风采”系列文化活动，举办庆“八一”军民联欢、迎新兵慰问演出、送战友双拥歌会，丰富官兵精神家园。培树宣扬身边典型，推出“投身强军实践十大典型”葛昭良，3名人员分别被评为十佳干部、士官和执勤标兵。重视新闻报道，支队分别被《人民武警报》、总队表彰为“橄榄杯优胜单位”“新闻工作先进单位”。

【中心工作】 2016年，武警淮安市支队聚焦练兵备战抓中心，各项任务圆满完成。按照军事训练“八落实”和“六种组训模式”，推开新大纲试训路子，营练、集中训、定期考，部队整体训练水平有提升，“卫士-16”演习、特勤排魔鬼周训练和总队全员额考核均取得较好成绩。推进执勤五大指令性建设，排查治理执勤隐患，规范执勤秩序、值班备勤、编携配装。参加盐城“6·23”龙卷风特大自然灾害抢险救援、连云港涉核群体性事件处置行动。先后出动兵力5800余人次，完成城市武装巡逻、押解及盱眙龙虾节、金湖荷花节安保等各类勤务。

【基层建设】 2016年，武警淮安市支队学习贯彻两级党委1号文件和南通会议精神，重心下移抓基层，精心组织本级《纲要》集训，开展“三帮”“岗位练兵”活动，常态组织党委机关下基层蹲连住班，8个波次对3个重点帮建单位实施精准帮建，连续5年未创先的直属中队跨入先进，淮安市中队被评为标兵中队。支队党委公开承诺办好“十项实事”，“干部家庭大走访”效果明显，为31名官兵发放困难补助7.3万余元。开展“四互四有”“与士兵交朋友”活动，3次组织预防自杀集中整治，定期组织官兵思想鉴定和心理测查。贯彻安全工作“八个规范”，例会分析、常态检查、通报讲评和集中整治见人见事见成效，关注手机网络、涉密载体管理、枪弹清查整治和“三库”改造等问题。支

7月19日，淮安市举办军民大联欢活动　　张鹏辉供图

队被总部表彰为百日安全竞赛先进单位。

【后勤工作】 2016年,武警淮安市支队围绕“保中心、保生活、保基层”目标,稳妥推进4个中队搬迁规划、新增公寓房建设和部分中队营房维修整治,盱眙中队营房主体竣工。建强“一组五队”,备齐应急储备物资,规范管理,提升保障效能。严密组织财务自查自纠,开展“伙食精细管理年”活动和车辆运行、驾驶员作风纪律教育整顿,定期组织医疗巡诊、心理服务、健康体检,服务基层、服务战斗力导向更加鲜明。

【上级视察与调研】 1月26~27日,武警江苏省总队司令员吴启庆率工作组深入武警淮安市支队机关、基层视察指导,慰问官兵。3月6~9日,武警江苏省总队政委曹红波率工作组到武警淮安市支队蹲点帮建,指导部队抓好全国“两会”期间执勤战备和安全稳定工作,并深入武警淮安市支队基层中队驻点指导。6月21日,中国人民武装警察部队副政委张瑞清到武警淮安市支队视察调研。

【盐城阜宁“6·23”特大龙卷风冰雹灾害抢险救援】 6月23日,江苏盐城阜宁发生特大龙卷风冰雹灾害,武警淮安市支队支队长王青海率领155名官兵,携带各类抢险救灾器材300余件,摩托化行军120余公里,火速赶往受灾比较严重的阜宁县陈良镇新涂村,徒步行军近4小时,在新涂、丹平两村疏散、搜救受灾群众。部队搜救劝离群众37人;清理受损房屋150余间;抢救粮食、化肥等农资45余吨;清理并上缴现金20万余元、有价证券、现金支票5张约10万余元;清理出身份证、项链手链、电视机、洗衣机、电冰箱、摩托车等贵重物资上百件;掩埋大型动物尸体15具;配合交通部队清理损毁电线杆及损毁树木150余根,清理道路桥梁约2公里,帮助群众搭设帐篷50余顶。武警淮安市支队支队长王青海被江苏省委、省政府表彰为盐城“6·23”龙卷风冰雹特别重大灾害抢险救灾先进个人。

【刘必权任支队第一政治委员、党委第一书记】 9月5日,武警淮安市支队召开宣布命令大会,会议由支队政委洪夕林主持,全体官兵参加。武警江苏省总队政治部主任程实宣读武警部队和武警江苏省总队党委关于淮安市副市长、公安局局长刘必权兼任武警淮安市支队第一政治委员、党委第一书记的命令和党内任职通知,并对刘必权的任职表示祝贺。淮安市委副书记练月琴出席大会并讲话。(张鹏辉)

武警淮安市消防支队

【概况】 2016年,淮安市发生火灾1018起,死亡2人、受伤3人,直接财产损失1263.1万元。全市消防部队接警出动4508次,出动警力6747辆车次、3.6万人次,抢救被困人员439人,疏散人员243人,抢救财产价值3752.1万元。在省政府年度消防工作考核中被评定为“优秀”等次,位列全省第一名。完成“4·22”靖江德桥爆炸火灾事故处置任务,被省公安厅记集体二等功。

【防控体系完善】 2016年,淮安市政府出台《淮安市“十三五”消防事业发展规划》,开展消防工作考核,两次对消防重点工作进行专项督查,联合教育、民政等部门开展行业系统消防安全标准化管理。开展夏季消防检查、冬春火灾防控等专项行动,检查单位2.96万家,督改隐患6.01万处。创新建立公安机关火灾事故责任追究警种协作机制,每季度对县级公安机关消防工作开展考评。建成区域联防组织25个、微型消防站1644个。淮安区文化旅游开发区微型消防站被公安部表彰为第三届全国119消防奖先进集体。

【执法效能优化】 2016年,淮安市消防部队全面配备应用消防移动执法终端和执法记录仪,在年度全省消防执法质量考评中位列第一名。在全省首创建设项目数字化联合图审系统,推动建设工程消防设计审核由现行模式向技术审查与行政审批相分离转变。出台《公安消防机构深化改革服务经济社会发展八项措施》,扩大“效能准消101%”服务品牌影响力。

【中心工作】 2016年,淮安市消防部队落实“营区、单位、基地”三位一体组训模式,推广社会单位“863”熟悉演练法,部队攻坚打赢能力显著提升。成功处置“6·20”双阳化工、“7·31”达方电子等火灾事故,完成G20峰会、第三届世界互联网大会等重大消防安保和“6·23”阜宁特大风雹灾害事故跨区域增援任务。深化消防信息化建设应用,推进消防大数据平台建设,纳入“智慧淮安”PPP项目2017年子项目建设计划,争取总经费3000万元。以洪泽区为试点,投入500余万元推进“智慧消防”建设。推广消防设施联网监测系统建设,全年接入社会单位301家。

【基层基础建设】 2016年,淮安市逐步建立消防经费分类保障机制,投入2800余万元购置2辆纯进口消防车、4辆进口底盘消防车、1套远程供水泵组;投入近800万元购置常规器材装备和灭火药剂,实现装备扩量提质。清安消防站投入使用,建成化工装置、堵漏装置、高速公路、真火燃烧等模拟训练设施,推进灭火救援应急中心二期工程、城南特勤消防站建设。新征召政府专职消防队员21人、消防文员34人,新建市政消火栓1368个。

(唐 汉)

人民防空

【概况】 2016年,淮安市筹集人防经费1.14亿元,较上年增加3344万元。市本级完成人防经费筹集5180万元,其中人防易地建设费4191.5万元、平战结合收入423.98万元、政府负担人防经费227万元、县(区)分成338万元。2016年度市本级人防预算5834万元,超出上年度易地建设费实际收取数3119万元,增幅115%。所有经费及结余资金100%列入部门预算,人防经费使用更加“阳光化、制度化、规范化”。全市168个社区的民防建设工作全部完成,建成优秀示范点17个,实现城区社区民防工作全覆盖。年内,出台《关于深入推进人民防空改革发展若干问题的实施意见》,印发

《淮安市"十三五"民防发展规划》。在第七次全国人民防空会议上，淮安市被国家国防动员委员会授予"全国人民防空先进城市"称号。金湖县人防办被省人力资源和社会保障厅和省民防局联合表彰为先进集体，市民防局周维凤被表彰为先进工作者，洪泽区、涟水县被省国动委表彰为全省人民防空先进城市。

【综合防护体系建设】 2016年，淮安市本级启动《人防工程总体规划》修编，各县区均制定人防工程建设专项规划。市区人防工程建设任务完成，竣工项目30个，完成年度任务的179%。严格规范工程审批检查，专门成立行政审批领导小组，落实责任处室、责任人；明确审批事项并进行网上公布，保证审批各环节公正透明。建立审批档案，实现审批档案管理标准化、规范化。6月底前，完成历年竣工人防工程普查任务。到11月底，全市（含县区）普查竣工项目441个，工程实体基础数据采集率100%；人防工程管理信息系统建成使用，实现省、市、县三级联通，竣工人防工程信息全部录入系统，数据录入率100%。严把工程建设"质量关"，开展人防工程设计、监理、审图机构专项检查8次，定期开展人防工程防护设备生产安装质量检查，工程受监率100%；工程维管资金落实到位，年度维管经费预算150万元，工程维护检查率100%。

【人防实战化建设】 2016年，淮安市防空袭方案模板编制完成，并经过省民防局专家评审，认为可作为省内人防重点城市组织人民防空方案编制的基本依据。组织军事斗争检验评估自查，在吸收借鉴相关城市建设经验基础上，结合自身实际，做好两室两库（人防指挥室、战备值班室、战备资料库、战备器材库）选址、设计及建设，配齐器材设施，高标准完成"两室两库"建设任务。高标准完成人防专业队整组任务，参训率100%，集中训练率40%。训练演练实现常态，制定按纲试训五年规划，组织全市"9·18"防空警报试鸣暨防空袭行动演练等演习演练，参加人数近7万人。至年底，全市各县区均建成机动指挥所，淮阴区完成基本指挥所建设任务。全市防空警报器音响覆盖率、完好率、鸣响率均为100%。高标准完成基础网络、"一网四系统"（人防信息基础网络、人防预警报知系统、人防指挥控制系统、人防防护救援系统、人防综合保障系统）建设及指挥信息系统改造任务。参加全省网络集训，在全省第五届"民防杯"应急通信演练比赛中获团体二等奖。

【法规与宣传教育】 2016年，淮安市民防系统紧扣改革，贯彻落实人民防空法律法规。加强执法监督，统一完善执法文书，规范民防行政执法行为，提高行政执法水平。市民防局在2016年度全省民防行政执法案卷评查工作中名列总分第二名，获得"全省民防系统'六五'普法工作先进单位"等称号。清理执法证件，组织法制培训，强化民防法治能力建设。严肃查处随意少建、漏建、免建人防工程以及其他民防违法行为。全年监督管理项目85个，外出执法监督逾600次，新立案行政处罚案件14件，罚没金额到账65万元，违法案件查处率100%。人防监察支队获评全省人民防空先进单位，副支队长周维凤获评全省民防系统先进工作者。抓住科普宣传周、防灾减灾日、防空警报试鸣日、国防教育日等时间节点，与报社、电视台等主流媒体合作，开发利用微信微博等新媒体，开展专题宣传教育活动。组织民防知识进学校活动，印发《民防应急手册》等各类普法宣传单5万余份，中小学生教育读本2万余册，城区初级中学民防知识开课64所，高等院校开课6所，8万余名学生接受民防知识教育，中小学生民防知识教育普及率100%。

9月18日上午10时整，淮安市举行"9·18"防空警报试鸣活动　陈蒙供图

【淮安市获"全国人民防空先进城市"称号】 5月13日，第七次全国人民防空会议在北京召开，中共中央总书记习近平接见会议代表并发表重要讲话。会上，淮安市被评为"全国人民防空先进城市"。这是淮安市在第六次全国人民防空会议获"全国人民防空先进集体"称号后，在人防领域再获国家级表彰。

【科研项目结题】 5月18日，《格栅式复合地下连续墙及其在人防工程中的应用研究》科研项目成果鉴定会在南京召开，省民防局局长钱国超、副局长秦正宝等领导出席。中国人民解放军理工大学、河海大学、江苏省第二建筑设计研究院专家组成的专家组对该课题给予高度肯定，认为成果具有良好的应用前景，在格栅式复合地下连续墙的支护形式、成桩模具、桩尖以及夹具研制方面具有创新性并达到国内领先水平。至年底，累计发表项目相关论文11篇，申报专利2个，编制企业规程1部，并在上海、南京等地试点应用。

【《人民防空食品储备供应站设计规范》完成编制】 2016年，由淮安市民防局承担的《人民防空食品储备供应站设计规范》完成编制并通过省级评审。该设计规范为人防食品站、药品站的规划和设计提供重要依据，研究成果填补国内人防工程药品库、食品站规范的空白。

【人防工程建设保证金征收全面取消】 2016年，淮安市民防系统进一步清理涉及房地产收费项目，切实为开发企业减轻负担，为化解房地产库存、稳定房地产市场提供政策支持。5月16日，根据中央清理规范工程建设领域保证金的政策要求，全面取消人防工程建设保证金征收。（陈 蒙）

双 拥

【全国双拥模范城创建】 2016年，淮安市再次获得全国双拥模范城奖牌，实现创建全国双拥模范城“四连冠”。2016年又是淮安创建全国双拥模范城“五连冠”开局之年，年初召开全市双拥工作会议，全面部署2016年双拥工作，市双拥工作领导小组与各县区、市直有关部门和驻淮各部队签订双拥工作目标责任状，明确年度工作目标和任务，为争创“五连冠”夯实基础。

全国、全省双拥模范城（县）暨双拥模范单位和个人表彰大会之后，淮安市委召开常委会学习传达大会精神。市委书记、市双拥工作领导小组组长姚晓东在会上要求全市上下要以“四连冠”为新的起点和动力，进一步增强责任感和紧迫感，更大力度推进双拥工作，不断巩固发展军政军民团结大好局面。利用报刊、广播、电视、网络等多种媒介集中宣传报道全国、全省表彰会议精神，在全市上下掀起“学习双拥模范、争当双拥先锋”的热潮。

继续强化督查考评，巩固创建基础。年初，印发《2016年双拥工作指标任务和计分办法》，将双拥工作纳入全市科学跨越发展考核目标。年中，开展半年专项检查，检查梳理出相关问题19项，针对发现的问题及时向各县区提出具体整改要求，并对检查情况进行通报。5月13日，召开全市军民共建现场会，通过观摩4个军民共建示范点，探索和把握军民共建中的问题导向，规范提升全市军民共建水平，把军民共建作为双拥工作的重要载体和形式推向深入。

【双拥宣传】 2016年，淮安市利用广播、电视、报刊、政府信息网、手机报等多个平台，宣传创建全国双拥模范城成果。组织推出《新华日报》专版，扩大淮安市双拥工作影响。先后在《新华日报》《中国国防报》《中国双拥》《淮安日报》《淮海晚报》《铁军杂志》等报刊刊载文章60余篇，在各级网络媒体发表文章40余篇，印发《双拥简报》8期。《淮海晚报》8月1日设八个版面专刊报道“八一”活动，《淮安日报》头版连载《我市创建全国双拥模范城‘四连冠’工作回眸》3期，淮安电视台在《淮安新闻联播》等黄金时段6次播放淮安市创建全国双拥模范城专题片，通过手机微信即时推送国防与双拥知识竞赛、“迎新兵送老兵”双拥歌会等活动。做好全市双拥宣传标牌的维护，更新户外大型永久性双拥公益宣传标牌5块。9月30日，在淮安区烈士陵园举行烈士公祭活动，市委书记姚晓东和社会各界代表向人民英烈敬献花篮，瞻仰烈士纪念碑、英烈墙。

【军民融合】 6月，淮安市制定出台《淮安市军民融合深度发展第十三个五年规划》，明确责任单位、建设进度、质量指标、经费保障等具体事项，促进军地科技、人才、资金、信息等要素交流融合，推动军民融合向更宽领域、更高层次、更深程度拓展。2016年，淮安市申报的江苏井神盐化股份有限公司盐化工循环经济研究中心和江苏瑞特电子设备有限公司充电桩生产线改造两个军民融合发展项目，分获省级军民融合发展引导资金投资补助243万元和贷款贴息22万元。

【双拥共建】 2016年，淮安市召开军地互办实事协调会，落实年初双拥目标责任状和军地互办实事文件，先后协调组织有关单位完成军地互办实事274件，总投入1681万元。其中，协调水利部门投资400万元为73106部队营区整修河道护坡和进行绿化工程，改善部队基础设施和官兵训练生活条件。5月初，市四套班子领导赴武警支队开展“军营一日”活动。市爱国拥军协会慰问困难军烈属和双拥典型，分别与驻淮部队开展联谊活动。鼓励协会吸引更多私营企业、民营科技企业、个体工商户、志愿者等从事拥军活动。4月中旬，淮安市有关县区和单位赴湖南韶山，与韶山市开展双拥共建交流。

【双拥慰问】 2016年春节和“八一”期间，淮安市开展双拥系列活动，走访慰问驻淮部队，召开军政座谈会，向人民子弟兵致以节日的祝福。市委书记姚晓东率市四套班子、部分市直部门领导赴第12集团军、省军区慰问。市领导带队分别赴浙江舟山、安徽大别山、盐城慰问淮安舰、73821部队和73106部队海训官兵。协助做好淮安舰入列筹备工作，第一时间提供经费160余万元支持淮安舰建设。8月11日，市领导惠建林等代表市委、市政府赴浙江舟山出席淮安舰入列命名授旗仪式。

【政策落实】 2016年，淮安市做好随军家属就业、军人子女就学、转业干部就职工作，全年安置随军家属32人、军人子女109人、转业干部73人。组织召开军人荣誉体系建设任务部署会，对相关任务进行细化分解。制定出台《贯彻落实省委、省政府、省军区〈关于完善拥军政策增强军人荣誉感的意见〉责任分解方案》，完善淮安市拥军政策体系建设，增强军人荣誉感，对在部队取得荣誉的军人家庭做到送喜、慰问、挂（授）牌及事迹宣传、记载（二等功以上记入地方志）“五同步”，推进拥军政策体系创新落实。

【拥政爱民】 2016年，驻淮部队积极参加地方经济建设，参与多项重大项目建设，开展扶贫帮困、济困助学、义务献血、学雷锋、义务植树、大学生军训等活动，完成地方党委政府赋予的急难险重任务，为第二故乡发展提供有力支持。其中着眼精准扶贫、精确脱贫开展的“我为脱贫作贡献”活动，帮助5个经济薄弱村、59户贫困户如期脱贫。（姬新雷）

地方组织机构

DIFANG ZUZHI JIGOU

（颜永志　摄）

中共淮安市委员会

淮安市人民代表大会

淮安市人民政府

政协淮安市委员会

纪检监察

民主党派 工商联

群众团体

领导人名录

中共淮安市委员会

会议决策

【市委六届十次全会】 2016年7月12日，中共淮安市委召开六届十次全会。全会听取和审议市委书记姚晓东代表市委常委会所作的题为《攻坚不畏难 实干攀新高 奋力夺取“十三五”开局之年全面胜利》的报告。

会议认为，在2016年上半年，全市上下坚决贯彻中央和省委、省政府一系列决策部署，认真践行新发展理念，以“牢记总书记嘱托，建好周总理家乡”为引领，以“打造增长极，共筑崛起梦”为统揽，主动适应引领经济新常态，大力实施新“六大战略”，扎实做好稳增长、促改革、调结构、惠民生、防风险等各项工作，经济社会保持健康较快发展势头，基本实现“时间过半、任务过半”，为夺取“十三五”开局之年全面胜利奠定了坚实基础。

会议指出，打好开局之战，既要埋头干也要抬头看，把握面临的形与势，找准前进的桥和路。从宏观大势看，在共性挑战中淮安有机遇；从经济走势看，在下行风险中淮安有潜力；从区域局势看，在横向竞争中淮安有优势。做好2016年下半年工作，压力和动力并存，困难和希望同在。

会议要求全市上下树立更加自觉的责任担当、更加强烈的忧患意识，保持定力、铆足全力，确保顺利完成全年各项目标任务，努力推动“指标争进位、重点求突破、全面上台阶”。要坚持扩大总量、提升质量并举，狠抓项目建设、产业集聚、科技创新，进一步加快产业升级步伐；坚持深化改革、扩大开放并举，增强改革的针对性和实效性，提高开放的层次和水平，进一步增强区域发展动能；坚持完善功能、提升形象并举，优化空间布局、强化功能支撑、夯实城镇节点、彰显个性魅力，进一步优化中心城市品位；坚持改善民生、创新治理并举，提高群众生活质量、提升公共服务水平、促进社会和谐稳定，进一步提升群众幸福指数。会议强调，要以开展“两学一做”学习教育为契机，以学习贯彻习近平总书记在庆祝中国共产党成立95周年大会上的重要讲话精神为动力，认真落实全面从严治党各项要求，提振“想干事”的精气神、打造“能干事”的好队伍、锤炼“干成事”的硬作风、筑牢“不出事”的防腐墙，不忘初心、继续前进，齐心协力开创各项事业新局面。

【中共淮安市第七次代表大会】 2016年9月27~29日，中共淮安市委召开第七次代表大会。会议经过认真审议，决定批准姚晓东代表第六届市委所作的题为《保持定力持续聚焦两大目标 抢抓机遇奋力建设美好淮安》的工作报告，认为报告实事求是地总结淮安市第六次党代会以来五年的工作，提炼工作经验和启示，提出此后五年的奋斗目标和主要任务，符合中央精神和省委要求，切合淮安实际，对动员全市上下保持定力持续聚焦全面小康社会和苏北重要中心城市两大目标，抢抓机遇奋力建设繁荣安康宜居文明的美好淮安具有重要的指导作用。

会议充分肯定第六届市委的工作，认为过去五年，六届市委团结带领全市广大党员和干部群众，认真贯彻中央和省委决策部署，以落实中共中央总书记习近平“把周总理的家乡建设好，很有象征意义”嘱托要求为动力，开拓创新，锐意进取，创造淮安发展又一个黄金期。会议指出，未来五年是中国迈向第一个百年目标的冲刺阶段，也是淮安市实现两大目标的决胜决战阶段。要以宽阔视野和全局思维认真审视、深刻研判形势，准确领悟省委书记李强强调的苏北发展“急不得也慢不得”要求所蕴含的政治智慧和辩证思维，全力推动发展行稳致远。

此后五年全市工作的指导思想是，高举中国特色社会主义伟大旗帜，全面贯彻党的十八大、十八届三中四中五中全会和习近平总书记系列重要讲话特别是视察江苏重要讲话精神，认真落实“五位一体”总体布局和“四个全面”战略布局，自觉践行新发展理念，坚持以“牢记总书记嘱托，建好周总理家乡”为引领，以“打造增长极，共筑崛起梦”为统揽，以推进供给侧结构性改革为主线，深入实施创新驱动、工业强市、开放引领、全民创业、城乡一体化和绿色发展战略，进一步深化两大目标内涵，加快建设繁荣安康宜居文明的美好淮安。

会议指出，站在新的起点上，全市上下要深入践行创新、协调、绿色、开放、共享新发展理念，精准发力，重点突破，加快转变发展方式，进一步提升发展质量效益，不断开辟科学跨越发展新境界。要突出夯实产业根基，推进优势产业集群化，打造枢纽经济核心区，点燃创新驱动主引擎，进一步厚植发展优势；突出聚焦深化改革，持续深化行政体制改革，充分激发市场主体活力，扎实推进新型城镇化体制机制创新，加大农村综合改革力度，进一步释放发展活力；突出坚持开放引领，着力提升开放格局层次、资源集聚能力、园区载体平台、外贸外经水平，进一步拓宽发展空间；突出建设特色城市，统筹联动优布局，完善基础强功能，创新治理提品质，彰显特色增魅力，进一步做优发展载体；突出增进民生福祉，千方百计提高群众生活质量，更高标准完善公共服务体系，全力以赴维护社会和谐稳定，广泛有序推进民主政治建设，进一步彰显发展宗旨。

会议强调，时刻铭记习近平总书记“不忘初心、继续前进”的谆谆告诫，牢记职责使命，全面从严治党，在强化思想建党中坚守精神家园，在锻造一流队伍中扛起发展重任，在淬炼过硬作风中树好先锋形象，在夯实基层基础中彰显堡垒作用，在深化反腐倡廉中永葆政治本色，向历史和人民交出一份满意的答卷。

【市委七届三次全会】 2016年12月28日，中共淮安市委召开七届三次全会。全会听取和审议姚晓东代表市委常委会所作的题为《落实“两聚一高”推进“两大目标”以优异成绩迎接党的十九大胜利召开》的报告，认为报告全面贯彻中央和省委、省政府最新部署要求，总结2016年工作实事求是，分析当前形势精准客观，部署第二年任务科学明确，对动员全市上下认真落实“两聚一高”，全力推进“两大目标”，在建设美好淮安的新征

1月24日，市纪委召开七届二次全会，县区和部门一把手向市委递交党风廉政建设责任书　　崔龙供图

程上迈出更加坚实步伐具有重要指导作用。

会议指出，2017年是中共的十九大召开之年，也是省、市党代会决策部署的全面展开之年，做好2017年工作具有重大政治意义和重要现实意义，必须以全局战略视野谋划推进各项工作，进一步开辟科学跨越发展新境界。一方面，要清醒认识、准确把握面临的新形势新变化，看到淮安未来向前的空间将更加广阔、向好的趋势将更加明显、向下的压力将更加突出，保持定力，因势利导，扬长补短，积极作为，继续巩固和保持良好发展势头。另一方面，要深刻领会、坚决贯彻上级的新精神新要求，坚持把“两聚一高”作为当前和此后一个时期谋划推动发展的重要遵循，既注重从长谋划，对标提升“两大目标”内涵，又注重从头抓起，以节节取胜确保打赢“两大目标”整体战；坚持把稳中求进作为指导发展的重要原则和做好经济工作的方法论，牢牢把握“稳”，更加致力“进”，推动淮安发展跃升到更高水平。

2017年工作的总体要求是，全面贯彻党的十八大、十八届三中四中五中六中全会和习近平总书记系列重要讲话精神，认真落实中央、省经济工作会议和省、市党代会部署，紧紧围绕“五位一体”总体布局和“四个全面”战略布局，坚持稳中求进总基调，以践行新发展理念为引领，以提高发展质量和效益为中心，以推进供给侧结构性改革为主线，紧扣“两聚一高”，聚焦“两大目标”，深入实施“六大战略”，更加突出创新驱动、特色发展、绿色崛起、富民优先“四个导向”，统筹抓好稳增长、促改革、调结构、惠民生、优生态、防风险各项工作，努力交上一份全面出彩的成绩单、形成一批重大突破的新亮点、营造一个和谐稳定的好氛围，以“三个一”成果喜迎党的十九大。

会议指出，高水平是省委对江苏全面小康建设的新定位，也是引领淮安发展实践的总要求。要坚持把高水平的定位要求贯穿工作始终，努力优化提升各项事业发展格局。要着力优化产业格局，切实做强产业龙头、增强转型动能、激活创新引擎，加快构建现代产业新体系，振兴实体经济，努力实现更高质量和效益发展；着力优化改革格局，坚持以经济体制改革为轴心，聚力重点领域关键环节，进一步打通制约瓶颈、激发市场活力、释放发展潜力；着力优化开放格局，在对接重大战略、提升外资质态、优化载体平台、发展外经外贸上实现新突破，不断拓展开放广度深度、提升开放层次水平，为发展创造更大空间、集聚更多资源；着力优化城市格局，牢固树立精明增长、紧凑城市理念，严格控制城市边界，进一步完善布局、增强功能、彰显特色、强化治理，加快城市内涵品质提升；着力优化民生格局，持续加大民生投入力度，让群众生活质量越来越高、公共服务供给越来越优、社会治理成效越来越好、民主政治氛围越来越浓，增强幸福淮安的温度和质感。

会议强调，要认真贯彻中央和省委关于党的建设的一系列决策部署，切实强化管党治党责任，坚持政治引领不动摇、选贤任能不偏离、心中有责不懈怠、固本强基不放松、铁腕反腐不手软，推进思想建党和制度治党紧密结合，加强干部和班子思想政治建设、能力素质提升，真正把各级党组织建设得更加坚强有力，使广大党员干部的积极性得到充分发挥，更好地承担起团结带领全市人民实现“两大目标”的历史重任。　（孙淮中）

软环境建设

【简政放权放管】 2016年，淮安市对57家单位上报的行政审批和公共服务事项1199个、要件6900个及相应法律法规文件依据进行比对、初审、会审后，保留1195个事项、6826个要件。在市直59个单位中开展服务品牌创建，通过初步核验、专家评审和群众网络评选，市公安局“淮安公安微警务”等10个品牌被评为“101%服务十大品牌”。对“四联合”（联合评审、联合踏勘、联合图审、联合验收）、“互联网+政务服务”、服务标准化、行政审批中介服务开展8次督查，推进相关工作规范化建设。

【“101%服务流动红旗”优质服务竞赛】 2016年，淮安市继续开展“101%服务流动红旗”优质服务竞赛活动，各竞赛单位上门走访“三重”项目（重大项目、重点企业、重要民生项目）7000余次，解决各类问题和困难4815件。其中，为218个市重大项目解决困难2325件，为30个重点民生项目解决困难318件，为124家重点企业解决困难1394件。坚持挂钩单位和服务部门分类评选制度，对评选的组织实施、参与对象、分值权重等进行完善。利用报刊、广播、网络和电视等媒体对竞赛活动和获旗单位广泛宣传，展示竞赛活动成果，《淮安日报》《淮安新闻联播》分别报道109期和34期共33家竞赛单位的动态情况。

【企业群众利益诉求解决】 2016年，淮安市受理各类投诉47件。其中，来访、来电投诉26件，信访、网络投诉21件。反映履行职能方面问题14件，反映工作作风方面问题14件，反映服务质量方面问题7件，反映收费方面问题1件，反映执法行为方面问题2件，反映其他方面问题9件。接受咨询求助769件，接待群众67批233人次。

【机关作风效能建设】 2016年，淮安市设立"群众监督哨"，收集群众投诉问题142个，责任追究24人。选聘80名监督员，反映问题线索155个，整改问题126个，责任追究48人。三方巡查2600余次，查实问题2273个，下发监察建议书31份；印发通报1617期，点名批评1678个单位、5835人次；曝光485次，点名批评1060个单位、4331人次。三级联动问责7283人，其中县处级3人、乡科级484人；党政纪处分212人，其中县处级2人、乡科级38人。 （贯 侃）

组织工作

【概况】 至2016年底，淮安市有中共党员284161人，其中男性党员228535人、女性党员55626人，35岁以下党员53348人、36~60岁党员138671人、61岁以上党员92142人，在职职工党员122710人、农牧渔民党员100540人、学生党员2937人、离退休党员48134人、其他党员9840人。有在职市管干部1191名。全年累计培训干部8.3万人次，脱产培训6.2万人次，参加网络在线学习2.3万人次；有党员干部现代远程教育站点1751个，实现乡镇、村、社区全覆盖。有省聘在岗大学生村官561人，其中男性337人、女性224人；大学生村官担任乡科级领导职务38人，担任村两委一把手63人。

【基层党组织】 2016年，淮安市有中国共产党基层党组织15963个，其中基层党委659个、党总支2087个、党支部13217个。有城市街道党工委21个；城市社区党组织141个，其中党委99个、党总支28个、党支部14个。有乡镇党委104个；建制村党组织1378个，其中党委3个、党总支1364个、党支部11个；建制镇居委会（社区）党组织185个，其中党委2个、党总支167个、党支部16个。有非公企业独立党组织1827个，其中党委46个、党总支41个、党支部1740个；非公企业联合党组织4149个，覆盖企业5976家，组建率98.48%。

【市管干部】 2016年，淮安市级机关有在职市管干部736人，35岁以下5人，36~40岁12人，41~45岁66人，46~50岁158人，51~55岁329人，55岁以上166人。市直事业单位有在职市管干部131人，其中领导班子成员116名、非领导职务15名；40岁以下5人，41~45岁11人，46~50岁33人，51~55岁58人，56岁以上24人。市管企业有在职市管干部84人；40岁以下6人，41~45岁13人，46~50岁35人，51~55岁26人，56岁以上4人。县（区）有在职市管干部240人，其中领导干部216名、非领导干部24名。

【"两学一做"学习教育】 2016年，淮安市开展"两学一做"（学党章党规，学系列讲话，做合格党员）学习教育，增强广大中共党员的党员意识，彰显党员先锋模范作用。注重学深学透。构建领导带学、辅导领学、典型引学、结对帮学、上门送学"五学"机制，编印学习教育"微指南"口袋书，举办支部书记论坛，开展"我是党课主讲人"等活动，不断加深对习近平总书记系列重要讲话的思想认同、理论认同和情感认同。举办《践行党章的楷模——周恩来》等专题巡展，拍摄的《周恩来的党性之光》专题片被列为全省"两学一做"学习教育必学教材，并在省第十三次党代会期间发放给全体代表学习。推动真改实做。普通党员围绕"五查摆五强化"（查摆信仰信念是否动摇，强化政治定力；查摆纪律规矩是否松弛，强化党的意识；查摆宗旨观念是否淡薄，强化群众观念；查摆精神状态是否懈怠，强化担当精神；查摆德行表现是否缺失，强化道德修养），党员领导干部围绕"七查摆七强化"（在五查摆五强化基础上增加查摆新发展理念是否树立和落实，强化践行新发展理念的思想行动自觉；查摆落实管党治党责任是否不力不严，强化全面从严治党责任），列出问题清单，深入分析原因，逐条对照整改。以落实中组部部署的7项重点任务为抓手，推进党员组织关系集中排查；扎实开展党费收缴工作专项检查，党费管理制度进一步规范。严格标准质量，强化督查指导，组织开好各级党委（党组）民主生活会。深化拓展领导干部"立家规、正家风"活动，并延伸到全体党员，《周恩来的家风家规》专题片获省新闻奖。强化典型引领，结合庆祝建党95周年，集中表彰一批先进基层党组织、优秀共产党员和优秀党务工作者，举办"身边的榜样·前行的力量"优秀共产党员风采展，开展践行"四讲四有"（讲政治、有信念，讲规矩、有纪律，讲道德、有品行，讲奉献、有作为）先进典型巡回报告，引导党员干部见贤思齐、多作贡献。加强督导检查，制定《一把手职责任务清单》，明确党员领导干部规定动作；抓住支部这个重点和支部书记这支关键队伍，严格落实"三会一课"（定期召开支部党员大会、党支部委员会和党小组会，按时上好党课）、"党员活动日"等制度，开展"百组千支"（组织集中督查，每次派出各级督察组100个，督察指导基层支部1000个左右）等集中督查，督促指导每个支部做到组织生活时间、人员、内容和程序"四到位"，推动学习教育扎实有序开展。

【干部选任管理大数据系统】 2016年，淮安市研发运用干部选任管理大数据系统，入库各类干部人才12338人，人均设置32类356个数据项，建立完善18个重点部门参与的涉干信息采集联席会议、部务会干部工作季度议事机制，构建基础信息、实绩纪实、考核考察、教育培养、干部监督、政治生活等6个信息库。通过对信息的收集、管理、分析、运用，为干部工

2016年，淮安市兑现人才购房券政策　　唐小青供图

作提供优质高效的数据技术服务、辅助决策支持和基础平台保障，有效避免“在少数人中选人”、干部“带病提拔”“重选轻管”等问题。

【各领域党建】 2016年，淮安市制定出台党委（党组）书记抓基层党建述职评议考核实施办法和党建工作督导员管理办法，强化党建工作常态化巡回督查，先后开展6轮集中督查，以强力督导推动各领域党建责任刚性落实。《“六创新六融合”打响党建改革品牌》入选《江苏基层改革探索100例》。夯实基层党建，统筹推进农村党建“七个一”（开展一次培训、进行一次走访、开展一次谈心、表彰一批先进、发展一批党员、办好一件实事、开好一个会议）、社区党建“两网融合”（“两网”指基层党建网格和社会治理网格）、非公企业“四先”（创先、争先、领先、励先）行动等特色做法。坚持抓两头带中间、抓党建促扶贫，全市103名优秀三级共管村书记中有64人提拔进入乡镇领导班子，238个经济薄弱与软弱后进村党组织实现转化；严把人选条件，创新选人方式，选举产生新一届村党组织班子。推进基层党组织“清底数、排积子”，在全市软弱涣散村和发展党员空白村中实施“破零”行动，发展党员质量不断提升。

【人才发展】 2016年，淮安市编制《淮安市“十三五”人才发展规划》，启动实施“智汇淮安”等十大人才工程；贯彻中央《关于深化人才发展体制机制改革的意见》和省有关配套文件精神，市、县区、驻淮高校和企事业单位联动推进30余项人才发展体制机制改革项目；制定下发县区高层次人才工作和科技人才强企工作考核办法，试行对市人才工作领导小组成员单位和各类开发园区开展考核。淮安市获评国家“万人计划”科技创业领军人才2人，省“333工程”培养对象143人，入选省“双创计划”人才20人、团队1个、科技副总73人，数量、质量均取得突破。成立全省首个、全国首批地方综合性人才智库——淮安人才发展研究院。18家研发机构入驻淮安智慧谷，建成国家级众创空间、省级众创集聚区和众创空间各1个，启动国家“千人计划”人才创业园建设，教育部留学服务中心淮安分中心被授予“全国优秀分中心”称号。

（杨　广）

宣传工作

【意识形态工作考核】 2016年，淮安市在全省率先制定出台《全市意识形态工作责任制考评方案》和百分制考评细则，推动各级党委进一步加强对意识形态工作的领导，省委宣传部专程到淮安调研，《江苏宣传工作动态》推介考评制度。制定出台意识形态工作联席会议制度，建立意识形态预警研判机制，交流信息、通报情况、研究对策。开展意识形态双述双评活动，既向上级党委述责又向群众述责，既接受组织评价又接受群众测评，以社会评价倒逼责任落实，以问题整改倒逼履责到位。

【宣讲创新】 2016年，淮安市持续开展“千名干部上讲台”，有500多名领导干部走上讲台，开展宣讲600余场次；开展“千名领导下基层”，围绕基层工作实际，有重点、有针对性解读党的最新精神；开展“千名骨干讲理论”，在全市范围筛选千名理论骨干成立冬训理论宣讲队，全年到基层理论宣讲超过300场次；开展“千场说唱宣理论”，把党的理论与淮安地方实际情况相结合，创作一批地方文艺表演形式短平快的理论说唱脚本，宣讲活动超过700余场次。举办百余场市民讲坛活动，被省委宣传部评为“江苏优秀讲坛”。组织全市基层党员冬训，对冬训目标进行细化量化，全市4个县（区）、19个乡镇（街道）获评全省冬训工作先进县（区）、乡镇（街道）。

【理论研讨与普及】 2016年，淮安市开展年度社科类课题研究，发布立项课题105项，资助经费18.5万元，26项课题获得省社科应用研究精品工程立项，立项数和资助金额创新高；推荐上报省市协作项目研究课题，3个课题入选省社科基金项目，入选数量位列全省第二。推进新型智库建设，苏北发展研究院入选全省15家重点培育智库，填补苏北省级智库空白，淮河生态经济带研究院新型智库正式挂牌成立。

【对外宣传】 2016年，淮安市在境内外主流媒体发表重点稿件3300余件（次），中央电视台、中央人民广播电台用稿量位列全国地市台前十。策划全国“‘两会’·淮安篇章”主题外宣活动，借助中央、省主流媒体和网络、微博、微信、新闻客户端组成的全媒体报道矩阵宣传推介淮安。打造“有恩有爱，心福口福”城市名片，制作升级版电子外宣移动名片和外宣画册，建成开通淮安市级英文网站“风韵淮安”；拍摄播出《大运河》《风雨泗州城》等纪录片，《淮安千古运河情未了》获全国公益微电影微视频大赛特别奖。创新建立党政联动融媒体新闻发布工作机制，获全省对外宣传工作创新奖。

【舆论引导】 2016年，淮安市启动互联网应急响应105天，有效应对处置重要网络舆情事件50余起。加大网评队伍建设力度，健全完善舆情引导和管理工作机制，成立市网络文化协会，策划组织“聚力起航·圆梦淮安”网络文化节，推出22项网络文化活动，公益微电影大赛等活动获江苏网络文化季优秀组织奖、优秀项目奖。构建新媒体传播矩阵，推送宣传稿件3600余件（次），《新华日报》头版头条报道相关做法和成效。新媒体建设和运用取得进展，“无线淮安”获评全国“最具区域影响力的政务头条号（地市级）”；推进“交汇点”落地淮安，用户数在全省率先突破30万。举办全市突发事件舆论引导技能大赛，升级突发事件新闻应急处置数字化平台。

【典型宣传】 2016年，淮安市承办全国道德模范和身边好人现场交流活动，央视《新闻联播》以单条新闻进行报道。深化好人宣传和礼遇工作，出台《淮安市道德模范和身边好人关爱行动方案》，成立全市好人帮扶资料库，推动好人有好报价值导向；每两月组织评选“淮安好人”，推选出淮安好人68名、江苏好人22名、中国好人6名。孙成斌家庭获评全国文明家庭，李银江获评江苏“时代楷模”。马浪岗海事所被表彰为全国学雷锋活动示范点，李银江和马浪岗海事所被表彰为全省“学雷锋示范点”和“岗位学雷锋标兵”。

【公共服务体系建设】 2016年，淮安市国家级公共数字文化综合服务平台搭建完成，淮安大剧院与保利集团成功签约开业运营，文化新三馆完成正式对外开放的全部准备。完成334个标准化综合性公共文化服务中心建设，18个社区文化中心建成并投入使用，12个24小时图书自助驿站投入使用，9个县级以上文化馆全部达到国家等级馆标准。 （宣传部研究室）

政法工作

【矛盾纠纷调解】 2016年，淮安市健全社会矛盾纠纷调解网络，乡、村两级调委会规范化建成率分别达100%、90%以上，市、县两级建立物业、医患等专业调委会268个，人民调解个案补贴制度得到有效落实。创新化解机制，城区派出所全面建立“派驻式”人民调解室，市城区医患纠纷调处中心第三方调处体制机制创新获省政府批准试点；法院系统全面建成诉调对接工作室，成立非公企业巡回法庭、银行业金融纠纷巡回法庭和物业纠纷巡回法庭；淮阴区检察院“点名接访制”取得明显成效。实施律师参与涉法涉诉信访案件化解推广工程，组建65人的市级律师专家库。

【治安防控】 2016年，淮安市自主研发危险物品远程监管平台，运用互联网和人脸识别技术，对市政府列管的52家剧毒化学品单位进行全天候监测，严格运用散装汽油购销管控系统，提升危险品管控能力。提升人防水平，各县区分别建立120人以上专职巡防大队，95%以上乡镇（街道）建成不少于30人的治安巡逻处警中队，群众见警率显著提升。组织实施“社会治安综合保险推广工程”，全市累计承保户数超23万户，保障人口近70万人，保障总额超过150亿元，返还相关村居治安防范经费550余万元，经验做法被《新华日报》和《江苏政法》宣传推介。深化重点地区和突出问题整治，当年确立的31个市、县区两级挂牌整治社会治安重点地区治安形势明显好转。

3月2日，全国道德模范与身边好人（江苏淮安）现场交流活动举行
市委宣传部供图

【平安建设】 2016年，淮安市制订下发《关于深入推进全市系列平安建设活动的实施意见》，明确15项系列平安创建活动。平安医院建设扎实推进，排查处置容易引发群体性事件的“医闹”和“压床”问题48起。开展寄递业信息化管控，初步建立各职能部门联合管理检查机制，在全市105家邮政、快递网点试点推广“淮安市寄递行业安全监管信息平台”，采集录入2万余条寄件信息，最大限度提高收寄验视和实名登记率。严格规范公文邮寄，制定下发《关于进一步加强国家机关公文寄递管理的通知》。深化平安铁路创建活动，组织开展铁路沿线中小学生护路护线知识书画大赛，进一步增强广大师生护路爱路意识与能力，淮安市连续五年被命名为全省平安铁路创建先进市。

【民主法治示范村（社区）建设】 2016年，淮安市深化民主法治示范村（社区）创建活动，全市所有村居全部实现村务公开，打造富有淮安特色的“四议”（村级党组织提议、村“两委”会商议、村党群议事会审议、村民会议或村民代表会议决议）、“三评”（定期评审村级财务、年度开展村干部目标评议、任期进行责任评估）、“两公开”（党务公开和村务公开）阳光村务品牌。建成7个国家级民主法治示范村、638个省级民主法治示范村（社区），省级民主法治示范村（社区）建成率38.3%，达到法治城市创建标准。

12月30日，淮安市政法系统召开新闻发布会　　丁可供图

【法治淮安建设】 2016年，淮安市制定出台《全面推进依法治市重要举措实施规划（2015—2020年）》等系列文件，为法治淮安建设提供基本遵循和实现路径。12月6日，召开深入推进法治淮安建设工作会议，明确以后一阶段法治淮安建设的目标要求。全力推进法治信息系统运行，完成数据录入和审核反馈，保质保量完成省内试点任务。

深化政府法律顾问制度建设，16名市内外法律专家学者、知名律师受聘为市政府法律顾问，先后对40余件重大政府合同和政策进行合法性审查，县乡村法律顾问制度全面施行。强化行政执法监督力度，开展示范点创建活动，命名48个执法机构为市行政执法规范化示范点。全面开展司法体制改革，推荐遴选员额制法官346名、员额制检察官244名。进一步健全执法监督“百百千”（百名专家、听百案庭审、评千案文书）听评机制，推进政法机关执法司法规范化建设。充分发挥全市“两法衔接”（行政执法与刑事司法衔接）信息平台互联互通作用，录入行政执法信息合计3922条，移送涉嫌犯罪案件137件。

推进基本解决执行难工作。探索建立政法机关服务实体经济平台，组织政法机关通过现场答疑、送法上门等形式，为企业提供“订单式”精准法律服务。法律援助制度不断完善，全市办理法律援助案件2325件。市、县两级均设立100万元/年的司法救助资金，全年全市共使用司法救助资金534万元，救助案件306件。“七五”普法全面启动，“谁执法谁普法”责任制进一步落实，出台加强领导干部法治教育的意见，淮安市获“全省普法工作先进城市”称号。建立市、县两级普法志愿者支（分）队，组织开展青年普法志愿者法治文化基层行活动，不断增强普法质效。加强法学研究，推动成立8个县区法学会、4个专业理论研究会，《周恩来法治思想研究》填补国内研究空白。　（王朝晖）

统战工作

【概况】 至2016年底，淮安市有中国国民党革命委员会、中国民主同盟、中国民主建国会、中国民主促进会、中国农工民党、九三学社、中国致公党7个民主党派市委员会或支部委员会，民主党派成员共计3509名。无党派知识分子联谊会会员617名。

【推进多党合作】 2016年，中共淮安市委召开党外代表人士协商会、座谈会、通报会11次，其中“季季谈”专题协商4次。市委主要领导、分管领导参加会议，与党外代表人士深入交流，就推进工业强市战略、重要人事安排、党代会工作报告等，征求党外人士的意见和建议；开展“季季看”活动4次，组织党外代表人士考察全市生态文明建设、水利设施建设、文化旅游开发等工作，广泛交流协商。围绕“十三五”推动供给侧结构性改革、经济转型升级、生态环境保护、保障改善民生等重大问题，组织各民主党派、工商联和无党派知联会有针对性地开展调研，全年收集有价值意见建议600多条，完成调研报告58篇，有26篇调研报告、意见建议等被市领导批示，69条可行性高、针对性强的意见建议被政府有关部门吸收采纳并加以落实。做好各民主党派市委换届工作，开展党派领导班子述职、民主测评和民主推荐、考察核查，六个民主党派市委完成换届任务。

【助推淮安科学跨越发展】 2016年，淮安市统战系统实施“助推‘十三五’，服务开局年”行动，加强党外专家工作站规范化建设，服务经济转型发展。全市党外专家工作站增加至113所，申报项目339个，实现经济效益9350多万元。发挥侨联、台联、海联的平台作用，开展“创业中华”侨商—园区对接活动，古淮河文化生态产业园申报成为首批“中国华侨国际文化交流基地”；先后组织“香港淮安联谊会”代表人士两批次20多人到淮安考察台资港资企业，接待台湾“中华两岸和平发展联合会”访问团32人次。配合致公党江苏省委在淮安市举办“引凤工程”项目人才对接活动，50余家企业与70多位海外留学人员进行洽谈对接。举办第五届“两地同心，让爱飞扬”淮安香港青少年领袖培训营，促进淮港青少年联谊交流。助推“全民创业、淮商崛起”行动，加强“淮商服务中心”建设，办理“淮商贷”互助资金过桥业务64笔，过桥总额1.73亿元，帮助56家企业办理资金过桥业务。举办第四届淮商峰会，380余名淮河生态经济带沿线城市企业家应邀出席，加强交流合作。举办统一战线“服务企业用工专场招聘会”，帮助企业解决“用工难”问题。组织40多名非公有制经济代表人士在陕西延安参加全市非公有制经济人士理想信念教育培训班，组织20名新生代商会负责人在台湾“中华大学”参加第二期青年淮商创新创业研习营。发动非公有制经济人士开展“千企帮千户，淮商助扶贫”活动，重点落实一批公益捐赠项目，累计帮扶30多个经济薄弱村和近千户困难户。市委统战部先后筹集资金200多万元帮助涟水县陈集镇余何村修建村组道路，解决当地群众出行难问题。

【民族宗教统战】 2016年，淮安市统战系统开展民族团结进步创建活动，加大对全市4个少数民族村的帮扶力度，争取中央和省财政少数民族发展资金300多万元。关注少数民族群众民生问题，帮助清真饭店协调解决经营中遇到的困难，在市、县（区）政务大厅建立少数民族就业、培训、权益保障和法律援助等服务引导窗口。加强宗教事务依法管理，加大基督教私设聚会点治理工作力度，排查出200多处私设聚会点，把各种不稳定因素消除在萌芽状态。推动和谐寺观教堂创建和星级宗教活动场所认定工作，推动宗教活动场所依法、依规、科学、有序管理。

【党外代表人士队伍建设】 2016年，淮安市统战系统对党外科级干部人物库进行更新完善，建立统战系统处级领导干部以及年轻科级干部数据库。1名党外人士担任市国土局局长，7名党外人士担任县（区）政协副主席和市人大办公室副主任。做好政协换届有关人事工作，会同市委组织部拟定《关于市、县区政协换届人事安排的意见》，做好党外政协委员协商提名，完成政协换届有关人事工作。完成县（区）工商联换届任务。 （刘志勃）

市级机关党建

【概况】 2016年，淮安市市级机关有中共党组织83个，其中党委（机关党委）55个、总支12个、支部16个，党员18654人。

6月23日，市委书记姚晓东（右二）等专题调研机关党建工作 王众供图

【思想政治建设】 2016年，淮安市市级机关工委与北京大学联合举办市级机关高端讲坛14期，培训党员干部近4000人次，“打造高端讲坛淮安模式”获全省机关党建优秀创新创优项目奖；举办市级机关首场音乐讲座；在厦门大学、山东临沂举办机关党务干部十八届六中全会精神专题培训班。加强机关党建研究，将机关83个党组织划分成6个片区开展研讨交流，并赴红旗渠、井冈山等地进行实境教学；编印《旗帜》内刊6期，评选优秀党建论文76篇，《坚持“四个突出”、强化履职担当，不断开创机关党建工作新局面》《明确思路、积极作为，从严从实加强机关党的建设》等调研文章被《中直党建》刊载。

【服务中心工作】 2016年，淮安市市级机关工委以“凝心聚力求突破，争创发展新优势”为主题开展全市创新创优项目评选活动。在《淮安日报》和淮安电视台开展“标杆·创新创优在淮安”专题宣传，完善创新创优项目评选办法，评选出创新创优优秀项目103个；与市委组织部等单位联合举办全市“身边的榜样·前行的力量”主题诗歌朗诵比赛；抓实党员组织关系排查，督促71个机关党组织按期完成换届工作，完成党费收缴专项检查；完成市级机关99名市第七次党代会代表选举；与市文明办等单位联合举行“文明交通、与我同行”新闻发布会，向机关党员干部发出文明交通倡议，并共同推动市级机关开展“进社区助创建”活动，推动全国文明城市创建。

【基层组织建设】 2016年，淮安市市级机关工委建立机关“数字化党建”管理系统，改进机关“三项建设”考核方法，配合市委组织部做好市直部门党组（党委）书记抓基层党建考核评议，组织开展直属党组织负责人履行党建第一责任人述职评议；建成“党员活动之家”教育示范基地，编发“党建e本通”，印发《关于进一步强化市级机关党支部战斗堡垒作用的意见》，推进每月党小组会制度，严格党内生活；培训入党积极分子320名，全年发展党员296名。

【机关作风建设】 2016年，淮安市市级机关工委深化“两为”（为官乱为，为官不为）专项整治，组织近400名领导干部家属开展“三警一线”（警示教育展览、警示教育片、警示教育报告、“两规”现场实时视频连线）警示教育活动；推进领导干部下基层“三解三促”（了解民情民意、破解发展难题、化解社会矛盾，促进干群关系融洽、促进基层发展稳定、促进机关作风转变）、“三进三帮”（进农村，帮固本强基壮大实力；进企业，帮扩量提质转型升级；进社区，帮提升功能促进和谐）活动，坚持每月一次“在职党员回社区”志愿服务活动；向市级机关党员发起“严明纪律，清廉过节”廉政关爱倡议，开展“守纪律、讲规矩、促成长”主题征文，在市级机关唱响《廉洁自律准则之歌》，营造风清气正的机关廉政文化氛围。审理、处理违纪党员13名，持续发力正风肃纪。

【群团组织建设】 2016年，淮安市市级机关工委开展丰富多样的机关文体活动，在市行政中心推动工间操制度，举办市级机关第28届运动会，开展青年志愿者主题活动，组织庆祝“三八”妇女节系列活动和开展“我爱我家”主题征文活动。 （王 众）

老干部工作

【概况】 截至2016年底，淮安市有离休干部1599名、退休干部38984名。离休干部中，市直464名、县区1135名，正厅职1名、享受副厅级待遇43名，平均年龄为88.5岁。退休干部中，正厅级3名，副厅级38名。

【老干部待遇保障】 2016年，淮安市在重大节假日期间走访慰问老干部200余人次；坚持整生日祝寿制度，全年登门祝寿20人次；坚持丧事登门制度，全年处理离休干部丧事46件；坚持老干部及其遗属特殊困难帮助制度，投入帮助资金16万元，帮助困难老干部及其遗孀近百位；对22名易地安置和异地居住的离休干部进行走访。5月，淮安市组织19位地市职老领导赴扬州、镇江、南京进行为期一周的参观疗养。4月和9月，先后两次组织地市级离休干部及家属参观古淮河生态景区、西游乐园景区和涟水五岛湖公园、红窑历史陈列馆等，让老干部们感受家乡的发展变化。

【老干部学习】 2016年，淮安市坚持市直离退休干部党支部学习会制度。每月10日组织老干部深入学习习近平总书记系列讲话和中共十八届六中全会精神，深入开展"两学一做"学习教育，引导老干部积极发挥自身政治和经验优势，努力为全市经济和社会事业的发展增添正能量。6月，组织召开市直离休干部和县处级退休干部工作会议，部署启动全市离退休党员干部"立家规"活动。7月，中共淮安市委召开市直老干部会议，通报市委六届十次全会精神，市委书记姚晓东通报上半年工作情况及下半年工作部署。

【市委离退休干部党工委成立】 2016年4月，为加强和改进全市离退休干部党建工作，淮安市率先在全省省辖市中成立离退休干部党工委。5月，市编委会批准设立党员工作处，增加1名正科职数，并增加3名编外用工。指导盱眙和洪泽等地成立离退休干部党(工)委。截至年底，全市建立由91个离退休干部党支部和3332名离退休干部党员组成的信息库。6月、10月，先后两次组织离退休干部党支部书记赴南京参加全省离退休干部党支部书记培训班。10月下旬，举办市直离退休干部党支部书记培训班，60余名党支部书记参加培训。

【文体活动】 2016年，淮安市先后围绕纪念中国共产党成立95周年和纪念红军长征胜利80周年等主题，组织开展全市离退休干部诗书画影展、中国共产党党史知识竞赛、诗词吟唱会、京剧票友演唱会、市直离休干部重阳节游艺等系列文体活动。主办第十二届华东地区老干部斯诺克巡回赛，上海、山东等五省一市的15支代表队62名运动员参赛，淮安市2名老干部分别摘得甲组和乙组个人冠军。定期组织开展离退休干部乒乓球、门球、掼蛋、象棋等比赛活动。全年组织开展各类老干部文体活动30多项，参与老同志2000多人次。

【老干部居家养老超市服务】 2016年，与淮安千一物业服务公司和清河区永恒保洁搬家服务中心2个家政公司续签《加盟服务协议》，优化调整老干部居家养老超市服务服务项目，加强管理与考核；督促指导淮安移动公司完善超市服务平台功能。服务超市全年接到老干部服务需求电话1785次，服务项目数量673件，总服务费近8万元。 (许玥)

党校工作

【概况】 中共淮安市委党校坐落于淮安市经济技术开发区枚乘东路9号，占地面积6.67万平方米，总建筑面积约3万平方米，主要包括教学楼、办公楼、报告厅、学员公寓、好干部教育馆、周恩来五德教育馆、廉政教育馆、正气园、海棠园、梅花园，可同时容纳800名学员住校学习生活。截至2016年底，有教职工83人，其中教授5人、副教授20人，同时聘请多名兼职教授。

【教学科研】 2016年，中共淮安市委党校举办主体班及各类培训班130多期，培训轮训党员干部12000余人次，培训人数同比增长23%。培训班包括县处级干部进修班、科级干部培训班、中直机关党校培训班、中央党校社科部培训班、省委党校省管干部培训班、四川省行政学院培训班等多个高层次培训班。全校教职工全年发表市级以上论文、调研报告87篇，编辑《决策参阅》7期，其中2期得到中央党校领导批示，2期得到省委领导批示。

【创新项目】 2016年，中共淮安市委党校创新打造"三团"(宣讲团、解读团和说唱团)平台，宣传"两学一做"。截至年底，宣讲团共宣讲100多场次，20000多人接受教育；解说团在《淮安日报》、淮安电视台、《新淮论坛》等媒体发表解说文章102篇、专题采访10多次；说唱团用朗诵、相声、演唱等通俗易懂的形式表现"两学一做"学习教育内容，在乡镇、社区演出20余场，3000余名党员接受教育。该创新项目被中共中央党校领导批示肯定，《新华日报》、人民网等予以报道转载。

淮安市委党校正气园 陈雨婷供图

【全市党校工作会议召开】 2016年11月10日，淮安市党校工作会议召开，市委书记姚晓东出席会议并讲话，市委副书记、市长惠建林主持会议，市委副书记、市委党校校长练月琴作工作报告。姚晓东、练月琴分别对全市党校系统在干部培训、思想引领、理论建设、决策咨询等方面取得的成绩给予肯定。（陈雨婷）

党史工作

【"崛起江淮——淮安历次党代会成就展"举办】 2016年9月，淮安市举办"崛起江淮——淮安历次党代会成就展"，集中展示历届中共淮安市委进行社会主义现代化建设的光辉历程和成就。全市有400多名党代表和1000多名党员干部参观展览，与之配套的2500余册画册免费发放。同时推出网上展览，方便党员干部和群众在网上浏览。

【《实录淮安土地革命战争史》出版】 2016年是中国共产党建党95周年，中共淮安市委党工办于6月出版《实录淮安土地革命战争史》。该书20余万字，以抢救性征集的"三亲"史料为主干，辅以部分历史文献汇编成册，出版后向社会发放1000余本。

【《实录淮安改革开放史》（第一卷）出版】 2016年10月，《实录淮安改革开放史》（第一卷）出版。该卷共34万字，收录专题20个，分析总结中共淮安市委在淮安改革发展稳定工作中的有力探索、宝贵经验和深层规律。

【党史陈列馆改造升级】 2016年，淮安市对市党史陈列馆进行改造升级，先后接待市人力资源和社会保障局、市财政局、淮阴师范学院、清江浦区大庆社区党支部等28批3000多人次的机关干部、学生和群众参观，发挥党史陈列馆对党员干部爱国主义和革命传统教育的载体作用。

【党史研讨会举办】 4月22日，中共淮安市委党史工办与淮安市新四军历史研究会联合举办"纪念淮河大队归建新四军70周年"研讨会。10月25日，联合举办"纪念涟水保卫战70周年"研讨会。

【党史宣传】 2016年，中共淮安市委党史工办在《淮安日报》上刊登《中国共产党在淮安的95周年回眸》《淮安党史馆巡礼》等专题文章。推出《淮安商品粮基地建设历程》《网络时代的阳光新政》等资政文章。参与撰写纪念中国共产党成立95周年宣讲材料《学党史、学国史、听党话、跟党走》，发至全市中小学和1600多个校外辅导站，受教育群体91万人次。

（姜佳妮）

淮安市人民代表大会

综　述

【概况】 淮安市人民代表大会由市人大及其常委会，县区人大及其常委会，乡镇人大及其主席团构成。2016年，淮安市有十二届全国人大代表6人，十二届省人大代表45人。淮安市人大专门委员会有财经委和法制委，市人大常委会工作机构有办公室、研究室、内司委、农经委、环资城建委、教科文卫委、人代联委、民宗侨台委、外事委（与民宗侨台委合署）、预算工委（与市人大财经委合署）和法工委（与市人大法制委合署）。

2016年，淮安市人民代表大会依法履职行权，共举行10次常委会会议、13次主任会议，制定地方性法规2部，听取审议"一府两院"15项工作报告，作出事关全局重大事项的决议、决定6项，依法任免干部63人次，检查4部法律实施情况，组织人大代表开展12项视察、3项专题调研。

重要会议

【市七届人大五次会议】 2016年1月18~20日，淮安市第七届人民代表大会第五次会议在市区举行，中共淮安市委、市人大常委会、市政府、市政协有关领导出席会议。出席政协淮安市七届四次会议的全体委员，市委、市政府副秘书长，市纪委副书记，市各部委办局主要负责人，市管企业主要负责人，副处级以上事业单位主要负责人，部分驻淮安部省属单位主要负责人，市人大常委会各工作机构、派出机构负责人和兼职委员，淮安经济技术开发区、各县区人民法院院长、人民检察院检察长以及到淮安投资的客商代表等列席会议。会议通过淮安市第七届人民代表大会法制委员会组成人员名单，选举惠建林为淮安市人民政府市长，肖天奉为市人民检察院检察长，应群为市第七届人民代表大会常务委员会秘书长，王娟等9人为市人大常委会委员。会议通过关于《政府工作报告》的决议；通过关于《淮安市国民经济和社会发展第十三个五年总体规划纲要》的决议；通过关于淮安市2015年国民经济和社会发展计划执行情况及2016年国民经济和社会发展计划的决议；通过关于淮安市2015年财政预算执行情况及2016年财政预算的决议；通过关于淮安市人大常委会工作报告的决议；通过关于淮安市中级人民法院工作报告的决议；通过关于淮安市人民检察院工作报告的决议；通过"关于深化重点改革激发区域发展活力的议案"的决议。

【市人大常委会会议】 1月9日，市七届人大常委会第二十七次会议召开。会议听取补选省十二届人民代表大会代表和人事任免事项的提请说明；通过补选省十二届人民代表大会代表建议名单；通过淮安市第七届人大常委会代表资格审查委员会组成人员建议名单；通过有关人事任免事项。

1月12日，市七届人大常委会举行第二十八次会议。会议决定接受曲福田辞去淮安市人民政府市长职务的请求，接受成吉喜辞去淮安市人民检察院检察长职务的请求。会议决定任命惠建林为淮安市人民政府副市长，并决定由其代理市长职务。会议任命肖天奉为淮安市人民检察院副检察长，并决定由其代理检察长职务。会议还通过其他人事任免事项。会议审议通过市人大常委会关于市七届人大五次会议筹备工作情况的报告，审议通过市人大常委会代表资格审查委员会关于市七届人大代表变动情况和补选代表资格审查情况的报告，审议通过市人大常委会关于市七届人大五次会议列席人员范围的决定，审议通过市七届人大五次会议主席团成员和秘书长建议名单，审议通过市七届人大五次会议议案审查委员会主任委员、副主任委员和委员建议名单，审议通过市人大常委会关于设立淮安市第七届人民代表大会法制委员会的决定。会议讨论市人大常委会工作报告，讨论并原则通过市人大常委会2016年工作要点。

2月26日，市七届人大常委会举行第二十九次会议。会议传达学习省十二届人大四次会议精神；听取并审议市政府关于依法行政情况的报告；听取市人大常委会调研组关于全市依法行政情况的调查报告；听取市人大常委会环资城建委关于《淮安永久性绿地保护条例》(草案)起草情况的说明；审议《淮安市永久性绿地保护条例》(草案)。会议还通过有关人事任免事项；对市政府专项工作报告进行满意度表决。

4月28~29日，市七届人大常委会举行第三十次会议。会议听取审议市政府关于国家生态市创建工作情况的报告；听取市人大常委会环资城建委关于国家生态市创建工作情况的调查报告；听取审议市中级人民法院关于全市法院执行工作情况的报告；听取市人大常委会内司委关于全市法院执行工作情况的调查报告；听取市人大法制委关于《淮安市永久性绿地保护条例(草案)》审议结果的报告；听取审议部分省人大代表履职情况的报告；听取审议有关人事任免事项。会议通过了有关人事任免事项，并举行向宪法宣誓仪式；通过《淮安市永久性绿地保护条例》(表决稿)；对市政府、市中级人民法院专项工作报告进行满意度表决；对部分省人大代表履职情况进行测评。

6月8日，市七届人大常委会举行第三十一次会议。会议听取“两院”4名被任命人员履职情况的报告并进行测评；会议通过有关人事任免事项，决定接受宫文飞辞去淮安市人民政府副市长职务，免去宫文飞淮安市公安局局长职务，决定任命刘必权为淮安市人民政府副市长、公安局局长。

6月23日，市七届人大常委会举行第三十二次会议。会议听取市政府关于2015年市级财政决算暨2016年以来财政预算执行情况的报告、市政府关于2015年度市级预算执行和其他财政收支的审计工作报告、市人大财经委关于2015年市级财政决算(草案)的审查结果报告、市政府关于《淮安市古淮河保护条例(草案)》起草情况的汇报、市人大常委会农经委关于《淮安市古淮河保护条例(草案)》审查意见的报告、市政府关于市人大常委会2015年7至12月有关审议意见落实情况的报告、市政府关于调整2016年城镇房屋征收计划议案的说明、市人大财经委关于市政府调整2016年城镇房屋征收计划议案的审查结果报告以及有关人事任免事项的提请说明。会议通过有关人事任免事项，通过市人大常委会关于批准2015年市级财政决算的决议、市人大常委会关于2015年度市级预算执行和其他财政收支审计工作报告的决议、市人大常委会关于批准2016年城镇房屋征收计划调整方案的决议，会议对市政府关于市人大常委会2015年7至12月有关审议意见落实情况的报告进行满意度表决。

8月26日，市七届人大常委会举行第三十三次会议。会议听取并审议了市政府关于《政府采购法》贯彻实施情况的报告和市人大常委会执法检查组关于《政府采购法》贯彻实施情况的执法检查报告；听取并审议市检察院关于全市检察机关控告申诉检察工作的报告；讨论并通过市人大常委会关于《全市市县乡三级人大换届选举有关问题的决定》(草案)。会议还通过了有关人事任免事项；对市政府、市检察院专项工作报告进行满意度表决。会议还对《政府采购法》贯彻实施情况作专题询问。

10月9日，市七届人大常委会举行第三十四次会议。会议听取并审议市政府关于“两区一县”行政区划调整有关事项的报告，审议并通过市人大常委会关于清江浦区、洪泽区换届选举有关事项的决定。

10月25~26日，市七届人大常委会举行第三十五次会议。会议审议市政府关于供给侧结构性改革情况的报告；审议市政府关于农村产权制度改革情况的报告；审议市政府关于提请调整2016年国民经济和社会发展计划一般公共预算收入指标的议案、关于2016年淮安市本级新增地方政府债券资金纳入预算调整情况的报告，讨论并通过市人大常委会关于批准2016年淮安市国民经济和社会发展计划一般公共预算收入调整方案的决定、关于批准2016年淮安市本级财政预算调整方案的决议；审议《淮安市古淮河保护条例》草案修改稿；审议并通过市人大常委会关于市第八届人民代表大会代表名额分配的决定。会议还通过有关人事任免事项，通过《淮安市古淮河保护条例》(表决稿)。

12月27日，市七届人大常委会举行第三十六次会议。会议听取并审议市政府关于市人大代表建议、批评和意见办理情况的报告，听取并审议市政府关于《淮安市城市总体规划(2016—2030)》修编工作情况的报告，听取并审议市政府关于2016年市级财政预算部分调整情况的报告，听取并审议市政府关于落实市人大常委会对2015年度市级预算执行和其他财政收支审计工作审议意见情况的报告，听取并审议市政府关于市人大常委会1~6月有关审议意见落实情况的报告，听取省人大代表省直淮安组履职情况的书面报告。会议讨论并通过市人大常委会关于召开市八届人大一次会议的决定，讨论并通过市人大常委会关于《淮安市城市总体规划(2016—2030)》修编方案的审查决议；讨论并通过市人大常委会关于批准2016年市级财政预算调整方案的决议。会议对市政府各专项报告和省人大代表省直淮安组履职情况报告进行满意度表决。会议通过有关人事任免事项，并举行新任命人员向宪法宣誓仪式。

【市人大常委会主任会议】 1月12日，市七届人大常委会召开第五十三次主任会议。会议讨论市人大常委会工作报告(讨论稿)；讨论市人大常委会2016年工作要点(讨论稿)；讨论市人大常委会向市七届人大五次会议提出的设立淮安市人民代表大会法制委员会的议案；讨论市人大常委会关于表彰2015年度优秀代表小组、优秀代表建议、优秀“代表之家”、优秀人大代表的决定（草案）。

2月1日，市七届人大常委会召开第五十四次主任会议。会议传达省十二届人大四次会议精神。会议还讨论《规范性文件备案审查办法》。

2月25日，市七届人大常委会召开第五十五次主任会议。会议听取并讨论全市依法行政情况的调查报告；讨论并通过《淮安市人大常委会规范性文件备案审查程序规定》；通过淮安市民主立法联系点名单；通报市七届人大常委会第二十九次会议议程和日程安排。

3月24日，市七届人大常委会召开第五十六次主任会议。会议讨论常委会领导领衔督办代表建议事项，讨论市政府关于在里运河越河街绿化带扩建清隆桥泵站的议案，关于在西游记文旅区古淮河湿地公园建设自驾游房车营地项目的议案。

4月15日，市七届人大常委会召开第五十七次主任会议。会议讨论《淮安市永久性绿地保护条例（草案）》。

4月22日，市七届人大常委会召开第五十八次主任会议。会议听取讨论环资城建委关于国家生态市创建工作情况的调查报告、内司委关于全市法院执行工作情况的调查报告，通报召开市七届人大常委会第三十次会议的议程和日程安排。

6月21日，市七届人大常委会召开第五十九次主任会议。会议听取市政府关于市区公交体制改革情况的报告；听取市人大财经委关于2015年市级财政决算（草案）的审查报告；听取市人大财经委关于市政府调整2016年城镇房屋征收计划议案的审查报告；听取市人大常委会农经委关于《淮安市古淮河保护条例》（草案）初审意见的报告；讨论并通过《淮安市人大常委会执法检查工作办法》（草案）、《淮安市人大常委会门户网站内容保障和管理办法》（草案）；通报召开市七届人大常委会第三十二次会议的议程和日程安排。

6月21日，市七届人大常委会召开第六十次主任会议。会议听取市政府关于公交体制改革情况的汇报，听取第三十二次人大常委会会议有关事项准备情况的报告，讨论《市人大常委会执法检查办法》《市人大常委会门户网站保护与管理办法》。

7月22日，市七届人大常委会召开第六十一次主任会议。会议听取市政府关于上半年经济运行情况的报告。

8月19日，市七届人大常委会举行第六十二次主任会议。会议听取市人大常委会执法检查组关于《政府采购法》实施情况的调查报告、市人大常委会内司委关于控告申诉检察工作情况的调查报告，与会人员充分肯定这两项工作取得的成绩，分析存在的问题，并提出建议意见。会议还讨论市人大常委会关于全市市县乡三级人大换届选举问题的决定（草案）、市七届人大常委会第三十三次会议的议程和日程安排等。

9月23日，市七届人大常委会召开第六十三次主任会议。会议听取市政府副市长王兴尧所作的关于贯彻市七届人大五次会议“关于深化重点领域改革激发区域发展活力议案的决议”情况的报告，市人大常委会相关委室负责人分别作出发言。市人大常委会常务副主任陈洪玉希望市政府针对有关问题，进一步查漏补缺，采取切实有效措施推进改革进一步深入，确保在人代会上交出一份满意答卷。会议还听取市人大常委会法工委关于《淮安市古淮河保护条例（草案）》修改情况的说明。

10月21日，市七届人大常委会召开第六十四次主任会议。会议听取并讨论市人大财经委关于供给侧结构改革情况的调查报告、关于调整2016年国民经济和社会发展计划一般公共预算收入指标方案（草案）的审查报告、关于2016年市本级地方财政债券资金安排及市级预算调整方案（草案）的审查报告，市人大常委会农经委关于农村产权制度改革情况的调查报告，市人大常委会环资城建委关于《淮安市城市总体规划》修编情况的调查报告。

12月26日，市七届人大常委会召开第六十五次主任会议。会议听取2016年立法项目调研情况的报告，讨论市人大常委会关于召开市八届人大一次会议的决定（草案），听取市人大常委会人代联委关于市人大代表建议、批评和意见办理情况的报告，听取市人大财经委关于市政府2016年市级财政预算部分调整方案的审查报告。

人大监督

【服务经济社会发展】 2016年，淮安市人大常委会把稳增长、调结构、重生态、惠民生作为监督政府工作的主要内容，听取和审议供给侧结构性改革、农村产权制度改革、依法行政、生态市创建、上半年经济社会发展计划执行、城市总体规划修编情况等报告，视察现代工业发展、淮安经济技术开发区经济和社会事业发展、金融中心建设、高铁等重点交通工程建设、2014年和2015年竣工亿元工业项目达产达效情况，专题研究2016年财政同级审工作，促进提高经济发展的质量和水平。市县人大联动开展《政府采购法》《水资源管理条例》《省保护和促进香港澳门同胞投资条例》《省物业管理条例》执法检查。

【维护社会公平正义】 2016年，淮安市人大常委会先后听取和审议市法院执行工作，市检察院控告申诉检察工作情况的报告，视察两院司法体制改革和公安刑事侦查工作，组织多批次代表参加庭审，监督和促进一府两院依法行政、公正执法，为建设“平安淮安”发挥作用。

【依法决定重大事项】 2016年，淮安市人大常委会及时批准市政府关于提请调整2016年国民经济和社会发展一般公共预算收入指标的议案；加强对政府全口径预算决算的审查和监督，听取和审议市政府关于2015年市级财政决算暨2016年以来财政预算执行情况的报告、2015年度市级预算执行和其他财政收支的审计工作报告，并分别作出批准决议。

【改进监督方式方法】 2016年，淮安市人大常委会深化刚性监督方式、方法，多种方式叠加，加大监督力度。

5月16日，市人大常委会在涟水县召开全市乡镇人大工作规范化建设推进会
邢文峰供图

选择与经济社会发展相关、百姓高度关注的问题，不定期组织人大代表约见、询问一府两院有关部门负责人。4月，组织人大代表就农贸市场食品安全检测信息公布、基本医疗保险门诊特定项目管理办法修订、教育布局规划等方面工作开展约见；在8月召开的市七届人大常委会第三十四次会议期间，召开联组会议就《政府采购法》执行情况开展专题询问。探索对常委会任命人员进行监督的有效方式和途径，对两院被任命人员进行述职评议，要求两院审委会、检委会12名委员全部撰写述职情况报告，现场随机抽取4名委员报告履职情况并进行评议。

代表工作

【依法组织人大换届选举工作】 2016年10月，淮安市人大常委会召开全市三级人大换届选举工作会，先后作出《关于全市市县乡三级人大换届选举有关问题的决定》《关于清江浦区、洪泽区换届选举有关事项的决定》《关于市第八届人民代表大会代表名额分配的决定》，成立选举办公室，加强对全市人大换届选举的督查指导，掌握各地人大换届选举进展情况，及时研究解决人大换届选举中出现的问题。全市选出县区人大代表1926名，乡镇人大代表6684名。

【办理代表议案建议】 2016年，淮安市人大常委会围绕市七届人大五次会议“关于深化重点改革激发区域发展活力议案的决议”落实情况，组织4个调研组，分专题进行深入调研，并听取市政府工作情况报告，有力推动落实。在建议办理方面，选择“关于铁牛路电线杆占道需改造的建议”等5件事关经济社会发展大局、人民群众切身利益的建议，由常委会负责人牵头督办，市政府分管副市长领办，邀请提出建议的代表全程参与。至年底，154件代表建议全部办结。创新开展建议办理“回头看”活动，对已经回复代表的建议进行回访。

（邢文峰　凌　颖　朱斌斌）

地方立法

（参见《法治军事·地方立法》）

淮安市人民政府

重要会议与施政要点

【市政府常务会议】 2016年，淮安市人民政府召开十六次常务会议。

1月6日，市长曲福田主持召开市政府七届第49次常务会议，听取《政府工作报告》起草情况汇报，研究“十三五”规划纲要和2016年主要指标、市级重大项目、十件民生实事、“一县一题”专项扶持、十项重点工程、市本级财政预算等计划安排。市领导戚寿余、唐道伦、赵洪权、王红红、王兴尧、宫文飞、徐振喜，市政府秘书长徐利华出席会议。部分市人大代表、政协委员应邀列席会议。

1月16日，代市长惠建林主持召开市政府七届第50次常务会议，听取政府各条线近期工作安排以及提请集体研究推动的重要事项，对重点工作和政府自身建设进行部署要求。市领导戚寿余、唐道伦、赵洪权、窦立夫、王红红、王兴尧、宫文飞、徐振喜，市政府秘书长徐利华等出席会议。

1月30日，市长惠建林主持召开市政府七届第51次常务会议，研究2016年中心城市建设重点项目投资计划、环境保护网格化划分及监管实施方案（试行）等事项，听取全市安全生产工作情况汇报，研究部署春节前后有关工作。市领导戚寿余、唐道伦、赵洪权、窦立夫、王红红、王兴尧、徐振喜，市政府秘书长徐利华等出席会议。部分市人大代表、政协委员应邀列席会议。

3月4日，市长惠建林主持召开市政府七届第52次常务会议，传达贯彻省推进国家新型城镇化综合试点工作领导小组（扩大）会和全省经济形势座谈会精神，部署安排一季度“开门红”工作，研究《政府工作报告》重点工作目标任务分解方案、补充耕地指标交易实施细则（试行）、建设“强富美高”新农村意见、实施脱贫致富奔小康工程决定、市区停车场建设管理有关问题、健康养生业发展规划及实施意见、市政府2016年度立法工作计划等事项。市领导戚寿余、赵洪权、窦立夫、王红红、王兴尧、宫文飞、徐振喜，市政府秘书长徐利华等出席会议。部分市人大代表、政协委员应邀列席会议。

3月30日，市长惠建林主持召开市政府七届第53次常务会议，传达贯彻全国“两会”精神，研究整合建立统一的公共资源交易平台方案、城市“双快”交通系统和主城区干线公路绕越实施方案、市级政府投资项目生成和资金管理实施细则、市政府2016年重点领域改革工作意见、联合国人居环境奖城市创建实施方案、深化科技体制改革工作方案、加快建设知识产权强市工作意见、金融控股集团组建方案、淮安大剧院委托北京保利公司经营管理方案等事项，听取市“两会”建议提案承办情况汇报。市领导戚寿余、唐道伦、窦立夫、王红红、吉子俊，市政府秘书长徐利华等出席会议。部分市人大代表、政协委员应邀列席会议。

4月11日，市长惠建林主持召开市政府七届第54次常务会议，研究推进供给侧结构性改革和落实“五大任务”实施意见、加快市区棚户区改造工作实施意见、市区棚改安置房市场化收储办法及资金管理办法、产业结构调整指导目录等事项。市领导戚寿余、唐道伦、赵洪权、窦立夫、王红红、王兴尧、宫文飞、吉子俊，市政府秘书长徐利华等出席会议。部分市人大代表、政协委员应邀列席会议。

5月19日，市长惠建林主持召开市政府七届第55次常务会议，研究市便民服务热线整合方案、市本级债务资金管理暂行规定、市区已出让经营性用地未开发建设问题处置指导意见、深化新型城镇化土地使用制度改革指导意见、城镇土地使用税税额调整方案以及“十三五”基本公共服务体系规划等6个重点专项规划。市领导戚寿余、唐道伦、王红红、王兴尧、吉子俊，市政府秘书长徐利华等出席会议。部分市人大代表、政协委员应邀列席会议。

6月15日，市长惠建林主持召开市政府七届第56次常务会议，研究进一步加快推进生态文明建设实施意见、生态文明建设重点任务行动方案（2016–2017）、水污染防治工作方案、古淮河保护条例（草案）、市场分类监督管理责任清单、市场主体行业准入告知承诺书、简政放权创业创新环境试评价工作方案、淮安市人民政府规章制定程序规定、“4+1”现代农业产业发展财政引导资金管理暂行办法及2016年支持重点等事项。市领导戚寿余、唐道伦、赵洪权、窦立夫、王红红、王兴尧、吉子俊、刘必权，市政府秘书长徐利华等出席会议。部分市人大代表、市政协委员受邀列席会议。

7月5日，市长惠建林主持召开市政府七届第57次常务会，研究台资企业产业转移集聚服务示范区建设相关文件、“十三五”危险废物污染防治规划、市公交公司收购方案、扩大无绿色环保标志机动车限制通行区域通告等事项，听取当前防汛、安全生产工作情况汇报。市领导戚寿余、唐道伦、窦立夫、王兴尧、刘必权，市政府秘书长徐利华等出席会议。部分市人大代表、市政协委员受邀列席会议。

7月29日，市长惠建林主持召开市政府七届第58次常务会议，传达贯彻落实省委十二届十二次全会和省政府全体（扩大）会议精神，研究《深入推进人民防空改革发展若干问题的决定》贯彻实施意见、加快航空物流产业发展实施意见、洪泽湖生态环境保护规划等事项，听取中央环境保护督察迎检工作情况汇报。市领导戚寿余、赵洪权、窦立夫、王红红、王兴尧、吉子俊、刘必权、李森，市政府秘书长徐利华出席会议。部分市人大代表、政协委员受邀列席会议。

8月17日，市长惠建林主持召开市政府七届第59次常务会，研究贯彻落实长江经济带战略部署加快南向联系发展实施方案、深化供销合作社综合改革实施意见、进一步放宽住所（经营场所）登记条件实施意见、机关事业单位工作人员养老保险制度改革实施办法等事项，听取2011年以来市政府、市政府办涉及评比、表彰、奖励内容文件清理情况。市领导戚寿余、唐道伦、赵洪权、王红红、王兴尧、吉子俊、刘必权、李森，市政府秘书长徐利华等出席会议。部分市人大代表、市政协委员受邀列席会议。

9月9日，市长惠建林主持召开市政府七届第60次常务会，听取古淮河西游记文旅区管理体制机制问题、市政府行政负责人出庭应诉工作建议汇报，研究深化国有企业改革实施方案、加快市属国有企业市场化主体建设意见、深化税收征管体制改革实施方案、开展法制宣传教育第七个五年规划、烟草制品零售点布局管理办法、进一步规范工作保障市政府日常运转的若干要求等事项。市领导唐道伦、赵洪权、王兴尧、吉子俊、刘必权、李森，市政府秘书长徐利华等出席会议。部分市人大代表、市政协委员受邀列席会议。

10月14日，市长惠建林主持召开市政府七届第61次常务会，研究建筑物停车设施配建准则（试行）、促进全市开发园区转型升级创新发展实施意见、加快推进建筑产业现代化工作若干意见、推动该市向东全域融入沿海开发实施方案、深化行业协会商会与行政机关脱钩改革工作实施方案、地名管理办法、区域卫生规划、医疗机构设置规划等事项，听取国民经济指标调整情况汇报。市领导戚寿余、赵洪权、王红红、王兴尧、吉子俊、刘必权、周毅，市政府秘书长徐利华等出席会议。部分人大代表、政协委员受邀列席会议。

11月7日，市长惠建林主持召开市政府七届第62次常务会议，研究完善困难残疾人生活补贴和重度残疾人护理补贴制度意见、优化空间功能定位和产业布局意见、宁淮一体化发展规划（2016—2030）、深化出租汽车行业改革实施意见（暂行）、有轨电车项目回购实施方案、白马湖渔业管理办法等事项，听取中心城区基础教育学校建设发展有关建议。市领导戚寿余、赵洪权、王兴尧、吉子俊、周毅，市政府秘书长徐利华等出席会议。部分人大代表、政协委员受邀列席会议。

11月29日，市长惠建林主持召开市政府七届第63次常务会议，研究贯彻《法治政府建设实施纲要（2015–2020）》工作方案、市文化新三馆开馆运营方案、加强城市规划建设管理实施意见、市区停车管理办法、应急管理体制调整方案，听取全市安全生产工作情况汇报。市领导戚寿余、唐道伦、赵洪权、王红红、吉子俊、刘必权、周毅，市政府秘书长徐利华出席会议。部分市人大代表、政协委员受邀列席会议。

12月20日，市长惠建林主持召开市政府七届第64次常务会议，传达贯彻省“263”（即“两减六治三提升”，就是减少煤炭消费总量和减少落后化工产能，重点治理太湖水环境、生活垃圾、黑臭水体、畜禽养殖污染、挥发性有机物污染和环境隐患，提升生态保护水平、提升环境经济政策调控水平、提升环境监管执法水平）专项行动动员会精神，研究2017年主要指标、市级重大项目、中心城市建设项目、工业项目、农业项目以及十件民生实事等计划安排，研究建立低收入农户精准扶贫补充医疗保险制度意见(试行)、推行动态调整全市教职工编制工作方案、市和清江浦区事权财权划分方案、市区财政体制调整方案,听取淮安生物工程高等职业学校升格发展有关情况汇报。市领导唐道伦、赵洪权、王红红、吉子俊、刘必权、周毅,市政府党组成员徐利华、杨昌生等出席会议。部分人大代表、政协委员受邀列席会议。

【市政府专题会议】 2016年,淮安市人民政府市长、分管副市长和秘书长、副秘书长召集相关部门召开29次专题会议。专题会议主要研究以下问题:消防工作、国家审计署对洪泽泽清水务有限公司水污染防治中央资金绩效审计、江苏富强新材料项目建设、现代有轨电车项目工程移交、淮安区和淮阴区耕地占补平衡指标交易款和耕地开垦费、恒邦石化融资、公交体制改革、推进白马湖保护与开发、清浦区中誉法兰郡项目和中盾医药公司地块有关事宜、江苏国信淮安盐化工园区燃机热电联产项目专用输气管道、备用水源及控源截污工程建设、市卫生计生委办公用房调整、盐河生态科技城建设、回购水韵天成小区幼儿园、淮安大剧院开业筹备、推广应用新能源汽车、协调淮阴发电公司2×1000兆瓦搬迁扩建项目、里运河文化长廊建设、市区快速路一期工程设计招标、淮涟客运服务能力提升、慈云寺二期工程涉及市二院门诊部、市公共卫生服务中心建设、连镇铁路施工235省道绕行方案、高铁新区规划建设、淮河大桥断面水质提升、市公交公司回购管理、市妇幼保健院新院区项目建设、市国家安全局业务技术用房置换、加快推进348省道淮安段等干线公路建设。

【市长办公会议】 2016年,淮安市市长办公会议召开17次,主要研究解决以下问题:淮安机场二期扩建及高铁综合枢纽规划建设、公共交通服务能力提升、白马湖保护与开发、快速路和棚改项目实施及筹融资、快速路项目融资、金融中心地段开发、棚户区改造、推进清浦区棚改、省运会指挥中心运营及市体校新校区建设、信息惠民工作、市妇幼保健院建设、白马湖保护与开发、全市房屋征收安置超期过渡、市中心城区基础教育建设管理、503省道淮安机场连接线绿化工程实施方案、市“互联网+政务服务”工程项目建设、共建南京林业大学淮安校区。

【施政要点】 2016年,淮安市政府认真落实中央和省委、省政府决策部署,按照市委工作要求,紧紧围绕建设全面小康社会和苏北重要中心城市两大目标,自觉践行新发展理念,扎实推进供给侧结构性改革,统筹抓好改革发展稳定各项工作,经济社会保持平稳健康发展,实现“十三五”发展良好开局。

经济运行稳中有进。实现地区生产总值3048亿元、同比增长9%,一般公共预算收入完成省政府指导性目标和市人大常委会调整后的任务,主要经济指标增幅保持在合理区间。完成规模以上固定资产投资2535亿元、规模以上工业投资1518亿元,分别增长15.1%和17.3%。现代产业加快发展,先进制造业扩量提质。“4+2”优势特色产业实现产值4100亿元,盐化新材料、特钢及装备制造等产业保持较快增长,食品产业突破千亿元,新开工德科玛半导体、时代芯存等一批投资超百亿元重大项目,敏安电动汽车获批新能源汽车生产牌照。实现服务业增加值1455亿元、增长10.6%,其中“4+3”特色服务业增加值占比76%。

重点领域改革取得突破,行政审批制度改革深处发力,健全权责清单动态管理制度,实行投资建设项目“四联合”审批,推行多部门在线数字化联合图审,启动国家“互联网+政务服务”信息惠民工程试点,实现政府便民服务热线多号合一。土地使用制度改革加快实施,洪泽建设用地“双减量”试点取得阶段性成果,淮安区获批全国国土资源节约集约模范区。金湖成为全国农村承包土地经营权抵押贷款试点县。开放合作水平不断提升。台资企业产业转移集聚服务示范区建设获得省政府专门政策支持,获批国家级海峡两岸青年就业创业示范点,连续五年获评台商投资“极力推荐城市”。

中心城市建设投入845亿元,实施846个重点项目。功能片区建设加快推进,高铁商务区核心区建设全面启动,金融中心一期主体结构封顶,获批建设白马湖国家湿地公园,周恩来故里景区、河下古镇、码头古镇、蒋坝古镇保护与开发有序推进。城市公共交通不断优化,正式运营现代有轨电车一期工程,启动实施市区内环高架工程。连淮扬镇、徐宿淮盐铁路建设快速推进,宁淮铁路前期工作正式启动。投入55.6亿元,全面完成十件民生实事项目,城乡居民人均可支配收入分别达30335元、14319元。深入谋划推进打基础、利长远的重大事项,出台实施优化空间功能定位和产业布局意见、融入沿海开发实施方案、台资示范区建设行动方案等政策文件,增强工作的前瞻性和主动性。及时制定供给侧结构性改革系列意见,实施助推实体经济发展、稳定外贸增长等创新举措,努力营造有利于企业发展和经济增长的大环境。坚持实处发力。牢固确立新型工业化第一方略工作导向,聚力培育产业、服务企业、招引项目,进一步增强工业经济的主体地位和支撑作用。 (市政府办)

政务服务

【概况】 截至2016年底,淮安市各级政务服务(便民)中心(站)受理各类事项约274万件,日均1.38万件以上。全市公共资源交易进场交易项目7693项,成交金额672.33亿元。市级政务服务中心有39个市级行政审批部门设有独立窗口,有42个行政许可事项、77个初审事项、303个服务事项入驻。同时进驻邮政、EMS快递、《淮安日报》《淮海晚报》、自来水、天然气等20个单位的便民服务事项,实现“进一个门,办所有事”。

【互联网+政务服务】 2016年,淮安市被列为全国“互联网+政务服务”80个试点城市之一。截至年底,完成市行权网升级工程、市县区远程电子招投标网络升级工程、市县区网上电子远程联合审图工程等重点项目,以及市县通与县乡通试点工程。按照国家

3月11日，市政务办召开全市治理围标串标专项行动座谈会 戚国华 摄

提出的“三个一”即“一号一窗一网”总体工作目标进行顶层设计。在“一号一窗一网”的目标基础上，构建一个集中统一的政务服务大数据中心，并将服务延伸到两个端互联网APP和自助服务一体机，形成“一厅一号一窗一网一中心两端”的“互联网+审批服务”模式新格局。至12月底，完成市级平台初步上线，50%左右事项全流程线上流转。

【延时服务】 2016年，为更好的服务群众和客商。淮安市政务服务中心实行周六延时服务制度。全年延时服务中办理事项6000余件。出台《关于市政务服务中心部分窗口实行春节放假期间延时服务和特约服务的通知》，并向社会公布开展延时服务和特约服务窗口联系电话，确保政务服务“不打烊”。春节期间延时服务及特约服务共计4天，参与服务工作人员39人次，接待服务对象咨询110人次，办理事项130件。

【“12345”政府服务热线】 2016年，淮安市政府便民热线服务中心受理群众诉求11.22万件。其中投诉类55515件，占49.45%；咨询类32012件，占28.51%；求助类7254件，占6.46%；举报类2082件，占1.85%；建议类911件，占0.81%；其他类14490件，占12.91%。派发电子工单24329件，办结率91.22%，回访群众满意率87.87%。截至年底，“12345”政府热线加盟服务商285家，服务类别150余项。

【“四联合”政务服务】 2016年，淮安市依托市级投资建设项目评审勘验服务中心，集中对投资建设项目开展联合踏勘（测试）、联合评估、联合图审、联合验收的“四联合”服务机制，推进踏勘（测试）、验收、评审、图审业务职能归并。截至年底，全市市直和县区的150个部门单位完成投资建设项目在线监管平台常态运行，在线完成127个项目审批，投资额累计863.24亿元。市投资建设项目评审勘验服务中心全年受理企业联合图审1685件，累计建筑面积1723万平方米。组织验收73项，其中联合验收12项。联合图审由原来的85个工作日缩短至20个工作日，联合勘验由原来至少30个工作日缩短至10个工作日之内完成阶段性勘验。

【“市县一体化”公共资源交易体制】 2016年，淮安市根据国务院、省政府要求，出台《淮安市整合建立统一的公共资源交易平台实施方案》，建立以市公共资源交易中心为主体、各县区分中心为基础的公共资源交易平台体系，至年底，各县区分中心全部挂牌运行。全年全市公共资源交易共进场交易项目7693项，成交额672.33亿元。其中，政府采购类项目3652项，土地交易类项目160宗，工程建设类项目3166项，产权交易类项目311笔，药品医械类项目396个。整合建设全市统一的电子交易和监管系统。涵盖建设工程、政府采购、机电设备、药品药械、水利、交通、土地交易、产权交易8个门类以及各监管部门联合使用的监管平台。

【政务公开】 2016年，淮安市出台《2016年全市政务公开工作要点》。组织全市50名政务公开工作负责人赴中国政法大学开展政务公开专题培训。全年权力清单、财政资金、公共监管、公共服务等政府信息公开重点领域公开情况较好，通过省级考核。至年末，淮安市行政权力网上公开透明运行系统总办件154万件，专网部门数据推送149万件。

【政务服务大数据分析报告】 2016年，淮安市发布《淮安市行政审批与政务服务大数据分析报告》《淮安市

8月31日，市委书记姚晓东（右一）在市政务服务中心同市民交谈
戚国华 摄

公共资源交易大数据分析报告》《淮安市政府便民服务热线大数据分析报告》和《淮安市政务公开大数据分析报告》等四个大数据分析报告，推动淮安政务服务管理工作从原定五大转变向深挖政务服务大数据价值科学运用的新转变，在全省引起反响。

【"淮安政务"微博】 至2016年底，"淮安政务"微博博文阅读数480多万次，互动数100万次，累计处理网民建言3万多条。其中，利用微博平台处理网民建言1万多条，通过微博私信平台收到网友私信8942条，回复11462条。

【串标围标治理】 2016年，淮安市查处串标围标案件89起，涉及串围标企业228家，其中交公安部门立案侦查11起，21名嫌疑人被采取强制措施。

(居 冉)

机关事务管理

【机关公务用车制度改革】 2016年，淮安市完成全市党政机关公务用车制度改革。根据实际情况，完成《淮安市公务用车制度改革方案》起草与上报，省车改办于2月18日批复同意车改方案。淮安市组织市人力资源和社会保障、组织、财政等部门，完成参改人员身份核实和交通补贴发放，指导全市各参改单位做好涉改司勤人员安置，保障涉改司勤人员的合法权益。公开招标，挑选车辆评估机构和拍卖机构，确保车辆处置工作公开、透明、公正，拍卖收入全部上缴国库。推进公车集中管理平台建设，完成江淮公务服务有限公司的组建，开发公车管理软件系统，出台《淮安市公务用车管理试行办法》和《江淮公务车辆服务有限公司服务质量监管考核办法》，强化公务用车服务保障，提升公车服务满意度。7月1日，公车集中管理平台正式运行。

【资产管理】 2016年，淮安市做好办公用房清理工作，对全市98个市级党政机关和9个县(区)党政机关办公用房情况进行"拉网式"检查，对市级机关县处级以上干部办公用房使用情况实行逐一检查、登记和建档，巩固办公用房清理成果。及时做好行政中心维修和审计工作，加强对维修单位施工、装修、审计和验收全过程监管。完成市行政中心外42个市级机关单位办公用房权属情况的调查、摸底工作，做到底数清楚，为后续逐步实现办公用房"五统一"(统一权属登记、统一调配管理、统一维修改造、统一规范使用、统一规划建设)打好基础。

【公共机构节能管理】 2016年，淮安市制定出台市公共机构节能"十三五"规划。制定出台节能管理、监督检查、能源审计等一系列节能规章制度，完善节能管理制度体系。抓好节能宣传培训，全年印发各类节能宣传册9000余份，悬挂宣传横幅400多条，通过各类平台发送节能倡议、节能信息等约20000条，培训1500多人次。培育节能典型，组织7家公共机构参与省级节能示范单位创建，6家市级公共机构开展省级节水型单位创建。严格监督考评，以市、县(区)、乡(镇)三级联动的形式，对全市96个部门、9个县区夏季用能情况开展专项检查。在市级机关及其所属的400家公共机构全面开展公共机构废旧商品回收利用。

【会议服务】 2016年，淮安市机关事务管理局提升会议服务水平，强化会务服务人员的责任感，会议中心全年接待会议1795场会议、10.9万余人次，保持零差错、零失误，无人为性责任事故发生，会务服务满意率98%。

(市机关事务管理局办公室)

人才与人力资源

【概况】 截至2016年底，淮安市人才总量49.3万人，其中专业技术人才26.5万人，高技能人才10.77万人。全年引进国家"千人计划"人才110人，省"双创人才"106人、省"双创团队"2个；引进"淮上英才计划"创新创业团队23个、领军人才228人、急需人才1351人；对接选派省、市科技镇长团成员257人，实现县区全覆盖。入选第五期省"333工程"(培养30名左右研究成果具有国际先进、国内领先水平的国家级科学家、工程技术专家和理论家，培养300名左右具有省内领先水平的省级优秀人才，培养3000名左右成绩显著的市级优秀人才)人才143人，市"533英才工程"(培养50名左右学术技术领军人才，300名左右学术技术拔尖人才，3000名左右学术技术骨干人才)选拔培养领军人才、拔尖人才、骨干人才3505人；省、市科技企业家分别为23人、491人。全市有公务员17488人，参照管理机关(单位)工作人员2138人；有事业单位人员74628人，其中市直12599人、县区62029人。

【公务员招录】 2016年，淮安市计划招录公务员和参照管理单位工作人员

淮安市人才公寓　　唐小青供图

519人(不含垂管单位)。在招录过程中对各环节做到准备在前、严把细节,遵从实用高效,经过笔试、面试、体检、考察政审等环节,最终录用504人(削减和取消7个计划)。

【公务员培训】 2016年,淮安市启动第三轮公务员“5+X”(五门必修课和X门选修课)能力培训工程,首次将1000余名新批准参照公务员法管理机关(单位)的人员纳入到大培训框架体系。分6期对5451名市级机关公务员开展“五大发展理念”集中专题轮训。全年累计举办公务员初任培训、任职培训、在职培训、参公登记前培训、军转干部培训等各类公务员培训班24期,培训8778人次。

【事业单位人才管理】 2016年,淮安市全面推行岗位设置管理制度,动态调整完善事业单位岗位设置工作。及时根据各单位职能转换、机构调整、编制增减等情况调整变更事业单位岗位设置方案,保证各单位岗位设置及时、准确和科学。截至年底,核准和调整65家事业单位的岗位设置方案,重新核定岗位4844个。继续推进事业单位人员聘用制度,实现事业单位人员聘用制度全覆盖。提升事业单位人员聘用合同签订率。根据岗位需要,结合职工具体情况,规范签订聘用合同。全年核准岗位聘用人员6289名,岗位变动人员5946名;市、县(区)及以下所属事业单位工作人员聘用合同签订率均达95%以上。继续实行事业单位公开招聘制度,全年核准公开招聘方案66个批次(市直36个批次,县区30个批次),公开招聘2198人。全市通过公开招聘新进事业单位人员1827人,其中应届毕业生625人,占新进人员总数的34.21%,博士3人,硕士305人。

【人才引培】 2016年,淮安市围绕全市特色优势产业发展需求,赴北京、西安、兰州、安徽等地广揽贤才,全年新引进硕士、博士研究生801人,长期外国专家44人,留学回国人员57人。新增专业技术人才1.76万人,完成专业技术人才知识更新培训2.55万人次。17人获得省“六大人才高峰”项目资助。全市建成国家级博士后科研工作站10家,省级博士后创新实践基地21家,博士后科研工作站实现县区全覆盖。开展“万名专家服务基层行动·专家学者服务金湖企业”活动,为企业解决技术难题23个,指导企业技术人员210人次,增加经济效益6000余万元。举办“创业导师走进淮安留创园”活动,助推留学人员创新创业项目做大做强。中国留学服务中心淮安分中心被授予“全国优秀分中心”称号。弘扬“工匠精神”,强化技能人才培养,3名选手获全省技能大赛三等奖。举办第三届淮安技能状元大赛,采取以赛代评的方式,32人获技师证书、1人获高级技师证书。全年开展职业技能鉴定5.58万人次,核发职业资格证书5.11万人次,组织全国、全省职业资格统一鉴定2615人次,新增高技能人才1.25万人。

(唐小青 杨 广)

机构编制管理

【行政审批制度改革】 2016年,淮安市建立由市编办(审改办)负责统筹协调、政务办负责改革落地、法制办负责制度配套、软建办负责督查催办、第三方评议有效补充的审改工作体系。在全省率先探索建立投资建设项目联合评审、联合踏勘(测试)、联合图审、联合验收“四联合”并联审批方式。实施政府职能向社会转移,公布首批《市政府向社会转移职能事项目录》,涉及21个部门50项职能事项,截至年底有34项政府部门职能事项实现转移。指导盱眙县成立全国首家、全省首创的县域行政审批局,将审批印章由53枚替换为1枚,审批科室由75个精简为4个,审批人员由235名缩简为41名,审批环节和层次压缩50%、平均办结时限减少70%。5月11日,盱眙改革试点顺利通过省评估,受到中国行政体制改革研究会评估组高度肯定,并建议在全省推广。11月11日,省委省政府召开全省深化行政审批制度改革加快简政放权激发市场活力推进会,省主要领导对淮安审改相关工作多次肯定,认为可在全省推广。

【行政体制改革】 2016年,淮安市重新梳理制订36个部门“三定”(定部门职责、定内设机构、定人员编制)规定,重点解决职能交叉扯皮等问题,厘清31个部门208个管理事项、867项具体工作的职责边界。探索基层政府新型管理模式,在金湖县银涂镇试行新型政府架构。县区工商、质监、食药监“三合一”整合全部到位,均成立组建市场监督管理局和市场监督执法大队。市主城区商务领域综合行政执法改革稳步推进,撤销市商务综合行政执法支队,将市级商务17类32项行政处罚权下放清江浦区。指导盱眙县将涉改的28支执法队伍整合为5支综合执法队伍,初步形成“5-7支执法队伍管城市”的格局,跨部门综合执法改革走在全省前列。淮安经济技术开发区综合行政执法局和市场监管局于4月12日经省编办批复同意并挂牌成立,改革试点有序推进。

【机构编制管理】 2016年,淮安市以“只减不增”为目标,对市县两级行政事业编制基数进行测算核对,制定出台《淮安市控编减编工作实施方案》,完成政府部门行政编制精简10%、市直事业单位空编上收50%的预期目标。建立用编联合审核机制和机构编制领导职数预审制度,对机关事业单位实行用编统一管理。强化机关绩效管理,将机关履职绩效考核纳入市科学跨越发展目标考核体系,从中单列8分用于开展履职绩效和机构编制管理执行情况考核,完成对市级10个类别103家部门单位的履职绩效考核评分工作。

【机构编制服务】 10月15日,淮安市拟定新设清江浦区和洪泽区党政群和人大政协机关机构设置方案。截至年底,两区党政群机关组建到位,区级部门(单位)“三定”规定印发实施。同时,批复洪泽区更名并调整隶属关系事业单位210家,整合事业单位2家。批复整合原清河区、清浦区所属事业单位131家,设立事业单位64家,更名或调整隶属关系事业单位99家。稳妥调整市、区两级事权划分,明确市和清江浦区事权调整事项

10月27日,省编办在盱眙县召开优化审批流程研讨会　　马荣供图

33项。同时根据事权调整情况,制定市和各区事权调整交接工作责任书,进一步明确交接内容和工作要求。

(马　荣)

信　访

【信访积案化解】 2016年,淮安市在全市范围内组织开展两轮"信访积案百日攻坚活动",把信访积案科学划分为Ⅰ、Ⅱ、Ⅲ类,分别明确不同层级领导包案,做到合理诉求解决权益问题、无理诉求解决思想问题、行为违法解决惩戒问题、生活困难解决救助问题、主动作为解决三跨问题,104件久拖不决的信访积案得以成功化解,有效减少信访存量中最难啃的"骨头案"。

【"阳光信访"升级】 "阳光信访"是淮安市创造的全国知名信访工作品牌。2016年,淮安市推进"阳光信访"标准化建设,打造阳光信访升级版7.0系统。"阳光信访"APP、微信公众平台、电子权益保障卡和信访考核模块、责任信访模块、大数据分析模块在全国率先上线运行,线上信访"掌中宝"打通服务群众最后一公里。中共江苏省委书记李强在淮安调研期间专门考察"阳光信访"工作并给予肯定。

【法治信访建设】 2016年,淮安市以"信访工作法治深化年"为主线,推进法治信访建设。推行依法逐级走访群众权益保障卡制度,全年发卡2573份,发卡率86.1%。开展法定途径分类处理信访投诉请求工作,31个市直单位和所有县区全部制定出台"信访清单"。在加强法治宣传的同时加大违法上访打击力度,依法信访成为信访群众的主流行为。　(范　蓬)

外事 侨务 港澳事务

·外　事·

【概况】 至2016年底,淮安市与11个国家14个城市缔结国际友好城市关系,其中市本级11个,辖县(区)3个,另有50多个淮友城和国际友好交流城市。有435名常驻外籍人士,其中以韩国、老挝、印度人士居多。2016年临时到淮安的境外人士有12000多人次。

【赴意大利、南非经贸招商】 2016年5月下旬,淮安市委书记姚晓东、副市长窦立夫率市经贸代表团赴意大利、南非开展经贸招商。在意大利招商期间,淮安市经贸代表团聚焦项目,密集拜会意大利工业控股公司林克集团、意大利希尔机器人应用公司及意大利萨萨里大学科学与工艺研究中心,了解双方开展合作的具体情况,全力推动双方合作快速发展,促成淮阴区与意大利林克集团意大利产业园项目、淮阴师范学院与意大利萨萨里大学科研合作项目正式签约,淮安经济技术开发区、清浦区与意中贸促会分别签订意大利工业品(淮安)展销中心投资协议书及意大利生活馆投资意向书。在南非招商期间,淮安市经贸代表团拜会数十家知名企业,分别在南非开普敦、约翰内斯堡举办经贸恳谈会,吸引南非非国大党高层、豪登省及西开普敦省各级政府官员及百余位南非商会及企业家代表与会,促成清河区分别与非洲国家工商业联合商会西开普顿省分会、非中企业家智库研究院签订经贸交流合作框架协议,淮安经济技术开发区与南非非国大党经济发展论坛签订战略合作框架协议。

【赴日本、韩国经贸交流】 5月,淮安市市长惠建林率淮安市经贸代表团在韩国、日本开展经贸交流,分别在釜山和东京举行投资说明会。惠建林详细介绍淮安的基本情况和投资环境、发展前景等,表达淮安加强与日韩相关城市政府、机构建立友好往来、加强交流合作的真诚愿望,受到两国相关城市政府、机构负责人的欢迎。在日韩期间,淮安市经贸代表团参加省政府举办的"江苏·韩国经贸合作交流会",拜会日韩有关政府部门、经贸促进机构,深入日韩知名企业考察洽谈,搭建对日韩经贸合作的新平台,推进一批合作项目。

【多领域公共外交】 2016年,经淮安市积极争取,堪称"棋牌界的奥运会"的"2016国际智力运动联盟智力运动精英赛"在淮安举办。43个国家和地区的176名世界棋牌高手云集淮安,起源于淮安的纸牌竞技游戏"掼蛋"作为比赛的表演项目,首次亮相国际赛场。组织文艺代表团赴友城韩国完州郡参加美食节活动。将母爱文化散文诗歌大赛和韩信杯象棋国际名人赛办到澳大利亚和新西兰,淮安市的象棋旗袍秀,地方特色舞蹈、剪纸、布艺等非遗项目亮相现场。邀请菲律宾华裔新生代到淮安开展文化、艺术等友好交流活动,在菲律宾开展友好交流,为中菲关系改善发挥作用。主动承办外交部和省外办共同举办的第三届"丝路青年行"活动,21个"一带一路”沿线国家与地区的51名留学生充分了解淮安与“一带一路”的渊源。《人民日报》、中央电视台、香港卫视以及人民网、新华网、搜狐、网易等媒体先后对淮安开展的经贸、文体交流与合作活动予以报道，提升淮安国际知名度和对外开放影响力。

【APEC商务旅行卡申办】 2016年，淮安市践行“外事为民”服务理念，采取上门服务、电话预约、印制宣传折页等形式，主动向全市涉外企业宣介。积极向外交部争取，免费为涉外企业申办自由出入包括加拿大、澳大利亚、韩国等16个APEC成员国三年内免签证的APEC商务旅行卡，为全市大中型企业30人次申办APEC旅行卡。

【因公出国（境）管理】 2016年，淮安市严格执行中办发〔2013〕16号和苏办发〔2013〕26号文件以及“国八条”“省十条”“市十二条”有关规定，既严格把关、规范管理和合理控制，又为经贸招商、友城交流、社会事业等有实质性内容的团组顺利出访提供优质高效的服务。全年审批办理因公团组184批537人次，初审及手续办理准确率，护照、签证手续办理准确率，护照回收率均达100%。

【国际友城工作】 2016年，淮安市与“一带一路”重要节点国家匈牙利巴托尼市、捷克布罗德市以及日本前桥市结为友好交流城市关系。至此，淮安市缔结国际友城14对、淮友城17对、友好交流城市38个，实现对外交往五大洲全覆盖。

【邀请外国人到淮安管理】 2016年，淮安市按照中央有关规定，制定和完善相关工作制度，将审批规定、所需材料及注意事项均提前予以说明，为邀请单位邀请外国人到淮安工作提供依据。强化管理和服务职能，要求并与基层单位一起做好被邀请人身份、来华目的、资信等情况的核实工作，从严审批涉恐或敏感性国家人员申请，坚决杜绝外国不法客商骗取签证事件的发生。全年共为150批230余人次外国友人到淮安签发签证通知函电，未出现非法滞留等违法现象。

【护照签证办理和管理】 2016年，淮安市制定《护照专办员工作纪律》《出国处护照管理规定》等制度，从护照办理到入库管理都作出明确规定。在强化管理的同时，做好服务，及时做好送签服务和回收。全年护照、签证手续办理准确率100%，护照回收率100%。加强外籍专家在淮安管理、境外非政府组织管理、聘用外国专家单位管理等。

表41　　2016年淮安市友好城市名录

中方名称	外方名称			结好时间
	洲	国家	城市	
江苏省淮安市	欧洲	法国	韦尼雪市	1988-07-02
江苏省淮安市	南美洲	厄瓜多尔	昆卡市	1993-04-20
江苏省淮安市淮安区	亚洲	日本	柏崎市	1995-10-29
江苏省淮安市	欧洲	白俄罗斯	戈梅利市	1997-06-19
江苏省淮安市	北美洲	美国	亚伯林达市	1998-03-05
江苏省淮安市	亚洲	韩国	完州郡	1999-04-22
江苏省淮安市淮安区	亚洲	日本	吉备中央町	1999-11-26
江苏省淮安市	欧洲	意大利	卢卡省	2000-09-27
江苏省淮安市	欧洲	俄罗斯	圣彼得堡市科尔宾诺区	2003-09-08
江苏省淮安市	欧洲	德国	萨斯尼茨市	2007-06-09
江苏省淮安市	欧洲	波兰	普沃茨克市	2010-07-08
江苏省淮安市盱眙县	北美洲	加拿大	圣托马斯市	2012-06-12
江苏省淮安市	欧洲	俄罗斯	马格尼托哥尔斯克市	2012-10-24
江苏省淮安市	北美州	加拿大	奥克维尔市	2015-12-15

【淮扬菜国际推广活动】 1月，淮安市组织淮扬厨艺文化展示品鉴团一行9人，赴捷克、意大利、德国，面向当地侨界和主流社会，在介绍淮安投资环境的同时，推介中华厨艺文化，开展厨艺展示及淮扬菜品鉴活动。厨艺团在捷克首都布拉格、意大利首都罗马、德国慕尼黑开展3场厨艺展示及淮扬菜品鉴活动。捷中友协、捷克青田同乡会、捷克中餐餐饮协会、意大利中国贸易发展促进会、意大利上海联谊总会、慕敏德中文化艺术交流协会等团体150多位重要侨领侨商出席活动。当地华人媒体、《人民日报》（海外版）、外国媒体等都对活动进行专题报道。

【推进“中餐繁荣计划”】 8月，淮安市联合美国中餐联盟及乔治王子烹饪艺术学院（PGCC），在美国首都华盛顿市政府大厦举办首届美国淮扬文化节，美国中餐联盟与中国淮扬菜集团股份有限公司签署合作意向书。同月，美国中餐联盟到淮安回访，与江苏食品药品职业技术学院签署合作备忘录，包含汽车维修技术，烹饪技术方面师资、学生资源互换互助，互开分院等合作意向；与淮安市旅游、文化、外事等部门就如何继续推动淮安走向世界进行探讨。9月，美国烹饪艺术学院代表团一行13人访问淮安，代表团参加2016中美烹饪文化教育峰会暨淮扬菜国际推广洽谈会，会上江苏食品药品职业技术学院与美国两所学院启动“中美友好院校”项目签字仪式。

·侨　务·

【概况】 2016年，淮安市有归侨10人，华人华侨2万人，侨眷10万人。

与38个国家和地区的69个侨团建立联系。

【侨务专题招商】 2016年3月，淮安市组织考察团赴浙江著名“侨乡”杭州、台州、青田开展侨务招商活动。考察团考察“高端智慧”的杭州萧山信息港，台州的宝石集团、中非国际经贸港，青田的起步股份有限公司等知名企业，分别在杭州、台州、青田召开三场小型专题推介座谈会，有近30位企业家及侨领侨商参会。宝石集团表达在淮安兴建跨境信息港和高科技产业园、整合淮安市外贸企业抱团发展的战略构想；起步股份有限公司考虑到淮安开展先期布点，条件成熟时在淮兴建生产基地；新西兰侨领、新西兰江苏工商总会会长创办的格林菲尔智能科技（江苏）有限公司就参与淮安智慧城市建设与淮安市达成合作意向。

【依法维侨护侨】 3月，淮安市编印《淮安市涉侨政策法规问答》手册，多次到淮安经济技术开发区、工业园区、侨企开展调研，上门宣传涉侨政策法规。5月，开展《江苏省保护和促进华侨投资条例》系列广场宣传活动，通过多种形式，加大宣传普及力度。全年依法依规办理涉侨来信来访3件次，结案率100%。推进侨爱工程，多次赴淮阴区棉花镇检查督促金轮侨心中医馆项目扩建工程，并做好后期验收和跟踪服务工作，9月成功举办该项目的竣工揭牌仪式。

【涵养侨务资源】 2016年，淮安市强化“大外联”意识。3月，市侨务部门受杭州侨办邀请，参加海外侨领国情研讨会“美丽杭州行”活动，结识20多名海外侨领。5月，接待新西兰新中贸促会会长和志耘一行到淮安访问。6月、9月两次接待美国中餐联盟主席朱天活一行到淮安访问，达成多方合作协议。发挥侨务信息系统作用，整理完善侨情资源信息库，发挥侨情数据库在经济社会服务中的作用。

【侨务外宣】 2016年3月，淮安市利用国内、省内的侨刊、侨网和报纸等平台作用，多渠道、多方位、多角度宣传淮安侨务工作及地方经济社会发展情况。邀请华人时刊社记者赴盱眙楚东医院、清城创意谷采访，加大对创业基地、创业典型、重点侨商侨企的宣传报道力度。加强与省侨办沟通联系，为清河区、淮阴区、金湖县等5个县（区）在海外侨界主流媒体进行5个专版宣传。发挥新媒体高效快捷的优势，创新宣传载体，在每一次涉侨接待和涉侨出访活动中，建立华侨华人高层次人才微信群，及时传递惠侨政策、涉侨信息和亲情乡音，打造“指尖上的侨务”。

·港澳事务·

【概况】 2016年3月，淮安市组织代表团赴香港、澳门开展经贸招商和推介活动。“一对一”拜访“香港中华厂商联合会”、香港江苏社团总会高层，与香港江苏社团总会就淮扬菜在香港的推广和举办淮扬菜展示活动进行交流，与“香港中华厂商联合会”就下半年在港澳举办“淮安港澳周”活动开展专题商讨。同月，香港江苏社团总会副会长黄华率团到淮安考察，重点就香港江苏社团总会与淮安市在香港举办淮扬菜美食推广以及菜肴展示等活动进行前期考察与交流，达成一致共识。

10月，香港特区政府公务员代表团一行30人到淮安市开展为期3天的考察访问。淮安市市长惠建林会见代表团一行，双方表达强化淮港深层次合作交流的强烈愿望。在淮安期间，代表团重点考察淮安市经济建设、社会管理等方面的情况，参观周恩来纪念馆、故居及漕运博物馆，考察淮安经济技术开发区江苏爱美森木业有限公司、敏实汽车零部件生产项目。

11月，淮安市组团赴港澳开展经贸招商及文化交流等系列活动。在港澳期间，代表团观摩香港贸发局举办的亚洲物流及航运会议，拜会香港总商会、“香港中华总商会”、“香港中华厂商联合会”、香港江苏社团总会等商会与社团，拜会香港中联办、香港贸易发展局、外交部驻港特派员公署、澳门中联办、澳门基金会等机构。宣传淮安市“十三五”城市发展蓝图，推介淮安优势产业以及淮安经济技术开发区主导产业与优惠政策，邀请四大商会与贸发局到淮安考察访问。同时，积极向上述机构和商会宣传推介淮安红色文化、美食文化、西游记文化以及大运河文化，双方均表示愿意携手共同开辟更广阔的合作空间。

（刘　辉）

8月22日，“让爱飞扬”香港青少年访问团到市政务服务中心参观调研
戚国华摄

政协淮安市委员会

综　述

【概况】 2016年，淮安市、县（区）政协有委员2146人，其中市政协委员421人，县（区）政协委员1725人。政协淮安市委员会全年完成全委会议1次，常委会议4次，主席会议9次，组

织大会发言49篇，编报《淮安社情民意》21期，审查立案提案248件。

【咨政建言】 2016年，淮安市政协围绕加快推进淮河生态经济带建设上升为国家战略规划积极建言献策。组织专题调研组，先后赴淮河沿线多地市看现场、搞座谈、听意见，收集意见建议100多条，研究形成《推进淮河生态经济带国家战略形成的调研建议——以淮安市推进淮河生态经济带国家战略为视角》调研报告。专门召开七届十七次常委专题议政会，协商形成《加快推进淮河生态经济带国家战略形成的建议案》，从4个方面提出16条具体建议。建议得到市主要领导的重视并作批示。为加快推进公共体育服务体系建设，市政协成立专题调研组，赴涟水、清河等4个县（区）进行专题调研，召开市直有关部门负责人座谈会，并专门赴苏州、扬州、宿迁等市学习考察经验做法，召开七届十八次常委会议进行专题协商，向市委、市政府报送《关于加快推进全市公共体育服务体系建设的建议案》，提出健全完善配套机制、加强共建共享等8条建议。

重要会议

【主席会议】 1月13日，淮安市政协召开七届三十七次主席会议。市政协主席王维凯主持会议，市政协副主席朱毅民、朱友冬、程刚、李玉峰、范更生、刘学军、仲波，秘书长吉文海出席会议。会议协商讨论市政协常委会工作报告（讨论稿）和提案工作报告（讨论稿）；协商通过市政协七届十五次常委会会议议程、日程（草案）；协商讨论市政协七届五次全委会议议程、日程（草案）；协商通过政协淮安市七届五次全委会议执行主席、秘书长、副秘书长建议名单及其他事项；协商讨论关于召开政协淮安市七届五次全委会议的决定（草案）；协商通过表彰优秀提案、优秀社情民意信息、先进委员之家有关事宜。

2月24日，市政协召开七届三十八次主席会议，协商通过市政协2016年工作要点和重点工作计划。市政协主席王维凯主持会议，市政协副主席朱

9月20日，市政协七届四十二次主席会议调研乡村旅游发展情况

余承洋供图

毅民、李玉峰、范更生、仲波、孙晓阳，秘书长吉文海出席会议。

5月9日，市政协召开七届三十九次主席会议，市政协主席王维凯主持会议，副主席朱毅民、范更生、仲波、孙晓阳等出席会议。会前，与会人员赴金湖县吕良镇孙集村农村金融服务站、吕良镇大庄社区土地确权登记颁证档案整理现场、陈桥镇金绿源家庭农场、金湖县农村产权交易中心视察农村金融改革工作。

6月20日，市政协七届四十次主席会议视察全市社会治理创新工作。视察组先后到市人社局劳动人事争议一体化调处工作现场、清河区城西社区"两网融合"工作现场、清浦区社会管理服务中心工作现场，视察全市社会治理创新工作并召开座谈会。市政协副主席朱毅民、范更生、孙晓阳等参加视察。

6月24日，政协淮安市七届四十一次主席会议召开。市政协主席王维凯，副主席朱毅民、程刚、范更生、孙晓阳出席会议。会议协商讨论关于推进淮河生态经济带国家战略形成的调研报告及建议案（讨论稿）；协商通过政协淮安市七届十七次常委会议程、日程；协商讨论有关人事事项；协商通过2015年度优秀调研报告评选获奖名单。会后，市政协主席会议专题视察食品安全工作。先后到市实验小学新城校区学生食堂、生态新城福地路农贸市场、江苏凯德亚食品有限公司、淮安市"舌尖110"指挥中心，从食品的流通、生产等环节了解食品安全透明共治体系建设情况。

9月20日，市政协召开七届四十二次主席会议。市政协主席王维凯主持会议。市政协副主席范更生、刘学军、仲波，市政协党组成员吴兆方、陶光辉，市政协秘书长吉文海出席会议。会议协商通过政协淮安市七届十八次常委会议议程、日程；协商讨论关于公共体育服务体系建设工作的调研报告及建议案。会后实地察看高铁新区建设工作，视察洪泽乡村旅游发展情况。

12月13日，市政协七届四十三次主席会议视察全市法院工作。市政协主席王维凯，副主席李玉峰、范更生、仲波、孙晓阳，党组成员陶光辉，秘书长吉文海等参加视察。先后视察洪泽区法院无讼村居创建工作、非公企业纠纷巡回法庭、涉银行业金融纠纷巡回法庭等地，在随后召开的矛盾纠纷多元化解工作汇报会上，听取全市法院矛盾纠纷多元化解工作汇报。

12月14日，市政协七届四十四次主席会议视察全市检察工作。市政协主席王维凯，副主席范更生、仲波、孙晓阳，党组成员陶光辉，秘书长吉文海等参加视察。先后视察未成年人"一站式"询问中心——"暖阳之家"，参观2016年全市检察工作图片展，观看2016年全市检察工作资料片并听取工作汇报。

12月15日，市政协七届四十五次主席会议视察全市公安工作。市政

协主席王维凯,副主席程刚、仲波、孙晓阳,党组成员陶光辉,秘书长吉文海等参加视察。副市长、公安局局长刘必权陪同视察并作工作情况汇报。先后视察市社会治理服务中心、互联网安全管理中心、数据中心、警务访评中心、大数据指挥服务中心、视频资源管理中心,听取全市“六大中心”工作运营情况汇报,并观看2016年工作汇报片。

【常委会议】 1月13日,淮安市政协召开七届十五次常委会议,市政协主席王维凯,市政协副主席朱毅民、朱友冬、程刚、李玉峰、范更生、刘学军、仲波,秘书长吉文海出席会议。市委常委、常务副市长戚寿余对《政府工作报告》(征求意见稿)起草背景、形成过程、主要特点以及框架内容等情况进行说明。会议听取并讨论《政府工作报告》(征求意见稿);听取市政府关于提案办理情况的通报;协商通过市政协常委会工作报告和提案工作报告;协商通过关于召开政协淮安市七届五次全委会的决定;协商通过政协淮安市七届五次全委会议议程和日程;协商通过政协淮安市七届五次全委会议执行主席、秘书长、副秘书长名单及其他事项。

1月18日,市政协七届十六次常委会议第一次会议召开。市政协主席王维凯主持会议,副主席朱毅民、朱友冬、程刚、李玉峰、范更生、刘学军、仲波,秘书长吉文海出席会议。市委常委、组织部长张彤代表市委作关于人事安排情况说明。会议听取市委关于人事安排情况说明;协商讨论有关人事事项;审议选举办法(草案);审议选举工作人员建议名单;审议市政协七届五次全委会议决议(草案)。

1月19日,市政协七届十六次常委会议第二次会议召开。市政协主席王维凯主持会议,副主席朱毅民、朱友冬、程刚、李玉峰、范更生、刘学军、仲波,秘书长吉文海出席会议。会议听取各小组审议和讨论情况的综合汇报;通过候选人建议名单;通过选举办法(草案);通过选举工作人员建议名单;通过市政协七届五次全委会议决议(草案)。

6月30日,市政协召开七届十七次常委会议,市政协主席王维凯,副主席朱毅民、程刚、李玉峰、范更生、仲波、孙晓阳,秘书长吉文海出席会议。副市长唐道伦对淮河生态经济带规划建设情况进行说明。会议听取并讨论市政府关于推进淮河生态经济带国家战略形成的情况通报;审议并通过市政协关于推进淮河生态经济带国家战略形成的调研报告和建议案;协商通过有关人事事项。

9月22日,市政协召开七届十八次常委会议,市政协主席王维凯,副主席程刚、李玉峰、范更生、刘学军、仲波、孙晓阳,秘书长吉文海出席会议。副市长王红红就公共体育服务体系建设工作情况进行通报。会议听取并讨论市政府关于公共体育服务体系建设工作的情况通报,协商通过市政协关于公共体育服务体系建设工作的调研报告和建议案。

4月12~13日,全国政协副主席、民盟中央常务副主席陈晓光到淮安调研
余承洋供图

【七届五次全委会议】 1月17~20日,中国人民政治协商会议淮安市第七届委员会第五次会议在市区召开。会议听取并审议市政协第七届委员会常务委员会工作报告;听取并审议市政协第七届委员会常务委员会关于提案工作情况的报告;学习讨论中共淮安市委书记姚晓东在政协淮安市七届五次全委会议上的讲话;列席淮安市第七届人民代表大会第五次会议,听取并讨论《政府工作报告》、“十三五”规划纲要(草案)和其他有关报告;审议通过政协淮安市七届五次全委会议决议;审议通过其他有关事项。委员们视察有轨电车建设工程和西游记文化体验园。

大会选举孙晓阳为政协淮安市第七届委员会副主席。大会同意,因年龄原因陈贵、朱友冬不再担任政协淮安市第七届委员会副主席职务。大会增补刘一红、李松、张智勤、范青等四人为政协淮安市第七届委员会常务委员会委员,左卫卫、许兴友、何慧君、钱建国等四人因年龄和工作变动,不再担任政协淮安市第七届委员会常务委员会委员。大会通过中国人民政治协商会议淮安市第七届委员会第五次会议决议。

【政情通报】 6月15日,淮安市政协召开市区公交体制改革情况通报会,市政协主席王维凯主持会议,副市长王兴尧、市政协副主席范更生、市政协秘书长吉文海等参加会议。会上,市交通运输局、市国资委汇报公交体制改革情况,与会人员围绕公交体制改革提出针对性的意见和建议。

8月3日,市政协召开城市总规修编情况通报会,听取城市总体规划修编及“多规合一”信息平台建设情况汇报。市政协主席王维凯,副主席范更生、仲波,党组成员吴兆方、陶光辉,秘书长吉文海参加会议。

12月22日,市政府召开座谈会,征求市政协领导班子成员、市各民主党派团体负责人、部分市政协委员对

《政府工作报告》（征求意见稿）意见建议。市长惠建林主持会议。市政协主席王维凯，副主席程刚、范更生、仲波，党组成员陶光辉，秘书长吉文海等参加座谈会。

参政议政

【政协协商】 2016年，淮安市政协以主席会议为协商平台，分别就城市总体规划修编、城区快速道路规划建设、高铁新区规划建设、乡村旅游发展、公交体制改革等课题，听取部门工作情况通报，进行专题协商。各专委会先后围绕加强白马湖生态环境保护、食品安全工作、农村金融综合服务站建设、加强法律援助工作、加强宗教场所管理等10多个课题，开展调研视察、界别协商，促进相关工作开展。召开“打造增长极与中心城市建设”“创新社会治理，促进社会和谐”“共建国家生态市，共享美丽新淮安”“历史文化与文化产业发展”等四个专题协商会，就淮安社会经济发展、社会综合治理、生态市建设与文化产业发展共商良策。

【民主监督】 2016年，淮安市政协主席会议先后视察市公安部门和法检“两院”，察实情，听汇报，就推进社会矛盾纠纷多元化解、涉案未成年人司法保护、智慧警务发展等工作开展民主监督。统筹协调各专委会、各党派团体和各县区政协力量，围绕市十件重大项目建设及推进民生十件实事等20多个课题，采取专题调研视察等形式进行民主监督，先后推荐委员86人次在政务公开、电视问政、阳光司法等方面履行民主监督职能。围绕群众关注的热点、难点问题，编报《社情民意》简报21期，经市领导批示，得到有关部门重视和采纳。

【提案办理】 2016年，淮安市政协七届五次会议后，市政协委员、各参加单位和专门委员会提交意见、建议252件，经过审查，立案提案248件、不立案4件。在立案的提案中，委员提案188件，各民主党派、工商联、政协各专门委员会集体提案60件。对其中100余件重点、难点提案，采取主席跟踪督办、第三方绩效评议促办相结合的方式，增强提案办理实效。经过60个承办单位办理，于10月底办复完毕。

【合作共事】 2016年，淮安市政协加强与市各民主党派、工商联和无党派知识分子联谊会的联系，积极为参政议政创造条件。围绕依法管理宗教事务开展调研，促进宗教工作健康发展。加强同港澳台同胞和海外侨胞的团结联谊，鼓励和支持香港委员积极参政议政，推动淮台合作交流和人员往来，走访“三胞”（港澳同胞、台湾同胞、海外侨胞）亲属，组织台侨属参观考察。

【文史研究与宣传】 2016年，淮安市政协密切与市各主流媒体合作，协力办好政协专版、专栏；改版升级政协网站，办好政协会刊。全年在《人民政协报》《江苏政协》等省级以上媒体发稿30多篇。采取“开门办文史”的新路子，创建淮安文史网微信公众号、淮安文史群，为地方文史传承、利用提供新平台；将地方文史书籍送到在舟山服役的淮安舰上；编辑出版《清江浦研究文集》《世界文化遗产——中国大运河淮安段概览》《淮安文史活页》《周恩来邮品集萃》；与市文广新局、市历史文化研究会合作创办《淮安历史与文化》杂志；推动地方历史文化进课堂进社区进机关，组织开展文史讲座10多场次。

（余承洋）

纪检监察

【概况】 2016年，淮安市纪检监察机关立案2133件，其中县处级干部案件32件、乡科级干部案件251件，党纪轻处分和组织处理1539人、党纪重处分和重大职务调整404人、移送司法112人，分别占立案数的72.2%、18.4%和5.3%，挽回经济损失2.67亿元。洪泽中学原校长邢道乾案例列入中国纪检监察学院案例教学第一讲。全年函询谈话4024人、约谈8419人，为198名受到不实举报的干部澄清事实。9月30日，中共淮安市新一届纪律检查委员会召开第一次全体会议，选举产生市纪委书记、副书记、常委。

【党风廉政建设】 2016年，淮安纪检监察机关落实“两个责任”（落实党风廉政建设责任制，党委负主体责任，纪委负监督责任），提请市委出台市委常委会深化落实主体责任五项举措，向下级党委（党组）及其主要负责人派发个性化、具体化“季度工单”；组织市纪委委员对7名县区和部门党委一把手、11名派驻机构纪检组长进行质询评议；实施责任追究91起、问责110人。开展作风建设“防隐身防变异防反弹”专项行动，整治违规吃请和公款吃喝行为，全市共查处违反中共中央八项规定精神问题124起，处理168人。开展“为官乱

9月30日，中共淮安市新一届纪律检查委员会召开第一次全体会议，选举产生市纪委书记、副书记、常委 崔龙供图

为、为官不为”专项整治，查纠问题2273个，问责7283人；严肃查处“地条钢”问题，党政纪处分18人，其中县处级干部6人。

【重点监督】 2016年，淮安市纪检监察机关紧盯“关键少数”、关键权力，构建立体式监督体系。强化巡视巡察监督，办结中央、省委巡视组移交信访件1007件，立案查处171人；组建巡察工作机构，对5个园区党工委开展首轮常规巡察，发现问题线索92件。强化权力监督，严格执行《市直单位五项重点权力制约监督暂行规定》和《县区党政正职重点权力制约监督若干规定》，并向县区机关和乡镇（街道）延伸，督促整改执行不到位等问题21个。强化群众监督，升级“阳光纪检”网络平台，开启24小时监督“探照灯”，查纠违纪违规问题84个，问责91人。

【基层正风反腐】 2016年，淮安市纪检监察机关开展村主任（村支部书记）、所长、站长、校长、院长等乡村“小五长”不正之风和腐败问题专项整治，对扶贫领域、民政专项资金、集体“三资”处置、执法办事不公等突出问题开展重点整治，对全市105个经济薄弱村、问题多发村、城郊结合村开展百村（居）审计。全市查处“小五长”案件834件，党政纪处分505人，追缴违纪金额1980万元，中央纪委副书记对此予以批示。

【廉洁教育】 2016年，淮安市纪检监察机关编演周恩来“五德”精神话剧《纤夫》，在全市巡演20余场，2.1万名党员干部现场观看。开展“树立好家风，涵养好党风”活动，组织拍摄《家风镜鉴》教育片。开展“两项法规”（《中国共产党廉洁自律准则》《中国共产党纪律处分条例》）百日宣讲活动，全国首创《廉洁自律准则之歌》，开展网络“纪律问诊”，编发《德园释纪》《漫画新规》，举办县处级领导干部廉洁从政研修班；持续开展“三警一线”（警示教育馆、警示教育片、警示教育报告，“两规”现场连线）警示教育，市内外15万余名党员干部接受教育。 （崔　龙）

民主党派　工商联

中国国民党革命委员会淮安市委员会

【概况】 2016年，中国国民党革命委员会淮安市委员会（以下简称民革淮安市委）成功召开民革淮安市第八次代表大会，选举产生民革淮安市第八届委员会和新一届监督委员会。新成立民革清江浦区基层委员会，下设医卫、科教和综合三个总支部。全年发展新党员19人，全部大学以上学历，其中处级干部1名。至2016年底，民革淮安市委有基层委员会1个，总支7个，支部14个，党员386人，其中担任各级人大代表、政协委员71人次。11月，民革淮安市委机关被民革中央表彰为“民革全国机关工作先进集体”。

【主题教育活动】 2016年，民革淮安市委组织骨干党员赴民革前辈邵力子、冯玉祥等故居，开展“不忘合作初心，继续携手前进”活动。在市博物馆举办“纪念孙中山先生诞辰150周年——淮安民革党员书画摄影展”。全年宣传稿件被《新华日报》采用1篇，刊登《淮安日报》专版2次，被《团结报》、民革省委网站、《江苏民革》《淮安政协》《淮安统战》等采用196篇次。

【参政议政】 2016年，在淮安市政协七届五次会议上，民革淮安市委作《加快发展跨境贸易，打造淮安跨境电子商务综合试验区》和《优化我市农村金融环境，推进金融支农体系建设》的大会发言，分别被市政协评为大会发言一等奖和二等奖。在省政协十一届四次会议上，民革淮安市委《关于深化水务一体化改革的建议》《关于新形势下我省地方审计制度建设的建议》《关于尽快实施京沪高速公路江苏段扩容工程的建议》3篇调研成果被民革江苏省委采用作为省政协会议集体提案，其中《关于深化水务一体化改革的建议》被选入省政协会议大会书面发言。

【社情民意信息】 2016年，民革淮安市委累计报送社情民意信息172篇，其中市政协采用2篇，中共淮安市委采用1篇，民革省委采用88篇，省委统战部采用20篇，省政协采用2篇，民革中央采用2篇。《关于优化有轨电车电视媒体建设的建议》获市长惠建林批示。

【社会服务】 2016年，民革淮安市委开展建筑业法律服务大型讲座3次，培训建筑业从业者1200余人；开展义诊送教活动2次，受益人数200余人；与10余名留守儿童建立爱心联系，组织空巢老人乘游船游览里运河

3月11日，民革淮安市委纪念孙中山先生诞辰150周年书画摄影展在市博物馆开展
谢宇供图

风光，为老人发放近万元的营养奶粉；为挂钩扶贫村争取到民革省委专项帮扶，捐献30套会议桌椅，3套输液椅、输液架，2套办公桌椅，2台笔记本电脑和1000本图书，挂牌“民革博爱之光图书室”；社区共建、帮扶投入资金1.6万元；为阜宁龙卷风受灾同胞捐款2000元；为黄埔老人及遗孀争取专项帮扶资金5.35万元。

（谢　宇）

4月，民盟江苏省委与淮阴区共同举办教师能力提升合作一周年活动
李晓鸥供图

中国民主同盟淮安市委员会

【概况】 2016年，中国民主同盟淮安市委员会（以下简称“民盟淮安市委”）被民盟中央评为“坚持和发展中国特色社会主义学习实践活动先进集体”。年内，发展新盟员37名。至年底，全市有盟员803人，其中教育界占42%，科技界占7.5%，医卫界占11.24%，文艺界占4%，新社会阶层占14.1%，政府、党派、人大、政协机关占14.8%，高级职称占46%、中级职称工作人员占37.2%，平均年龄49.8岁。

【参政议政】 2016年，民盟淮安市委完成调研报告16篇，其中2016年度民盟市委重点调研课题2篇，民盟省委重点调研课题6篇，教育论坛论文8篇，《关于我市二手车市场的调查与思考》《淮阴区农村教育烛光行动三年师资提升》《关于加强对近代著名银行家谈荔孙故居保护的建议》等获得市领导批示。在2016年初市政协大会上，民盟淮安市委完成大会发言2篇，提交集体提案7篇。

【基层创建】 2016年，民盟淮安市委成立民盟清江浦区基层委员会，完成淮安高职校支部、信息学院支部和农委支部的换届工作。民盟淮安区基层委员会、淮阴区基层委员会、清河区总支、淮安市一院支部被评为民盟省委成立60周年先进集体，有16位盟员获得先进个人称号。

【对外宣传】 2016年，民盟淮安市委在《群言》《团结报》《挚友》《新华日报》《淮安日报》等多家新闻媒体发表稿件210篇，被民盟省委评为对外宣传工作先进集体。建立淮安民盟微信公众号。11月，主办胡道华“梦落运河书画展”。

【社情民意】 2016年，民盟淮安市委两次组织召开信息工作会议，开展讨论交流，帮助盟员提高信息撰写质量。截至年底，上报社情民意260多条，其中被全国政协采用1篇，民盟中央采用2篇，省政协采用2篇，省统战部采用76篇。

【教育帮扶】 民盟淮安市委一直积极参与民盟中央倡导的“农村教育烛光行动”。2016年，两次组织优秀教师赴贵州省毕节市开展支教活动，开创连片“农村教育烛光行动”帮扶的先例。2016年是淮阴区实施“农村教育烛光行动”的重要一年，民盟淮安市委将教育帮扶拓展到整个区，为全省的教育帮扶起到示范作用。4月，全国政协副主席、民盟中央常务副主席陈晓光出席民盟江苏省委与淮阴区政府共同举办的“‘烛光行动’合作基地·淮阴”揭牌仪式，并为受表彰的13个集体颁奖。至年底，省内5位特级教师结对指导淮阴区特级教师培养对象、10所名校与淮阴区10所学校结对帮扶，在办学理念、学校管理、课堂改革、校园文化等各方面进行深度合作探讨。举办骨干教师培训24次、理论培训11次、考察培训9次、跟岗培训10次，并组织教干、教师赴泰州、

7月3日，中国民主同盟淮安市委员会盟员赴贵州省毕节六中开展支教活动
刘彦供图

南京、无锡、常州等地培训，提升淮阴区的教育现代化水平。通过民盟淮安市委的积极联系，上海TA26方舟爱心基金连续10年在淮安市部分学校及江苏省清江中学开展捐资助学活动，累计出资110余万元资助淮安市贫困高中学生280余人完成高中学业。

【持续推进专家工作站工作】 至2016年底，民盟淮安市委组建专家工作站17家，涉及循环农业、文化产业、IT产业等近10个产业领域，专家由40名增加到45名，高级职称占90%，打造在全市有影响的品牌专家工作站。

（刘彦）

中国民主建国会淮安市委员会

【概况】 2016年，中国民主建国会淮安市委员会（以下简称民建淮安市委）被民建中央表彰为全国社会服务先进集体，被民建江苏省委表彰为参政议政工作一等奖。至年底，民建淮安市委共有11个专委会、4个基层委员会、3个总支、37个基层支部，会员801人。

【民建淮安市第七次代表大会】 11月11日，民建淮安市第七次代表大会在市行政中心召开，全市80名会员代表、6名特邀代表参加会议。会议选举产生民建淮安市第七届委员会，韩文军当选为民建淮安市第七届委员会主任委员，张惠扬、庞进亮、李相前、关中键当选为副主任委员；会议同时选举产生民建淮安市第七届委员会监督委员会，关中键兼任监督委员会主任。

【参政议政】 2016年，民建淮安市委高质量完成民主协商调研任务。二季度围绕“工业强市”主题赴市发展改革委、经济和信息化委员会、财政局、科技局等单位和部门开展“季季谈”调研，形成题为《深化供给侧结构性改革 促进战略性新兴产业发展》的调研报告；三季度围绕“文化建设”主题，以繁荣地方戏曲文化为调研方向，赴市文广新局及相关剧团了解淮安地方戏曲文化发展现状，形成题为《繁荣地方戏曲文化 再造乐活淮安》的调研报告。做好政协大会发言和集体提案工作。在市政协七届五次全委会上，民建淮安市委《将白马湖打造成健康养老服务业发展高地》等11篇调研文章被选为市政协大会发言；会议期间，民建淮安市委提交8篇集体提案，民建会员提交个人提案32件，其中有3件提案被市政协列为重点提案，占总数的30%；在省政协十一届四次全会上，民建市委《策应南京江北新区发展战略 加快江苏北部经济协调发展》一文被选为口头发言，《关于推动淮河生态经济走廊发展战略尽快实施的建议》等3篇文章被选为集体提案。利用学术平台开展调查研究。通过淮安市现代物流学会平台，从提升淮安科学跨越发展层次的角度，围绕市邮政业“十三五”规划、“互联网+物流”、淮安金融与金融中心发展、淮河生态经济带以及海峡两岸物流与交通发展等议题，广泛开展调研并组织5次专题研讨会。

【社情民意信息】 2016年，民建淮安市委采纳会员撰写的社情民意信息800条，向市委统战部报送信息123篇、向民建省委报送255篇，被民建中央采用2篇、民建省委采用47篇。

【“思源工程”系列活动】 “思源工程”是民建中央统一的社会服务品牌。2016年，民建淮安市委围绕“思源工程”品牌建设，开展多项具有淮安当地特色的社会服务活动。民建淮安区基层委员会连续10年开展“思源工程——生育关怀行动”，组织会员到儿童福利院、敬老院慰问；清江浦区基层委员会开展30场捐资助学公益演出，各基层支部也积极开展一系列敬老爱老、捐资助学、义务献血、法律咨询、免费高考房等公益活动；淮阴区基层委员会启动爱心助学系列活动，在“六一”节和全国扶贫日期间为贫困儿童圆梦；机关总支开展进农村、进社区帮扶，为因病致贫的困难群众送去慰问品；开发区总支重点关注失独家庭和残疾人家庭，为他们开展心理疏导活动；综合总支协调会员企业互帮互助，联合开展自闭症儿童关爱日活动、小学生免费检测视力活动和社区帮扶特困老人活动等。至年底，民建淮安市委各级组织向社会捐赠各类钱物50余万元。

【服务会员企业】 2016年3月，民建淮安市委出台《关于进一步促进会员企业发展的若干意见》，提出7条为会员企业加强帮办和服务的具体措施，为会员企业解决发展过程中遇到的实际问题。挑选会员企业做好“同心助推淮安科学跨越发展专家工作站”建设，在广济医药连锁公司、建伟工程检测公司、澳翔物流公司等20多家会员企业设立专家工作站，集中会内专家为会员企业提供咨询帮助。

【扶贫帮困】 2016年，民建淮安市委联合爱德基金继续实施“e万行动”孤儿救助项目，为盱眙县农村142名孤儿提供资助，资助金额19万余元；对淮阴区淮海中学、盱眙马坝中学和盱眙县中学80名贫困高中生进行捐资助学，每位学生资助1000元，共计捐款8万元；对全市社区及农村养老情况进行调研，并在涟水县朱码镇军田村引入“爸妈食堂”公益项目，为军田村85名“五保”、低保和生活困难的老人每天提供一顿午餐助餐。

【“互联网+社会服务”活动】 2016年，民建淮安市委利用淮安民建网站、QQ群、微信群、微信公众号等互联网平台，为会员企业提供交流联络、企业宣传、信息咨询等服务。做好各类社会公益行动。在6月发生的盐城龙卷风灾害中，民建淮安市委通过各种网络平台，向广大会员发出捐款救灾倡议，在3天内筹集捐款超过10万元。通过互联网开展“关爱大别山儿童暖心行动”，根据学校需求和贫困学生情况，进行“菜单式”帮扶、“众筹式”帮扶。 （赵国咏）

中国民主促进会淮安市委员会

【概况】 2016年，中国民主促进会淮安市委员会（以下简称民进淮安市委）发展新会员27名，其中中高级职称16名，研究生以上学历4名，平均年龄35.5岁。截至年底，民进淮安市委下辖2个基层委员会、3个总支、35个支部，有会员586人。

【民进淮安市委第八次代表大会】 11月8~9日，民进淮安市委第八次代表大会召开。民进江苏省委副主委刘锋，市委常委、宣传部部长、统战部部长陈涛，市四套班子、各民主党派、工商联和各有关部门负责人参加会议。会议审议通过民进淮安市第七届委员会工作报告，选举产生民进淮安市第八届委员会，王莉莉当选为民进淮安市第八届委员会主委，田敏、李晓薇、张智勤、李萍当选为副主委，任命马世良为秘书长；选举出席民进江苏省第十次代表大会代表；通过民进淮安市第八次代表大会决议。

【参政议政】 2016年，民进淮安市委在市政协七届五次全委会上，作《主动作为，推动省级洪泽湖生态经济圈战略的形成》和《村委会“三位一体”视角下的管理工作建议》两篇大会发言。向大会提交6件集体提案和30余件个人提案，涉及社会政治经济建设的各个方面。

【专题调研】 2016年，民进淮安市委先后开展教育体制综合改革、扶贫攻坚、新型城镇化建设中文化遗产的利用与保护、淮安特色文化产业发展等专题调研，并形成调研报告。其中，《实现农产品品牌价值的提升——淮安农产品品牌价值培育的调研和建议》《创建淮安掼蛋体育文化品牌的调研建议》《淮安融资性担保行业发展调研和建议》等5篇调研报告分获市政协优秀调研报告一、二、三等奖。

【社情民意信息和宣传】 2016年，民进淮安市委上报社情民意信息被全国政协采用1篇、民进中央采用22篇、民进省委采用347篇。在各级刊物、网站上发表宣传稿件248篇。全年出版4期《淮安民进》内刊。

【社会服务】 2016年，民进淮安市委组织会员企业参加“淮安市统一战线服务企业用工专场招聘会”，为社会提供就业岗位110个，接待应聘人员150多人次。继续参与民进省委的“同心·阳光助学”活动，9月，邀请泗洪县金锁镇中心小学骨干教师到新安小学新区分校交流研讨。 （何滨宇）

中国农工民主党淮安市委员会

【概况】 2016年，中国农工民主党淮安市委员会（以下简称“农工党淮安市委”）发展新党员29名，平均年龄40.2岁，其中40岁左右、较高层次党员11人。截至年底，全市有党员475人，大学以上学历312人，平均年龄43.6岁。医卫界党员261人，占总数的54.95%；中高级职称422人，占总数的88.84%。

【参政议政】 2016年，在市政协七届五次会议上，农工党淮安市委提交政协大会发言材料2份，分别是《围绕淮安“十三五”规划目标 大力推进我市老年事业加速发展》与《充分发挥PPP模式合作共赢优势 切实提升我市公共事业服务水平》。此外，提交《关于强化农村基层组织在发展农业规模经营中作用的建议》《关于提升我市物业服务水平的建议》等集体提案6件、个人提案11件。

【专题调研】 2016年，农工党淮安市委印发《中国农工民主党淮安市委员会调研课题管理办法》，全年承担农工党江苏省委年度调研课题4项，分别是“多层次社会化养老”“推进淮河生态经济带的规划和建设”“医保支付方式改革”和“推进海绵城市建设”。开展调研活动7次。赴市发展改革委等部门调研推进淮河生态经济带建设课题；全国两会前，到淮安市医保中心专题调研医保资金使用情况；到淮阴区卫生部门调研市直医院帮扶基层医疗单位情况；围绕中共淮安市委季季谈协商工业强市主题，赴市科技局、市经济和信息化委员会及相关企业调研，形成《加大科技创新力度 推进工业经济发展》调研报告；围绕中共淮安市委季季谈协商文化建设主题，到淮安市文广新局、淮安市里运河办等单位调研，形成《深度挖掘运河文化遗产，切实提升淮安美誉度》调研报告；围绕海绵城市建设课题，到镇江市、昆山市开展调研，形成《抓住海绵城市“小切口”，做好宜居淮安“大文章”》调研报告。

【组织建设】 11月13日，中国农工民主党淮安市第七次代表大会召开。农工党江苏省委副主委郑丽敏，市委常委、宣传部部长、统战部部长陈涛出席大会并讲话。市人大常委会副主任李冰代表各民主党派、工商联和无党派知识分子联谊会致辞。市领导周毅、程刚、李玉峰、范更生等参加会议。大会审议通过朱爱华代表农工党淮安市第六届委员会所作的工作报告，选举产生第七届委员会和出席农工党江苏省第十二次代表大会的代表。在农工党淮安市第七届委员会第一次全体会议上，选举新一届市委会领导集体，朱爱华为中国农工民主党淮安市第七届委员会主任委员，郑劲松、俞伟男、李佩忠、孙悦为副主任委员。2016年，农工党淮安市委先后成立淮安市第一人民医院基层委员会、淮安区基层委员会，在原清河区总支、清浦区总支基础上合并成立清江浦区基层委员会。

【社情民意信息和宣传】 2016年，农工党淮安市委上报各类社情民意信息182篇。上半年，完成农工党淮安市委网站改版升级。全年编辑出版《淮安农工》4期，通过微信公众号发布信息22期，累计登载稿件150余篇，其中在省级以上各类新闻媒体刊登文章20多篇。

【百场宣讲淮安站主题活动】 2016年，农工党中央在全国开展“走进基层、贴近党员，培育和践行社会主义核心价值观”百场主题宣讲活动，农工党江苏省委选定淮安作为江苏宣讲活动最后一站。农工党淮安市委经过征集和挑选，推选出农工党淮安市妇幼保健院支部主委、小儿外科主任李炳作为宣讲对象。活动邀请农工党中央研究室主任游宏炳作《农工党的历史道路与优良传统》主题宣讲。人民网、新华网、中国网、新华报业网等新闻媒体予以报道。 （臧　剑）

九三学社淮安市委员会

【概况】2016年,九三学社淮安市委员会(以下简称九三学社淮安市委)发展新社员33人,其中高级职称11名,其余为中级职称或硕士以上学历,平均年龄35岁。至年底,九三学社淮安市委有社员440人,平均年龄50岁,其中具有高级职称281人,占比63.8%;科学技术、高等教育、医药卫生等主界别比例为79.1%。各级人大代表、政协委员75人次,其中省级人大代表1人、省政协委员2人,市人大代表7人、市政协委员23人。下设6个专门工作委员会,有36个基层组织,其中基层委员会6个、支社30个。

【九三学社淮安市第八次代表大会】11月14日,九三学社淮安市第八次代表大会召开。九三学社江苏省委副主委叶勇,市委常委、宣传部部长、统战部部长陈涛出席会议并讲话,市领导吉子俊、程刚,市各民主党派、工商联、无党派知识分子联谊会主要负责人等出席会议。大会听取和审议第七届委员会工作报告,选举产生第八届委员会以及出席社省委第八次代表大会代表。经大会选举,产生九三学社淮安市第八届委员会,李冰当选为九三学社淮安市第八届委员会主委,吴昌新、王樱、张德顺、沈冰当选为副主委。

【参政议政】2016年,九三学社淮安市委在各级"两会"提出提议案62件,其中市政协集体提案11件,提交大会发言材料2份,分别获一、二等奖。集体提案《建议加强我市危化品安全管控力度》获副市长唐道伦批示。上报各级各类信息263条,领导批示2条。其中,钱芳撰写的《群众对淮安旅游业发展有"四盼"》获市长惠建林批示。上报各级各类调研报告16份。向社省委提交10项课题参加参政议政课题招投标,有4项课题中标;围绕市委市政府重要工作,面向全体成员开展社市委课题招标,有9项课题中标。

【社会服务】2016年,九三学社淮安市委专家工作站开展各类活动32次,参与活动110多人次,提出合理化建议51条,申报市科技局科技项目1项。继续协办服务企业专场招聘会活动,组织6家企业进驻现场,中国移动淮安呼叫中心等企业提供近800个工作岗位,现场初步达成就业意向83人。开展第28届"国际科学与和平周"送科技送医药送文化进乡村活动,组织社内科技养殖专家深入养殖户指导生猪生产;组织社市委心血管、骨科等医卫专家深入农村送医送药;组织社内高教专家为农家书屋送图书送政策。关爱孤残儿童,在儿童节前向市福利院捐赠价值1万元的食品、衣物等物资。(刘铭铭)

11月14日,九三学社淮安市第八次代表大会召开　　刘铭铭供图

淮安市工商业联合会

【概况】2016年,淮安市新成立商会14家,全市有各类商会246家,其中行业商会92家,涉及商业、服务业、制造业等30多个行业门类。全年新发展会员1400户,全市会员总数18275家,其中企业会员9147家。

【建言献策】2016年,淮安市先后组织开展民营企业履行社会责任、上规模企业发展状况、民营制造业发展状况、中小企业抽样等调研活动。重点开展房地产市场去库存工作专项调研,通过召开座谈会、实地走访有关商会和房地产企业,面对面倾听企业的意见和呼声,形成《对我市房地产市场去库存的几点建议》调研报告。报告得到市长惠建林批示,市政府分管领导专门召集市住房和城乡建设局、城建办、民防局等相关部门研究意见建议。

【服务民营经济】2016年,淮安市强化淮商服务中心建设,积极与市职能部门沟通协调。4月,淮商服务中心正式入驻市政务服务中心大厅办公,设立融资互助、法律援助、专家工作站及培训服务、商会事务等5个便民服务窗口,免费为淮商提供"一站式""代办式"服务。搭建科技服务平台,利用淮阴工学院的师资科研力量,依托淮商学院平台,组织专家为企业免费提供科技咨询、项目申报以及专家工作站服务。金象传动、江苏科环、麦德森制药等20家非公企业申报科技项目,与淮阴工学院达成意向合作关系。继续无偿在16家重点会员企业建立专家工作站,近50名专家被聘为企业特邀顾问,为企业提供技术支持。其中苏能电动车公司与淮阴工学院签署产学研合作协议,并获批市级科技计划专项资金10万。打造淮商融资互助平台,成立淮商互助商会,引导有融资和贷款需求的企业和个人按照商会章程办理互助业务。建立"淮商易贷"民企融资服务平台,全年办理互助资金过桥业务45笔,过桥总额近2亿元,帮助30多家企业办理资金过桥业务。组织"服务企业用工专场招聘会",帮助企业解决"用工难"问题。

【交流合作】 2016年，淮安市以工商联商会会员数据库为基础，整合“淮商网”、《淮商》杂志、微信公众号、QQ群、短信群等现代信息载体，组织开发多功能“淮商汇”手机APP终端，建立可交互的淮商综合信息平台。3月和5月，连续组织各县（区）工商联和部分市直商会负责人赴南通、镇江、苏州、无锡等地参观交流，现场考察苏州、无锡总商会，苏州淮安商会、制冷设备服务业商会、无锡建材商会、南安商会等，召开两地商会工作经验交流会。组织多批次企业参加国内外产业和贸易展会。8月，组织8名企业家赴越南、泰国和斯里兰卡东盟国家进行商贸投资考察，寻求对外合作。举办第四届淮商峰会，建立淮河生态经济带工商联盟，鼓励和动员全国各地淮安商会和广大淮商围绕淮河生态经济带战略献计出力。

【参与社会管理】 2016年，淮安市工商联开展“助力生态环保、淮商在行动”主题活动，会同市环保局，表彰10家优秀环保淮商企业典型，与市环保局联合下发《关于深入开展“助力生态环保 淮商在行动”活动的通知》，提升淮商企业环保管理水平。3月和5月，分别与市检察院、市中级人民法院联合召开由部分市直商会会长参加的“服务保障非公经济健康发展”座谈会，征求非公企业健康发展司法保障需求。与市中级人民法院合作，建立法律诉调平台，成立由资深企业家、律师和工商联、法院相关人员组成的商事调解委员会，参与调解非公经济领域发生的各类经济纠纷。6月，在淮商服务中心与市检察院联合举办“检察官咨询日”活动，现场受理举报和收集非公企业司法诉求，营造良好的政务环境、市场环境。

【淮商综合素质培育提升】 2016年，淮安市在新生代企业家中开展以守法诚信为重点的理想信念教育实践活动。弘扬新淮安精神，通过市电视台、《淮安日报》等主流媒体，宣传新生代企业家中的优秀典型。组织淮商能力素质培训，以淮商学院作为主阵地，开展多层次、多形式的教育培训。5月11日，在淮商学院专题召开校企合作座谈会，推进校企合作。9月，组织以县区新生代商会负责人为主体的20人，在台湾“中华大学”举办第二期青年淮商创新创业研习营，提升新生代企业家创新创业能力。

【光彩事业】 2016年，淮安市开展“千企帮千户，淮商助扶贫”活动，下发《关于开展“千企帮千户，淮商助扶贫”活动的通知》，明确各县区工商联和市属各商会帮扶工作任务。7月，召开“千企帮千户”精准扶贫推进会。截至年底，市直属商会、县区工商联、企业家积极参与，累计帮扶贫困村30个、困难户871多户，发放慰问金、慰问品价值231万余元。盐城市阜宁县境内突发灾情后，市装饰服务业商会、市超市供应商商会、市徐州商会等积极行动，自发准备救灾物资赶赴灾区，总计捐助近百万元各类救灾物资。 （叶光亚）

2106年，淮安市工商联在台湾“中华大学”举办新生代企业家创新创业研习营
叶光亚供图

群众团体

淮安市总工会

【概况】 2016年，淮安市职工总数98.3万人，工会组织6146个，覆盖法人单位2.05万个。有工会会员94.37万人。有专兼职工会干部15491人，其中专职1003人、兼职14488人。有女职工组织6112个，女职工会员42.06万人。

【劳动竞赛】 2016年，淮安市制订下发“十三五”期间全市劳动竞赛规划。组织开展第三届淮安技能状元大赛和建筑、粮食、机场空管等17项技能比赛，共23个工种、万余名职工参赛。评选表彰全市职工科技创新成果一等奖10项、优秀奖40项。

【劳模先进评选表彰】 2016年，淮安市新增省劳模和先进工作者52名，获全国“五一”劳动奖章2个、全国工人先锋号2个，表彰市“五一”劳动奖状57个、奖章100个、荣誉奖章5个，市工人先锋号158个。举办“劳动美·崛起梦”全市庆祝“五一”国际劳动节座谈会，在《淮安日报》开设专栏宣传劳模事迹，拍摄12集专题片《劳动美》，在市电视台播出。发放劳模“三金”（春节慰问金、生活困难帮扶金、特殊困难帮扶金）280多万元，组织500余名劳模参加疗休养。

【职工素质提升】 2016年，淮安市面向广大职工开展各类宣讲100余场。举办市第八届运动会职工部4项比赛和歌手大赛、摄影比赛，组织职工广播操、排舞、摄影专题培训。开展“智慧女性·幸福家庭”“培育好家风——淮安女职工在行动”系列读书活动。创成全国职工书屋5家、省职工书屋6

家、省书香企业5家；创建表彰市级职工书屋30家、市书香企业20家。组织8万多名职工参加全省“十三五”规划知识竞赛。

【协商民主】 2016年，淮安市开展“春季要约行动”，推动落实区域、行业工资集体协商。打造“363”工程（即通过3年努力，全市形成30个行业、60个企业、30个区域工资集体协商典型），确定重点协商单位90个，选树401家工资集体协商星级企业，成立全国首家纺织行业工资集体协商专家工作室。组织培训全市工资集体协商指导员、谈判员1154名。签订工资集体协商合同2703份，覆盖企业10592家，覆盖职工63万多人。出台《关于进一步规范和完善职工代表大会制度的意见》，指导重点企业强化职代会职能。全市已建职代会制度的各类企事业单位1.2万多家，国有企业及国有控股企业厂务公开民主管理实现全覆盖。

【工会法律服务】 2016年，淮安市开展“五一劳动法律宣传服务月”活动，编印《职工劳动权益知识100问》口袋书，组织咨询志愿服务70场，举办培训讲座65场次，发放各类宣传书籍3000余册。建立涵盖乡镇（街道）、村（社区）和大企业的“小三级”劳动关系预警信息平台，有预警信息员597名。选树2016年度“工会法律援助十大典型案例”和“工会法律援助工作先进个人”。创新维权途径，与当地知名律师事务所建立合作共建关系，为职工提供定点服务。开展“查隐患、提建议、保安全、促发展”安全生产合理化建议活动。规范信访接待工作，完成服务热线“12351”和“12345”对接整合，全年接待来信来访310批次，办结率98.7%。

【工会帮扶服务】 2016年，淮安市职工服务中心迁入市政务中心，有办公场所800多平方米、工作人员14名，建有3大服务版块、8个服务窗口、4个服务工作室、22个服务项目。年内，全市各级工会安排送温暖资金3000多万元，慰问困难企业56个，慰问困难职工6520户、困难劳模456户。为1010名特困职工、15150人次困难职工解决就医、购药减免、优惠，救助1430多万元。推进职工医疗互助保障工作，累计入会职工21.32万人，救助患病会员4953人次，发放救助金1386.42万元。

【职工惠民工程】 2016年，淮安市组织千名一线职工到南京、南通等地免费疗休养。加强职工网络服务平台建设，构建更加完善的“窗口+实体”基层工会服务体系。组织参加省“掌缘”联谊交友平台，工会会员免费参加市总工会组织的各种单身职工联谊会。提供小额贷款，对符合条件的创业职工给予2~10万元贴息贷款，鼓励有创业能力的下岗失业人员及农民工等就业困难群体自主创业。

【“户外劳动者之家”打造】 2016年，淮安市在主要街道、商贸中心、电信营业厅、移动营业厅、联通营业厅、金融业单位、环卫所、垃圾中转站、主干道两侧企事业单位和车站附近等场所创新推进“爱心驿站”建设，解决环卫工、园林绿化工、市政养护工、出租车司机、交通警察、邮递员、快递员、公交司机等户外劳动者在饮水、就餐、如厕和休息等方面难题。“爱心驿站”主要配备可供休息就餐的桌椅、饮水机、微波炉、电风扇（空调）、应急医药箱、卫生间、充电充气工具等基本设施。有条件的还配备冰箱、储物柜、沙发、电视机，以及书籍、报刊等，还设置用于心理辅导、供职工交流谈心和反映诉求的私密接待空间。同时，整合工会职工服务中心、职工维权中心、法律援助中心、职工书屋、爱心母婴室、阳光心灵工作室、爱心医院、爱心超市等服务功能，为户外劳动者提供体检、劳动法律知识普及培训、饮食健康讲座、读书交流、心理辅导等综合服务。年内，市总工会投入专项经费100多万元，新建爱心驿站109个，全市户外劳动者“爱心驿站”增加到386个，服务户外劳动者20000多名，被省总工会评为“爱心驿站”建设示范单位，打造“户外劳动者爱心驿站”项目获全市创新创优项目一等奖。

【工会组建】 2016年，淮安市开展“工会组建突击月”活动，选树“农合组织”工会建设示范单位50家，发展农民工会员20198人。印发《基层工会“职工之家”建设实施意见》，选树100家中小型基层工会作为试点单位，市级以上模范职工之家基本完成实体化建设。成立全省第一家市级行业工会——“淮安市快递行业工会联合会”。开展“结对共建、联手强家”活动，全市139家示范单位与177家薄弱单位结对。坚持分级培训、按需施训，举办各类培训73个班次，培训基层工会干部8372人次。

【巾帼建功和阳光心灵工程】 2016年，淮安市组织开展“争当五一巾帼

6月12日，淮安市第八届运动会职工部排舞（健身操）比赛在市体育馆举行
许盼供图

12月27日，市总工会、市妇联联合举行淮安市"智慧女性·幸福家庭"女职工读书征文颁奖仪式 许盼供图

标兵""争创五一巾帼标兵岗"活动。评选40个"淮安市五一巾帼标兵岗"、50名"淮安市五一巾帼标兵"、20个"淮安市工会女职工工作先进集体"。选树14个"江苏省五一巾帼标兵岗"、13名"江苏省五一巾帼标兵"。开展"培育好家风——淮安女职工在行动"主题实践活动，万名女职工及家庭参与活动。开展图书漂流进企业活动，送书2万多册；收到读书征文600多篇，其中8篇读书征文获得全国总工会表彰；开设微课堂200多次、读书演讲152场次。举办"智慧女性·幸福家庭"女职工读书征文颁奖暨美文诵读会，活动信息通过微信推送获得2000多次点赞转发。深化女职工权益专项集体合同制度，在已建工会和签订集体合同的企业中推动女职工专项集体合同全覆盖。截至年底，签订合同3160份，覆盖企业12425家，惠及女职工20多万人，同步签订率100%。开展"工会好妈妈 相伴你成长"结对助学、"爱心母婴室""阳光心灵工程"系列行动，为市区5000多名单亲困难女职工和女农民工开展免费体检和"两癌"（乳腺癌、宫颈癌）筛查，为全市296名单亲困难女职工和女农民工子女发放助学金42.31万元。开展心理咨询8457例、团体辅导356场、心理援助1363次，惠及女职工5万多人。 （许 盼）

共青团淮安市委员会

【概况】 2016年，淮安市有共青团组织7461个，其中基层团委447个、团工委36个、团总支364个、团支部6614个；团员230316人，新发展团员20996人；有专职团干部540人、兼职团干部6143人。注重青年社会组织培育，加强青少年事务社工人才队伍建设，联系青年社会组织200余家，覆盖青年近10万人。有青年志愿者10万余人，青年志愿者服务队2000余支，参与文明宣传、扶贫助困、环境保护、大型赛会服务等志愿活动。

【团组织建设】 2016年，淮安市将基层服务型团组织建设与"五四"红旗团委创建、青少年综合服务平台创建、共青团工作创新创优成果奖评选工作紧密结合，青少年之家覆盖全市60%的乡镇和80%的街道，通过省级认定示范平台5家，所有示范平台均上线云平台，全省唯一团史陈列馆建成投入使用。建立团干部直接联系青年制度，落实"1+100——团干部走支部连百心"要求，推动每名专职团干部常态化联系100名青年。举办全市团干部培训班，突出从严治团主题。制作8课时全市团课示范教案，设计印制5万份团员发展档案袋，制作特色"入团第一课"沙画视频、团员发展问答H5页面产品。召开全市中学中职共青团工作会议，下发《关于加强中学中职共青团工作的意见》。"家规家风助我成长"主题活动被《中国共青团》整版报道，在光明网、搜狐网等媒体宣传推介。

【意识教育引领】 2016年，淮安市举办丰富多彩的活动，在寓教于乐中实现对青少年的思想引导和价值引领。开展社会主义核心价值观宣传月活动，弘扬新时期淮安精神；组织开展"淮安市科学小院士"评选活动，近3000名学生参与，1人获评全国十佳科学小院士，2人获评省十佳科学小院士，数量位居全省第二；开展"2016我们身边的好青年"海选，发掘身边青年典型，入围省级好青年7人。年内，淮安市有1名团员获评"全国优秀共青团员"，3名中学生获"全国最美中学生"称号，2名青年分获"江苏省五四青年奖章"和"江苏省五四青年奖章"提名奖。

【文化平台建设】 2016年，淮安市推进"青年之声"平台与共青团工作的深度融合，入驻专家2000名，在线回应青年呼声，提升平台知名度和活跃度。探索建立"共青团+新媒体+青年社会组织+志愿者+项目"服务模式，形成"听、答、办"完整服务闭环。按照"线上求助、线下解决、全程跟踪、平台反馈"思路，结合"传承文化青春行""淮水扬帆"青年就业创业服务、"阳光12355"等项目，开展国学文化进社区、双创培训、助学助困、法律援助等线下服务活动200余次，惠及青少年30000余人。编写印发《中国共产主义青年团团史》口袋书，全面系统地介绍团史、团的历届领导成员、青联、学联、少先队等相关知识，特别介绍回顾"周恩来与青少年工作"，促进青少年知党情学团史。团市委与清江浦团区委共建共青团史陈列馆，打造青少年学习团史的线下阵地和体验馆，接待青少年学习参观1400人次。开展"传承文化青春行"网络文化活动，以线上线下互动的方式，围绕传统节日，组织发起传统文化进社区活动。

【青年就业创业】 2016年，淮安市构建以"青创联盟＋青创空间＋青创服务"三大工程为基本内容，以"共青团主导、社会化整合、项目化推进"为实现路径，融政策导航、培训交流、资金帮扶、导师帮带、项目孵化、阵地建设、宣传展示等为一体的服务体系，树立"淮水扬帆"青创计划工作品牌，提升共青团服务青年创新创业工作

2016年10月，淮安共青团"创客"培养基地揭牌仪式举行　　唐帆供图

水平。

组建青创联盟，以在校大学生、大学生村官、电商创业青年、社会创业青年等为重点服务对象；在"青春淮安"官方微信开辟"青创业"微信专栏，发布创业政策、创业活动、创业故事等资讯200余篇，收集有效需求和建议123条。完成第五届苏台（淮安）青年菁英峰会暨第二届两岸青年菁英特训营，吸引两岸20余个创业项目、40余个投资方参加。做实青创空间，指导建立大长江青创基地，开展创业活动60余场，推荐一批青创项目入驻孵化；与清城创意谷、智慧谷、大学生科技园等平台合作，帮助10余个创业园区和平台引进项目50余个。做优青创服务，整合资源为创业青年提供政策导航、培训交流、大赛展示、资金帮扶、导师帮带等服务。组织12场创业项目路演活动，帮助39个项目实现融资对接。举办"青创面对面"交流沙龙22场、青创分享会16场，覆盖影响青年6000余人次；举办"农村青年电商研修班"等创业培训27场，培训创业青年1900余人次；举办第五届苏台（淮安）青年菁英峰会，达成投融资意向近5000万元。

【中学中职团建】 2016年，淮安市常态化开展中学生团员"学习团章团史、学习青春榜样、争做优秀共青团员"主题教育，通过增强中学生团员意识提升中学共青团先进性，获团中央书记处书记傅振邦批示肯定，并获团中央学校部工作简报专题推介。加强与市教育局协同，聚焦"有人管事""有力量做事""有机制牵引"三大突出问题，联合构建全市中学共青团"1+1+3"工作机制。成立一个工作联盟，由团市委、市教育局联合成立中学中职共青团工作联盟，实现"有人管事"。建强一支队伍，打造"团委书记+共青团辅导员+学生团学骨干"的中学共青团工作力量，打通共青团工作"最后一公里"，发挥团委书记这个"关键少数"、共青团辅导员这个"主要多数"、学生骨干这个"手臂延伸"的作用，实现"有力量做事"。成立三个工作片区，调动片区内各中学团组织积极性，实现资源共享、阵地共建、工作联动，各片区召开联席会议、结对共建、互帮互比，变工作对象为工作力量，实现"有机制牵引"。

【少先队工作】 3月，举行淮安市少工委五届六次全委会暨辅导员风采展，市少工委委员、主任为全国、省优秀少先队辅导员、优秀少先队大队颁奖，为江苏省名优辅导员授牌。8月，举办淮安市少先队辅导员培训班及第五届淮安—七师少先队员手拉手夏令营，全市各县区、市直学校以及新疆生产建设兵团第七师的辅导员、少先队员代表150余人参加。揭牌成立省级名优辅导员工作室，举行工作室观摩和交流展示活动，并与外市工作室进行联谊互动。编印《淮安市少先队员成长手册》，分四册，指导少先队辅导员日常工作，获评省少工委2016年优秀科研成果评比一等奖。12月21日，召开市第六次少代会，现场发布2012~2016淮安少先队引以为豪的十件事，选举产生新一届少工委委员、主任和副主任，并聘任市少先队总辅导员、副总辅导员、辅导员和校外辅导员。

【青年人才活动】 5月4日，淮安市举办"创青春·创未来"淮安市优秀青年风采巡礼展暨青年代表座谈会。5月11日，与市人才办联合召开全市优秀青年人才代表座谈会，11名青年人才代表分享自己青春感悟，并对全市青年人才工作提出建议。七夕节期间，组织全市企事业单位60余名青年人才开展交友联谊，县区联动开展"缘来是你"等多场青年人才交友联谊会。

【青年志愿服务】 2016年，淮安市做好"希望工程"圆梦行动，募集资金110万元，资助贫困大学生275名。实施青春扶贫行动，先后实现困难青少年帮扶微需求600余个、结成关爱对子100余个、打造关爱阵地5个，为农村贫困青少年捐资捐物累计10万元。以青年社会组织为依托，发挥青年社团联盟载体作用，吸引凝聚各类青年社会组织230余个；成立淮安市翔宇青年志愿者服务队，推广使用志愿者打卡器APP，注册志愿者6万余名、志愿者组织733个，志愿服务时长位居全国第六。下发《关于加强淮安市青少年事务社会工作专业人才队伍建设的实施意见》，提升社会工作专业化水平，承办2016年省青年志愿者专场公益供需洽谈会。

【青少年权益保护】 2016年，共青团淮安市委联合市检察院、市教育局等部门下发《淮安市关于开展"法治进校园"全市巡讲活动的方案》，打造法治进校园品牌，实现全市中小学全覆盖。与市综治办加强联系，将重点青少年群体"成长护航工程"纳入综治重点工作，配合做好综治信息化平台建设，实现数据共享和动态监测。联合市禁毒办，开展毒品预防教育，组织专业禁毒工作人员参与“12355青春不烦恼”访谈节目5次。把握青少年心理，在“青春淮安”微信平台“阳光12355”专栏发布毒品预防知识，打造宣传教育新载体。利用“五四”、入队、入团等重要时机，宣传青少年相关法律法规，集中开展“青春自护·平安春节”“急救自护·与爱同行”“5·12”防灾减灾日宣传等教育专项活动，累计开展安全教育最后一课5500余堂，组织开展消防演练、地震避险、心肺复苏等培训活动180余次。

【重点青少年帮扶】 2016年，针对重点青少年群体的困难帮扶、就业辅导、心理干预、行为矫治等，淮安市通过前期征集动员，确定淮安市青年社会组织微公益项目50余个，包括淮安善行发展中心“爱心墙”“童年足迹印象淮安”、星缘助残家园“幸福来敲门”等。向市慈善总会、今世缘集团、人寿保险公司争取总计20万元的重点青少年群体专项经费。以团市委发布购买项目、青年社会组织承接举办的形式，全年组织重点青少年群体活动16次。8月，小城大爱志愿者协会开展为期5天的暑期夏令营活动，包括“走进恩来感恩母爱”“活力海洋游船江南”“爱心交警魅力消防”“古典清宴七彩龙宫”等城市体验内容。天明志愿者协会组织心理咨询师为留守女童讲解自我保护知识，邀请市武术家协会会员向留守女童教授基本防身技能，提升自护技巧。

【“百千万”留守儿童关爱】 2016年，淮安市整合各方资源，在全市确定100个留守儿童关爱阵地，开展1000场次活动，打造一支10000人的志愿者队伍，长效关爱帮扶全市留守儿童超过100000人次，为留守儿童提供服务时长近10万小时。在走访调研基础上，为全市留守儿童设计1000份“百千万”关爱行动礼包，礼包内容包括一张联系卡（印有团组织联系方式及权益维护小知识）、一本书、一份微心愿礼物等，个性化服务留守儿童需求。被《中国青年报》、人民网、中共江苏省委新闻网、中国江苏网等媒体报道。

【青联工作】 2016年，淮安市召开青联六届二次常委会，定向增补一线劳动者等人才，增补青联委员、常委、主席，并增补青联技能人才界别，组织开展青春大讲堂，提升青联委员综合素质。推荐1人参与并获评首届“江苏省十大新锐金融青年”，推荐3位优秀青年代表为省青联委员。召开市青联界别组长工作会议，下发《2016年淮安市青联工作实施方案》，推动青联界别主动开展活动。推动青联、团组织资源整合，建立界别组结对团市委部门工作制度，协同团市委部门组织开展符合本界别特点的活动，最大限度实现资源共享。与驻校蹲班活动相结合，组织开展青联委员校园行活动，走进江苏省淮阴中学、江苏省清江中学等，分享青春故事，激励学生向上向善。开展“春暖童心”公益活动，参与共青团品牌活动，动员青联委员参与希望工程圆梦行动，为贫困家庭学生提供帮助。

【学联工作】 2016年，淮安市召开市学联第四次代表大会，选举产生新一届主席团单位、委员单位，从制度设计、组织建设、干部队伍三方面对学联工作进行完善。加强“淮安学联”官方微信运维，关注人数近万人次，成为学校条线新媒体工作的有效载体。打造“1+100”（1名团干部联系100名青年）团聚青年学生骨干讲坛活动，开展青春故事分享、职业生涯规划交流等活动。 （唐　帆）

2016年10月，第五届苏台（淮安）青年菁英峰会暨第二届两岸菁英特训营举行　唐帆供图

淮安市妇女联合会

【妇联组织建设】 2016年1月，淮安市第七次妇女代表大会召开。会议选举产生市妇联第七届执委、常委和主席、副主席、兼职副主席，其中3名兼职副主席系市妇联领导班子中首次增设。拓展横向组织，指导建立市级机关妇联13个、企事业单位妇联6个、女性社会组织3个，引导女性社会组织承接服务项目25个，指导实施省级妇女儿童公益社工服务项目19个。改建基层组织，市妇联联合市委组织部、市民政局共同推进村（社区）妇联组织改建和女性进“两委”（村支部和村民自治委员会）工作，截至年底，全市所有村级妇联全部完成改建，村级妇联主席100%进“两委”。加强妇女干部培训，联合市委组织部在复旦大学举办“十三五”妇女儿童发展规划暨中青年女干部专题培训班1期，独立举办妇联干部培训班3期。

【妇女创业就业】 2016年，淮安市推进巾帼成长、巾帼创先、巾帼创优“三大行动”，引领城乡妇女投身“大众创业、万众创新”大潮。全年培训妇女5700人（次），其中有1620名农村妇女参加“网上行”免费培训，950名妇女获得现代女性网络技能初级证书。新命名1个国家级、20个省级、50个

2月24日，淮安市"学恩来家规 树清廉家风 创最美家庭"活动启动
李轶婧供图

市级巾帼示范基地。策应互联网经济发展，新建省级巾帼电商服务站6个，打造绿源辣椒、宏伟牧业、林帝食品等一大批种养加农产品品牌和"俪客厅""吴小琦工作室"等女性创业创新孵化服务平台。全年为529名妇女发放小额担保贷款5355万元，举办春风送岗专场招聘会11场次，帮助近万名妇女实现创业就业。开展巾帼创客明星"1+1"活动，聘请20名女企业家担任明星导师，开展"进校园、进社区、进农村"巡讲活动。

【妇女儿童实事】 2016年，淮安市累计为1316名单亲特困母亲发放补助金131.6万元，全市免费婚检率95.23%，位居全省前列。创新妇女"两癌"（乳腺癌、宫颈癌）救助途径，与中国人寿淮安分公司合作，在单亲特困母亲中开展"女性安康保障计划"，为1296名单亲特困母亲购买安康保险，保障范围从"两癌"拓展到"四癌"（乳腺癌、宫颈癌、卵巢癌、子宫癌）。承接中国儿基会"儿童快乐家园"和"守护童年·春蕾计划护蕾行动"项目，分别在涟水县6个留守儿童相对集中的乡镇、社区建立儿童快乐家园。实施"关爱贫困孤儿"慈善救助项目和爱德基金会E万公益行动，资助165名孤儿每人1000元，对全市6岁到大学二年级没有得到长期救助的事实贫困孤儿提供救助，新建7个音乐种子春蕾班、5个职教春蕾班、19个"爱心母婴室"。在盱眙县开展儿童家庭监护缺失社会干预试点，为351名家庭缺失儿童分别建档立卡，有针对性地开展物质保障、精神关爱等社会干预，探索标准化、规范化、科学化的干预流程和办法。

【妇女维权教育】 2016年，淮安市抓住《反家庭暴力法》出台契机，开展"平安知识进社区""三八"维权周等活动100余场，发放宣传资料1万余份，接受咨询3000余人（次）。创新"法律进家"形式，组织55名律师志愿者与妇女儿童之家结对，常态为妇女儿童提供精准法律服务。推进平安家庭创评活动，评选表彰市级先进个人11个、先进集体11个、示范村（社区）20个、示范户100个，接待各类来电来访430件，结案率99%。加强网络妇联建设，淮安妇联微信公众号在全国妇联设立的"地市级妇联微信公众号传播指数排行榜"上一直保持在50强之内。开展"凝聚她力量·共创文明城"巾帼志愿服务活动，整合"情暖夕阳红""免费红娘"等30个优秀志愿项目资源，常态为10万余名妇女儿童提供温暖服务。评选表彰10名市"三八"红旗手标兵、100名市"三八"红旗手、50个市"三八"红旗集体和100名最美女性。

【"学树创"活动】 2016年，淮安市以"学恩来家规·树清廉家风·创最美家庭"为主题，重点面向全市党员干部和县处级领导干部家属，开展"三警一线"警示教育，举办"最美家庭讲好家训"千场巡讲"六走进"（进机关、进学校、进企业、进军营、进社区、进家庭）活动，以好家风涵养好作风。全市涌现出全国文明家庭1户、五好文明家庭标兵户1户、五好文明家庭3户、最美家庭3户，省市文明家庭37户、最美家庭272户。全市各级妇联累计开展巡讲活动1842场次，覆盖2.3万名党员干部及县处级领导干部家属。创建全省首个家风研究基地和周恩来纪念馆清廉家风教育基地，打造情景剧《接过婆婆的班》、最美家庭工作室等文艺精品和工作载体。全国妇联借鉴淮安做法，在中直机关开展"树清廉家风·创最美家庭"活动。

2016年，淮安市开展"走家庭 访家规 话家风"活动 李轶婧供图

【女童保护】 2016年,淮安市将女童保护公益行动列入年度十件实事项目,由市妇联牵头,联合教育、公安、检察、法院、司法等多个部门,在全市开展女童保护宣传教育和司法援助,构建"政府主导、部门联动、社会参与"的女童保护工作格局。全年开展女童保护讲师培训110场次2000余人次,在249所小学开设5706节女童保护课程,发放女童保护手册12万册,有25万名小学生和18万名家长接受教育。推动公安、检察机关联合设立全省首个未成年人"一站式"询问中心——"暖阳之家",最大限度减少未成年被害人因多次询问带来的伤害,受到最高人民检察院肯定。市妇联被全国女童保护基金评为"最佳合作示范点",全国仅有4个单位获此荣誉。全国女童保护项目发起人孙雪梅评价:"女童保护淮安模式可以作为全国女童保护工作的样板。"(李轶婧)

淮安市科学技术协会

【概况】 2016年,淮安市科学技术协会开展重点科普活动100多项,学术交流80多次,评选自然科学优秀学术论文233篇,被中国科协海智办表彰为海智工作先进集体,被省科协表彰为综合工作优秀单位和先进单位、全国科普日活动优秀组织奖。编印4期《科技工作者意见与建议》,为市委市政府提供决策参考。建设淮安市科技思想库基地,收集100多名专家信息,80多个成果项目,助力淮安市智库建设。承办全省科协系统深化改革现场会。

【科技成果评选】 2016年,淮安市科协通过评选自然科学优秀学术论文、学会优秀科普项目、服务党委政府软课题、青年科技奖、淮海科技奖等活动,支持和激励科技工作者多出研究成果。全年评选5名省级优秀科技工作者,收到自然科学优秀学术论文800多篇,评选出一等奖15篇、二等奖64篇、三等奖154篇。评选优秀学会科普项目30个、自然科学软课题研究项目56个。

【服务学术交流】 2016年,淮安市科协建设数字科技馆、淮安会企合作平台、科技思想库基地等网上服务平台,具备信息发布、在线互动、科技辩论等多种功能。建设科技工作者活动中心,为科技社团举办科技大讲堂、学术会议、学术沙龙、学术论坛等学术交流活动提供场地和后勤服务。全年开展学术交流80多场次,科技工作者提供咨询服务100多人次,开展科技工作者站点调查5次,全面了解科技工作者工作、生活、学习等状况。

【服务创新驱动发展】 2016年,淮安市科协落实省科协与淮安市科技创新战略合作协议,向全省发布科技需求196个,邀请30多家省级学会、10多个高校科协到淮安签订服务项目96个,其中15个项目被省科协认定为协同创新示范基地、科技服务站和首席专家项目,帮助企业解决难题30多个。全年新增国外专利信息数据库应用92家,上报中国科协应用典型案例36个,被中国科协认定10个,在全省排名靠前。组织40多名企业科技人员参加省企业专利应用工程师培训班。

【海智工作】 2016年,淮安市科协发挥国家级海智淮安基地作用,组织海智活动7场,接待海外高层人才27人次,推介省海智大会和美国华人医药科学家协会等团体提供的海外最新技术项目320多项,在全市范围内征集当地技术难题需求86项向海外发布,寻求对接。完成签约项目12项,其中技术合作项目8项、引进人才合作项目4项。落地海智项目4项。

【学会能力提升】 2016年,淮安市科协出台《淮安市提升学会科技服务能力计划》,支持学会围绕市委市政府工农业等重点工作和特色产业开展自然科学软课题研究,支持医学会、物流学会、土建学会等有条件的学会承接政府转移职能10多项。医学会承接医疗事故司法鉴定,物流学会承接物流产业规划、港口发展研究、金融发展策略研究等政府工作,土建学会承接施工图纸、设计图纸审查等政府职能。打造10个综合示范学会,10个专业特色学会。推动医学会、康复医学会实现秘书长专职化和秘书处实体化。

【科普活动】 2016年,淮安市科协召开全民科学素质工作推进会和领导小组成员单位会议,出台全民科学素质行动计划纲要实施方案(2016—2020)。举办"全民科学素质杯"乒乓球比赛和系列科普知识大赛,推动全民科学素质工作常态化、长效化。承办第十届江苏省金钥匙·校园之间竞技活动;启动首届青少年网络科普知识大赛和质量与安全科普知识"一站到底"挑战赛;组织科普义诊进基层、驻淮高校科普场馆向社会开放、流动科技馆巡展、高端科普讲座和省百名科普专家服务团进社区、进校园等100多项主题活动。全市制作科普展板、黑板报7524块,更新科普橱窗406个,设立咨询服务台、科普宣传点528个,播放科教电影、科普录像142场次,接受咨询10万人次,发放资料46万份,举办各类科普讲座、专题报告会133场。

【科普示范创建】 2016年,淮安市淮安区城东街道关天培路社区等4个社区被评为省级科普示范社区。9个科技服务站获省科协认定,其中洪泽县俊源家庭农场科普惠农服务站、盱眙县满江红龙虾产业园有限公司科普惠农服务站被认定为省级优秀科普惠农服务站,分别获2万元资金奖励。全市有获省级表彰的农村专业技术协会1个、农村科普示范基地1个、农村科普带头人3个、科普示范社区1个,获国家级表彰的农村专业技术协会1个、农村科普示范基地1个、农村科普带头人1个、科普示范社区1个。

【科普信息化】 2016年,淮安市科协承接全国、全省试点安装科普云终端工作,全市实现305个城镇社区科普云终端大屏全覆盖,推动形成以新媒体和大众传媒等为主要渠道,适应信息社会发展需要的公众科技传播体系,向公众提供更加便捷的科普服务。打造"科普淮安"有线电视平台,设综合科普、科普达人、科普视频等多个版面,整合全市科普基地、青少年科技竞赛、科普视频等资源,搭建社会各领域科技工作者、创新实践者、新闻传播者共同参与的互动式科学传播交流平台。建设数字科技馆，采用数字技术将科学知识进行虚拟展现，内容涉及自然、人文、经济、科学等领域，并设有青稞沙龙、科技辩论线上线下互动竞赛等内容，月点击量突破5万次，是中国数字科技馆优秀二级子站，获奖励资金20万元。开通“科普淮安”微信公众号，定时定向发送科普知识短信，通过公众号和短信向社会公众投放1.5万条科普信息，内容涵盖饮食卫生、健康知识、前沿科技动态、最新发现等。

【青少年科普】 2016年，淮安市科协举办系列活动，推进青少年科普。评选“淮安市首届青少年科技创新市长奖”，全市24个中、小学以及职业高中、中专的82名青少年申报参评，最终评出5名市长奖人选、11名提名奖人选。组队参加省第27届青少年科技创新大赛，淮安市选手获得青少年科技创新成果一等奖1个、二等奖11个、三等奖19个，辅导员科技创新成果一等奖1个、二等奖4个、三等奖4个。举办淮安市首届青少年水利与气象科普知识大赛，经网上答题、团体预赛等环节，淮安市第一中学等12支中小学代表队参加团体决赛。评出市第11届青少年科技创新大赛优秀组织奖9个、优秀科技教师7名、优秀科技实践活动15项、科技辅导员优秀创新成果19项、青少年优秀创新成果和小论文147项、科学幻想画296幅。举办机器人与航模培训班，邀请省航协专家授课，市各中小学科技辅导员100余人参加；全市100多名科技教师参加机器人系列培训班，学习机器人闯关、机器人竞赛规则。组织青少年参加全国“明天小小科学家”选拔以及省第十六届青少年机器人、科技模型和金钥匙科技竞赛等活动；选送3名带队老师和30名优秀学生分赴北京、湖南与南京的三所高校免费参加青少年高校科学营活动。开展淮安市特色学校、优秀科技辅导员及市青少年科技创新标兵评选，10所学校、28名辅导员、29名学生分别被评为淮安市科学教育特色学校、中小学优秀科技辅导员和青少年科技创新标兵。

（市科协办公室）

淮安市社会科学界联合会

【社科联组织建设】 2016年，淮安市社科联完善组织建设，保证工作运行和推进。针对盱眙、涟水、洪泽、淮安等县区社科联和部分社科类协会存在有机构无人员的情况，市社科联以召开理事会为契机，与各县区、各部门领导联系对接，推动并强化县（区）社科联及市级社科类协会人员配备。2月下旬前，各县区相关职能部门人员全部到位。

【社科普及基地】 2月26日，淮安市召开市社科联四届三次理事会。会议总结回顾2015年全市社科工作，部署2016重点工作，并为吴承恩故居、盱眙县广电台、苏皖边区政府旧址纪念馆、八十二烈士陵园等4家省级社科普及基地授牌。

【社科类课题研究】 2016年，淮安市精推年度市社科类立项课题。鼓励高校教师结合学科优势，开展深度研究。约请市直相关领域重点职能部门领导和专家直接牵头或参与地方性课题研究。年内，市社科联征集选题273项，比上年增加89项，增幅33%。经专家评审，发布立项课题105项，资助经费18.5万元。组织2016年度“江苏省社科应用研究精品工程”课题申报，26项课题获立项，其中重点资助项目3项、一般资助项目10项，立项数和资助金额达新高。多方协作开展横向研究，分别与市妇联、团市委联合下发《关于征集2016年度男女平等理论研究课题的通知》《关于征集2016年度青少年理论研究课题的通知》，为相关部门开展纵深研究拓宽渠道。

【学术精品与决策建议】 2016年，淮安市开展第十三届哲学社会科学优秀成果评奖。收到申报成果615项，比上届增加75%，申报总数全省第一。评出一等奖18项、二等奖40项、三等奖90项。获奖成果在《淮安日报》面向全市公示。

【社科刊物出版】 2016年，淮安市社科联以《新视野》和《淮安社会科学》为阵地，推动学术话语与民族精神同向。全年出版《新视野》5期、《淮安社会科学》5期。

（朱鸿雁）

淮安市文学艺术界联合会

【文艺作品创作】 2016年，淮安市在省以上入展、获奖、发表、出版的文艺作品超过300件。1人获冰心散文奖，3人入展第十六届国际摄影艺术展，2人获第三十二届江苏电视奖优秀奖，1人获第四届东方工艺美术之都博览会暨江苏民间文艺“迎春花奖”，11人入选全国性美术类大展，6人入选全国性书法类大展，1人获江苏省首届京昆艺术节“京昆艺术紫金奖·表演奖”，2人获第五届长江杯文学评论奖三等奖，2人获江苏省少儿曲艺大赛一等奖，2人分别获得第22届江苏省摄影艺术展览艺术类银、铜奖牌，1人获第七届女性题材优秀电视作品表彰。

【文艺创新】 2016年，淮安市文联多措并举开展文艺创新。创设淮安市首届美术奖，并开展首届美术奖评选，10件美术作品受到表彰。扩大文艺创作签约范围，由过去的纯粹文学作品向其他艺术门类延伸，年内签约10件文学作品和10美术作品。其中，美术类作品创作签约是首次。

【文艺采风创作】 3~4月底，淮安市83位文艺工作者分三批赴井冈山革命圣地，开展以“纪念中国工农红军长征胜利80周年”为主题的文艺采风创作活动，创作歌颂长征胜利的文学、书法、美术、摄影等艺术作品600余件。

【文艺研究成果】 8月5日，淮安市文联举行作家季玉长篇小说《一叶知秋》和作家蒋廷朝长篇小说《从》作品创作研讨会。9月25日，朱乐天长篇小说《雪山天龙·五代柴荣大帝》首发式及研讨会在南京举行。9月24日，举行检察作家张建龙诗集《一片叶子熟了》研讨会。

【文艺作品展览】 1月16日，“大墨·情

2016年，淮安市举办“美好家园 情醉淮安”第三届江苏文化艺术节淮安广场演出　　市委宣传部供图

怀——中国当代学术名家邀请展”在淮安报业艺术馆开幕，展出19位国家级艺术家作品。4月12日，“水墨清韵——于先云摄影作品展”在淮安国际摄影馆开展。6月27日，“朵朵花儿向党开——淮安市庆祝建党95周年少儿书法美术展”在淮安报业艺术馆开幕。8月3日~9月10日，“知青——穿越时间的重量汤德胜摄影作品展”在郎静山国际摄影馆展出。9月15日，“纪念中国工农红军长征胜利80周年”广场文艺演出、书画摄影展、民间工艺展在市大运河广场举办3场联展。11月18~22日，2016首届“郎静山杯”中国新画意摄影双年展在淮安郎静山国际摄影馆举行。12月6日，淮安市首届美术作品展开幕式暨淮安美术奖颁奖仪式在市博物馆举行，为获市首届美术奖的10位美术家颁奖。12月，“丘壑有声——2016年淮安市山水画艺术研究会作品展”在淮安市博物馆举行。年内，还举办淮安本土艺术家个人展如柳正梅书法展、简庆福摄影展、周志龙画展、苏梅欧洲游学绘画艺术展等。

【文艺惠民】 2016年春节期间，淮安市文联开展多次“写春联送万福”活动，书写春联近2000副、“福”字1000多张。5月21日，开展以“深入生活、扎根人民”为主题的实践活动，省曲协“欢歌笑语——走进淮安曲艺专场演出”在市文化馆上演。3月18日、6月15日　和6月17日，“文艺大讲堂”在市行政中心开展三期课题，内容分别为《数码相机的原理及运用》《摄影构图的攻略》和“瀚海驰骋——古代碑帖简介（中）《张猛龙碑》临习”。6月26日，“情暖千家——纪念建党九十五周年淮安文艺家走进工农兵社区文艺演出”在清江浦中学开幕。7月26~29日，为庆祝中国人民解放军成立89周年，市文联组织书法、美术、音乐、戏曲、曲艺等门类的部分文艺家，赴安徽慰问南京军区73826部队、73822部队和73821部队3个基层单位，创作书画作品200余幅，举办文艺演出3场。9月15~17日，淮安市第四届“文艺惠民大舞台”活动在大运河文化广场举办，有书法、美术、摄影、民间工艺惠民展以及广场文艺演出等。年内，市文联连续第4年组织民间文艺家协会、戏剧家协会文艺志愿者走进淮安小学，每星期上课授艺，传授瓷雕、剪纸、泥塑等民间工艺和传统地方剧种。

【文艺讲坛】 4月12日，省文联主席、党组书记章剑华到淮安，做题为《传承与构建——文化建设的再认识再实践》的讲座。9月25日，市文联、市书法家协会在老年大学举办淮安市全国第八届书法新人展暨二届楷书展点评会。省书法院院长李啸做专题讲座，并进行现场作品点评指导。10月27日，市文联举办第十二期文艺家读书班，邀请专家以学习贯彻习近平总书记在文艺座谈会上的讲话精神和推动淮安文化建设迈上新台阶为主题，为全市150余位中青年文艺创作骨干授课。

【文艺交流】 8月30日~9月5日，台湾、淮安两地摄影家举行交流采风活动，为两地举办摄影展准备作品。国际摄影大师翁庭华等一行12人在淮安采风创作。12月21日，“淮安常州两地书法联展”在常州书画院美术馆举行，展出两地书画家书法篆刻作品120幅，并编印出版作品集。

领导人名录

（2016年1月1日~
2016年12月31日）

说明：名录中，涉及市委、市人大、市政府、市政协领导，市法院院长、市检察院检察长，淮安经济技术开发区党政正职，市纪委常委的，统计时间截至2017年8月31日；其他名录统计截至2016年12月31日。党委委员（党组成员）后面所列的人员，指仅任此一职务的同志，行政副职进党委（党组）的，没有重复列出。

中共淮安市委

书　　记　姚晓东
副 书 记　曲福田（2016年1月免）
　　　　　惠建林（2016年1月任，2017年3月免）
　　　　　练月琴（2017年2月免）

蔡丽新(2017年3月任)
张　彤(2017年5月任)
常　　委　姚晓东
蔡丽新(2017年3月任)
曲福田(2016年1月免)
惠建林(2016年1月任,2017年3月免)
练月琴(2017年2月免)
张亚青(2016年1月免)
葛　平(2016年9月免)
张　彤
戚寿余
肖本明(2016年9月免)
董　平(2016年5月免)
陈　涛
张正军
李晓雷(2016年9月任)
唐道伦(2016年9月任)
赵洪权(2016年9月任)
李　伟(2017年5月任)
李　森(2016年9月任)
周　毅(2017年7月任)
秘 书 长　肖本明(2016年9月免)
李　森(2016年9月任)
副秘书长　江　山　吴　苏　戴淮玲
董　跃　费香峰

淮安市人大常委会

主　　任　姚晓东
党组书记　陈洪玉(2017年2月免)
姚晓东(2017年2月任)
党组副书记
葛　平(2016年9月任)
陆长苏(2017年2月免)
刘　华(2016年1月任)
副 主 任　陈洪玉(2017年1月止)
陆长苏(2017年1月止)
葛　平(2017年1月任)
李　冰　刘　华
王海平(2017年7月免)
党组成员　肖本明(2016年9月任,2017年2月免)
许步健(2016年9月任)
肖进方(2016年7月任,2017年2月免)
应　群
秘 书 长　应　群
副秘书长　陈步公　葛恒展　孙洪斌
潘效民　左卫卫

淮安市人民政府

市　　长　惠建林(2016年1月任,2017年3月免)
蔡丽新(2017年3月任)
党组副书记　戚寿余
副 市 长　戚寿余
唐道伦(2016年9月免)
赵洪权(2016年9月免)
窦立夫(2016年9月免)
王红红
刘必权(2016年5月任)
顾　坤(2017年1月任)
肖进方(2017年1月任)
赵　权(2017年1月任)
李光云(挂职,2017年5月任)
吉子俊(2017年1月免)
王兴尧(2017年1月免)
宫文飞(2016年5月免)
党组成员
徐振喜(副市级)(2016年4月免)
李　森(2016年7月任、9月免)
周　毅(2016年9月任,2017年8月免)
徐利华
秘 书 长　徐利华
副秘书长　王立华　秦　浩
李　超(挂职)　李久银
王苏君　彭少卿
李金平

政协淮安市委员会

主　　席　王维凯
党组副书记
陈　贵(2016年1月免)
刘学军(2017年1月任)
副 主 席　陈　贵(2016年1月免)
朱毅民(2016年6月免)
朱友冬(2016年1月免)
程　刚
李玉峰(不驻会,2017年1月免)
范更生(不驻会)　刘学军
仲　波
孙晓阳(2016年1月任)
吉子俊(2017年1月任)
陶光辉(2017年1月任)
王莉莉(2017年1月任)
邱华康(2017年1月任)
党组成员　吴兆方
吉文海
秘 书 长　吉文海
副秘书长　姚顺忠　李庆林　李建明
刘一红　嵇　路

中共淮安市纪律检查委员会

书　　记　葛　平(2016年9月免)
李晓雷(2016年9月任)
副 书 记　范　青(2016年9月免)
陈　灼　王连权
叶　蓓(2016年9月任)
常　　委　葛　平(2016年9月免)
李晓雷(2016年9月任)
范　青(2016年9月免)
陈　灼　王连权　叶　蓓
陈旭东　陈孝红
陈继业(2016年3月免)
庄护林(2016年5月任,2017年6月免)
孙登涛(2016年5月任)
江　迈(2016年9月任)
王海洋(2016年6月任)

淮安市中级人民法院

院　　长　钱　斌
党组副书记　时恒支
副 院 长　时恒支　程　璇　潘昌锋
赵　文
纪检组长　张年松
机关党委书记　黄素晴
审委会专职委员　侍　刚　朱介进
政治部主任　韩　俊

淮安市中级人民法院执行局(准县级单位)

局　　长　郑　淮

淮安市人民检察院

检 察 长　成吉喜(2016年1月免)
肖天奉(2016年1月任)
党组副书记　李　军
副检察长　刘月进　张剑斌
王新阳
施　展
纪检组长　高　展
机关党委书记　葛　蕾
检委会专职委员　王　刚　吴建政
党组成员　赵春虎

政治部主任　张洪斌

淮安市人民检察院反贪污贿赂局（准县级单位）

局　　长　赵春虎

淮安市人民检察院反渎职侵权局（准县级单位）

局　　长　吴建政

中共淮安市委工作部门及直属单位

市委办公室

主　　任　江　山
副 主 任　郭士贵　谢善智　张庭勇
　　　　　曾业桃
机关党委书记　吴丛江
纪检组组长　吴一航

市委研究室

主　　任　江　山
副 主 任　吉文爱

市委督察室（准县级单位）

主　　任　梁同景

市接待办公室（准县级单位）

主　　任　戴淮玲

市委机要局（准县级单位）

局　　长　贾　明

市委保密委员会办公室（市国家保密工作局）（准县级单位）

主任（局长）　陆　军

市信访局

局　　长　骆四清
副 局 长　杨建华　卢东霞　周光萍
信访督查专员　梁　宏　杨海兵

市档案馆（局）

馆　长（局长）　金德海
副 馆 长（副局长）　王保山　史继军

市委组织部

部　　长　张　彤（2017年5月免）
　　　　　李　伟（2017年5月任）
副 部 长　魏宏庆　江泽清　李　松
　　　　　董国喜
部务委员　姜洪洋
机关党委书记　朱　钰
纪检组组长　于明星

市委企业工作委员会

书　　记　魏宏庆
副 书 记　马　雪

市委组织员办公室

主　　任　李　松
副 主 任　罗高阳

市委党建办

主　　任　董国喜
副 主 任　王　锐

市委督考办（准县级单位）

主　　任　缺

市委老干部局

局　　长　姜筱卉
副 局 长　刘　磊　顾　湘

市委宣传部

部　　长　陈　涛（2017年7月免）
　　　　　周　毅（2017年7月任）
副 部 长　金厚勋　杨恒忠
　　　　　赵志鹏　杨　静
部务委员　刘训杰
机关党委书记　张　莹
纪检组组长　赵　辉

市精神文明建设指导委员会办公室

主　　任　杨恒忠
副 主 任　王建国

市委讲师团

团　　长　缺

市委对外宣传领导小组办公室（市人民政府新闻办公室）

主　　任　金厚勋
副 主 任　孙清阳

市委统一战线工作部

部　　长　仲　波（2016年9月免）
　　　　　陈　涛（2016年9月任，2017年7月免）
　　　　　张　彤（2017年7月任）
副 部 长　许夕保　张玉和　王子政
　　　　　陶　忠
机关党委书记　李晓秀
纪检组组长　蒋长林

市委农村工作部

部　　长　严继林
副 部 长　胡岁年　杨玮业　徐礼球

市扶贫工作领导小组办公室

主　　任　严继林
副 主 任　谢永升　王文为

市委政法委员会（市综治办、市依法治市办）

书　　记　张亚青（2016年1月免）
　　　　　赵洪权（2016年9月任）
副 书 记　成吉喜（2016年1月免）
　　　　　钱　斌（2017年5月免）
　　　　　吴锦虎　章益雷
　　　　　王新阳（2016年7月免）
委　　员　钱　斌（2017年5月任）
　　　　　肖天奉（2017年5月任）
综治办主任　吴锦虎
综治办副主任　蒋书庭
政治部主任　刘宝虎
依法治市办专职副主任　李　新
市法学会专职副会长　范　彬

市机构编制委员会办公室

主　　任　张　锋
副 主 任　张家浩　陆　文　刘春梅

市委市级机关工作委员会

书　　记　陈　暄
副 书 记　李焕光　田益民　张安雷
　　　　　刘中山
纪工委书记　陈少波

市维护稳定工作领导小组办公室

主　　任　冯千林
副 主 任　张　滨

市经济发展软环境建设办公室

主　　任　陈旭东
副 主 任　熊志宁

市委台湾工作办公室（市人民政府台湾事务办公室）

主　　任　龚晓琴
副 主 任　徐宜祥　周　鑫　王　睿

市委党史工作办公室
主　　任　费香峰
副 主 任　马新文　张和生　闵兆良

市委党校
校　　长　练月琴（2017年3月免）
　　　　　张　彤（2017年6月任）
党委书记、常务副校长　沈在宏
党委副书记　张士高
副 校 长　石平洋　颜永志　耿庆彪
纪委书记　吉士忠
校务委员　史以功

市行政学院
院　　长　戚寿余

市社会主义学院
院　　长　王子政

淮安报业传媒集团（淮安日报社）
社　　长　王维国
总 编 辑　薛　涛
党委副书记　周　凌
副总编辑　王健全　陈晓平　梁宝华
　　　　　王欣欣
纪委书记　姚业林

淮海晚报社（准县级单位）
总 编 辑　张　林

淮海商报社（准县级单位）
总 编 辑　王欣欣

淮安市人大财经委及常委会办事机构

市人大财政经济委员会
主任委员　刘维林
副主任委员　魏　强　陈国庆

常委会预算工作委员会
主　　任　刘维林

常委会办公室
主　　任　陈步公
副 主 任　从家骅　孙　伟
机关党委书记　蔡桂宝

常委会研究室
主　　任　贾书成
副 主 任　王兆生

常委会人事代表联络工作委员会
主　　任　张有前
副 主 任　陈　剑

常委会内务司法工作委员会
主　　任　纪从德
副 主 任　范秋云　杨　翔

常委会教科文卫工作委员会
主　　任　程大军
副 主 任　江海军

常委会环境资源城乡建设委员会
主　　任　许正刚
副 主 任　李长青

常委会农业经济工作委员会
主　　任　张静洋
副 主 任　薛成实　张秀武

常委会民宗侨台（外事）工作委员会
主　　任　王　亚
副 主 任　李　谷

常委会法制工作委员会
主　　任　徐鹏羽
副 主 任　王军林

人大机关纪检组
组　　长　李明华

淮安市人民政府工作部门及直属机构

市人民政府办公室
党组书记　徐利华
党组副书记、主任　王苏君
副 主 任　郝道君　花　云　朱鹏程
　　　　　朱会武
纪检组长　俞金乐
机关党委书记　孙朝阳
党组成员　张　伟　张延峰　蒋继贵

市人民政府研究室
副 主 任　张　伟　张延峰

市应急管理办公室（市政府总值班室）（准县级单位）
主　　任　刘鹤春

市拥军优属拥政爱民工作领导小组办公室（准县级单位）
主　　任　宋德成

市市志编纂委员会办公室（准县级参照管理单位）
主　　任　周　平

市政府督查室
主　　任　任　军

市政务服务管理办公室（市公共资源交易监督管理办公室）
主　　任　张守美
党委副书记　周　曦
副 主 任　郭家刚　张青生　陈照新
　　　　　丁永祥
纪委书记　张建忠

市人力资源和社会保障局
局　　长　江泽清
副 局 长　徐承光　张　峰　张　岩
　　　　　王乃岩
纪委书记　徐大达
机关党委书记　周　焰
党委委员　陈树国

市人才服务中心（江苏省苏北毕业生人才市场）（准县级参照管理单位）
主　　任　陈朝晖

市劳动就业管理中心（准县级参照管理单位）
主　　任　翟传豹

市社会劳动保险基金管理中心（准县级参照管理单位）
主　　任　周晓波

市劳动保障监察支队（准县级参照管理单位）
支 队 长　王文龙
政　　委　周亚飞

市社会医疗保险基金管理中心（准县级事业单位）
主　　任　陈树国

市监察局
局　　长　范　青
副 局 长　朱爱华

市人民政府外事侨务办公室（市人民政府港澳事务办公室）
主　　任　张　灏
副 主 任　孙　醒　杨兴斌　方红艳
纪检组长　李明华

市旅游局
局　　长　朱永兴
副 局 长　鲁一伟　王贻文　席雨中
　　　　　周智如
纪检组长　魏延贵

市人民政府法制办公室
主　　任　王长根
副 主 任　王寅森　林建和　胡海洋
纪检组长　陈海峰

淮安仲裁委员会秘书处
秘 书 长　王长根
副秘书长　金　科
　　　　　王　睿

市机关事务管理局
局　　长　刘天培
副 局 长　钱　明　景冬平　郭冠中
　　　　　宋会超　王玉成
纪检组长　朱华丽
机关党委书记　蔡金花

市民族宗教事务局
局　　长　许夕保
副 局 长　韩　群　朱德章　孙建龙

市发展和改革委员会
主　　任　黄克清
副 主 任　曹曙春　高金宝　徐洪云
　　　　　李春林　陈建鹏（挂职）
纪检组长　王海亮
机关党委书记　赵联建
党组成员　王保和

市区域发展和经济合作办公室
主　　任　黄克清
副 主 任　徐洪云

市交通运输局
局　　长　徐效文
副 局 长　张义贵　朱从耀　夏文坚
　　　　　徐成东
纪委书记　王建华
机关党委书记　姜卫东
总工程师　许万根
党委委员　赵正刚　徐国林　王　耀

市国防动员委员会交通战备办公室
主　　任　徐效文
副 主 任　王　耀

市住房和城乡建设局（挂“市建筑工程管理局”牌子）
局　　长　王亦农
党委副书记　王守祥
副 局 长　侍淮生　黄富国　刘　白
　　　　　刘思岩
纪委书记　张亚刚
机关党委书记　耿良道
党委委员　张献生　李明卫
总工程师　陆　宾

市建筑工程管理局
局　　长　王亦农

市市政公用事业管理局（准县级单位）
局　　长　靳德勤

市园林管理局（准县级参照管理单位）
局　　长　李明卫

市规划局
副局长、党组副书记　万旭东
副 局 长　金兆成　孙邦宾　王　剑
纪检组长　王余江
总规划师　朱旭枫
机关党委书记　张津海

市规划管理监察支队（准县级参照管理单位）
支队长、政委　张孟玉

市城市管理局（市城市管理行政执法局）
局　　长　袁开锋
副 局 长　费月兵　崔　璨　周伟芬
纪检组长　陶光忠
机关党委书记　曹会建

市城市管理行政执法支队（准县级单位）
支队长、政委　胡文斌

市统计局
局　　长　沙　杰
副 局 长　严夕夏　谢　华　宋菊明
纪检组长　陶　陶
总统计师　姜耀武
机关党委书记　王　岭
党组成员　杨志刚

市物价局
局　　长　卞爱武
党组书记　张　华
副 局 长　苏简政　蒯　平　杨振龙
机关党委书记　张怀兵
纪检组长　张如中

市环境保护局
局　　长　周洪兵
副 局 长　陈晓湘　王　江　王成明
　　　　　朱　群
纪检组长　葛高德
机关党委书记　戚善功

环境监察局（支队）（准县级参照管理单位）
局长（支队长）　缺

市民防局（市人民防空办公室）
局长（主任）　陈兴红
副局长（副主任）　刘立硕　严发根
　　　　　　　　沈　潭
机关党委书记　赵永在
纪检组长　张文兵
党组成员　唐忠明

市经济和信息化委员会（挂“市乡镇企业局、市中小企业局、市盐务局、市口岸办公室”牌子）
主　　任　赵　权（2017年3月免）
副 主 任　王兆文　陈大龙　李永祥
　　　　　贾茂萱
纪检组长　严义明
机关党委书记　刘大浪
党组成员　王怀忠　王海东

市乡镇企业局
局　　长　赵　权（2017年3月免）
副 局 长　贾茂萱　王怀忠

市中小企业局
局　　长　赵　权（2017年3月免）
副 局 长　贾茂萱

市盐务局
局　　长　赵　权(2017年3月免)
副 局 长　陈小强

市口岸办公室
主　　任　赵　权(2017年3月免)

市技术改造办公室(准县级单位)
主　　任　秦道忠

市安全生产监督管理局
局　　长　崔　泉
副 局 长　刘洪九　李雪山　仲伟银
　　　　　徐永刚
纪检组长　张亚洲
机关党委书记　金淮芳

市安全生产监察支队(准县级参照管理单位)
支队长　范金成
政　委　顾广群

市财政局
局　　长　韩海平
副 局 长　张继祥　王明伦　魏宏亮
　　　　　薛乐飞
总会计师　杨　军
机关党委书记　宋安祥

市财政监督稽查局(准县级单位)
局　　长　王明伦

市财政局财政支付局(准县级参照管理单位)
局　　长　胡继军

市人民政府国有资产监督管理委员会
主　　任　俞士让
副 主 任　徐爱平　李玉龙　吴耀淮
纪检组长　黄　欧
市政府第一市属企业监事会主席
　　　　　殷之碧
市政府第二市属企业监事会主席
　　　　　马为民

市审计局
局　　长　贺宝祥
副 局 长　徐增道　冯长尧　蒋启波
　　　　　狄运中
纪检组长　贾洪军
总审计师　刘孝武

市商务局
局　　长　张冬来
副 局 长　倪建华　许志豪　王　凯
　　　　　毕丰书
机关党委书记　严　实
纪检组长　刘　旻
党组成员　江汉聪　丁　伟

市粮食局
局　　长　胡长青
副 局 长　高伏兵　郑贤明　张建中
　　　　　张新民
纪检组长　赵　进
机关党委书记　杨宝鹤

市供销合作总社
主　　任　王乃良
副 主 任　叶海军　化登荣　张天祥
监事会主任　匡明华
机关党委书记　陈　速
纪检组长　丁海涟

市农业委员会(挂"市林业局、市水产局"牌子)
主　　任　张进成
副 主 任　张希成　周伟丁　刘正柱
　　　　　王兴龙　江　蛟(挂职)
纪委书记　王学工
机关党委书记　耿　毅
党委委员　周必冬
总农艺师　周凤建

市林业局
局　　长　张进成
副 局 长　周必冬

市水产局
局　　长　张进成
副 局 长　周伟丁

市农业资源开发局(准县级单位)
局　　长　刘正柱

市农业机械管理局
局　　长　印亚琴
党委副书记　包志坚
副 局 长　李　锐　郭明文　邓安存
纪委书记　周　杰

市水利局(市水务局)
局　　长　尤其中
副 局 长　张　谊　庄德勤　王亚华
　　　　　熊安腾
纪委书记　王业平
总工程师　董朝升
机关党委书记　于立忠
党委委员　潘光杰

市水政执法支队(准县级参照管理单位)
政　委　刘生国

市文化广电新闻出版局(挂"市版权局、市文物局"牌子)
局　　长　张冲林
党委副书记　庄建禾
副 局 长　李　倩　徐　克　许长坡
　　　　　袁　来
纪委书记　于　革
机关党委书记　寿新浩

市版权局
局　　长　张冲林

市文物局
局　　长　张冲林
副 局 长　李　倩

市文化行政综合执法支队(准县级参照管理单位)
支队长　沈　军
政　委　孙　河

市教育局(市委教育工作委员会)
局　　长　张元贵
教育工委副书记　高　荣
副 局 长　谷玉红　程永清　薛祝其
　　　　　胡金浪
纪工委书记　叶晓峰
机关党委书记　徐　忠
教育工委委员　戴　铜

市人民政府教育督导室
主　　任　于建斌
副 主 任　戴　铜

市卫生和计划生育委员会
主　　任　孙邦贵
党委副书记　张其虎
副 主 任　俞伟男　于龙门　赵国强
纪委书记　过向宏
机关党委书记　吴云生

市卫生监督所（准县级参照管理单位）

所　　长　杨善文

市工商行政管理局

局　　长　蔡　莉

副 局 长　陆卫东　张　曦　郭文昌

　　　　　尤劲松　高进锋　杨兆权

纪检组长　陈玉波

市工商行政管理局经济技术开发区分局（准县级单位）

局　　长　骆　强

市质量技术监督局

局　　长　吕春雷

副 局 长　吴林昌　王　淮　王　松

　　　　　刘近祺　刘广波

纪检组长　赵建宏

市质量技术监督局经济技术开发区分局（准县级单位）

局　　长　蒋洪涛

市食品药品监督管理局（市食品安全委员会办公室）

局　　长　邱金义

副 局 长　葛于元　陈　玮　田卫东

　　　　　申如龙

机关党委书记　周德会

纪检组长　陈雪峰

食品药品安全总监　王立军

市食品安全委员会办公室

主　　任　邱金义

副 主 任　陈　玮

市体育局

局　　长　卞　玉

副 局 长　徐冲冲　时正洲　祁德霞

　　　　　丁　锴（挂职）　蒋兆红

纪检组长　朱金华

市科学技术局（市知识产权局）

局　　长　李太生

副 局 长　陈　静　单宏业　汪永源

机关党委书记　万孝平

纪检组长　王正行

市公安局

局　　长　宫文飞（2016年5月免）

　　　　　刘必权（2016年5月任）

党委副书记　初　晓

副 局 长　崔　健　杨　林　潘家新

　　　　　唐卫东　张　焱

机关党委书记　苏必伟

政治部主任　杨　林

警务督察室督察长

　　　　　宫文飞（2016年5月免）

　　　　　刘必权（2016年5月任）

党委委员　冯干林

纪委书记　祖兆国

市公安局指挥中心（准县级单位）

主　　任　鲍鹤兵

政　　委　尹　磊

市公安局交通警察支队（准县级单位）

支 队 长　尹志刚

政　　委　徐广波

市公安局治安警察支队（准县级单位）

支 队 长　郝　群

政　　委　颜志龙

市公安局刑事警察支队（挂“市公安局有组织犯罪侦查支队”牌子）（准县级单位）

支 队 长　戴海龙

市公安局经济犯罪侦查支队（准县级单位）

支 队 长　徐苏阳

市公安局水上警察支队（挂“市公安局水上分局”牌子）（准县级单位）

政　　委　李　洁

市公安局国内安全保卫支队（准县级单位）

政　　委　宋书良

市公安局技术侦察支队（准县级单位）

支 队 长　缺

政　　委　缺

市公安局巡特警支队（准县级单位）

支 队 长　王　彤

政　　委　顾　欣

市公安局网安支队（准县级单位）

政　　委　耿福夏

市人民警察培训学校（准县级单位）

校　　长　缺

政　　委　缺

市司法局

局　　长　邱华康

党组书记　陈继业

副 局 长　鲁正淮　张晓秀　黄兆海

　　　　　吴政霖

纪检组长　万大权

机关党委书记　周　利

市民政局

局　　长　邵　明

副 局 长　徐　鹏　薄鼎才　张洪海

　　　　　周为民　张　争

纪检组长　任　韬

机关党委书记　管曙东

市国土资源局

局　　长　韩文军

党委书记　陈海洋

副 局 长　高　鹏　籍荣生

机关党委书记　王俊超

党委委员、土地储备中心主任

　　　　　吴广儒

市地震局

局　　长　李正国

副 局 长　吕桂军　张　健　戴　明

纪检组长　林　平

市人民政府金融工作办公室（市企业上市工作办公室）

主　　任　吴振华

金融办副主任　高　山　钱　军

上市办副主任　姚文钧　徐子芹

周恩来纪念地管理局

局　　长　孙晓燕

党委副书记　仇庆国

副 局 长　陈　明　张凌云

纪委书记　周广峰

淮安经济技术开发区

党工委书记

　周　毅（2016年9月免）

　唐道伦（2016年9月任）

管委会主任
陶光辉（2016年7月免）
周　青（2016年7月任）
党工委副书记
陶光辉（2016年7月免）
周　青（2016年7月任）
管委会副主任　王立喜　徐业恕　刘晓录　王晓霖　张　明　陈启旭　曹玉山
党工委委员　何　栩

党政办公室（准县级单位）
主　　任　胡鸿章

组织部（挂“机关工委”牌子）（准县级单位）
部长（书记）　尹树文

经济发展局（安监局）（准县级单位）
局　　长　赵正洪

住房和城乡建设局（准县级单位）
局　　长　朱　兵

人力资源和社会保障局（准县级单位）
局　　长　李　阳

招商局（准县级单位）
局　　长　李长友

财政与国有资产管理局（准县级单位）
局　　长　刘晓松

社会事业局（准县级单位）
局　　长　成志飞

城市管理局（准县级单位）
局　　长　许才荣

政务服务管理办公室（挂“外商投资促进局”牌子）（准县级单位）
主　　任（局长）　王玲玲

淮安经济技术开发区综合保税区管理办公室
主　　任　刘晓录
党组副书记　成向东
副 主 任　赵　阳　丁　川　陈光锋

淮安经济技术开发区科教产业发展办公室
主　　任　刘中阳
副 主 任　王爱东　周正荣　刘建华　曾志鸿

淮安经济技术开发区留学人员创业园管理办公室
主　　任　徐业恕
副 主 任　解满启　刘　彬　张小中

淮安经济技术开发区空港产业发展办公室
主　　任　王晓霖
副 主 任　谢洪元　包成万　陈　刚

淮安经济技术开发区软件产业发展办公室
主　　任　张　明
副 主 任　郇习山　谢洪光　俞　虎

中共淮安市纪律检查委员会经济技术开发区工作委员会
书　　记　何　栩
副 书 记　郑　清　陈传奇

淮安市人大常委会经济技术开发区工作委员会
主　　任　冯大勇
副 主 任　孙大高　包　杰

淮安经济技术开发区人民法院
院　　长　薛　兵

淮安经济技术开发区人民检察院
检察长　徐蔚敏

市公安局淮安经济技术开发区分局（准县级单位）
局　　长　陈启旭
政　　委　杨宗文

淮安工业园区
党工委负责人　曹曙春
管委会主任　沈晓红
党工委副书记　沈晓红　陈玉庆
管委会副主任　顾登生　袁　泉　辜卫东　纪福连
纪工委书记　王兴国

淮安生态文化旅游区
党工委书记　周茂萱
管委会主任　方庆华
党工委副书记　方庆华　秦华明
管委会副主任　张大伟　张　涛　蒋　峰

江苏省苏淮高新技术开发产业区
党工委、管委会负责人　周守琴
党工委副书记　王道凯
管委会副主任　季玉祥
纪工委书记　刘苏豫

宁淮现代服务业集聚区
党工委书记　杨昌生（挂职）
管委会（筹）主任　杨昌生（挂职）
党工委副书记　陈建鹏（挂职）
管委会（筹）副主任　陈建鹏（挂职）　史卫东（挂职）　李向越（挂职）

政协淮安市委员会办事机构

办公室
主　　任　姚顺忠
副 主 任　马继峰　李　萍
机关党委书记　成　锦

研究室
主　　任　刘一红

经济科技和城乡建设委员会
主　　任　朱　洁
副 主 任　潘万林

港澳台侨委员会
主　　任　许　斌
副 主 任　徐春年

提案委员会
主　　任　曹新军
副 主 任　肖坤莲

文史资料委员会
主　　任　季祥猛
副 主 任　时洪兵

文卫体和人资环委员会
主　　任　杨　斌
副 主 任　张美华

学习宣传委员会
主　　任　席文武
副 主 任　于红琳

社会法制和民族宗教委员会
主　　任　张　谨
副 主 任　顾　晖　刘剑波

政协机关纪检组
组　　长　吉士忠

人民团体

市总工会
主　　席　张　彤（2017年6月免）
　　　　　李　伟（2017年6月任）
党组书记　金　珂
副 主 席　金　珂　倪晓玲　李士壮
　　　　　耿志浩　宋剑锋
机关党委书记　张修和

共青团淮安市委员会
书　　记　许根林
副 书 记　李义翠　朱书文

市妇女联合会
主　　席　顾晓芳
副 主 席　谢　谢　龚建新　祁素娟
妇儿工委办主任　陈　莉

市文学艺术界联合会
主　　席　张益民
副 主 席　潘华春　叶华洲　闫振国

市工商业联合会
主　　席　范更生
党组书记　张玉和
副 主 席　张玉和　马　彦　徐　震
　　　　　陶光华

市科学技术协会
主　　席　李顺英
副 主 席　夏善宏　张竹殿　王国芹
　　　　　朱从实

市哲学社会科学界联合会
主　　席　赵志鹏
副 主 席　沈春香

市归国华侨联合会
主　　席　周　翔

市残疾人联合会
理 事 长　万立贵
副理事长　朱仲彦　康宏文　刘亚明

中国国际贸易促进委员会淮安支会（中国国际商会淮安商会）
会　　长　江汉聪
副 会 长　丁　伟　刘　锋

市红十字会
会　　长　王红红
党组副书记、副会长（常务）　张月芹
副 会 长　严　阵　颜成陆
纪检组长　吴素琴

市台湾同胞联谊会（准县级单位）
会　　长　方小青

民主党派

中国国民党革命委员会淮安市委员会
主　　委　程　刚（不驻会）
副 主 委　孙　蔚（不驻会）
　　　　　王林高（不驻会）
　　　　　徐冲冲（不驻会）
　　　　　张家欣

中国民主同盟淮安市委员会
主　　委　周伟丁（不驻会）
副 主 委　王红红（不驻会）
　　　　　朱伊帆
　　　　　于永芳（不驻会）
　　　　　王应标（不驻会）

中国民主建国会淮安市委员会
主　　委　韩文军（不驻会）
副 主 委　张惠扬（不驻会）
　　　　　庞进亮
　　　　　李相前（不驻会）
　　　　　关中健（不驻会）

中国民主促进会淮安市委员会
主　　委　王莉莉
副 主 委　田　敏（不驻会）
　　　　　李晓薇（不驻会）
　　　　　张智勤
　　　　　李　萍（不驻会）

中国农工民主党淮安市委员会
主　　委　朱爱华（不驻会）
副 主 委　郑劲松（不驻会）
　　　　　俞伟男（不驻会）
　　　　　李佩忠（不驻会）
　　　　　孙　悦

九三学社淮安市委员会
主　　委　李　冰（不驻会）
副 主 委　吴昌新（不驻会）
　　　　　王　樱（不驻会）
　　　　　张德顺（不驻会）
　　　　　沈　冰

其他正处级以上事业单位

江苏省淮安技师学院
党委书记　张国兴
院　　长　徐海宁
党委副书记　徐海宁　杨宁淮
副 院 长　曹国平　刘云山　姜亚群
纪委书记　杨宁淮

恩来干部学院
副院长　朱　钰　郑　超

市高级职业技术学校
校　　长　黄少基
党委副书记　史爱民
副 校 长　冀益萍　季　诺　王学品
　　　　　林以猛
纪委书记　邰学位

淮安生物工程高等职业学校（江苏省淮阴农业学校）
校　　长　董　峰
党委副书记　张传明
副 校 长　孙　杰　周其林　赵守东
　　　　　禹立馨
纪委书记　王　坚

江苏省淮阴商业学校
校　　长　季　军　刘海弘
党委副书记　钱爱成
副 校 长　傅毓海　石国安　林　宁
纪委书记　顾芝梅

江苏省淮阴中学
校　　长　皇甫立同
党委副书记　孙　勤
副 校 长　朱留明　周长虹　蒋鼎宏
　　　　　万伯宏　俞光军
纪委书记　黄沛淮

江苏省清江中学
校　　长　陈　欣
党委副书记　时正洲
副 校 长　王应标　周建洋　王耀松
　　　　　乔中云
纪委书记　王仁山

市第一人民医院
院　　长　孙晓阳
党委副书记　石西洋
副 院 长　李玉峰　张建淮　陈小飞
　　　　　于　亮　徐克平　吉雅玲
　　　　　纪委书记　张汉中

市第二人民医院
院　　长　解满平
副 院 长　王建营　郑东辉　李　坚
　　　　　郑玉龙
纪委书记　徐继凡

市白马湖规划建设管理办公室
主　　任　徐亚平　顾祥悦
副 主 任　应　磊　刘书苏

市里运河文化长廊规划建设管理办公室
主　　任　蒋维林(2016年7月任)
副 主 任　蒋维林(2016年7月免)
　　　　　张献生

周恩来纪念馆
馆　　长　陈　明
副 馆 长　顾永丰　施春生　谭建华

江苏徐淮地区淮阴农业科学研究所(淮安市农业科学研究院)
所　　长(院长)　彭　杰
党委副书记　章安康
副所长(副院长)　王伟中　赵桂东
　　　　　　　　汪国莲
纪委书记　章安康

市城市建设指挥部办公室
主　　任　孙广辉
副 主 任　张宇松　吉　林

市住房公积金管理中心
主　　任　胡锦尧
副 主 任　张宪龙　赵云军　桑　棋
纪检组长　王烨晔

市铁路建设办公室
主　　任　许正刚　赵知春
副 主 任　徐国林　赵正刚
总工程师　丁天锐

市淮扬菜文化产业园管理委员会
主　　任　张　平
副 主 任　蒋士宽　谢建东
纪委书记　漆海涛

市重大项目管理办公室
主　　任　曹曙春
副 主 任　王保和

市广播电视台(市广播电视传媒集团)
台　　长　陆志群
党委副书记　陈志雪
副 台 长　姚　凯　黄　诚　王小雯
　　　　　章海军
纪委书记　王　祥

(市委组织部机关干部处、企业干部处、县区干部处)

县（区）概况

XIANQU GAIKUANG

（张振平　摄）

清江浦区

淮安区

淮阴区

洪泽区

涟水县

盱眙县

金湖县

清江浦区

【基本情况】 2016年7月7日，经国务院批准，江苏省人民政府决定：撤销淮安市清河区、清浦区，设立淮安市清江浦区。10月8日，清江浦区政府在市区淮海南路268号正式挂牌办公。新设立的清江浦区，以原清河区、清浦区的行政区域为其现行政区域，东与淮安区接壤，南与洪泽区毗连，西、北与淮阴区隔河相望。辖区总面积309.28平方公里，设4个乡镇，12个街道办事处，79个社区，51个行政村（含8个村居合一机构），2016年区境常住人口70万人，户籍总人口为559890人，人口自然增长率7.07‰。

清江浦区风景名胜主要分布在里运河沿线和古淮河南岸。全国重点文物保护单位有：世界文化遗产——中国大运河文化重要遗产点清江闸、清江古清真寺、清晏园、丰济仓遗址、清江浦楼，苏皖边区政府旧址纪念馆。省级文物保护单位有：周恩来童年读书处旧址、清江文庙、韩信城遗址。国家AAAA级景区有：淮安市博物馆、古淮河文化生态景区、里运河文化长廊清江浦景区。

【历史沿革】 公元前223年，秦灭楚，始设淮阴县，设治甘罗城（今淮阴区码头镇东北一里许）。隋至元代，淮阴县几度入山阳县（属淮安府）。南宋咸淳九年（1273），在淮阴故城北、泗水入淮口设置清河县，同属淮安府辖。清乾隆二十七年（1762），朝廷割山阳县临清江浦十余乡入清河县并移县治于清江浦。时，古淮阴之地亦均归其辖。民国2年（1913），废淮安府，清河县直属省辖。民国3年，清河县因与河北省清河县同名故复称淮阴县。民国34年9月，里运河两岸城区取清江浦简称设立清江市，直属苏皖边区政府管辖。民国37年12月，清江市与淮城市（今淮安市淮安区城区）合组成立两淮市，直属华中行政办事处领导。民国38年3月，两淮市撤销，原两淮市6个直属区合并为清江、城南、王营3个区归淮阴县管辖。1951年1月，中央政务院批准，淮阴县清江区改建为清江市，直属淮阴专员公署管辖。1958年8月，清江市与淮阴县合并成立县级淮阴市。1964年10月，市、县分置，各复原称。1983年3月，江苏省实行市管县体制改革，撤销淮阴地区行政公署，设立淮阴市，原清江市行政区域以里运河为界分设清河、清浦两个市辖区。2016年11月，清河区、清浦区合并成立清江浦区。

【地方经济】 2016年，清江浦区实现地区生产总值400.3亿元，按可比价格计算，同比增长8.8%。其中：第一产业实现增加值10.25亿元，同比增长1.8%，第二产业实现增加值94.27亿元，同比增长10.3％；第三产业实现增加值295.78亿元，同比增长8.6％。三次产业结构比例为2.6∶23.5∶73.9。人均地区生产总值112624元，按当年平均汇率折算为16956美元。年末全部内资企业1147户，注册资本134.54亿元；私营企业13050户，注册资本1283亿元；个体工商户55817户，注册资本45.24亿元。

农业 实现农林牧渔业总产值18.73亿元，增长4.6%。其中农业总产值14.9亿元，增长3.79%；林业总产值0.18亿元，增长4.35%；畜牧业总产值2.09亿元，增长10.75%；渔业总产值0.94亿元，增长3.50%；农林牧渔服务业产值0.63亿元，增长6.49%。全年粮食作物播种面积1.46万公顷，单产483公斤，总产量10.61万吨。蔬菜播种面积6540公顷，增长1.03%，年产蔬菜28.05万吨，增长0.14%。年末森林覆盖率24.54%。全年肉类总产量7866吨，下降4.34%。生猪出栏6.54万头，年末存栏量5.18万头；家禽出栏101.84万只，年末存栏量78.42万只。全年禽蛋总产量4641吨，下降12.8%。水产品总量4035吨，增长1.38％。全区农机总动力23.12万千瓦，增长4.15%；拖拉机拥有量9216台，其中大中型拖拉机611台，小型拖拉机8605台；年末联合收割机779台，插秧机保有量571台。

投入3200万元实施盐河镇、黄码乡、和平镇农村饮水安全工程，解决5.46万人饮水不安全问题，农村自来水普及率100%。投入460万元实施唐桥、谢碾等7个行政村的村庄河塘疏浚整治，疏浚土方42.14万立方米。投入2200万元，实施顺河洞节水改造项目，完成村级渠道3条，总长度16.4千米，拆建首闸3座、支渠渠首闸12座。投入1600余万元完成主城区文渠河疏浚整治，以及内城河、外城河、圩河沿线疏浚及高家巷泵站综合改造。投入240万元实施10座农村危桥改造。总投资8500万元，实施杨庙泵站更新改造工程。投入500万元完成二河7.8公里的堤防护砌和沿线3座取水建筑物加固、拆建工作。完成6个省级节水型载体、2个市级节水型载体创建工作。

工业 建筑业 全区规模以上工业总产值实现405.4亿元，增长12%。其中，外商及港澳台投资企业工业产值62.08亿元，增长15.0%；私营工业产值211.65亿元，增长12.3%。在规模以上工业中，实现产品销售产值403.92亿元，增长13.4%，工业产品销售率为99.6%。全年实现工业新产品产值1.89亿元，比上年下降31.4%。全年规模以上工业实现主营业务收入378.97亿元，比上年增长12.0%；完成利税总额47.97亿元，增长15.5%；完成利润总额33.93亿元，增长19.7%。

实现建筑业增加值24.55亿元，按照可比价计算，比上年增长2.3%。房屋建筑施工面积1185.9万平方米，下降7.3%，其中新开工面积382.1万平方米，下降41.7%。资质以上建筑业企业完成总产值257.6亿元，增幅9.3%；竣工产值190.6亿元，下降6.3%。

固定资产投资 全区有列统投资项目402个，累计完成规模以上固定资产投资376.05亿元，增长19.2%；在全部列统投资中，列入城镇固定资产投资项目336个，完成投资286.75亿元，增长20.1%，其中110个工业项目，完成投资125.28亿元；在全部列统投资中，列入房地产开发投资的企业66户，完成投资89.30亿元，增长9.6%。商品房施工面积640.83万平方米，增长8%；实现商品房销售面积192.12万平方米，增长15.7%；实现商品房销售额111.3亿元，增长7.8%。

国内贸易　全年实现社会消费品零售总额285.87亿元，比上年增长11.6 %，按行业类别划分：批发和零售业实现零售额269.17 亿元，增长11.8%；住宿餐饮业实现零售额16.7亿元，增长2.3%；按规模划分：限额以上企业实现零售额177.24亿元，增长11.2%；限额以下单位实现零售额108.63亿元，增长12.3 %。

全区有列统贸易企业333户，年末营业面积554019平方米，年末从业人数14432人，其中：批发零售业共实现营业收入381.16亿元，住宿餐饮业实现营业收入24.32亿元，限额以上住宿餐饮业单位拥有客房数2642间、床位数4302张、餐位数20492个。全年实现服务业增加值295.78亿元，占地区生产总值73.9%；现代服务业增加值占地区生产总值36%。实现服务业税收（不含房地产）26.65亿元。全年新增规模以上服务业企业29个，服务业规模以上企业总数位居全市首位。

财政　全年实现财政总收入60.77亿元，比上年同期下降14.8%，公共财政预算收入50.08亿元，比上年同期下降21.86%，其中税收收入34.84亿元，比上年同期下降32.5%，非税收入15.24亿元，比上年同期增长22.5%。全年实现公共财政预算支出44.16亿元，比上年同期下降23.2%，其中一般公共服务支出4.45亿元，比上年同期下降7.2%。

【社会事业】 科技　2016年，清江浦区研发投入5.86亿元，占地区生产总值的1.5%，高新技术产业产值124.92亿元，占规模工业产值的31.6%，列统企业研发机构建有率90%。新增省高新技术企业1家、省高新技术产品3项、市高新技术企业5家、市高新技术产品3项。清城创意谷获批淮安市首家国家级众创空间，江苏顺泰包装印刷科技有限公司、淮安新奥燃气发展有限公司获批省级企业技术中心，淮安市华测检测技术有限公司“淮安市环境检测工程技术研究中心”、淮安市菲力特电子有限公司“淮安市薄膜电容工程技术研究中心”获批市级工程技术研究中心。全年完成专利申请2134件（其中申请发明专利312件），获得专利授权1122件，申请PCT专利4件，万人拥有有效发明专利4.41件。全区有各类专业技术人员2.1万人，其中高技能人才7806人，中级以上职称（兑资人员）为2349人。

文化卫生　建成18个基层综合文化服务中心和10个24小时自助图书驿站；完成图书总分馆一卡通改造工程；举办公益性文艺演出活动240场次、展览20场次，送电影363场次；有9件作品获省级以上奖项；淮扬情大舞台、恒大影院、横店影城等一批功能性文化项目相继营业；老舍茶馆、苏盐生活家、大猫音乐餐厅等一批创意餐饮业项目落户清江浦1415街区。开展“扫黄打非”和文化市场各类专项整治行动，共监督检查文化经营单位1800多次，立案查处各类违法案件42件，核发行政许可申请事项95件。清浦街道成为全市唯一的省“扫黄打非”进基层工作观摩点。

全区医疗卫生机构总数242个。其中，医院25个、基层医疗卫生机构215个、专业公共卫生机构3个。医院中，公立医院6个，民营医院18个。医院按等级分：三级医院6个（其中：三级甲等医院6个），一级医院18个。医院按床位数分：100张床位以下医院16个，100–199张床位医院1个，200–499张床位医院3个，500–799张床位医院2个，800张及以上床位医院2个。基层医疗卫生机构中，社区卫生服务中心（站）49个，乡镇卫生院4个，诊所和医务室91个，村卫生室42个。政府办基层医疗卫生机构12个。全区卫生技术人员2510人，其中：执业医师166人、执业助理医师598人，注册护师、护士1746人。农村孕产妇住院分娩补助1389人，任务完成率115.75%；全区5岁以下儿童死亡率2.97‰，婴儿死亡率2.16‰。

环境保护　全年化学需氧量、氨氮、总磷、总氮四项污染物排放削减率均为2.4%，完成达标；全年PM2.5平均浓度53.5微克/立方米，相比2013年数据下降32.1%；水功能区水质达标率100%。生态红线区域调整方案通过省环保厅审核，比重为13%。完成12台锅炉整治及1家挥发性有机物产生企业综合整治。

人民生活　全区参加企业养老保险103869人，参加居民养老保险41488人，覆盖率分别为98%、99.6%；参加失业保险46324人，覆盖率98%；参加城镇居民医疗保险 216100人，参加城镇职工医疗保

国师塔和清江浦楼遥相呼应　　李宇舟　摄

险59317人，覆盖率分别为99.8%、96.9%。事业人员参保人数2657人，事业退休人员月平均工资5129元，全区城乡居民基础养老金每人每月115元，企业职工退休人员月平均工资1840元。

全区城乡低保统筹持续同标，2016年7月起，城乡低保标准分别提高至520元/人/月和400元/人/月，截至12月底，有城乡低保2358户4519人，累计发放城乡低保金1775万元。2016年，全区救助困难家庭1882人次，累计发放救助金243万元；救助城乡无固定收入重残人员3616人，累计发放救助金1185.52万元；医疗救助5284人次，救助金额610.36万元；有1427人次接受慈善救助，救助金额179.1万元。继续开展"关爱老人"活动，全面开展困难群众帮扶慰问活动，仅春节期间，全区慰问困难群体和优抚对象12210户，发放慰问款物460.76万元。加强养老基础设施建设，截至2016年底，全区有民办养老机构25家，总计养老床位2892张，每千名老人拥有机构养老床位数32张。建成"城市居家养老服务中心"76家，覆盖率100%。发放尊老金973.7万元，开展各类老年人文体活动上千场次。

实现全体居民人均可支配收入34838元，增长7.7%，其中：城镇居民人均可支配收入36543.8元，增长7.3%；农村居民人均可支配收入17760.2元，增长8.1%。实现城镇居民人均消费支出19170.7元，农村居民人均消费支出13531.7元。人均住房建筑面积46平方米，其中：城镇人均住房建筑面积42平方米；农村人均住房建筑面积68平方米。

【清江浦区成立】 参见《特载·清江浦区 洪泽区成立》

【江苏淮安清河经济开发区获批筹建】 2016年6月，省政府下文同意筹建江苏淮安清河经济开发区（原清河新区）。批复明确，江苏淮安清河经济开发区实行现行的省级经济开发区政策，要按照"布局集中、土地集约、产业集聚"的总体要求，完善投资环境，加快开放开发，提高创新能力，更好地发挥示范、辐射和带动作用。批复强调，江苏淮安清河经济开发区要严格实施土地利用总体规划和城市总体规划，按照规定程序履行具体用地报批手续；严格依法供地，坚持以产业用地标准，合理、集约、高效利用土地资源。清河新区创建过程中坚持创新发展、绿色发展、开放发展，先后获批"省级工业化、信息化融合示范区""省级生态工业园区""江苏省科技创业园""省级动漫创意科技产业园""省级文化产业园"，连续6年创成"省土地执法模范区"。清河新区基础设施完备，项目建设具备一定规模，重点围绕软件创意、光伏光电、食品加工等主导产业，加速项目引进，相继建成投产百隆色纺、澳洋顺昌、金格润科技、贝林科工贸等一批亿元以上工业重大项目。落户企业408家，累计实现注册外资实际到账超过10亿美元。

·街道乡镇·

【城南街道】 1958年3月由太平、韩城两乡合并而成（属清江市），同年秋撤销。1964年复设并改称城南人民公社（属淮阴县）。1972年11月由淮阴县划入，1983年改城南人民公社为城南乡（属清浦区）。

2016年5月26日，江苏省政府同意撤销清浦区城南乡，以原城南乡行政区域设立清浦区城南街道，街道办事处驻柯山路8号。城南街道位于大运河南岸，紧邻淮安市高教园区和江苏淮安工业园，为清浦区政府所在地，东邻淮安市高教园区，南与盐河镇接壤，北隔大运河与清浦街道相望，面积27平方公里，常驻人口3.2万人，下辖城南、柴米、先锋、新闸、关城、福田庵、韩城7个行政村。

【清浦街道】 1983年10月，清浦区增设清安乡，划原清江市郊区人民公社在清浦区境的各行政村归其辖。2001年10月，清安乡改建为清安街道。2016年11月，根据淮安市政府淮政复〔2016〕55号批复，清安街道更名为清浦街道。清浦街道位于淮安市城区东南部，东接生态新城，西至北京南路，北起解放路，南临大运河。北京南路、淮海南路、承德南路、天津路、通浦路穿境而过，解放路、延安路、前进路及清安路横贯东西，辖区总面积11.2平方公里，下辖清安、东风、蔬菜3个行政村（同时挂社区牌子）和南港、四季青、富春花园、淮三路、淮海南路、大桥、港口、运河新村、东风花园、新新家园、天津路、日月星辰12个社区，总人口13.7万人，常住人口79132人。2016年，清浦街道实现一般公共财政预算收入26983.03万元，税收收入31713.74万元。

【浦楼街道】 浦楼街道组建于1984年6月。东至长青路、电厂河，西至大运河与里运河西交叉口，南至大运河，北至里运河，面积4.7平方公里，常住人口约3.2万人，设运河、城西、大庆、化工新村、化工二村、延安路、洪门、浦楼8个社区居委会。中烟公司淮阴卷烟厂、中石化清江石油化工公司、淮阴发电有限责任公司、安邦电化公司、中海华邦公司（原华尔润）、科圣化工机械有限公司、沙钢集团淮钢焦化分厂等大企业均驻扎该街道。2016年，浦楼街道实际完成财税收入2330万元。

【闸口街道】 1981年改闸口人民公社为闸口街道，辖区东起清隆桥，北临里运河，西至淮海南路，南至解放东路，总面积约5.3平方公里。辖东门、博古、环城、花街、城东、石桥、南园、宝塔桥、城河、浦东10个社区居委会，辖区内有省、市、区属单位21家，中小学校5所，辖区总人口6万余人。

【长东街道】 1954年10月设立长东镇，1956年9月改为街道办事处，1958年9月撤销。1962年起，属新成立的城北人民公社（20世纪80年代后改称街道办事处）。1984年，城北街道划一为三，"长东街道"为其之一。长东街道北至淮海东路，南至里运河北岸，东至翔宇大道，西至淮海北路，面积约3平方公里，常驻人口2万余人。下设兴隆、三门、越河、清淮路、工农兵5个社区居委会。

【长西街道】 1954年，永宁镇与铜元镇合并为长西镇,1956年9月改为街道办事处,1958年9月撤销。1962年起,属新成立的城北人民公社(20世纪80年代后改称街道办事处)。1984年,城北街道划一为三,"长西街道"为其之一。长西街道东起淮海北路,西至北京北路,南临里运河,北至淮海西路,面积约2.88平方公里,常住人口3.79万人。辖区内有73821部队、淮安市青少年宫、淮海路小学、周恩来童年读书处、市海事局、联勤部干休所等76个驻区单位。街道下辖人民路、上海路、长西、引河、河堤路5个社区。

【淮海街道】 1984年,清河区城北街道划一为三,始设淮海街道。淮海街道位于淮安市的中心城区域,是全市的政治、经济、文化和商贸中心。行政区域东起沈阳路与万达广场金融中心相邻,西到城区主干道淮海北路,南至商业集中区淮海东路,北临古黄河自然风光带。辖区设交通、新村、健康路、黄河南、向阳、立新、车站、北新村等8个社区,面积约4.73平方公里,常住人口28554户,73504人,辖区单位1530家,其中机关企事业单位17个,非公有制经济组织116个,新社会组织5个,个体商业网点1396家。

【府前街道】 1989年,清河区析长西街道设立北京路街道。辖有京南、京北、西园、北京北路4个居委会。2010年6月,划淮海街道淮西、工农路两个居委会和繁荣村入北京路街道并同时更名为府前街道。至2016年末,街道辖京南、京北、西园、北京北路、淮西、工农路6个居民委员会和繁荣村(繁荣居委会),分设147个居民小组,31个村民小组;辖区面积为4.5平方公里,常住人口6.2万人;在管辖范围内成规模的市场有6家——分别是乐园步行街、五金市场、布匹市场、工农路食品城、淮海路菜场和丰登路市场。2016年,完成一般预算收入3927.28万元。其中,二产完成764.58万元,同比增长47.06%,所包含的企业有191户;三产完成3162.7万元,同比增长21.28%,所包含的企业有1867户。辖区有企业、个体工商户13000余户,纳税企业2100多户。

【清江街道】 清江街道因辖区范围主要是原清江市主城区而得名。1983年前,称清江人民公社。辖区范围东至淮海南路,南至解放西路,西到北京北路,北至里运河,面积1.95平方公里。下设北门、人民、施家桥、公园、城南、西门、南门、洪门和浦楼9个社区,有居民14878户,人口4.43万人。

【柳树湾街道】 柳树湾街道位于清江浦区西北部,东至淮海北路—健康西路—北京路,西、北至古黄河和西安路,南至里运河。辖区总面积7.4平方公里,人口7.1万人,辖富强、西郊、西安路3个村居合一的社区以及朝阳、城西、富丽花园3个纯社区。

2016年,柳树湾街道实现规模工业产值18亿元,同比增长25%,实现利税1.29万元,同比增长23.1%。全年实现财税收入3.15亿元。

【清河街道】 清河街道办事处成立于2004年3月,至2016年历经三次更名。成立初期为清河区京沪路办事处;2010年8月更名为清河区白鹭湖街道办事处;清河区、清浦区两区合并为清江浦区以后,2016年11月25日经淮安市人民政府批复更名为淮安市清江浦区清河街道办事处。清河街道地处清江浦区东北角。东至贵阳路,西至宁连路,南至深圳东路,北至古黄河;分别与市经济技术开发区、淮阴区接壤;辖区面积8.62平方千米,有居民9767户,常住人口23865人,流动人口2017人;设清新花苑、清隆家园两个社区和老坝、三坝、团汪3个行政村及一个场圃。

【水渡口街道】 水渡口街道属城郊结合型,地处清江浦区东北部,东至宁连路与清河街道接壤,西至翔宇大道与淮海街道相连,南至珠海路—丰收河—深圳路与市经济技术开发区毗邻,北至古淮河与淮阴区相望,是淮安市委、市政府建设淮安特大城市规划的中心区域。下辖东方丽景、杭州路、合肥路、沈阳路、东郊村、洪福村、新建村、果园村8个村(居)。辖区土地面积约6平方公里,居民8200多户,常驻人口30000多人。

【武墩镇】 武墩镇位于二河(淮沭河)东岸,东与盐河镇、黄码乡接壤,南与和平镇毗邻,西枕淮沭河,北与城南街道交界,淮宁高速、宁连一级公路、徐淮盐高速公路穿境而过。区域面积36平方公里,下辖王庄、普墩、武墩、三闸、唐庄、严集、王桥7个行政村,94个村民小组,4760户居民,总人口2.3万人(其中常住人口2.01万人)。武墩镇陆地面积2800公顷,用于农作物生长的面积1286.67公顷,主要种植小麦、水稻。全镇有水面600公顷,绝大部分用于养鱼,少数开展泥鳅、龙虾等特色养殖。

【盐河镇】 盐河镇因古盐河从镇域流过而得名。地处清江浦区南郊,东临京杭大运河,南到淮河入海水道,西与武墩镇接壤,北与黄码乡相邻,淮金路(淮海南路)、宁连高速、宿淮盐高速临镇而过,交通便捷。辖杨庙、甘露、盐河、大李、王元、谢碾6个行政村和1个居民委员会,106个村民小组,全镇地域面积32平方公里。总人口2.3万人。

【和平镇】 和平镇地处清江浦区西南部,西靠淮述新河与淮阴区陈集镇隔河相望,北与武墩镇相连,东与盐河镇接壤,南临苏北灌溉总渠和淮河入海水道与洪泽区黄集乡搭界。全镇面积72平方公里,其中耕地3466.67公顷。下辖秦墩、大黄、崔葛、唐桥、后左、齐湖、和平、范庄、电站、越闸10个村,1个良种场,173个村民小组,总人口7500余户,3.37万人,镇区常住人口1.2万人。2016年,和平镇实现地区生产总值21.18亿元,公共财政收入8200万元。

【黄码乡】 黄码乡于1983年建立,乡域面积31.5平方公里,下辖运西、吴圩、周陈、三乐、邱庄、黄码6个行政村、101个组、4137户、2.1万人。工业以盐卤产业和纺织品加工类为主,拥有各类企业237家,其中列统企业11家。2016年,地区生产总值11.36亿元,其中第一产业20718万元、第二产业79270万元、第三产业13629万元。全乡小麦面积920公顷，红椒交易市场3000平米，新拓展蔬菜大棚80公顷，新培育市级示范合作社1个，新增家庭农场8个。成功签约重点项目3个，分别为南京外国语学校项目、食品加工项目和总投资10.5亿元的井神股份盐卤产业升级技改项目，其中南京外国语学校项目、井神股份盐卤产业升级技改项目实现开工。

（章树林）

清江浦区领导干部名录

（2016年1月1日~12月31日）

清江浦区委

书　记　仲凤笔（2016年9月任）
副书记　张　笑（2016年9月任）
　　　　王　娟（女，2016年9月任）
常　委　仲凤笔（2016年9月任）
　　　　张　笑（2016年9月任）
　　　　王　娟（女，2016年9月任）
　　　　杨冬梅（女，2016年9月任）
　　　　马乃骏（2016年9月任）
　　　　李海波（2016年9月任）
　　　　刘玉春（2016年9月任）
　　　　蒋风云（2016年9月任）
　　　　邓爱华（女，2016年9月任）
　　　　陶效春（2016年9月任）
　　　　单　波（2016年9月任）

清江浦区人大筹备组

组　长　史卫东（2016年9月任）
副组长　徐乃明（2016年9月任）
　　　　卢正苏（2016年9月任）
　　　　朱从越（2016年9月任）
　　　　高寿江（2016年9月任）
　　　　赵正府（2016年9月任）

清江浦区政府筹备组

组　长　张　笑（2016年9月任）
副组长　马乃骏（2016年9月任）
　　　　吴洪刚（2016年9月任）
　　　　戴向峰（2016年9月任）
　　　　汪　冲（2016年9月任）
　　　　朱卫东（援疆，2016年9月任）
　　　　谢华山（2016年9月任）
　　　　薛　莉（女，2016年9月任）
　　　　张红梅（女，2016年9月任）

清江浦区政协筹备组

组　长　梁学文（2016年9月任）
副组长　伍光云（2016年9月任）
　　　　王应标（2016年9月任）
　　　　尹希海（2016年9月任）
　　　　薛　睿（女，2016年9月任）
　　　　杨长万（2016年9月任）
　　　　张增元（2016年9月任）

清江浦区纪委

书　记　杨冬梅（女，2016年9月任）

清江浦区人民法院筹备组

组　长　颜　赤（女，2016年9月任）

清江浦区人民检察院筹备组

组　长　刘月进（2016年9月任，2016年12月止）
副组长　赵春虎（2016年9月任，2016年11月止）
　　　　黄国梁（2016年9月任）

（市委组织部县区干部处）

淮安区

【基本情况】 淮安区位于淮安市区东南部。南朝齐永明七年（489）设淮安县，1988年建立县级淮安市，2001年撤市设淮安市楚州区，2012年更名为淮安市淮安区。境内有青莲岗文化遗址、古邗沟末口遗址、总督漕运部院遗址、淮安府署、镇淮楼、文通塔、周恩来故居及纪念馆、吴承恩故居、漕运博物馆、美猴王世家艺术馆等旅游景点，有淮扬名菜文楼蟹黄汤包、平桥豆腐、钦工肉圆、软兜长鱼、朱桥烩甲鱼、开洋蒲菜等。地方特产有麻油茶馓、老卤大头菜、天妃宫蒲菜、顺河百叶等。2016年，全区总面积1452平方公里。辖20个镇、4个乡、3个街道，308个村、46个社区。年末户籍总人口118.45万人。淮安区是“中国民间文化艺术之乡”“中华诗词之乡”“中国杂技之乡”。

【地方经济】 2016年，淮安区实现地区生产总值448.61亿元，比上年增长9.9%。其中，第一产业增加值64.43亿元，增长2.4%；第二产业增加值172.62亿元，增长10.0%；第三产业增加值211.56亿元，增长12.3%。人均地区生产总值45408元。三次产业比由上年的15.0∶39.6∶45.4调整为14.4∶38.5∶47.1。服务业增加值比重提升1.7个百分点。全区私营企业10256户，当年新增2504户；注册资本417.43亿元，当年新增68.71亿元；个体工商户35567户，当年新增4943户。年末城镇化率51.63%，比上年提高1.73个百分点。

农业　全区粮食总产量90.60万吨，较上年减少1.94万吨，下降2.1%。其中夏粮34.05万吨，下降3.8%；秋粮56.55万吨，下降1.0%。全年粮食播种面积12.73万公顷，较上年增加173.33公顷。油料面积2880公顷，减少100公顷。蔬菜面积9.29万公顷，增加53.33公顷。全年猪牛羊禽肉产量4.74万吨，下降0.8%；禽蛋总产量2.16万吨，增长1.4%；牛奶总产量0.17万吨，增长6%；水产品总产量5.66万吨，下降5.4%。累计投入近亿元，新增农业园区面积1200公顷，创建省级畜禽标准化生态健康养殖基地5个。全年流转规模土地5466.67公顷，新增省市示范家庭农场、农民合作社各23个，创成全国农机合作示范社1个，累计发放农机购置补贴2360万元。全区有效灌溉面积7.52万公顷，新增有效灌溉面积1460公顷，节水灌溉面积4.57万公顷；设施农业面积2080公顷。年末农业机械总动力100.63万千瓦，比上年增长1.8%。

工业　建筑业　全年规模以上工业实现总产值882.07亿元，同比增长13.6%。其中轻工业增长13.8%、重工业增长13%。全年规模以上工业实现增加值181.32亿元，比上年增长10.8%。全年推进零地技改项目18个，置换低质效企业6户，新增规模以上工业企业35户、开票销售超亿元企业4户。全社会用电量21.59亿千瓦时，同比增长13.8%；其中工业用电量12.09亿千瓦时，同比增长10.2%。江苏井神盐化股份有限公司入选省自主工业品牌50强，江苏仁寿药业有限公司创成省博士后创新实践基地，江苏双环齿轮有限公司获评淮安市市长质量奖。全年规模以上工业企业实现主营业务收入833.6亿元，增长13.5%；利润总额30.08亿元，增长6.4%。企业亏损面6.9%，比上年同期增加0.6个百分点。亏损企业亏损额0.57亿元。全年规模以上工业中，通用设备制造业产值49.43亿元，增长23.2%；专用设备制造业产值24.96亿元，增长30.2%；电气机械及器材制造业产值11.57亿元，增长16.5%；仪器仪表制造业产值1.73亿元，增长32.5%。

全年实现建筑业总产值232.72亿元，下降6.6%；竣工产值175.97亿元，增长15.2%；竣工率75.6%；全区建筑企业实现利税总额15.10亿元，增长25.9%；建筑业劳动生产率为23.74万元/人，增长27.5%；建筑业企业房屋建筑施工面积2390.66万平方米，增长16.2%；竣工面积702.86万平方米，增长11%，其中住宅竣工面积564.2万平方米，增长3.6%。

固定资产投资　全年完成规模以上固定资产投资（不含农户）354亿元，比上年增长19.8%。其中，国有及国有经济控股投资31.41亿元，下降37.4%；民间投资269.75亿元，增长32.4%，占固定资产投资的76.2%。按类型分，完成工业投资240.65亿元，增长19.8%；房地产开发投资49.07亿元，增长36.9%。全年商品房销售面积120.19万平方米，增长73.4%；销售额56.4亿元，增长66.7%。第一产业投资5.64亿元，增长373.9%；第二产业投资241.56亿元，增长19.9%；第三产投资107.01亿元，增长15.2%。

重点项目　全年累计新签约亿元以上项目44个，其中工业项目25个、三产服务业项目16个、农业项目3个；新注册超3000万美元外资项目7个，注册外资到账1.21亿美元；开工项目到账7200万美元，同比增长10.1%。加强与央企、国企和上市公司合作，物流、能源、盐化、城市综合体等一批省市重大项目进展顺利。

国内贸易　全年实现社会消费品零售总额172.23亿元，增长12.2%。按经营单位所在地分，城镇消费品零售额158.35亿元，增长11.1%；农村消费品零售额13.88亿元，增长25.4%。按消费形态分，批发业实现零售额44.19亿元，增长28.8%；零售业实现零售额104.49亿元，增长6.4%；住宿业实现零售额1.54亿元，增长9.6%；餐饮业实现零售额22.01亿元，增长11.8%。按规模分，限额以上单位实现消费品零售额39.95亿元，增长17.8%；限额以下单位实现消费品零售额132.28亿元，增长10.5%。

开放型经济　全年实现进出口总额24320万美元，比上年下降5.6%。其中，出口总额23109万美元，下降6.3%。协议注册外资额47462万美元，同比增长281.8%；注册外资实际到账14483万美元，同比增长18.1%。

交通运输　全年完成公路客运量506万人次、周转量6.07亿人公里，同比分别增长1.2%、1.2%；完成公路货运量605.2万吨、周转量11.00亿吨公里，分别下降9.4%、17.3%；完成水路货运量1222.5万吨、周转量30.60亿吨公里，分别增长1.1%、1.1%；完成港口吞吐量1415万吨，增长12.1%。全区有公路总里程1968.78公里，其中高速公路里程 52.34公里，一级公路80.23公里。

旅游业　全年旅游接待人数616万人次，其中AAAA级以上景区接待人数565万人；实现旅游总收入70.89亿元，其中外汇收入270万美元。全区有国家A级旅游景点7个，星级饭店7个，完成旅游投资总额42.96亿元。河下古镇被评为中国传统建筑文化旅游目的地，周恩来故里旅游景区入选国家“旅游服务最佳景区”红榜，里运河慢行系统等9项工程全面竣工，状元府第布展基本完成，萧湖景区正式开园。

财政金融　全年实现财政总收入（不含土地出让金）42.91亿元，同比下降5.9%。完成一般公共财政预算收入33.44亿元，比上年下降7.8%；上划中央四税9.47亿元，增长1.4%；政府性基金预算收入3.14亿元，增长195.3%；社会保险基金收入3.91亿元，下降40.1%。全年公共财政预算支出67.94亿元，比上年增长8.4%；缴库社保基金支出3.91亿元，下降40.1%；政府性基金预算支出（不含土地出让金）3.14亿元，增长195.3%。公共财政预算支出中，一般公共服务支出6.25亿元，增长10.1%；教育支出14.35亿元，比上年增长19.4%；社会保障和就业支出7.79亿元，增长5.2%；城乡社区事务支出20.24亿元，下降4.5%；农林水支出8.89亿元，下降13.9%；住房保障支出4.11亿元，下降23.2%。年末全区金融机构人民币存款余额403.43亿元，比上年末增长34%。其中，储蓄存款252.21亿元，同比增长15.5%。年末金融机构人民币贷款余额275.65亿元，比上年末增长30.6%。

2016年6月，十番锣鼓表演在淮安区勺湖公园举行　　李斌供图

【社会事业】 科技　2016年，淮安区专利申请受理量2400件，其中发明专利530件；专利申请授权量1462件，其中发明147件。企业专利拥有量占全社会专利拥有量比重为74.5%。国家高新技术企业数增至36家，省级企业工程技术研究中心、企业技术中心增至15个，创成国家级研发中心1家。全年实现高新技术产业产值193.74亿元，比上年增长20.4%。

教育文化　有各级各类学校172所，在校生15.17万人，教职工1.15万人，校园面积484.45万平方米。其中，幼儿园80所，在校幼儿3.69万人；小学53所，在校生6.13万人；普通中学35所，在校生4.17万人；中等职业学校3所，在校生1.16万人；特殊教育学校1所，在校生144人。全区学前三年教育毛入园率98.1%，义务教育阶段学生巩固率100%，学生体质健康及格率97.9%，初中毕业生升学率112.5%（因淮安生物工程高等职业学校招收部分外县市学生所致）。编制完成“十三五”教育发展规划，启动建设楚州中学等9项教育重点工程，淮安工业中专与市技师学院联建、淮阴工学院萧湖分院筹建有序推进，创成省优质园12所、市级教育现代化先进学校11所，周恩来红军小学被评为全国青少年校园足球特色学校。推进60个行政村综合文化中心建设。广播综合人口覆盖率和电视综合人口覆盖率均为100%。

卫生　有各类卫生机构39个，其中医院5个、卫生院25个、妇幼卫生保健机构1个；各类卫生机构拥有病床3972张，其中医院、卫生院拥有病床3798张。有卫生技术人员4245人，其中执业医师、执业助理医师1613人，注册护士1995人。创成国家级群众满意乡镇卫生院7个，获评“省妇幼健康优质服务示范区”。

居民生活　居民人均可支配收入19800元，比上年增长9.6%。其中，城镇居民人均可支配收入26144元，增长8.4%；农村居民人均可支配收入14526元，增长9.0%。全区居民人均消费支出12261元，比上年增长9.6%；城镇居民消费支出15769元，同比增长7.8%；农村居民消费支出9505元，同比增长12.1%，其中，居住类支出增幅明显，城、乡分别增长10.4%、13.6%。文教娱乐占消费支出比重18.5%，比上年同期提高0.2个百分点；其中，城镇居民文教娱乐占消费支出比重18.6%，农村居民文教娱乐占消费支出比重18.3%。年末城镇居民人均居住房屋面积44.6平方米，农村居民人均居住房屋面积49.1平方米。

就业　全年城镇新增就业7151人，下岗失业人员再就业3007人，其中困难群体再就业370人。年末城镇登记失业率2.21%，保持在较低水平；新增农村劳动力转移3816人，城乡劳动者就业技能培训4028人。

社保体系　城乡基本养老保险覆盖率95.5%、城乡基本医疗保险覆盖率95.5%（不包含新农合），失业保险覆盖率95.5%。社会保险主要险种覆盖率95%以上。年末全区企业职工基本养老保险、城镇职工基本医疗保险参保人数、失业保险参保人数分别为9.4万人、9.31万人（含参保退休人员）、7.42万人。年末享受企业职工基本养老保险离退休人员3.99万人，享受城镇职工基本医疗保险退休人员3.53万人。年末城乡居民基本养老保险参保人数28.3万人（实际交费人数）。年末城镇居民基本医疗保险参保人数13.2万人。基础养老金每人每月提高到115元，新农合补助提高到425元，城乡低保分别提高到每人每月520元、400元，发放慈善救助金4200万元、惠及2.3万人次。

生态建设　稳妥实施化工区“关退转”综合整治，10家化工企业签订协议，6家化工企业实施搬迁。整治燃煤锅炉18台，淘汰“黄标车”1800辆，连续两年保持秸秆禁烧“零火点”目标，PM2.5浓度降幅和优良天数在全市城市辖区中排名前列。万元地区生产总值能耗降低率完成年度目标任务。大运河、白马湖饮用水源地整治取得阶段性成效，创成国家节水型城市。城乡环境综合整治成效显著，创成市优小区2个，市康居乡村3个，省、市美丽乡村各3个。国家生态区创建通过环保部现场考核验收。

【获“省节水型社会示范区”称号】 1月13~14日，由省水利厅、省发展改革委、省水文局等单位领导和专家组成的考核组对淮安区创建省级节水型社会示范区工作进行技术评估。考核组认为淮安区节水型社会建设各项考核指标均达到《江苏省节水型社会示范区建设考核标准》，通过专家技术评估，同意授予淮安区“江苏省节水型社会示范区”称号。

淮安区从2012年启动省级节水型社会示范区创建，通过完善节水管理制度，实施节水减排工程，节水成效显著。全区创建载体54家、节水示范项目12个、节水“三同时”项目1个。万元地区生产总值用水量由2012年的205.4立方米降到2015年的157.6立方米，万元工业增加值用水量16.1立方米，农田灌溉利用系数提高到0.584，完成创建目标和任务。

【与淮阴工学院签署战略合作框架协议】 1月21日，淮安区政府与淮阴工学院签署《淮安区政府与淮阴工学院战略合作框架协议》。根据协议，淮阴工学院将结合区旅游发展方向与产业规划，在旅游总体规划方案优化、文创产品开发、地方特色运营模式、人才培养等领域，与淮安区开展全方面合作，打造“文化+”核心区，推动全区文化旅游发展再上新台阶。

【英东康复养老养护中心落户淮安区】 11月15日下午，英东康复养老养护中心项目签约仪式在淮安区举行。英东康复养老养护中心项目由中海外建设集团投资约10亿元兴建，内设老年人住宅、养老服务用房及活动用房，以及为养老配套的商业用房等6万多平方米。项目建成后可同时满足1000名老人的养老养护，并探索医养结合的经营模式，为老年人提供多功能、全方位、综合性的养老服务。

·街道镇场·

【淮城街道】 淮城街道位于京杭大运河与苏北灌溉总渠交汇处，东临京沪高速，西接宁连一级公路，北靠新长铁路，南依淮河入海水道，水陆交通便利。2016年12月13日，淮城街道成立，辖区面积23.3平方公里，人口14.8万人，下辖12个居委会、6个村委会。

全年完成列统工业企业开票销售收入15.5亿元，占年计划90.1%，增长4.7%；入库税收6800万元，占年计划100%，增长9.1%；公共财政预算收入3.6亿元，占年计划98%，增长10.4%；上划数2.4亿元，占年计划91.5%，增长9.6%。全年签约项目5个，分别是投资1000万元的中心厨房、投资1000万元的琦行织造、投资1500万元的金盾阀门制造、投资3000万元的光伏发电和投资300万美元的淳峰养种项目；开工建设中心厨房、琦行织造、金盾阀门制造、寒舟乐器和新强食品加工等5个项目。列入市考核的投资3亿元的飞翔纸业15万吨T纸项目1、2、3、4号厂房竣工，开工建设5、6、7号厂房。

【河下街道】 河下街道位于淮安区西北隅，毗邻淮安市新行政中心，京杭大运河、里运河穿境而过，新长铁路和京沪、徐淮盐等高速公路在境内交汇，在建中的高铁淮安东站紧邻街道。2016年12月13日，河下街道成立。辖区面积24.6平方公里，人口11.14万人，下辖3个居委会、14个村委会。运河经济时代，作为南船北马的交通枢纽，是重要的漕运关卡，淮北盐总集散地，淮扬菜的发源地，山阳医学的发祥地。

河下街道有企业80余家，其中列统企业17家，建有1个康马路工业园区，形成以针纺织、新材料、机械电子等为支柱的产业体系。投资规模3亿元的康乃馨产业园项目全力推进，驿之家厂房竣工投产。

【城东街道】 城东街道为淮安区经济开发区和新城区所在地，东接京沪高速，南临淮河入海水道、237省道，新长铁路贯穿全境。2016年12月13日，城东街道成立。辖区总面积29.9平方公里，辖10个行政村居，人口4.47万。

全年完成列统工业现价总产值20.8亿元，占年计划100.9%；完成列统工业开票销售4.6亿元，列统工业入库税金1600万元，招商引资到位资金1亿元，固定资产购置进项税500万元；完成公共财政预算收入13400万元，占年计划119%，其中上划数完成9500万元，占年计划101%。新开工项目4个，即：投资1.3亿元的江苏天天快递有限公司仓储项目，投资450万元的淮安聚众益电子商务有限公司项目，中石油投资3000万元的油汽站项目，投资500万美元的佰瑞车业二期项目。新签约项目2个，即浙江绍兴市会友科技有限公司投资亿元的互联网+智慧城市建设项目、深圳旺保利科技有限公司计划投资2亿元的电子产品生产项目。

【平桥镇】 平桥镇地处淮安区南首，距主城区14.5公里，南与扬州市宝应县接壤，西傍京杭大运河，淮扬公路、京沪高速、237省道，在建的连淮扬镇高铁穿境而过，水陆交通便捷。平桥是千年商贸古镇，1948年为平桥区，1958年改公社，1983年改乡，1986年建镇，曾名列江苏省百家名镇。平桥镇有穿境而过的京杭大运河，乾隆下江南的传说，气势恢弘的东圣寺，古色古香的得月亭，闻名遐迩的“笑人会”，更因平桥豆腐而闻名海内外。全镇总面积46.3平方公里，辖14个村（居）；234个村民小组，人口4.1万人。

2016年，实现财政总收入5731.41万元，其中公共预算收入4288.79万元；规模以上固定资产投资8.65亿元；全年列统企业完成工业产值、开票销售、入库税收分别为23.6亿元、5.85亿元、420万元，分别占年任务的100.4%、100.9%、100%；完成工业用电量850万千瓦时，完成固定资产进项税530万元，新增私营企业70户，新增个体工商户105户，分别占年目标 的104 %、106%、100%、105%；完成招商引资实际到位资金8000万元；实现农民人均纯收入11089元。新开工5000万元~1亿元项目1个，即总投资5000万元的共创机械项目。完成外资到账400万美元，占年任务的100%。

【上河镇】 上河镇位于淮安区南部，西傍京杭大运河，东邻溪河镇，南连平桥镇，北接马甸镇。镇政府驻上河居委会，距淮安城区13公里。京沪高速公路、新老237省道穿境而过，徐宿淮盐高铁、省道348建设中，宁淮铁路、马甸连接线、上河作业港等重大工程项目规划启动中。西电东输华东枢纽上河500千伏安变电所在该镇前庄村境内。全镇总面积34平方公里，耕地2.8万亩，辖8个行政村，1个居民委员会，205个村民小组，人口2.8万人。

2016年，全镇粮食总产2.64万吨，其中夏粮总产0.99万吨，秋粮总产1.66万吨。实现农民人均纯收入11099元。年新增省级农业合作社1个，市级以上新型农业经营主体1个。招商引资到位资金6000万元，其中实现外资到账60万美元。完成工业总产值16.84亿元，同比增长31.56%。全镇7家列统工业，实现年产值4.5亿元，同比增长40.6%；实现列统企业开票销售4.41亿元，同比增长37.81%；企业入库税金完成248万元，同比增长7.83%。新增列统工业1个，即玉禾米业，全年开票销售突破4200万元。

【马甸镇】 马甸镇位于淮安区南郊，东西长约11公里，南北宽约4.5公里，总面积约44平方公里。东临溪河镇，西傍京杭大运河，南接上河镇，北邻建淮乡，京沪高速、徐宿淮盐高速、237省道、淮江公路从镇域而过。境内开工建设连淮扬镇高铁和即将开工建设徐宿淮盐高铁。2016年，全镇完成财政收入6510.61万元，其中地方一般预算收入5195.125万元，实现农民人均纯收入13016元。

全年饲养家禽25.5万只，1000只以上养禽大户18户。全镇有加工企业28家，实现利税2600万元。培育家禽养殖、稻米加工等合作经济组织13个。全镇有列统企业10家，列统企业开票销售5.98亿元，入库税收1316.19万元，其中重点骨干企业飞洋钛铂粉制造有限公司开票销售2.07亿元，入库税金1005.6万元；江苏海润石化有限公司开票销售5180万元，入库税金83.19万元；淮安市祥淮建材有限公司开票销售3945.93万元，入库税收176.09万元。新上4个投资3000万元以上的项目。全镇新增私营企业70户，新增从业人员396人，新增私营个体注册资金1.6亿元。

【建淮乡】 建淮乡地处淮安区南郊，位于京杭大运河与苏北灌溉总渠的交汇处，京沪高速和新237省道并列穿境而过，区位优势明显，水陆交通便捷。全乡总面积34.79平方公里，辖11个行政村，108个村民小组，人口3.9万。耕地面积3.1万亩。

2016年，完成小额扶贫贷款350万元，成立专业农村合作社13个；实施张兴村1000亩农田林网建设；投入200多万元，新铺设道路8公里；投入100多万元架设桥梁6座。实现竣工1000万元农业项目1个，开工建设3000万元稻米加工农业项目1个。

实现列统企业开票销售9.1亿元，增长33.8%；列统企业入库税收1899万元，增长5.5%。完成全部工业用电量2251万千瓦时，增长8%；固定资产投资进项税400万元，增长11%；注册总部经济28家；培植列统企业2家；完成招商引资到位资金6200万元；培植开票销售过亿元企业2家，开票销售过5000万元企业3家。实现新签约项目4个，开工项目3个，竣工项目2个。

【朱桥镇】 朱桥镇位于淮安区东部，苏北灌溉总渠南岸，西临京沪高速公路，东与车桥镇接壤，距淮安区城区11公里。1957年建朱桥乡，1988年撤乡建镇，全镇总面积54平方公里，总户数10657户，总人口4.95万余人，其中农业人口2.89万人。辖区有12个行政村，1个居委会和142个村民小组。2016年，朱桥镇完成财政总收入7610万元，比上年净增487万元；完成公共预算收入5545万元，比上年净增170万元。

全镇完成农业招商引资到位资金7100万元，新上农业项目9个，其中投资1000万元以上项目6个。实现工业企业开票销售收入12.49亿元、利税7300万元，分别比上年增长15.7%和16.2%；完成列统企业开票销售7.9亿元、入库税收1468万元，分别比上年增长40%和31.5%；新培植列统企业3个。全年完成招商引资到位资金1.26亿元，注册外资实际到账资金325万美元，新签约项目8个，在建项目11个，在谈项目5个。

【溪河镇】 溪河镇位于淮安区东南角，省七级航道头溪河、京沪高速、淮宿盐高速穿境而过。总面积43.8平方公里，下辖13个行政村居，总人口33088人，耕地面积32800亩。

2016年，新建高坝桥、杨桥、大车、马北高产粮食种植示范点。实施2015年千亿斤粮食高标准粮田及配套设施项目、2014–2015年度小麦高产创建项目、300万元优质稻米基地项目。全年实现列统企业开票销售7.3亿元，入库税收2250万元；完成地方财政总收入7589.08万元，其中公共财政预算收入5280.20万元，同比分别增加402.09万元和906.18万元，增幅分别为5.59%和20.7%。实现村级集体经济收入549.23万元，增幅5%。新增现代服务业入库税收500万元。新培植列统企业2户，开竣工项目4个。实施4个项目。投资300万美元澳龙淡水养殖项目，虾苗投放池塘养殖。投资1500万元戴西羽绒制品项目，当年开工竣工，当年开票150万元；投入3100万元跃宾羽绒技改项目通过验收，成功纳入市督考办考核项目；投资1000万元杰翔羽绒技改项目，扩建生产用房，周边观光游乐环境得到改善。

【施河镇】 施河镇地处淮安、扬州、盐城三市交界处，位于淮安区东南角，镇域面积62平方公里，辖14个行政村、2个居委会，人口4.5万，是全国最大的教学具研制、生产、销售基地，是全国闻名的“教具之乡”“全国小城镇综合改革试点镇”“全国文明镇”“国家级生态镇”“国家级卫生镇”。2016年，实现入库税收1.6亿元，同比增长45.5%；公共预算收入1.53亿元，同比增长12.5%，注册外资到账610万美元，同比增长11%。该镇全区综合目标和招商引资考核排名第一，入选“2016年全国综合实力千强镇”。

福乐木业通过市农业大项目验收，坤鼎鲜食有限公司成为市级农业龙头企业。改扩建农村道路7.3公里、桥梁11座，疏浚河道22.6公里，农村土地确权登记颁证完成率99.6%以上。完成工业产值110亿元，实现销售108亿元；列统工业开票销售29.5亿元，同比增长18%；推进技改项目8个，新增列统企业5户，新增私营企业230户，新增开票销售超亿元企业4户，其中共创草坪入库税收1.32亿元，同比增长61%。新开工项目16个，其中亿元项目4个，5000万元以上项目5个，1000万元以上项目6个；竣工项目10个，新签约项目5个。完成招商引资到位资金2亿元，实现工业税金增量4500万元，占全区列统工业税金增量的40%左右。

【车桥镇】 车桥镇位于淮安城区东南28公里，横跨古涧河两岸，淮盐高速穿境而过，并在该镇丰年村内设有车桥出入口。境内淮流路、车施路、车博路、车仇路等道路四通八达，交通便利。总面积64.5平方公里，耕地面积5.2万亩，辖19个行政村、1个居委会，人口7.2万人。2014年被确定为全国重点镇，2016年入选国家综合实力千强镇。2016年，实现地区生产总值14.7亿元，同比增长10.2%；公共预算收入7312万元，同比增长12%；规模以上固定资产投资9亿元，同比增长30%；农民人均纯收入14600元，同比增长8%。

2016年，全镇列统工业企业开票销售收入4.3亿元，同比增长2%；入库税收806万元，同比增长15%；大面积种植芡实、荷藕等水生植物，陆续上马花木种植和万亩有机稻米等生态农业项目。新增专业大户8个、家庭农场3个，省市级农民专业合作社4家。引进固定资产投资5000万以上项目两个，1000万以上项目3个，在谈项目5个，成功签约一个投资超亿元的彩印包装项目。完成招商引资到位资金1亿元，外资到账330万美元。

【泾口镇】 泾口镇地处淮安区东南隅，西接车桥镇，东连流均镇，北界博里镇，南临施河镇，东南与扬州市宝应县西安丰镇大桥相通，面积58.6平方公里，辖9村4居，人口4.6万。淮盐高速经过境内，在镇区西侧有出入口。淮流公路直达镇区，交通便捷。泾口镇工业集中区为淮安市30个重点乡镇工业集中区之一，是江苏省优质稻米生产基地镇，无公害水产品生产基地镇。2016年，全镇完成一般公共预算收入4453万元，上划数969万元。

全镇完成列统工业开票销售60086万元，入库税收406万元，完成全部工业用电量1765万千瓦时，固定资产投资进项税596万元。培植欣茂生物质和飞胜铝业进入工业列统企业。圣玉米业被纳入市大项目考核；投入500万元的草莓采摘园项目建成，投入600万元的冷库项目基本竣工，根本农机专业合作社成为“国”字号的示范社，新培育家庭农场4个。在建项目5个，其中新开工项目4个，即年产5万吨碳黑项目、5000吨冷库项目、列入市考核的粮食加工项目、在开发区实施的天一尼龙项目。续建项目1个，即年产1.5万吨铝制品加工项目。全年完成到位资金6000万元。

【流均镇】 流均镇地处里下河地区，三市四县区（扬州市宝应县、盐城市建湖县、盐城市阜宁县、淮安市淮安区）交界处，是淮安区区域面积最大、人口最多的农村乡镇，有18个行政村（居），总人口6.8万人，面积88.6平方公里，粮田面积4.5万亩，是市“吨粮田”基地。2016年，流均镇完成1000万元以上工业技改投入4亿元，规模以上固定资产投资10.5亿元，实现村级经济纯收入1215万元，农民人均纯收入16180元。

全年新签约项目7个，新开工项目4个，其中，新开工亿元项目1个。新竣工农业项目2个，工业项目1个。新增列统企业1个；列统企业开票销售收入完成8.122亿元，完成目标任务数的101.52 %；列统工业入库税收完成430万元，完成目标任务数的100%；完成列统工业产值9.7亿元，完成目标任务数的111.49%；完成建筑施工总产值3.62亿元。

【博里镇】 博里镇位于苏北灌溉总渠南，距淮安区城区38公里，西与仇桥镇相连，东与阜宁罗桥镇接壤，南与泾口镇相邻，北与复兴镇隔河相望，新长铁路横穿全镇东西，安大线、洪阜线以及徐宿淮盐高铁从境内通过，是全国“农民画之乡”和“中华诗词之乡”。全镇总面积67平方公里，耕地5.38万亩，辖16个村居，人口4.6万。2016年，博里镇完成公共财政预算5800万元，其中上划数1600万元。

实施农桥工程、万亩良田、优质稻米等项目26个，培植国家级示范合作社1个、省级示范合作社5个、省级示范家庭农场5个。完成招商引资到位资金1.1亿元，外资到账400万美元。培植列统企业6个。招引3个企业入驻镇工业集中区。全镇规模企业的产值、开票销售、入库税金等主要指标占全镇工业总产值、开票销售、入库税金的82%、81%、76%。

【仇桥镇】 仇桥镇位于淮安区东南部，北依苏北灌溉总渠和328省道，新长铁路穿镇而过。全镇总面积72平方公里，耕地面积6.1万亩，有13个行政村、2个居委会，250个村民小组，4.78万人。2016年，实现地区生产总值10.9亿元，比上年增长9%；农村居民可支配收入14819元，比上年增长10%；完成公共财政预算收入6496万元，同比增长12.7%；上划数1807万元，同比增长24.19%。

新增家庭农场11个，农民专业合作社突破50个。新竣1000万元~3000万元农业项目两个。重点实施农业项目两个，恩赐山庄项目、枕水小镇项目。新签约亿元以上和5000万元~1亿元项目各1个，1000万元~3000万元项目3个。新开工亿元和5000万元~1亿元项目各1个，1000万元~5000万元项目3个。完成规上固定资产投资10.04亿元，同比增长20%；规模工业入库税金295万元，同比增长4.6%；全部工业用电量191万千瓦时，同比增长13.6%。

【复兴镇】 复兴镇与盐城市阜宁县交界，北倚苏北灌溉总渠，328省道、203县道穿境而过，是淮安区的东大门。全镇辖11个村居、7100户，人口4.1万。农民人均纯收入13800元。

2016年，组建家庭农场9家，培训新型职业农民328人次。投入500万元进行河道疏浚、河塘整治、圩口闸、泵站及农桥建设，完成整修农路路肩边坡23公里，修补破损路面2600平方米。完成规模工业开票销售16.2亿元，占年目标的172%；完成工业入库税金4239万元，占年目标的124.6%；完成固定资产进项税760万元，占年目标的108%；完成公共财政预算收入6836万元，占年目标的120%。新培植列统企业4户，其中工业企业2户，服务业1户，贸易业1户。完成开竣工项目6个，完成签约项目2个。集中区水、电、路、通讯等基本到位，初步形成“二纵二横”的格局。

【苏嘴镇】 苏嘴镇地处两市三县区（盐城市阜宁县、淮安市涟水县、淮安市淮安区）交界，位于苏北灌溉总渠北边，黄河故道穿镇而过，是淮安市的东大门。全镇总面积65平方公里，其中耕地4.5万亩，辖区有10个行政村，1个居委会，1.1万户，4.5万人。2016年，全镇实现地区生产总值12.5亿元，同比增长10.1%；完成公共财政预算收入4535万元，同比增长17%。农民人均纯收入1.4万元，同比增长7.7%。

投资100万元实施育苗中心项目，新建4000平方米连栋大棚；投资120万元实施市级蔬菜基地建设项目；投资500万元实施0.51兆瓦农业园区光伏太阳能发电项目。总投资500万美元的芦笋、食用菌生产加工项目开工建设。列统工业企业开票销售3.62亿元，同比增长13%；入库税收1280万元，同比增长21%；工业用电量550万千瓦时，同比增长40%。新引进1000万元~3000万元工业项目4个，3000万元~5000万元工业项目4个。新竣工1000万元~5000万元项目2个。

【茭陵乡】 茭陵乡位于淮安区东北隅，东与苏嘴镇相接，西与钦工、宋集两乡镇相连，北与涟水县徐集乡隔废黄河相望。1980年建乡，由苏嘴、顺河、宋集三乡镇边远村组合而成。全乡总面积49平方公里，耕地面积3.27万亩，下辖11个行政村（其中省定经济薄弱村6个），84个村民小组，总人口3.4万人。2016年，全乡实现地区生产总值6.39亿元，同比增长9%；完成财政总收入7250万元；完成公共预算收入5680万元。

全面完成农村土地确权登记颁证工作。同创泡绵、淮盛纺织、文达电子、金益达电气机械等一批加工制造业企业生产经营规模不断扩大；总投资5.2亿元、年出栏40万头生猪的温氏现代生猪养殖项目落户，一期大胡种猪场于2016年11月开工建设；总投资1.2亿元的天丰太阳能发电项目一期项目基本竣工。总投资3000万元蓝水湾项目道路、绿化、地下管网等基础设施建设完成，林果、鱼塘等功能区初具雏形。

【钦工镇】 2016年，钦工镇实现财政公共预算收入5162万元，列统工业开票销售4.4亿元，入库税金550

万元，工业用电量510万度，规模以上固定资产投资15亿元，村平集体经济收入30万元，农民人均纯收入13600元。

重点推进天裔鸽业项目建设。该项目总投资超2.4亿元，一期投资1.3亿元，建设鸽舍270幢，栏存蛋鸽50万对，年产鸽蛋5000万枚，实现销售2亿元，利润2500万元；二期投资1.1亿元，建设研发中心大楼、种鸽培育孵化车间，100幢鸽舍、存栏种鸽20万对。全年新建家庭农场12家，其中市级示范农场1个，新建市级农民专业示范社1个。全年新上招商引资项目5个，其中亿元项目以上项目2个，分别是投资1.2亿元的工业项目来润工具和投资2.4亿元的农业项目天裔鸽业。

【宋集乡】 宋集乡地处淮安区最北端，与涟水县城隔河相望，废黄河环绕全乡16.5公里。总面积57.22平方公里，人口4.2万人，耕地4.89万亩，辖11个行政村，1个国营场圃（园艺场）。2016年，实现公共预算收入5350万元，上划数1200万元；完成列统企业开票销售6.1亿元，入库税收410万元，工业用电量1220万度，固定资产进项税610万元；完成招商引资到位资金1亿元。

新购农业机械16台，其中收割机5台，大拖拉机3台，秸秆还田机3台，旋耕机2台，高速弥雾机1台，扭架式弥雾机1台，烘干机1台。新培植家庭农场10家，土地股份专业合作社2家。新开工亿元以上工业项目1个，5000万元以上工业项目2个，1000万元~3000万元以上工业项目2个；新增列统企业2个，新增私营企业85户，新增个体工商户105户；实现利用外资400万美元。竣工投产项目2个：投资3200万元的彩虹飞织造项目、投资3000万元的东华新能源项目；在建项目2个：投资5000万元的中央厨具生产项目、长锋耐磨5000平方米9号生产综合楼建设项目。投资总额1.3亿元的长锋耐磨机械有限公司不锈钢阀门生产项目7月底竣工投产，年产配件1500吨，开票超5000万元，年底通过市亿元重点项目验收。

【席桥镇】 席桥镇位于淮安区北郊，南邻淮安生态新城高铁新区，西与淮安经济技术开发区融为一体，东与淮安区顺河镇相邻，北与淮安区钦工镇以及淮安经济技术开发区的南马厂乡相邻。京沪高速公路、237省道和235省道从境内穿过。全镇下辖6个村、1个居委会和1个稻麦原种场，人口1.5万人，镇域面积20.16平方公里，耕地面积19600亩。2016年，完成公共财政预算收入5211万元，完成公共财政预算收入上划数1520万元。

新培育家庭农场6个，土地股份合作社2个，家庭农场经营面积107.93公顷。新开工农业招商引资项目1个，朱在田家庭农场总投资1020万元。完成列统工业企业开票销售收入88683万元，列统工业企业入库税金1747万元，培植列统企业2户，完成招商引资到位资金6000万元。新签约项目4个，即投资1亿元的医养一体项目、1亿元的KT板项目、3000万元的祥瑞物流项目和1000万元的建材项目；全镇新开工项目3个，即1亿元的K T板项目、3000万元的祥瑞物流项目和1000万元的建材项目。

【季桥镇】 季桥镇位于淮安区东郊，距淮安区城区10公里，大部分在淮安区城市规划控制区内，区经济开发区涵盖该镇农中居、季桥、孔周、南湾、颜刘、车路、干沟、椿树、长流等9个村（居）。总面积53平方公里，辖14个村（居），3.8万人口，8000多农户。镇南接苏北灌溉总渠与淮河入海水道，京沪高速公路、新（沂）长（兴）铁路穿境而过。2016年，季桥镇完成财政收入6500万元。

全镇粮食生产合作社和家庭农场近70家，11家养猪场利润同比增长130%，14家禽类企业养殖规模同比增长25%。完成规模工业产值36.5亿元，完成工业增加值7.3亿元，分别比上年增长18%和20%，实现规模工业开票销售4亿元，入库税收1400万元，分别比上年增长20%和22.4%。投资1200万元的淮安中油优艺技改项目于8月底竣工；投资500万美元的成业饲料项目基本完成建设任务；投资200万美元春立机械项目开工建设，主体厂房初具形态。外资到账400万美元，获得区"外资工作百日会战"第二名，成业饲料项目被列为区农业招商重点项目。

【顺河镇】 顺河镇位于淮安区渠北片地区中心，东与苏嘴镇接壤，西与季桥镇、席桥镇毗邻，南傍淮河入海水道、苏北灌溉总渠，北靠茭陵乡、钦工镇。全镇总面积77.8平方公里，下辖15个行政村、1个居委会，有198个村（居）民小组，人口5万人。2016年，全镇完成财政总收入5113万元，同比增长16%，完成公共财政预算收入3991万元，同比增长18%，完成国税收入1379万元，同比增长11%；地税收入3734万元，同比增长18%。

实施规范化节水项目、农田水利重点县项目、黄河故道农业开发等水利建设项目，基本解决全镇农田排灌问题。实现列统企业工业产值13.2亿元，销售收入12.3亿元，列统企业入库税收150万元，列统企业开票销售1.9亿元，新培植美年米厂1户列统企业。大力培植新经济增长点，全年新增私营企业70家，新增私营企业从业人员400余人，新增个体工商户95户。完成招商引资到位资金7400万元，注册利用外资完成228.5万美元。落户工业集中区1000万以上项目2个，5000万以上项目1个。

【林集镇】 2016年，林集镇完成公共预算上划数702万元，占目标数的100%；列统企业开票4.2亿元，占目标数的102%；列统企业入库税金575万元，占目标数的103%；工业用电量315万度，占目标数的123%；固定资产投资进项税614万元，占目标数的103%；招商引资到位1.2亿元，占目标数的120%；外资到账410万美元，占目标数的102.5%。

实施饮用水改造工程，铺设三级管网26万米，处置小水厂7家，入户安装水表6500只，全区率先用上白马湖水厂优质自来水。推进总投资3800万元的土地整理项目，在项目区内实施泵站、防渗渠、绿化等一系列工程。新开工1个亿元项目，竣工1个亿元项目，盘活1个5000万元项目。投资1.05亿元的光伏太阳能项目于11月开工建设，并纳入市重点项目考核体系。当年外资到账410万美元；计划投资2亿元的金城机械项目通过市级竣工验收，新增到位资金6000万元；投资5000万元的邦博纺织项目入驻林集镇工业集中区，盘活闲置两年多的6000平米的标准化厂房。

【南闸镇】 南闸镇位于淮安区西南边缘，东倚京杭大运河，与宝应县泾河镇隔水相望，东南与宝应县山阳镇接壤，西南紧临白马湖，湖岸线8公里，西与省属白马湖农场毗邻，北与林集镇交界。全镇总面积68平方公里。辖11个行政村（居），其中9个行政村、1个居委会、1个渔民村。全镇8226户，人口3.2万人，其中农业人口2.7万人、非农业人口0.5万人。

2016年，建成优质稻米示范种植基地、水稻育苗供秧基地、高效渔业示范基地、“金土地”防控养和小龙虾养殖等基础工程。全年新增各种农民专业合作社6个。完成招商引资到位资金1亿元，占区下达目标任务1亿元的100%；实现工业开票4.2亿元；规模企业开票2.5亿元，占区下达目标任务3亿元的83.3%；培植列统企业两个，占区下达目标任务100%；完成外资300万美元；实现财政收入6710万元，占区下达目标100%；完成固定资产投入6.2亿元。成功招引银泰服饰、0517冷冻熟食、安福包装二期、青虾养殖和投资7亿元太阳能光伏发电等6个项目。

【三堡乡】 三堡乡位于运西片，是淮安区城区通往运西片四个乡镇的桥头堡。东临京杭大运河，南临林集镇，西临省属白马湖农场，北临苏北灌溉总渠，与淮安区城区隔河相望，徐宿淮盐高速、328省道、208县道以及在建的348省道穿境而过。距离淮安区城南3公里。全乡总人口32902人，总面积40.94平方公里，耕地面积25931亩，辖13个行政村，95个村民小组，有农户7589户。2016年，完成公共预算收入完成4250万元，上划数1584万元，实现农民人均纯收入16439元。

实施新建或改造桥梁、泵站、涵洞等各类工程16项；实施河道、沟渠疏浚，实施农田水利治理和土地整理项目，建设泵站3座、挡水闸2座、农桥6座。全年实现列统企业开票9500万元，列统企业入库税金60万元，工业用电量162万千瓦时，实现注册外资到账325万美元。完成邵宁电子和永葆饲料2户列统企业培植。签约大小工农业项目7个，其中亿元以上项目2个；开工工业项目5个，其中5000万以上项目2个；竣工工业项目2个。

【白马湖农场】 2016年，白马湖农场实现现价社会总产值11.02亿元，地区生产总值4.12亿元，国有及国有控股企业实现营业收入1.88亿元，实现利润总额607.18万元，国有固定资产投资总额5619万元，职均收入3.92万元，人均收入2.28万元。

小麦实现总产2035万公斤，水稻实现总产2850万公斤，全年向大华种业提供优质种子3278万公斤，向苏垦米业、中储粮苏王米业销售优质水稻近1600万公斤。全场稻麦秸秆实现100%切碎还田，机插水稻率100%，集成推广水稻稀播大壮苗育秧、旱整水栽机插、水稻钵苗机插、水稻钵型毯状育苗机插、印刷播种、浸种催芽等一批新技术，全年累计引进推广高速插秧机、新型植保机械、复式播种机等各类新型农机624台，农机综合实力明显增强。推进鲈鱼等新品养殖和南美白对虾套养规模，推广放养鲈鱼苗7.5万尾，试验套养南美白对虾13.33公顷，放养鳜鱼苗1.1万尾，鱼蟹套养面积近133.33公顷，全年生产成鱼540吨、鱼种225吨、河蟹50吨、鲢鱼40吨、鲈鱼5.5吨。 （陈国红）

淮安区领导干部名录

（2016年1月1日~12月31日）

淮安区委

书　记　徐子佳

副书记　施恩佩　孙志标

常　委　徐子佳　施恩佩　孙志标

于明星（2016年4月止）

曹业慧（女，2016年7月止）

颜　复　胡建武

刘月萍（2016年4月止）

张建阊（2016年4月任）

葛　明　纪明珠　崔步银

宋建国（2016年7月任）

刘震生（女，2016年4月任）

淮安区人大

主　任　蒋必海

副主任　韩仰超　颜廷飞

仇庆国（2016年11月任）

王金宽（2016年11月任）

淮安区政府

区　长　施恩佩

副区长　颜　复　谈效艳（女）

仇庆国（2016年11月止）

彭　凯　黄沛江

江剑峰（2016年4月止）

胡金浪（2016年11月止）

陈明中（2016年4月任）

杨　宏（2016年11月任）

李晓旭（2016年11月任）

淮安区政协

主　席　刘建平（2016年11月止）

关晓卫（2016年11月任）

副主席　季玉华（女，2016年11月止）

王宝玉（女，2016年11月止）

王金宽（2016年11月止）

刘月萍（2016年4月任）

胡　珍（女，2016年4月任）

马世良（2016年11月任）

刘宏彬（女，2016年11月任）

淮安区纪委

书　记　曹业慧（女，2016年7月止）

宋建国（2016年7月任）

淮安区法院

院　长　颜　赤（女，2016年9月止）

张　强（2016年11月任）

淮安区检察院

检察长　徐承业

（市委组织部县区干部处）

淮阴区

【基本情况】 淮阴区位于淮安市北部，因地处古淮河之南而得名。原为淮阴县，2001年初撤县建区。风景名胜有码头古镇、新四军刘老庄连纪念园、东方母爱公园等。历史名人有汉代大军事家韩信，汉赋鼻祖枚乘、枚皋，清朝医学家吴鞠通，现代雕塑家滑田友等。主要特产是洪泽湖野鸭、青蟹、苏粤乳鸽、码头汤羊肉、吴集花生、赵集粉丝、棉花西瓜等。2016年，区域面积1264平方公里，下辖14个镇、7个乡和1个省级高新技术产业开发区，261个行政村（居委会），2057个村民小组。年末全区总人口93.36万人，男女性别比105.24，人口出生率12.07‰，死亡率5.15‰，自然增长率6.92‰。

【地方经济】 2016年，淮阴区实现地区生产总值435.72亿元，增长9.8%。其中第一产业增加值69.05亿元、增长0.5%；第二产业增加值182.39亿元、增长10.4%；第三产业增加值184.28亿元、增长13%；一、二、三产的构成比重为18.85:41.86:42.29。完成规模以上固定资产投资339.56亿元、增长19.9%。全年财政总收入48.81亿元，增长-26.84%；其中公共财政预算收入40.57亿元，增长-33.68%。全年财政总支出82.66亿元，增长-3%；其中公共财政预算支出62.71亿元，增长-5.5%。

农业 实现农业增加值70.25亿元，增长0.5%。农民人均纯收入13406.4元，增长9.2%。全区粮食总产63.09万吨。新增设施农业面积800公顷。新增千头猪场3个、万只禽场2个，大中型规模养殖比重分别为65.33%、89.8%。有市级以上龙头企业65家，新增省级示范社5个、市级示范社23个，新发展家庭农场231家、土地耕作服务社40家，新增省级示范家庭农场5家、市级示范家庭农场17家。全年发放耕地地力保护资金9012万元。疏浚区乡河道45条，整治村庄河塘218个，新改建泵站11座、农桥462座。

工业 建筑业 新增规模企业34户，总数454户。民营经济实现税收40.36亿元，新增私营企业2618户，总户数10604户，新增个体工商户5490户，总数32178户。规模工业实现增加值290.49亿元、增长10.6%，开票销售收入248.31亿元、增长29.31%，入库税金8.49亿元，增长13.69%。固定资产进项税1.62亿元，增长33.86%。工业用电量8.33亿千瓦时，增长3.01%；工业产值1461.47亿元，增长13.6%。开票销售收入超10亿元企业、超亿元企业以及入库税金超千万元企业分别发展到2家、41家、17家。完成建筑业总产值252.67亿元，外出施工产值142.21亿元，获省、市优工程10项，获省文明工地2个、市文明工地21个。

服务业 服务业入库税金22万元，实现服务业增加值313万元。建成义乌商贸城等市场类项目4个，电子商务、汽贸汽配产业初具专业特色。

招商引资 组织实施超5000万元项目65个，新开工、新竣工超亿元项目分别为25个、20个；总投资150亿元的德科码半导体晶圆项目开工建设。新批外资项目21个、增资项目2个，实际到账注册外资1.6亿美元。实现进出口总额22031.6万美元。其中，出口总额16036.5万美元，增长11.1%；进口总额5995.1万美元，增长-57.3%。完成对外投资1303.4万美元。

城乡建设 投入139.48亿元，实施项目129个。幸福城、北京如意国际花园·桂园、中熙·凤凰城等精品小区开发顺利。自行车文化运动公园、盐河风光带提升工程（承德路—北京北路）、城市绿色小客厅等3个绿化项目建成开放，新增城市绿化面积50.05万平方米。整治老旧小区20个、背街后巷10条，维修人行步道1.7万平方米，架设交通隔离栏7.3公里，通过国家卫生城市复审。村庄环境全域整治通过省级验收，全区249个行政村环境转入常态化长效管护。实施房地产开发项目30个，项目总投资54.64亿元，商品房竣工面积134.99万平方米，改造老旧小区30万平方米；打造银川路北延、淮阴区淮海路、自行车文化运动公园、汽车北站一期棚户区改造、国税公寓老旧小区整治、曙光路低洼易淹易涝片区整治等精品项目6个。

交通 至年底，全区公路总里程2138.38公里，公路密度1.69公里/平方公里，其中高速公路90公里，一级公路82.82公里，二级公路232.05公里，三级公路106.33公里，四级公路1427.73公里，等外公路199.46公里。实施公路、铁路、水运、城镇公交四大类17项工程，运南第二通道建成通车；新许渡大桥及连接线主桥完成合龙浇筑，主体工程完工；503省道淮安机场连接线建设进度超序时；429省道、330省道项目前期工作有序开展，刘老庄迎宾大道二期、南陈集西绕城、江渡人行桥等政府交办工程相继开工建设。完成新改建农路95公里，农桥改造完成35座。淮阴港区城东作业区一期工程主体结构建成。

【社会事业】 科技 2016年，淮阴区社会研发投入占地区生产总值的2.2%。建成国家高新技术企业37家，高新技术产业产值占规模以上工业产值的20%。大中型工业企业研发机构建有率100%，规模以上工业企业研

4月13日，民盟江苏省委与淮阴区共同举办的"'烛光行动'合作基地·淮阴"揭牌仪式举行 李晓鸥供图

发机构建有率40%，新增市级以上企业"两站三中心"14家。市级以上科技企业孵化器在孵企业数102家。高新区获批一家市级创业创新公共服务平台。建成65家科技型中小企业。获批农村科技服务超市分店1家，便利店2家。

教育　创建省、市级优质幼儿园8所，新建、改建淮安市长征幼儿园、银川路幼儿园、徐溜镇第二幼儿园等3所优质幼儿园。淮安市东城开明中学、淮安市银川路实验小学建成并投入使用。完成学校装备提升工程12所。完成教育现代化创建先进乡镇2个、先进学校11个。全区幼儿三年入园率、义务教育巩固率、初中毕业生升学率、残疾儿童入学率、高等教育毛入学率分别为98.6%、100 %、95.01%、100%、57.13%。资助各级各类贫困学生18496人，累计2813.18万元。加强与淮阴师范学院合作，开展在职研究生考前培训。完成民盟助培工程南北10所学校结对共建。有10所学校获批全国校园足球特色学校。创成江苏省青少年校园足球示范区。

体育　11月8~15日，分别在澳大利亚、新西兰的孔子学院举办第八届淮阴·韩信杯象棋国际名人赛比赛和象棋文化交流活动。承办或举办江苏省青少年拳击锦标赛、淮安市"韩信杯"老年人象棋比赛、淮阴区"全民健身日"活动启动仪式暨广场舞大赛、江苏省老年人体育节淮阴区分会场闭幕式暨淮阴区老年人体育健身展示活动。在全国率先启动乡镇象棋棋王赛王选拔赛，全区1000多名棋手参赛，成为全国唯一将此项比赛深入到各乡镇的县区。获评"江阴周庄"2016中国体育彩票全国象棋业余棋王赛全国"十佳分站赛"单位。9月，在广东惠州召开的全国象棋之乡建设会议上，再次被授予"全国象棋之乡（2016—2020年）"称号。

在省以上比赛中，淮阴区获得奖牌28枚，其中全国比赛金牌2枚、银牌2枚、铜牌2枚。郭晋获2016全国男子拳击锦标赛暨中国拳王争霸赛总决赛（淄博）91公斤级冠军，获拳王称号；陈思敏获2016年全国女子拳击锦标赛（迁安）75公斤级亚军，拳击冠军赛（迁安）75公斤级冠军；蒋园获2016年全国拳击锦标赛（19–23岁组、内蒙古乌兰察布市）女子组75公斤级亚军。

卫生计生　淮阴区创成国家级妇幼健康优质服务示范区。新建惠民医院1所、数字化医院2所，创成省级示范卫生院3所。赵集镇创成省级卫生乡镇。建成无害化卫生户厕2023座，完成率101.6 %；体检60岁以上老人74543人，体检率90.17 %；全面实施城乡居民健康档案电子化管理，建立城乡居民电子健康档案69.6万份，建档率91.41%。建立健康管理团队91个、家庭医生团队25个。出生政策符合率98.36%。创成新一轮全国计划生育优质服务先进单位、创建省级"生育关怀"项目基地1个、承担省级"连心家园—关爱失独家庭"项目1个、创建市级"生育关怀"项目基地1个、建成计划生育家庭日间照料中心1个，开展0–14周岁独生子女父母奖励金提标工程。

文化广电　新建社区文化活动中心5个，万人拥有公共文化设施面积695平方米，新整转数字电视用户2200户。

环境保护　环境空气质量优良天数238天，优良率68%；古黄河饮用水源水质良好，水质达标率100%；农村地表水达标率87%；城区污水处理率86%；一氧化碳和二氧化硫净削减率分别为3.45 %、8.17%；全区林木覆盖率23.8 %，城市绿化覆盖率40.36%。

社会保障　城镇新增就业9148人，城镇失业人员再就业5766人，城镇登记失业率控制在2.25%。五项社会保险参保人数和基金收入继续保持双增长，企业职工养老、城镇职工医疗、失业、工伤和生育五项险种参保人数分别为9.23万人、7.67万人、6.44万人、4.61万人和4.56万人，五项基金征缴总额6.89亿元。前三险覆盖率分别为95.52%、95.3%和95.6%，与城镇登记失业率均达到小康标准。城镇居民医保补偿封顶线25万元，城镇职工医保大病最高支付限额上不封顶。向8636户17596名城乡低保对象发放低保金（含物价补贴、过节费等）5019.08万元。投入4000万元，对21所敬老院进行提档升级改造。向城乡1.9万名80周岁以上老人发放尊老金1294.59万元。

【食品加工产业获批省特色产业集群】 4月初，省经济和信息化委员会公布第五批江苏省特色产业集群名单，淮阴区食品加工产业集群名列其中，成为继淮阴木业产业集群后，淮阴区获批的第二个省级特色产业集群。淮阴区食品加工产业集群有食品加工企业60余家，其中列统企业41家，产值超140亿元。

【发放全市首份水路运输经营许可证】 5月9日，淮阴区运输管理所向淮安嘉航海运有限公司发出淮安市第一份沿海省际水路运输经营许可证。淮安处于沿海150公里范围内，是沿海开发重要的拓展区域，成为苏北地区的仓储中心、物流中心、配送中心。在淮安嘉航海运有限公司前期申办经营许可证过程中，区运输管理所积极提供行政指导服务，使该公司4月27日申请行政许可，4月29日即办结经营许可证，极大地缩短审批时间。这也是交通运输部行政审批权下放后，淮阴区审批发放的全市首份水路运输经营许可证。

【基层医改受关注】 8月8日，《人民日报》、新华社、《光明日报》《中国青年报》《健康报》、央视网等20余家中央媒体记者到淮安集中采访淮阴区基层医改工作。淮阴区按照"保基本、强基层、建机制"的要求，加大基层医改投入，强化激励机制建设，调动基层医务人员的积极性，提升基层卫生服务能力。累计投入4.6亿元，实施基层医疗机构新改扩建项目34个，建成特色各异的门诊楼、病房楼、公共卫生服务楼，新增业务用房11.6万平方米以及万元以上诊疗设备400余台，建设惠民医院9所，基层医疗机构基础建设和设备配备均达到省示范标准要求。基层医技人员由医改前800多人增加到2800多人，副高以上职称56人。推行家庭医生签约服务，基层首诊的目标初步实现。2015年基层机构门急诊、住院总人数是医改前的5.68倍、3.75倍；基层诊疗量占全区总诊疗量的87.48%，区、乡两级住院占比为90%，基层机构住院占比60%，提前实现“九成人看病不出区，六成人住院在乡镇”的医改目标。

（李晓鸥）

·乡　镇·

【王营镇】 王营镇位于淮安市区北部，是淮阴区城关镇。全镇常住人口17万人，社会人口28万人，下辖6个农村社区、14个城市社区、1个场圃和1个盐河工业园区，地域面积62.1平方公里。2016年，全镇实现一般公共预算收入8.15亿元，税收占比88.05%，可用财力1.36亿元；实现列统工业企业开票销售19.9亿元；规模以上固定资产投资44.78亿元，其中工业24.84亿元；固定资产进项税完成2000万元；外贸进出口完成802万美元。

招引50亿元项目（德国小镇）1个、13亿元项目（淮安养老养生产业小镇一期阳光新城）1个、10亿元项目（鑫泰建材）1个，全年新开工工业、农业及三产项目9个，置换项目1个，新竣工项目5个。新增规模限额以上批零住餐企业5个，规模以上服务企业7个，其中文化企业1个。新增私营企业656个、个体工商户1560户。新增工业列统企业2个，工业列统企业累计43家。城镇居民人均可支配收入和农民人均纯收入分别为28965元、26368元，分别增长8.99%、12%。连续第四年被评为全市城镇经济首强镇，同时被评为全市重点区域发展型先进乡镇，在全区年底乡镇差别化目标考核中获得甲组二等奖和特色工作先进单位。

【赵集镇】 赵集镇地处淮阴区最南端，与洪泽区西顺河镇接壤，与清江浦区和平镇、武墩镇隔河相望，五大淡水湖之一的洪泽湖依境而过。镇域面积98平方公里，下辖12个行政村，社会总人口4.3万人。全镇拥有内外湖水面约3333.33公顷，水产养殖、水产品交易成为富民的重要产业。20世纪90年代末，探明赵集镇域范围内藏有大量芒硝和岩盐资源，赵集镇成为全国重要的盐化工基地。境内有盐化工企业10余家，年产元明粉（无水硫酸钠）150万吨，年输卤170万方。

2016年，赵集镇完成农业招商项目2个，分别为投资3680万元的永明米业加工厂和投资3100万元的花海及采摘园项目。全镇建成土地耕作服务社10个，其中十堡村和高堰村的土地耕作服务社分别争取到国家财政部扶持资金200万元和60万元。街西村被评为全区唯一一家省级电子商务示范村，部分企业入驻。赵集镇也是全区唯一省级电子商务示范镇。全年完成规模以上工业应税开票销售收入18.67亿元，公共财政预算收入4.23亿元。新增工业列统企业4个，规模服务业列统企业2个，批零住餐列统企业1个。开工3000万元以上项目4个，亿元项目3个，外资项目2个。竣工3000万元以上项目6个，其中市重点项目2个。全镇个体工商户600余家，综合性购物超市2家。大型家具卖场3家，中型以上服装卖场15家，新增服务业营业面积28700平方米，形成以服装、家具、家电、五金及小商品为主，各具特色的服务业发展格局。

【韩桥乡】 2016年，韩桥乡面积120.7平方公里，下辖8个行政村、64个村民小组、7818户，总人口3.34万人。全乡一般公共预算收入5000万元，农民人均纯收入14080元。

全年粮食种植面积3865公顷，比上年增加12公顷，粮食产量32365吨，比上年增加1560吨；全年水产品产量4355吨，其中养殖674吨，捕捞3681吨；完成9.13公顷城乡建设用地增减挂钩项目，3.07公顷耕地占补平衡项目，新增耕地6.67公顷；新建农桥8座，改造泵站2座，整治河塘6个，疏浚河道7.32公里；新增高效农（渔）业76.67公顷，新成立4个家庭农场。完成规模以上工业开票销售收入8000万元，规模以上固定资产投资6亿元，固定资产购置进项税完成39.12万元；工业用电量完成70万千瓦时；新培植列统企业3家，新发展私营企业60家、个体工商户123家。

【南陈集镇】 南陈集镇是淮阴区运南片中心乡镇，位于淮阴区西南22公里处，东与市区紧邻，南与赵集镇、韩桥乡相连，西与吴城镇接壤，北与码头镇交界。2016年，下辖21个行政村、1个社区。全镇面积97平方公里，可耕地面积4733.33公顷。总人口6.36万人。财政收入5968万元，农民人均纯收入16305元。全镇流转土地910公顷，实现就地转移劳动力600余人。先后投入资金2000余万元，实施高标准基本农田建设等各类农田水利项目。新增投资千万元的农业龙头企业2个，村级集体经济收入794.7万元。

以张周机械产业园为首的3个工业园区集聚较大工业项目30余个。全年招引亿元项目2个、5000万元以上项目3个。抓好伟丰建材、飞华纸品等规模企业增容扩量，培植新的规模企业，新增规模以上工业企业2个、限额以上批零住餐企业1个、规模以上服务业企业2个，新增私营中小企业105个，新增个体工商户198户。

【吴城镇】 2016年，吴城镇面积51平方公里，可耕地面积2735公顷，全镇下辖10个行政村。全年实现地区生产总值7.27亿元，同比增长12.9%；一般公共预算收入7000万元，同比增长6%；可用财力900万元，同比增长17.6%；农民人均收入15653元，同比增长13%；完成固定资产投资10.15亿元。

全年新建种养殖及休闲项目7个，其中3000万元项目4个，5000万元项目3个。推进省级“菜篮子”工程蔬菜生产基地项目和省级园艺标准园区的建设项目，新增200公顷无公害农产品基地1个、无公害农产品7个、申报绿色农产品项目1个，新培育家庭农场3个，新增市级农民专业合作社1个。全年工业开票销售收入1.2亿元，工业用电量370.36万千瓦时，进项税450万元，外资到账完成100万美元，外贸完成42.4万美元。新发展私营企业80个，新增个体工商户155个。引进亿元以上项目4个。

【码头镇】 码头镇地处淮阴区西南郊10公里，全镇总面积33平方公里，可耕地面积1666.67公顷，总人口3.1万人。码头镇自秦时置淮阴县，有2300多年历史，长期为县治所在，人文荟萃，名胜古迹众多，主要有韩信故里、漂母祠、枚乘故里、官巷、惠济祠等。码头牛羊肉是淮扬名菜，其制作技艺为省级非物质文化遗产。先后获批为江苏最美乡村、江苏省历史文化名镇、全国特色景观名镇、全国美丽乡村试点等。

2016年，以码头镇为核心区的国家农业科技园区创建工作获得科技部批准，并成为全国13个一类国家农业科技园之一。建设亚洲最大单体蝴蝶兰生产基地，皇达花卉项目二期20000平方米智能温室和1500平方米兰花园项目建成投产。全镇市以上农业龙头企业8户，家庭农场18户，农民专业合作社70多户。实现注册外资到账363.4万美元、外贸进出口468.66万美元。新增规模以上工业企业，工业列统企业14户；新增规模以上批零住餐企业13户；新增贸易列统企业8户。列统企业累计35户。实现规模以上固定资产投资13亿元，比“十一五”末（2.79亿元）增长3.67倍。

【袁集乡】 袁集乡位于淮阴区西侧，宿淮高速、宁淮高速、京沪连接线穿境而过，新长铁路、淮三公路、韩侯大道穿插其中，盐河、淮沭河、三干河穿境而过。全乡总面积44平方公里，下辖10个行政村、76个村民小组，总人口2.8万人，是一个以高效种植业为基础、工业经济快速发展的城郊乡镇。

2016年，袁集乡培育“一村一品”特色村，加快李庄村辣椒交易市场建设。发展特色观光旅游生态农业。新增1个市级以上专业合作示范社，新建成11个家庭农场，村集体经济收入934万元，农民人均纯收入16601元。完成交易项目30个，交易额1500万元。引进1个投资3000万元浅水藕种植和龙虾养殖项目。全乡亿元以上工业项目7个，5000万元以上项目4个，3000万元以上项目5个。全乡一般公共预算收入7417.3万元，实体税收收入3642.89万元；规模工业开票销售25138.6万元，规模工业入库税金812.5万元；固定资产购置进项税142.8万元；工业用电量1828万千瓦时。

【丁集镇】 丁集镇面积42平方公里，可耕地面积2923公顷，下辖10个行政村，总人口3.36万人。丁集镇连续多年被市表彰为“设施化农业十强乡镇”。2016年，财政收入1.08亿元，农民人均纯收入22278元。

2016年，全镇高效农业种植面积923公顷，其中日光温室2400余幢，钢架大棚200余幢，日光温室大棚112公顷。有达到市级标准百亩连片日光大棚片区6个，规模专业养殖场22个，有各类专业合作社120余个。投资4500万元的淮安福康牧业奶牛养殖、繁育及饲料加工销售项目竣工运营，并通过市重点项目验收。完成规模以上工业企业开票销售收入3.5亿元，固定资产购置进项税480万元，工业用电量2400万千瓦时。新发展私营企业106户、个体工商户210户。外资到账170万美元，出口外贸额160万美元。新增列统企业2家，新竣工300万元以上工业项目3个，招引超3000万元项目2个，特色工业品在线平台新增上线使用企业3户，新增批零住餐企业1户、重点服务业企业1户。投资1.45亿元的淮安市吉恒工贸钢圈加工及仓储物流服务一体化项目正式运营。

【棉花庄镇】 棉花庄镇面积62.76平方公里，可耕地面积2718.73公顷，全镇下辖13个行政村，总人口43280人。2016年，完成公共财政预算收入6315万元；完成地方税收1062万元；实现规模以上固定资产投资9.5亿元，同比增长25%，其中工业投资9.1亿元，同比增长13.8%。完成村集体经济总收入586.52万元，同比增长15.34%，其中经营性收入575.26万元，同比增长13.43 %，村平均经营性收入44.25万元。农民人均纯收入19603元。

全镇新增设施化农业面积93.53公顷，新增市级以上农村专业合作社3个，新增市级以上家庭农村2个，新增市级以上龙头企业2个，新增省级以上龙头企业2个。全年招引3000万以上工业项目2个。完成规模以上工业开票销售收入3.3亿元，同比增长29.9%；工业用电量864万度，同比增长53.5%；完成固定资产购置进项税132万元；外贸进出口467万元，实现零的突破。规模工业企业增加2个，新增限额以上批零住餐企业1个，新增限额以上服务业企业1个。全镇从事三产人数2821人，社会消费品零售总额10776万元，实现增加值1340万元，新发展私营企业132家，个体工商户268个；新培植限额以上批零住餐企业1个，重点服务业企业1个；新增营业面积50平方米以上批零销售户2户。

【老张集乡】 老张集乡位于淮阴区东北部，离城区不到20公里，京沪高速公路与236省道贯穿全境，京沪高速公路淮安北出口位于该乡境内，交通便利。全乡面积50.88平方公里，下辖9个行政村、92个村民小组，人口2.9万人。2016年，全乡实现财政收入1.22亿元，可用财力1590万元；完成固定资产投资额10亿元，规模以上工业开票销售收入2.88亿元，固定资产进项税500万元，新发展个体工商户177户、私营企业93户，农民人均收入16319元。

全面启动农村承包土地经营权确权登记颁证工作，完成全乡96%农户土地经营权证书发放；注册一批农村土地耕作服务社，成立郑湾村、金星村、孙圩村土地耕作服务社，流转土地100公顷；培育市级以上示范合作社1个、新建市级示范家庭农场1个。科智医疗通过市亿元重点项目验收，投资5000万元的慧峰聚能发电项目建成投产。实现固定资产投资13.06亿元，其中工业投资10.38亿元。新增贸易类列统企业1个，新增重点服务业企业1个。

【古寨乡】 古寨乡为苏北革命老区之一，位于淮阴区城北35公里处。辖区内三干渠、六塘河、民便河纵横交错，有耕地2000多公顷。全乡面积38.96平方公里，下辖8个行政村、59个村民小组，人口2.2万人。2016年，全乡一般公共预算收入4200万元，乡镇可用财力665万元。规模企业开票9700万元，同比增长7.8 %。工业入库税金185.5万元，同比增长39.8%。工业用电量1060万千瓦时。固定资产进项税650万元。

实施银猫村等5个村高标准农田整治项目，总投资4100万元，改善九房、银猫、对口、新公和古寨等5个村灌排设施和群众出行条件。全乡土地流转率45%，新增古西村冬枣、银猫村魏玉林稻田养虾和浅水藕养鱼虾、古寨村西瓜等高效农业。培植淮江科技、丰厚纺织、金六塘纺织等骨干企业发展，全年工业开票突破2亿元。全年新发展私营企业77个，新发展个体工商户156个。

【刘老庄乡】 刘老庄乡位于淮安市区西北28公里处，是新四军八十二烈士殉国之地。全乡有10个行政村、1个种猪场，总人口2.7万人，总户数7494户，总面积53.78平方公里，耕地面积3266.67公顷。2016年，全乡生产总值超10亿元；一般公共预算收入5500万元，地方税收1040万元，农民人均纯收入13685元。有218户193.33公顷土地进行流转，全乡土地流转率65%，大户规模种植、农民专业合作社、家庭农场等新型土地经营模式形成。

先后引进星宇刷业、汉淮商贸、洪成米业、闽丰二期等项目，其中星宇刷业完成全年外资到账300万美元。邀请专业团队规划设计全乡旅游发展，邀请旅游管理部门、中介单位等到乡考察，加大对外宣传力度，编撰刘老庄乡一日游手册，通过微信等网络平台推介旅游项目和旅游产品等。加大新旅游景点招引开发力度，实施千亩休闲观光农业体验区项目。

【三树镇】 三树镇位于淮阴区西部，距离市区15公里，东临淮沭河与袁集乡相望，西与泗阳隔运河相望，南与凌桥乡接壤，北与渔沟镇相邻。辖15个行政村，116个村民小组。全镇总面积78平方公里，可耕地面积3586.67公顷。总人口4.83万人。2016年，实现财政收入5495万元，农民人均纯收入1.46万元。

引进1000万元以上农业加工项目1个，500万元以上农业加工项目2个，均占任务数的100%。建成1个省级示范合作社和1个市级示范合作社，创建1个省级家庭农场、1个市级示范家庭农场。新增高效设施农业80公顷，占全年任务数的155.8%；农业综合机械化水平84.76%，占全年任务数107%。实现高效农业保险保费收入占比65%，占任务数110%。全年完成10亿元以上工业项目1个，完成市级亿元农业项目1个，完成50万元以上总部经济项目1个；实现规模以上开票收入13177万元，占任务数275%；完成新增列统企业3个，占任务数150%，完成规模以上固定资产投资11065万元，占任务数117%。全镇发放小额贷款1241万元，新增个体工商户165户。

【吴集镇】 吴集镇位于淮阴区城区西北约25公里处。东临淮沭河与五里镇相望，西隔淮泗河与泗阳县八集乡接壤，南与渔沟镇接壤，北与西宋集镇毗邻，淮泗河、跃进河由南向北穿过，吴八路贯穿东西。全镇东西长约10公里，南北宽约5公里。以种植旱作物为主，“将军果”牌和“吴集”牌花生是吴集镇名牌产品。全镇人口约3.8万人。

2016年，先后引进能人大户30余人，流转土地近万亩，重点打造以花生种植基地为龙头，以高效设施农业、花卉果园、旱田水产养殖为主导产业特色农业。培养农村电子商务创业带头人，实现农特产品网挂销售。新成立合作社108个，家庭农场91个，土地耕作服务社6个，农村产权交易服务中心1个。信和包装项目完成开工、竣工；总投资4亿元的远景公司风力发电项目进入选址阶段。发展个体私营企业100余家，新增个体工商户500余户。全镇有列统企业25家，其中工业列统企业15家，服务业列统企业4家，贸易业列统企业6家，全年实现规模工业开票销售3.3亿元，规模以上固定资产投资6亿元。

【渔沟镇】 渔沟镇位于淮阴区西部，全镇面积99.1平方公里，人口近7万，下辖18个行政村、1个居委会。其中，镇区面积2.4平方公里，常住人口2.38万人。渔沟镇距淮安市区和宿迁市泗阳县城均10余公里，325省道横贯东西，淮沭新河纵贯南北，京沪、同三、宁连、盐淮徐等4条高速公路依境而过；205国道、新长铁路环绕左右，15分钟即可抵达淮安机场，是325省道淮安市西大门、淮阴区淮泗片经济、文化、商贸中心。先后被确定为全国重点镇、省级重点中心镇、国家级生态镇，2016年创成江苏省卫生镇。

2016年，实现规模以上固定资产投资11亿元、工业固定资产投资10亿元、一般公共预算收入1.09亿元、规模以上工业开票销售收入5.1亿元。渔沟工业园投入5000余万元新建园区6条道路、配套管网及景观提升工程，形成四纵三横道路框架，实现“五通一平”。新增销售超亿元企业1个；总投资5亿元的闽泉纺织科技、5.6亿元的维福莱科技、3.2亿元的浩海工贸和1.5亿元的固基管桩项目相继落户。渔沟工业园被市政府确认为市级经济园区。

【王兴镇】 王兴镇位于淮阴区东北13公里处，镇域面积61.3平方公里，东隔盐河与涟水保滩乡相望，北与涟水县蒋庵乡接壤，西与棉花庄镇毗邻，南连新渡乡。下辖12个行政村（居）、96个村民小组、9133户、34691人，2016年，财政收入7336.56万元，农民人均纯收入16758元。

2016年，实现村集体收入325.1万元，发放扶贫小额贷款670万元。总投资5000万元的鸿淮家居项目竣工投产，新发展高效设施农业41.33公顷、高效渔业面积8公顷；全镇农机化水平87.2%。新成立家庭农场9个、合作社4个。成立农村产权交易中心，全年完成交易35笔，交易额1150万元。总投资1亿元的瑞丰科技项目基本建成，总投资1亿元的固岩建材项目建成投产，总投资5000万元的宏广礼盒二期项目竣工投产。规模企业实现开票2.8亿元，工业入库税金增幅16%，工业用电量115万千瓦时；规模以上固定资产投资7.5亿元，其中工业投资5.4亿元；新成立私营企业110个，新成立个体工商户120个；新培植工业规模企业2个，批零企业2个，服务业企业1个，外贸完成350万美元。

【新渡乡】 新渡乡位于淮阴区、清江浦区、淮安经济技术开发区和涟水县交界处，离城区5公里，距离淮安机场15公里，交通便捷。全乡总面积44.42平方公里，可耕地面积1580公顷。全乡下辖9个行政村、1个蚕种场。户籍人口3.09万人。2016年，乡财政收入约0.92亿元，人均纯收入1.8万元。

新增高效设施农业80公顷，形成朱集、三杨、新桥和沙荡、新渡、夏圩等两个千亩连片大棚蔬菜生产基地。淮涟草莓是新渡乡农业特色产业。全乡新增家庭农场8个，新增合作经济组织2个，创建市级示范社1个。投资3000万元的凯德亚食品“二期技改”农业项目竣工，淮安国际自行车城项目在建，总投资28亿元的城东港区项目、投资130亿元的养老养生产业小镇开工建设。全年工业企业开票销售约2.1亿元，工业用电量450万千瓦时；新发展私营企业33家、个体工商户26户。

【徐溜镇】 徐溜镇位于淮阴区西北部，距淮阴城区25公里。东邻古寨乡、刘老庄乡，西接西宋集镇，南连五里镇，北隔六塘河与沭阳县钱集乡相望。205国道穿境而过，附近有325省道、宁连一级公路、新长铁路、宿淮铁路、宁淮高速等交通要道。2014年7月，徐溜镇被列入新的全国重点中心镇。镇域面积89平方公里。下辖2个居委会、9个行政村，人口39563人。

2016年，徐溜镇社会生产总值16.6亿元。新增土地流转面积333.33公顷，新引进培育农业企业3家，为120个农民提供就业岗位，全镇农业产业工人400余人，增加群众收入150余万元。依托镇农业产业园新建一个3500平方米的农产品加工中心。引进群悦工贸、利欧浦电光源两家亿元以上企业，实现工业开票销售4.5亿元，入库税金2000万元，全镇工业企业职工人数超2000人。

【五里镇】 五里镇镇域面积53.12平方公里，可耕地面积2800公顷。下辖11个行政村，社会总人口2.98万人。2016年，一般公共预算收入6971万元，财政收入0.65亿元，农民人均纯收入1.19万元。

实施投资1320万元的东南片区农业开发项目、投资670万元的基本农田整治项目和投资200万元的优稻基地项目。全镇完成权属调查6953户，占任务数105.96%；完成审核公示6952户，占任务数111.52%；完成完善合同6952户，占任务数111.52%；完成登记簿6952户，占任务数111.52%。规模以上工业开票销售4亿元；工业用电量920万千瓦时；规模以上固定资产投资7.05亿元，其中工业投资5.9亿元；新发展私营企业数115个，新发展个体工商户122户；投资1.1亿元的淮海型材二期项目、投资1.2亿元的金鑫光伏二期项目、投资3500万元的康美制药中药饮片加工项目被纳入市重点项目。招引外资项目3个。

【西宋集镇】 西宋集镇位于淮阴区西北35公里处，与宿迁市的沭阳县、泗阳县接壤。由东向西有淮沭河、渠西河、跃进河、淮泗河和六塘河5条河流穿过，向东6公里有205国道和新长铁路，向南16公里处有305省道。2016年底，全镇面积85.2平方公里，可耕地面积4240公顷，下辖12个行政村、2个社区、144个村民小组，总人口5.3万人。镇财政收入0.6亿元，农民人均纯收入13029元。

引进投资10.5亿元的沪江畜业现代生猪产业项目。投资3000万元的同玉禽业苗鸡养殖项目通过市重点验收。投资1100万元的金色满园中草药种植专业合作社年产瓜蒌20万斤。投入1050万元的亿瑞禽业全机械化鸡棚肉鸡养殖项目，年出栏肉鸡40~50万只。注册成立土地耕作服务社3个，培育市级专业合作社1个、区级家庭农场1个。引进毕图新材料、嘉百惠购物中心、富源包装等5000万元以上项目3个，嘉百惠商业街项目通过市重点项目验收。净增工业列统企业2个，批零住餐企业1个，重点服务业企业1个。

【凌桥乡】 凌桥乡面积68.56平方公里，可耕地面积2413.53公顷。全乡下辖11个行政村，社会总人口29144人。2016年，依托“凌桥大米”“凌桥香瓜”等知名品牌，带动全乡现代农业快速发展。规模流转土地177公顷，其中高效农业增加100公顷，形成以豆瓣集为中心的万亩优质稻米基地和以鑫联、双闸、新堡为中心的果蔬种植区，优质稻米南粳9108生产基地面积200公顷，香瓜种植规模万亩以上。

年内做好“三凌工业园”和“西金圩工业园”两个工业园区建设。“西金圩工业园”有厂房17栋，入驻企业10家，新引进项目6个：润淮盐业包装项目、江苏昇瑞机械制造有限公司、淮安联盛生物质有限公司炭化项目、淮安众泰汽车销售服务有限公司、江苏华祥仪器有限公司、淮安润淮有限公司。 （吴翠莲）

淮阴区领导干部名录

（2016年1月1日~12月31日）

淮阴区委

书　记　刘泽宇

副书记　朱晓波　杨维东

常　委　刘泽宇　朱晓波　杨维东

张在明（2016年1月止）

孙晓燕（女，2016年4月止）

陈　张

龚李萍（女，2016年1月任）

张爱民

万旭东（女，2016年4月止）

吴国飞　刘军洲

桑绍淮（2016年4月任）

李尚武（2016年2月任）

谢　鹏（2016年4月任）

淮阴区人大

主　任　刘泽宇（2016年2月止）

陆益民（2016年2月任）

副主任　陆益民（2016年2月止）

刘翠花（女，2016年11月止）

穆文清（2016年11月止）

韩国虎

赵　欣（女，2016年11月任）

王胜贤（2016年11月任）

唐业勤（2016年11月任）

淮阴区政府

区　长　朱晓波

副区长　陈　张

张　健（2016年7月止）

张春荣（2016年7月止）

乐　翔（2016年4月任）

于永芳（女）　殷　俊

谢　鹏(2016年4月止)
蔡　昀(2016年7月任)
黄克涛(2016年7月任)

淮阴区政协

主　席　葛志胜(2016年11月止)
张在明(2016年11月任)

副主席　张在明(2016年1月任,2016年11月止)
赵　欣(女,2016年11月止)
张植林(2016年11月止)
朱靖军
谢华山(2016年1月止)
郑　静(2016年2月任)
李　娟(女,2016年11月任)
高　毅(女,2016年11月任)

淮阴区纪委

书　记　张在明(2016年1月止)
龚李萍(女,2016年1月任)

淮阴区法院

院　长　尤铁梅(女)

淮阴区检察院

检察长　张洪斌(2016年11月止)
周　飞(女,2016年11月任)

(市委组织部县区干部处)

洪泽区

【基本情况】 位于淮安市南部,地处淮河下游,洪泽湖东畔,白马湖畔,淮河入海水道南岸,淮河入江水道北岸。1956年建县,因湖设置,借湖得名。素有"淮上明珠""鱼米之乡"之称。2016年10月,洪泽撤县设区。风景名胜有全国重点文物保护单位洪泽湖大堤、中国传统村落龟山村、国家AAAA级旅游景区洪泽湖古堰景区,有世界第四大淡水湖洪泽湖及坐落于洪泽湖大堤上的三河闸、高良涧船闸、苏北灌溉总渠渠首--高良涧进水闸等大中型水利工程风景区,有老子山温泉旅游度假区,有江淮大学旧址、西顺河二十六烈士陵园等红色旅游景区,有特色古镇老子山镇、蒋坝镇、岔河镇、西顺河镇。主要特产有岔河大米、蒋坝河藕、双沟芡实、双沟千张(百页)、西顺河小花生、西顺河芒硝、三河药材,还有"洪泽湖八鲜"(洪泽湖大闸蟹、甲鱼、白鱼、青虾、银鱼、鳜鱼、鳗鱼、鲴鱼)等水产品。面积1273.41平方千米。年末全区户籍人口37.88万人。辖6个镇、3个街道、1个省级开发区(虚拟社区),31个居委会(其中7个城市居委会)、95个村委会。

【地方经济】 2016年,洪泽区实现地区生产总值255.31亿元,比上年增长8.9%。第一产业增加值33.63亿元,增长2.3%;第二产业增加值103.71亿元,增长10.0%,其中工业增加值89.26亿元,增长10.5%;第三产业增加值117.97亿元,增长9.8%。人均地区生产总值75558元,增长8.6%。三次产业增加值比例调整为13.2∶40.6∶46.2,二、三产业增加值占地区生产总值的比重为86.8%,比上年提高0.5个百分点。

农业　全年完成现价农林牧渔业总产值67.08亿元,比上年增长5.12%。其中,农业34.28亿元,增长4.05%;林业4.09亿元,增长6.77%;牧业17.12亿元,增长7.23%;渔业10.37亿元,增长4.1%。全年粮食种植面积5.91万公顷,比上年增长2.34%,总产量44.21万吨,增长0.50%。其中,小麦种植面积2.77万公顷,总产量15.95万吨;水稻种植面积3.03万公顷,总产量27.81万吨。全年新增林地面积376.6公顷,增长16.6%。生猪饲养量35.67万头,下降6.0%,家禽饲养量1037万只,下降0.38%。全年水产品产量5.5万吨,下降3.5%。

工业　建筑业　规模以上工业企业完成工业总产值726.41亿元,比上年增长12.4%。主要工业产品产量情况:元明粉222.5万吨,增长7.9%;浓硝酸20.4万吨,下降13.0%;气缸套313.7万只,增长0.2%;水泥21.0万吨,下降21.1%;电子测量仪器0.98万台,增长18.1%;机柜3.65万台,增长4.2%。全年用电量17.99亿千瓦时,增长2.3%,其中工业用电量14.36亿千瓦时,下降1%。

规模以上工业实现主营业务收入710.27亿元,同比增长11.8%。规模以上工业三大主导产业(化工、机械、轻纺)实现主营业务收入401.96亿元,同比增长7.8%,占规模以上工业主营业务收入的比重58.7%。

全年资质以上建筑企业完成总产值80.78亿元,比上年增长28.43%。房屋建筑施工面积468.64万平方米,比上年增长9.75%。

固定资产投资　规模以上固定资产投资完成202.65亿元,同比增长19.2%,其中项目投资190.14亿元,同比增长24.4%;房地产投资12.51亿元,同比下降27.2%。第一产业完成投资4.48亿元,第二产业完成投资147.71亿元,第三产业完成投资37.95亿元。全区商品房销售面积45.31万平方米,下降2.2%,其中住宅销售面积36.29万平方米,下降2.6%;商品房销售额16.35亿元,下降11.4%,其中住宅销售额12.68亿元,增长1.7%。

交通　邮电　全年完成公路客运量495万人,下降8.3%,公路货运量265万吨,下降11.1%。水上客运量2.15万人次,下降0.9%,水上货运量765万吨,下降2.4%。港口货物吞吐量1150.27万吨,增长27.7%。年末拥有公路里程1416.4公里,较上年减少35.8公里。

全年完成邮政业务收入4475.72万元,增长4.1%,电信业务收入1.78亿元,增长3.5%。年末固定电话用户5.15万户,减少0.27万户。年末移动电话用户21.55万户,增长0.27万户。年末互联网用户4.96万户,增长0.25万户。

国内贸易　全年实现社会消费品零售总额94.03亿元,增长11.0%。实现批发业销售额190.51亿元,同比增长12.8%;零售业销售额93.87亿元,同比增长14.8%;住宿业营业额4.3亿元,同比增长10.0%;餐饮业营业额14.42亿元,同比增长17.0%。创成省级电子商务示范镇1个,省级电子商务示范村1个。

开放型经济　全年新签外资项目19个,同比增长7个;协议注册外资5.07亿美元,增长92.8%;注册外资实际到账1.51亿美元,增长21.8%。全年进出口总额1.24亿美元,下降24.3%。其中出口总额1.13亿美元,下降25.5%。

财政　金融　全区财政总收入(不含土地出让金收入)29.26亿元,比上年下降4.5%。公共财政预算收入23.24亿元，下降7.8%。其中，增值税2.15亿元，增长64.6%；营业税4.64亿元，下降49.1%。公共财政预算支出41.48亿元，下降13.1%。其中，一般公共服务支出3.93亿元，增长8.4%；教育支出5.78亿元，下降21.1%；科技支出0.19亿元，下降80.1%；医疗卫生支出2.71亿元，增长14.7%；社会保障和就业支出3.84亿元，增长7.2%。

年末全区金融机构存款余额221.03亿元，比年初增加40.83亿元，增长22.7%。贷款余额158.84亿元，增加26.35亿元，增长19.9%。存款中，住户存款余额99.82亿元，增加20.79亿元，增长26.3%；非金融企业存款70.69亿元，增加7.51亿元，增长11.9%。贷款中，住户贷款50.81亿元，增加2.14亿元，增长4.4%；非金融企业及机关团体贷款108.03亿元，增加24.21亿元，增长28.9%。

【社会事业】 科技　2016年，洪泽区专利申请量2385件，专利授权量989件，其中发明专利申请量830件，全区有效发明专利拥有量110件。新获批国家高新技术企业13家。获批省高新技术产品11个。获批市级以上“两站三中心”14家，其中省级2家。获批全国第一批国家“星创空间”2家，市级科技公共服务平台1家，市级众创空间1家。引进千人计划专家3名，其中创业1名；获批省双创人才4人、省“333工程”第三层次培养对象5人、市“淮上英才”计划11人，获批创新团队项目1个。

教育　创成省级优质园2所、市级优质园1所，省级平安校园示范区、示范性县级教师发展中心、高水平现代化职业学校等创建工作进展顺利。全区各级各类学校共有在校生43694人。其中，普通高中在校生4621人；普通中等专业学校在校生1995人；技工学校在校生1488人；初中在校生8234人；小学在校生18150人；幼儿园在校生9091人。高考录取率逐年提高，本科达线1009人，达线率55.32%，提高1.99个百分点。

文化　成功举办第十一届中国洪泽湖国际大闸蟹节。在洪泽湖古堰景区承办了“万人太极齐舞、千人掼蛋齐乐和百人古筝齐奏”活动。举办第十一个“文化遗产日”暨洪泽非遗展演展示活动和世界博物馆日主题展览活动。

卫生　组建3个县域医疗联合体，推进家庭医生签约服务，全面落实二孩政策，卫生服务体系健全率100%。年末共有各类卫生机构（含卫生室）26个，其中医院、卫生院14个，疾病预防控制中心（防疫站）1个，妇幼保健机构1个。各类卫生机构拥有病床1560张，其中医院、卫生院拥有病床1560张。共有卫生技术人员1748人，其中执业（助理）医师724人，注册护士735人，疾控中心42人。婴儿死亡率3.01‰，孕妇住院分娩率100%。

洪泽四好农村路　　洪泽区志办供图

体育　启动镇（街道）行政村（居）全民健身设施场地改造升级工程，完成40个行政村（居）农民体育健身工程改造升级，建设2个乡镇（街道）多功能运动场。新成立轮滑、老年人乒乓球、户外健身、马拉松、陈氏太极5个体育社会团体。建成位于洪泽湖实验小学的省级洪泽区国民体质测定与运动健身指导站。承办洪泽湖古堰国际半程马拉松赛、全国龙舟大赛、2016首届“世界遗产地旅游联合发展峰会暨洪泽区·都江堰市旅游合作签约仪式”等大型赛事、活动，成功举办“艳阳度假·汤沟杯”CBSA美式台球国际公开赛。

环境保护　通过省级园林城市创建评估。全区建成区绿地总面积705.02公顷，绿化覆盖面积757.02公顷，绿地率38.1%，绿化覆盖率40.92%，公园绿地面积167.67公顷，人均公共绿地面积11.3平方米。开展大气和水污染防治专项行动，空气良好天数达标率82%。完成尾水廊道二期工程，启动实施白马湖上游9条河流生态修复工程，辖区内3个国考断面水质全部达标。完成城区8条主要河流疏浚、清淤和生态修复。岔河、老子山、西顺河分别获批全国重点中心镇、全国美丽宜居小镇和中国最具特色名镇。新改建农村公路463公里、农桥523座，实现行政村客运班车、乡镇垃圾转运和污水处理设施全覆盖，完成1248个自然村庄环境整治任务，朱坝大刘、黄集曹圩等7个村分别获评省级美丽乡村和江苏最美乡村。

社会保障　全年人口出生率8.97‰，下降0.07个千分点；死亡率6.93‰，下降0.06个千分点；人口自然增长率2.04‰。年末全区常住人口为33.82万人，比上年增加0.06万人。城镇化率52.36%，比上年提高1.68个百分点。全体居民人均可支配收入22960元，增长9.1%。其中城镇居民人均可支配收入30290.8元，增长7.7%；农村居民人均可支配收入15697元，增长9.1%。年末全区城镇参加失业保险职工5.12万人，增加0.07万人；城镇企业参加基本养老保险职工8.54万人，增加0.07万人；城镇职工参加基本医疗保险职工7.21

万人，参加农村合作医疗人数22.58万人。

【洪泽区成立】 2016年10月18日，洪泽区成立大会召开，洪泽区正式成立。2015年12月22日，中共淮安市第六次代表大会第五次会议上，决定对淮安进行新一轮新行政区划调整。在《中共淮安市委关于制定淮安市国民经济和社会发展第十三个五年规划的建议（草案）》（讨论稿）中提出积极稳妥推动洪泽撤县设区，实现洪泽湖“纳湖入城”。2016年6月，国务院同意撤销洪泽县，设立淮安市洪泽区，以原洪泽县的行政区域为洪泽区的行政区域，洪泽区人民政府驻高良涧街道东九道26号。

【国家重大农技服务改革试点项目】 2016年，洪泽区完成实施国家重大农技服务改革项目试点工作，完成新品种、新技术试验、展示与示范54项（个）。其中，稻麦新品种示范24个，新技术示范9项，新型物化产品示范8项（次），开展新技术储备试验10项次和高产攻关示范3项次，组织技术推介与现场培训8场、培训农业种植人员1200人次。

【洪泽湖生物资源调查】 2016年，洪泽区完成洪泽湖经济生物资源调查，并组织整理编纂成书，由中国农业出版社出版发行。经查，2015–2016年间，洪泽湖能够采集的脊椎动物62种，部分节肢动物、软体动物等21种，主要优势水生植物28种，另有洪泽湖的优势鸟类及国家二级保护以上的候鸟和留鸟25种。

【粮食生产全程机械化】 2016年，洪泽区推进江苏省“粮食生产全程机械化示范县（区）”创建。围绕示范县（区）项目六大环节作业机具需求，高性能联合收割机配置秸秆粉碎抛撒装置1561台（套），85马力以上拖拉机配置秸秆还田机1577台（套），配置乘坐式高速插秧机498台、育秧流水线82套、与大马力拖拉机配套播种施肥机1668台、与大马力拖拉机配套耕整地机械2126台、高效植保机606台、粮食烘干机332台，为粮食生产全程机械化示范县（区）项目按序时开展提供有力装备支撑。

·街道乡镇·

【高良涧街道】 高良涧街道是洪泽区城关街道，辖19个行政村（居）、174个村（居）民小组，社会总人口15.7万人，其中农业人口3.8万人。区域面积111.7平方千米，其中水域面积21.98平方千米。2016年，实现全社会固定资产投资13.8亿元、公共财政预算收入1.73亿元、农民人均纯收入22944元、城镇居民可支配收入29820元。

街道有农业耕地2680公顷，以稻麦种植为主。水产养殖面积800公顷，其中大闸蟹养殖533.33公顷。耕地流转率77.2%，建成连片稻麦种植示范区16个，规模化经营率92%，农业机械化程度98%，秸秆综合利用率100%。打造沿洪三公路农业经济示范带，培植澳蜜尔葡萄园等8家农业体验采摘园。投入1300万元，修建桥梁涵闸216座，铺设水泥路18千米，护砌渠道9千米。实现规模以上工业开票销售39亿元，工业入库税金0.72亿元。签约亿元项目9个：投资1.12亿元的宏港技改项目、1.07亿的康丽欣技改项目、3000万美元的净水项目、8000万元的三企食品项目、6100万元粮食深加工项目、3200万元（农业3000万元以上项目可当作亿元项目考核）的华记水产项目、1.6亿元的洪泽湖美食城项目、1.06亿元经程物流项目、1.16亿元的休闲农庄项目。新开工亿元项目6个：三企食品项目、宏港技改项目、康利欣技改项目、华记水产项目、洪泽湖美食城项目、经程物流项目。新竣工亿元项目5个：海信医药项目、宏港毛纺项目、天泽管业项目、经程物流项目、润龙科技项目。

【朱坝街道】 朱坝街道位于洪泽区东部，距城区约5千米，南与东双沟镇接壤，北与黄集街道、东与岔河镇毗邻。辖7个行政村、3个居委会、81个村民小组，总人口29779人，总面积约60平方千米。2016年，实现财政收入9739万元，村平均集体经营收入43.28万元，农民人均纯收入16959元。获“江苏省和谐社区示范街道”称号。

至2016年底，初步形成以三圩居委会、大魏居委会、墩南村的花卉种植业，朱坝居委会、曹庄村、大刘村、三圩居委会、大魏居委会的蔬菜大棚业，朱高村、富民村、马棚村、袁集村芡实种植、水蛭养殖业新格局。总投资3500万元，占地7.07公顷大刘村特禽种蛋保鲜孵化及工厂化生产项目进入市项目库。新增家庭农场21个，创建省级示范农场2个、市级家庭示范农场3个。投入190.62万元实施“一事一议”道路财政奖补工程。实施中沟疏浚15条，完成土方3.61万立方米，沟塘整治1.7万立方米。完成规模以上固定资产投入10.91亿元，占年目标的120.3%；完成全部工业产值45.5亿元；完成列统企业开票销售12.04亿元。引进项目16个，总投资2.25亿元的国瑞化工二期工程竣工，国超科技技改项目投资1.1亿元，工业集中区在市级特色园区排名第六。

【黄集街道】 黄集街道位于洪泽、清江浦、淮安三区交界处，东连白马湖，北临苏北灌溉总渠，西接宁连一级公路，328省道、洪淮公路、淮金公路穿境而过。辖7个行政村、1个居委会，总人口约2.1万人。区域面积51平方千米。2016年，实现地区生产总值6.6亿元、财政收入8960.8万元、农民人均纯收入15515元。村集体经济收入平均46.7万元，同比增长10.5%。

粮食生产获丰收。建成高标准农田1万亩。新培育合作社4个、家庭农场18个，其中创市级家庭农场和示范合作社各1个。投入50万元，整治河塘9条、11万立方米；投入150万元，新建农桥5座；完成龙须港生态修复工程5.5千米清障拆迁任务。投入200万元，新铺道路10千米。新竣工3000万元以上农业项目1个，新开工3000万元以上农业项目1个。新上1000万元以上农业项目2个，均竣工运营。实现规模以上工业开票销售5.6亿元，注册外资实际到账1004万美元，服务业入库税收7000万元，工业用电量660万千瓦时，规模以上工业实体企业税收1700万元，新培植列统企业5个。实施亿元以上项目5个，分别是投资4亿元的固废处置项目、投资1.5亿元的圣欧芳纶二期项目、投资3600万元的同心禽业项目、投资3200万元的同玉禽业项目、投资1.5亿元的曹圩最美乡村旅游项目。

【岔河镇】 岔河镇地处洪泽区东部，北邻淮安区，南毗金湖县，西与朱坝街道接壤，东隔白马湖与宝应县相望。辖22个行政村、4个居委会，总人口6.56万人。镇域总面积235平方千米，其中白马湖水域44平方千米，耕地面积1万公顷。2016年，实现地区生产总值34.79亿元，同比增幅23.8%；公共财政预算收入1.66亿元，同比下降13.3%；村平均集体经济收入59.23万元，同比增16.21 %；农民人均纯收入17256元，同比增幅9.4%。入选全国重点镇，通过省级文明镇验收，获得“省级农村产权交易先进乡镇”称号。

大力发展订单农业，与省农科院合作，在滨河、岔河、其虎等村创建稻麦万亩高产示范片，推广宁麦13、南粳9108等新品种，平均亩产分别为510公斤、760公斤；在滨河、桃园等村推广稻田养虾新模式，亩平收入2000元以上。“岔东大米”获江苏省首届优质稻米暨品牌杂粮博览会金奖。举办“水乡缘”杯第一届禾采插秧节。实现规模以上工业企业开票销售20.56亿元，同比增幅25.4%；规模工业入库税金1.47亿元，其中江苏华源新能源科技有限公司当年入库税金1.33亿元。竣工亿元以上工业项目2个，完成工业固定资产投资11亿元。新培植华斯达食品、海强特钢等规模以上工业企业6户。新培植入库税金超亿元企业1家，100万元~500万元企业3家。当年实现外贸进出口总额1068万美元，超额完成全年目标。

【东双沟镇】 东双沟镇位于洪泽湖东岸，南与三河镇交界，北与高良涧街道接壤。镇域湖岸线8千米，镇域面积161平方千米，辖16个行政村、4个居委会，户籍人口6.1万人。宁淮高速、宁连一级路、洪三公路三条干线公路南北穿境而过。2016年，实现一般公共预算收入1.03亿元，农村人均可支配收入1.77万元。

完成3000万元以上农产品加工项目1个，1000万元以上农业一、三产项目3个，新增市级农业龙头企业2个。全年新增高效设施种植面积133.33公顷，争取省级财政资金扶持项目1个；创成3个市级示范家庭农场、4个市级土地股份示范合作社；新建6个粮食烘干中心，居全区首位。投入8000多万元，完成拆建工程1484座，完成土方28万立方米，铺设道路15千米，修建防渗渠49.5千米。深化集体资产股改，完成三庄、宋庄、丰收等3个村的社区股份制改革，居全区第一。实现规模以上工业税收2500万元，超目标25%；规模以上企业开票销售10亿元；规模以上工业总产值、规模以上固定资产投资、规模以上工业投资分别为122亿元、15亿元、11亿元。开工固废处置、海绵及旅游用品、机械加工园、光伏发电等亿元以上项目4个，3000万元以上农业龙头项目——汇丰新能源项目竣工投产。全年招引工业项目9个。其中亿元以上项目3个，累计投资8亿元。全镇新培植列统企业2家。

【三河镇】 三河镇位于洪泽区东南部，东与金湖县陈桥镇交界，南临淮河入江水道与盱眙县观音寺镇、金湖县戴楼镇隔河相望，西依洪泽湖大堤，北与东双沟镇毗邻，宁淮、宁连高速公路穿镜而过。全镇辖15个村、4个居委会，总人口5万人，总面积141.85平方千米。2016年，全镇实现地区生产总值25.2亿元，一般公共财政预算收入1.673亿元，农民人均纯收入15960元。

投资4500万元的奥洁尔有限公司、3200万元的苏油粮油加工项目、1450万元的淮安海纳牧业有限公司等一批农业重点项目相继建成投产。新建成区级以上水稻机插秧万亩示范片7个、区级以上小麦机条播万亩示范片8个、国家级稻麦示范区4万亩。建成省级农业龙头企业1家、市级龙头企业3家。有合作社及家庭农场85家。完成工业产值105亿元，规模以上工业实现开票收入13亿元，规模以上固定资产投资12.7亿元，新增列统企业3个，入库税金1800万元，现代服务业入库税金5010万元；实现注册外资到账790万美元，外资进出口1100万美元。新增私营企业14个，个体工商户 105 户。全年招引各类项目12个，其中亿元以上工业项目6个。开工亿元项目3个，竣工亿元项目2个。开、竣工3000万元以上农业加工项目2个。

【蒋坝镇】 蒋坝镇位于洪泽湖古堰最南端，西临洪泽湖，南接水利枢纽三河闸，北与南水北调东线工程洪泽站相邻，是一个四面环水的岛镇。全镇水陆面积12.1平方千米，下辖2个行政村、2个居委会，总人口1万人。2016年，实现财政总收入1.04亿元，村平集体经营性收入 38.8万元，农民人均纯收入22180元。成功创建江苏省文明镇、江苏省卫生镇。

完成彭城村农村集体资产股份合作制改革试点，新组建农村土地股份合作社1个。新引进固定资产投资3000 万元以上农产品加工项目1个，新引进固定资产投资1000万元以上一、三产项目1个，新建村级电商“双代店” 1 个，创建市级示范农民专业合作社1个。实现工业开票销售9.78亿元，工业入库税收1784万元。新签约、开工项目1个。竣工项目1个，即江苏富港特钢有限公司“年产30万吨热轧钢筋生产线”项目，项目总投资2.2亿元。新培植列统企业1个，全镇工业列统企业13个。实施投资2.4亿元新建天鹅湾金陵温泉酒店、投资1亿元实施观沧海和落霞湾河工风情街区、投资6500万元实施快活岭湿地花田、投资4200万元新建银杏广场、投资5700万元实施总长12公里的环岛绿道等项目。美丽蒋坝休闲度假区项目获批全国优选旅游项目，美丽蒋坝PPP项目成为国家级示范项目。

【老子山镇】 老子山镇位于洪泽区南部，南与盱眙县官滩镇毗邻，隔湖与蒋坝、高良涧等镇（街道）相望，西北为洪泽湖。水路距离洪泽城区32千米，陆路距洪泽城区88千米，镇辖2个居委会、9个行政村，总人口1.83万人，其中渔民约占60%，分布定居在湖区60多个滩头。镇域面积300平方千米，滩涂约占90%，镇区面积4.8平方千米，素有“水乡泽国”“温泉之乡”之美誉。2016年，实现财政总收入

8300万元、公共财政预算收入6900万元、规模以上企业开票销售5.2亿元。实现农林牧渔总产值6.1亿元。

新增高效设施渔业养殖2300亩、秸秆机械化还田率91.2%。新发展农民专业合作社11个、家庭农场38家，其中省市级以上3个；注册农产品商标35枚、培育出“一村一品”特色产业5个，培育龙头企业3家。全年水产品产量14178吨，同比增加11.5个百分点。实现规模以上工业产值23.8亿元，利税1.61亿元；工业用电量699万千瓦时；规模以上固定资产投资9.2亿元；新增列统企业5家，实现规模以上企业开票销售5.33亿元；工业入库税金2100万元；注册外资到账817万美元。大有恒水产在新三板成功上市。

【西顺河镇】 西顺河镇位于洪泽湖北畔，三面环水，自然风光独特，全镇三分之二区域在国家级湿地保护区内。全镇下辖5个村(居)委会，人口1万余人，区域面积18.1平方千米，耕地面积2426公顷，水产养殖面积1666.67公顷。2016年，完成公共财政预算收入1.45亿元，现代服务业入库税收1710万元。

推进投资10亿元的现代渔业产业园项目建设。水产种养殖方面，抓好大闸蟹养殖、“青虾、龙虾”养殖、特色水产养殖、四大常规鱼养殖以及“莲藕、芡实、蒲菜、茭白、水芹”等五种水生蔬菜种植。实现规模以上工业开票销售12.85亿元，同比增长40%；实现工业用电量1.54亿千瓦时，同比增长11.4%；完成固定资产购置进项税800万元，占年目标的100%；新培植规模以上企业4户。投资2.8亿元的热电联产项目、投资2.3亿元的采卤项目和投资1.1亿元的分布式光伏项目等3个列入市重大项目督考的亿元项目竣工；江苏天参公司投资1.1亿元的高效生态渔业休闲观光项目完成一期投资。 (孙汉军)

洪泽区领导干部名录

(2016年1月1日~12月31日)

洪泽区委

书　记　朱亚文(2016年9月任)
副书记　殷　强(2016年9月任)
　　　　程国民(2016年9月任)
常　委　朱亚文(2016年9月任)
　　　　殷　强(2016年9月任)
　　　　程国民(2016年9月任)
　　　　杨国仁(2016年9月任)
　　　　董　蔚(女，2016年9月任)
　　　　周海滨(2016年9月任)
　　　　戈利民(2016年9月任)
　　　　朱玉生(2016年9月任)
　　　　张培刚(2016年9月任)
　　　　张春荣(2016年9月任)
　　　　韩永胜(2016年9月任)

洪泽区人大

主　任　杨步新(2016年9月任)
副主任　曹文龙(2016年9月任)
　　　　黄　河(2016年9月任)
　　　　王建东(2016年9月任)
　　　　韩学红(女，2016年9月任，2016年11月止)
　　　　王兆龙(2016年11月任，2016年12月止)

洪泽区政府

县　长　殷　强(2016年9月任)
副区长　杨国仁(2016年9月任)
　　　　徐　琳(女，2016年9月任)
　　　　王兆龙(2016年9月任，2016年11月止)
　　　　高　军(2016年9月任)
　　　　陶　陶(2016年9月任，2016年11月止)
　　　　王爱荣(2016年9月任)
　　　　韩学红(女，2016年11月任)
　　　　何　喆(2016年11月任)

洪泽区政协

主　席　陈继信(2016年9月任)
副主席　陈炳峰(2016年9月任)
　　　　杨　皖(2016年9月任，2016年11月止)
　　　　谢建东(2016年9月任，2016年11月止)
　　　　王天林(2016年9月任)
　　　　薛良柱(2016年9月任)
　　　　陈洪标(2016年11月任)
　　　　谢文章(2016年11月任)

洪泽区纪委

书　记　戈利民(2016年9月任)

洪泽区法院

院　长　韩　俊(2016年9月任，2016年11月止)
　　　　王亚林(2016年11月任)

洪泽区检察院

检察长　韩少芹(女，2016年9月任)

(市委组织部县区干部处)

涟水县

【基本情况】 涟水县地处江苏省域北部，黄淮平原东部，淮河下游。汉武帝元狩六年(公元前117年)，置淮浦县，属临淮郡，此为涟水建县之始。隋开皇五年(585年)，改襄贲县为涟水县，因境内有涟河而得名，涟水之名始见。境内风景名胜有五岛湖风景区、能仁寺、妙通塔、月塔等。主要特产有高沟捆蹄、涟水鸡糕、涟水千张、安东萝卜干、涟水草鸡、涟水荷藕、今世缘系列酒等。2016年，全县总面积1677.48平方千米，下辖19个乡镇、1个省级经济开发区、2个特色产业园区，年末户籍人口115.38万人。

【地方经济】 2016年，涟水县实现地区生产总值387.09亿元，按可比价格计算增长9.4%。其中，第一产业实现增加值56.64亿元，增长2.2%；第二产业实现增加值147.51亿元，增长9.8%；第三产业实现增加值182.94亿元，增长11.6%。全县人均实现地区生产总值45680元(按年平均常住人口计算)，增长13.4%。第一、第二、第三产业增加值在地区生产总值中的构成比例由上年的15.6:38.9:45.5转变为14.6:38.1:47.3。第三产业比重提高1.8个百分点，三次产业结构更加趋于优化。

工业　全年新招引亿元以上工业项目23个，其中10亿元项目3个。全年实施亿元以上工业项目25个，总投资100亿元的华昌新材料产业园项目有序推进，大量科技、信守橡塑等项目进展顺利，苏杭科技、中澳盐业、妙通纺织、暴郭科技、中顺环保等项目竣工投产。中国白酒业首套装甑机器人生产线在今世缘酒业投入使用。今世缘获批国家酿造微生物资源与应用重点实验室培育点，成为全市首家“国”字号工作站。全年实现工业增加值121.88亿元，比上年增长10.7%；工业入库税金8.2亿元，增长

古盐河畔不夜城　　　　叶宝珠　摄

5%；新增规模工业企业40个；规模工业开票销售收入271亿元，同口径相比增长15%。工业用电8.93亿千瓦时，规模以上工业实现总产值840.36亿元。规模以上工业中，内资企业完成产值755.21亿元；港澳台商投资企业完成产值43.97亿元；外商投资企业完成产值41.18亿元。规模以上工业企业全年实现销售收入774.3亿元；实现利税59.46亿元，其中利润37.93亿元。

农业　全年新增高标准农田4533.33公顷，新增旱涝保收面积2000公顷。全县农机总动力119.12千瓦，比上年增加0.9万千瓦；农业综合机械化水平82.1%，提高1.6个百分点。畜禽规模养殖比重70%。全年实现农林牧渔业产值109.49亿元，按可比价格计算增长2.4%。实现农业增加值42.31亿元。新增农村流转土地1万公顷，培育专业大户600个、家庭农场124个、市级示范合作社13个、省市级农业龙头企业5个。3000万元以上农产品加工项目新开工18个、竣工6个。全年粮食总产量88.44万吨，比上年减少2.42万吨；油料总产量3.73万吨，增加0.3万吨；蔬菜总产量88.3万吨，增加0.07万吨。全年渔业养殖面积5533.33公顷，水产品产量1.8万吨；全年家禽出栏1395万只，减少59万只；生猪出栏56.85万头，减少3.85万头；羊出栏3.86万只，减少0.13万只；新植成片林300公顷，新植“四旁”植树100万株。实现林业产值3.12亿元；实现牧业产值25.3亿元，增长23.8%；实现渔业产值3亿元，增长3.6%。

服务业　全年新增规模以上服务业企业33户，累计162户。全年规模以上服务业企业实现营业收入75.6亿元，比上年增长15.9%。

开放经济　全年新批外资项目12个、增资项目6个，实现注册外资实际到账1.41亿美元，比上年增长19.8%。完成进出口总额3.42亿美元，其中出口3.02亿美元，进口0.4亿美元。

生态建设　通过“治旧腾新”解决VOC（有害挥发性有机物）总量24.9吨；PM2.5浓度比上年下降4.2%，空气优良天数比上年多43天。实施安东北路、深圳路、天元路、上海路、北京路污水管道工程，污水收集率90.2%。建成95公里乡镇污水管网，前进、成集、东胡集3个乡镇污水处理厂主体完成。实施主城区增绿、添绿工程，道路绿化普及率90.13%，达标率80.12%。实施环卫作业市场化运作。创成省级卫生县城、园林城。污水处理率、生活垃圾无害化处理率分别为70%和100%；全年空气质量达到及好于二级的天数282天；地表水好于Ⅲ类水质的比例为100%；建成区绿化覆盖面积1508公顷，增加78公顷。

【社会事业】 教育　2016年，涟水县有各级各类学校104所，其中普通中等专业学校2所，普通中学35所，小学67所；在校学生12.91万人，其中普通中等学校在校生1.63万人，普通中学在校生3.17万人，小学在校生8.1万人；学龄儿童入学率99.9%，初中毕业生升学率为99.5%。全县有幼儿园106所，在园幼儿3.64万人。全县拥有专任教师9234人，其中普通中学专任教师3982人，小学专任教师4841人。义务教育“改薄”工程累计投入4.12亿元，建设项目56个。优化重组7个乡镇中小学成为九年一贯制学校，滨河高级中学投入使用，异地新建高沟中学。高考达线率提高8.09个百分点。师生在各级各类竞赛中获奖5000余人次，省级技能大赛成绩列全市第一。

卫生　县人民医院等3所县级公立医院分别与东南大学附属中大医院等3所省级医院组成医疗联合体。基层医疗卫生机构添置万元以上设备372台，推荐乡村医生签约服务和健康管理团队服务，建立管理团队126个，签约32万人，占常住人口37.9%，其中个性化有偿服务签约3.3万人，占特需人群21.3%。年末全县拥有各级各类医疗机构477个，其中医院6所，卫生院32所；拥有病床4110张，比年初增加449张；卫生技术人员4539人，增加254人，其中执业医师1926人，增加62人，注册护士2056人，增加202人。全县卫生服务体系健全率100%。

文化广电　县文化馆通过国家一级馆验收，博物馆即将开放，图书馆、科技文化中心等场馆建设全面启动。“中华诗词之乡”通过国家级验收。先后组织“四城同创”宣传周、国庆七天乐等群众性文化活动，完成送电影下乡4320场，送演出120场，送书到基层1.5万册，送展览10场，超额完成“四送六进”文化惠民任务。广播电视覆盖率100%，有线电视入户率95.9%，剧场、影剧院4个，公共图书馆1个，图书总藏量283千册。

体育　完成省“公共体育服务体系示范区”和省“高水平单项基地”创建工作，通过省体育总会公共体育重点工作督查，先后获得“2016年度群众体育工作先进单位”和市八运会“团体总分奖”，向省自行车队输送高水平自行车运动员4人。先后组织超百人的赛事活动29次。在2016年省青少年自行车锦标赛中获得金牌3枚；全国百城市自行车赛（泰州站）女子公路公开组大组赛，涟水县自行车队2名运动员，分获第一名和第三名；女子山地公开组大组赛中，1人获亚军。

科技　以企业为主体、院校为依托的产学研合作深入推进，各类创新要素在企业集聚、各种技术成果在企业转化的速度进一步加快。引进国家"千人计划"等高层次人才42人，建成国家级博士后科研工作站1个、省级工程技术研究中心7个，县经济开发区电子电气产业园获批省级特色产业园，全社会研发支出占地区生产总值比重2.06%，高新技术产业产值占规模以上工业产值比重19.8%，新增中国驰名商标1件，驰名商标和地理标志商标总数均居全市前列。全年专利申请量2299件，比上年增加476件；专利申请授权量901件，减少98件。其中，发明专利申请量538件，增加111件。

社会保障　落实改善民生举措，城镇基本养老保险、城镇失业保险参保人数分别为9.25万人、6.97万人，比上年年末净增0.15万人、0.17万人，城镇医疗保险参保人数17.94万人，减少0.86万人，养老、医疗、失业保险覆盖面分别为95.56%、95.58%和95.66%。新型农村养老保险与城镇居民社会养老保险合并，城乡居民养老保险参保人次26.26万人，覆盖率99.8%。全面实施全民参保登记，在全市率先启动社会保险费网上申报工作，社会保险覆盖率95.6%；城市低保标准由每月490元提高到520元，农村低保标准由每月370元提高到400元；做好"一站式"医疗平台救助工作，实施医疗救助2.23万人次，发放救助金2597.9万元。新建居家养老服务中心18个，农村关爱之家11个和关爱驿站4个。安置房建设快速推进，住房保障覆盖率26%。新实施的棚户区改造项目货币化安置率超过60%。

【省青少年自行车锦标赛（山地、公路赛）】　6月12日，省青少年自行车锦标赛（山地、公路赛）在涟水县省自行车训练基地举办。比赛为期3天，全省各市10支代表队参加，179名运动员参加公路10项、山地4项14个项目角逐。在首日比赛中，淮安市涟水县外国语中学代表队胡浩然以9分36秒夺得少年乙组男子山地个人计时赛冠军；淮安市涟水县外国语中学代表队陈怡君以10分44秒夺得少年乙组女子山地个人计时赛冠军；徐州市代表队王薪雄以43分23秒夺得少年甲组男子山地项目（山地越野赛4圈）冠军；常州市代表队王晓云以12分33秒夺得少年甲组女子山地项目（山地越野赛1圈）冠军。

【《今世缘·等着我》百期特别节目走进今世缘酒业】　7月8日晚，中央电视台《今世缘·等着我》第100期特别节目，走进今世缘酒业总部，在今世缘文化广场进行4个小时"准直播"式的现场拍摄。资深嘉宾陈士渠、郁钧剑、李丹阳、张春蔚、杭宇、张宝艳，民政部社会事务司副司长倪春霞、公安部打拐办主任陈建锋，江苏省公安厅刑侦局副局长赵广义等参加拍摄。并为栏目开办以来作出特殊贡献的全国公安干警代表、社会志愿者代表颁奖，为民政部社会事务司、公安部和部分省市打拐办、"缘梦基金""宝贝回家"志愿者协会的代表颁奖。

【里约奥运江苏健儿走进今世缘】　10月13日下午，从里约奥运会载誉归来的女子双人10米跳台冠军陈若琳，女子排球冠军惠若琪，男子58公斤级跆拳道冠军赵帅，女子重剑团体银牌得主许安琪，女子团体花样游泳银牌得主顾笑、禹俐、梁馨枰，90公斤男子柔道铜牌得主陈训钊，男子体操团体铜牌得主尤浩，女子200米蛙泳铜牌得主史婧琳等江苏奥运健儿走进今世缘酒业公司。省体育局副局长王伟中，副市长王红红，县委副书记、代县长时勇，市体育局局长卞玉，市政府副秘书长王立华，今世缘酒业董事长、党委书记、总经理周素明等参加庆功祝捷活动。惠若琪代表里约奥运江苏健儿发言。奥运健儿们参观今世缘酒业智能化酿酒中心、展示中心，为今世缘美酒银行揭牌，为2020年奥运庆功酒封坛。

【涟水国际公路自行车邀请赛】　10月23日，"今世缘·国缘"涟水国际公路自行车邀请赛在涟水县举行。比赛设置精英大组赛、大众骑行赛和精英绕圈赛3个类别，美国、澳大利亚以及港澳台等10余个国家和地区的22支代表队、近200名运动员参加比赛。经过激烈的角逐，澳大利亚City Of Perth车队的Stephen Hall、上海森地客鑫元鸿车队的夏威和广东凯路仕烈风车队的刘祝庆分别夺得精英大组赛的前三名，广东凯路仕烈风车队的侍宗康、澳大利亚City Of Perth车队的Stephen Hall和香港Xspeed racing车队的刘允禧分别夺得精英绕圈赛前三名，侍宗康还获得精英绕圈赛的"冲刺王"。

【五岛湖旅游区获批为国家AAAA级景区】　五岛湖旅游区位于涟水县城中心，包括五岛湖公园、能仁寺景区、涟水县博物馆三大板块，占地面积约65.9公顷，是融历史文化、红色文化、佛教文化、园林文化、生态文化、廉池文化于一体的复合型旅游区。2015年起，涟水县累计投入15.7亿元，整合五岛湖公园、能仁寺、博物馆三大板块资源，实施透湖、景观改造提升和环境治理，完善旅游交通、游客服务、无线网络体系。新建养生文化园、琼花园、乡贤园、非遗馆、米芾书画院等景点。新建改建停车场7个，累计10000多平方米，可停放大小车辆300余辆。新建和改建A级以上厕所11座，其中AAA级旅游公厕1座，AA级1座，保证完好率100%。安装旅游区数字化全方位监控系统，设立景区警务室、建立应急救援体系，设置游客紧急救援电话，进一步健全安全体系。12月23日，根据江苏省旅游资源规划开发质量评定委员会2016年第8号公告，五岛湖旅游区正式被批准为国家AAAA级旅游景区。

（陈全昌）

·乡　镇·

【涟城镇】　涟城镇是县委、县政府所在地，是全县政治、经济、文化和商贸中心。西距淮安市区30千米，南和淮安区隔河相望。全镇总面积72平方千米，有耕地1990.4公顷，辖1个蚕种场，30个村（社区），136个居民组，17.14万人。2016年，完成地区生产总值108.27亿元，财政总收入1.93亿元，城镇居民人均可支配收入2.51万元，获县委、县政府乡镇科学跨越发展考核一等奖。

实现农业总产值53343万元，粮食作物播种面积3175.07公顷，总产量1.05万吨。新增规模化种养大户11户，新增注册家庭农场7个，新增土地股份合作社6个，引进农业项目9个，新增农民专业合作经济组织21个。实现规模以上工业投资4.6亿元，规模以上工业总产值170.6亿元，固定资产进项税780.5万元。新发展个体工商户430户，新增私营企业234户，新增私营企业注册资本13亿元，完成限额以上服务业和限额以上贸易单位营业收入55亿元，实现第三产业增加值72.08亿元。

【高沟镇】 高沟镇地处淮安、连云港、宿迁三市交界处，是淮安、涟水北大门，距市区50千米，距县城25千米，距涟水机场35千米，宁连高速、236省道、326省道贯穿全境，东西六塘河、公兴河穿境而过，新326省道向西延伸与京沪高速相连，兴建中的连淮扬镇高铁也从境内而过。全镇总面积112平方千米，辖28个村（社区），2.62万户，10.4万人，耕地面积6364.8公顷；镇区建成面积6.5平方千米，镇区人口6.5万人。2016年，全镇实现地区生产总值38.45亿元，财政总收入1.39亿元，公共财政预算收入1.21亿元，农民人均纯收入21935元。高沟是国家级重点中心镇、全国文明镇、国家级生态镇、国家级卫生镇、国家级小企业创业基地；江苏省生态镇、江苏省创新型科技示范镇、江苏省食品及酿造产业集聚区；淮安市新型城镇化先行区、淮安市农村经济十强乡镇；涟水县新型城镇化三大主功能区之一和县域副中心，连续多年蝉联县委、县政府乡镇科学跨越发展考核一等奖。

完成农业总产值7.47亿元。粮食作物播种面积8625.6公顷，总产量5.72万吨。全镇钢架大棚蔬菜种植面积40.67公顷，高效农业日光能大棚蔬菜22.67公顷。实施"一园三区"（即今世缘产业园、工业集中东区、西区、杨口工业园区）联动发展战略，主攻食品加工、彩印包装、食品机械产业。完成规模以上工业总产值107.57亿元；规模以上固定资产投资21.52亿元，工业开票销售收入31.68亿元，工业入库税金4.54亿元。完成第三产业增加值21.27亿元。新增个体工商户423户，新发展私营企业265家，新增私营企业注册资金5.5亿元。劳务输出1.5万人。

【红窑镇】 红窑镇地处涟水县域中心，东依盐河与五港镇相望，西至宁连高速与岔庙镇为邻，南与朱码镇接壤，北与义兴镇交界。235省道贯穿南北，麻左唐路横跨东西，是远近闻名的红色热土、人文家园、生态之乡。作为国内最大的云锦织造基地，红窑镇亦有"中国云锦之乡"美誉。2016年，全镇总面积117.42平方千米，耕地7265公顷，辖28个村（社区），150个村民组，16427户，7.11万人。全镇实现地区生产总值9.83亿元，财政总收入8593万元，公共财政预算收入7720万元，农民人均纯收入16047元，成功创建为"中华诗词之乡"。

实现农业总产值5.64亿元。全年粮食播种面积5715.2公顷，其中三麦面积2558.53公项、水稻面积2759.33公项，粮食总产量3.82万吨。完成工业总产值29.6亿元，工业开票销售收入22.03亿元，其中规模以上工业开票销售收入19.8亿元，实现工业入库税金2600万元，新增规模以上企业3户。在全县开展的"冲刺全年目标，争夺流动红旗"百日竞赛活动中，获得"市盘亿元新开工项目"流动红旗。实现第三产业增加值3.7亿元。全年新发展个体工商户230户，新增私营企业注册资金3.2亿元。

【朱码镇】 朱码镇地处涟水县域南部，县城北郊，东与徐集乡、黄营乡、东胡集镇接壤，南与涟城镇相连，西与江苏涟水经济开发区相连，北与红窑镇毗邻，盐河、公兴河、宁连路、235省道、327省道、涟新路等道路贯穿全境，辖区总面积118.46平方千米，耕地面积7330.33公顷，辖30个村（社区），193个村民小组，8.27万人。2016年，实现地区生产总值31.02亿元，财政总收入1.43亿元，公共财政预算收入1.2亿元，农民人均纯收入2.30万元。

实现农业总产值15.72亿元，粮食作物播种面积11550.73公顷，粮食总产量77514吨，油料作物播种面积676.6公顷，产量1984吨。实现工业总产值66亿元，工业开票销售收入23.69亿元，规模以上固定资产投资23亿元，全年新增规模工业企业3户，规模以上工业投资13.66亿元，引进3000万元以上工业项目13个，其中亿元以上项目2个、3000万元以上项目8个，新增规模以上企业5户，实现第三产业增加值10.6亿元。新增私营企业240户，新增个体工商户370户，新增私营企业注册资金4亿元。

【五港镇】 五港镇位于涟水县域东北部，地处淮安、连云港两市交界，东与石湖镇毗邻，西与红窑、义兴两镇隔盐河相望，南与东胡集镇、时码办事处接壤，北与连云港市灌南县新集镇交界，西傍古盐河，北靠307国道，涟新路贯穿全镇，水陆交通便利。全镇总面积111.92平方千米，耕地面积5709.33公顷，辖22个村（社区），199个村民小组，5232户，6.28万人。2016年，实现地区生产总值11.82亿元，财政总收入10331万元，其中公共财政预算收入7941万元，农民人均纯收入15365元。

实现农业总产值7.59亿元。粮食作物播种面积11049.27公顷，粮食总产量63527吨，油料作物播种面积764公顷，油料产量2305吨。生猪饲养量3.6万头，家禽饲养量41.68万只。完成工业总产值3.87亿元，工业开票销售收入3.13亿元，全部工业入库税金1649万元；新增规模以上企业1户；实现固定资产进项税377万元，工业用电量3995万千瓦时。实现第三产业增加值3.63亿元，全年新发展个体工商户219户，新增私营企业136户，新增私营企业注册资本1.69亿元。

【保滩镇】 保滩镇位于涟水县域的西南部，东临古淮河与淮安区、淮安经济技术开发区相望，西傍盐河与淮阴区王兴镇、新渡乡相连，南依淮安市区，北接涟水县城，被誉为淮安市区的"后花园"。区域狭长，南北长约21千米，东西宽约3千米，呈纺锤形。全镇总面积45.08平方千米，耕地面积2129.4公顷，辖9个村(社区)，64个村民小组，7433户，2.74万人。2016年，实现地区生产总值6.7亿元，财政收入1.08亿元，其中公共财政预算收入9027万元，农民人均纯收入15270元。创成省级卫生镇、省级文明镇，被命名为淮安市"花卉小镇"。

完成农业总产值2.85亿元，粮食作物播种面积2697.2公顷，产量18066吨，油料作物播种面积628.53公顷，产量2100吨；蔬菜面积885.47公顷，总产量34748吨；家禽饲养量54万只，生猪饲养量1.02万头。完成工业总产值75亿元，其中规模以上工业总产值65亿元，工业开票销售收入26.58亿元，规模以上工业开票销售收入20.35亿元，工业用电量1441万千瓦时，规模以上工业入库税金944万元。完成招商引资项目5个，引资额2.79亿元。完成第三产业增加值1.8亿元。全年劳动力培训630人次，为县经济开发区、镇工业集中区以及相关重点企业专门组织大型招聘会2次，劳务输出11500人。

【陈师镇】 陈师镇位于涟水县域西部，东邻朱码镇和县经济开发区，南接淮阴区王兴镇，西与成集镇隔河相望，与淮阴县张集乡接壤，北与梁岔镇毗连。境内主要排水干河有刘泓河、西张河、鲍营河，主要灌溉干渠有涟西二干渠、淮涟五干渠。总面积132.9平方千米，耕地面积6466.13公顷，辖20个村(社区)，258个村民小组，总人口13615户，5.6万人。2016年，全镇实现地区生产总值16.82万元；财政总收入9942万元，公共预算收入9669万元；农民人均纯收入15551元。

完成农业总产值62461万元。粮食作物播种面积8139.2公顷，粮食总产量53955吨。油料作物播种面积1421.93公顷，产量5259吨。全年生猪饲养量4万头，家禽饲养量280万只。完成规模以上工业总产值11亿元，比上年增长35%；规模以上工业开票销售9.1亿元，增长45%；工业用电量1100千瓦时，增长25%；固定资产购置进项税1300万元，增长36%。第三产业增加值52102万元。新增个体工商户270户，新增私营企业41户，新增私营企业注册资本4.8亿元，完成服务业税收近7000万元。

【梁岔镇】 梁岔镇位于涟水县域西部，东与岔庙镇、陈师镇、朱码镇为邻，南与成集镇接壤，西与麻垛现代农业园区交界，北与前进镇相连，距淮安市区、涟水城区均约25千米。全镇总面积69平方千米，耕地面积4601.47公顷，辖15个村(社区)、113个村民组、10148户农户，总人口3.94万人。2016年，实现地区生产总值71620万元，财政总收入2312万元，公共财政预算收入1829万元，人均农民纯收入15497元。

实现农业总产值4.92亿元，粮食作物播种面积6462.53公顷，粮食产量43702吨；油料作物播种面积898公顷，产量2933吨；饲养生猪1.4万头，出栏生猪1.1万头，饲养家禽320万只，出栏200万只。实现全部工业开票销售收入5.93亿元，规模以上工业开票销售收入5.44亿元，规模工业总产值7.94亿元，工业用电量440万千瓦时，规模以上固定资产投资7.9亿元，规模以上工业投资4.2亿元。实现第三产业增加值30556万元。全年新发展个体工商户153户，新发展私营企业104家，新增私营企业注册资金5012万元。完成批零住餐、重点服务企业营业收入10494万元。

【东胡集镇】 东胡集镇位于涟水县域东北部，东与石湖镇、唐集镇、黄营乡为邻，西依盐河和朱码镇、红窑镇相邻，南与大东镇、淮安(薛行)循环经济产业园接壤，北与五港镇毗邻，329省道横穿东西。通往大东、唐集、五港等乡镇的道路全部铺建成水泥路，交通十分便利。全镇总面积114.87平方千米，有耕地7105.67公顷，辖23个村(社区)，146个村民小组，14859户，61149人。2016年，全镇完成地区生产总值93338万元，财政收入7377万元，农民人均纯收入15319元。

完成农业总产值83582万元。粮食作物播种面积8819.47公顷，粮食产量59364万吨，油菜播种面积575公顷，产量1706吨，饲养生猪2.15万头、家禽135万只、獭兔3.2万只。完成规模以上工业总产值4亿元，规模以上固定资产投资和工业投资2.2亿元；规模以上工业开票销售收入2.25亿元，工业用电量480万千瓦时，服务业入库税金0.396亿元。劳动力转移1.5万人，劳务收入2.16亿元。新增私营企业94户，新增私营企业注册资金1.65亿元，新发展个体工商户144户。完成第三产业增加值3.97亿元。

【岔庙镇】 岔庙镇位于涟水县域腹地，东隔公兴河与红窑镇相望，南与朱码镇为邻，西与梁岔镇、前进镇毗连，北与高沟镇交界。全镇面积82.6平方千米，耕地面积4774.4公顷，辖17个村(社区)，91个村民小组，10812户，4.44万人，农村实有劳动力2.94万人。村村通电、通水、通路。2016年，实现地区生产总值79324万元，财政总收入4332万元，其中公共财政预算收入3886万元，农民人均可支配收入15322元。

实现农业总产值5.9亿元。农作物播种面积6598公顷。其中，水稻3129公顷，小麦3243公顷，玉米251公顷，大豆53公顷，粮食总产量42894吨；油料作物播种面积149.53公顷，产量427吨。实现工业总产值40.02亿元；工业开票销售收入80361万元，比上年增长11.5%；规模以上固定资产投资82162万元，增长23.5%；工业用电量591万千瓦时，增长11.5%。实现第三产业增加值30894万元。新增个体工商户200户、私营企业30户。全镇交通物流、餐饮、洗浴、休闲娱乐等得到全面发展。新增饭店2个，实现营业额150万元。新增交通物流开票200余万元，入库税金10多万元。

【石湖镇】 石湖镇地处三市五县交界处，东与盐城市响水县黄圩镇、滨海县天场镇、阜宁县羊寨镇接壤，南与本县唐集镇相邻，西与东胡集镇、五港镇交界，北与连云港市灌南县百禄镇毗邻。327省道横穿境内，东连沿海高速、西接宁连高速公路，交通十分便利，商贸繁荣，人杰地灵。全镇总面积84.3平方千米，耕地面积5546.2公顷，辖17个村（社区），总人口4.67万人。2016年，全镇实现地区生产总值75028万元，财政收入9801万元，农民人均纯收入15436元。

完成农业总产值48017万元。粮食作物播种面积5989.8公顷，粮食产量39594吨；油料作物播种面积677.2公顷，产量2012吨；蔬菜面积405.6公顷，产量1.59万吨。生猪饲养量17670头，家禽饲养量10.3万只。实现规模以上工业总产值5.98亿元；全部工业开票销售收入7.95亿元，其中规模以上工业开票销售收入5.76亿元；工业入库税金1846万元。新竣工亿元项目1个；新开工3000万元以上项目2个，新竣工3000万元以上项目1个，新增列统企业1个。完成第三产业增加值26774万元。新发展个体工商户136户，新增私营企业85户，新增私营企业注册资金2.59亿元。输出劳动力19569人，其中有组织输出7239人。

【义兴镇】 义兴镇位于涟水县域最北端，与灌南县新安镇接壤，东隔盐河与灌南县新集镇以及本县的五港镇为邻，西与灰墩办事处、南与红窑镇毗邻。全镇总面积46.3平方千米，耕地面积2874.46公顷，辖9个村（社区），59个村民小组，2.28万人。水陆交通便捷，东有三级航道盐河纵贯南北，通江达海，县道301公路横穿东西。2016年，全镇实现地区生产总值4.09亿元，全年完成财政总收入7355万元，公共财政收入6108万元，农民人均纯收入15142元。

完成农业总产值17118万元，粮食播种面积3396.33公顷，粮食总产量2.23万吨。油料作物播种面积213公顷，产量597吨。全年生猪饲养量14500头，家禽饲养量10.3万只。完成工业总产值8.68亿元，规模以上企业完成工业开票销售收入8.06亿元；固定资产投资85380万元；工业入库税金346.13万元。完成第三产业增加值17026万元。新发展个体工商户146户，新增私营企业95户，新增私营企业注册资金11250万元。

【大东镇】 大东镇位于涟水县域中东部，东隔古盐河与黄营乡相望，南与朱码镇为邻，西、北与东胡集镇毗连。省道327公路穿镇而过，县道涟北路横跨南境，镇政府驻地大东街，距县城13千米。全镇总面积54平方千米，耕地面积3639公顷，下辖1个场圃，12个村（社区），87个村民小组，7591户，30111人。2016年，实现地区生产总值65793万元，财政收入4284万元，其中公共财政预算收入3897万元，农民人均纯收入15393元。

实现农业总产值20822万元。粮食作物播种面积4737.6公顷，粮食总产量31281吨；种植油菜、大豆等油料作物143公顷，产量456吨；蔬菜面积354公顷，产量13895吨；生猪饲养量25000头、家禽饲养量100万只。新增高效设施农业150公顷。完成规模以上工业总产值16.69亿元；全部工业开票销售收入3.12亿元，比上年增长2.3%，其中规模工业开票销售收入2.34亿元，增长4.3%；工业入库税金559.5万元，增长20.5%；实规模以上固定资产投资8.52亿元，其中规模以上工业固定资产投资6.47亿元。完成第三产业增加值2.28亿元。新增个体工商户120户，私营企业103户，新增私营企业注册资金1.07亿元；输出劳动力10820人，其中有组织输出1650人，培训劳动力865人。

【南集镇】 南集镇位于涟水县域东南部，东依古黄河与阜宁县芦蒲镇、淮安区苏嘴镇隔河相望，西与徐集乡相连，北与黄营乡接壤，涟南洋公路纵穿南北。镇政府驻南集居委会，距县城23千米。南集历史悠久，民风淳朴，是淮河古道名镇、嵇安将军故里、绿色品牌基地、全国小戏之乡、国家级生态镇、江苏省文明镇、江苏省卫生镇、江苏省绿色乡镇、江苏省体育强镇。全镇总面积56.3平方千米，有耕地3765.93公顷，辖12个村（社区），67个村民小组，8222户，3.2万人。2016年，全镇完成地区生产总值55572万元，财政收入12099万元，农民人均纯收入14482元。

完成农业总产值38621元，粮食作物播种面积4763.93公顷，粮食总产量31506万吨；油料作物播种面积447公顷，产量1439吨。生猪饲养量11520头，家禽饲养量43万只。实现规模工业总产值13.6亿元，工业开票销售收入13.5亿元，规模以上工业开票销售收入11.21亿元，工业实现入库税金1151万元；完成规模固定资产投资9.2亿元，其中工业投资5.97亿元；完成固定资产进项税602万元；完成服务业入库税收9780万元；完成工业用电量203万千瓦时。完成第三产业增加值30756万元。新增个体工商户140户，新增私营企业90户，新增私营企业注册资金28520万元，劳务输出1.12万人。

【成集镇】 成集镇地处涟水县域西部，南与淮阴区老张集乡、刘老庄乡交界，西与淮阴区古寨乡、宿迁市沭阳县张圩乡相邻，北与麻垛现代农业开发区、梁岔镇接壤，东与陈师镇比邻。成集镇交通便利，灌溉沟渠密布。涟古路（涟麻路）、国道233（淮高路）在镇区交汇；向东距宁连高速出口15千米，向南距京沪高速出口6千米；距涟水县城20千米，淮安市区30千米；淮涟三干渠从镇内过境，是全镇的灌溉主河道，杰勋河、西张河、小洋河、六塘河为镇内的主要排水河道。全镇总面积77.79平方千米，耕地面积5036.8公顷，辖18个村（社区），122个村民小组，11602户，47080人。2016年，实现地区生产总值71162万元，财政收入6077万元，公共财政预算收入4338万元，农村居民人均可支配收入14434元。

实现农业总产值24857万元。粮食作物播种面积6956.2公顷，产量45311吨；油料作物播种面积1234公顷，产量4457吨；蔬菜面积656.6公顷，产量25801吨；生猪饲养量1.2万头，家禽饲养量30万只。实现工业总产值11.5亿元，全部工业销售收入7.5亿元，规模以上工业开票销售收入7亿元，工业入库税金1800万元，工业用电量4400万千瓦时。新增个体工商户133户，新注册私营企业77户，三产从业人员7800余人。完成劳动力转移2.3万人。实现第三产业增加值25722万元。

【唐集镇】 唐集镇位于涟水县域东部，东、北与石湖镇接壤，南与黄营乡相连，西隔西官河与东胡集镇毗邻，古黄河、唐响河、唐松河、一帆河、327省道、329省道、涟阜路构成便捷的水陆交通运输网络。境内地势平坦，有宋代古月塔一座，为仿木结构砖塔，高约16米，属国家级保护文物。全镇总面积约68平方千米，辖13个村（社区），160个村民小组，3.46万人，有耕地4181.33公顷。2016年，实现地区生产总值5.61亿元，财政收入3676万元，农民人均纯收入15236元。

完成农业总产值5.62亿元。农作物播种面积7004.33公顷，其中，水稻2532.2公顷，小麦3030.72公顷，玉米689.33公顷，大豆389.4公顷，粮食总产量46915吨。实现规模以上工业总产值18.37亿元，规模以上工业开票销售收入5.1亿元，工业入库税金382万元，规模以上固定资产投资8.11亿元，其中规模以上工业固定资产投资5.05亿元。全镇新增个体工商户165户，新增从业人员456人，新增私营企业101户，新增私营企业注册资金9971万元。实现利税332万元。

【前进镇】 前进镇位于涟水县域西北部，东临东张河与岔庙镇相邻；西依六塘河与麻垛现代农业开发区相连；南与梁岔镇接壤；北与高沟镇交界。历史悠久，人文厚重，是中共淮属临时工委诞生地、中国淮海琴书之乡。交通便利，236省道（淮高公路）、304县道（涟麻公路）和303县道（前周公路）穿境而过，镇区距涟水机场、宁连高速、京沪高速出口分别为15千米、10千米、20千米；水路有西张河、东张河、南六塘等3条航道。镇政府驻同兴居委会同兴街，距淮安市区和涟水县城皆35千米。全镇总面积50.9平方千米，耕地面积3279.33公顷，辖11个村（社区），76个村民小组，6885户，29314人。2016年，实现地区生产总值4.43亿元，财政收入4563万元，农民人均纯收入15427元。

实现农业生产总值27617万元，粮食作物播种面积4246.4公顷，粮食年产量28471吨；油料作物播种面积265公顷，年产量767吨；出栏生猪4000头，出栏家禽21万只。实现规模以上工业总产值6.2亿元，工业开票销售收入5.32亿元，其中规模以上工业开票销售收入3.62亿元，工业入库税金168万元，工业用电量230万千瓦时。实现第三产业增加值16922万元。完成规模以上服务业和限额以上贸易单位营业收入16631万元，规模以上服务业和限额以上贸易单位营业收入9233万元。新发展个体工商户161户、私营企业92户，新增私营企业注册资金34143万元，劳务输出9972人次。

【黄营乡】 黄营乡位于涟水县域东部，东隔古淮河与盐城市阜宁县羊寨镇、芦蒲乡相望，南与本县南集镇、徐集乡毗邻，西隔古盐河与大东镇、朱码镇为邻，北与东胡集镇、唐集镇交界。有黄营、北集、大飞、旗杆、潘闸5个集镇，乡政府驻黄营街，距县城20千米。全乡总面积107.27平方千米，耕地面积6855.46公顷，辖23个村（社区），166个村民小组，13944户，57254人，镇区常住人口1万人。2016年，实现地区生产总值72547万元，财政收入 7482万元，其中公共财政预算收入 6639万元，农民人均纯收入14273元。

完成农业总产值45584万元，粮食作物播种面积10052.9公顷，粮食总产量66363吨；油料作物播种面积539.6公顷，产量1531吨；蔬菜面积1373.8公顷，产量53914吨。生猪饲养量5.23万头，家禽饲养量41.2万只。完成规模以上工业总产值6.13亿元，工业开票销售收入5.84亿元，工业入库税金1026万元；完成规模固定资产投资6.32亿元；完成固定资产进项税125.3万元；完成工业用电量327千瓦时。完成第三产业增加值24767万元，完成服务业入库税收4012万元；新增个体工商户268户，私营企业62户，新增私营企业注册资金2.22亿元；输出劳动力12400人，培训劳动力1100人。

【徐集乡】 徐集乡位于涟水县域东部，古淮河北岸，东与南集镇接壤，南与淮安区茭菱乡隔河相望，西与涟城镇为邻，北与朱码镇、黄营乡毗连。乡政府驻地徐集街距县城14千米。全乡地势南高北洼，总面积75平方千米，耕地面积4667.33公顷，辖15个村（社区），105个村民小组，10423户，4.17万人。2016年，全乡实现地区生产总值72491万元，财政收入6154万元，其中地方公共财政预算收入5336万元，农民人均纯收入15373元。

实现农业总产值61076万元。农作物播种面积8289.2公顷，其中粮食作物6371公顷、油料作物588公顷。粮食总产量43134吨，肉类总产量3631吨，禽蛋总产量972吨，水产品总产量1129吨，生猪出栏量3.56万头，家禽出栏数13.39万只。实现规模以上工业总产值14.13亿元，规模以上工业开票销售收入13.17亿元，工业入库税收281.9万元，工业用电量648.2万千瓦时；完成规模以上固定资产投资10.225亿元，规模以上工业固定资产投资4.361亿元，固定资产进项税364万元。实现第三产业增加值16692万元。服务业入库税收4884.89万元，限上批零住餐和重点服务业营业收入2.73亿元。新增个私企业97户，新增注册资本3.3亿元，新增个体工商户140户。

【麻垛现代农业开发区】 麻垛现代农业开发区（经济开发新区）位于涟水县域西北边缘，东与前进镇毗邻，南与梁岔镇接壤，北与高沟镇相连，西隔北六塘河与宿迁市沭阳县张圩乡、周集乡相望。境内有涟麻路、周余路、南北两条六塘河通过，涟麻路与宁连路相通，水陆交通便利。全区总面积45.4平方千米，耕地面积2820.93公顷，辖9个村（社区），65个村民小组，7180户，2.79万人。2016年，全区完成地区生产总值22039万元，财政收入2047万元，农民人均纯收入13365元。

完成农业总产值15713万元。种植水稻1407.07公顷，小麦1595.08公顷，油菜153.8公顷，大豆130公顷，玉米71.3公顷，粮食产量25227吨；出栏生猪2万头，家禽140万只。实现规模以上工业总产值4.87亿元，规模以上工业开票销售收入4.6亿元，工业用电量26万千瓦时，规模以上固定资产投资4亿元，规模以上工业固定资产投资2.06亿元，增长14.2%。新发展个体工商户36户，新增私营企业48户，新增私营企业注册资金1180万元。输出劳动力6500余人次。完成第三产业增加值320万元。

【灰墩办事处】 灰墩办事处地处涟水县域最北端，北与连云港市灌南县接壤，东临义兴镇，南接红窑镇，西与岔庙镇、高沟镇隔公兴河相望。地域面积47平方千米，耕地面积2388公顷，下辖9个村（社区），55个村民小组，6726户，26831人。2016年，全办事处实现地区生产总值40305万元，财政收入1928万元，其中公共财政预算收入1385万元，农民人均年收入14295元。

完成农业总产值35148万元。粮食作物播种面积4271.8公顷，粮食总产量28298吨，油料作物播种面积297公顷，产量828吨，蔬菜面积375公顷，产量14741吨。生猪饲养量1.1万头，家禽饲养量28万只。实现工业总产值7.05亿元，规模以上工业总产值66003万元，全部工业开票销售收入33601万元，利税3912万元，工业入库税金973万元，规模以上固定资产投资50332万元，规模以上工业固定资产投资20820万元。完成第三产业增加值10858万元。新发展个体工商户68户，新增私营企业35户，新增私营企业注册资金15080万元。劳务输出7050人次，其中成建制输出815人次。（张晓永）

·地方特产·

【涟水绿豆饼】 涟水绿豆饼已有百年历史。选用当地农家自产的笨绿豆加工而成，绿豆饼形似铜钱，色泽鹅黄，味道鲜嫩，是餐桌上一道独特的淮扬菜美食菜肴，深得人们喜爱。笨绿豆非常适宜在涟水这样的碱性土壤中生长。笨绿豆表皮无光泽，沙性大，易煮烂，属高蛋白、低脂肪作物，蛋白质含量占25% ~32%、粗脂肪占0.6% ~2.3%，含人体所需多种氨基酸、维生素和铁、钙、磷等矿物质。中医认为其性味甘寒，有清凉解毒、止泻利尿、消肿下气、除烦热和滋补强身的作用。早年因绿豆有防暑祛火的功效，当地人夏天将绿豆浸泡后用石磨磨成糊状，用温火摊成饼既能果腹又能防暑祛火。后来人们发现将绿豆去皮磨糊，做成小块形饼子与蔬菜烧炒，口感格外香脆，于是就开始加工小块形绿豆饼自食和到集市上销售。为了让其既好吃又美观，工匠们又将其改为铜钱大小的圆形并一直延续下来。

“涟水绿豆饼”主要产于江苏省淮安市涟水县行政区域所辖的高沟、前进、岔庙一带。产地区域位于北纬33°45′ ~34°05′，东经118°59′ ~119°35′。

【涟水朝天椒】 朝天椒因椒尖簇簇向上，刺天而长，故而得名。早在20世纪70年代，涟水部分乡镇就开始种植朝天椒。

涟水处于北亚热带和暖温带交界区，属于暖温带季风气候，四季分明，年均气温14℃，无霜期长，光照充足，雨水丰沛。朝天椒喜温暖湿润气候，清明后移栽，中秋前后收获。红椒约占80%，采摘晒干，色泽红亮，油润透明，果肉坚实，殷殷可爱，辣味鲜美，产品销往上海、浙江及东南亚部分国家和地区，成为当地一条产业富民的好路子。朝天椒植株高大，高0.8~1.2米，多级分支，单花或双花腋生，每节单果或双果朝天生长，其果短圆锥形，长2.5~4厘米、果肩宽0.4~0.6厘米，种植面积达2万亩，年产量1.2万吨。经分析测定，其维生素C含量相当于苹果的21倍，胡萝卜素含量为苹果的19.5倍，维生素B1和B2含量分别为苹果的4倍和3倍，另外还有人体必需的微量元素钙、磷、铁等矿物质。适宜加工罐头、晒制辣椒干，是火锅等菜肴不可或缺的调味料。

“涟水朝天椒”主要产于江苏省淮安市涟水县行政区域所辖的唐集、石湖、五港、黄营一带。产地区域位于北纬33°45′ ~34°05′，东经118°59′ ~119°35′。

【涟水芦笋】 涟水种植芦笋已有几十年历史。现有种植面积2万亩。涟水地处四季分明，气候宜人的暖温带，年均气温14℃，年均无霜期213天。光照充足，雨水丰沛，年均降水量991.3毫米，年均相对湿度77%，境内地势平坦，河流纵横，土地肥沃。土壤多为沙壤土，土壤PH值为7~7.6之间，且土层深厚、疏松肥沃、保水保肥、透气性好，土壤含盐量不超过0.2%，最适宜芦笋栽培。

春季地温回升至5℃以上时，芦笋鳞芽开始萌动，10℃以上嫩茎开始伸长，15~17℃最适于嫩芽形成，30℃嫩芽伸长最快。15~17℃最适宜芦笋的光合作用。芦笋每年萌生可食用的新茎2~3次或更多，5~10月为采收期。随植株年龄增长，发生的嫩茎数和产量逐年增多，定植后的4~10年为盛产期。

芦笋是世界十大名菜之一，又名石刁柏，在国际市场上享有“蔬菜之王”的美称。芦笋属百合科，多年生宿根植物。芦笋的食用部位是其幼嫩茎。它是春季自地下茎抽出的，茎嫩肥大，顶芽圆，鳞片紧密，出土前采收的色白柔嫩，称为白芦笋；幼茎见光后呈绿色，称为绿芦笋。芦笋多制罐头，青芦笋供鲜食。

芦笋有鲜美芳香的风味，膳食纤维柔软可口，能增进食欲，帮助消化。现代营养学分析，芦笋蛋白质组成具有人体所必须的各种氨基酸，含量比例符合人体需要，无机盐元素中有较多的硒、钼、镁、锰等微量元素，还含有大量以天门冬酰胺为主体的非蛋白质含氮物质和天门冬氨酸。芦笋含有丰富的维生素A、维生素C以及钾和锌。一杯芦笋就可以提供每天所需67%的叶酸。

“涟水芦笋”主要产于江苏省淮安市涟水县行政区域所辖的红窑、义兴、岔庙等乡镇，产地区域位于北纬33°45′ ~34°05′，东经118°59′ ~119°35′。

【涟水粉丝】 涟水生产粉丝（又称粉条）已有100多年历史。

制作粉丝的主要是原料是山芋（又称红薯）。后来也有用绿豆、豌豆等其他原料制作粉丝。山芋富含蛋白质、淀粉、果胶、纤维素、氨基酸、维生素及多种矿物质,无胆固醇。

粉丝制作:首先,把原料洗净用石磨磨碎放入缸内加水沉淀成淀粉;其次,将淀粉晒干存放备用;最后,在气温零下的季节(冬季),工匠们用传统工艺将淀粉用开水冲泡或土锅烧成沸水后用勺瓢勺粉条或用刨刀刨成粉片,经冷冻成型和手工搓揉成丝(或片),并晾晒干燥后方可长期贮藏供人食用。涟水粉丝,色泽晶亮,细嚼润滑,清爽淡雅,口感柔软,味道独特。每100克粉丝营养成分为:能量1476千焦,营养素参考值占18%,碳水化合物84.8克,占23%,钠100毫克,占5%。涟水粉丝年生产量1.2万吨,除满足涟水自身需求外,销往全国各地。

"涟水粉丝"主要产于江苏省淮安市涟水县行政区域所辖的高沟、梁岔、陈师、成集、朱码一带。产地区域位于北纬33°45′~34°05′,东经118°59′~119°35′。

【涟水五香茶干】 五香茶干也叫五香豆腐干,在涟水约有100多年的制作历史。广布于涟水各乡镇,特别是高沟、杨口、前进等六塘河流经区域。清光绪年间,六塘河上南来北往的客商,往往会携带千百块涟水五香茶干,既作馈赠亲友之尚品,又为途中佐餐之佳肴。

涟水五香豆腐干为长条状,色泽白里透黄,质地硬中有韧,成香耐嚼,越嚼越香。涟水五香茶干在制作上主要抓住"选料精良、制作严谨"八个字,要经过制、压、切、晒、煮等多道工序。首先将大豆去皮、压碎、用水浸泡12小时,把浸泡好的豆瓣加水磨成豆浆,将豆浆煮沸,并用石灰水和麻油场压沫,然后用陈浆点汁,待豆浆成豆腐脑状时,便可入模,压挤出汁水。待豆腐成型后,将其切为长10厘米、宽3厘米、厚0.5厘米的豆腐条。最后把豆腐条置日下晾晒,晒后再用温水冲洗,最后用食盐、茴香、花椒、大料、姜等调料卤煮,但水温不能高。涟水五香茶干含有丰富的蛋白质和多种维生素,氨基酸等,粗咬鲜美异常,细嚼香味满口,食后回味绵绵,经常食用有生津止渴,健胃固齿,顺气消胀,防暑抑晕的作用,久食不厌。

"涟水五香茶干"主要产于江苏省淮安市涟水县行政区域所辖的高沟、杨口、前进等六塘河流经区域。产地区域位于北纬33°45′~34°05′,东经118°59′~119°35′。

【涟水柳编】 涟水的柳编技艺历史悠久,民间流传"编筐、编篓,家家都有"。柳编的主要制作原料有杞柳、紫穗槐等,涟水的盐河滩土质非常适合其生长,家家户户都在田头、路边栽种。柳条柔软易弯、粗细匀称,通过设计,可以编织成柳条箱(包)、饭篮、菜篮(圆、椭圆)、笊篱、针线笸箩、簸箕等;紫穗槐条结实、韧性强,适合编织较大型筐、篓等。柳编制品的种类繁多,如席、筐、篓、簸箕、笆斗、柳条箱、笸箩、花篮、笊篱、食盘等多种类型。涟水柳编的生产过程大体分为选料、上色、浸泡、编织、熏蒸、晾晒、刷漆等7个环节,工艺的主要技法有平编、纹编、勒编、砌编、缠边5种。

"涟水柳编"主要产于江苏省淮安市涟水县行政区域所辖的梁岔、陈师、成集、朱码、大东等盐河畔乡镇,分布的核心区域产地区域位于北纬33°45′~34°05′,东经118°59′~119°35′。

(徐中海 潘 健 王 勰)

涟水县领导干部名录

(2016年1月1日~12月31日)

涟水县委

书 记 肖本明(2016年6月止)
王向红(女,2016年6月任)
副书记 王向红(女,2016年6月止)
时 勇
刘爱国(2016年7月任)
常 委 肖本明(2016年5月止)
王向红(女) 时 勇
刘爱国(2016年7月任)
杨亚专(2016年2月止)
龚李萍(女,2016年1月止)
陈 印 王 冰
张 超(2016年4月任)
洪 然
林 波(2016年7月止)
尹元兵 姜 杰
刘泽年
胡春雷(2016年7月任)

涟水县人大

主 任 别纯海
副主任 吴建峰
薛成实(2016年11月止)
方建中
张祝林(2016年11月止)
孙 辉(女,2016年11月任)
朱太伟(2016年11月任)

涟水县政府

县 长 王向红(女,2016年6月止)
时 勇(2016年6月任)
副县长 王 冰
洪 然(2016年4月止)
沈 冰(2016年11月止)
王成明(2016年11月止)
邵 钧(2016年4月止)
蔡 昀(援疆,2016年7月止)
朱太伟(2016年1月任,2016年11月止)
郑劲松(2016年11月任)
朱国海(2016年4月任)
宋月霞(女,2016年4月任)
吴从荣(2016年11月任)
李 阔(女,2016年11月任)

涟水县政协

主 席 贾振旗(2016年1月止)
季 军(2016年1月任,2016年11月止)
蒋东明(2016年11月任)
副主席 李亚夫(2016年11月止)
孙 辉(女,2016年11月止)
刘志宽(2016年11月止)
薛 芹(女)
朱太伟(2016年1月止)
鲁家宁(2016年4月任)
冯建华(2016年11月任)
姚 兵(2016年11月任)

涟水县纪委

书 记 龚李萍(女,2016年1月止)
张 超(2016年4月任)

涟水县法院

院 长 张 强(2016年11月止)
段庆丽(女,2016年11月任)

涟水县检察院

检察长 刘庆国

(市委组织部县区干部处)

盱眙县

【基本情况】 盱眙县位于淮安西南

部，地处淮河下游，洪泽湖南岸，江苏省中部。境内有铁山寺国家森林公园、第一山国家森林公园、明祖陵、黄花塘新四军军部纪念馆、古泗州城遗址、大云山西汉江都王陵等风景名胜古迹。盱眙凹凸棒粘土已探明优质资源量为8.9亿吨，占全国总量的74%以上，有"中国凹土之都"称号；"盱眙龙虾"获国家地理标志、中华名菜等众多荣誉。2016年，全县总面积2497平方千米。辖14镇3乡3街道、255个行政村（居委会）。年末总人口80.25万。男女性别比103.85:100，人口出生率10.44‰、死亡率4.43‰，自然增长率6.01‰。

【地方经济】 2016年，盱眙县地区生产总值356.7亿元，增长8.9%；一般公共预算收入30.78亿元；注册外资实际到账1.2亿美元，增长9%；城镇居民人均可支配收入30620元、农村居民人均可支配收入14490元，分别增长8%和9%；存、贷款余额分别达278亿元和233亿元，增长26.7%、7.8%；三次产业结构比为15.3∶40.1∶44.6。

项目建设　葛洲坝环嘉产业园等156个重点项目落户盱眙，港口产业园等37个项目列入市对县体系，光大生物能源等26个项目通过市对县竣工验收。组建"两区两园"（国家级经济技术开发区、天泉湖国家级旅游度假区，港口产业园、宁淮新兴产业科技园）工作指挥部，经济开发区进入全省同类园区第二方阵，宁淮新兴产业科技园完成南北共建园区报批，凹土科技产业园香兰大厦投入使用，港口产业园列入省财政厅PPP项目试点。

工业　盱眙工业经济继续位居全市第一方阵，全年实现工业开票销售收入329亿元，同比增长32.1%；工业入库税收实现7.2亿元，同比增长17.5%，增幅全市第一。入库税收超百万元企业90家，天源服饰公司等8家企业入库税收超千万元，昌盛电气公司成为全县首家税收超亿元企业，华洪新材料公司成为全县首家新三板上市企业。

农业　盱眙县农业融合发展模式成为全市样板，有市级以上农业龙头企业47家，农民合作社922家、家庭农场520家。"虾稻共作"模式在全省推广，总面积2333.33公顷。盱眙龙虾品牌价值刷新记录，为169.9亿元，位居全国淡水产品之首。

服务业　启动国家全域旅游示范区创建和天泉湖国家级旅游度假区创建，获批全国旅游森林示范县。翡翠谷养生养老社区加快建设，农村淘宝在全县106个行政村建立网点，养生养老、电子商务等新型业态逐步兴起，服务业占地区生产总值比重44.6%，同比提升1个百分点。

城乡建设　完成新一轮城市总规修编和镇村布局规划编制，城乡规划体系更趋完善。城市桃源、斩龙涧道路改造等功能提升重点项目建成投用，体育公园等绿道系统对外开放，城市进一步显山露水透绿。棚户区改造三年计划启动实施，龙城新天地等10个问题楼盘得到化解。在全市率先以县域为单位实现村庄环境全域整治，兴隆等5个乡镇通过市级村庄环境长效管护"五星级乡镇"验收，2个村创成省美丽乡村，4个村创成"康居乡村"。

深化改革　盱眙县国家相对集中行政许可权改革试点通过省级评估，审改"盱眙模式"成为全国样板。成立市场监管等5支综合执法队伍，获批全省唯一跨部门、跨行业综合执法改革试点县。农村土地确权登记颁证工作基本完成，农村集体产权交易平台规范运行。将33家国有企业整合重组成立国联、金控、都梁凹土、天源水务四大国有资产公司，全县平台融资资金超100亿元。

【社会事业】 2016年，盱眙县把解决民生关注的重点、难点问题放在优先位置，全面完成十大类46项民生实事项目。

民生保障　社会保障提标扩面，城乡居民基础养老金连续五年、城镇职工养老金连续十年增幅超7%，城镇职工和居民医疗保险实际报销比例分别提高到83%和71%。在全国首设"关爱驿站"，乡镇（街道）敬老院全部达到省星级标准，全县居家养老服务中心覆盖率91.8%。扶贫开发富有成效，管镇、鲍集列入省西南岗片区扶贫，黄花塘革命老区列入省点穴式精准扶贫，2.15万低收入人口实现脱贫。累计建成保障房4817套，交付安置4328户。加强社会治理创新，连续三届获评省文明城市。推动军民融合发展，连续七次获省双拥模范县。全面实施"阳光信访"，建成县乡村三级社会管理服务中心，社会治理与司法惠民服务站实现全覆盖，矛盾纠纷调解成功率99.8%。推行社区"四位一体"治理模式，城市和谐社区建设合格率100%。公安"所队合一"改革成效显著、经验全省推广。八大类刑事案件、侵财性案件和青少年违法

盱眙龙虾博物馆　　汪玉龙作

犯罪数量持续下降,社会公众安全感96%以上,位居全省前列。全年未发生重大安全事故,安全生产形势总体稳定趋好。

科技教育 科技创新支撑有力,凹土产业获批成立全市首个国家级专业标准化技术委员会工作组,中科院STS区域中心项目落户,凹凸棒石棒晶束解离关键技术创新及产业化应用项目获省科学技术一等奖,全县每万人发明专利拥有量位居全市第一。国家高新技术企业累计31家,高新技术产业产值260亿元。坚持教育优先发展,省教育现代化监测综合得分80.3分,完成8所薄弱学校改造工程建设,新增8所装备水平达省Ⅰ类标准学校,新建东苑新城、县实验小学2所幼儿园,实验小学新校区建成使用,第一山中学对外招生,新马中学创成三星级高中,职教集团创成省高水平现代化职业学校。获江苏省中小学校责任督学挂牌督导创新县、江苏省促进义务教育均衡发展先进县称号。

文化体育 强化公共体育基础设施建设,新建乡镇多功能运动场7个。成功承办江苏省青少年女子橄榄球锦标赛,盱眙县女子橄榄球队获得乙组冠军,甲组第二名。文化基础设施提档升级,大云山汉墓博物馆主体竣工,完成《第一山题刻保护规划》编制。建成县乡图书总分馆制,实现统借统还,创成省级公共文化服务体系示范区。全县万人拥有公共文化服务设施面积1979平方米,位居全市前列。开展文化"四季歌"活动,举办各类大型群众文化活动100余场。县广播电视台被评为江苏省社会科学普及示范基地。

医疗卫生 推进医药卫生体制改革,建设县域医疗联合体,县医院全面托管镇、黄花塘镇中心卫生院,县中医院与洪山医院组成紧密型医联体。家庭医生签约服务工作全面开展,分级诊疗制度建设不断完善。建立远程会诊、影像、医学检验、病理诊断、消毒供应和医学教育培训六大中心,形成县域内标统一准、互联互通、资源共享的新型医疗服务模式。县精神病院投入使用,妇幼保健院加快建设,马坝镇卫生院创成二级综合医院,穆店乡卫生院创成国家级群众满意卫生院。创成省示范乡镇卫生院1家、省示范村卫生室5个,获得"十二五"省人口协调发展先进县称号。

生态环境 严格执行《生态红线区域保护规划》,划定729平方公里生态红线管控区,占比位居全省前列。植树100万株以上,林木覆盖率29.3%。建立组保洁、村收集、乡转运、县处理"四位一体"垃圾处理体系,垃圾收集点实现村居全覆盖,城乡垃圾基本做到日产日清。加强环境保护管理,划定畜禽禁养区、限养区,关停采矿企业300余家。PM2.5浓度同比下降27.7%,空气质量优良天数全市第一。省级生态乡镇(街道)实现全覆盖,国家级生态县高标准通过验收。

【凹土产业】 1月12日,盱眙凹土特色产业基地入选科技部火炬中心发布的"2015年第二批拟确定为国家火炬特色产业基地名单",成为"国家榜"特色产业基地。2月26日,盱眙"凹凸棒石高值利用关键技术创新及其产业化应用"项目获得江苏省科学技术一等奖。该项目共获授权国家发明专利18项、出版专著2部、形成行业标准1件。12月7日,全国非金属矿产品及制品标准化技术委员会(TC406)批复淮安市成立凹土工作组,承担凹凸棒石粘土行业标准的立项建议及标准文本的编制工作,成为淮安市首个获批成立的国家级专业标准化技术委员会工作组。

【港口产业园合作协议签约】 3月23日,盱眙港口产业园投资建设运营合作协议正式签约。市委书记姚晓东、中电建路桥集团董事长汤明等出席签约仪式。盱眙县县长梁三元代表县人民政府与中电建路桥集团签订合作框架协议。协议决定采用PPP合作模式,共同推进盱眙港口产业园建设。盱眙港口产业园以盱眙新港为核心,总面积约16.6平方公里,总投资60亿元。重点发展港口转运、仓储物流、商业开发及新能源、新材料、高端装备制造、优质农副产品深加工等临港产业。

【区域融合发展框架协议签约】 9月24日,南京江北新区与盱眙县人民政府区域融合发展战略合作框架协议签约活动在盱眙县举行。南京市委常委、南京市江北新区党工委副书记罗群率江北新区管委会相关负责人出席活动。淮安市委书记、市人大常委会主任姚晓东,淮安市委常委、常务副市长戚寿余及县领导朱海波、胡启新、陈俊祥、林波、刘建功等市县领导出席活动。盱眙县"向南向前"战略迈出实质性一步,率先融入南京江北新区,与南京市共同构建大江北格局。

(刘亚飞)

·街道乡镇场·

【盱城街道】 盱城街道是盱眙县政治、经济、文化中心,位于县境中部偏西北,东和维桥乡毗连,北与官滩镇接壤,南与古桑街道相连,西临淮河。境内群山逶迤,是一座依山傍水的古老山城。宁宿徐高速公路、淮河航道穿境而过。2015年8月13日因行政区划调整,撤销盱城镇,设立盱城街道,街道区域面积74.58平方公里,辖14个社区,总人口14.02万人。是全国文明镇、国家级生态乡镇。

2016年,盱城街道实现财政总收入5.06亿元,其中公共财政预算收入4.36亿元,税收占比96.73%。入库列统工业企业35个,当年新增6个,实现规模以上工业企业开票销售43.1亿元。列统企业入库税收3415万元,用电量3415万千瓦时。固定资产设备进项税1132.2万元。城镇居民人均可支配收入29450元、农民人均纯收入25640元。实现工业总产值84.569亿元,形成电子电器新材料、机械制造、医疗器械、建材、卫生洁具等五大支柱产业。全年新引进3000万元以上项目13个。新增个体工商户和私营企业1147户,新增注册资金11.25亿元。

【古桑街道】 古桑街道位于县城南端,紧邻县城,东接穆店乡,南邻桂五镇,西连河桥镇,北临淮河镇。全街道总面积84.6平方公里,辖7个行政村、1个居委会、2个林场、53个村民小组,总人口2.04万人,其中农业人口1.8万人。境内中部冈峦起伏，东部缓坡，西部丘陵，淮河流经西北边缘。自然资源主要有凹凸棒黏土、石灰石、玄武岩、矿泉水等。

2016年，公共财政预算收入1.81亿元，规模以上企业开票销售收入7.28亿元，完成农民人均纯收入17000元，完成服务业入库税收9600万元。完成固定资产进项税300万元，同比增长7.8%。外资到账1000万美元，增长90.6%。工业用电量1710万千瓦时，增长28.73%。全年新增个体工商户45户，新增注册资金3280万元。

【太和街道】 太和街道位于盱眙县境中部西北，东临穆店乡、西靠盱城街道、南接古桑街道、北连维桥乡，区域面积44.8平方公里，与盱眙经济开发区区划一致，常住人口7.9万人。2016年3月，经盱眙县民政局批准，撤销三塘村委会、漫岗村委会，变更设立三塘社区居委会、漫岗社区居委会，至此太和街道下辖5个社区居委会，分别为三塘社区、友法社区、漫岗社区、太和社区、毛营社区，户籍人口约2.5万人。2016年度全县综合目标考评中，与盱眙经济开发区捆绑考核获全县综合目标考核突出贡献奖。城乡居民人均纯收入约2.3万元。

【马坝镇】 马坝镇位于苏皖两省洪泽、金湖、盱眙、天长四县（区）交界处，在盱眙县东部，背倚洪泽湖，怀抱大云山，两千多年前的秦汉时期就在马坝镇东阳城设郡，东阳城遗址在1982年被列为江苏省重点文物保护单位。宁连、宁宿徐一级公路、宁淮高速公路和徐扬公路横贯境内，是苏北重要的水陆交通枢纽。2000年，由原马坝镇、东阳乡、高桥乡合并为新的马坝镇，全镇总面积197.5平方千米，辖23个行政村、2个居委会，390个村民小组，总人口10万人。是全国重点中心镇，是全省经济发达镇，行政体制改革试点镇，是国家级新型城镇化综合改革试点镇，连续14年跻身全市农村经济发展“十强乡镇”行列。

2016年，完成地区生产总值48.87亿元，财政收入67273万元，其中一般性财政收入56012万元；城乡居民年人均纯收入2.4万元。全镇粮食生产面积1.87万公顷，粮食产量14700万公斤。落实虾稻共生扩面户42户，全镇累计609.73公顷。全镇新引进工业项目7个，其中亿元以上项目1个。开工亿元项目1个，开工“521”项目5个。新竣工市对县验收项目2个，通过市对县质效考核项目2个。

【官滩镇】 官滩镇原名渔沟乡，1982年更名为官滩乡，1986年撤乡建镇。该镇位于盱眙县城东北部，距盱眙县城12公里，距宁宿徐高速10公里，淮河主航道穿境而过。镇域东临洪泽湖，西滨淮河，北毗连老子山，山水相依，圩滩相连，物产丰富，美丽富饶。全镇总面积145平方公里，辖16个行政村，2个场，1个居委会，总人口4.8万人。实现地区生产总值221.87亿元，财政收入2.68亿元，其中一般性预算收入1.62亿元，城乡居民人均纯收入2.25万元。

全年粮食种植面积1.03万公顷，粮食总产80000吨。水产养殖面积1666.67公顷，其中龙虾养殖面积1000公顷。农村专业合作社有102个，年农产品销售30115万元。全镇新引进工业项目7个。全年完成工业开票销售收入77.15亿元，工业税收总额1.45亿元，工业用电量2.95亿千万时，固定资产进项税2151万元，全县工业经济考核第一名。

【旧铺镇】 旧铺镇位于县城东南，地处苏皖交界，距县城26公里。古为平原铺，后因附近设新平原铺，此处成为旧平原铺，简称旧铺，原旧铺乡以此名命名，1986年7月撤乡建镇。镇域东与安徽省天长市接壤，南与安徽省来安县交界，西与天泉湖镇为邻，北与穆店乡相连。全镇辖13个行政村、2个场圃、136个村民小组，总人口4.1万人。镇域面积157.77平方公里。2016年，实现财政总收入6635万元，公共财政预算收入5950万元，农民人均纯收入16100元。获“省级农村电子商务示范镇”称号。

镇内雨山茶场基地面积93.33公顷，可年生产茶叶15吨，产值200余万元。主要品种有雨山白茶、雨山早茶、雨山香茗、龙虾情、明祖贡春等。时集村形成千亩虾稻共（连）作示范基地，发展优质稻米生产；有市级、县级农产业产业园区15家。新增家庭农场14家。全镇引进工业项目10个，开工项目10个，竣工项目9个。镇工业集中区进区企业21家，总投资额7.7亿元，建筑面积85650平方米，用工近千人。全镇实现规模企业开票销售13.1亿元，固定资产进项税150万元，工业用电量1812万千瓦时，新增工业列统企业2个，服务业列统企业1个。

【桂五镇】 桂五镇原名西高庙乡，1956年为纪念革命烈士李桂五而更名，1986年7月撤乡建镇，是盱眙县山区片中心镇。桂五镇位于县城南部，距县城17公里。镇域东与穆店乡接壤，南与天泉湖镇相连，西与仇集镇相邻，北与古桑街道毗连。总面积147.8平方公里，属丘陵低山地区。248省道穿境而过，桂仇、桂莲公路横亘其间，交通便捷。全镇辖11个行政村、2个居委会、3个场圃、193个村民小组，总人口3.56万人。2016年，实现地区生产总值9.4亿元，财政收入7587.09万元，其中一般性财政收入6817.57万元。城乡居民人均纯收入15000元。

全镇有耕地6733公顷，粮食总产量约6.5万吨，其中水稻产量4.8万吨，玉米产量1.7万吨。新培育农机专业合作社1个，创建万亩高产示范片1个，实施重点县项目1个。新注册家庭农场30个。全年新引进的盛能太阳能、光大通讯设备、联益生物科技二期等项目有序推进。引进项目7个，竣工项目4个，在建项目3个，实现开票销售6亿元，工业总产值26亿元。全镇新增个体工商户60户，私营企业21户，新增注册资金1.2亿元。

【管镇镇】 原名管公店，后改为管镇，相传为纪念春秋时期齐国上卿管仲而得名。1994年6月撤乡建镇。管镇镇位于盱眙西北部，距县城18公里，北临洪泽湖，东交明祖陵镇，南连兴隆乡，西邻鲍集镇，总面积67.5平方公里。境内中部丘陵起伏，北部圩田洼地。管镇镇为江苏省重点中心镇之一，是盱眙县河西片乡镇商贸流通中心，宁徐一级公路和宁宿徐高速公路穿境而过。全镇辖10个行政村、3个居委会、72个村民小组，总人口33605人。

2016年，全镇公共财政预算收入8667.5万元，实现可用财力3371.25万元；服务业入库税收5640.4万元，其中商业税收789.4万元；规模以上工业开票销售收入100310万元，其中工业入库税收5507万元。全年居民人均收入16185元。利用外资150万美元，新增列企业3家，开票销售16.12亿元，全社会固定资产投入15.2亿元，实现国民生产总值8.57亿元，农民人均纯收入16185元。全镇新增个体工商户和私营企业105户，总户750个，新增注册资金0.4亿元。三产年销售收入0.7亿元。

【河桥镇】 河桥镇原名河梢桥，地处淮河南岸，苏皖交界，总人口38814人，面积177.07平方公里，331省道穿境而过，拥有淮河水运码头。境内猫耳湖、七里湖适宜水产养殖。全镇辖12个行政村、1个居委会、2个场，110个村民小组。2016年，全镇可用财力1506.18万元，居民人均可支配收入16690元。商业经营性税收完成246万元，工业入库税金717.8万元。

全镇有耕地5579公顷、水产养殖1420.33公顷。至年底，发展农业合作社101个、家庭农场39个。新型特色建材产业园有欧亚水泥、利泰建材、宇通建材、聚源建材等13家企业入驻，其中列统企业8家。新增个体工商户和私营企业160户，新增注册资金1.65亿元，三产收入1.8亿元。重点推进玉泉湖、龙庙湖、凤凰山等“农业+旅游”项目与玉皇山省级乡村旅游点业态互补，打造以生态农业为主的玉皇山生态园、龙庙湖生态园，以游乐为主的水上漂流和以休闲观光为主的凤凰山、玉泉湖。

【鲍集镇】 鲍集镇原名鲍家集，相传为纪念春秋时期齐国大夫鲍叔牙而得名。鲍集镇位于县城西北部，距城25公里。镇域东与管镇镇相连，南与铁佛镇交界，西与安徽省明光市为邻，西北隔下草湾引河与宿迁市泗洪县相望，北临洪泽湖，区域总面积132平方公里。境域东高西低，三分之一岗地，宁宿一级公路、宁宿徐高速公路贯穿境内。2000年区划调整，肖嘴乡划归鲍集镇，全镇辖17个行政村、2个居委会、165个村民小组，总人口5.5万人，其中非农业人口1.6万人，耕地面积6403公顷。

2016年，全镇财政总收入8137万元、公共财政收入7406万元、规模工业企业开票销售收入5.02亿元、工业入库税收6961万元、规模固定资产投入9.2亿元、农民人均纯收入16730元。规模以上工业企业开票销售4.22亿元，固定资产购置进项税129万元，外资到账220万美元，服务业入库税收5124万元。投资11亿元的翼体产业园开工建设。新增个体工商户37户和私营企业4户。三产年收入6105.2万元。

【黄花塘镇】 黄花塘位于盱眙县东南部，距县城39公里，镇域东部及东南部与安徽省天长市接壤，南部与旧铺镇相连，西部与穆店乡为邻，北部与马坝镇相接。交通区占优势明显，宁连一级公路、宁淮高速公路、宁宿徐高速公路穿境而过，到达南京、淮安仅需1个小时车程。全国百家红色旅游经典景区、国家AAAA级景区——黄花塘新四军军部纪念馆位于该镇黄花塘村境内。镇域内矿产资源丰富，其中优质矿泉水极具开采价值。全境总面积128.8平方公里，辖14个行政村、2个居委会、248个村民小组，总人口3.4万人。

2016年，完成公共财政预算收入5800万元；招引项目9个，投资总额14.7亿元，完成外资420万元、外贸100万元。工业列统企业开票销售101652亿元；入库税收493万元；固定资产进项税361万元。开工工业项目9个、竣工5个，扬州大桥旅游用品有限公司盱眙分公司实现开票销售100万元，盱眙凯文家居生活用品有限公司实现开票销售800万元，淮安飞越电子有限公司实现开票销售1800万元。

【明祖陵镇】 明祖陵镇是1989年1月由管镇镇行政区划后分离出来的新建乡镇。前身为仁集乡，2000年撤乡建镇。位于县城西北10千米处，东、南与淮河相依、西与管镇镇和兴隆乡接壤、北临洪泽湖。区域面积135平方公里，辖9个行政村、1个居委会、100个村民小组、8186户，总人口3.8万人。宁宿徐高速穿境而过。国家重点文物保护单位明祖陵风景区坐落镇区，交通便利，物产丰富。

2016年，全镇农村居民人均可支配收入16500元，公共财政预算收入9300万元，服务业税收8000万元。规模企业开票销售52000万元；工业列统企业入库税收2250万元；工业用电量1400万千瓦时；固定资产购置进项税350万元。全镇引进养殖、种植项目30多个，注册合作社72个、家庭农场24家，流转土地2000公顷。全年新引进工业项目8个。全镇个体工商户600多户，从业人数超千人，日均营业额50万元以上，全镇第三产业总产值22000万元。

【铁佛镇】 铁佛镇因铁佛寺而得名。2001年2月，铁佛乡撤乡设镇。位于盱眙县城西北部，地势北高南低，南部为低洼圩区、北部为丘陵岗地，土质为沙淤土、局部粘土。全镇总面积108平方公里，下辖14个行政村、116个村民小组，总人口37335人。2016年，全镇人均地区生产总值2.84万元；完成公共财政预算收入1.06亿元，基本实现收支平衡。

村级集体经济纯收入490万元，农民人均纯收入17140元。规模以上工业开票销售15.5亿元，工业入库税收1120万元。引进项目12个，投资额6.5亿元。新增个体工商户和私营企业11户，比2015年增长4.1%，新增注册资金588万元，比2015年增长5.4%。

【淮河镇】 淮河镇位于县城西郊，东与洪泽湖连接，西与安徽省明光市隔河相望，北拥明朝第一陵明祖陵，因滨临淮河而得名。121省道、宁宿徐高速公路和淮河黄金水道等穿境而过，誉为“东方庞贝城”的古泗洲城遗址位于境内。全镇辖10个村、1个渔场、1个运输公司、79个村民小组，总人口2.995万人，区域总面积97.1

平方公里，镇域地处淮河岸边，滩多水多，自然资源丰富，盛产品位较高的鱼、虾、蟹及莲藕等水生动、植物30余种。

2016年，全镇地区生产总值61950万元，公共财政预算收入13475.1万元，注册外资实际到账实现1930万美元，全社会固定资产投资22.32亿元，居民可支配收入13956元。规模以上工业开票销售收入98.8亿元，工业企业入库税金1000万元，固定资产购置进项税620万元，外贸进出口300万美金，工业用电量380万千瓦时，注册外资到帐300万美金。新增个私企业389个，新增个私企业注册资本金3.96亿元。

【仇集镇】 仇集镇以仇姓在此兴集得名，集镇位于盱眙县城西南部35公里处，东与桂五镇、天泉湖镇接壤，南与安徽省来安县相连，西与安徽省明光市交界，北与河桥镇相连。全镇辖7个行政村、2个居委会、2个场圃、9203户，人口31196人，镇域面积179.3平方公里。仇集镇属于典型的低山丘陵地区，辖区内有老虎山紫云洞、清明山、凤凰山、牛头山、龙头山。辖区矿产有玄武岩、凹凸棒石黏土。特色农产品主要有小磨麻油、牛肉、草鸡蛋、中药材等。

2016年，全镇地区生产总值8.5亿元，农村居民人均可支配收入16010元，公共财政预算收入5458万元。农业产值7500万元。引进投资6000万元瑞福观光农业项目1个，新增2户贸易服务业和1户工业列统企业。全镇7户列统企业实现开票销售57773.34万元，工业入库税金2590.58万元，其中中再德众不锈钢项目开票销售超2亿元，实现税收800万元。新增个体工商户36户和私营企业18户，新增注册资金12.4亿元。三产年收入5130多万元。

【观音寺镇】 观音寺镇以境内观音寺而得名，位于盱眙县东北部，距县城直线距离约32公里，沿省道121和国道205约42公里，镇域东与金湖县接壤，北隔三河和洪泽区相望，西部滨临洪泽湖，水路与淮河航道紧连，陆路宁连一级公路和宁淮高速公路穿境而过。距南京、扬州、淮安车程均在1小时左右。镇域面积129.7平方公里，耕地4413.3公顷，水域800公顷。辖10个行政村、2个居委会、237个村民小组，总人口3.08万人，其中非农业人口5000余人。

2016年，全镇地区生产总值12亿元，公共财政预算收入5900万元。规模企业开票销售收入9.2亿元，固定资产进项税550万元，服务业入库税收5250万元。居民人均可支配收入突破1.6万元 。社会消费品零售总额25479万元，有商品交易市场2个、批发和零售法人企业5个。

【天泉湖镇】 天泉湖镇位于盱眙县最南端，地处苏皖两省两县一市（盱眙县、来安县、明光市）交界处，东与旧铺镇相连，西接仇集镇、南临安徽半塔镇、北与桂五镇相邻。全镇有14个行政村、2个居委会、239个村民小组，总人口38378人，总面积169平方千米，拥有山地4566.67公顷，耕地4333.33公顷，水面933.33公顷。601省道和248省道成十字型构成交通主动脉，距南京、扬州、淮安均约100千米。毗邻铁山寺国家森林公园。

2016年，全镇一般预算收入8100万元，偿还县乡往来1694万元，首次实现县乡往来倒挂500余万元；规模以上工业开票销售10.75亿元，规模以上工业入库税收745万元；完成注册外资到账110万美元；完成固定资产进项税640万元，超额完成全年任务；工业企业用电量860万千瓦时，服务业入库税收5400万元，城乡居民人均可支配收入13650元。

【维桥乡】 维桥乡位于盱眙县城东郊，东与马坝镇接壤，南连穆店乡，北与三河农场毗邻，县经济开发区东扩至维桥乡漫岗村。乡域面积72.6平方公里，其中集镇总面积3.5平方公里。地势南高北低，距宁宿徐高速公路盱眙入口处3分钟车程，新老盱马路穿境而过，高桥河、维桥河纵贯南北，通达洪泽湖。全乡辖6个行政村、1个居委会、1个良种繁育场、76个村民小组、4360余户，总人口19860人，耕地3408公顷。

2016年，全乡公共财政预算收入8100万元，规模企业开票销售7.2亿元，服务业入库税收6500万元，规模以上固定资产投资10.5亿元，农民人均可支配收入15200元。沿盱马路高效农业园区定位现代农业示范区、观光旅游休闲区、创业融合先导区、城乡统筹示范区。初步形成以畜禽肉制品、蛋制品、水产品、粮油产品加工、果蔬加工及特色农产品加工为主导的特色园区。新引进工业项目3个。

【穆店乡】 穆店乡，曾名木店乡。穆店的来历，一说是因为北宋女将穆桂英在此安营扎寨而得名；另一说是因周朝穆王途经此地而得名。该乡位于盱眙县城东南方向，距县城13公里，乡域东与旧铺镇相接，南于天泉湖镇毗邻，西与桂五镇、古桑街道相连，北和维桥乡相交，总面积97.02平方公里，耕地3760公顷，山地2013.3公顷，水域面积1340公顷。全乡下辖10个行政村，1个场圃，183个村民小组，总人口2.7万人。境内有国家AA级风景名胜区——八仙台旅游风景区及投资10亿元建设的龙泉湖旅游风景度假区。

2016年，全乡实现财政收入5698万元，一般预算4992万元。规模企业开票 3.32亿元，固定资产进项税139.6万元，开工项目注册外资到账220万美元。列统企业工业用电量增幅8 %。新增列统企业2个，规模以上固定资产投资8.5亿元，农民人均纯收入16156元。 全年新引进工业项目3个。新增个体工商户23户，新增私营企业8家，新增注册资金1.2亿元。

【兴隆乡】 兴隆乡位于盱眙县西北部，淮河北岸，东临陡湖、明祖陵，西与铁佛镇相邻，北与管镇、鲍集接壤，距县城27公里。全乡总面积101平方公里，耕地面积2911公顷，水域3862.4公顷。辖11个行政村、1个渔场、99个村民小组，常住人口7652户，总人口35750人。

2016年，全乡实现地区生产总值6.84亿元，增长13.5%；工业总产值3.86亿元，增长17%；农业总产值2.2亿元，增长14.1%；第三产业生产总值0.77亿元，增长13%；农民人均纯收入15700元,增长15%。粮食总产量47472.65吨。全乡实现工业开票销售收入44638.43万元、入库税收561.37万元。投资3000万元的亚达电器项目开工建设,亿元项目都梁第一街开工;盱眙县河西医养融合服务中心投入前期资金2000万元。列统企业总数26个,新培植3个,其中工业企业2个、贸易服务业企业1个。

【江苏省三河农场】 2016年,江苏省三河农场实现各项收入5086万元,完成财政预算的102%。实现场域营业收入9.7亿元,职均收入4.2万元。全场有林地866.67公顷,林木总株数50.5万株,绿化苗木29.4万株,果树灌木1.6万株。砍伐林木2.9万株,销售金额325.74万元。存栏肉鸡23.5万只,蛋鸡8.5万只,肉鹅4万只,肉猪3500头。年度鸡总出栏146万只、2920吨,鹅总出栏10.5万只、390吨。猪总出栏4500头、690吨。水产养殖的四大家鱼总产量2550吨。全年场部医院完成门急诊病人约3.3万余人次,住院900余人次。农场电力中心全年购电量1820万千瓦时,营业收入870万元。永进塑料厂吸纳40名转岗职工就业。水稻育秧软硬盘获得国家专利,全年实现产值1500万元。恒河酿造有限公司生产醋8000吨、酱油1000吨,销售收入1550万元;半导体有限公司生产保险丝3亿只,销售收入850万元。 (李 婧)

盱眙县领导干部名录

(2016年1月1日~12月31日)

盱眙县委

书 记 李 森(2016年6月止)
梁三元(2016年6月任)
副书记 贺宝祥(2016年1月止)
梁三元(2016年1月任,2016年6月止)
朱海波(2016年7月任)
陈俊祥
常 委 李 森(2016年6月止)
贺宝祥(2016年1月止)
梁三元(2016年1月任)
朱海波(2016年7月任)
陈俊祥
刘爱国(2016年7月止)
高为森 张晓红(女)
江 迈(2016年7月止)
杨 军
魏宏亮(2016年4月止)
林 波(2016年7月任)
顾 强(2016年4月任)
杨 韬(2016年7月任)
张 健(2016年7月任)
张 柏(2016年7月任)

盱眙县人大

主 任 姚玉祥
副主任 王恒亮 傅维林
朱正荣
沈思为(2016年7月任)

盱眙县政府

县 长 贺宝祥(2016年1月止)
梁三元(2016年1月任,2016年6月止)
朱海波(2016年6月任)
副县长 刘爱国(2016年7月止)
林 波(2016年7月任)
雍 梅(女)
顾 强(2016年4月止)
郑海梁
章文风
杨 忠(2016年10月止)
董 清(2016年4月任)
冯建淮(2016年11月任)

盱眙县政协

主 席 胡启新
副主席 成兆友(2016年11月止)
张本华
张瑞晴(女) 王行政
殷建春

盱眙县纪委

书 记 江 迈(2016年7月止)
杨 韬(2016年7月任)

盱眙县法院

院 长 王亚林(2016年11月止)
接 滨(2016年11月任)

盱眙县检察院

检察长 潘建文

(市委组织部县区干部处)

金湖县

【基本情况】 金湖县位于江苏省中西部,淮河下游。1959年10月建县,先后属扬州专区、六合专区、淮安市(淮阴地区、淮阴市)。县境属水网地区,从东北部到东南部依次是白马湖、宝应湖、高邮湖,三河和淮河入江水道穿越腹地,贯通洪泽湖和高邮湖,是淮河泄洪的主要通道。县境湖河沟渠密布,水产、水禽、水生植物等水生资源丰富。特产有金湖龙虾、金湖大闸蟹、高邮湖银鱼、甲鱼、青虾、河蚬等。境内有金湖荷花荡、白马湖生态渔村、水上森林公园、柳树湾湿地公园等生态旅游景点。县域总面积1393.86平方千米,其中水面420.08平方千米。下辖镇10个,省级经济开发区1个,市级经济开发区1个,村民委员会99个,社区居民委员会45个,有国有农林场圃7个,其中省属农场3个,县属农场4个,另有部队(武警)副食品基地3个。年末总人口35.96万人。

【地方经济】 2016年,金湖县实现地区生产总值241.88亿元,比上年增长9.7%。其中,第一产业增加值33.11亿元,增长2.6%;第二产业增加值90.31亿元,增长9.7%;第三产业增加值118.46亿元,增长11.8%。人均地区生产总值突破7万元,达72987元,增长11.5%。财政总收入占地区生产总值的11.79%(财政总收入不含基金收入)。三次产业结构由14.3:38.5:47.2调整为13.7:37.3:49.0。全年服务业增加值占地区生产总值比重为49.0%,比上年提高1.8个百分点,持续保持“三二一”产业发展格局。从10月1日起全面实行“五证合一”及“一照一码”市场登记制度改革,全年新增私营企业1100家;新发展个体工商户4559户。年末全县规模以上民营工业企业313家,占全县规模以上工业企业数的95.4%。

农业 全县农林牧渔业总产值62.56亿元,比上年增长7.7%,其中农业产值35.89亿元,增长4.9%;林业产值1.88亿元,增长8.5%,牧业产值7.36亿元,增长12.2%;渔业产值15.64亿元,增长12.3%;农林牧渔服务业产值1.8亿元,增长7.8%。全年粮食总产量53.56万吨,比上年持平略减,增长-2.5%。其中,夏粮总产19.28万吨,增长-4.2%;秋粮总

5月15日，2016金湖国际半程马拉松比赛举行　　李义海　摄

产34.28万吨，增长-1.5%。油料亩产稳定，为173.7公斤，总产0.84万吨，增加200吨。全年累计出栏肉猪13.31万头，增长3.1%，年末生猪存栏9.38万头，增长7.1%；家禽累计出栏409万只，增长7.6%；年末家禽存栏152.7万只，增长15.7%。水产品年产量4.71万吨，比上年持平略减。新增设施农业520公顷，建设高标准农田2666367公顷，现代渔业提优增效，新增设施渔业540公顷，农业机械化综合水平88.7%，提档升级三星级为农服务社12家。

工业 建筑业　全县工业增加值79.9亿元，增长10.1%。规模以上工业实现产值546.99亿元，同比增长13.8%。其中，国有企业6.53亿元，增长22.7%；股份制企业444.27亿元，增长12.6%；外商港澳台投资企业89.31亿元，增长17.1%；民营工业457.03亿元，增长13.1%。规模以上工业25个工业大类行业中有24个行业产值较上年有不同程度增长。其中，电力、热力生产和供应业增长58.97%，造纸和纸制品业增长39.94%，文教、工美、体育和娱乐用品制造业增长39.47%，木材加工和木、竹、藤、棕、草制品业增长35.17%。规模以上工业59种工业产品中，有38种产品产量比上年实现增长。企业盈利水平保持稳定。全县规模以上工业企业实现销售收入531.46亿元、利润总额22.54亿元，比上年分别增长15.5%、10.5%；主营业务收入利润率4.2%；企业亏损面4.8%，比年初收窄4个百分点。高新技术产业实现产值131.94亿元，增长3.9%，占规模以上工业的24.1%，贡献率7.6%；节能环保、新能源、新材料、高端装备制造业等新兴产业产值增长67.6%，战略性新兴产业企业49户，增加31户。

全年建筑业增加值10.42亿元，增长3.3%。建筑业企业（总承包和专业承包）施工面积699.79万平方米，增长19.9%；竣工面积268.62万平方米，同比下降3.0%；工程结算收入54.89亿元，增长16.0%。从业人数3.60万人，年末全县拥有资质建筑企业32家。

固定资产投资　全年完成规模以上固定资产投资（不含农户）195.54亿元，比上年增长19.5%。其中民间投资162.69亿元，增长16.7%，占全部投资的83.2%。第一、第二、第三产业分别完成投资4.60亿元、138.49亿元、52.45亿元，占全县投资总量的2.4%、70.8%和26.8%。规模以上工业完成投资137.86亿元，增长19.4%。服务业完成投资52.45亿元，增长18.2%，占规模以上投资的26.8%。其中教育投资增长88.1%，水利、环境和公共设施管理业投资增长55.8%，交通运输、仓储和邮政业投资增长1.1%。全县新开工项目249个，增长5.5%；完成投资115.97亿元，下降3.1%。全县房地产开发投资11.88亿元，下降27.2%，其中住宅投资9.43亿元，下降19.4%。商品房新开工面积36.53万平方米，下降23.4%，其中住宅新开工面积26.93万平方米，下降34.6%。全年商品房销售面积39.98万平方米，下降2.0%，其中，住宅销售面积31.90万平方米，增长14.1%，住宅销售2814套，增长8.3%。

国内贸易　全年社会消费品零售总额90.76亿元，增长12.0%，高于全市平均水平0.3个百分点。批发业实现社会消费品零售额23.67亿元，增长43.8%；零售业实现社会消费品零售额57.67亿元，增长4.2%；住宿业实现社会消费品零售额0.61亿元，增长15.3%；餐饮业实现社会消费品零售额8.81亿元，增长1.5%。城镇市场实现零售额79.82亿元，增长10.3%，农村市场实现零售额10.94亿元，增长26.6%。限额以上实现零售额17.35亿元，增长18.7%；限额以下实现零售额73.41亿元，增长10.6%。办理车辆购置税车辆4620台，与2015年的3663辆相比，多957台，增幅26.1%，居民购车消费6.5亿元，比2015年的4.66亿元增加1.84亿元，增长39.5%。

旅游业　全域旅游提速发展。争取到省、市级旅游业专项引导资金项目12个、390万元，项目数、资金总额连续三年全市第一。精心组织谋划荷花节、五一小长假、春秋国旅千人游、华东六省一市自驾协会金湖行、十一黄金周、花漾淮安·轻徒金湖系列旅游活动。加大无线网络覆盖面，5·15金湖国际半程马拉松赛前实现现场赛道两侧，水上森林公园、荷花荡景区免费wifi全覆盖。

开放型经济　全年进出口总额3.47亿美元，同比下降11.9%。其中，出口3.42亿美元，同比下降12.4%，进口0.05亿美元，同比增长22.4%。全年新批外商投资项目19个，增资项目4个；实际到账注册外资1.2亿美元，增长-5.2%。

交通　全县公路总里程1500.98千米，等级公路1335.89千米，其中高速公路8.4千米，一级公路83.97千米。全县拥有客运等级站12个，其中国家一级客运站1个、五级客运站11个，县、镇两级客运站场网络化基本形成；港口1个，码头泊位15个，码头岸线总长850米；购置30辆新能源汽车，新建公交站台34座，新开通6路公交，优化城市公交线路1条，完成“一卡通”建设任务。开通金北、吕良镇村公交，开通率82%，城市万人拥有公交车辆5.3标台,城市公交分担率15.2%。荷花荡旅游公路和景区内部循环道路建成通车;乌龙渡大桥主桥贯通,完成接线路基75%;三河渡大桥完成灌注桩30根;完成汽车客运东站主体楼房;完成农村公路75公里和9座桥梁建设。高邮湖大桥项目环境控制区调整方案报省环保厅待批。

财政金融　全年实现财政总收入28.52亿元,比上年增长-4.9%(财政收入受"营改增"影响,口径有所变化)。其中,一般公共预算收入22.0亿元,比上年增长-8.0%,税收占比87.2%。全年财政总支出44.34亿元,增长5.4%,其中地方公共财政预算支出41.84亿元,增长1.7%。地方公共财政预算支出中,用于一般公共服务支出、公共安全支出、教育支出、科学技术支出、社会保障和就业支出、医疗卫生与计划生育支出、节能环保、城乡社区事务支出等方面的财政投入22.57亿元。

全县金融机构人民币存款余额220.07亿元,比上年末增长18.2%,比年初新增33.83亿元;人民币贷款余额171.54亿元,比上年末增长15.4%,比年初新增22.89亿元。

【社会事业】 科技教育　2016年,金湖县国家高新技术企业数63家。申报省高新技术产品获批36个,申报市级以上科技项目获批18项,金石集团、苏仪集团、杰创集团、西派集团等118家企业与全国83家高校院所建立产学研合作关系。全年授权专利921件;有效发明专利241件。当年获批市级国家重点研发机构培育点1家、市级工程技术研究中心12家,全县有省级工程技术研究中心19家,市级工程技术研究中心74家。

被省政府表彰为"江苏省促进义务教育均衡发展先进县"。学前三年幼儿入园率、义务教育巩固率、初中毕业生升学率分别为99.9%、100%、99.95%。全县有学校75所,年末在校学生3.19万人。其中,中等职业教育学校1所,在校学生0.12万人;普通高中2所,在校学生0.40万人;普通初中9所,在校学生0.54万人;小学26所,在校学生1.29万人;特殊教育学校1所,在校学生72人;各级各类幼儿园25所,在园幼儿0.75万人;成人教育11所,在校生807人。

文化　举办春节"十大"文化系列活动,丰富城乡人民群众节日文化生活;突出"尧文化体验区"规划与建设,尧乡宝塔、寿佛寺改扩建、道路、绿化配套等第一期工程基本竣工;江苏省抗战文物抢救保护工程——"高邮县抗日民主政府旧址"修复工程进入布展阶段;2016年全国"文化遗产日"江苏省主题活动暨"荷风舞韵·追梦江淮"苏皖莲湘舞邀请赛在金湖举办;"金湖香火戏"被录入《中国傩戏剧本集成》;"荷都戏苑"于5月试运行,开展"周周戏相逢"活动;城区无证照或不具备安全生产条件从事歌舞娱乐类(KTV)的经营场所被依法取缔。启动黎城镇黎城村等31个村居(社区)综合性文化活动中心规划与建设;完善118个农村固定放映点基础工作。全县公共文化服务设施覆盖率95%,人均拥有公共文化设施面积0.19平方米,人均公共图书馆总藏量0.98册。

卫生　年末全县有卫生机构16个,其中:医院、卫生院12个,妇幼保健院1个。全县卫生机构床位数1522张,卫生技术人员1629人,其中执业(助理)医师572人,注册护士756人。全县参保新农合人口21.86万人,实现应保尽保,并实现大病保险全覆盖。人均筹资标准从490元提高到565元,其中个人筹资140元。统筹基金总额1.258亿元,其中省3945万元、市县补5574.63万元,个人筹资3060.6万元。完善新农合补偿实施方案,调整完善《金湖县2016年新型农村合作医疗补偿管理办法》。

体育　举办2016年淮安金湖国际半程马拉松比赛。将创建"江苏省公共体育服务体系示范区"作为创建全国文明城市、实现跨越发展的重要举措。9月被命名为"江苏省公共体育服务体系示范区"。

环境保护　全县生态环境质量明显改善。一氧化碳、水(废水)中氨氮含量指标、二氧化硫、氮氧化合物排放总量净削减率分别完成3.93%、3.91%、5%、9%。全年PM2.5均值为0.039毫克/立方米,比2015年的0.044毫克/立方米下降幅度11.36%。全年空气质量优良天数298天,占比81.6%。比确保目标251天净增加47天。完成挥发性有机物治理7家,完成率100%;完成燃煤锅炉综合治理项目57个,完成率100%。其中,提标改造3家,清洁能源改造和拆除54家。全年秸秆综合利用率在92%以上。

人民生活　全县居民人均可支配收入22541.5元,增长9.6%。其中,工资性收入15472.6元,增长6.4%;经营净收入3453元,增长12.6%;财产净收入1228.4元,增长23.4%;转移净收入2387.5元,增长22.0%。城镇居民人均可支配收入30799元,增长8.2%;农村居民人均可支配收入15682.8元,年增长9.3%。农村居民人均可支配收入增幅比城镇居民人均可支配收入高1.1个百分点,城乡居民收入比从上年的1.98:1缩小为1.96:1。城镇居民人均消费性支出19832.9元,比上年增长7.0%,恩格尔系数为30.5%。年末城镇居民人均住房面积41.9平方米。农村居民人均生活消费支出13384.5元,比上年增长12.1%;恩格尔系数31.5%。农村居民人均住房面积60.6平方米。

社会保障　全年城镇新增就业6656人,城镇失业人员再就业2135人,困难人员帮扶就业312人,支持成功创业1984人,带动城乡就业8694人,零就业家庭动态清零,就业援助率100%,新增农村劳动力转移就业1888人,城镇登记失业率2.25%。全年企业职工养老保险参保人数7.1万人,城乡居民养老保险续保缴费7.74万人,城镇职工基本医疗保险参保6.83万人,城镇居民医疗保险参保3.14万人,工伤保险3.52万人,生育保险参保3.31万人,失业保险参保4.73万人,综合覆盖率96%以上;全年征收基金9.61亿元,发放养老金9.96亿元。企业退休职工养老金人均提高147.1元/月。失业金标准提高至960元/月,最低工资标准提高至1400元/月,城镇职工、城镇居民范围内住院报销比例分别为80%和72%。

·乡镇场·

【黎城镇】 黎城镇是金湖县委、县政

府驻地镇，镇名由北宋高黎王城演变而来，距今900多年历史。辖18个社区、77个农业组、59747户，总人口10.64万人，镇域面积66平方千米，拥有耕地1180.3公顷。2016年，涉农社区集体经济年纯收入872.8万元，涉农社区平均集体经济纯收入97万元。

完成固定资产投资超3000万元农产品加工项目2个，在建亿元农业项目1个，完成固定资产投资超1000万元一产项目2个。新注册家庭农场22个，新培育市级以上示范合作社2个。农村土地承包经营权确权登记颁证率100%，发证率96%。工业集中区实施3000万元以上项目4个，完成固定资产投入2.2亿元，入驻企业155个。2000万元以上规模企业36个，累计实现销售收入41亿元，实现入库税金1.2亿元。新实施1000万元以上技改项目12个，新增规模企业5家，规模企业总数44家。新开工项目4个，其中民森木业通过市3000万元以上重点农业项目验收。签约项目4个。祥豪实业在新三板股权交易中心挂牌上市，实现上市企业零突破。全年全镇实现工业总产值74.72亿元，销售收入74.72亿元，实现利税6.7亿元，出口创汇3461万美元。全镇有各类农产品交易市场17个，其中交易额在1000万元以上的农产品交易市场14个。

【戴楼镇】 戴楼镇位于金湖县西南部，为缓坡丘陵地貌。北临三河，南与安徽省天长市铜城镇、高庙镇接壤，西与盱眙县马坝镇交界，东与黎城镇、江苏金湖经济开发区毗连。宁连一级公路、淮金公路，金马高速公路、331省道纵横镇境。戴楼历史可追溯到新石器时代，境内有磨脐墩、獾墩等遗址，故称衡茨庄。戴楼也是红色革命老区，新四军四师留守处兵工厂和服装厂曾设在张家祠堂，抗大八分校曾设永丰大庙教学点，二师师部曾移驻永丰，二师三分所（医院）长期设立小集磨脐墩。全镇镇域总面积75.96平方千米，耕地2933公顷，辖行政村6个、社区5个、镇属农场1个，人口2.28万人。2016年，被确定为全国第三次农业普查省级试点镇，获省文明镇、省食品药品安全示范镇、市公正司法示范点、市级特色工业园、市创业孵化基地等称号，连续13年蝉联淮安市农村经济十强乡镇称号。

完成投资3000万元以上农产品加工项目2个，完成投资1000万元以上一产项目2个。完成农村承包地确权颁证村7个、农户3867户、耕地3353公顷，农村产权交易平台完成36宗、交易额1386万元，全镇种田大户26户，申请经营权抵押贷款额度1350万元。全年新增承包地流转面积226.67公顷，新注册家庭农场19个、合作社2家，获批市级示范家庭农场2家、示范合作社2家，省级示范合作社1家。实现规模以上工业开票销售收入36.75亿元、利税总额1.64亿元。镇工业集中区新增东源电子等投资3000万元以上企业9家，新建标准厂房1.75万平方米，新增世杰门泵等列统企业5家，创成市级重点特色园区。精明机械在江苏股权交易中心挂牌，全镇有本土创业版上市企业3家。建成融资平台2个，与江苏银行和国家开发银行成功合作。

【金南镇】 金南镇位于金湖县南部，西交安徽省天长市，东临淮河入江水道（金沟行洪道），北与县稻麦原种场、黎城镇、武警运东农场接壤，南濒高邮湖、百家荡。设村15个、社区4个、村民小组和社区农业组132个、农户1.17万户、人口3.47万人，面积102.01平方千米，其中耕地5330.07公顷。有“线缆之乡”美誉。境内宋墩遗址为周代聚落遗址、省级文物保护单位，抬饭墩、时墩遗址为新石器时期聚落遗址、市级文物保护单位。抗战时期，中国的保尔—吴运铎在境内小朱庄创办新四军二师兵工厂。

2016年，新增复垦面积166.67公顷，新增各类农机动力1470千瓦以上。机插秧面积1666.67公顷。培育规模企业4家，新增开票销售超亿元企业1家，工业开票销售9亿元。新开工一个5000万元项目，新上高速数字通讯电缆项目，新开工3000万元项目两个。盘活金荷花化纤项目，招引建成全县乡镇中规模最大的集镇居民休闲公园，新增批零规模企业2家，确保新增服务业规模企业3家。

【闵桥镇】 闵桥镇位于金湖县东南部，三面环高邮湖，北连塔集镇。面积68.1平方公里，其中耕地2945.3公顷。辖行政村8个、社区3个、村民小组和社区农业组76个。人口2.27万人。是省特色镇，有荷藕之乡、仪表之乡、鱼米之乡等美誉。

2016年，全镇流转土地1866.67公顷，占总面积80%。其中甫坝、施尖整村流转，金桥村流转率90%。荷藕套养龙虾1200公顷。发展蔬菜大棚100公顷。高效设施渔业366.67公顷，占水产养殖面积25%。农业保险参保率95%。完成农村土地承包确权颁证。完成规模以上工业开票销售18.58亿元，同比增长164.26%；注册外资实际到账800万美元；规模以上工业用电量597.33万千瓦时，同比增长34.57%；固定资产进项税979.59万元，占任务数163.27%；开工项目外资到账400万美元；外贸进出口额233.5万美元；新增列统工业企业4家、贸易企业1家、服务业企业4家。招引项目7个，其中亿元以上项目4个，风力发电项目投资12亿元，获省发展改革委批准函；支点深井抽油泵项目投资1.1亿元，被认定为国家高新技术企业；柯倍兹空气净化器热交换器项目投资1.08亿元，被县认定为亿元签约项目。

【塔集镇】 塔集镇位于县城东南，西依淮河入江水道（金沟行洪道），东濒高邮湖，北与银涂镇交界，境西侧金沟行洪道内有嵇圩新石器时期聚落遗址、汉墓群和三阿遗址等。古称三河、北阿、塔阿镇、塔儿集，因境内西南方历史上有一座宝塔，故称为塔集，为尧帝故里。面积97.67平方千米，耕地2867.87公顷。辖村10个、社区3个、捕捞公司1个，村民联组和社区农业组85个，人口2.47万人。

2016年，新建和完善农田林网66.67公顷，森林抚育面积40公顷。新增土地流地流转面积233.3公顷，流转总面积2566.6公顷，占总面积96.3%。新增荷藕种植面积100公顷，推广水稻机插秧1810公顷。完成农村集体资产清产核资和土地确权颁证。创建成市级家庭农场2家。农民人均纯收入1.69万元，增长12.3%。

规模企业实现开票销售20.14亿元,同比增长30.7%,占年度目标任务119.9%,规模工业企业实现利税1.18亿元,完成固定资产购置进项税601.69万元,超目标任务1.69万元,规模企业用电量902万度,同比增长32.1%,培育规模企业3家。实现外贸进出口总额603万美元,实现外资到账801万美元。完成投资3亿元的30兆瓦光伏发电项目和1.18亿元金湖恩斯曼电梯项目,全年实现招商引资到位资金4.18亿元。

【银涂镇】 银涂镇位于县城东部,是金湖的东大门、国家重点镇、省重点中心镇、淮安市10个重点镇之一。西濒淮河入江水道,东与扬州市宝应县氾水镇相接,南界塔集镇、复兴圩农场,北邻宝应湖农场。S332省道金宝南线、国家南水北调东线工程金宝河三级输水航道横贯全镇。面积133平方公里,辖村20个、居委会5个,人口4.7万人。2016年,实现财政预算收入3.26亿元,村集体经济收入1825万元,村平均73万元;农民人均纯收入16900元。

农村土地流转率94%;办理土地承包经营权贷款抵押,发放贷款1430万元;有偿退出农村宅基地792户;唐港村等5个村居完成集体股权制改革;特种养殖人均产量为全省17个重点渔业乡镇之首,活体龙虾率先直销香港市场。创办农村淘宝店7家,被评为省农村电子商务示范镇。按照国家AAAAA级标准打造银涂水上森林健康养生产业园。全镇规模以上工业企业63家,其中销售过3亿元企业3家,亿元以上13家,招引投资10亿元的海投生物质燃气等16个项目落户开发新区。实现工业开票销售52亿元,吸纳5600多名本地农村劳动力就业。规模工业数、规模工业开票销售、规模工业用电量占全县镇级总量三分之一。

【前锋镇】 前锋镇位于县城东北部,西接吕良镇、泗湾湖副食品基地、金北镇,北滨白马湖,东邻宝应湖、宝应县山阳镇,南靠宝应湖农场。331省道、大汕河贯穿腹地。面积135.7平方千米,其中,耕地5817.27公顷、水面滩涂3300公顷。辖12个村、3个社区,122个联组,8548户、2.68万人。

集中处置集体资产资源26宗,交易额710万元。新增土地流转面积120公顷,适度规模经营100公顷。完成土地确权登记颁证工作行政村12个、自然组236个。获"农村经济十强乡镇"称号,获全市农业主导型乡镇绩效考核第二名。招引实体经济项目5个,开竣工亿元以上项目1个、5000万元项目1个、3000万元以上农产品加工项目1个,注册外资实际到账803万美元,外贸进出口额1120万美元。完成省口径规模以上工业开票销售28.89亿元,同比增长19.26%。新增规模以上工业企业4个,占年度目标100%。创力铸锻通过市重大项目验收,五七米业通过市3000万元以上农产品加工项目验收,常青腾纺织实现当年开、竣工,当年开票销售超1亿元、出口超1000万美元。

【吕良镇】 吕良镇位于金湖县北部,东北滨白马湖,北隔草泽河与洪泽县岔河镇相望,西与陈桥镇接壤,东与前锋镇、泗湾湖农场交界,南与金北镇毗邻。镇域面积74.8平方千米,其中耕地4145.9公顷。辖村10个、社区2个、村民小组和社区农业组90个、6709户、2.1万人。历史上曾名循环镇、砖桥镇、吕梁桥等,因坐落宝应湖、白马湖西,俗称湖西古镇。是淮安市30个特色乡镇、金湖县两个重点中心镇之一。

2016年,全镇重点打造沿淮金线、环白马湖现代农业产业示范带,建成高效渔业示范带666.7公顷、生态观光休闲农业示范带333.33公顷、花卉苗木观赏带666.7公顷。申报省级无公害农产品生产基地2家、无公害农产品商标2个,新增无公害生产基地面积82.7公顷。新增流转土地200公顷。新增家庭农场32家、农民专业合作社5家。招引农业产业化项目4个。实现规模以上工业开票销售24.52亿元,增长64.6%;固定资产进项税950万元,增长37.3%;规模企业用电量662万千瓦时,增长10.3%;全部工业入库税收1034万元,增长37.9%。实现工业开票超亿元企业2家,新培植规模以上工业企业3家,招引并开工建设亿元以上工业项目2个。

【陈桥镇】 陈桥镇位于金湖县西北部,西、北与洪泽县共和镇、仁和镇接壤,东与金北、吕良两镇毗邻,南邻三河,与县城隔河相望,老三河横贯腹部。总面积6706公顷,其中耕地面积5088公顷,水面444公顷。辖行政村10个、社区3个,村民小组和社区农业组92个,农户6992户、人口2.54万人。2016年,农村居民人均可支配收入17200元,同比增长13%。村平集体经营性收入近22万元。

新增高效设施农业33.33公顷、高效渔业面积26.67公共请,新发展家庭农场21家。农村土地确权登记颁证,测绘、打证、建档、立卡、颁证等环节完成率100%。实现地区生产总值13.3亿元,增长12%;全社会消费品零售总额1.2亿元,增长10%。新增规模工业企业4家,新发展私营企业71家、个体工商户284家,规模工业开票销售净增5亿元,全部工业应税销售30亿元、增长15%,工业总产值、利税总额分别增长25%、27%。落户南京农业大学(金湖)现代农业科教示范园区、天利成建筑科技、美丽张坝等项目9个,其中外资项目2个、亿元以上工业项目2个、5000万元工业项目1个,累计协议投资额9亿元。注册到账外资800万美元。新增服务业列统企业1家。公共财政预算收入1670万元,同比增长47.8%。

【金北镇】 金北镇位于金湖县北部,西接陈桥镇,东北界泗湾湖农场、前锋镇,东邻宝应湖农场,北以老三河与吕良镇为界,南隔淮河入江水道与县城相望。总面积77.37平方公里,其中耕地面积4156公顷,水产养殖面积367公顷。辖行政村8个、社区2个、联组77个,农户6852户,人口2.16万人。

2016年,农村产权交易60多件,涵盖工程建设、林木拍卖、土地流转等项目,涉及资金1000余万元。全镇流转土地规模75%,新增家庭农场19个。引进客商投资1000万元在陈渡村流转土地，改造标准塘面积20公顷，投放虾苗3000千克。规模以上工业企业实现开票销售22.85亿元，同比增长20%，完成固定资产购置进项764万元，服务业入库税收8530万元，实现工业用电量1931万千瓦时，新培育润泰服饰、祥龙仪表、腾达机械、凯瑞斯新能源4家规模以上工业企业。新开工3000万元项目4个。培植以卫东机械、恒力机械等企业为代表的机械制造产业，以新淮河医药、凯瑞斯新能源、科润膜等为代表的科技成长型企业。

【江苏省宝应湖农场】 江苏省宝应湖农场总面积57.3平方千米，其中耕地2533.33公顷，水面1530.84公顷。2016年，总人口6648人，在职职工996人，离退休3080人。在编管理人员66人。有各类专业技术人员90人，其中高级2人，中级33人，初级55人。年内设立宣传企划中心，农场职能部门增至8个，下设林木公司、2个养殖场，1个农业大队，10个居委会。农场主要产业水产、畜禽养殖、林业。实现国有经营收入2818.2万元，增加375.89万元；实现利润72.19万元；职工人均收入48685元，人均收入26230元，均增长8%。

全场可利用水面353.33公顷，其中标准化精养鱼塘面积16.66公顷，湖泊养殖面积260公顷，精养鱼塘70.66公顷。投放大规格扣蟹32万只，投放龙虾苗0.6万公斤，投放常规鱼种12.2万公斤，年实现水产品总量1260吨，产值3242万元。首次实施育林基金减免政策，栽植杨树1.6万株，争取林业资金5.6万元，新栽绿化树木和花灌木1万多株。年累计采伐树木2.5万多株，采伐0.5万立方米，实现销售收入191余万元。年实现粮食总产1230吨。刘圩养殖场新复垦的30公顷土地种植小麦，总产200吨；八股半排泥场复垦农田13.33公顷，获利14万元。完成销售电量1227万千瓦/时，营业收入805万元。农场“生态宝农”淘宝店开业运营，依托场内产品资源，销售螃蟹、龙虾、草鸡、麻鸭等11个品种。

【江苏省复兴圩农场】 江苏省复兴圩农场位于金湖县境内，由复兴圩和湖羊场两部分组成，总面积15平方千米，场部驻复兴圩。复兴圩位于金湖县东部，东临高邮湖，北、西、南界银集镇，面积11.5平方千米；湖羊场位于金南镇境内，利农河西岸，界宋墩、抬饭村之间，面积3.5平方千米。农场隶属江苏省农垦集团有限公司。有耕地720公顷，湖滩面积295公顷，林地67.5公顷，精养鱼塘31.2公顷。2016年，全场总人口1230人，其中在职职工54人，离退休职工516人。实现生产总值3392万元，比上年增0.24%。实现国有营业总收入863万元，比上年增长6.42%。农场本部实现营业收入263万元，同比增长7.21%。实现利润13.45万元，同比增长221%，实现职均收入5.4万元、人均收入2.5万元，分别比上年增长5.43%和6.99%。

2016年，在湖羊分场种植红榉1260棵。对外出售成材意杨1560多棵，对外出售苗木400多棵。湖滩和内部精养鱼塘实现租金收缴131.05万元，年产量450吨。有民营企业6家，实现增加值688.45万元，实现营业收入2104.21万元，利润总额197.52万元。金湖复兴圩机电公司全年销售电量577.57万度，实现营业收入186.37万元；发生营业成本184.83万元。 （陈凤举）

金湖县领导干部名录

（2016年1月1日~12月31日）

金湖县委

书　记　肖进方（2016年6月止）
　　　　张志勇（2016年6月任）
副书记　张志勇（2016年6月止）
　　　　徐亚平（2016年7月任）
　　　　蒋东明（援疆，2016年11月止）
　　　　蔡绍忠
常　委　肖进方（2016年6月止）
　　　　张志勇
　　　　徐亚平（2016年7月任）
　　　　蒋东明（援疆，2016年11月止）
　　　　蔡绍忠
　　　　李文银（2016年4月止）
　　　　王建军（2016年1月任）
　　　　刘　盛（2016年11月止）
　　　　赵洪涛（2016年9月任）
　　　　王海洋
　　　　张建阔（2016年4月止）
　　　　曹庆瑜（2016年7月止）
　　　　宋菊明（2016年4月止）
　　　　刘玉春（2016年9月止）
　　　　周广峰（2016年4月任）
　　　　何如进（2016年4月任）
　　　　颜海燕（女，2016年7月任）
　　　　王颐然（2016年7月任）
　　　　吴佩坤（2016年11月任）

金湖县人大

主　任　毛文博
副主任　马发荣（2016年11月止）
　　　　张小平（2016年11月止）
　　　　高昌萍（女，2016年4月止）
　　　　梁喜洲
　　　　万寿荣（2016年4月任）
　　　　赵卫宇（2016年11月任）
　　　　黄锦国（2016年11月任）

金湖县政府

县　长　张志勇（2016年6月止）
　　　　徐亚平（2016年6月任）
副县长　王建军（2016年1月任）
　　　　张　柏（2016年7月止）
　　　　沈启涛　徐红兵
　　　　何如进（2016年4月止）
　　　　陈明中（2016年4月止）
　　　　邵　钧（2016年4月任）
　　　　陈志勇（2016年9月任）
　　　　高昌萍（女，2016年4月任）

金湖县政协

主　席　罗金昌
副主席　李文银（2016年4月任）
　　　　杨发余
　　　　唐凤娥（女）
　　　　王　剑（2016年4月止）
　　　　王友俊
　　　　赵卫宇（2016年11月止）

金湖县纪委

书　记　王海洋

金湖县法院

院　长　陈来强

金湖县检察院

检察长　葛　蕾（女，2016年11月止）
　　　　姚文武（2016年11月任）

（市委组织部县区干部处）

人物

RENWU

（吕志滨　摄）

领导人物

模范人物

逝世人物

领导人物

（截至2017年7月31日）

中共淮安市委常委会成员

姚晓东

男，汉族，1962年4月出生，1982年8月参加工作，1986年3月加入中国共产党，研究生学历、博士学位，主任记者，江苏镇江人。现任淮安市委书记、市人大常委会主任、党组书记。

1978年10月复旦大学新闻系新闻专业学习；1982年8月为《新华日报》社政法处编辑；1984年4月为《新华日报》社南京记者站记者；1985年11月起先后任《新华日报》社南京记者站副站长、站长；1990年5月任《新华日报》社记者处副处长（其间：1992年12月获主任记者职称）；1993年3月任《新华日报》社副秘书长兼外宣处处长；1995年8月任《新华日报》社社长助理、党委委员；1996年9月任共青团江苏省委副书记；1999年8月任省广播电视厅（局）副厅（局）长、党组成员、江苏人民广播电台台长；2000年12月任省委宣传部副部长；2001年6月任省委宣传部副部长兼省广播电视总台党委书记；2001年8月任省委宣传部副部长兼省广播电视总台党委书记、省广播电视集团有限公司董事长；2002年1月任省委副秘书长兼省广播电视总台党委书记、省广播电视集团有限公司董事长；2004年4月任省委副秘书长（正厅级）（其间：1998年9月至2008年12月参加南京农业大学土地资源管理专业在职研究生学习，获管理学博士学位）；2011年7月任常州市委副书记、代市长；2012年1月任常州市委副书记、市长；2013年2月任淮安市委书记；2014年1月任淮安市委书记、市人大常委会主任；2017年2月任现职。

十二届全国人大代表；十九次全国党代会代表；十二次、十三次省党代会代表；十二届、十三届省委委员；十二届省人大代表；十一届省纪委委员；八届、九届、十届省政协委员；十届省政协常委。

蔡丽新

女，汉族，1971年10月出生，1994年8月参加工作，1992年10月加入中国共产党，研究生学历、博士学位，江苏无锡人。现任淮安市委副书记、市政府代市长、党组书记。

1990年9月苏州大学政治系思想政治教育专业学习；1994年8月为苏州市平江区委办公室秘书；1995年11月任共青团苏州市平江区委副书记；1996年7月任苏州市平江区皮市街街道办事处副主任；1996年12月任共青团苏州市平江区委书记兼皮市街街道办事处副主任；1997年6月任共青团苏州市平江区委书记；1997年11月任共青团苏州市委副书记、党组成员（其间：1996年9月至2001年12月参加苏州大学行政管理专业学习，获管理学硕士学位）；2003年5月任共青团苏州市委书记、党组书记（其间：2003年9月至2006年6月参加苏州大学政治与公共管理学院政治学理论专业在职研究生学习，获法学博士学位）；2006年6月任苏州市平江区委副书记、代区长；2007年1月任苏州市平江区委副书记、区长；2011年9月任苏州市委常委、宣传部部长；2015年6月任省网信办（筹）主任兼省委宣传部副部长；2016年10月任南京市委常委、宣传部部长；2017年3月任淮安市委副书记、市政府代市长、党组书记。

张　彤

女，汉族，1971年10月出生，1990年9月参加工作，1992年6月加入中国共产党，研究生学历，江苏宿迁人。现任淮安市委副书记、统战部部长、党校校长。

1988年9月淮阴师专中文系学习；1990年9月留校任教；1991年10月为宿迁市（县级）委办公室秘书；1994年4月任共青团宿迁市（县级）委副书记；1996年9月任共青团宿豫县委副书记；1997年2月任共青团宿豫县委书记（其间：1995年8月至1997年12月参加中央党校经济管理专业本科函授学习）；2001年1月任共青团宿迁市委副书记、党组成员；2004年2月任泗洪县委常委、组织部部长（其间：2002年9月至2005年7月参加省委党校区域经济学专业在职研究生学习）；2005年12月任共青团宿迁市委书记、党组书记；2007年10月任泗阳县委副书记、常务副县长（正县级）；2008年12月任省妇联副主席、党组成员；2011年7月任徐州市委常委、宣传部部长；2013年5月任淮安市委常委、组织部部长，市总工会主席；2017年5月任淮安市委副书记，市总工会主席；2017年6月任淮安市委副书记、党校校长；2017年7月任现职。

十二届省人大代表。

戚寿余

男，汉族，1962年8月出生，1981年7月参加工作，1984年9月加入中国共产党，研究生学历，江苏洪泽人。现任淮安市委常委，市人民政府常务副市长、党组副书记，市行政学院院长。

1979年9月淮阴供销学校计划统计专业学习；1981年7月起先后为洪泽县供销社、县统计局统计员；1984年8月起先后任洪泽县政府办秘书、综合科长、副主任、主任；1995年7月任洪泽县委组织部副部长（正科级）；1996年10月任淮阴县委常委、组织部长；1998年5月任淮阴市政府副秘书长，市政府办公室副主任、党组副书记(主持办公室工作);1998年12月任淮阴(淮安)市政府副秘书长,市政府办公室主任、党组书记(其间:1999年8月至2001年12月参加中央党校经济管理专业本科函授学习);2002年1月任清河区委副书记、区长;2002年11月任清河区委副书记、区长、区政协主席(其间:2003年1月起主持区委工作);2003年7月任清河区委书记、区人大主任(其间:2001年8月至2004年7月参加省委党校科学社会主义专业在职研究生学习);2005年7月任淮阴区委书记;2006年1月任淮阴区委书记、区人大主任;2008年1月任淮安市副市长;2008年6月任淮安市副市长,淮安工业园区党工委书记;2011年8月任淮安市委常委、宣传部长;2013年12月任现职。

十一次、十二次省党代会代表,十届省人大代表。

陈　涛

男,汉族,1971年3月出生,1991年8月参加工作,1994年12月加入中国共产党,研究生学历、硕士学位,江苏启东人。现任淮安市委常委,外交部新闻司副司长(挂职)。

1987年9月南京大学强化部国际贸易专业学习;1991年8月起先后任省对外经济贸易委员会外资管理处科员、副主任科员、主任科员(其间:1996年9月至1999年6月参加南京大学国际商学院国民经济学专业在职研究生学习,获经济学硕士学位);2000年12月任省对外贸易经济合作厅外国投资管理处副处长(其间:2002年4月至2004年5月挂职任盐城经济开发区管委会副主任、党工委委员);2005年5月任省对外贸易经济合作厅境外投资管理处副处长(主持工作);2007年6月任省对外贸易经济合作厅外国投资管理处处长兼国际服务外包办公室主任;2010年2月任省商务厅外国投资管理处(服务外包处)处长;2010年10月任省商务厅副厅长、党组成员(其间:2010年4月至2011年4月参加省第二期中高级管理人才海外研修班赴美国马里兰大学公共政策管理学院学习);2012年5月任淮安市人民政府副市长、党组成员;2013年11月任淮安市委常委、宣传部部长,市人民政府党组成员;2015年8月任淮安市委常委、宣传部部长;2016年9月任淮安市委常委、宣传部部长、统战部部长;2017年7月任现职。

张正军

男,汉族,1962年7月出生,1981年10月参加工作,1985年7月加入中国共产党,大学学历,江苏射阳人。现任淮安市委常委、淮安军分区司令员。

1981年10月为工程兵83544部队三营七连战士、副班长;1983年5月任工程兵83544部队三营七连班长;1983年9月长沙工程兵指挥学校分队指挥专业学习;1985年7月起先后任工程兵83544部队四营十二连排长,十连副连长,十一连副连长、代理连长、连长(其间:1991年9月至1993年7月参加长沙工程兵指挥学校舟桥专业大专函授学习);1993年8月任工程兵83544部队司令部作训科正连职参谋;1993年12月任工程兵83544部队教导队副队长;1994年2月任工程兵83544部队四营副营长、代理营长;1994年8月任工程兵83544部队司令部作训科副营职参谋;1995年3月起先后任工程兵83544部队六营副营长、代理营长,营长;1998年3月任工程兵83544部队副参谋长;1999年12月任工程兵83544部队装备部部长(其间:1996年9月至2000年7月参加长沙工程兵学院舟桥专业本科函授学习);2001年3月任工程兵73211部队副旅长(其间:1999年2月至2002年6月参加南京陆军指挥学院合同战术指挥专业本科函授学习);2007年2月任工程兵73211部队旅长;2012年2月任江苏省淮安军分区司令员;2015年6月任现职。

李晓雷

男,汉族,1964年4月出生,1982年8月参加工作,1985年5月加入中国共产党,大学学历,江苏邳州人。现任淮安市委常委、市纪委书记。

1979年9月徐州农校农学专业学习;1982年8月起先后为邳县碾庄乡农技员、团委副书记;1985年9月江苏省青年管理干部学院政治专业学习;1987年8月任共青团邳县县委副书记;1989年7月任共青团邳县县委书记、党组书记;1991年3月任邳县官湖镇党委副书记、镇长;1992年12月任邳州市官湖镇党委书记;1994年5月任共青团徐州市委副书记、党组成员;1997年7月任共青团徐州市委书记、党组书记(其间:2000年6月通过南京大学经济管理专业本科自考);2001年1月任徐州市贾汪区委副书记、代区长,区长;2003年9月任徐州市园林风景管理局局长助理;2005年1月任徐州市园林风景管理局副局长、党委委员;2006年8月任徐州市住房公积金管理中心主任、党组书记;2008年12月任徐州市泉山区委副书记、代区长,区长,市住房公积金管理中心主任、党组书记;2009年5月任徐州市泉山区委副书记、区长;2010年9月任沛县县委副书记、代县长,县长;2013年12月任沛县县委书记、县长;2014年3月任沛县县委书记、县人大常委会主任;2015年1月任沛县县委书记;2016年7月任徐州市委秘书长;2016年9月任现职。

唐道伦

男,汉族,1961年10月出生,1985年7月参加工作,1984年6月加入中国共产党,大学学历、学士学位,江苏海安人。

现任淮安市委常委、淮安经济技术开发区党工委书记。

1981年9月江苏化工学院化工机械与设备专业学习；1985年7月起先后任灌南县化肥厂机修车间技术员、主任，合成车间党支部书记，生产指挥办副主任；1986年10月起在淮阴市委组织部帮助工作；1987年2月起先后任淮阴市委组织部干部培训科干事、副科级组织员、副科长；1996年10月任淮阴市委组织部干部培训科科长；1997年6月任淮阴市委组织部组织科科长（其间：1996年9月至1998年10月参加东南大学哲学与社会科学研究生课程进修班学习）；1999年12月任淮阴县（区）委常委、组织部部长；2002年1月任淮阴区委副书记、副区长；2002年9月任淮安市交通局局长、党委书记（其间：2002年10月至2004年4月兼任淮安交通控股公司董事长、党委书记）；2007年1月任淮安市交通局局长、党委书记，市铁路办主任，市交通战备办主任；2010年4月任淮安市交通运输局局长、党委书记，市铁路办主任，市交通战备办主任；2011年9月任淮安市人民政府副市长，市交通运输局局长、党委书记，市铁路办主任，市交通战备办主任；2011年10月任淮安市人民政府副市长、党组成员，市交通运输局局长、党委书记，市铁路办主任，市交通战备办主任；2012年8月任淮安市人民政府副市长、党组成员；2016年9月任淮安市委常委、淮安经济技术开发区党工委书记，市人民政府党组成员；2017年2月任现职。

十次、十一次省党代会代表。

赵洪权

男，汉族，1963年4月出生，1984年7月参加工作，1990年9月加入中国共产党，研究生学历，江苏涟水人。现任淮安市委常委、政法委书记。

1982年10月淮阴供销学校物价专业学习；1984年7月起先后任淮阴市供销社科员，涟水县河网中学讲师团成员；1992年11月任淮阴供销物资总公司总经理；1995年10月任淮阴市供销社人事劳动部主任；1996年12月任淮阴市供销社主任助理、人事劳动部主任，淮阴供销大厦股份公司总经理；1997年12月任淮阴市供销社副主任、党委委员；1998年7月任淮阴市供销社主任、党委书记，淮阴供销大厦股份公司党委书记、董事长、总经理；1999年12月任淮阴（淮安）市供销社主任、党委（党组）书记；2002年1月任金湖县委副书记、县长（其间：2000年9月至2003年7月参加省委党校政治经济学专业在职研究生学习；2002年1月至2002年6月参加南京大学、美国马里兰大学江苏省第五期高级管理人才经济研究班学习）；2006年1月任金湖县委书记、县人大常委会主任；2007年1月任楚州区委书记、区人大常委会主任；2011年9月任淮安市人民政府副市长，楚州区委书记；2011年10月任淮安市人民政府副市长、党组成员，楚州区委书记；2011年12月任淮安市人民政府副市长、党组成员；2016年9月任淮安市委常委、政法委书记，市人民政府党组成员；2017年2月任现职。

十一次、十二次省党代会代表，十届省人大代表。

李　伟

男，汉族，1966年11月出生，1988年8月参加工作，1994年11月加入中国共产党，大学学历、硕士学位，江苏泰州人。现任淮安市委常委、组织部部长，市总工会主席。

1985年9月泰州职业技术学院化工系化工工艺专业学习；1988年8月为泰州市（县级）电化厂碱车间技术员；1990年5月任泰州市（县级）电化厂团委专职副书记；1992年12月任共青团泰州市（县级）委青工部部长；1993年11月任共青团泰州市（县级）委副书记；1995年2月任共青团泰州市（县级）委（海陵区委）书记（其间：1993年8月至1995年12月参加中央党校经济管理专业本科函授学习）；1997年3月任泰州市委组织部市（区）干部科科长（其间：1996年10月至1998年7月参加南京大学国际事务与经济管理专业研究生课程进修班学习）；1999年3月任兴化市委常委、组织部部长；2001年5月任泰州市计委（发展计划委）副主任、党组成员（正处级）（其间：2001年6月至2004年7月援藏任曲水县委书记）；2004年11月任泰州市纪委副书记；2006年12月任兴化市委副书记、代市长、市长；2011年1月任泰州市委组织部常务副部长（正处级）；2012年9月任姜堰市（区）委书记（其间：2010年12月至2013年6月参加上海财经大学工商管理专业学习，获工商管理硕士学位）；2016年9月任泰州市委常委、姜堰区委书记；2017年5月任淮安市委常委、组织部部长；2017年6月任现职。

十三次省党代会代表，十一届省人大代表。

李　森

男，汉族，1968年3月出生，1992年5月参加工作，1996年10月加入中国共产党，研究生学历、硕士学位，江苏涟水人。现任淮安市委常委、秘书长。

1985年9月成都科技大学计算机软件专业本科学习；1989年9月南京航空学院计算机应用专业硕士研究生学习；1992年5月起先后为淮阴市档案馆办事员、馆员；1993年12月为淮阴市政府办公室办事员；1995年2月任淮阴市政府办公室助理秘书；1997年7月任淮阴市政府办公室副科级秘书；1999年2月任淮阴市政府办公室信息科科长；2000年12月任淮阴（淮安）市政府办公室副主任、党组成员；2003年8月任淮安市政府副秘书长；2006年6月任盱眙县委副书记、代县长；2007年1月任盱眙县委副书记、县长；2011年12月任盱眙县委书记、县长;2012年1月任盱眙县委书记;2012年3月任盱眙县委书记、县人大常委会主任;2016年1月任盱眙县委书记;2016年7月任淮安市人民政府党组成员;2016年9月任现职。

十一届省人大代表。

周　毅

男，汉族，1964年8月出生，1985年8月参加工作，1986年9月加入中国共产党，研究生学历，江苏常熟人。现任淮安市委常委、宣传部部长。

1981年9月扬州师范学院物理系学习;1985年8月起先后任盱眙县黄花塘乡团委副书记、书记;1987年5月为共青团淮阴市委办事员;1989年2月任共青团淮阴市委宣传部副部长;1992年4月任共青团淮阴市委宣传部部长、《淮阴青年》副主编;1993年6月起先后任淮阴经济开发区政策研究室主任兼管委会办公室副主任,管委会办公室主任;1995年1月任淮阴经济开发区东湖办事处党委书记;1996年12月任淮阴经济开发区管委会主任助理兼东湖办事处党委书记;1998年6月任淮阴经济开发区管委会副主任、党工委委员兼东湖办事处党委书记;1999年7月任淮阴(淮安)经济开发区管委会副主任、党工委委员(其间:2001年9月至2002年12月参加省委党校政治经济学专业在职研究生学习);2007年1月任淮安经济开发区管委会副主任、党工委委员、调研员;2008年6月任淮安经济开发区管委会主任、党工委委员;2009年5月任淮安经济开发区党工委书记、管委会主任;2010年12月任淮安经济开发区党工委书记;2011年11月任淮安经济技术开发区党工委书记;2016年9月任淮安市人民政府党组成员;2017年7月任淮安市委常委、宣传部部长,市人民政府党组成员;2017年8月任现职。

淮安市人大常委会副主任、党组成员

葛　平

男，汉族，1959年4月出生，1981年1月参加工作，1978年2月加入中国共产党，研究生学历，江苏姜堰人。现任淮安市人大常委会副主任、党组副书记。

1978年3月盐城师范专科学校中文科学习;1981年1月为阜宁县教师进修学校教员;1983年10月起先后任阜宁县委宣传部干事、副科长;1986年8月任阜宁县委办公室副主任;1988年8月任阜宁县委宣传部副部长;1989年8月任盐城市委组织部办公室副主任(其间:1990年10月明确为正科级组织员);1993年4月任盐城市委组织部办公室主任(其间:1995年4月至1996年1月挂职任盐城市纺织工业局局长助理、化纤厂副厂长);1996年1月任盐城市纺织工业局副局长、党委委员;2001年1月任响水县委副书记;2002年3月任省质量技术监督局基层工作处副处长;2002年11月任省质量技术监督局纪检组副组长、监察室主任(其间:2002年9月至2004年1月参加省委党校政治经济学专业在职研究生学习);2007年9月任省纪委监察综合室主任(副厅级);2012年4月任淮安市委常委、市纪委书记;2016年9月任淮安市人大常委会党组副书记;2017年1月任现职。

李　冰

男，汉族，1958年10月出生，1982年1月参加工作，九三学社社员，大专学历，江苏张家港人。现任淮安市人大常委会副主任，九三学社江苏省委常委、淮安市委主委(兼职)。

1979年2月南京工学院动力系发电厂及电力系统专业学习;1982年1月为淮阴供电局生产技术科绝缘监督专职工程师;1987年5月为淮阴市重点项目办公室办事员、工程师;1989年1月任淮阴市投资公司经营部副经理;1993年6月任淮阴市重点项目办公室二科副科长、高级工程师;1996年11月任淮阴(淮安)市重点项目办公室项目一科科长、高级工程师;2001年8月任九三学社淮安市委副主委(不驻会),市重点项目办公室项目一科科长、高级工程师;2002年3月任九三学社淮安市委副主委(不驻会)、市投资公司总经理;2002年9月任九三学社淮安市委副主委(不驻会)、市投资公司总经理、市发展计划委副主任(挂职);2004年4月任九三学社淮安市委副主委(不驻会)、市发展计划委副主任(其间:2002年9月至2004年6月参加南京大学行政管理专业研究生课程进修班学习;2005年1月至2006年1月任市委驻涟水县扶贫工作队队长、挂职任涟水县副县长);2006年11月任九三学社淮安市委主委(不驻会)、市发改委副主任;2007年5月任九三学社江苏省委常委、淮安市委主委(不驻会)、市发改委副主任(其间:2006年1月至2008年1月任省委驻楚州区扶贫工作队副队长、市委驻楚州区扶贫工作队队长、挂职任楚州区副区长);2008年1月任现职(其间:2012年6月至2017年1月兼任淮安市人大法制委主任委员)。

十届、十一届省政协委员。

刘　华

男，汉族，1960年8月出生，1977年8月参加工作，1985年6月加入中国共产党，研究生学历、学士学位，江苏滨海人。现任淮安市人大常委会副主任、党组副书记。

1977年8月为盐城地区盐城县龙岗公社插队知青;1978年9月南京

化工学院自动化专业学习；1982年8月起先后为淮阴西郊热电厂技术员、助工，清江石化厂团委书记；1986年3月任共青团淮阴市委工农青年部部长；1989年7月任淮阴供销大厦副总经理（正科级）；1993年3月起先后任淮阴供销大厦总经理、党总支书记，市供销社副主任、供销大厦股份有限公司董事长、总经理、党委书记；1995年5月起先后任清浦区委副书记、代区长、区长，区委副书记、区长、淮阴外向型农业综合开发区管委会第一副主任（其间：1997年6月至1997年12月赴美国参加江苏省第二期高级管理人才经济研究班学习）；1998年3月起先后任清浦区委书记、淮阴外向型农业综合开发区党工委副书记，清浦区委书记、淮阴（淮安）外向型农业综合开发区党工委书记；2002年1月任淮安市中级人民法院副院长、党组副书记（正处级）；2003年1月任淮安市中级人民法院院长、党组副书记；2003年2月任淮安市中级人民法院院长、党组书记（其间：2004年9月至2007年7月参加省委党校宪法学与行政法学专业在职研究生学习）；2012年5月任淮安市中级人民法院党组书记；2012年6月任淮安市人大常委会副主任，淮安市中级人民法院党组书记；2012年8月任淮安市人大常委会副主任、党组成员；2016年1月任现职。

十次、十一次省党代会代表；九届省人大代表。

许步健

男，汉族，1958年10月出生，1980年8月参加工作，1985年6月加入中国共产党，研究生学历，江苏淮安人。现任淮安市人大常委会党组成员、市人大法制委主任委员。

1978年9月江苏商业学校财会专业学习；1980年8月为淮阴地区生育办公室会计；1986年1月任淮阴市级机关讲师团副组长（其间：1984年9月至1986年7月参加河北大学干部专修科人口财会专业学习）；1987年8月为淮阴市计划生育指导站会计；1988年2月为淮阴市监察局办事员；1989年9月任淮阴市监察局人教科副科长；1993年3月任淮阴市政府办公室综合二科副科长；1995年8月任淮阴市政府办公室综合二科科长；1996年11月任宿迁市政府办公室副主任；1998年3月任沭阳县委常委、组织部部长；2000年8月任沭阳县委副书记、组织部部长；2001年1月任沭阳县委副书记；2001年7月任宿迁市政府副秘书长、市体改办主任；2002年1月任宿豫县委副书记、县长（其间：1999年12月至2002年12月参加中央党校政治学理论专业在职研究生学习）；2003年1月任宿豫县委书记、县人大常委会主任；2004年3月任宿迁市宿豫区委书记、区人大常委会主任；2007年12月任宿迁市人民政府副市长；2011年9月任宿迁市委常委、宿迁经济技术开发区党工委书记；2016年5月任宿迁市委常委；2016年9月任淮安市人大常委会党组成员；2017年1月任现职。

淮安市人民政府副市长、党组成员

王红红

女，回族，1969年3月出生，1992年8月参加工作，民盟盟员，研究生学历、硕士学位，山西襄垣人。现任淮安市人民政府副市长，市红十字会会长，民盟江苏省委副主委（兼职）、淮安市委副主委（兼职）。

1988年9月华东政法学院法律系学习；1992年8月为淮阴市对外经济律师事务所律师；1995年9月任淮阴市妇联办公室助理秘书；1997年4月任淮阴（淮安）市妇联办公室副主任（其间：1997年6月至1999年1月挂职任江苏金凤化纤集团股份有限公司总经理助理）；2002年4月任淮安市妇联宣教部部长；2004年2月任淮安市文化局副局长；2007年4月任淮安市司法局副局长（其间：2010年3月至2011年4月参加新加坡南洋理工大学公共管理硕士研究生学习）；2011年5月任淮安市清浦区人民政府副区长；2011年12月任淮安市清浦区人民政府副区长、民盟淮安市委副主委（不驻会）；2012年6月任淮安市人民政府副市长、清浦区人民政府副区长，民盟淮安市委副主委（不驻会）；2012年8月任淮安市人民政府副市长，民盟十一届中央委员、民盟江苏省委委员、淮安市委副主委（不驻会）；2017年6月任现职。

省十二届人大代表。

刘必权

男，汉族，1969年10月出生，1991年8月参加工作，1993年7月加入中国共产党，大学学历，江苏射阳人。现任淮安市人民政府副市长、党组成员，市公安局局长、党委书记、督察长，市委政法委委员。

1988年9月江苏公安专科学校公安管理系内勤专业学习；1991年8月为省公安厅预审处干部；1992年8月为省公安厅预审处科员（其间：1992年3月至1993年3月在淮阴市公安局城西派出所锻炼）；1996年12月任省公安厅预审处、监所工作管理处秘书科副科长；2000年2月任省公安厅监所工作管理处刑事羁押工作指导科副科长；2001年4月任省公安厅监所管理处刑事羁押管理科科长（其间：2002年9月至2004年9月参加北京师范大学行政管理专业研究生课程进修班学习）；2005年1月任省看守所（副处级建制）所长（其间：2008年6月通过中国人民公安大学公安管理专业本科自考）；2011年8月任省看守所（正处级建制）所长；2015年3月在省公安厅警务保障部主持工作；2015年6月任省公安厅警务保障部主任；2016年5月任淮安市人民政府副市长、党组成员，市公安局局长、党委书记、督察长；2017年5

月任现职。

十三次省党代会代表。

顾 坤

男,汉族,1976年1月出生,1997年8月参加工作,1996年6月加入中国共产党,大学学历、硕士学位,江苏海门人。现任淮安市人民政府副市长、党组成员。

1993年9月南京师范大学中文系汉语言文学专业学习;1997年8月为省委台湾工作办公室经济处干部(其间:1998年2月至1999年2月参加省委扶贫工作队驻睢宁县刘圩乡工作组下派锻炼);1999年2月为省委台湾工作办公室经济处科员;2001年5月任省委台湾工作办公室经济处副主任科员;2004年12月任省委台湾工作办公室经济处主任科员(其间:2002年9月至2005年12月参加南京大学公共管理学院公共管理专业硕士学位学习);2007年7月任省委台湾工作办公室秘书处副处长;2010年5月任省委台湾工作办公室调研处处长;2012年11月任省委台湾工作办公室秘书处处长;2017年1月任现职。

肖进方

男,汉族,1962年8月出生,1983年8月参加工作,1986年12月加入中国共产党,大学学历、学士学位,江苏靖江人。现任淮安市人民政府副市长、党组成员。

1979年9月华东工程学院化学工程专业学习;1983年8月起先后为国营9305厂实习生、技术员;1985年3月起先后任国营9305厂全质办副主任、主任;1987年6月任国营9305厂全质办主任、企管办主任;1989年3月任国营9305厂办公室主任、全质办主任、企管办主任;1990年9月起先后任国营9305厂副厂长、常务副厂长;1993年12月任9395厂(江苏淮河化工总厂)常务副厂长;1999年2月任江苏淮化集团有限公司常务副总经理;2000年12月任盱眙县副县长;2002年11月任盱眙县委副书记;2004年12月任盱眙县委副书记、副县长;2005年12月任金湖县委副书记;2006年1月起先后任金湖县委副书记、代县长、县长;2011年12月任金湖县委书记、县长;2012年1月任金湖县委书记(其间:2012年3月至2016年1月兼任县人大常委会主任);2016年7月任淮安市人大常委会党组成员;2017年1月任淮安市人民政府副市长,市人大常委会党组成员;2017年2月任现职。

十一届省人大代表。

赵 权

男,汉族,1963年7月出生,1985年7月参加工作,1987年11月加入中国共产党,研究生学历、学士学位,江苏扬州人。现任淮安市人民政府副市长、党组成员。

1981年9月南京师范大学中文系学习;1985年7月起先后为淮阴市公安局秘书科办事员、科员(其间:1989年12月 至1990年5月 下派任灌南县公安局新安派出所副所长);1990年5月起在淮阴市委政法委办公室帮助工作;1991年7月为淮阴市委政法委办公室科员;1992年1月任淮阴市委政法委办公室副主任;1996年12月任淮阴市委政法委研究室主任;1998年5月任淮阴市委政法委委员(副处级)、研究室主任;2000年3月任淮阴(淮安)市委政法委副书记;2001年3月任淮安市委政法委副书记、市委610办公室副主任;2001年9月任淮安市政府副秘书长、市委610办公室副主任(其间:2002年9月 至2004年1月 参加省委党校社会主义法制建设专业在职研究生学习);2004年4月任淮安市政府副秘书长、研究室主任,市政府办公室党组成员;2007年1月任淮安市政府副秘书长、市招投标管理办公室主任;2007年7月任淮安市政府副秘书长,市招投标管理办公室主任、党组书记;2007年11月任淮安市政府副秘书长,市安监局局长、党组书记;2013年9月任淮安市经信委主任、党组书记,市乡镇企业局、市盐务局局长;2015年8月任淮安市经信委主任、党组书记,市乡镇企业局、市盐务局、市中小企业局局长;2015年11月任淮安市经信委主任、党组书记,市乡镇企业局、市盐务局、市中小企业局局长,市口岸办主任;2017年1月任淮安市人民政府副市长,市经信委主任、党组书记,市乡镇企业局、市盐务局、市中小企业局局长,市口岸办主任;2017年2月任淮安市人民政府副市长、党组成员,市经信委主任、党组书记,市乡镇企业局、市盐务局、市中小企业局局长,市口岸办主任;2017年3月任现职。

李光云

男,汉族,1966年9月出生,1988年7月参加工作,1991年12月加入中国共产党,大学学历,宁夏惠农人。现任淮安市人民政府副市长、党组成员(挂职),宁夏自治区石嘴山经济技术开发区(陆港经济区)党工委副书记、管委会主任(副厅级)。

1984年10月宁夏自治区石嘴山师范学校小学教育专业学习;1988年7月起先后为宁夏自治区第一劳改支队二大队工作人员,石嘴山市人事局工作人员(其间:1995年8月至1997年12月参加中央党校政法专业本科函授学习);1998年3月任宁夏自治区石嘴山市人事局录用调配科副科长;1999年1月任宁夏自治区石嘴山市人事局录用调配科科长;2002年9月任宁夏自治区石嘴山市人事局规划与人才开发科科长;2003年1月任宁夏自治区石嘴山市公安局党委委员、政治处主任(其间:2005年9月至2006年1月参加宁夏自治区党校第二十四期中青班学习；2002年11月至2003年11月挂职任西北煤矿电机厂厂长助理）；2006年9月任宁夏自治区石嘴山市直属机关工委副书记、调研员；2007年3月任宁夏自治区石嘴山市委组织部副部长（正处级）；2009年8月起先后任宁夏自治区石嘴山市司法局局长、党组书记，市人力资源和社会保障局局长、党委书记，市政府党组成员、秘书长，市政府党组成员、秘书长、办公室主任；2016年6月任宁夏自治区石嘴山经济技术开发区（陆港经济区）党工委副书记、管委会主任（副厅级）；2017年5月任现职。

淮安市政协主席、副主席、党组成员

王维凯

男，汉族，1957年1月出生，1975年9月参加工作，1978年2月加入中国共产党，大学学历、硕士学位，江苏东海人。现任淮安市政协主席、党组书记。

1975年9月起先后为连云港市新坝公社插队知青、团总支书记，连云港港务局工人；1978年4月江苏省海州师范学校中文专业学习；1980年1月起先后为连云港市海州中学教师、团委副书记；1983年10月起先后任连云港市委组织部干事、青年干部科副科长（其间：1979年2月至1984年9月参加徐州师范学院中文专业专科、本科学习）；1985年7月参加江苏商学院人事管理专业学习；1988年5月任连云港市委组织部青年干部科科长；1989年7月起先后任连云港市委组织部青年干部科科长（副处级）、干部一科科长（副处级）、干部二科科长（副处级）；1993年6月任连云港市委组织部副部长；1995年2月任连云港市委组织部副部长、组织员办主任（其间：1995年1月至1997年1月参加南京师范大学工商管理专业研究生课程进修班学习）；1997年12月任连云港市委常委、组织部部长（其间：1997年6月至2000年10月参加南京师范大学与澳大利亚麦考瑞大学联办经济学硕士研究生班学习）；2000年11月任徐州市委常委、组织部部长；2001年8月任徐州市委副书记、纪委书记；2003年12月任淮安市委副书记、纪委书记（其间：2004年10月至2006年6月兼任淮安市委政法委书记）；2008年1月任现职（其间：2006年10月至2008年8月兼任淮安市委党校校长）。

十次、十一次省党代会代表；十届、十一届省政协委员。

刘学军

男，汉族，1960年7月出生，1981年7月参加工作，1986年4月加入中国共产党，研究生学历，江苏淮安人。现任淮安市政协副主席、党组副书记，援疆任新疆生产建设兵团第七师党委常委、副师长。

1979年9月苏州市财经学校财税专业学习；1981年7月为淮阴县渔沟税务所税务员；1982年8月为淮阴地区（市）财政局办事员；1983年4月为淮阴市委经案办办事员；1984年9月淮阴师范专科学校中文专业学习；1986年7月为淮阴市委经案办办事员；1986年11月起先后为淮阴市纪委办事员、副科级纪检员；1991年7月任淮阴市纪委信访室副主任（正科级）；1993年3月任淮阴市纪委信访室（举报中心）副主任；1996年3月任淮阴市纪委常委（其间：1995年1月至1996年3月挂职任县级淮安市三堡乡党委书记）；1997年2月任淮阴市纪委常委、监察局副局长；1997年10月任涟水县委副书记；2000年12月任淮阴（淮安）市政府法制局局长、党组副书记，淮阴（淮安）仲裁委秘书处秘书长；2001年6月任淮安市政府法制办公室主任、党组书记，淮安仲裁委秘书处秘书长（其间：1999年9月至2002年7月参加中央党校政治学理论专业在职研究生学习）；2003年2月任淮安市城管局局长、党组书记；2008年3月任淮阴区委书记、区人大常委会主任；2013年12月任淮安市政协党组成员，淮安盐化新材料产业园区党工委书记、管委会主任；2014年1月任淮安市政协副主席、党组成员，淮安盐化新材料产业园区党工委书记、管委会主任；2015年8月任淮安市政协副主席、党组成员，淮安盐化新材料产业园区党工委书记、管委会主任，援疆任新疆生产建设兵团第七师党委常委、副师长；2015年11月任淮安市政协副主席、党组成员，援疆任新疆生产建设兵团第七师党委常委、副师长；2017年1月任现职。

十一次、十二次省党代会代表。第七次新疆生产建设兵团党代会代表。

程　刚

男，汉族，1959年12月出生，1976年7月参加工作，民革党员，大学学历，江苏涟水人。现任淮安市政协副主席、民革淮安市委主委（兼职）。

1976年7月为清江市钵池公社插队知青；1979年2月徐州医学院淮阴专科班医疗专业学习；1982年1月为泗阳县中医院医师；1983年12月为清河区人民医院医师；1985年10月苏州医学院进修；1986年12月任清河区人民医院门诊部主任；1988年2月任清河区卫生局业务股股长；1990年5月任清河区卫生局副局长；1991年1月任清河区卫生局副局长、清河医院院长（其间：1992年8月至1994年12月参加中央党校政治专业本科函授学习）；1995年5月任清河区区长助理；1996年10月任清河区副区长；2001年9月任清河区副区长、民革淮安市委副主委（不驻会）；2002年9月任淮安市卫生局副局长、民革淮安市委副主委（不驻会）（其间：2005年6月至2006年6月挂职任南京市卫生局局长助理）；2006年11月任民革淮安市委主委（不驻会）、市卫生局副局长；2008年1月任淮安市政协副主席(不驻会),民革淮安市委主委(不驻会)、市卫生局副局长;2013年12月任现职。

九届、十届、十一届省政协委员。

范更生

男,汉族,1965年7月出生,1983年7月参加工作,九三学社社员,研究生学历,江苏淮安人。现任淮安市政协副主席(不驻会)、市工商联主席。

1981年9月淮阴供销学校计划统计专业学习;1983年7月为淮安县城东供销社统计员;1984年4月为淮安县统计局综合统计股办事员;1985年4月任淮安县统计局综合统计股副股长(其间:1988年9月至1990年6月参加中国人民大学统计系干部专修科脱产学习);1994年9月任淮安县(楚州区)统计局副局长;2001年11月任楚州区统计局局长;2002年12月任楚州区副区长(其间:2002年9月至2004年12月参加省委党校经济管理专业本科函授学习);2006年11月任楚州区副区长、九三学社淮安市委副主委(不驻会)(其间:2004年9月至2007年7月参加省委党校行政管理专业在职研究生学习);2010年12月任淮安市工商联主席;2012年6月任现职。

仲　波

男,汉族,1959年3月出生,1980年2月参加工作,1984年6月加入中国共产党,大学学历,江苏沭阳人。现任淮安市政协副主席、党组成员。

1978年4月淮安师范学校中文专业学习;1980年2月为沭阳县庙头中学教师;1982年9月淮阴教育学院中文专业大专进修班学习;1984年9月为淮阴教育学院中文系教师(其间:1985年9月至1988年6月参加徐州师范学院中文系学习;1988年9月至1989年6月参加复旦大学比较文学助教班脱产学习);1990年8月起先后为淮阴市委宣传部干事、副科级干事、宣传科副科长、党教科科长、宣传科科长;1997年1月任淮阴市委宣传部副处级宣传员;1997年11月任淮阴市委宣传部副部长、外宣办主任;1998年12月任淮阴体校党总支书记;1999年12月任淮阴市政协副秘书长;2000年12月任淮阴(淮安)市政协文教卫体委主任;2002年9月任淮安市委副秘书长、研究室主任;2006年3月任淮安市委副秘书长、办公室主任;2012年8月任淮安市委统战部副部长、调研员(主持日常工作);2013年2月任淮安市委统战部部长;2015年1月任淮安市政协副主席、党组成员,市委统战部部长;2016年9月任现职。

十一次省党代会代表,十一届省政协委员。

吉子俊

男,汉族,1962年7月出生,1981年7月参加工作,1986年9月加入中国共产党,研究生学历,江苏涟水人。现任淮安市政协副主席、党组成员。

1978年9月淮阴师范专科学校数学系学习;1981年7月为涟水县南集中学教师;1984年1月为涟水县农机修造厂职工学校教师;1984年6月在涟水县司法局办公室工作(其间:1982年5月至1985年7月参加徐州师范学院数学专业本科函授学习);1987年3月起先后任涟水县委办公室助理秘书、秘书;1989年1月任涟水县委办公室副科级秘书;1989年8月任涟水县委办公室副主任;1991年6月任淮阴市检察院政治部副主任;1992年7月任淮阴经济开发区研究室主任;1993年3月任涟水县委办公室副主任(正科级);1995年7月任涟水县委办公室主任;1997年1月任涟水县副县长;2002年1月任清河区委常委、副区长;2003年12月任金湖县委常委、常务副县长;2006年5月任金湖县委副书记、政法委书记;2007年1月任金湖县委副书记、政法委书记,县经济开发区党工委书记(其间:2004年9月至2007年7月参加省委党校行政管理专业在职研究生学习);2007年7月任金湖县委副书记、县经济开发区党工委书记;2007年11月任楚州区委副书记、代区长、区长(其间:2011年10月起主持区委工作);2011年12月任楚州区委书记、区长;2012年2月任楚州(淮安)区委书记、区人大常委会主任;2015年1月任淮安区委书记;2015年3月任淮安市人民政府副市长(援疆)、淮安区委书记;2015年8月任淮安市人民政府副市长(援疆)、党组成员;2017年1月任淮安市政协副主席,市人民政府党组成员;2017年2月任现职。

十一届省人大代表。

孙晓阳

男,汉族,1960年9月出生,1982年12月参加工作,1991年12月加入中国共产党,大学学历、学士学位,江苏淮安人。现任淮安市政协副主席、党组成员,市第一人民医院院长、党委书记。

1978年3月南京医学院医学专业学习;1982年12月起先后为淮阴市第一人民医院住院医师、主治医师、副主任医师、主任医师;1994年8月起先后任淮阴市第一人民医院大外科副主任、脑外科副主任;1997年10月任淮阴(淮安)市第一人民医院脑外科主任、大外科副主任、设备科副科长(其间:1999年9月至2001年6月参加苏州大学卫生事业管理专业研究生课程进修班学习;2000年10月至2001年3月公派加拿大多伦多大学附属儿童医院访问学者);2002年7月任淮安市第一人民医院副院长、脑外科主任;2004年6月任淮安市第一人民医院副院长、大外科主任、脑外科主任;2005年11月任淮安市第一人民医院院长、党委副书记;2007年1月任淮安市第一人民医院院长、党委书记；2016年1月任现职。

十一次省党代会代表。

陶光辉

男，汉族，1962年9月出生，1984年7月参加工作，1984年1月加入中国共产党，大学学历，江苏淮安人。现任淮安市政协副主席、党组成员。

1980年7月淮阴农业学校畜牧兽医专业学习；1984年7月为淮阴市多种经营管理局技术员（其间：1987年6月至1988年4月挂职任洪泽县共和乡乡长助理）；1988年4月起先后任共青团淮阴市委办事员，青农部副部长、部长，学少部部长；1995年1月任清浦区和平镇党委书记（其间：1994年9月至1996年7月参加中央党校党政专业本科函授学习）；1996年12月任清浦区委常委、宣传部部长；1998年12月任清浦区委常委、副区长；2002年1月任涟水县委副书记、副县长；2002年12月起先后任涟水县委副书记、代县长、县长；2007年1月任金湖县委书记、县人大常委会主任；2010年12月任金湖县委书记、县人大常委会主任，淮安经济技术开发区管委会主任；2011年11月任淮安经济技术开发区管委会主任、党工委副书记；2016年7月任淮安市政协党组成员；2017年1月任现职。

十二次省党代会代表；十届省人大代表。

王莉莉

女，汉族，1962年1月出生，1978年9月参加工作，民进会员，大学学历，江苏淮安人。现任淮安市政协副主席，民进淮安市委专职主委。

1978年9月起先后为淮阴县果林中学、淮海中学教师；1985年12月起先后为民进淮阴市委办事员、科员、副科级秘书；1990年8月任民进淮阴市委副秘书长；1993年12月任民进淮阴（淮安）市委秘书长（其间：1998年8月至2001年2月参加省委党校经济管理专业大专函授学习）；2001年8月任民进淮安市委副主委；2002年12月任民进淮安市委副主委、市计生委（人口计生委）副主任（挂职）（其间：2002年8月至2004年2月参加中央党校行政管理专业本科函授学习）；2006年10月任民进淮安市委副主委、淮安市教育局副局长（挂职）；2008年3月任淮安市政府外侨办主任、民进淮安市委副主委（不驻会）；2010年4月任淮安市政府外侨办（市港澳事务办）主任、民进淮安市委副主委（不驻会）；2016年7月任民进淮安市委专职主委；2017年1月任现职。

邱华康

男，汉族，1967年10月出生，1989年8月参加工作，大学学历、硕士学位，江苏沭阳人。现任淮安市政协副主席，市司法局局长，市无党派知识分子联谊会副会长。

1985年9月华东政法学院法学专业学习（其间，1991年9月至1992年7月参加司法部涉外经济法律人员英语培训）；1989年8月为淮阴市司法局公证处公证员；1998年3月任淮阴市司法局公证处副主任；2000年12月任淮阴（淮安）市司法局副局长；2002年11月任涟水县副县长（其间：2002年3月至2004年12月参加华东政法学院诉讼法专业法律硕士学位学习）；2007年11月任淮阴区副区长；2011年6月任淮安市司法局副局长、调研员（其间，2011年12月至2012年4月参加省委组织部赴美国斯坦福大学公共管理培训班）；2013年6月任淮安市检察院副检察长、调研员；2015年1月任淮安市检察院副检察长（正处级）；2015年12月任淮安市司法局局长；2017年1月任现职（其间：2007年11月起至今兼任市无党派知识分子联谊会副会长）。

吴兆方

男，汉族，1957年2月出生，1974年12月参加工作，1978年2月　加入中国共产党，大学学历，江苏盱眙人。现任淮安市政协党组成员。

1974年12月起先后为北京8770、00069部队战士、文书、师助理员；1983年1月起先后为泗洪县兴隆乡党委组织干事、秘书（其间：1984年9月至1986年7月参加淮阴市委党校大专班学习）；1986年7月起先后为盱眙县委组织部秘书、科长；1990年4月任盱眙县委办副主任；1991年10月起先后任盱眙县委组织部副部长、组织员办主任、人事局局长兼编委办主任（其间：1993年8月至1995年12月参加中央党校党政管理专业本科函授学习）；1996年4月任盱眙县委办主任；1996年10月起先后任淮阴市委组织部办公室主任、机关党委书记、部务委员；1998年12月任淮阴市政府办副主任、党组成员；1999年12月任淮阴（淮安）市政府副秘书长；2001年10月任淮安市计生委主任、党组书记；2004年12月任淮安市教育局局长、市委教育工委书记；2008年1月任江苏财经职业技术学院党委书记；2014年5月任现职。

淮安市中级人民法院院长、人民检察院检察长

钱　斌

男，汉族，1967年12月出生，1988年8月参加工作，1988年5月加入中国共产党，研究生学历、学士学位，江苏大丰人。现任淮安市中级人民法院院长、党组书记，市委政法委委员。

1984年9月苏州大学法律专业学习；1988年8月起先后为连云港

市司法局秘书科、公证律师管理科科员；1992年5月任连云港市司法局宣传科副科长；1994年4月任连云港市司法局教育科副科长；1995年2月任连云港市司法局教育科科长(其间：1996年10月 至1996年12月 参加连云港市委党校第16期中青年干部培训班学习；1997年9月至1998年1月参加省委党校第4期中青年干部培训班学习)；1998年3月任连云港市司法局副局长、党组成员(其间：1999年2月至2001年1月任连云港市委驻灌南县扶贫工作队副队长)；2001年7月任连云港市中级人民法院副院长、党组成员(其间：2001年9月至2004年7月参加省委党校政治经济学专业在职研究生学习；2003年9月至2003年12月参加省委党校第18期中青年干部培训班学习)；2005年5月任连云港市中级人民法院副院长、党组成员(正处级)；2009年7月任连云港市中级人民法院副院长、党组副书记(正处级)(其间：2010年3月至2010年6月参加省委党校第38期中青年干部培训班学习；2011年12月至2012年4月参加江苏省第一期公共行政与管理高级研修班赴美国斯坦福大学学习)；2012年5月任淮安市中级人民法院副院长、代院长、院长；2012年8月任淮安市中级人民法院院长、党组书记；2013年6月任淮安市中级人民法院院长、党组书记,市委政法委副书记；2017年5月任现职。

肖天奉

男，汉族，1965年1月出生，1986年7月参加工作，1985年7月加入中国共产党，研究生学历、学士学位，江苏泰兴人。现任淮安市人民检察院检察长、党组书记，市委政法委委员。

1982年9月中国刑警学院文检专业学习；1986年7月为扬州市公安局刑警大队办事员；1988年10月为扬州市公安局刑警大队科员；1990年11月任扬州市公安局刑警大队技术中队副中队长；1993年7月任扬州市公安局刑警大队侦察中队指导员；1996年8月任扬州市公安局刑警支队侦察大队大队长；1996年12月为泰州市公安局干部；1997年7月任泰州市公安局刑警支队副支队长；1998年11月任泰州市公安局刑警支队副支队长、经侦支队副支队长；2000年11月任泰州市公安局刑警支队支队长；2002年10月任泰州市公安局海陵分局局长、党组书记；2003年2月兼任泰州市海陵区委政法委副书记(其间：2002年9月至2005年7月参加省委党校区域经济学专业在职研究生学习)；2005年9月任泰州市公安局政治部主任、党委委员；2009年4月任泰州市公安局副局长、党委委员；2012年9月任泰州市公安局副局长、党委副书记(正处级)；2016年1月任淮安市人民检察院检察长、党组书记；2017年5月任现职。

淮安经济技术开发区管委会主任

周　青

男，汉族，1966年3月出生，1988年7月参加工作，1991年7月加入中国共产党，大学学历、学士学位，江苏涟水人。现任淮安经济技术开发区党工委副书记、管委会主任。

1984年9月苏州大学中文系学习；1988年7月起先后为淮阴师范学校教师、语文教研组组长；1993年7月为淮阴日报社记者；1996年4月任淮阴日报社记者部主任助理(其间：1996年5月至1996年10月下派任金湖县塔集镇副镇长)；1996年11月调入淮阴市委办公室工作；1997年10月任淮阴市委办公室信息科副科级秘书；1998年3月任淮阴市委办公室综合二科副科长；2000年7月任淮阴(淮安)市委办公室综合二科科长；2001年12月任淮安市委办公室综合三处处长；2003年8月任淮安市委办公室综合一处处长；2004年6月任淮安市委办公室副主任；2009年5月任淮安市委副秘书长、研究室主任；2010年6月任清浦区委副书记、代区长；2011年1月任清浦区委副书记、区长(其间：2011年7月起主持区委工作)；2011年9月任清浦区委书记、区长；2012年2月任清浦区委书记、区人大常委会主任；2016年4月任清浦区委书记；2016年6月任淮安经济技术开发区管委会主任、清浦区委书记；2016年7月淮安经济技术开发区党工委副书记、管委会主任，清浦区委书记；2016年9月任现职。

十二次省党代会代表。

(市委组织部机关干部处)

模范人物

全国"五一"劳动奖章获得者

王强众 江苏共创人造草坪有限公司董事长，大专学历，高级经济师，江苏淮安人。2011年3月，兼任中国华东施河教具城有限公司董事长。2016年4月29日，王强众被中华全国总工会授予全国"五一"劳动奖章。

2003年3月，王强众创建江苏共创人造草坪有限公司。经过10余年发展，2010年起，公司草坪销量世界第一，2015年占据全球17%的市场份额。公司有员工2300余人，营销中心位于南京市，在淮安市建有两个现代化生产基地。王强众将人力资源作为企业第一资源，大量引进中高层管理人才，提升管理水平。购置最先进实验室装置和检测装备，提升自主研发和持续创新能力，提高企业知名度及在市场上的话语权。加大新产品开发力度和技改投入，提高企业可持续发展能力。2015年，海外产品销量较2014年取得100%增长；实现销售收入23亿元，上缴各项税金9650万元，增加3163万元，增长49.51%，出口创汇1.17亿美元。

2010年起，江苏共创人造草坪有限公司以及王强众个人为社会福利和慈善事业捐款1000多万元 。2012年初，该公司工会在员工中建立“大病医疗互助金”制度。

王强众还曾被评为淮安市劳动模范、江苏省劳动模范、江苏省百名诚信之星。

高春红 高中学历，江苏金石机械集团有限公司热处理工。2016年4月29日，高春红被中华全国总工会授予全国“五一”劳动奖章。

2005年，高春红进入江苏金石机械集团有限公司，从事热处理工作。他积极向老同志虚心请教，利用休息间隙刻苦钻研岗位知识。通过艰苦努力，务实工作，他很快成为单位业务骨干。作为热处理班组组长，高春红在提高自己业务水平同时，利用每周车间例会班前会，同全班组的同志交流业务技能，宣传有关安全生产法律政策，提高全班组业务技能和安全意识，杜绝各种责任事故和工作漏洞。

他时刻把公司利益放在第一位。为贯彻公司降本增效指示，在保证生产交货期同时，结合热加工岗位工作特点，合理安排生产时间。在夜间低谷集中升炉，用电高峰休炉，利用热炉使工件保持恒温，减缓热应力和组织应力，为低谷集中开炉节省时间。这种工作模式不仅保质保量完成生产任务，更使公司每月用电费用降低30%，有效控制了生产成本。

2013年，高春红获江苏省“五一”劳动奖章。

全国法院先进个人

商东雷 淮安市清江浦区法院执行局综合协调科科长。2000年，商东雷进入原淮安市清浦区人民法院工作。2010年后，累计办理各类执行案件2000余件，有1300余件实际执结到位，案结事了，为当事人挽回损失近亿元。2016年，他被最高法院表彰为“全国法院先进个人”。

17年的执行生涯，商东雷自行摸索出不少好的执行方法，一些疑难案、“骨头”案到他手里总能得到解决。他每年累计加班800多小时。他负责的案件统计、材料数据、执行信息录入管理、查控系统审批管理工作，始终做到耐心细致、及时准确、高效快捷。他所办理的案件，每年实际执结率均超65%以上。他在办理案件同时，还对局里年轻同志“传、帮、带”，起到“执行导师”作用。商东雷老家在山西，按规定他应当有探亲假，但工作17年来，他从未用过一次。他总是设身处地为当事人着想，真心实意地为当事人排忧解难。他一身正气，维护司法公平正义，维护法律尊严。面对各种各样吃请行贿者，商东雷从来都是拒腐蚀而不沾。在17年执行生涯中，商东雷每年拒吃请50次以上，拒贿数万元，没有收过当事人的一件礼品，没有办过一件人情案。

2010年，商东雷被中共淮安市委、市政府授予淮安市“十佳法官”称号；2012年，被省高院授予“全省法院办案标兵”称号，还两次被省高院记“个人二等功”；2016年7月，被省高院表彰为“优秀党务工作者”“执行标兵”。

全国法治宣传教育先进个人

潘恒球 淮安市淮安区南闸镇泾河村人，淮安区义务普法员。潘恒球把说书特长融入青少年法制教育之中，坚持义务为青少年上法制课，跑遍省内南京、扬州、盐城、淮安、宿迁等地1000多个村居、社区，500多个厂矿企业和1500多所中小学校，累计为青少年学生义务普法4000多场次。2016年5月，被中宣部、司法部、全国普法办公室联合表彰为“2011~2015年全国法治宣传教育先进个人”。

1981年，潘恒球花了四个月时间，创编法制鼓书《走向社会》，在淮安区流均中学为1000多名学生上了第一次青少年法制课。此后，他经常从报刊杂志上搜集一些对青少年有教育意义的案例，编成法制小故事，作为说书时的“引子”。他根据法律中列举的有可能导致未成年人犯罪的9种不良表现，编写《带刀》《逃学》《一个中学生的早恋》等故事，深入到各个学校进行义务演出。他每年200多天奔波于各个学校为孩子们上法制课。30多年，他行程数十万里，普法足迹遍布城乡村社。

潘恒球只有小学文化，为提高文化素质和法律知识水平，他边讲边学，边学边讲，遇到实在搞不懂的法律难题，就一一记下来，向法院、检察院、司法局等专业人员请教。近30年来，他自编自演法制故事达60多万字，内容涉及多部与青少年有关的法律法规。他还先后与20多名有不良行为习惯的学生结对，为他们的成长进步花费大量心血。

潘恒球曾先后获江苏省首届“十大法治人物”“全国法制宣传教育先进个人”和“全国优秀志愿者”称号，并成为“2015年度CCTV中国法治人物”年度致敬人物——坚持普法三十年的义务普法员代表。

朱秀梅（女）淮安市淮阴区司法局法治宣传科科长。朱秀梅参加工作后，一直工作在普法第一线。2016年5月，被中宣部、司法部、全国普法办公室联合表彰为“2011~2015年全国法治宣传教育先进个人”。

“六五”普法启动之初，朱秀梅经调研起草《淮阴区法制宣传教育工作第六个五年规划》。在她的建议和参与下，淮阴区相继出台《淮阴区加强领导干部及公务员学法用法工作实施意见》《关于进一步加强青少年法治宣传教育工作的意见》《淮阴区乡科级领导干部任前法律知识考试办法》等一系列普法制度。“六五”普法期间，她在全区推进实施法治文化阵地建设工程。建成区级法治文化阵地3个，乡镇、村法治文化阵地建成率100%。以通俗易懂、群众喜闻乐见的形式，把法律送到大街小巷、乡村田头。在区电视台开设《法在身边》普法栏目，在《淮阴报》辟每周专版《法治淮阴》，以“以案说法”形式，普及法律常识，传播法治理念。先后开通淮阴普法网站、微博、微信，构建以传统和新兴媒介共存的普法平台。组织律师等专业人士编印《淮阴区公民“六五”普法简明读本》《淮阴区“六五”普法系列教材》等普法系列教材，免费发放10万余套。开展法治影片进社区、进农村、进校园活动。组织“民主法治示范村（社区）”创建工作。深入基层宣传《村委会组织法》等法律法规，指导村居“两委”民主管理、民主决策、民主监督。经常带领科室人员及普法志愿者深入镇村、街头、社区、机关、企业、学校，促进重点对象学法、用法。她坚持每天更新普法微信、微博，从未中断。五年来，她组织开展各类法治宣传活动近150次，法制文艺演出500多场次，各类法律、法规知识竞赛20余场次。

2010年，朱秀梅被中共淮安市委、市政府表彰为“五五”普法先进个人，2013年被表彰为淮安市预防青少年犯罪先进个人。

全国法律援助先进个人

孙华春 盱眙县法律援助中心主任。《今日信息》《江苏法制报》《盱眙日报》特约通讯员、江苏省城市频道法治集结号特约记者、盱眙电视台《举案说法》栏目特邀嘉宾。2016年9月，被司法部评为“全国法律援助先进个人”。

孙华春从部队转业后就从事法律援助事业，一干就是十多年。工作之初，县法律援助中心没有编制、没有场所。他树立“援助一个案件、帮助一户家庭、化解一起纠纷、维护一方稳定、促进一片和谐”的责任感和使命感，当年实现受理、指派、办理“无缝隙”“一条龙”服务。他把各乡镇司法所工作人员、法律工作者、综治科员、民政助理以及公安干警整合为法律援助志愿者。在全省范围内首家组建法律援助工作站、在村居设立工作室，形成法律援助网络，在全省率先建成“15分钟法律援助服务圈”。他简化审批程序、缩短审查期限、开通绿色通道、实行电话网络报批。与信访、劳动仲裁、人民调解、司法救助对接，形成联动机制。他还把服务内容延伸到农资纠纷、环境保护等领域。推行“首问负责制”“责任追究制”“限时办结制”“降低准入门槛”等措施。

组织开展法律援助宣传活动，在第一时间向各大媒体投稿报道。他撰写法律援助稿件近千篇、宣传典型案件过百件。他办理的“三智障八年控诉，法援助其获赔偿”被评为“司法部优秀案例”和“江苏省法律援助十大优秀案例”，入选《全国优秀法律援助案例选编》；他办理的“民工遭遇车祸，法援跨省维权”被评为“江苏省法律援助十大优秀案例”和“淮安市十大优秀案例”。他撰写的《19万赔偿讨回 三受援人生活有保障》《为新农村建设保驾护航——盱眙县涉农法律援助掠影》被评为“江苏省法律援助好新闻”。

在他的带领下，盱眙县法律援助工作成为社会治理“微创新”特色品牌，盱眙县法援中心先后获“全省法律援助工作先进集体”“江苏省法律援助示范窗口”等称号。他曾被评为“盱眙县十大法治人物”“盱眙县十佳政法干警”“淮安市优秀法律援助工作者”“江苏省农民工法律援助工作先进个人”。

全国先进老干部工作者

王献禹 市老干部活动中心主任。2016年12月，被中共中央组织部、人力资源社会保障部联合表彰为全国先进老干部工作者。

2005年12月，王献禹转业到市委老干部局工作。2012年2月，担任市老干部活动中心主任。当年，在老干部活动中心场地建成淮安市老干部居家养老服务超市平台，被评为市委、市政府创新创优奖，中组部老干部局《情况交流》作大篇幅宣传。在2015年纪念抗战胜利和“两淮”解放70周年之际，筹建全国首家老干部史料陈列馆，被评为市委、市政府创新创优奖。他多方征求老同志意见和建议，申请经费近百万元，升级改造活动中心院内绿化、台球室、乒乓球馆、游泳馆、饮水系统等。十多年来，组织开展老干部文体活动400多次，参加人数2万人次。主持策划全省老干部集邮活动、全省苏北片象棋比赛、纪念抗战胜利70周年全市老干部诗书画影展、华东地区老干部斯诺克巡回赛等活动。为乒乓球协会、棋牌协会等13个老干部活动团体提供活动经费，帮助制定活动方案，参与活动组织，发挥协会在老干部活动中的带头作用。新建太极拳协会、民乐团、交谊舞协会、舞蹈协会4个协会。创新服务模式，在中心开展“结对子交朋友”活动。

他加强制度建设，修订并完善考勤制度、安全管理制度、财务制度、会议管理制度等10项管理制度，制订突发事件应急预案，同时明确各科室责任、职工行为规范等。做到财务公开，确保廉洁高效。坚持周一例会和周五学习制度。

表42　2016年淮安市获“江苏省劳动模范”称号人员名录

姓名	单位及职位
伏权芳(女)	淮安市城市公共交通有限公司驾驶员
张顺琴(女)	江苏康乃馨织造有限公司质量主管
朱正和	江苏神舟车业集团有限公司设备部部长、钳工技师
芦　玲(女)	淮安澳洋顺昌光电技术有限公司外延部部长
周　勤(女)	盱眙县环境卫生管理处环卫工人、中级工
唐保霞(女)	江苏银珠化工集团芳胺分厂厂长
费志刚	江苏今世缘酒业股份有限公司勾储中心主任、高级评酒师

续表1

姓名	单位及职位
刘赶年	淮安清江石油化工有限责任公司双功能车间工段长
周四君	江苏沙钢集团淮钢特钢股份有限公司生产安全处处长、研究员级高级工程师
郝 飞	淮安市水利资产经营有限公司工程部主任、高级工程师
路平书	淮安汽车运输集团有限公司驾驶员
王坤山	中国电信股份有限公司淮安分公司企业信息化部信息化运营中心班长、工程师
张 勤	江苏省电力公司淮安供电公司配电运检技术专职、助理工程师
江春山	中国邮政集团公司淮安市分公司信息技术中心副主任、工程师
赵 勇	江苏中烟工业有限责任公司淮阴卷烟厂副厂长、纪委书记、工会主席
王和珍	江苏淮安农村商业银行股份有限公司执行董事
陈 胜	淮安市清浦新区投资建设有限公司董事、副总经理、高级工程师、高级经济师
陈前峰	中国工商银行股份有限公司淮安分行技术中心主任
侯立伟	江苏劲嘉新型包装材料有限公司生产技术主管、工程师
罗 敢	江苏白玫糖业有限公司副总经理、助理工程师
徐国华	江苏神华药业有限公司总经理、党总支书记、高级工程师
李前效	江苏省烟草公司淮安市公司经理、党组书记、高级经济师
鲁 超	华能国际电力股份有限公司淮阴电厂厂长、党委副书记、高级工程师
王加兵	江苏淮阴发电有限责任公司党委书记、监事、政工师
张应和	淮安市淮安区锐农农机专业合作社理事长
王朝文	盱眙恒大龙虾养殖专业合作社理事长
张太明	金湖太明渔村水产专业合作社理事长
李 松	淮安市淮阴区棉花庄镇大福村党总支书记
陈永斌	涟水县涟城镇渠北社区党总支书记
谢爱国	洪泽县高良涧街道临河社区党委书记、主任
赵广义	淮安市滨湖机械有限公司总经理、党支部书记、工程师
于新驰	涟水县环卫总公司驾驶员
沈 杰	江苏和兴汽车科技有限公司区域高级财务经理、中级会计师
袁文布	淮安市淮阴区城管局环卫所工人
侯孝强	江苏天源服装有限公司常务副总经理
卫爱玲(女)	淮安市防汛防旱指挥部办公室综合科科长、高级政工师
高洪林	淮安市公安局出入境管理支队支队长
黄卫东	淮安市淮阴地方税务局局长、党组书记
解满平	淮安市第二人民医院院长、党委书记、研究员

续表2

姓名	单位及职位
潘　宇	淮安市淮安区博里镇文化广播电视服务站站长、副研究馆员
沈翠干（女）	金湖县中医院门诊部主任、主任医师
孙长举	江苏省淮安地方税务局局长、党组书记
汪乐亮	中共淮安市委市级机关工作委员会工会主席、助理研究员
王海涛	淮安市住房和城乡建设局房地产开发处处长、工程师
吴　昊	淮安经济技术开发区招商局二分局副局长
徐寿耀	洪泽外国语中学校长、中学高级教师
徐向兵	涟水县交通运输局局长、党委书记
张步亮	淮安市清浦区信访局局长
张海波	淮安市广播电视台总编室主任、主任编辑
张建江	淮安市公安局清河分局北京路派出所副所长
张元贵	淮安市教育局局长、工委书记、教授级中学高级教师
郑茂松	盱眙县科学技术局副局长、研究员级高级工程师

逝世人物

崔勉之（1923.06–2016.07），男，江苏海安县人，1944年4月参加革命工作，同年11月加入中国共产党。1944年4月至1945年10月任新四军一师司令部测绘员；1945年10月至1946年9月任华中野战军司令部测绘员；1946年9月至1951年8月任二十三军六十八师二〇二团人事参谋军训股长；1951年8月至1952年7月任二十三军六十八师司令部作战参谋；1952年7月至1953年11月任二十三军司令部直工参谋；1953年11月至1955年2月任二十三军独立工兵营副营长、参谋长；1955年2月至1960年6月任二十三军六十七师工兵科科长；1960年6月至1964年10月任黑龙江省大庆市建设局第一副局长、党组书记；1964年10月至1976年6月任江苏省清江市建筑公司经理；1976年6月至1982年6月任清江市测量队书记、队长。1982年6月离休，2016年7月20日17:20于淮安病逝，享受副地市级政治生活待遇。

许再兴（1923.11–2016.09），男，安徽舒城人，1945年12月参加革命工作。1945年至1949年在重庆上学期间，参加中共中央南方局青年组织领导的“中国学生导报社”，在该组织停止活动后继续参加革命工作。1949年4月至1954年1月任南京市立医院外科医师，期间1951年6月至1951年10月任南京市抗美援朝志愿医疗团外科医师；1954年1月至1956年1月任南京市立第四医院外科主治医师；1956年1月至1960年7月任南京市立第四医院外科副主任医师；1960年7月至1966年1月任淮阴地区人民医院外科副主任医师，期间任淮阴医专外科学教研组长；1966年1月至1969年12月任淮阴地区人民医院主任医师；1969年12月至1973年1月任宿迁埠子公社医院外科主任医师；1973年1月至1976年12月任宿迁县医院外科主任医师；1976年12月至1989年9月任淮阴卫生学校外科主任医师。1989年10月离休，2016年9月26日8:00于南京逝世，享受副地市级政治生活待遇。

1月

4日　全市领导干部警示教育大会召开。市委书记姚晓东出席会议并讲话。市领导王维凯、练月琴、张亚青、葛平、张彤、戚寿余、陈涛、张正军、陈洪玉等出席会议。

△　江苏淮安高新技术产业开发区、江苏淮安工业园区、江苏淮安清浦工业园区和江苏涟水经济开发区等4个园区获批省知识产权试点园区。获批数量苏北第一、全省第二。

6日　市委书记姚晓东率队赴第12集团军慰问。

△　市长曲福田主持召开市政府七届第49次常务会议。听取《政府工作报告》起草和“十三五”规划纲要编制等情况汇报，讨论研究2016年主要指标安排和重大项目编制、2016年十件实事项目编制、“一县一题”编制和十项重点工程滚动管理、市本级财政预算安排等事项。

7日　10多家以色列行业企业代表到淮安开展盐化新材料产业经贸考察活动。

△　涟水县通过省级生态县（市、区）命名。全市7个涉农县区全部建成省级生态县区。

8日　市委召开常委（扩大）会。市委书记姚晓东主持会议，市领导曲福田、王维凯、练月琴、张亚青、葛平、张彤、戚寿余、陈涛、张正军等出席会议。

△　“情归大地”“桑梓情深”专题展在淮安落成开展。周恩来和邓颖超秘书、全国政协原副秘书长赵炜，全国周恩来生平思想研究会名誉会长、中央文献研究室原室务委员廖心文，周恩来侄女周秉宜，北京市文物局副局长向德春，市委书记姚晓东等领导和嘉宾参加纪念活动。

9日　市委常委会召开“三严三实”专题民主生活会。省委常委、组织部部长王炯全程参会指导。

△　淮阴区刘老庄“当年农家”、淮安区“恩赐山庄”正式通过省级评定委员会考核验收。被认定为江苏省四星级乡村旅游区。

12日　市政协召开七届三十七次主席会议。

16日　市委副书记、代市长惠建林主持召开市政府七届第50次常务会议。明确重点任务，协调会办问题，要求政府系统加强自身建设、狠抓当前工作，确保“十三五”开局之年开好头、起好步。

17日　中国人民政治协商会议淮安市第七届委员会第五次会议在淮安人民大会堂开幕。

18日　淮安市第七届人民代表大会第五次会议在淮安人民大会堂开幕。全市各条战线的人大代表出席会议，同商淮安改革发展大计。

△　全国老年人体育协会调研交流工作会在淮安召开。全国各地老体协工作者近百人参加会议。

19日　农发行淮安区支行30亿元棚户区改造贷款获总行审批。开创淮安市农发行系统首笔棚户区改造项目贷款成功营销的先河，创造全市金融史单笔贷款金额最大纪录。

20日　淮安市第七届人民代表大会第五次会议完成各项议程，在淮安人民大会堂闭幕。

△　政协淮安市七届五次会议闭幕。

22日　江苏敏安汽车研究院落成暨新能源汽车产业项目签约仪式在淮安经济技术开发区举行。

△　淮安市举行兴业银行淮安分行开业暨政银战略合作协议签约仪式。

23日　国家发展改革委主管的中国信息协会在北京召开“2016年中国城市智慧城市发展与合作年会”。从全国344个地级以上城市中评选出100个“2015中国智慧城市惠民发展优秀城市”，淮安居全国第62位。

26日　省铁路建设领导小组扩大会议决定，淮安至新沂铁路项目2016年启动前期工作。淮安至新沂铁路被定位为京沪高铁二线的一部分，已列入国家相关规划（草案）。

28日　市党政代表团赴南京考察推进宁淮同城化建设和区域协调发展。省委常委、南京市委书记黄莉新，市委书记姚晓东出席2016年宁淮挂钩合作工作座谈会并讲话。南京市市长缪瑞林、淮安市市长惠建林共同签订《南京市—淮安市2016年度挂钩合作协议》《南京市—淮安市加快推进宁淮同城化建设行动方案》。

30日　全市农村工作和扶贫开发工作会议召开。

△　市长惠建林主持召开市政府七届第51次常务会议。讨论2016年中心城市建设重点项目计划，研究淮安市环境保护网格化划分及监管实施方案（试行）制订，听取全市安全生产工作情况汇报等。

2月

1日　市委召开常委（扩大）会，传达贯彻省“两会”精神，听取2016

年中心城市重点项目建设编排情况汇报。

2日　中国共产党淮安市第六届纪律检查委员会第五次全体会议召开。

4日　市委市政府召开全市工业大会，谋划“十三五”全市工业经济发展，全面部署各项任务和重点举措，全力推动工业经济扩量提质、转型发展。

5日　市委书记姚晓东主持召开市委常委会，传达贯彻中央及全省政法工作会议、全省组织部长会议精神，听取2015年度全市创新创优项目评选、软环境政行风考评和101%流动红旗评选、县区和乡镇农业农村工作考评、2015年度全市科学跨越发展考核结果和2016年度考核细则修订情况汇报。

13日　2015年度全市科学跨越发展总结大会召开。

14日　市委、市政府召开全市深化“两为”整治暨作风建设大会。

15日　市保障性住房建设管理中心举行2016年度第一批公共租赁住房公开电脑摇号分房活动，有187户住房困难家庭参加摇号分房。

△　淮安市167家农机合作社入选省级农机合作社示范社，数量居全省第一。

16日　市委、市政府专门成立高铁新区建设指挥部，统筹协调新区建设相关事宜。

17日　“情醉淮安”（http://www.iemg2016huaian.com）在2016国际智力运动联盟智力运动精英赛官方网站正式上线。

22日　市规划委员会暨第93次规划咨询委员会联席审议高铁新区控制性详细规划等4个规划编制项目和恩来干部学院规划及建筑设计方案。

23日　全国妇联副主席、书记处书记焦扬一行到淮安开展家庭文明建设工作专题调研，省妇联主席缪志红、市委书记姚晓东等陪同调研。

24日　市政协召开七届三十八次主席会议，协商通过市政协2016年工作要点和重点工作计划。

25日　2016国际智力运动联盟智力运动精英赛在淮安开幕。起源于淮安的纸牌竞技游戏“掼蛋”，将作为赛事表演项目，首次亮相国际赛场。

28日　国际智力运动联盟创始主席达米亚尼、世桥联主席罗纳、国际围棋联盟事务局长李夏晨、国家体育总局棋牌运动管理中心副主任陈泽兰等走进古淮河西游记文化旅游区，深度了解、体验淮安掼蛋文化。

3月

1日　市委、市政府主办，市商务局承办的淮安投资环境建言会及集中签约活动在深圳举行。

3日　2016国际智力运动联盟智力运动精英赛结束所有赛事。“掼蛋”作为赛事表演项目亮相，最终淮安代表队获得第一名。

4日　市长惠建林主持召开市政府七届第52次常务会议，传达省推进国家新型城镇化综合试点工作领导小组（扩大）会和全省经济济形势座谈会精神，部署安排一季度“开门红”工作，研究讨论《政府工作报告》重点工作目标任务分解方案等，原则通过强化市区停车管理等有关建议。

7日　全国人大代表、市委书记姚晓东走进人民日报和人民网共同为两会报道推出的大型全媒体栏目——“两会e客厅”，与文化部党组成员、国家文物局党组书记、局长刘玉珠，全国政协委员、中国文化遗产研究院研究员张廷皓交流文物保护开发新理念、新路径。

△　经省人民政府同意，《省政府办公厅关于支持淮安台资企业产业转移集聚服务示范区建设的若干意见》（苏政办发〔2016〕21号文件）出台。

9日　全市金融工作会议暨银企签约仪式举行。会上，30家银行机构与663户企业签约，累计达成意向融资金额305.1亿元。

△　省人大常委会副主任刘永忠率队到洪泽县调研县乡人大建设工作。

15日　淮安市召开“智慧淮安”建设领导小组第一次全体会议，总结“智慧淮安”工作成效，研究部署任务，细化分解职责，加快建设步伐。

16日　2016年“江苏省高中首届韩国文化知识竞赛”决赛在淮阴师范学院附属中学闭幕。

△　市农机部门与江苏北斗卫星应用产业研究院有限公司签订战略合作协议，共同建设淮安“互联网+”农机管理信息平台，推进农机作业管理、控制、服务向信息化、智能化、精细化方向发展。

18日　市委召开常委（扩大）会，传达贯彻全国“两会”精神。

△　第六届中国·洪泽湖“3·18”放鱼节公益活动在洪泽县渔人湾码头启动。

△　城乡和住房建设部在淮安市召开住房公积金信息化建设导则工作会议，住房公积金信息化建设导则专家组以及全国13个省市自治区近40名住房公积金管理工作人员参加会议。

20日　江苏坤龙建设工程有限公司在阿尔及利亚成功承揽1500套住房项目，合同金额4374万美元，再创淮安市对外承包工程合同额新高。

22日　韩国全罗北道完州郡郡守朴成一率完州郡政府友好交流代表团一行到淮安访问。

23日　省旅游局局长秦景安一行赴金湖县调研全域旅游，实地走访尧帝古城。

27日　市委、市政府在淮安经济技术开发区和8个县（区）设立会场，举行全市春季工业重大项目集中开工活动。86个投资亿元以上工业项目同时开工。

28日　市规划委员会暨第94次规划咨询委员会联席会议举行，审议金地中心等3个重点地段设计方案和生态新城控规调整等7个规划调整项目。

△　洪泽县岔河镇农机手李振意领取第一张《2016年联合收割机插秧机跨区作业证》，淮安市农机跨区作业证发放工作正式启动。

29日　市委、市政府召开生态文明建设大会。

30日　市委、市政府召开国家创新型试点城市创建工作情况汇报会。

△市长惠建林主持召开市政府七届第53次常务会议，传达贯彻全国“两会”精神，研究讨论《城市“双快”交通系统及宁连公路外迁绕越实施方案》《2016年重点领域改革工作意见》等事宜。

△ 市长惠建林会见到淮安考察访问的白俄罗斯戈梅利市议会议长巴洛金奇克·伊万一行，双方就增进了解、开展合作进行友好交流。

31日 市委召开常委（扩大）会，传达贯彻习近平总书记在新闻舆论工作座谈会上的重要讲话精神，讨论联合国人居环境奖创建实施方案。

4月

1日 全国人大常委会原副委员长兼秘书长、两岸企业家峰会副理事长盛华仁到淮安视察调研。

7日 副市长窦立夫会见匈牙利巴托尼市市长约瑟夫·纳吉麦登一行，两市签署友好合作意向书。

8日 意大利“意中贸促会”到淮安考察，并与淮安经济技术开发区签署战略合作框架协议。

11日 市政府全体（扩大）会议召开，贯彻落实省委省政府和市委的各项重大决策，推进政府效能和廉政建设。

12日 市委召开常委（扩大）会，传达贯彻全省推进供给侧结构性改革工作会议精神。

13日 市委书记姚晓东、市长惠建林率党政代表团赴苏州考察学习。

15日 市委书记姚晓东、市长惠建林率党政代表团赴无锡考察学习。

16日 淮安大剧院委托北京保利剧院管理有限公司经营管理签约仪式在淮安举行，淮安大剧院成为保利公司在苏北的首家签约剧院。

20日 淮安在台北举行“猴王话猴年”——2016淮安周开幕式。

△ 淮台IC产业合作研讨会在台北举行，推进淮台IC产业合作。

24日 淮安市快速路一期建设工程项目建议书获市发展改革委批复。

25~26日 全国人大常委会原副委员长许嘉璐到淮安视察，实地调研生态保护开发、传统文化弘扬传承和经济社会发展等情况。

△ 中国侨联副主席康晓萍和市委书记姚晓东共同为“世界华侨华人摄影交流基地”揭牌。

29日 市委召开全市“两学一做”学习教育工作部署会，学习贯彻习近平总书记重要指示和中央、省委座谈会精神，对全市开展“学党章党规、学系列讲话，做合格党员”学习教育进行部署。

△ 南京银行淮安分行开业暨政银战略合作协议签约仪式举行。

5月

1日 淮安神旺大酒店为入住客人开具全市全面实施营改增后的首张营改增发票。

2日 国务院办公厅转发国家发展改革委、财政部等10部门《推进“互联网+政务服务”开展信息惠民试点的实施方案》，淮安市信息惠民工作列入试点。

3日 慈云禅寺国师塔落成仪式举行。

4~5日 省委省政府召开全省加快苏北发展推进全面建成小康社会工作会议。全体与会人员到淮安现场观摩，考察西游记文旅区、臻鼎科技控股淮安园区、淮安国家农业科技园区等地。省领导罗志军、石泰峰、樊金龙、徐鸣、蒋宏坤、张敬华、范燕青参加会议。

△ “第十二届（2016）中国信用4·16高峰论坛”召开，淮安市代表在大会上作交流发言。

5日 全国第一座以“六小龄童”命名的“六小龄童图书馆”在淮安市吴承恩中学揭牌。

△ 淮安开发控股有限公司境外发行外币债券项目经国家发展改革委予以登记，成为全市首个予以登记的境外发行外币债券项目。

6~13日 市长惠建林率淮安经贸代表团在韩国、日本开展经贸交流活动。

7日 全国基层卫生工作会议在北京召开。淮阴区卫生计生委作为全国2800多个县区的唯一代表，在会上作经验交流。

9日 市委召开常委会，传达贯彻全省加快苏北发展推进全面建成小康社会工作会议精神。

△ 市不动产登记中心、市政务服务中心举行淮安市不动产登记中心揭牌暨颁发淮安市区首批不动产权证书仪式。

△ 河北省邢台市市长董晓宇率邢台市政府代表团一行到淮安考察。

△ 淮阴区运输管理所向淮安嘉航海运有限公司发出淮安市第一份沿海省际水路运输经营许可证。

12日 尼泊尔联合共产党（毛主义）中央常委会委员查克拉帕尼·卡耐尔率团访问淮安市，考察基层党建工作等方面的情况。

△ 在2016年全国男子拳击锦标赛总决赛暨中国拳王争霸赛中，淮安籍选手郭晋勇夺91公斤级冠军，获该级别“中国拳王”称号。

14日 淮安市市级机关公车改革首场车辆拍卖会在市政务服务中心举行。

15日 市妇联推荐的孙成斌家庭获全国“最美家庭”和全国“五好文明家庭标兵”称号。

△ 淮安市被评为“全国人民防空先进城市”，盱眙县人防办主任王树森被表彰为人民防空先进工作者。

△ 淮安第一场国际马拉松——金湖农商行·2016淮安金湖国际半程马拉松赛举行，来自肯尼亚等国特邀运动员和全国各地马拉松爱好者11888人参加比赛。

16日 市委召开常委会，讨论《关于加快推进“智慧淮安”建设的实施意见（审议稿）》等。

△ 《水利部关于公布国家水情教育基地名单的通知》印发，淮安市河道总督府（清晏园）成为全国8所首批国家水情教育基地之一，全省唯一。

17日 全国人大常委会委员、全国人大农业与农村委员会副主任委员陈光国率全国人大常委会水法执法检查组到淮安市开展执法检查。

18日 市长惠建林主持召开市政府七届第55次常务会议，研究讨论《市便民服务热线整合方案》《关于推进“三统筹三促进”深化新型城镇化土地使用制度改革的指导意见》《全市城镇土地使用税税额调整方案》以及部分“十三五”重点专项规划等相关文件，并就做好当前经济工作作出部署。

△ 淮安中国漕运城、西游记文化体验园、白马湖生态旅游度假区、

美丽蒋坝休闲旅游度假区开发建设项目入围全国旅游优选项目，全省仅33个。

△　2016中国·淮安第二届环白马湖自行车赛在白马湖景区开幕。

23日　江苏省旅游局公布首批"江苏省乡村旅游创新发展示范区（县）"名单。盱眙县作为江苏省唯一的县（市）入选该名单。

△　人民银行涟水县支行在梁岔镇卜圩村建立全市首家金融扶贫工作站和金融精准扶贫创业示范户。

24日~6月1日　市委书记姚晓东、副市长窦立夫率经贸代表团赴意大利、南非考察访问。

△金湖县入围由阿里巴巴研究院发布的"2015年电子商务百佳县"榜单，跻身全国电商百强。

27日　清河区在淮海街道车站社区成立淮安首家社区商会。

31日　淮安市与省农行签署政银企战略合作协议，三年内淮安重大项目建设、产业发展、中小企业发展等将获得该行480亿元授信。

6月

8日　淮安市一院、二院、中医院14名医技人员和2名后勤保障人员组成的中国（江苏）第12期援圭亚那医疗队奔赴一线，执行为期1年的援外任务。

9日　泰国华侨协会会长、世界台商联合总会名誉总会长余声清率领的"海外台商江苏行"参访团一行到淮安参观考察。

11日　洪泽县举办6000人掼蛋比赛，县镇村数十个赛场、赛点同时开赛，创下现场参赛规模最大记录，成为中国掼蛋之最。大世界基尼斯总部派员现场认证，并颁发证书。

12日　第十六届中国·盱眙国际龙虾节开幕。

15~17日　一批摩洛哥粗鱼油抵达连云港口岸后直接转检至进口企业所在地洪泽县工业园区，成为检验检疫一体化后首批适用通关直放的进口食品。

16日　中国致公党江苏省委第七届"引凤工程"（淮安站）项目人才对接活动在淮安市举行。16个国家和地区的63位海外高端人才参加活动。

△　淮安市获批省"正版正货"示范创建街区8家，"正版正货"示范创建行业1家。

20日　市委召开常委（扩大）会，传达贯彻习近平总书记等中央领导在全国科技创新大会、两院院士大会、中国科协第九次全国代表大会上的讲话精神。

21日　省级对台交流基地"荷花荡景区"在金湖县正式授牌。

22日　2016中国淮安·韩国大田企业洽谈会召开。

24~25日　全国人大代表南京、淮安组一行到淮安专题调研现代农业发展情况。

27日　省委常委、政法委书记王立科带领省委组织部、省公安厅人员，到淮安走访慰问老党员和生活困难党员。

28日　李银江获省委宣传部授予的江苏"时代楷模"称号，成为淮安市第一、全省第五个获此项荣誉的个人（集体）。

29日　淮安市隆重集会，热烈庆祝中国共产党成立95周年。

7月

1日　淮安市历史上首部地方性法规《淮安市永久性绿地保护条例》正式实施。

2日　省委书记李强到淮安视察防汛工作。省委常委、秘书长樊金龙，省委常委、副省长徐鸣，市领导姚晓东、惠建林等陪同视察。

4日　市委召开六届九次全体会议，审议通过《关于召开中国共产党淮安市第七次代表大会的决议》和《中国共产党淮安市第七届委员会、纪律检查委员会组成原则》。

8日　市委中心组举行集中学习会，学习贯彻习近平总书记在庆祝中国共产党成立95周年大会上的重要讲话精神。

10~11日　淮安市通过国家生态市创建工作技术评估。

12日　市委召开六届十次全体会议。会议通过《中国共产党淮安市第六届委员会第十次全体会议决议》。

19日　开发区国企淮安开发控股有限公司向海外市场发放3年期3亿美元债券，产品利率大幅低于同类行业平均水平。

20日　2016年金湖民泰银行杯国际青少年手球夏令营暨全国中小学生手球锦标赛开幕式在金湖县体育馆举行。

25日　市委召开常委（扩大）会议，传达省委十二届十二次全会精神。

△　2016年江苏省唯一的规模化生物天然气试点项目"江苏海投（淮安）规模化生物天然气工程（一期）"获得批复。

△　淮安市2016年国家新增千亿斤粮项目获省发展改革委批复。

27日　副省长张雷一行到淮安，通过实地考察、听取汇报、座谈交流等方式，调研台资企业产业转移集聚服务示范区建设工作并提出要求。

31日　由市游泳协会主办、市奥体中心承办的淮安市首届水上运动会在奥体中心游泳馆开幕。

△　由江苏敏安电动汽车有限公司研制的纯电动乘用车通过国家汽车检测机构检验。

8月

1日　江苏视客新材料股份有限公司和江苏祥豪实业股份有限公司获全国股转系统批文，将登陆新三板。

4日　省委书记李强到淮安瞻仰周恩来纪念馆，并到市电子网络信访服务中心走访调研。省委常委、秘书长樊金龙，市领导姚晓东、惠建林陪同调研。

5日　市委书记姚晓东主持召开市委常委扩大会，传达贯彻《中央办公厅、国务院办公厅印发〈关于2016年上半年贯彻执行中央八项规定情况的报告〉的通知》精神，传达贯彻省委书记李强在淮安视察调研时的讲话精神，讨论《关于进一步优化服务保障市委日常运转工作的若干要求》。

11日　舟山某军港海军"509舰"入列命名"淮安舰"授旗仪式庄严举行。

12日　市委、市政府召开全市科技创新大会，贯彻落实全国科技创新大会、两院院士大会、中国科协第九次全国代表大会和全省科技创新大会精神，就深入实施创新驱动战略、大力推动科技创新进行研究部署。

18日　省人大常委会主任接待代表日活动到淮安，省人大常委会常务副主任、党组副书记张卫国与全市7名省人大代表座谈。

19日　总投资1.5亿元的淮安市援建新疆农七师高新技术科技孵化园在七师五五工业园区开工建设。

22日　市委书记姚晓东主持召开市委常委扩大会暨全面深化改革领导小组第十五次会议。

23日　省委常委、副省长杨岳到淮安调研扶贫开发工作并看望慰问省委驻淮安区帮扶工作队队员。

23~25日　全省第十一届村委会换届选举工作现场观摩会在金湖闵桥镇闵桥村和施尖村召开。

27日　全长21公里的金湖县荷花荡旅游公路全面建成通车。

28日　清河区澳洋顺昌投资超百亿国家级半导体产业园重大项目合作签约仪式在市区举行。

△　省委常委、副省长杨岳赴涟水县调研扶贫开发工作。

9月

4日　市民政局、市财政局联合下发通知，史上最规范且最具体的民政专项资金正面清单制度在淮安施行。

6日　国家档案局副局长、中央档案馆副馆长王绍忠率国家档案局档案行政执法检查组到淮安检查工作。

7日　国务院扶贫办主任刘永富到淮安调研扶贫开发工作。

△《宁淮同城化发展规划（2016—2030）》在南京通过专家评审。

9日　第十一届台商论坛启动仪式在台北市举行。

△　2016年第67届美国印制大奖获奖名单正式公布，淮安市江苏劲嘉新型包装材料有限公司申报的包装产品《南京（十二钗）》（包装类）获得2016年第67届美国印制大奖精品奖。

13日　江苏部分全国人大代表到淮安，通过实地调研、听取汇报、座谈交流等方式专题调研综合医改试点工作。

△　第十一届中国洪泽湖国际大闸蟹节开幕，同时举行第六届洪泽湖全国龙舟大赛和首届世界遗产地旅游联合发展峰会。省政协副主席许津荣宣布开幕。

14日　市委书记姚晓东主持召开市委常委扩大会暨全面深化改革领导小组第十六次会议，讨论关于深化国有企业改革的实施方案、重点任务分工方案和加快市属国有企业市场化主体建设的意见等国有企业改革有关文件，讨论深化税收征管体制改革实施方案，并原则予以通过。

17日　淮安市首宗以“弹性出让”方式出让的工业用地挂牌成交。

21~23日　住房和城乡建设部住房公积金资金管理研讨会在淮安市召开。

27日　中国共产党淮安市第七次代表大会在淮安大剧院开幕。

△　淮安市5个企业智能制造车间获评2016年省第一批示范智能车间，获批车间数位居苏北第一。

28日　由时代全芯公司一期投资30亿元的淮安时代芯存科技有限公司年产10万片相变存储器项目在淮安高新区动工。

29日　中共淮安市第七次代表大会在淮安大剧院闭幕。

10月

8日　洪泽区成立大会召开。姚晓东、惠建林、王维凯、李晓雷等市领导分别为洪泽区委、区人大常委会、区人民政府、区政协、区纪委揭牌。

△　清江浦区成立大会召开。姚晓东、李晓雷等市领导分别为清江浦区委、区纪委揭牌。

10日　省长石泰峰到淮安调研经济运行工作。

11~12日　省人大常委会副主任、党组副书记史和平率省人大常委会执法检查组到淮安，调研推进《江苏省物业管理条例》贯彻实施。

12日　受国家标准化管理委员会委托，江苏省质监局组织由上海市质监局、湖南省质监局、江苏省质量和标准化研究院、扬州市质监局、南京市公安局等单位多名专家组成的联合考评组对淮安市行政服务综合标准化国家级试点工作开展中期评估。

14日　市委召开常委扩大会暨全面深化改革领导小组第十七次会议，传达贯彻省长石泰峰在淮安视察调研时的讲话精神，讨论淮安市深化行业协会与行政机关脱钩改革工作实施方案。

18日　市委书记姚晓东、市长惠建林会见到淮安出席第十一届台商论坛的中国国民党副主席林政则，东吴大学法商讲座教授陈冲及夫人柯长珠，中国国民党主席特助、大陆事务顾问乔正中，东森电视台副总经理陈立元等台湾客人。

△　涟水机场二期扩建项目初步设计正式获省发展改革委和民航华东地区管理局联合批复。

19日　第十一届台商论坛在淮安大剧院开幕。

20日　市第八届运动会开幕式在市体育中心体育馆举行。

22日　市委书记姚晓东率市党政代表团赴新疆生产建设兵团第七师考察援疆工作。

23~24日　全国人大常委会原副委员长、民革中央原主席周铁农到淮安视察经济社会发展情况。

△　“今世缘·国缘”杯涟水国际公路自行车邀请赛暨环太湖国际公路自行车业余俱乐部赛资格赛举行。

26日　淮安城市发展和交通建设史上具有里程碑意义的一件大事——市区快速路一期工程正式开工建设。

△　副省长马秋林率省经济和信息化委员会、安监局有关人员到淮安调研工业经济发展和安全生产工作。

28日　市委书记姚晓东主持召开常委扩大会，传达学习中共十八届六中全会精神。

28~29日　受环保部委托，省环保厅副厅长蒋巍率考核验收组到淮安，对淮安国家生态市建设工作进行全面考核验收。淮安市及盱眙县、淮安区、淮阴区通过国家生态市、县（区）验收。

29日　“里运河2016中国淮安·丝绸之路户外运动挑战赛”在淮

安举行。

△ “吴承恩长篇小说奖”新闻发布会在北京中国现代文学馆举行。

31日 市长惠建林会见香港公务员代表团一行。

△ 淮安邮政管理局正式成立,成为全市首个挂牌的县区邮政管理局。

11月

2日 由国家发展改革委员会核定批准的国家地下水监测工程淮安市洪泽区1号井在区国土分局东双沟中心所院内开钻。

3日“紫峰奖”颁奖仪式在南京举行,淮安台资企业富士康科技集团、旺旺食品有限公司、和兴汽车科技有限公司、实联长宜淮安科技有限公司等4家企业分别获得出口贸易领军企业奖、纳税贡献领军企业奖和成长型企业奖。

4日 市委书记姚晓东会见托马斯·克诺特率领的德国弗劳恩霍夫应用研究促进协会考察团一行,双方就切实开展智能制造领域的合作进行深入交流。

△ 中国江苏网“风韵淮安”英文频道上线仪式在南京举行。

5日 省长石泰峰带领省直有关部门负责人到淮安调研秋收秋种工作。

8日 苏北发展工作座谈会召开,省委常委、常务副省长黄莉新率与会人员到淮安观摩考察。

△ 经中国水利工程协会组织评审,淮安市古黄河水利枢纽工程获2015~2016年度中国水利工程优质(大禹)奖。

△ 2016新西兰·中国淮阴投资说明会和2016新西兰·中国淮阴“漂母杯”母爱·爱母主题散文诗歌大赛在新西兰奥克兰皇庭会展中心举行。

11日 省委、省政府召开全省深化行政审批制度改革加快简政放权激发市场活力推进工作电视电话会,苏州、南通、淮安三市作典型交流发言。

△ 2016澳大利亚·中国淮阴“漂母杯”母爱·爱母主题散文诗歌大赛颁奖典礼于当地时间12日下午17时在悉尼Coronatton Club举行。

14日 市委书记姚晓东会见到淮安考察访问的江苏友好城市和商务机构代表团一行,与中国欧盟商会江苏(南京)分会董事长魏博(Bernhard Weber)、荷兰贸促会江苏代表处首席代表蓝枫慈(Fons Lamboo)等进行交流。

16日 淮安市第五届“健康·幸福家庭”示范户表彰活动在淮安区府衙门前广场举行。

17日 2016首届“郎静山杯”中国新画意摄影双年展在淮安开幕。

△ 2016年淮台文化经贸交流周开幕。

23日 淮安市委召开常委(扩大)会,传达省党代会精神。

24日 2016宁淮挂钩合作工作座谈会在南京举行,研究部署“宁淮一体化发展”。省委副书记、南京市委书记吴政隆,市委书记姚晓东出席会议并讲话。

27日 全市行政事业单位资产清查工作完成,市直及各区1712家行政事业单位资产在经过单位精准填报、中介机构数据审核、财政部门核实批复后全部通过网上登记,纳入系统平台管理。

28日,江南农商行设立的首家异地分行——淮安分行正式开业,市政府与江南农商行举行政银战略合作协议签约活动。

29日 省委书记李强就贯彻落实省第十三次党代会精神到淮安调研。

12月

5日 中国食品安全指数研究工程办公室在淮安召开食品安全透明共治淮安模式研讨会。

6日 清江浦区打造全市首个国家“千人计划”创业园,依托众创空间清城创意谷和大学科技园2个国家级平台,围绕产业发展、科技创新、项目融资等制定整体方案和配套政策,提供政策支持和专业服务。

7日 全国非金属矿产品及制品标准化技术委员会(TC406)批复淮安市成立凹土工作组,承担凹凸棒石粘土行业标准的立项建议及标准文本的编制工作。这是淮安市首个获批成立的国家级专业标准化技术委员会工作组。

9日 第四届海峡两岸高等职业教育校长联席会议学术年会在江苏财经职业技术学院举行。

10日 中央综治委副主任、中央政法委副秘书长、中央综治办主任陈训秋到淮安调研,对淮安社会综合治理工作给予充分肯定。

13~15日 省海洋与渔业局局长汤建鸣率省委、省政府“三农”工作调研组(第七组)到淮安调研“三农”工作。

15日 第四届淮商峰会暨淮河生态经济带工商联盟成立仪式在淮安市举行。

18日 第11届“春兰杯”世界职业围棋锦标赛在淮安举办。

19日 中国渔业协会第四届理事会第二次会议审议通过,决定批准成立中国龙虾(淡水)产业联盟,联盟秘书处设在江苏省盱眙县。

27日 淮安市人才研究院在淮阴师范学院揭牌成立。

△ 环保部委托江苏省环保厅在南京组织召开《淮安市生态文明建设规划(2016-2020)》专家评审会。

28日 市委召开七届三次全体会议。

30日 江苏井神盐化股份有限公司技术中心获批国家企业技术中心,实现淮安市国家级研发机构零的突破。

31日 斯洛伐克国家爱乐乐团2017新年音乐会在淮安大剧院上演。

△ 省旅游局联合中国江苏网共同举办“2016年江苏‘四季赏花地’‘最美百果园’”的推荐评选活动,金湖县荷花荡景区获“四季赏花地”称号,盱眙玉皇山农业园、金湖一品葡萄园获“最美百果园”称号。

2016年度淮安市创新创优优秀项目

一、一等奖

（一）经济建设类

1.推进淮安台资示范区建设 （市政府办、市台办）

2.创新放大国家重大战略叠加效应 （市发展改革委）

3.PPP模式创新集约建设“智慧淮安” （市经济和信息化委员会）

4.创新打造棚改资金管理“淮安模式” （市财政局）

5.成功建设运营淮安现代有轨电车1号线（市交通局）

6.创成国家节水型城市 （市水利局）

7.建设城市公共末端配送站点 （市商务局）

8.白马湖成功获批国家湿地公园试点 （市白马湖办、市农委）

9.建设粮食产地烘干中心 （市农机局）

10.敏安获批国内第五张新能源整车牌照 （淮安经济技术开发区）

11.国家重大农技推广服务模式创新试点 （洪泽区）

12.国家农村土地承包经营权改革双试点 （金湖县、市委农工部）

（二）公共管理类

1.打造“1＋4”泄密防控体系 （市委办）

2.创成全国双拥模范城“四连冠”（市委办、市双拥办）

3.全省率先开展社会治安综合保险 （市委政法委）

4.制定淮安第一部地方性法规 （市人大办）

5.国家生态市通过考核验收 （市政府办、市环保局）

6.建立“四级政协委员”志愿者精准扶贫模式 （市政协办）

7.创新打造阳光信访优级版 （市信访局）

8.“无讼村居”创建：探求法治与善治的契合 （市中级法院）

9.高考志愿填报院校智能平台建设 （市教育局）

10.互联网交通安全综合服务管理平台 （市公安局）

11.开展“服务十三五 护航开局年”专项行动 （市监察局、市软建办）

12.“律企同行”工程 （市司法局）

13.实施“万人康乐工程”退管服务模式 （市人社局）

14.全国首创基于云技术的“互联网+联合审图”系统 （市住房和城乡建设局、市政务办）

15.淮安市“多规合一”空间信息平台建设（市规划局）

16.创新“村级”审计模式 （市审计局）

17.开发大数据平台 强化市场主体全程监督 （市工商局）

18.创建“透明放心菜市场”惠民工程 （市食药监局）

19.成功举办淮安首次世界智力运动赛事 （市体育局）

20.危险化学品企业“作业现场控制法” （市安监局）

21.全国首创投资建设项目“四联合”审批模式 （市政务办、市编办）

22.打造户外劳动者“爱心驿站” （市总工会）

23.打造清廉家风引领最美家庭创建新模式 （市妇联、市级机关工委）

24.家庭医生签约服务模式创新（淮阴区、市卫生计生委）

25.打造“互联网+政务服务”平台建设涟水模式 （涟水县）

26.综合行政执法体制改革 （盱眙县）

（三）党建和精神文明类

1.乡村“小五长”不正之风和腐败问题专项整治 （市纪委机关）

2.研发应用大数据系统 提升干部选任管理科学化水平 （市委组织部）

3.打造“德润淮安”精神文明建设品牌（市委宣传部）

4.做优“在职党员回社区”志愿服务品牌 （市级机关工委、市委组织部）

5.打造“好干部”教育品牌 提振干部精气神 （市委党校、恩来干部学院）

6.率先建立容错免责机制 （清江浦区）

二、二等奖（40个）

（一）经济建设类

1.“智创淮安”文化创意设计大赛 （市委宣传部、市发展改革委）

2.做优税收“e服务”工程 （淮安地税局）

3.品牌展会联动助推“三农”发展 （市农委）

4.打造服务开放型经济新平台 （市外侨办）

5.创建国家全域旅游示范区 （市旅游局）

6.打造淮安大米产业融合发展新模式 （市粮食局）

7.打造“科研基地+示范基地+农技推广体系+农户”的新型农技推广新模式 （市农科院）

8.建成清江浦创意工坊 （淮安报业传媒集团）

9.创建淮商服务“一中心 五平台” （市工商联）

10.精准扶贫机制与模式创新（市扶贫办）
11.创成省级智能装备产业基地（淮安经济技术开发区）
12.成功获批国家级环保服务业试点（淮安工业园区）
13.获批省级高新区（苏淮高新区）
（二）公共管理类
1.全市统一战线“助推‘十三五’服务开局年”行动（市委统战部）
2.打造综合行政执法体制改革试点品牌（市编办、市法制办）
3.“四位一体”保护绿色发展（市人民检察院）
4.“两区一县”行政区划调整方案获批（市民政局）
5.立足“五个统筹”助推惠民棚改（市住房和城乡建设局）
6.24小时图书自助借还系统建设（市文广新局）
7.建成电梯应急处置平台（市质监局）
8.市场化推动政府统计职能转型（市统计局）
9.构建社会价格监督服务网络（市物价局）
10.民营公管合作办园新模式（市机关事务局）
11.格栅式复合地下连续墙及其在人防工程中的应用（市民防局）
12.实施关爱留守儿童“百千万”工程（团市委）
13.打造科普信息化平台（市科协）
14.创成全国国土资源节约集约模范区（淮安区）
15.构建征地拆迁幸福“移”居新模式（淮安生态文旅区）
（三）党建和精神文明类
1.廉政话剧《纤夫》（市纪委机关、市文广新局）
2.创新开展周恩来法治思想研究（市委政法委）
3.“三团”平台助推全市“两学一做”学习教育（市委党校）
4.成功创成全国“我最向往的党史纪念地”（周恩来纪念地管理局）
5.构建对上对外多极传播空间（市广电台）
6.创建运河文化三大机制（清江浦区）
7.“五维评村”破解“空心化”背景下农村基层党建难题（淮安区）
8.“三讲三促”打造党课教育新品牌（淮阴区）
9.党建信息化应用系统获中组部优秀党建案例（洪泽区）
10.村(居)党组织“强雁”工程（涟水县）
11.构建乡镇党政正职权力制约监督体系（金湖县）
12.“五维评干”激励干部为官有为（盱眙县）

三、三等奖(19个)

（一）经济建设类
1.创新实施“税收支点行动”（市国税局）
2.创建中国·洪泽湖生态水产品区域公共品牌（省洪泽湖渔管办）
3.创新农业生产全程服务方式（市供销社）
4.创新推进金融资源集聚（市金融办、市人行、市银监局）
5.提升卷烟分拣效率（市烟草专卖局）
（二）公共管理类
1.建成全省县域“质量共治”示范项目（淮安出入境检验检疫局、金湖县）
2.引进研发机构管理机制与工作体系建设（市科技局）
3.实施不动产统一登记制度（市国土局）
4.创建“法治城管”（市城管局）
5.市国有企业公有房管理系统（市国资委）
6.打造政府法律顾问制度的“淮安模式”（市法制办）
7.地震烈度速报及预警示范系统（市地震局）
8.智慧气象服务（市气象局）
9.盲人保健按摩机构纳入基本医疗保险定点刷卡（市残联、市人社局）
10.“五作为”服务品牌创建（市城建办）
（三）党建和精神文明类
1.率先成立离退休干部党工委（市委老干局）
2.“档案·影像”专版宣传（市档案局）
3.图说党代会发展成就（市委党史工办）
4.打造“党建+项目”双优品牌（淮安生态文旅区）

2016淮安年度经济人物

关　军　江苏中烟淮阴卷烟厂厂长
束长好　淮安清江石油化工有限责任公司总经理
陈少慧　江苏沙钢集团淮钢特钢股份有限公司总经理
周素明　江苏今世缘酒业股份有限公司董事长
秦荣华　敏实集团有限公司董事会荣誉主席
沈庆芳　臻鼎科技控股股份有限公司董事长
徐长泉　江苏井神盐化股份有限公司董事长
王强众　江苏共创人造草坪有限公司董事长
张立春　中移在线江苏公司总经理
常建光　淮安德科码半导体有限公司副总经理
秦文泉　江苏中央新亚百货股份有限公司总经理
张海洋　淮安传化公路港物流有限公司总经理

2016淮安十大新闻

1.市第七次党代会胜利召开，绘就淮安未来五年发展蓝图。

2.经济运行稳中有进，顺利实现“十三五”良好开局。

3.扎实开展“两学一做”学习教育活动，领导干部立家规试点工作在全省推广。

4.健全落实“两个责任”市县乡三级责任体系，营造风清气正的政治生态。

5.“多规合一”成果推广运用，全面深化改革纵深推进。

6.区划调整明确功能定位，中心城市辐射力带动力日益凸显。

7.打造德润淮安品牌，城市文明程度全面提升。

8.深入实施创新驱动战略，经济转型升级显现成效。

9.连续第五年获评台商投资“极力推荐城市”，开放合作水平不断提升。

10.入选全国首批旅游业改革创新先行区，“游在淮安”全面提档升级。

表43　**2016年淮安市经济和社会发展主要指标**

指标名称	单位	2010年	2012年	2013年	2014年	2015年	2016年
人口与面积							
年末户籍总户数	万户	159.97	159.92	161.13	163.12	162.87	164.82
年末户籍人口	万人	538.74	546.81	552.96	560.25	564.45	567.56
年末常住人口	万人	480.40	480.30	482.69	485.21	487.20	489.00
城镇人口	万人	244.00	256.96	265.77	273.95	283.31	291.84
乡村人口	万人	236.40	223.34	216.92	211.26	203.89	197.16
年平均常住人口	万人	480.95	480.32	481.50	483.95	486.21	488.10
经济总量							
地区生产总值	亿元	1388.07	1920.91	2215.86	2455.39	2745.09	3048.00
第一产业	亿元	195.97	247.98	272.58	286.99	307.67	324.61
第二产业	亿元	647.10	889.20	1006.02	1085.96	1176.66	1268.15
第三产业	亿元	545.00	783.73	937.26	1082.44	1260.76	1455.24
人均地区生产总值	元	28861	39992	46020	50736	56460	62446
固定资产投资							
规模以上固定资产投资	亿元	921.01	1247.99	1453.05	1795.73	2203.24	2535.19
项目投资	亿元	683.24	967.44	1140.83	1438.07	1919.55	2213.77
房地产开发投资	亿元	237.77	280.55	312.22	357.66	283.69	321.41
房屋建筑施工面积	万平方米	1829.21	2562.85	3008.81	2983.34	2843.80	2872.10
住宅	万平方米	1453.91	2015.87	2293.03	2278.94	2195.80	2178.44
商品房屋销售面积	万平方米	641.14	677.14	842.43	614.53	703.99	869.80
住宅	万平方米	560.73	598.85	749.88	538.37	608.19	749.08
商品房屋销售额	亿元	232.61	300.04	386.83	302.42	352.56	416.85
住宅	亿元	194.07	244.29	309.16	242.52	280.69	335.34
财政							
财政总收入	亿元	310.01	438.36	494.60	551.78	510.13	483.13
一般公共预算收入	亿元	141.43	233.61	271.42	308.51	350.31	315.51
上划中央收入	亿元	109.17	137.31	145.78	154.99	159.82	167.62
一般公共预算支出	亿元	206.15	339.86	385.05	431.65	512.47	483.45
物价							
市区居民消费价格总指数	上年=100	103.3	102.4	102.2	102.1	101.5	102.2
市区商品零售价格总指数	上年=100	105.3	102.6	101.6	101.8	100.6	100.9
农业							
乡村从业人员	万人	212.39	210.71	212.49	211.47	212.50	211.79
农林牧渔业	万人	91.79	88.29	87.45	86.59	86.44	86.13
农林牧渔业总产值	亿元	349.46	456.18	499.83	535.56	573.71	602.89
粮食产量	万吨	445.74	456.11	461.02	467.19	467.22	458.55
规模以上工业							
总产值	亿元	2439.11	3952.61	4638.11	5643.77	6549.16	7476.27
主营业务收入	亿元	2411.13	3950.12	4689.95	5618.24	6548.75	7304.49
主营业务成本	亿元	2082.78	3473.90	4112.12	4910.58	5684.86	6377.72

续表1

指标名称	单位	2010年	2012年	2013年	2014年	2015年	2016年
利润总额	亿元	124.39	179.35	228.99	304.64	383.36	401.53
交通运输							
公路总里程	公里	11807	12804	12933	13074	13273	13354
高速公路	公里	380	380	403	403	403	403
铁路客运量	万人	—	—	192	200	208	211
铁路货运量	万吨	—	—	146	144	182	135
公路客运量	万人	9615	12750	8296	8435	8528	8332
公路货运量	万吨	5887	8150	5076	5572	5919	6187
水上客运量	万人	15	16	3	2	3	7
水上货运量	万吨	3438	4827	5218	5771	6104	6027
港口货物吞吐量	万吨	4381	5697	6598	7101	8004	9050
邮电通信							
邮政业务收入	亿元	2.33	3.55	3.91	4.31	10.39	14.53
电信业务收入	亿元	20.45	21.02	24.94	25.25	25.56	26.11
固定电话用户	万户	100.55	86.76	85.11	79.61	67.97	50.93
移动电话年末用户	万户	280.59	294.94	294.83	301.81	383.09	428.70
互联网宽带接入用户数	万户	29.49	45.82	49.84	53.77	63.54	87.20
电力							
全社会用电量	亿千瓦时	111.77	134.78	148.39	151.53	156.54	163.20
农林牧渔业	亿千瓦时	1.28	1.89	2.23	2.27	2.45	3.13
工业	亿千瓦时	81.75	95.50	102.30	106.89	108.89	106.70
城乡居民生活用电	亿千瓦时	17.07	21.75	25.68	23.68	25.05	29.98
国内贸易							
社会消费品零售总额	亿元	464.81	633.24	721.22	864.80	970.74	1083.83
批发零售业零售额	亿元	416.92	567.60	648.36	778.19	874.22	978.30
住宿餐饮业零售额	亿元	47.89	65.64	72.86	86.61	96.51	105.53
对外经济							
进出口总额	亿美元	21.71	42.41	36.01	41.07	41.33	35.04
出口额	亿美元	14.95	33.66	27.82	31.61	30.10	26.98
进口额	亿美元	6.75	8.74	8.20	9.46	11.23	8.06
注册外资实际到帐额	亿美元	10.52	21.21	13.02	11.79	12.09	11.61
旅游							
入境游客人数	人次	—	—	10565	13607	14675	18223
外国人	人	—	—	5833	7614	7902	10078
港、澳、台同胞	人	—	—	4732	5993	6773	8145
国内旅游收入	亿元	119.00	172.65	200.12	231.63	264.02	305.64
旅游外汇收入	万美元	2475	3100	888	1313	1558	1705
金融保险							
年末金融机构各项存款余额(人民币)	亿元	1190.80	1502.79	1721.30	2005.72	2328.63	3066.00
年末金融机构各项贷款余额(人民币)	亿元	842.63	1173.18	1375.15	1617.55	1864.76	2304.22

续表2

指标名称	单位	2010年	2012年	2013年	2014年	2015年	2016年
保费收入	亿元	31.76	35.97	42.35	57.88	62.24	77.10
教育							
普通高校	所	6	7	6	6	7	7
在校学生	人	78622	72283	66876	79547	67927	69549
专任教师	人	3450	3410	3378	3390	3571	3718
普通中等专业学校	所	14	16	14	15	16	20
在校学生	人	71642	65714	72442	51945	54841	61423
专任教师	人	1578	2734	2694	2855	2645	3047
普通中学	所	198	173	175	176	179	188
在校学生	人	292973	242140	227130	215410	211901	215227
专任教师	人	20353	19738	19354	18883	18712	19072
技工学校	所	6	6	6	5	5	5
在校学生	人	7618	12782	13989	12928	10931	9197
专任教师	人	615	564	629	421	548	446
小学	所	404	279	284	283	282	252
在校学生	人	303620	311864	325370	336624	344333	350503
专任教师	人	19690	18674	19457	18385	18678	21067
科技							
专利申请受理量	件	4921	9325	12075	15101	15941	17293
发明	件	636	1484	2337	3495	4406	4061
文化							
剧场、影剧院数	个	8	8	7	7	7	7
公共图书馆	个	8	8	8	9	9	9
公共图书馆图书总藏量	千册、件	1327	2997	2081	2368	2564	2860
卫生							
卫生机构数	个	2186	2157	2153	2257	2228	2237
医院、卫生院	个	177	182	179	180	184	185
卫生技术人员	人	16238	23468	27799	28976	30475	31524
执业医师、执业助理医师	人	5968	9604	11186	11599	12037	12385
卫生机构床位数	张	13761	20266	23467	24642	25966	27529
医院、卫生院床位数	张	13201	18716	21681	22858	23955	25500
人民生活							
全体居民人均可支配收入	元	—	—	17364	19110	20840	22762
城镇居民人均可支配收入	元	17680	22995	23582	25798	28105	30335
农村居民人均可支配收入	元	7233	9838	10762	12010	13128	14319
城镇职工基本养老保险参保人数	万人	54.76	70.65	83.46	86.27	88.90	90.30
城镇基本医疗保险参保人数	万人	—	76.60	158.06	163.54	164.72	162.30
失业保险参保人数	万人	47.51	55.98	61.09	62.30	63.20	64.30
社会福利收养性单位数	个	141	149	196	168	194	250
社会福利收养性单位床位数	张	13477	15082	19078	16422	17165	24198

表44

2016年江苏省设区市主要经济指标（一）

地区	地区生产总值		第一产业增加值		第二产业增加值	
	绝对量（亿元）	增长（%）	绝对量（亿元）	增长（%）	绝对量（亿元）	增长（%）
全　省	76086.17	7.8	4078.48	0.7	33855.73	7.1
南京市	10503.02	8.0	252.51	1.0	4117.2	5.3
无锡市	9210.02	7.5	135.19	−2.4	4346.78	6.8
徐州市	5808.52	8.2	542.89	1.9	2513.85	8.7
常州市	5773.86	8.5	152.67	−0.9	2682.29	7.4
苏州市	15475.09	7.5	221.81	−1.0	7277.46	5.4
南通市	6768.2	9.3	366.08	0.7	3170.3	9.0
连云港市	2376.48	7.8	301.56	1.6	1049.9	7.8
淮安市	3048	9.0	324.61	1.7	1268.15	9.1
盐城市	4576.08	8.9	533.91	0.9	2050.02	9.0
扬州市	4449.38	9.4	251.49	0.1	2197.63	8.3
镇江市	3833.84	9.3	137.78	0.1	1870.4	8.6
泰州市	4101.78	9.5	240	1.4	1933.89	8.8
宿迁市	2351.12	9.1	275.23	2.0	1140.37	10.1

2016年江苏省设区市主要经济指标（二）

地区	第三产业增加值		规模以上固定资产投资		工业投资	
	绝对量（亿元）	增长（%）	绝对量（亿元）	增长（%）	绝对量（亿元）	增长（%）
全　省	38151.96	9.2	49370.85	7.5	24544.40	7.9
南京市	6133.31	10.2	5533.56	2.0	1761.65	−14.4
无锡市	4728.05	8.6	4795.25	2.0	2045.54	7.1
徐州市	2751.78	9.1	4797.33	12.5	2664.93	15.4
常州市	2938.9	10.1	3605.08	6.5	1918.48	9.2
苏州市	7975.82	9.7	5648.49	−5.3	1982.29	−7.4
南通市	3231.82	10.7	4811.95	10.0	2406.36	8.2
连云港市	1025.02	9.8	2385.16	14.8	1487.34	17.5
淮安市	1455.24	10.6	2535.19	15.1	1518.49	17.3
盐城市	1992.15	10.8	3882.83	15.2	2291.98	14.4
扬州市	2000.26	12.0	3288.68	15.3	1714.43	13.5
镇江市	1825.66	10.7	2873.43	15.1	1475.13	11.5
泰州市	1927.89	11.4	3164.12	17.4	1957.87	19.8
宿迁市	935.52	10.2	2059.58	12.0	1328.70	8.6

2016年江苏省设区市主要经济指标（三）

地区	房地产开发投资额		社会消费品零售总额		规模以上工业增加值	
	绝对量（亿元）	增长（%）	绝对量（亿元）	增长（%）	绝对量（亿元）	增长（%）
全 省	8956.37	9.8	28707.12	10.9	35433.23	7.7
南京市	1845.60	29.2	5088.20	10.9	3050.55	4.8
无锡市	1033.62	4.2	3119.56	9.6	3075.49	5.8
徐州市	549.13	16.8	2659.39	12.8	3010.33	9.8
常州市	446.70	−12.1	2202.83	10.7	2827.16	8.0
苏州市	2163.24	16.0	4936.79	10.7	6365.29	4.8
南通市	584.14	−15.5	2632.87	10.7	3330.36	9.8
连云港市	235.41	14.6	933.31	12.4	1302.48	9.3
淮安市	321.41	13.3	1083.83	11.7	1626.18	9.8
盐城市	358.57	−2.5	1630.88	11.1	2173.89	9.7
扬州市	410.18	8.5	1358.80	9.9	2298.05	9.2
镇江市	448.64	26.1	1236.78	11.1	2059.39	9.3
泰州市	250.71	1.3	1118.34	11.7	2766.85	10.0
宿迁市	309.76	−14.6	705.54	12.6	1090.04	11.4

2016年江苏省设区市主要经济指标（四）

地区	规模以上工业主营业务收入		规模以上工业利润总额		一般公共预算收入	
	绝对量（亿元）	增长（%）	绝对量（亿元）	增长（%）	绝对量（亿元）	增长（%）
全 省	157789.51	7.5	10525.80	10.0	8121.23	1.2
南京市	12421.68	2.2	941.81	12.8	1142.60	12.0
无锡市	14643.13	4.6	977.92	9.6	875.00	5.4
徐州市	13866.05	14.9	1106.16	13.3	516.06	−2.8
常州市	12441.42	9.2	730.65	14.5	480.29	3.0
苏州市	30222.50	1.7	1761.11	14.1	1730.04	10.8
南通市	14683.61	10.2	1109.95	8.1	590.18	−5.7
连云港市	6051.58	12.4	465.17	10.0	211.47	−27.5
淮安市	7304.49	12.2	401.53	8.7	315.51	−9.9
盐城市	8809.61	10.2	458.36	−3.0	415.18	−13.1
扬州市	9603.07	6.6	602.98	2.5	345.30	2.5
镇江市	8831.11	7.4	584.24	4.4	293.01	−3.2
泰州市	12190.18	13.0	936.76	11.2	321.18	1.5
宿迁市	4077.11	11.0	403.28	11.6	238.08	1.0

2016年江苏省设区市主要经济指标（五）

地区	实际到账注册外资		进出口总额		出口总额	
	绝对量（亿美元）	增长（%）	绝对量（亿美元）	增长（%）	绝对量（亿美元）	增长（%）
全　省	245.43	1.1	5096.12	−6.6	3193.44	−5.7
南京市	34.79	4.3	502.12	−5.7	295.92	−6.1
无锡市	34.13	6.6	698.05	2.0	429.10	1.6
徐州市	15.06	5.5	62.48	15.4	52.54	19.7
常州市	21.00	22.1	275.81	−1.6	208.51	−1.9
苏州市	48.49	−19.2	2737.58	−10.3	1639.41	−9.7
南通市	23.87	3.1	308.59	−2.3	230.11	0.8
连云港市	5.50	−31.3	70.40	−12.5	36.84	−9.3
淮安市	11.61	−4.3	35.04	−15.1	26.98	−10.3
盐城市	7.07	−11.1	79.50	−2.1	47.38	−7.5
扬州市	12.04	41.9	95.39	−7.7	71.73	−7
镇江市	13.51	3.5	103.17	2.5	69.52	1.1
泰州市	13.44	26.2	103.77	1.4	66.69	4.6
宿迁市	5.00	67.5	24.22	−6.8	18.71	1.2

2016年江苏省设区市主要经济指标（六）

地区	金融机构存款余额（人民币）		金融机构贷款余额（人民币）		全社会用电量	
	绝对量（亿元）	增长（%）	绝对量（亿元）	增长（%）	绝对量（亿千瓦时）	增长（%）
全　省	121106.58	12.3	91107.60	15.5	5458.95	6.7
南京市	27633.55	6.7	21681.28	19.0	524.79	6.0
无锡市	14101.40	10.9	10382.93	11.3	638.67	6.4
徐州市	5495.31	15.8	3620.21	17.9	353.91	2.8
常州市	8540.82	14.8	6043.15	12.9	429.93	5.4
苏州市	25864.26	9.3	21924.44	14.2	1382.58	5.4
南通市	11097.74	14.9	6835.46	14.0	374.79	7.3
连云港市	2501.84	17.6	2046.93	14.9	166.15	−0.3
淮安市	3066.00	31.7	2304.22	23.6	163.20	4.3
盐城市	5253.95	20.4	3699.32	21.5	289.29	3.1
扬州市	5361.55	13.6	3508.13	13.3	225.37	6.6
镇江市	4705.99	18.6	3444.36	15.5	232.41	7.5
泰州市	5275.62	18.8	3656.79	13.3	239.55	5.3
宿迁市	2207.43	21.3	1960.37	15.5	168.83	11.6

2016年江苏省设区市主要经济指标（七）

地区	工业用电量		居民人均可支配收入	
	绝对量（亿千瓦时）	增长（%）	绝对量（元）	增长（%）
全　省	4081.42	4.6	32070	8.6
南京市	310.81	3.4	44009	8.8
无锡市	493.73	4.5	42757	8.4
徐州市	250.22	−1.6	22348	9.4
常州市	334.78	2.9	38435	8.6
苏州市	1116.30	3.9	46595	8.4
南通市	265.65	5.0	30084	9.1
连云港市	110.00	−5.6	21230	9.3
淮安市	106.70	−2.0	22762	9.2
盐城市	201.37	−2.4	24463	9.1
扬州市	156.60	2.7	28633	9.1
镇江市	173.77	5.1	34064	9.0
泰州市	176.20	2.1	28259	9.0
宿迁市	115.81	9.2	18957	9.3

2016年江苏省设区市主要经济指标（八）

地区	城镇常住居民人均可支配收入		农村常住居民人均可支配收入	
	绝对量（元）	增长（%）	绝对量（元）	增长（%）
全　省	40152	8.0	17606	8.3
南京市	49997	8.4	21156	8.6
无锡市	48628	7.8	26158	8.3
徐州市	28421	8.4	15274	9.2
常州市	46058	7.8	23780	8.5
苏州市	54341	7.8	27691	8.3
南通市	39247	8.1	18741	8.5
连云港市	27853	8.3	13932	9.0
淮安市	30335	7.9	14319	9.1
盐城市	30496	8.1	17172	9.0
扬州市	35659	8.2	18057	8.7
镇江市	41794	8.1	20922	8.9
泰州市	36828	8.0	17861	8.8
宿迁市	24086	8.3	13929	9.1

说　　明

一、本索引采用分析索引方法，按汉字拼音字母（同音字按声调）顺序排列。部分首字符为特殊字符或符号的，未按音序排列，而是单独置于前面。

二、索引名称后的阿拉伯数字表示内容所在的页码，数字后的字母a、b、c表示该页码的左、中、右版面区域。

三、空一字起排的款目为上一主题的附见内容。

A

B

C

D

F

G

H

J

K

L

M

N

P

Q

R

S

T

W

X

Y

Z